바이블 맵

Originally published in English by HaperCollins Publishers Ltd. under the title:

THE BIBLE BOOK

THE BIBLE BOOK

당신이 성경에 대해
알고 싶었던 모든 것

바이블 맵

닉 페이지 지음 | 김성웅 옮김

A USER'S GUIDE

포이에마
POIEMA

바이블 맵

닉 페이지 지음 | 김성웅 옮김

1판 1쇄 발행 2009. 4. 6. | **1판 12쇄 발행** 2022. 8. 26. | **발행처** 포이에마 | **발행인** 고세규 | **등록번호** 제300-2006-190호 | **등록일자** 2006. 10. 16. | 서울특별시 종로구 북촌로 63-3 우편번호 03052 | 마케팅부 02)3668-3260, 편집부 02)730-8648, 팩스 02)745-4827

값은 뒤표지에 있습니다. ISBN 978-89-93474-08-4 03230 | 이메일 masterpiece@poiema.co.kr | 좋은 독자가 좋은 책을 만듭니다. | 포이에마는 독자 여러분의 의견에 항상 귀를 기울이고 있습니다.

크리스천은 성경을 '하나님의 말씀'으로 안다.
하나님은 이 책을 통해서 자신의 백성에게 말씀하신다.
기도를 통해서 사람에게 말씀하시듯 성경을 통해서도 우리에게 말씀하신다.
성경이 흔히 하나님의 '살아 있는' 말씀이라 불리는 이유가 바로 여기 있다.
왜 성경을 읽어야 하는가? 다른 책들과는 다르기 때문이다.

| 차례 |

1부
윤곽 그리기

2부
구약성경

3부

구약과 신약 사이에서

4부

신약성경

찾아보기

구약성경

중간기

THE BIBLE MAP

신약성경

1부 윤곽 그리기

서문

내 이야기 1966년 나는 주일학교 학생이었다(주일학교가 뭐냐고 묻는 사람도 있을 것이다. 한동안 교회 안에 이런 게 있었는데, 당시 어른들은 이게 있어야 '교회다운 교회' 라고 했다). 아무튼 주일학교 벽면에는 그림이 걸려 있었다. 1930년대 그렸다는 그림이었다. 그림의 제목은 〈당신 손에 무슨 일이 일어났나〉였다. 나는 똑똑히 설명을 들었는데, 그림의 주인공은 예수라는 분이었다. 솔직히 말해서 그분은 괴상해 보였다. 길고 흰 드레스를 입고 정원에 앉아 계셨다. 피부는 백옥같이 희고 머리털은 어깨 위까지 찰랑거리며 떨어졌다. 샴푸 광고 모델처럼 보였다. 그분의 발 앞에는 천사를 닮은 아이 둘이 경배의 눈길로 그분을 쳐다보고 있었다. 나는 흉내도 못 낼 경건한 모습이었다. 오랫동안 나는 예수님에 관해 이 이미지를 가지고 있었다. 창백하고 비현실적이며 침착한 모습의 히피, 현실의 삶과는 전적으로 무관한 사람이었다.

세월이 훌쩍 흘러 1979년이 됐다. 나는 아무도 없는 조용한 시간에 성경 한 권을 집어 들고 누가복음을 읽기 시작했다. 누가복음은 말하자면 예수님의 전기 비슷한 것이다. 결과는 대단했다. 이제껏 나를 그런 실제의 인물에게 이끈 것은 아무것도 없었다. 그는 실존했던 분이었다. 열정에 가득 차고 화도 냈으며 생의 에너지로 충만한 분이었다. 잘 가꾼 정원에 얌전히 앉아 계신 분이 아니라, 잔칫집들을 찾아다니고, 즐겨 토론을 벌였으며, 삐딱한 사람들과 시간을 보낸 분이었다. 이분에 관한 이야기들을 읽고 그분 자신의 말씀을 들으면서, 내가 시간을 크게 허비했음을 알게 됐다. 내가 처음부터 성경을 제대로 읽었다면, 이분을 훨씬 일찍 만날 수 있었을 것이다. 그분은 진짜 영웅이었다. 그분은 내가 믿을 수 있는 그런 분이었다.

내가 왜 이 이야기를 하냐고? 여기 진실이 담겨 있어서다. 성경을 이해하려면, 먼저 결심해야 한다. 스스로 성경을 읽어야 한다. 그 후 수년간 성경을 배우면서, 아니 지금도 배우고 있지만, 성경은 결코 다른 책과 같지 않음을 알게 됐다. 감동과 영감을 주는 대목이 있는가 하면, 역겹고 충격적인 이야기들도 있다. 성경은 도전하고 흔들고 위로하고 용기를 북돋아준다. 우리가 해야 할 일은 스스로 성경에 맞부딪치는 것이다.

왕초보, 성경 통달 작전 짧게 내 소개를 한다. 나는 성경학자가 아니다. 훈련받은 신학자도 아니다. 이런 말이 성경에 대한 안내서를 쓰고 있는 사람을 추천하는 글로는 적절하지 않다고 생각할 것이다. 그 생각이 옳을지도 모른다. 하지만 처음부터 정직한 게 최선이라고 생각한다. 왜냐하면 고대 페니키아인에 관해 쓴 깊이 있고 학문적으로 철두철미한 주석이라면, 서점에서 얼마든지 사 볼 수 있기 때문이다.

내가 하려는 것은 성경과 성경이 말하는 바에 대한 나의 열심을 나누는 것이다. 나는 전문가가 아니라 팬이다. 답을 다 아는 것도 아니다. 그래서 나는 질문에 대해 정직할 수 있다. 이 책은 전문가가 쓴 참고용 도서가 아니라 성경에 대한 열정과 흥분을 전파하려는 소탈한 시도다. 나는 전문가들이 쓴 책을 많이 참고했다. 하지만 이 책이 드러내고 있는 견해는 내 아이디어요 반응이다. 내 견해에 찬성할 수도, 내 의견이 우스꽝스럽다고 결론내릴 수도 있다. 하지만 중요한 것은 당신이 성경을 읽기로 결심했다는 것이다.

이 책의 구성

성경 각 권은 똑같은 기본 요소들로 시작된다.
누가 : 누가 이 책을 썼는가, 누구에게 읽으라고 한 것인가?
언제 : 언제 기록됐나, 사건들은 언제 일어났나?
무엇 : 무엇에 관한 것인가? 이 책에서는 어떤 일이 일어났는가? 그 일이 일어난 목적은 무엇인가?

- **노선도**(Route Planner)는 각 권의 개요를 그림으로 제시한다. 중심 구조를 보여주고 의미 있는 사건이나 주제를 부각한다.
- **한눈에 보는 안내판**(Quick Guide)은 각 책을 요약한 간단한 개요이다. 중심 주제를 요약하거나 기억해야 할 주요구절을 알려준다.
- **한눈에 보는 흐름**(Quick Tour)은 성경을 읽기 위한 계획표를 제공한다. 성경 읽기 계획은 각 성경책의 진수에 도달하는 데 도움이 된다.
- **난해한 주제**(Tricky Bits)는 어려운 주제들을 다룬다.
- **중요한 개념**(Landmark)은 성경의 핵심 주제나 논제들을 설명한다.
- **POST CARD와 지도**는 성경의 주요 지명을 소개한다.
- **연대표**(Timelines)는 사건들이 언제 어떻게 일어났는지 보여준다.
- **약력**(Brief Lives)은 주요한 인물들의 생애를 소개한다.
- **궁금증 해소**(Details, Details)는 놓치기 쉬운 세세한 사항들을 다룬다.
- **새로운 관점**(ViewPoint)은 논쟁에 대한 찬성과 반대, 새로운 전망을 밝힌다.
- **알쏭달쏭**(Questions, Questions)은 대화 형식으로 논란이 되는 주제를 다룬다.

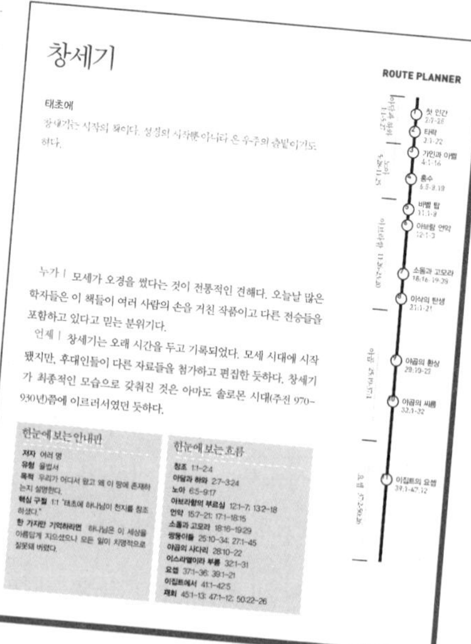
창세기

태초에
창세기는 시작의 책이다. 성경의 시작뿐 아니라 온 우주의 출발이기도 하다.

누가 | 모세가 오경을 썼다는 것이 전통적인 견해다. 오늘날 많은 학자들은 이 책들이 여러 사람의 손을 거친 작품이고 다른 전승들을 포함하고 있다고 믿는 분위기다.
언제 | 창세기는 오래 시간을 두고 기록되었다. 모세 시대에 시작됐지만, 후대인들이 다른 자료들을 첨가하고 편집한 듯하다. 창세기가 최종적인 모습으로 갖춰진 것은 아마도 솔로몬 시대(주전 970–930년)쯤에 이르러서였던 듯하다.

한눈에 보는 안내판
저자 여러 명
유형 율법서
목적 우리가 어디서 왔고 왜 이 땅에 존재하는지 설명한다.
핵심 구절 1:1 "태초에 하나님이 천지를 창조하셨다."
한 가지만 기억하라면 하나님은 이 세상을 아름답게 지으셨으나 모든 일이 치명적으로 잘못돼 버렸다.

한눈에 보는 흐름
창조 1:1–2:4
아담과 하와 2:7–3:24
노아 6:5–9:17
아브라함의 부르심 12:1–7; 13:2–18
언약 15:7–21; 17:1–18:15
소돔과 고모라 18:16–19:29
쌍둥이들 25:10–34; 27:1–45
야곱의 사다리 28:10–22
이스라엘이라 부름 32:1–31
요셉 37:1–36; 39:1–21
이집트에서 41:1–42:5
재회 45:1–13; 47:1–12; 50:22–26

성경에 관한 여섯 가지 오해

1. 이상야릇한 언어로 쓰였다

'성경을 꼭 읽어봐야지' 다짐은 한다. 집 안 어딘가에 성경이 있다는 것도 안다. 마침내 성경책을 찾았다. 책꽂이 저 뒤편, 증조 숙모님 사진 뒤, 오래 된 아가사 크리스티의 추리소설 뒤에 숨어 있었다. 먼지를 '후' 불어 털어내고 검은 가죽 표지를 연다. 소리도 요란하게 페이지를 넘기고 읽어 내려간다. "내가 진실로 진실로 너희에게 이르노니…."

중후한 언어는 문학을 전공하지 않은 사람에게는 딴 나라말로 들린다. 이것은 고어체 역본을 사용하는 데서 발생한 문제다. 고대 히브리어나 1세기 그리스어에 익숙하지 않은 바에는 역본 성경을 읽는 게 낫다. 따라서 먼저는 현대어 역본을 구입해야 한다. 쉽게 읽을 수 있는 역본을 찾아라. 디자인과 활자만 멋있는 게 아니라, 언어가 현대적이어야 한다.

2. 전문가들만 이해할 수 있다

물론 까다로운 본문들이 있다. 누구도 이해할 수 없는, 전문가들도 끙끙거리는 성경 본문들이 있다. 그런가 하면 사람마다 견해가 다른 구절들도 많다. 그러나 이런 '문제 구역들'에도 불구하고 성경의 대부분은 정말 너무나도 직선적이다.

예를 들어, 예수님은 구약을 두 계명으로 요약해내셨다. "마음을 다하고 뜻을 다하고 영혼을 다해서 주 너의 하나님을 사랑하고", "네 이웃을 네 몸과 같이 사랑하라"는 것이다. 복잡할 게 하나도 없다. 머리에 쥐 날 일이 없는 것이다(이렇게 살기는 어렵지만 그것은 별개의 문제다).

그렇다. 이해가 안 되는 부분도 나온다. 하지만 의미가 평범하고 명쾌해서 행동으로 옮길 수 있는 부분이 훨씬 더 많다.

3. 시간이 너무 걸린다

성경은 구성에 따라 원하는 대로 많이 혹은 조금씩 읽을 수 있다. 하루에 한 절만 읽으라는 법도 없지만 앉은 자리에서 창세기를 끝내야 할 이유도 없다. 중요한 것은 시간을 내서 읽고 깊이 생각하는 것이다. 언제나 시간이 문제다. 하지만 할 만한 가치가 있는 행동이라면, 그 행동을 하기 위해 여력을 낼 수 있다.

4. 따분하다

성경에는 지루한 장들이 있다. 건축물의 세부 사항, 복잡한 가계도, 숫자들의 나열, 고대종교의 제사 묘사 등이다(어떤 문화에서는 이런 것들이 대단히 흥미를 끈다). 하지만 성경에는 흥미진진한 역사, 마음 뭉클하게 하는 이야기들, 감동적인 시, 생각을 정리해주는 지혜, 삶을 바꾸는 통찰력 또한 나온다. 그러므로 좀 따분한 장들이 이어진다 싶으면, 그냥 계속 나아가라. 조금만 더 읽으면 손에 땀을 쥐게 하는 사건이 나온다.

5. 너무 길다

성경에는 긴 문장이 들어 있다. 맞는 말이다. 75만 자 이상의 긴 글이다. 하지만 성경을 엮은 사람들은 이 긴 문장을 읽기 좋은 길이로 잘게 잘랐다. 따라서 읽고 싶으면 조금, 혹은 많이 읽을 수 있다. 왜 성경이 이렇게 긴지 이유도 있다. 처음부터 성경은 한데 엮인 여러 권의 책들이었다. 성경에는 66권이 있다. 1,189장이 들어 있다. 최소한으로 잡아도 40명의 기록자들이 있다. 편찬되는 데만 천 년이 걸렸다. 더 중요한 것은 성경이 삶과 죽음, 또 그 사이에 일어나는 모든 일들을 기록하고 있다는 것이다. 만화 몇 컷 들어 있는 소책자를 기대하면 안 된다.

6. 부적합하다

가장 어이없는 오해다. 오늘날에도 성경은 여전히 적합한 책이다. 이렇게 말할 수 있는 네 가지 이유가 있다.

성경은 당신과 나를 위한 책이다 성경에 나오는 사람들은 우리와 흡사하다. 옷은 다르게 입고 좀 이상하게 보이는 행동을 하기도 하지만, 그들이 붙들고 씨름한 문제들은 우리가 마주하고 있는 것들과 똑같다. 성경은 사랑, 평화, 전쟁, 행복, 자유, 탐욕, 용서, 성, 소유, 진리 등에 대해서 말한다. 이 모든 문제들은 오늘날에도 마주해야 하는 것들이다.

?! 궁금증 해소

성경의 역본들

성경의 역본들은 많다. 각 역본은 나름의 장점과 약점이 있다. 가장 많이 보는 영어 역본으로는 아래의 것들이 있다.

- 현대영어역(Contemporary English Version; CEV)
- 새국제역(New International Version; NIV)
- 새생활역(New Living Translation; NLT)
- 좋은소식성경(Good News Bible; GNB)
- 메시지(The Message)
- 영어표준역(English Standard Version; ESV)
- 개정표준역(New Revised Standard Version; NRSV)

메시지, 현대영어역, 새생활역, 좋은소식성경은 '역동적 상응' 번역본이다. 무슨 말인가 하면, 문장의 의미를 번역하는 데 중점을 두었다는 것이다. 이 역본들(특히 메시지)은 구어적인 표현을 사용하려는 경향이 있다. 개정표준역과 영어표준역은 좀 더 직역을 선호한다(어려운 말로는 '형식적 상응'이라고 한다). 새국제역과 개정표준역은 두 입장 모두를 취한다. 어떤 성경을 사용하느냐는 개인적 취향의 문제다. 많은 사람들이 편안한 읽기를 위해 덜 형식적인 역본을 사용하려 한다. 그러나 깊이 있는 연구를 위해서 직역체 역본을 찾는 사람들도 있다. 이 책에서는 별도 표시가 없는 한 현대영어역을 사용했다.

*한글 성경은 개역개정을 기준으로 삼고, 현대영어역을 직역하여 이해를 도왔다.

역사적으로 중요하다 역사적으로 말해서 성경은 출간된 책 중 가장 중요하다. 다른 어떤 책보다 사람들의 행동에 큰 영향을 미쳤다. 서구 세계에서는 과거의 위대한 예술, 시와 문학에 영향을 끼쳤다. 정치가, 작가, 예술가, 혁명가, 비전가들과 종교 지도자들에게 미친 영향도 그냥 넘어갈 수 없다. 성경의 법체계들(그중에서도 가장 유명한 십계명)은 사법 체계의 바탕이 되었다. 우리가 입에 올리는 일상의 경구들과 격언들도 성경에서 나온 것들이 많다.

엄청난 질문들을 제기한다 많은 사람들이 성경은 우리에게 피할 수 없는 질문들에 대해 답을 제공한다고 믿는다. 성경은 우리가 왜 여기 존재하는지, 이 땅에서 무슨 일을 해야 하는지, 미래에 우리의 삶은 어떻게 끝날 것인지 말해준다. 또 성경은 우리에게 하나님에 대해서 말해준다. 만약 성경이 참이라면, 세상을 어떻게 봐야 할지, 서로를 어떻게 대접해야 할지, 삶을 어떻게 살아야 할지 등은 전부 바뀌어야 한다. 이 말에 동의하지 않을 수도 있다. 하지만 먼저 그런지 아닌지 알아봐야 하지 않을까?

하나님의 말씀이다 크리스천에게 성경은 여느 책과는 다르다. 크리스천은 성경을 '하나님의 말씀'으로 안다. 하나님은 이 책을 통해서 자신의 백성에게 말씀하신다. 기도를 통해서 사람에게 말씀하시듯 성경을 통해서도 우리에게 말씀하신다. 성경이 흔히 하나님의 '살아 있는' 말씀이라 불리는 이유가 바로 여기 있다. 성경은 정말 주고받는 책이다. 도전하고 영감을 주며 오싹함을 일으키는가 하면, 읽는 사람들을 흥분시키고 변화시킨다.

왜 성경을 읽어야 하는가? 다른 책들과는 다르기 때문이다. 성경은 탐험해봐야 할 처녀림과도 같다.

성경 탐험

사람들이 성경에 대해 하는 말 중에 가장 안타까운 것은 성경이 너무 지루하다는 것이다. 이 문제는 대개 성경에 접근하는 방법과 관련이 있다고 본다. 우리는 거의 공포심을 가지고 성경을 대한다. 끔찍한 일이라도 겪을지 모르겠다는 태도다. 성경을 읽고 연구하는 것이 짜릿한 경험은 아닐지 모른다. 하지만 해내야 하는 무엇임에는 틀림없다. 치과에 가는 것과 비슷하달까. 좋아하지는 않아도 건강에는 좋다.

하지만 성경이 치과 같지는 않을 것이다. 성경공부는 탐험과 비슷하다고 생각한다. 성경을 읽는다는 것은 낯선 곳을 탐사하는 것과 비슷하다. 탐험대 비슷한 기분으로 성경에 접근해야 한다. 새로운 장들에 용감하게 '뛰어들어' 원주민들과 인사하고 그 사람들의 지혜를 배우는 것이다. 그렇다면 성경이라는 지도를 어떻게 읽어야 할까? 지형은 어떤가? 그 땅의 모양은 무엇과 같은가?

대륙 첫눈에 보기에도 성경은 어마어마하게 크고 사람들의 출입을 달가워하지 않는 거대한 땅덩어리 같은 인상을 준다. 표지를 넘기면 성경이 구약과 신약이라는 두 개의 '땅 덩어리'로 되어 있음을 알 수 있다. 둘 중에 구약이 더 크고 오래 됐다. 두 덩어리는 작고 얇은 끈으로 이어져 있다. 자세히 보라. 두 큰 대륙은 작은 '다리'로 연결된 큰 땅덩어리임을 알 수 있다.

지역 성경은 '지역' 즉 글의 유형으로 다시 갈라진다. 바위가 많은 고대의 땅이 있는가 하면, 넓은 평원이 있다. 빽빽한 산림 지역도 있다. 심지어는 헤쳐 나가기 어렵고 위험한 늪지대도 있다. 지역들은 다 다르고 금방 구별이 된다.

구약은 네 개의 다른 지역으로 구성돼 있다. 역사서, 예언서, 지혜서, 그리고 사람들이 '오경' 혹은 '율법책'이라 부르는 것들이다.

신약은 크게 세 지역으로 나뉜다. 일종의 예수 전기, 초기 교회의 역사인 사도행전, 서신서이다. 서신서는 다시 바울의 서신과 요한, 베드로와 같은 바울 이외 사람의 서신들로 나뉜다.

도시 각 지역에는 도시들이 자리 잡고 있다. 성경의 각 책들이 도시라고 보면 된다. 예를 들어, 율법은 다섯 개의 도시, 즉 창세기, 출애굽기, 레위기, 민수기, 신명기로 이뤄진다. 신약의 복음서 '지역'에는 마태복음, 마가복음, 누가복음, 요한복음이 들어 있다. 지역에는 도시들과 마을들이 들어 차 있다. 어떤 것들은 크고 오래 됐다. 좀 작은 것들도 있다. 아주 미미한 것도 있다. 또 도시와 마을들은 도로와 길들로 복잡하게 얽혀 있다.

성경에서 가장 긴 책은 가장 짧은 책에 비해 100배나 된다. 도시와 마을들이 전부 다르게 구성되어 있듯이, 성경의 책들 또한 다른 스타일로 쓰였다. 시편 같은 책은 시집이다. 어떤 책은 긴 역사 이야기다. 어떤 '도시들'은 구조상 아주 비슷하다. 관점은 다르지만 서로 가까이에서 메아리치는 역대기와 열왕기가 그렇다.

도로 도시에 도로가 있듯이, 성경의 각 책은 장들로 나뉜다. 어떤 장들은 긴 도로다. 마치 고속도로와 같다. 그런가 하면 짧은 것도 있다. 엇비슷한 도로도 있지만 어떤 도로의 구조는 아주 다르다. 어떤 도로는 다른 대륙, 다른 도시에 있는 도로와 똑같을 수도 있다.

가옥 길에는 집들이 늘어서 있다. 성경의 각 책은 번호가 매겨진 절들로 이루어져 있는데, 절들의 분량은 책마다 다르다. 어떤 가옥은 다른 도시에 있는 마을의 집과 판박이처럼 같다. 대부분의 집들이 각기 다르게 특정한 양식으로 지어졌다.

길 찾기 "요한복음 3장 16절을 보겠습니다." 누가 이렇게 말한다. 이것은 마치 번지수를 가르쳐주는 것과 똑같다. 당신은 일단 요한복음이라는 도시로 가서, 번지수 3을 찾는다. 그리고 16호에 있는 집으로 간다. 벨이 울리고 문이 열린다. 구절을 읽고 그 속뜻이 무엇인지 살펴본다.

이런 식으로 쪼개 들어가다 보면, 성경이 한꺼번에 파악될 수 있는 것이 아님을 알게 된다. 한 대륙에 하루 머물고서 대륙을 다 봤다고 말할 수 없는 것처럼 한 번으로 '성경 전체'를 다 이해할 수 없다. 성경을 읽는다는 것은 탐험, 원정, 다른 나라 방문과 같다. 진정으로 성경을 이해하고 싶다면, 거기서 시간을 보내야 한다. 물론 알려진 '명소들'도 있다. 모든 여행객들이 찾는 장소들이다. 모두가 읽어야 할 장, 모두의 여행 일정에 잡혀 있는 구절들이다. 그러나 알려져 있지 않고 발길이 뜸한 곳에도 나름의 기쁨과 중요성이 있다. 발견해야 할 무엇인가가 늘 있는 것이다. 도시는 저마다 매력과 명소들을 가지고 있다. 감춰진 우회로와 뇌리에 잘 떠오르지 않는 뒷골목은 관광객들이 다니는 길로는 결코 다다를 수 없는 뜻밖의 장소로 이끌어준다.

성경읽기는 시험이나 피곤한 잡일과 같지 않다. 꼭 해야 할 피곤한 의무도 아니다. 성경은 탐험해야 할 미지의 세계다. 때로 이 여정은 느리고 험난하다. 산등성이를 올라가거나 산을 넘어야 한다. 편안하고 쉬운 길도 있다. 어떤 명소는 감탄을 자아낸다. 모두 중요한 곳들이다. 이제 여정을 준비하고 떠나는 일만이 남았다.

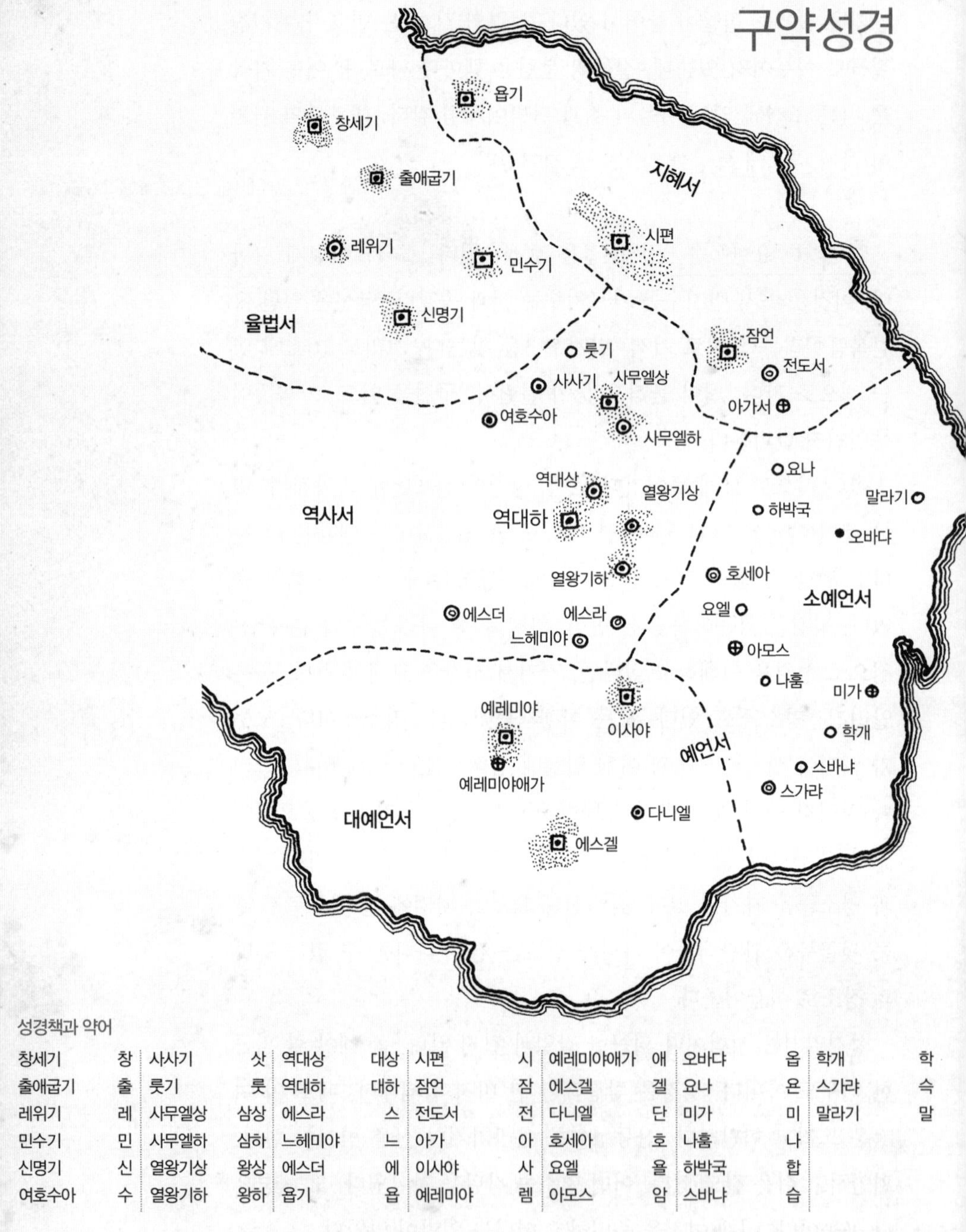

성경책과 약어

창세기	창	사사기	삿	역대상	대상	시편	시	예레미야애가	애	오바댜	옵	학개	학
출애굽기	출	룻기	룻	역대하	대하	잠언	잠	에스겔	겔	요나	욘	스가랴	슥
레위기	레	사무엘상	삼상	에스라	스	전도서	전	다니엘	단	미가	미	말라기	말
민수기	민	사무엘하	삼하	느헤미야	느	아가	아	호세아	호	나훔	나		
신명기	신	열왕기상	왕상	에스더	에	이사야	사	요엘	욜	하박국	합		
여호수아	수	열왕기하	왕하	욥기	욥	예레미야	렘	아모스	암	스바냐	습		

신약성경

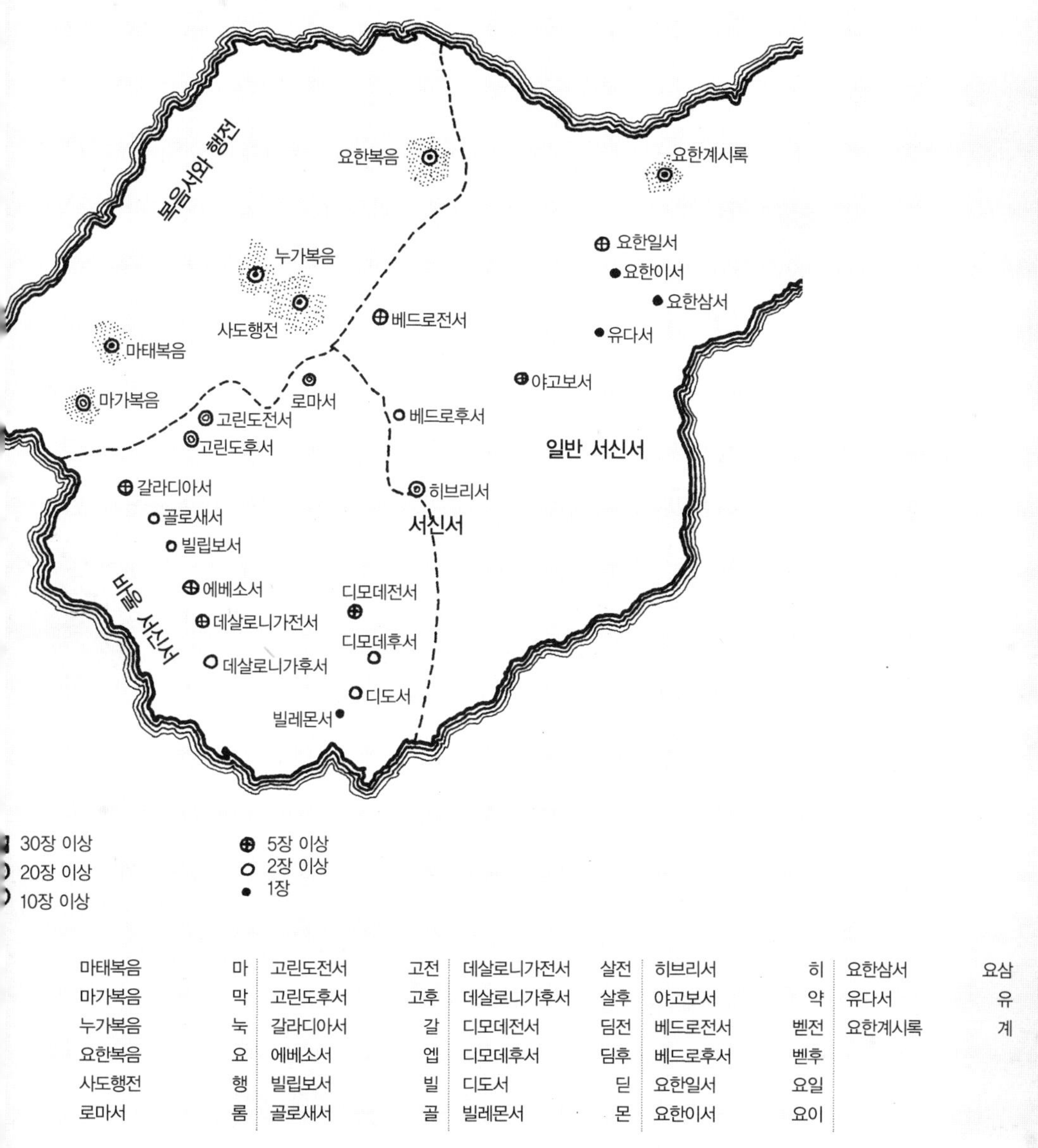

마태복음	마	고린도전서	고전	데살로니가전서	살전	히브리서	히	요한삼서	요삼
마가복음	막	고린도후서	고후	데살로니가후서	살후	야고보서	약	유다서	유
누가복음	눅	갈라디아서	갈	디모데전서	딤전	베드로전서	벧전	요한계시록	계
요한복음	요	에베소서	엡	디모데후서	딤후	베드로후서	벧후		
사도행전	행	빌립보서	빌	디도서	딛	요한일서	요일		
로마서	롬	골로새서	골	빌레몬서	몬	요한이서	요이		

성경을 탐험하는 법

다른 나라를 진지하게 살펴보고자 한다면 누구라도 일정한 규칙에 따라야 한다. 탐험을 가장 값지게 만들기 위해서는 말이다. 마찬가지로 성경을 진지하게 살펴보기 원한다면, 여정을 가장 소중하게 만들 수 있는 몇 가지 방법이 있다.

존중하는 마음으로 대한다 인도인들이 성전으로 떠받드는 곳을 방문할 때는 몸가짐을 조심해야 한다. 신발을 벗고, 말은 조용조용 해야 한다. 등산화를 신은 채 휘파람을 불며 힌두교 사원에 들어가지는 못할 것이다. 성경에 대해서도 마찬가지다. 존경하는 마음으로 성경을 대해야 한다. 따분한 한숨을 쉰다든지 굳은 표정을 하라는 뜻은 아니다. 성경이 말하는 바를 무조건 거부하거나 무턱대고 받아들이려고 하지 말고 경청하고 이해하려고 노력해야 한다는 뜻이다.

계획적으로 살핀다 행동 계획(여행 계획표)을 가지고 있으면 구석구석 살펴보는 데 도움이 된다. 특정한 책을 훑어보거나 한 장을 상세하게 살펴볼 수 있을 것이다. 어떤 사람을 정해놓고 그의 생애를 살펴보고 싶은 마음이 들 수도 있다. 아니면 기도, 성전, 용서와 같은 주제로 연구할 수도 있다.

천천히 움직인다 시간을 내서 성경을 읽어라. 천천히 읽어라. 곰곰이 생각하라. 많은 장을 한꺼번에 읽으려고 하지 마라. 우리는 경주를 하는 게 아니다. 찾아간 성경의 지역을 제대로 알고 싶다면, 거기서 시간을 보내며 느긋하고 천천히 발걸음을 옮겨야 한다.

소리 내 읽어본다 성경은 원래 오디오북에 가깝다. 백성들 앞에서 읽히던 책이다. 반복이 많은 이유가 바로 여기 있다. 외우도록 하려는 까닭이다. 따라서 때로는 성경을 큰소리로 읽는 게 도움이 된다. 읽는 속도는 느리지만 음률을 가지고 읽을 수 있다. 그러면 읽고 있는 부분의 성격을 파악하는 데도 도움이 된다.

정리 노트를 쓴다 도시와 도로에 닿을 때마다 여행일기를 써라. 떠오르는 생각들, 마음에 스치는 이미지들이 기억에 남을 것이다. 자기만의 지도를 만들어보라. 스스로 그림을 그려보라. 자신의 생각과 관찰을 적어보라. 아마 다른 노트가 한 권 필요할지도 모르고, 나처럼 구석에 끄적거리거나 메모지를 붙여야 할지도 모른다.

주변을 둘러본다 문맥에서 한 구절만을 떼어 내고 있지 않은지 확인한다. 한 구절을 둘러싸고 있는 주변의 문맥을 파악하라. 성경이 쓰인 시대와 기록자가 처했던 상황을 파악하라.

안내서를 사용한다 여행을 떠날 때는 일종의 안내서들이 필요하다. 가이드북, 지도, 기본 회화책 등이다. 탐험을 깊이 있게 할수록, 더 많은 도움이 필요하다. 주요한 자료로는 아래와 같은 것들이 있다.

- **용어사전(Concordance)** 성경에 나오는 핵심 단어들과 그 단어들의 출현 장절을 짚어준다. 예를 들어 성경에서 낙타에 관해 말하는 구절을 모두 읽고 싶다면, '낙타'라는 단어를 찾아

가 그것이 나오는 모든 장과 구절을 볼 수 있다(성경에는 낙타라는 단어가 모두 12구절에서 나온다. 사실 낙타는 그렇게 중요한 단어는 아니다. 설명을 하기 위해 예를 든 것이다).

- **사전**(Bible Dictionary) 성경사전은 성경에 나오는 중요한 단어들의 의미와 중요성에 관해 훨씬 더 많이 말해줄 것이다.
- **주석**(Commentary) 주석은 성경의 각 책에 대해 상당히 많은 양의 정보를 준다. 하지만 더 깊이 들어가려면 성경의 한 책을 한 권으로 안내하는 주석을 골라야 한다. 이런 주석은 상당히 깊이 있게 다뤄준다.

역사를 공부하라 성경으로 떠나는 여행을 도와주는 아주 좋은 길이 있다면, 역사에 대한 광범위한 이해다. 성경의 각 책은 특정한 역사 시기에 기록됐기에, 역사를 이해하면 성경 전체를 이해하는 데 크게 도움이 된다.

문화를 이해하라 성경이 알쏭달쏭하거나 납득하기 어려울 수 있다. 몇몇은 단지 우리가 문화를 이해하지 못해서 생기는 것이다. 성경을 볼 때, 성경이 완전히 이질적인 문화의 산물임을 받아들여야 한다. 그 문화는 여자, 결혼, 음식, 노동 등에 대해 완전히 다른 기준을 가지고 있다. 탐험을 잘하는 사람은 방문하는 나라에 자기 문화를 강요하지 않는다. 반대로 방문지의 문화를 이해하고 배우려고 한다.

세부사항을 파악하라 성경에는 눈길을 끄는 수많은 인물들이 등장한다. 협잡꾼들, 사기꾼들, 이상심리자들, 예언자들, 멸망 예고자들과 낙천적인 인물들이 수없이 나온다. 그들의 성격을 이해하고 무엇이 그들을 움직이게 하는지 찾아내라.

전부 이해하려고 애쓰지 말라 영국에서 오래 산 프랑스인 친구가 크리켓(영국인이 열광하는 야구 비슷한 경기-옮긴이)에 관해 한마디 하기 앞서서 이렇게 털어놨다. "솔직히 아직도 이해가 안 가는 면이 많아." 한 나라에 아무리 오래 머물러도 의아스러운 면은 늘 있게 마련이다. 성경에 보면 결코 이해하지 못할 면들이 나온다. 그렇다고 우리가 탐험을 멈춰야 한다는 뜻은 아니다.

이름에 너무 신경 쓰지 말라 사람들은 어떤 이유에서인지 성경 지명과 인명에 무척 신경을 쓴다. 나로서는 이해가 잘 되지 않는다. 고대 이스라엘 사람들이 '스룹바벨'을 어떻게 읽었을지 우리가 알게 뭐란 말인가? 모르긴 해도 '주블'이라고 읽었을 수도 있다. 그러니 너무 신경 쓰지 말라.

상식을 활용하라 하나님은 우리에게 지혜를 주셨다. 사람에 따라서 좀 다를 수는 있지만 어쨌든 우리 모두에게는 지혜가 있다. 따라서 성경을 읽을 때, 하나님이 주신 지혜를 활용토록 하라. 한 구절에 바탕을 둔 휘황찬란한 이론과 개념들에 너무 깊이 빠지지 말라. 언제 사람들이 은유적으로나 문학적으로 말하는지 구별하도록 해보라. 그렇다. 상식을 사용하라.

항상 질문하라 질문을 던져라. 많은 질문을 던져라. 어떤 질문을 던져야 할지 생각나지 않으면, 그냥 다음으로 넘어가라.

성경에서 알아야 할 몇 가지

성경을 이해하고자 할 때 가장 중요한 요소는 질문할 수 있는 능력이다. 본문 안으로 들어가려고 해야 한다. 그러려면 질문을 던지고 그 답을 찾아야 한다. 어렸을 때는 성경 본문에 대해서 질문하거나 의심하면 죄를 짓는 것이나 마찬가지고, 이것은 불신자나 할 일이라고 생각한 적이 있다. 그러나 사실 성경은 하나님께 난감한 질문을 던진 사람들의 이야기로 가득하다. 성경 연구에는 아래와 같은 핵심요소들이 있다고 생각한다.

▶ 본문의 기원 이해

▶ 본문의 내용 이해

	본문의 기원 이해	본문의 내용 이해	본문의 의미 이해
누가	누가 본문을 썼는가?	누가 본문에 등장하는가?	말하고 있는 저자는 누구인가?
무엇	본문에서 무슨 일이 일어나고 있는가?	본문의 문체는 무엇인가?	본문의 배후에는 어떤 사상이 있는가?
왜	왜 본문이 기록됐는가?	왜 사건들이 일어나는가?	왜 저자는 특정한 단어나 문구를 쓰는가?
언제	언제 기록됐는가?	언제 행동이 시작되는가?	전체 일의 진행에서 볼 때 언제 이 일이 일어났는가?
어디	어디서 기록됐는가?	어디서 행동이 일어나는가?	이 사건을 통해 하나님은 나를 어디로 이끄시는가?
어떻게	본문은 어떻게 서로 엮이는가?	내 삶에 어떻게 적용해야 하는가?	이 본문을 다른 사람에게는 어떻게 말해줘야 하는가?

▶ 본문의 의미 이해

우리 아이가 〈쿵푸〉 영화의 대사를 흉내 내는 것처럼 무조건 중얼거려서는 안 된다. 이해하기 위해서는 질문해야 한다. 어떤 성경의 본문이라도 이해하기 위해서는 몇 가지 질문을 던져야 한다. 물론 모든 질문들이 성경의 전 부분에 모두 적합한 것은 아니다. 그래서 그 중 적합한 것들을 몇 개 택해서 물어야 한다.

탐험의 목적

탐험가들에게는 한 가지 목적이 있다. 탐험하는 것이다. 이 사람들은 새로운 곳에 다다르고 남이 오르지 못한 곳에 오르며 전에 아무도 발견하지 못한 것들을 발견하기를 원한다. 모든 탐험은 지식의 수집에 관한 것이고 성경 탐험도 크게 다르지 않다. 성경을 읽으면 여러 가지 지식이 우리에게 주어진다. 특히 아래 세 영역에 관한 지식을 얻을 수 있다.

성경 알기 너무나 당연하게 들리지만 짚고 넘어가자. 성경을 읽으면 읽을수록 성경을 이해하게 된다. 성경을 더 많이 인용하고 더 많이 연관시킬 수 있으며 더 큰 그림을 볼 수 있게 된다. 어떻게 된 일인지 더 잘 이해하고, 그것을 어떻게 적용해야 할지 더 많이 알게 된다.

인생 알기 성경은 멋진 사상을 담아놓은 책이 아니다. 삶의 실천적인 기초를 제공한다고 스스로 주장하는 책이다. 성경을 통해서 어떻게 살아야 할지 알려주는 조언, 해야 할 일들, 지녀야 할 태도,

피해야 할 행동을 알게 된다. 성경을 탐구함으로써 우리 자신의 삶에 적용할 수 있는 규칙과 원리들을 발견하게 된다.

하나님 알기 크리스천들은 성경 탐험의 진정한 목적과 목표는 하나님과 우리의 관계를 더 깊게 하는 것이라 믿는다. 크리스천들은 성경을 읽음으로써 인간의 창조주, 인간을 으뜸 되게 지으신 그분을 만나게 된다고 믿는다. 이것이 성경을 다른 책들과 구별되게 만드는 궁극적인 요인이다. 나는 성경을 탐구함으로써 우리가 성경의 근본 성격에 도달하게 된다고 믿는다.

난해한 주제

하나님의 영감 크리스천들은 성경이 '신적으로 영감' 되었다고 말한다. 예를 들어 디모데후서 3장 16절과 같은 구절들 때문이다. "모든 성경은 하나님의 영감으로 된 것으로, 교훈과 책망과 바르게 함과 의로 교육하기에 유익합니다." 사실 바울이 영감이라고 한 말은 '하나님이 내쉰 숨' 이다. 크리스천들은 이렇게 말함으로써 성경이 단지 인간의 저작물이 아니라 하나님의 감독과 영감 아래서 인간이 활동한 결과물이라는 의미로 해석한다.

어떤 사람들은 문자적인 영감설, 즉 성경의 모든 글자 한 자 한 자가 하나님으로부터 직접 받은 것이라고 주장한다. 이 설을 믿는 사람들은 '하나님은 완벽하시므로 실수하실 수 없다. 따라서 신적으로 영감된 성경 역시 과오 없이 완벽해야 한다' 고 여긴다. 이 설을 극단적으로 믿고 밀고 나가는 사람들이라면 성경의 모든 요소가 일체 과오가 없다고 주장한다. 종교적인 측면뿐 아니라 역사와 과학이라는 면에서도 그렇다는 것이다. 이런 '근본주의자들'은 성경 역사와 충돌을 일으키는 진화론 같은 과학 이론이나 고고학적인 이론들을 배격한다.

어떤 사람들은 '도덕적인 영감설' 을 말한다. 성경의 도덕적이고 윤리적인 가르침이 영감됐다는 것이다. 이 사람들은 종교적이고 신화적인 가르침들은 영감되지 않았다고 한다. 이 설을 따르는 사람들은 예를 들어 예수님의 도덕적인 가르침에는 동의하지만 그분의 기적이나 부활은 배격한다. 혹은 그런 사건들을 은유적이거나 상징적으로 설명하려고 한다.

그런가 하면 '전적인 영감설' 을 선호하는 사람들도 있다. 성경이 다루고 있는 주제들은 하나님이 영감하셨지만, 문법, 문장 세부사항들은 원저작자의 몫이라는 생각이다. 저작자들이 성령님의 지휘와 영감을 받았지만, 그들이 사용한 언어는 그들 자신의 것이라는 견해를 취한다. 저작자들은 성경을 기록하면서 실수와 오류를 저지를 수 있지만, 그들이 전하는 말의 의미와 의의는 하나님의 영감을 받았다는 것이다.

여기서 핵심이 되는 것은 '영감으로' 라는 말이다. 이 말은 라틴어 스피라레(*spirare*)에서 나왔다. 숨 쉰다는 뜻이다. 여기에 '안에(in)' 가 붙은 것이다. '영감으로' 는 사전적으로는 안으로 숨을 불어넣다는 뜻이다. 따라서 성경이 '하나님이 영감하신' 것이라면, 성경을 읽는다는 말은 무엇인가를 흡입한다는 것이다. 그분이 느끼시는 것을 느끼고 그분의 말을 들으며 우리 안에서 그분의 생명력을 느낀다는 것이다. 따라서 성경에 대한 당신의 견해가 무엇이든 간에, 가장 중요한 것은 '성경이 내 인생을 어떻게 바꾸었나?' 일 것이다. 하나님에 속한 무엇인가를 들여 쉰다는 것은 더 사랑스러운, 더 친절하고 용서하는, 더 신실하고 인내하는, 더 이해력 있고 동정심 있는 사람이 되는 것, 하나님 안에 있는 이런 특성들을 더 잘 알아보고 반응한다는 뜻이기 때문이다. 그때 우리는 진정으로 영감을 받을 테고, 이로써 성경은 진정 영감된 것으로 인정될 것이다.

성경의 형성

히브리 성경 처음에는 히브리 성경밖에 없었다. 히브리 성경은 크리스천들이 가지고 있는 구약성경과 똑같다. 그러나 율법서, 예언서, 성문서라는 세 가지 표제어 아래 배열돼 있는 순서는 다르다. 이 배열은 좀 더 시간 순에 따른 것으로서 성경이 한 권으로 구성되는 세 단계를 보여준다. 첫째는 모세의 율법, 다음으로는 예언자들의 글, 마지막으로는 다양한 주제의 글들 순서이다. 히브리 성경은 크리스천들의 구약성경이 갈라놓은 책들을 한데 합쳐놓고 있다. 사무엘, 역대기, 열왕기는 두 권이 아니라 한 권으로 돼 있다. 그리고 12소예언서 전체도 한 권으로 돼 있다. 그래서 히브리 성경은 24권이다. 반면 크리스천들이 가지고 있는 구약성경은 39권이다.

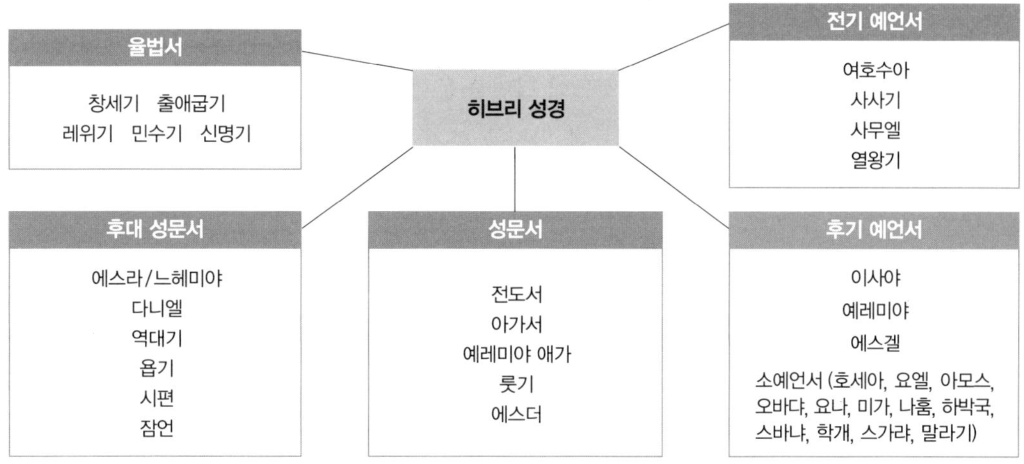

구전 전승 초대교회는 유대인의 성경을 사용했다. 아마도 시편으로 찬송하고 예수님을 가리키는 구절들을 낭독했을 것이다. 여기에 더하여 지상에서의 예수님 생애에 관한 이야기들을 말하고, 그분에 얽힌 추억들과 회자되는 말씀들을 나눴을 것이다. 이런 것들이 집단에서 집단으로, 목격자에서 다른 사람들에게 말로 전해지는 추억, 즉 구전 전승이다. 초기에 교회는 지리적으로 크게 한계가 있었다. 목격자 상당수가 살아 있었고 제자들은 예수님의 재림이 임박했다고 믿었다. 이런 이유로 그들은 여러 전승들을 기록할 필요를 느끼지 못했는지도 모른다.

첫 기록물 그러나 어느 정도 시간이 흘러 교회가 소아시아 전역으로 퍼져갔다. 주님의 재림은 기대했던 것보다 신속하게 임하지 않았고, 최초의 목격자들 역시 하나 둘 죽기 시작했다(혹은 순교했다). 따라서 이런 이야기들과 이야기 모음집이 편찬돼야 할 필요가 절실해졌다. 새로운 회심자들이 예수님의 이야기에 관해 아는 바가 있어야 했기 때문이다. 그래서 다양한 사람들이 다양한 자료들과 자신의 관찰을 담아 회고록을 기록하기 시작했다.

그 이후의 저작물 이뿐 아니다. 바울이나 베드로, 요한과 같은 인물들도 교회들이 당면한 문제를 해결하고 영적인 조언을 주기 위해 여러 교회들에 편지를 쓰기 시작했다. 이레네우스와 폴리캅 같은 교회에서 존경 받던 인물들이 쓴 문서들도 있었다. 소중한 가르침과 통찰을 담은 이 편지들은 수집되고 필사되어 초대교회에 두루 전해지며 읽혔다.

진위 논쟁 여기까지는 괜찮다. 그러나 다른 문서들이 돌기 시작했다. 환상적인 이야기와 괴상스러운 내용들로 가득 찬 거짓 '복음서들' 이 나돌기 시작한 것이다. 이 문서들 중 일부는 그리스도교에 치명상을 가하려는 적대자들, 혹은 사람들을 자신들의 거짓 가르침으로 유혹하려는 자들에 의해 지어진 것들이었다. 간혹 상상력이 너무 뛰어난 사람들이 선의로 지은 것들도 있었다. 이 '복음서들' 이 다루고 있는 소재들은 주로 예수님의 어린 시절, 특히 실제로는 별로 알려진 바가 없는 그의 유아시절과 성장기에 관한 것이었다. 이렇게 지어진 복음서들 중에는 예수님께 아내와 가족들이 있었다거나, 유년시절에도 기적을 베풀었다거나, 친구들과 의기투합해 스승을 죽였다고 하는 것들이 있다.

교회는 심각하고 시급한 질문에 봉착했다. 어떤 것이 교회의 공식적인 가르침인가? 어떤 것이 '공인된' 문서인가?

성경 목록 이런 문제에 직면하여 교회의 지도자들은 공증되고 권장할 수 있는 목록을 만들기 시작했다. 한 번 더 문제가 일어났다. 그리스도교는 당시만 해도 중앙 리더십 없이 성장하고 있는 신앙이었기에, 지역 지도자들의 취향을 반영하는 수많은 목록들이 우후죽순처럼 생겨났던 것이다. 가장 초기의 목록 하나가 이를 생생히 반증한다. 이 목록은 주후 144년 마르시온(Marcion)이라는 지도자가 제시했다. 마르시온은 반유대교적인 성향이 강한 인물이었기에, 그의 목록에서는 구약성경 전체와 누가복음을 제외한 모든 복음서가 빠져 있다(그나마 누가복음도 마음에 들지 않는 부분은 편집 당했다). 그는 몇몇 바울 편지는 끼워 넣었다(바울은 헬라쪽이니 그나마 괜찮았다).

지도자들의 취향을 드러내는 여러 목록들 사이에 점차 합의가 도출됐고, 대다수의 목록들은 4복음서, 사도행전, 바울의 편지들을 포함시켰다. 그러나 야고보서, 유다서, 히브리서, 베드로후서, 요한이삼서, 요한계시록에 대해서는 논란이 많았다.

?! 궁금증 해소

누락된 책들

거부된 책들 중 상당수가 오늘날도 여전히 읽히고 있다.

- 클레멘트, 이그나티우스, 폴리캅 같은 초대교회 지도자들의 친서
- 디다케(*Didache*), 헤르마스의 목자(*the Shepherd of Hermas*) 같은 작자 미상의 글들이 담고 있는 가르침은 지순한 것으로 여겨졌으나 성경에 포함될 만큼 유익하지는 않은 것으로 본 듯하다.
- 도마복음, 이집트인의 복음서, 히브리인의 복음서, 바울행전, 테클라행전 등 위작 복음서와 행전들은 위작으로 거부됐다. 오늘날 어떤 전문가들은 예수님의 진짜 말씀이 허황돼 보이는 말들 속에 숨겨 있을지도 모른다고 주장한다.

기독교 문서 선집에 들어갈 수 있는 책의 기준은 최우선적으로 저작자였다. 사도나 사도의 측근들이 쓴 책으로 인정받은 것들은 대체로 공인을 받았다. 저작자가 의심스러운 것들은 "논쟁중인 책"으로 분류됐다. 사도들이 쓰지 않은 것으로 밝혀지면 거부됐다.

이 모든 일들이 주후 376년 정점에 이르렀다. 이 해는 주교 아타나시우스가 교구의 교회들에게 부활절 서신을 써 회람케 한 해였다. 그는 이 편지에서 '성경'을 구성하는 요소에 대한 자신의 생각을 밝혔다. 그의 문서 목록(우리가 지금 가지고 있는 것과 똑같다)은 마침내 382년 로마, 397년 카르타고 공의회에서 모두 공인을 받았다. 이렇게 해서 목록이 확정됐다. 공식적이고 공증된, 널리 알려진 문서들이 결정된 것이다. 그러나 그때까지도 논란은 일부 남아 있었고, 요한계시록은 확정된 선집 목록에 가까스로 낄 수 있었다.

그러니까 오늘날 우리가 가지고 있는 성경은 '성장한' 것이다. 어떤 사람이 혼자 내용을 결정한 게 아니다. 동의와 합의, 논쟁의 산물이다. 초대교회가 약 400년경까지 우리가 가지고 있는 성경의 내용에 동의하지 않았다는 점은 기억할 만한 가치가 있다.

따라서 우리가 알고 있는 성경은 아래와 같은 구성요소들의 집합체다.

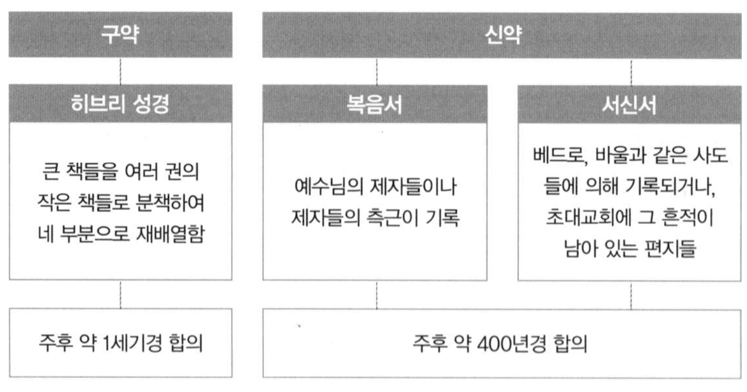
구약
신약
히브리 성경
큰 책들을 여러 권의 작은 책들로 분책하여 네 부분으로 재배열함
복음서
예수님의 제자들이나 제자들의 측근이 기록
서신서
베드로, 바울과 같은 사도들에 의해 기록되거나, 초대교회에 그 흔적이 남아 있는 편지들
주후 약 1세기경 합의
주후 약 400년경 합의

궁금증 해소

외경

당신이 가지고 있는 성경은 앞서 말한 것보다 더 많은 책들이 들어 있을 수도 있다. 그렇다면 동방정교회나 로마 가톨릭교회의 성경일 것이다. 이 성경들에는 사람들이 외경이라고 부르는 책들이 들어 있다. 논란의 대상이 되고 있는 이 책들은 구약과 신약의 중간에 자리 잡고 있다. 마지막 예언자들 이후, 그리스도가 오시기 전에 기록된 책들로서, 마카베오, 에스드라서, 지혜서, 토비트, 집회서가 여기 포함된다. 어떤 경우에는 몇 장이 더 추가된 다니엘서를 볼 수도 있다. 가톨릭교회는 이 책들 역시 권위 있는 것으로 보기는 하지만 다른 히브리 성경과는 차이를 둔다. 개신교회는 종교개혁(약 1530년경) 당시 가톨릭교회로부터 분리돼 나오면서 이 책들을 거부했다.

큰 그림

성경의 사건들과 연대

창조와 선사시대 하나님은 하늘과 땅을 창조하셨다. 아름다운 세상을 창조하셨다. 그분은 남자와 여자를 창조하셨다. 그들에게는 한 동산이 거처로 주어졌고, 단 한 가지의 규칙이 요구되었다. 그러나 그들은 유혹에 빠져서 하나님으로부터 등을 돌리기로 결정했다. 그들은 그 동산에서 쫓겨났다. 죄와 악이 하나님이 지으신 창조세계를 오염시켰다.

인류는 온 땅에 퍼져나가기 시작했다. 더불어 악도 퍼졌다. 아담과 하와의 큰아들은 자기 동생을 살해했다. 마침내 하나님은 모든 인류를 쓸어버리고 다시 시작하기로 하셨다. 잠깐, 전부는 아니었다. 노아는 의인이었다. 그와 그의 가족은 홍수에서 살아남았다. 노아에게는 땅에 다시 후손들을 퍼뜨리라는 책임이 주어졌다. 하나님은 다시는 인류를 파멸하지 않겠다고 맹세하셨다.

족장들 그러나 악의 문제는 뿌리 뽑히지 않았다. 그래서 하나님은 새로운 계획을 시행하셨다. 그분은 한 민족, 한 선택 받은 겨레를 통해서 일하시기로 작정하셨다. 이 겨레의 조상으로 아브라함을 뽑으셨다. 하나님은 아브라함에게 그의 후손들이 큰 민족(유대민족)을 이룰 것이라고 약속하셨다. 그들에게는 살 땅, 가나안 땅도 주어질 것이다. 또한 모든 인류가 아브라함의 한 후손으로 말미암아 복을 받게 될 것이라고도 약속하셨다. 아브라함은 늙은 나이에 이삭이라는 아들을 낳았다. 이삭은 쌍둥이 아들 에서와 야곱을 낳았다. 그러나 상속은 차남을 통해 이루어졌다. 야곱은 열두 아들을 두었다. 그의 아들 중 하나인 요셉이 어쩌다가 이집트에 안착했다. 나중에 이 아들은 기근을 피해 이집트로 내려온 나머지 골육들과 상봉한다. 야곱의 이름은 이스라엘로 바뀐다. 그 후로부터 야곱의 자손들은 이 이름으로 불리게 된다.

이집트에서 아브라함의 후손들은 불어나기 시작한다. 몇 백 년 후, 좋은 소식과 나쁜 소식이 동시에 들려온다. 좋은 소식은 최소한 약속의 일부가 실현된다는 것이다. 나쁜 소식은 민족 전체가 노예 신세로 전락한다는 것이다.

출애굽 하나님은 모세라는 한 지도자를 일으키셨다. 그는 이집트 왕에게 이스라엘 백성을 놓아주라고 말한 인물이다. 이집트 사람들에게 심각한 역병들이 임하고 나서, 이스라엘 백성은 자유의 몸이 된다. 이스라엘 백성은 하나님이 조상 아브라함에게 약속하셨던 땅으로 돌아간다. 그 길에서 하나님은 유대인들이 한 민족으로서 어떻게 행동해야 하는지, 그들의 하나님을 어떻게 경배해야 하는지에 관하여 율법과 상세한 지침을 내려주신다. 그러나 그들의 믿음은 약속의 땅으로 들어오기 직전 추락한다. 너무 겁을 먹은 나머지 땅을 차지하지 못한다. 믿음이 부족했던 나머지, 광야에서 40년간을 방랑하며 보내야 했다. 모세는 약속의 땅을 밟지 못한다. 그는 가나안 땅이 내려다보이는 한 산에서 죽고, 여호수아에게 지도자 자리를 물려준다. 이스라엘 백성은 여호수아의 영도 아래 요단 강을 건너고 그 땅을 정복한다. 그러나 첫 전투에서의 승리를 얻기 무섭게 옛날 버릇이 나온다. 하나님은 그분의 백성에게 모든 땅을 정복하라고 명백히 명하셨으나, 백성들은 일종의 타협을 한다.

원주민인 가나안 족속들 일부가 남아 이스라엘 백성과 함께 산다. 이때 그들의 예배 형식도 남게 된다. 이후 800년 동안 이스라엘 백성은 하나님 예배와 거짓 신들 예배 사이에서 오락가락 한다.

사사들 먼저 사사들의 시대가 나온다. 이때는 나라에 무법과 폭력이 난무하고 "사람들은 저마다 자기 뜻에 맞는 대로" 하던 시대였다. 드보라와 기드온과 삼손과 같은 사사들은 이 어두움에 잠깐 밝은 빛을 던져주었을 뿐이다.

통일왕국 이스라엘 백성들은 왕을 구했고, 사울이 이스라엘의 초대 왕이 됐다. 첫 단추가 잘못 끼워졌다. 사울은 고집 세고 어리석은 리더였다. 그의 뒤를 이스라엘의 가장 훌륭한 왕인 다윗이 이었다. 다윗과 그의 아들 솔로몬의 영도 아래 이스라엘은 막강한 힘과 세력을 갖게 된다. 다윗은 이스라엘의 원수들을 크게 무찔렀고, 솔로몬은 예루살렘에 위용이 대단한 성전을 세웠다.

분열왕국 태평성세는 오래 가지 않았다. 솔로몬이 죽자마자, 나라는 내전에 휩싸였다. '약속의 땅'은 북쪽의 이스라엘과 남쪽의 유다, 두 나라로 갈라졌다. 이후 300년은 길고 지루한 몰락기가 이어진다. 두 나라는 강대국들에게 줄곧 침략 당한다. 나라 안은 거짓 신들을 좇는 악한 왕들의 계속되는 출현으로 피폐해졌다. 하나님은 이들을 돌이키기 위해 여러 명의 메신저들, 즉 예언자들을 보내셨다. 이들은 백성들에게 도전하고 그들을 꾸짖었으며, 두 나라를 기다리고 있는 운명에 대해 예견했다. 그러나 효과는 별로 없었다. 주전 722년 북왕국 이스라엘이 포위되고 거민들은 앗시리아에 포로로 잡혀간다. 이들의 자취는 다시는 찾을 수 없게 된다. 백 년 후 남왕국 유다가 다른 무서운 제국인 바벨론에 함락된다. 백성들은

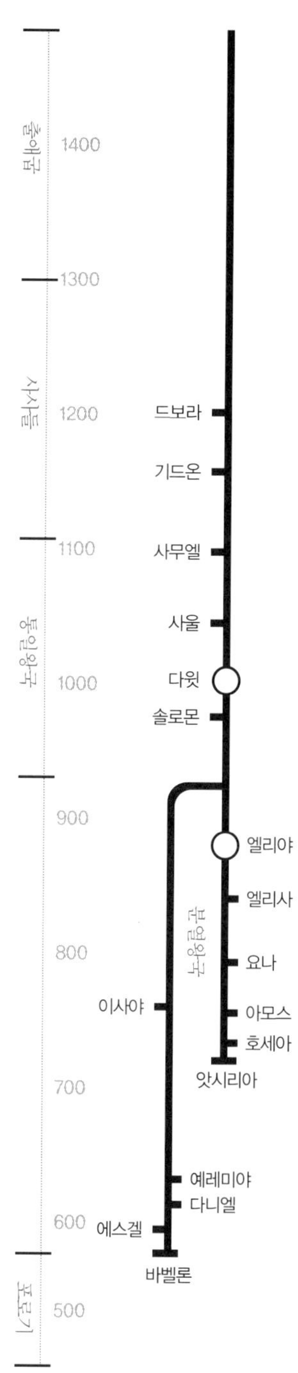

포로로 끌려간다. 하지만 모든 희망이 사라진 것은 아니었다. 포로로 끌려가기 전, 그리고 끌려가서도 예언자들은 '택함을 받은 한 분' 이라는 뜻의 메시아에 대해 말했다. 메시아는 그분의 백성을 구출하기 위해 하나님이 보내실 능한 리더이다.

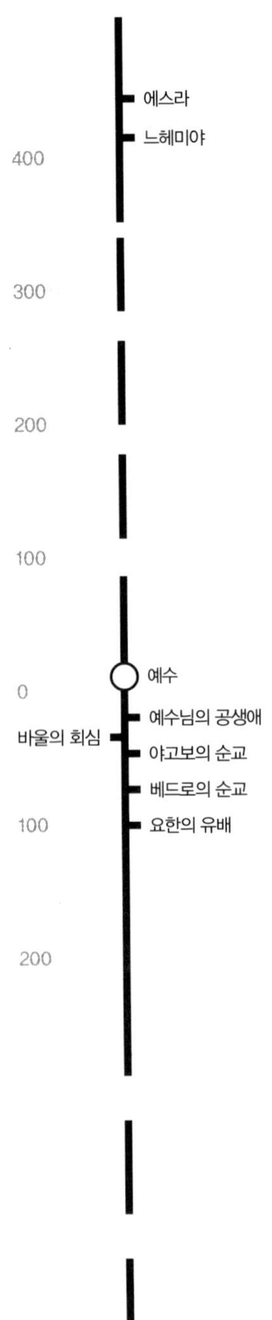

포로기와 귀환 유다왕국의 포로기는 70년이나 지속됐다. 바벨론 제국이 망하기 전부터 포로로 잡혀갔던 자들이 이스라엘로 돌아오기 시작했다. 남아 있던 자들의 배척에도 불구하고 그들은 예루살렘 성과 성전을 재건했다. 그러나 한때 영화로웠던 시대는 가고 오지 않았다. 하나님은 더 이상 예언자들을 보내지 않으셨고, 이스라엘은 먼저는 그리스인, 나중에는 막강한 로마제국 등 침략자들에게 자비를 구걸하는 신세가 됐다. 이스라엘 백성들은 점차 오랫동안 기다려온 메시아에 희망을 걸었다.

예수 아주 오래 전 아브라함에게 주어진 약속이 놀라운 방법으로 이루어졌다. 마리아라는 가난한 젊은 여자가 아들을 잉태했다. 이 아들의 아버지는 하나님 자신이었다. 이 아들 예수는 가난 속에서 태어나 북부 이스라엘의 한 촌락에서 눈에 띄지 않게 자라났다.

예수는 서른 살쯤 되었을 무렵 소식을 전하기 시작한다. 광야에서 아주 잠깐 지낸 후 그는 이스라엘 전체를 돌면서 가르치고 전파하며 기적을 베풀었다. 그는 자신에 대해서, 선생이나 예언자를 능가하는 권위를 주장했다. 그는 사람들의 죄를 용서했고 죽은 자를 일으켰다. 기성의 권위에도 도전했다. 자신을 따르는 소수의 무리와 함께 의기양양하게 예루살렘에 입성했다. 이후 모든 일들이 잘못된다. 추종자 가운데 한 명에게 배신을 당하고는 당국의 심문을 받고 도시 밖으로 끌려 나가 처형당한다.

사흘 후 그의 제자들은 눈이 휘둥그레질 만한 주장을 하기 시작한다. 예수가 죽은 자들 가운데서 살아났고 제자들 상당수에게 나타났다는 것이다. 여기서 그치지 않는다. 예수가 메시아고, 그의 죽음이 세상을 바꿔놓았으며, 그가 자신들에게 능력과 감동을 주기 위해 성령이라는 새로운 돕는 분을 보내셨다고 주장한다. 제자들은 멀리, 널리 다니면서 이 소식을 퍼뜨렸다.

초대교회 이 메시지에 사로잡힌 제자들은 유대인과 로마 당국자로부터 박해를 당했다. 예수님의 첫 제자 중 한 명인 베드로, 예수님의 제자들을 박해했다가 놀라운 환상을 보고 가장 열렬한 옹호자가 된 바울 등 새로운 리더들이 출현했다. 예수님에 관한 이야기들이 점차 글로 기록되고 세상 여기저기로 퍼져나갔다. 제자들은 교회라고 불리는 그룹을 형성했다. 민족을 초월해서 많은 사람들이 이 메시아를 믿기 시작했다.

미래 어떤 사람들은 더 멀리까지 내다봤다. 예수님의 초기 추종자 가운데 한 사람인 요한은 작은 섬에 유배되어 있을 때 마지막 때에 관한 환상을 봤다. 예수님은 돌아와서 어두움에 대해 최종적인 승리를 거두실 것이다. 세상은 시작이 있었듯 끝이 날 것이다. 창조 때 그렇게 하신 것처럼 하나님은 새 하늘과 새 땅을 창조하실 것이다. 여기서 예수님의 모든 제자들이 평안 가운데 살 것이다. 이것이 전체 줄거리다. 이제부터 읽어나가자.

구약성경

중간기

THE BIBLE MAP

2부 구약성경

구약성경
욥기
창세기
출애굽기
지혜서
시편
레위기
민수기
율법서
신명기
잠언
룻기
전도서
사사기
사무엘상
아가서
여호수아
사무엘하
요나
역대상
열왕기상
말라기
역사서
역대하
하박국
오바댜
열왕기하
호세아
소예언서
요엘
에스더
에스라
느헤미야
아모스
나훔
미가
예레미야
이사야
학개
예언서
스바냐
예레미야애가
스가랴
다니엘
대예언서
에스겔

구약성경

우리가 '구약' 이라는 이름 아래 분류하는 책들은 지금까지 집필된 가장 놀라운 작품에 들어간다. 구약성경을 제대로 평가하기 위해서는 몇 가지 매우 중요한 사실들을 알아야 한다.

구약의 기록자는 크리스천이 아니다

구약성경이라는 용어는 신약성경과 함께 집대성되었을 때, 다시 말해서 구약이 크리스천이 보는 성경의 일부가 되었을 때 붙여진 이름이다. '구(Old)' 라는 것은 크리스천들이 보기에 하나님과의 관계에서 예비적인 성격을 가지고 있고, 예수 그리스도를 통해서 드러난 새로운 관계에 의해서 대체되었다는 뜻이다. 따라서 구약성경에 등장하는 사람들이 크리스천들처럼 행동하리라고 기대할 수는 없다. 그들은 예수님이 오시기 수천 년 전에 살았던 사람들이다.

장구한 세월을 두고 기록됐다

구약성경에는 다양한 문화와 배경이 나타날 뿐더러, 한 책으로 엮이기까지 약 1500년이 걸렸다. 따라서 구약성경의 초기 부분에 묘사된 문화는 신약성경의 문화나 구약성경 내 다른 문화들과 다르다. 시대에 따라 태도와 행동양식은 크게 달라졌다. 구약성경의 말미에 이르면, 한 남성이 한 여성과 결혼하는 것이 당연시되지만, 훨씬 앞선 시대에는 한 남성이 여러 여성을 아내로 거느리는 일이 흔했다(솔로몬 왕 같은 이는 수천 명도 거느렸다).

특별하게 구성 편집됐다

구약성경은 정교하게 편집되고 여러 명의 편집자와 편찬자들에 의해 한데 모아진 문서들의 선집이다. 이 말은 책들의 저작 연대와 실제 기록자를 밝혀내기가 어렵다는 뜻이다. 대개 원래의 자료가 기록된 지 오랜 후에 자신의 생각이나 첨언을 덧붙인 편집자에 의해 편찬되었기 때문이다.

하나의 체계가 아니다

이런 이유들 때문에 불가능한 것은 아니지만 구약성경이 표방하는 신앙에 대해 하나로 통일된 체계를 말하는 것은 어렵다. 사상과 태도가 수도 없이 바뀐다. 하나님은 다른 사람들에게 자신을 다른 방법들로 나타내셨다. 신약성경은 아브라함을 '믿음의 조상'이라고 하지만, 그의 하나님에 대한 이해는 우리의 이해와 사뭇 달랐다. 그는 하나님이 이집트에서 이스라엘 백성을 구원하시거나, 율법을 주시거나, 무엇보다 결정적으로 예수님이 오시기 훨씬 전에 살았던 인물이다.

구약의 하나님이 신약의 하나님과 많이 달라 보인다는 엄청난 문제가 특히 크리스천 사이에 오랫동안 제기돼 왔다. 어떤 사람들은 구약을 통째로 외면함으로써 이 차이를 해결할 수 있었다. 하나님은 어제와 오늘, 그리고 영원히 동일하시므로 아무런 차이가 없다고 주장하는 사람들도 있다. 그러나 대부분의 독자들은 당혹스럽게도 '맞지' 않는 면들을 발견한다. 구약성경을 관통하는 주제들이 없다는 말은 아니다. 사랑, 정의, 자비, 긍휼 등의 개념이 구약성경의 여러 책들에 공식처럼 등장한다. 구약성경에 나오는 백성들 역시 우리 삶과 주변 사람들의 삶에서 발견되는 많은 특징들, 희망, 두려움, 기쁨, 탐심, 배반, 이기심 등 많은 인간의 보편적인 감정들을 드러낸다. 하지만 쉽게 이해되지 않는 많은 것들, 납득하기조차 어려운 행동도 발견된다.

율법서

성경의 첫 다섯 책들을 오경(Pentateuch)이라고 부른다. 그리스어의 펜타튜코스(*pentateuchos*)에서 나온 말로 '다섯 권의 책'이라는 뜻이다. 이 책들은 전통적으로 모세가 쓴 것으로 알려져 왔다. 어떤 사람들은 모세가 직접 썼다고 하고, 다른 사람들은 모세의 말과 모세가 하나님을 만난 일이 오경의 영감이 되었다고 주장한다. 이 다섯 권의 책들은 모세의 율법이라고 흔히 불린다. 성경의 다른 곳에서 '율법'이라고 하면, 대개는 이 다섯 권의 책을 뜻한다.

궁금증 해소

오경의 다른 이름

- 율법(스 10:3; 마 12:5; 눅 16:16)
- 율법책(느 8:3; 갈 3:10)
- 모세의 율법책(느 8:1; 눅 2:22)
- 모세의 책(대하 25:4; 막 12:26)
- 여호와의 율법(스 7:10; 눅 2:23-24)
- 하나님의 율법(느 10:28-29)
- 하나님의 율법책(대하 17:9)
- 성경 첫 부분(기타)

| 창세기 인간의 창조에서 시작해서, 아브라함, 이삭, 야곱과 같은 조상들을 통해 이스라엘 백성의 기원으로 이어진다. 범지구적인 관점에서 시작하지만(세계의 창조만큼 범지구적인 것은 없으니까), 곧 이스라엘 이야기로 초점이 좁아진다. 창세기의 끝부분으로 가면 이스라엘 백성은 이집트에서 노예로 잡혀 있게 된다.

| 출애굽기 출애굽기를 통해서 모세의 시대로 들어간다. 출애굽기는 이집트에서의 탈출 이야기로, 모세가 하나님으로부터 십계명과 성막 건설에 필요한 지침들을 받아 실행하는 것으로 마친다.

| 레위기 레위기는 규칙과 규정의 책이라고 해도 지나치지 않다. 종교적인 관료주의라고 부를 수도 있다. 대부분의 사람들은 이 책이 어렵고 하품 나온다고 하지만, 그 안에 보석이 숨겨 있다.

| 민수기 수(數)라는 이름이 붙을 정도로 숫자가 가득한 책이다. 이스라엘 백성이 이동할 때 실시한 인구조사와 약속의 땅으로 들어갈 때 이스라엘이 저지른 실패, 광야에서 보낸 40년 또한 기록하고 있다.

| 신명기 이 책의 골자는 모세의 고별 연설이다. 모세가 죽기 직전, 이스라엘 백성이 약속의 땅으로 들어가기 직전에 주어진 다른 책들의 요약본이라고도 할 수 있다.

궁금증 해소

사경? 오경? 육경?

어떤 학자들은 오경은 실제로는 여호수아가 추가돼 육경(헥사튜크, Hexateuch)이 돼야 한다고 주장한다. 그런가 하면 신명기를 뺀 네 권의 책 사경(테트라튜크, tetrateuch)이 돼야 한다고 주장하는 학자들도 있다.

창세기

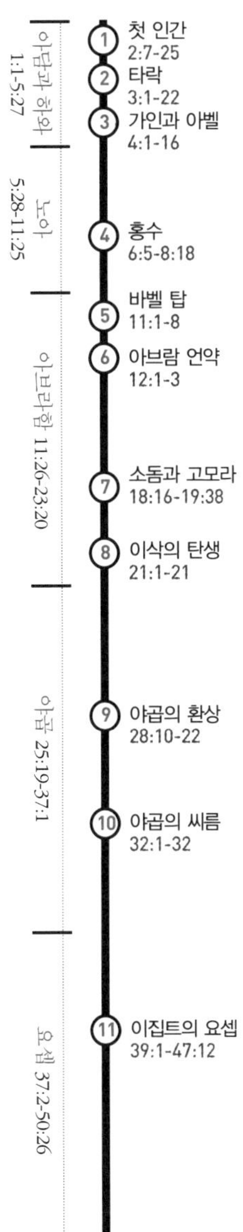

태초에

창세기는 시작의 책이다. 성경의 시작뿐 아니라 온 우주의 출발이기도 하다.

누가 | 모세가 오경을 썼다는 것이 전통적인 견해다. 오늘날 많은 학자들은 이 책들이 여러 사람의 손을 거친 작품이고 다른 전승들을 포함하고 있다고 믿는 분위기다.

언제 | 창세기는 오래 시간을 두고 기록되었다. 모세 시대에 시작됐지만, 후대인들이 다른 자료들을 첨가하고 편집한 듯하다. 창세기가 최종적인 모습으로 갖춰진 것은 아마도 솔로몬 시대(주전 970-930년)쯤에 이르러서였던 듯하다.

한눈에 보는 안내판

저자 여러 명
유형 율법서
목적 우리가 어디서 왔고 왜 이 땅에 존재하는지 설명한다.
핵심 구절 1:1 "태초에 하나님이 천지를 창조하셨다."
한 가지만 기억하라면 하나님은 이 세상을 아름답게 지으셨으나 모든 일이 치명적으로 잘못돼 버렸다.

한눈에 보는 흐름

창조 1:1-2:4
아담과 하와 2:7-3:24
노아 6:5-9:17
아브라함의 부르심 12:1-7; 13:2-18
언약 15:7-21; 17:1-18:15
소돔과 고모라 18:16-19:29
쌍둥이들 25:19-34; 27:1-45
야곱의 사다리 28:10-22
이스라엘이라 부름 32:1-31
요셉 37:1-36; 39:1-21
이집트에서 41:1-42:5
재회 45:1-13; 47:1-12; 50:22-26

창조 시간표		
	날	구절
빛	1	1:3-5
하늘	2	1:6-8
물과 땅	3	1:9-13
발광체	4	1:14-19
물고기와 새	5	1:20-23
동물과 인간	6	1:24-31
안식	7	2:2-3

성경에는 안 나온다

에덴동산

에덴동산이라는 것은 없다. 에덴에 동산 하나가 있었다. 이 둘은 엄연히 다르다. '하나님의 동산'(겔 28:13), '주의 동산'(사 51:3)이라는 표현은 나온다. 에덴은 비손, 기혼, 티그리스, 유프라테스 등 네 지류가 흐르는 한 강이 있는 지역이다. 오늘날의 이라크인 서부 메소포타미아 어딘가에 있었다고 보는 이론이 지배적이다.
동산이 어디에 있었느냐보다 그것이 무엇이었느냐가 더 중요하다. 그곳은 하나님과 사람이 함께 조화롭게 일하고 살던 곳, 순수, 평화, 행복이 있던 곳이다. 훗날 사람들은 하늘을 가리켜서 '낙원'이라는 말을 쓰는데, 이때도 마음속에는 에덴에 있었던 그 장소를 염두에 두고 있는 것 같다. '낙원'이라는 말은 페르시아어로 '동산'이라는 뜻이기 때문이다.

무엇을 | 창세기는 기원에 관한 책이다. 우리가 어디서 왔고 왜 여기에 있는지 독자들에게 말해준다. 창세기의 처음 몇 장에서 성경 나머지에도 나오는 주제들(창조, 죄와 반역, 사랑, 은혜, 자비)을 찾을 수 있다. 아담과 하와가 타락하자 하나님은 징벌만 아니라 구원 또한 계획하셨다.

창세기는 엄청난 책이다. 한 눈에 보기에도 창세기에 견줄 만한 고대근동의 책은 없다. 다른 고대의 문서들도 홍수나 창조를 다루고 있지만, 창세기는 훨씬 일찍 시작해서 늦게 끝난다. 내용도 훨씬 다채롭다.

이 책은 크게 두 부분으로 구성돼 있다. 처음 열한 장은 하나님의 창조와 세상의 혼란과 인간의 죄로 인한 몰락을 그린다. 두 번째 부분은 아브라함, 이삭, 야곱, 요셉과 같은 몇 명의 핵심 인물들을 중심으로 돌아간다. 이들은 족장들, '시조들'로 불린다. 성경이 하나님에 관한 책이 아니라, 하나님과 사람에 관한 책임을 알게 하는 대목이다.

하나님은 인격적이시다. 그분은 말씀하고 사고하며 사람들과 관계를 맺으신다. 이런 하나님은 어떤 비인격적인 '생명력,' 멀찍이 떨어져 있는 낯선 존재가 아니다. 하나님은 자신이 창조한 세계와 소통하길 원하는 그런 분이다. 사실 성경은 피조물들에게 자신을 알리시고, 자기가 지은 사람에게 영감을 주시며, 고치시며, 무엇보다도 사랑해주시는 하나님의 이야기가 전부라 해도 과언이 아니다.

창조 1:1-2:4

창세기 1장 1절에서 2장 4절까지는 우주의 창조를 그리고 있다. 우주는 유형과 순서에 따라, 또한 시간 순으로 배치되고 있다. '빛'

만 제외하면, 창조는 합리적으로 일관성 있는 유형을 따르고 있다. 처음 나흘은 우주, 땅, 바다, 에너지원을 마련한다. 마지막 이틀은 그 장소를 동물, 새, 고기, 사람으로 채운다.

과학적으로 '발광체들' 즉 별들에는 문제가 있다. 별들은 나흘되는 날에 이르기까지 창조되지 않았다. 빛이 맨 먼저 창조돼야 하지 않았을까? 하지만 시간의 순서는 별로 중요하지 않다. 창세기는 언제 별들이 지어졌는가가 아니라, 누가 그것들을 천체에 매다셨는지 말하고 있다.

아담과 하와 2:4-5:27

① 첫 인간 엿새째 되는 날 하나님은 첫 인간인 아담을 창조하셨다. 이 이름은 인간에 해당하는 고대어에서 비롯된 것이다. 아담은 첫 번째 인종, 대표 인간, 원조다.

창세기에는 두 가지 보도가 나온다. 첫 번째 것은 일반적인 보도를 하고 있는 창세기 1장 26-30절이다. 두 번째는 창세기 2장 7-25절

새로운 관점	단지 엿새뿐인가?(2:1-2)
찬성 창세기에서 말하는 대로 하나님은 하루 24시간 엿새 동안 이 모든 일들을 하셨다. **장점** 성경에 나오는 그대로이다. **단점** 지질학적, 과학적 발견과 일치하지 않는다. 시적인 상징주의를 포용하지 못한다.	반대 하나님의 행동에 대한 시적이고 상징적인 표현으로 문자적 의미가 아니다. **장점** 본문이 안고 있는 과학적인 난점과 문제들을 피할 수 있다. **단점** 본문을 있는 그대로 수용한 것이 아니라 본문에 대한 해석에 불과하다.

전망 날에 해당하는 단어는 구약에서 여러 의미를 가지고 있다. 가장 단순하게는 '24시간'이지만, 특정한 순간('주의 날'과 같은 경우), 불특정한 시간(시 95:9에 나오는 것처럼 '그때')을 뜻할 때 쓰기도 한다. 한편 시편 90편 4절은 하나님의 시간이 우리의 시간과 다르다고 한다. 수천 년도 그분에게는 하루와 같다.

?! 궁금증 해소

형상

'하나님의 형상으로 지음 받았다'는 말이 실제로 무슨 뜻인가를 놓고 의견이 분분하다. 그러나 이 말은 최소한 인간에 대해서 상당히 중요한 무엇인가를 뜻한다.

이 말이 물리적인 형상을 뜻하지는 않는다. 많은 회화들에서 하나님은 백인, 노인, 턱수염을 기른 분으로 묘사되고 있다. 성경은 하나님의 외모에 대해서는 입을 닫는다. 하나님은 때로는 인간의 형상을 띠지만 불타는 관목의 모습으로도 나타나신다.

외형으로 볼 때 인류는 인류의 모습을 하고 있다. 우리 안에 있는 하나님의 형상은 다른 무엇이다. 그것은 영혼, 타고난 존엄성, 각 개인의 신성성이다. 우리는 하나님에게 반응할 수 있다는 면에서 하나님과 비슷하다. 우리가 선택할 수 있다는 점에서 그분과 '비슷'하다. 우리는 '옳은 일'을 할 수 있다.

전혀 다르지만 흥미를 끄는 해석도 있다. 이집트와 앗시리아와 같은 고대 문명들은 자신들의 왕을 신의 '형상'이나 대리인으로 묘사했다. 왕의 동상이나 신상은 다른 것이 아니었다. 그것들은 통치자의 형상이었다. 어떤 주석은 창세기가 '이 낡은 개념을 민주적으로 표현'했다고 말한다. 모든 남자와 여자는 하나님의 도장을 지니고 있다. 모든 사람은 이 땅에서 하나님의 대리자들이다.

로서 남자와 여자의 창조에 관한 상세한 보도를 하고 있다. 어떤 사람들은 이 둘 사이에 충돌이 있다고 하지만, 꼭 그렇지만은 않다. 첫 번째 보도는 창조를 한 번 훑어보는 본문 안에서 나온다. 일어난 일들의 세부사항을 묘사하기 위해서 멈추지 않는다. 두 번째 보도는 훨씬 더 상세하다. 아담의 창조와 그에게 동반자가 필요한 점까지 말한다.

여기서 '동반자'는 핵심어다. 하와는 종이 아니라 돕는 배필이다. 많은 사람들이 하와가 아담보다 늦게 지어졌으므로 아담에게 복종해야 하는 존재라고 생각해왔다. 그러나 하와가 한층 개선된 존재, 인간 버전 2.0이라고 주장하는 사람들도 있다. 그러나 하와는 동반자가 되기 위해 지어진 존재다. 이 장의 마지막 부분에 가면 이 조력관계가 자연 질서의 일부임이 밝혀진다. 한 남자와 한 여자는 서로 합하여 한 존재가 되는 것이다.

아담에게는 동물들을 지배할 권한이 주어졌다(창 1:28). 오늘날처럼 환경 문제가 민감한 때는 심각한 논쟁점이 될 수 있다. 왜 인간이 동물을 지배해야 하는가? 명확한 사실(말하자면 인간은 분명히

난해한 주제

| 과학적으로 정확한가?

좋다. 우리가 알고 있는 것에서 출발하자. 창세기는 과학 교과서가 아니다. 창세기는 어떻게 하나님이 세계를 형성하셨는가, 어떤 원자들을 뭉쳐놓으셨는가, 사물이 발생할 수 있도록 엉켜있는 분자 구름들을 어떻게 갈라놓으셨는가 등 세부사항을 다루지 않는다.

창세기에서 세부적이고 과학적인 우주 기원의 보도를 찾는 사람들은 곤경에 처하게 될 것이다. 창세기는 한마디로 그런 책이 아니기 때문이다. 창세기는 과정이 아니라 원인에 관한 책이다. 누가 우주를 창조했나를 다루지, 그가 어떻게 우주를 지었는지를 다루지 않는다. 어떤 과학적인 과정이 인간과 우주에 적용되었든 간에, 그리고 어떤 과정이 사물에 작용하고 있든 간에, 창세기는 모든 것 배후에 하나님의 손이 있다고 말한다.

창세기에 관한 한, 이 책이 과학적 사실들과 충돌을 일으키지는 않지만 어떤 과학이론에게는 지지를 받지 못한다는 점을 기억할 필요가 있다. 진화론은 하나의 이론이다. 빅뱅도 하나의 이론에 불과하다. 이 두 이론은 증거를 설명하기 위해 과학자와 천문학자에 의해 개발되었지만, 어쨌든 여전히 이론은 이론이다.

창세기의 이론은 하나님이 모든 것을 창조하셨다는 것이다. 어떻게 창조하셨는지는 모른다. 단지 그분이 하셨다고만 말하고 있다.

창세기 1장이 가지고 있는 근본적인 메시지는 이 세상이 우연의 산물은 아니라는 것이다. 우주의 창조는 하나님의 의지가 개입된 정교한 행위였다. 이 점을 이해하면, 하나님이 우리로 하여금 여기 있게 하셨기에 여기 존재함을 자연 알게 된다. 지구 위에 존재하는 사람은 누구나 우연히 여기 있는 것이 아니다.

통제력을 행사하고 있다. 돌고래들이 다스리는 나라가 있다는 건 듣도 보도 못했다)을 무시하고 있다는 점은 제외하더라도, 이 지배는 하나님의 다른 명령, 즉 책임의 명령에 의해 균형을 맞추고 있다. 아담은 동산을 돌보기 위해 동산에서 살게 됐다(창 2:15). 나는 정원 돌보기를 싫어하는 편이지만, 정원을 돌보라는 말이 정원을 마구잡이로 해쳐 놓는다든지, 환경을 파괴하고 광산을 판다고 온통 엉망진창을 만들어 놓는 것은 아니라는 것 정도는 알고 있다. 창세기는 단호하게 말한다. 우리는 동물과 같지 않다. 우리는 지구를 '다스리기' 위해 세워졌다. 그러나 우리가 하나님의 형상인 것과 마찬가지로, 우리의 통치 역시 하나님 통치의 형상이어야 한다. 우리는 창조의 폭군이 아니라 청지기이다.

성경에는 안 나온다

사과

창세기에는 사과라는 말이 나오지 않는다. 그냥 과일이라고만 했다. 우리가 알고 있는 바나나였을 수도 있다. 다른 과일일 수도 있다. 그렇다고 수박 한 통은 아니었겠지만.

② **타락** 창세기 2장과 3장은 어떻게 죄가 세상에 들어왔나에 대한 성경의 답변이다. 답은 간단하다. 인류가 선택했다는 것이다. 아담과 하와에게는 오직 한 가지 명령만이 주어졌다. 한 나무가 있는데 그 열매에는 손도 대선 안 된다는 것이다. 이 나무는 선과 악을 알게 한다.

여기서 선과 악을 알게 한다는 말은 옳고 그름을 안다는 뜻이 아니다. 아담은 하나님이 그에게 말씀하실 때 이미 알고 있었음이 틀림없다. 옳고 그름을 몰랐다면, 하나님의 명령에 주의를 기울일 수조차 없었을 것이다. 이것은 누가 결정권자인가의 문제라고 보는 게 옳다.

문제는 이것이다. 누가 규칙을 정하는가? 하나님은 유일한 권위자로서 그분의 위치를 주장하신다. 창조주요 보호자로서 규칙을 정할 자신의 권한을 주장하시는 것이다. 아담과 하와는 그분을 거역하기로 선택함으로써 이 권한에 도전했다. 그들은 자신들의 방법을 택했다. 이로써 그들은 낙원에서 쫓겨나 고난으로 가득 찬 세상으로 들어가게 됐다. 이제부터는 사람과 하나님 사이, 사람과 자연 사이에 분리가 생겼다. 이제는 누구나 살기가 훨씬 더 힘들어졌다.

그러나 여전히 무엇인가가 남아 있다. 사람은 하나님과의 관계를 완전히 무효로 돌릴 수 없다. 하나님의 형상으로 지어진 우리의 존재 자체 때문에 그렇다. 그리고 하나님이 상황을 이렇게 방치하지 않기로 결정하셨다. 그들이 쫓겨날 때 하나님은 그들에게 선물을 주셨다. 아담과 하와가 동산에서 나갈 때 입을 수 있는 따뜻한 옷을 주셨다. 그분은 아버지로서 여전히 돌보신다.

성경의 나머지 부분은 하나님이 이 관계를 복구하기 위해 어떻게 애쓰셨고, 인간이 아직도 가슴을 쥐어뜯고 있는 열망, 에덴으로 돌아가려는 열망, 진정한 아버지와 더불어 살며 그분께 사랑받고자 하는 열망을 어떻게 충족시킬 수 있는지 말해준다.

③ 가인과 아벨 4:1–16 아담과 하와에서 죄가 멈추기는커녕, 상황은 더 악화됐다. 그들 사이에서 태어난 첫 아들 가인은 첫 번째 살인자가 된다. 몇 대 뒤인 라멕에 이르러서는 살인이 일상사가 됐다. 죄의 뿌리가 이기심과 교만임을 알 수 있다. 오직 자신만 중요하다

난해한 주제

| 뱀(3:1) 뱀은 다른 피조물과는 다르다. 뱀은 무엇인가? 어떤 사람들은 뱀이 인간 자신의 욕망과 교만의 은유라고 한다. 이렇게 본다면 하와는 자신의 의혹에 스스로 넘어간 것이다. 그러나 전통적인 견해는 뱀이 사탄이라고 한다. 인류를 불순종에 이르도록 유혹한 '고소자'다.

| 왜 아담과 하와는 쫓겨났는가? 세상이 그들의 선택에 다소간 영향을 받았다 할지라도, 왜 아담과 하와가 그 동산에서 쫓겨나야 했는지는 명확하지가 않다. 성경은 아담과 하와가 영원히 사는 것을 하나님이 원치 않으셔서 그들을 추방하셨다고 한다. 그분은 사람들이 지닌 힘에 한계를 두셨다. 이것은 우리가 하나님과 더불어 살 수 없게 만드는 죄의 모습을 보여주기도 한다. 오직 예수를 통해서 우리는 영원히 살 수 있다. 오직 그분을 통해서만 그 동산으로 돌아갈 수 있다.

| 왜 가인에게 표가 주어졌는가? (4:15) 징벌은 사람이 아니라 하나님에게 달려 있음을 보여주기 위해서다. 가인에게 내려진 형벌은 금지이다. 그는 놋 땅, 즉 방랑의 땅에서만 살아야 한다.

| 가인의 아내는 누구였는가?(4:17) 그의 누이였다. 헷갈리지 말라. 성경에서 근친상간은 훗날에 가서야 금지된다. 세상에 사람이라곤 고작 다섯 명만 있을 때는 별수 없다. 가인, 아벨, 셋 외에도 아담에게는 더 많은 자녀들이 있었다(창 5:4).

는 신념인 것이다. 가인의 후예들은 그들 안에 있는 영 때문에 거절됐다. 처음부터 제사의 요점은 무엇을 드리느냐가 아니라 어떤 의도로 드리느냐이다. 드린 것이 무엇이냐가 아니라 드린 사람의 마음이 어떠하냐가 중요하다. 예수님은 마가복음 12장 41-44절에서 이 말씀을 쉽게 풀어 설명하신다.

노아 5:28-11:25

창세기 서두에서 하나님은 지으신 세상을 바라보고 낙관과 희망과 만족을 나타내셨다. 세상은 아름다웠다. 이제 하나님은 세상을 그 반대로 보신다. 인류는 돌이킬 수 없을 정도로 악해졌다. 그래서 하나님은 세상을 쓸어버리고 다시 시작하기로 하신다. 그러나 의인 하나가 있었다. 노아와 그의 가족이다. 그는 모든 피조물 가운데서 유일하게 구원받았다.

④ **홍수** 6:5-8:18 여기 홍수라고 쓰인 말은 마불(*mabbul*)이다. 성경에서 시편 39편 10절 외에는 쓰인 곳이 없다. 따라서 이 말은 일반적으로 흔히 쓰는 '괴롭게 하는 범람' 정도의 말이 아니다. 이것

새로운 관점 | 정말 온 세상에 홍수가 있었나?

찬성 세상 전체가 물에 잠겼다. 방주에 들어간 사람과 동물만이 목숨을 건졌다. 모든 종의 대표가 거기 들어갔다. 나머지는 물에 씻겨 내려갔다. 산들도 물에 잠겼다.

반대 일부 지역, 즉 당시에 '알려진 세상'만이 잠긴 것이다. 따라서 홍수는 중동 지역으로 제한된다. 산들은 대범람으로 인해 일어난 안개와 구름으로 덮였다.

전망 홍수가 전 지구를 덮쳤든 지구의 상당한 지역을 덮쳤든 간에, 하나님은 자신에게 신실한 사람들을 구하셨고, 그래서 인류가 계속 이 땅에서 살 수 있게 됐다는 것이 홍수 기사가 전하려는 요점이다.

노아와 방주(창 6-7장)

성경에는 안 나온다

노아의 배

노아가 지은 배를 뜻하는 히브리어는 테바(*teba*)다. 이 말은 상자나 수납 상자를 뜻한다. 방주(ark)는 '상자'에 해당하는 영어 고어이다(아기 모세를 담아 나일 강에 떠내려보낸 상자 역시 테바라고 한다. 구약성경에 나오는 테바는 두 가지가 전부이다). 따라서 요트를 떠올리면 안 되고, 엄청 크고 거대한, 물에 잠기지 않는 운송용 나무 상자로서, 동물, 새, 파충류 등을 실어 나른 컨테이너를 연상하면 좋을 것이다. 이 상자는 '고페르' 나무(창 6:14)로 지었다고 하는데, 아마도 삼나무의 일종이었던 것 같다.

이 배에는 여러 목적에 맞게 지은 여러 층이 있었지만, 중요한 목적은 그저 물 위에 떠 있는 것이었다. 배에는 항해 장치가 없었다. 하나님이 손수 이 배를 움직여 가셨기 때문이다. 동력 장치도 필요 없었다. 물 위에 떠 있기만 하면 됐기 때문이다. 배에 필요한 것은 공간과 방수 기능, 그리고 매우 절실했던 환기장치였다.

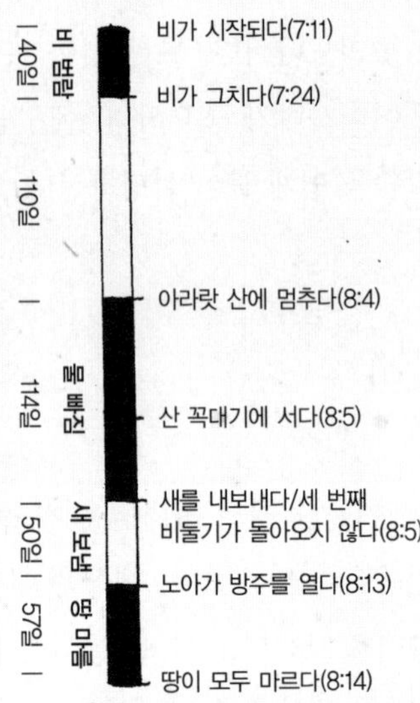

하나님이 노아에게 방주 설계도를 주셨다. 길이 140미터, 너비 23미터, 높이 13.5미터였다(구약성경의 도량형으로 하면 300×50×30규빗). 너비는 좁고 길이가 긴 형태였다.

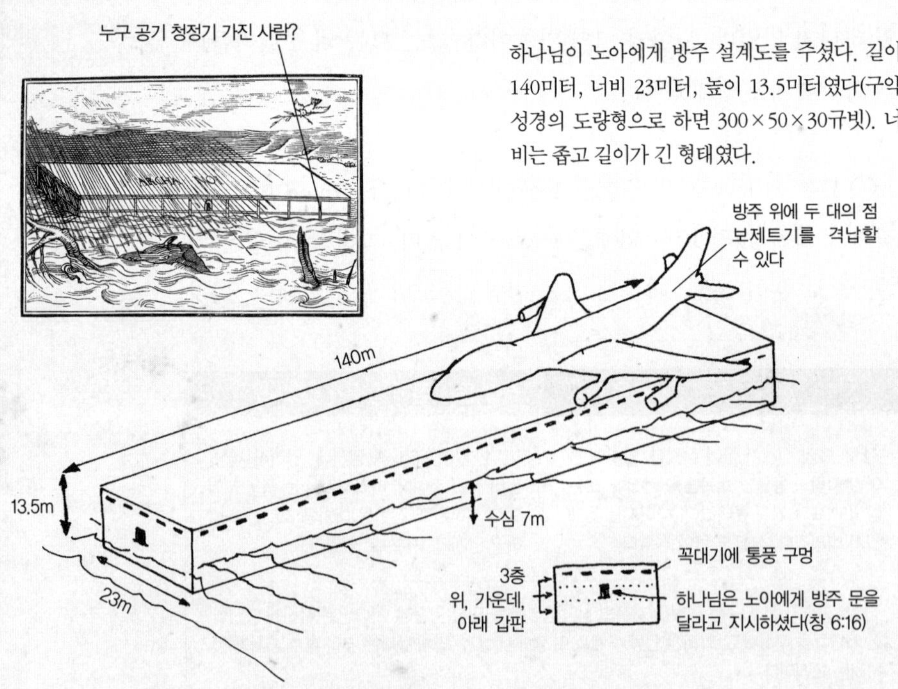

은 정말 큰 홍수였다. 경악스럽고, 재앙이라고밖에 표현할 길이 없으며, 모든 것을 집어삼킨 대홍수였다. 물이 하늘의 창문들과 땅의 깊음 등 사방에서 쏟아져 들어왔다.

방주에는 노아와 그의 아내, 세 아들과 며느리들이 탔다. 성경은 노아가 동물의 각 '종류' 두 쌍씩을 방주에 들였다고 한다. 이 말이 꼭 종(種)들을 뜻하는 것은 아니고, 그보다 더 막연한 말일 수 있다. 성경은 또한 노아가 각 '정결한 동물' 일곱 쌍을 들였다고 한다. 훨씬 후인 모세 시대에 이르러서야 정결하고 부정한 동물에 대한 구별이 나오기에 조금 어리둥절하다. 어떤 사람들은 바로 이런 점이 창세기의 후기 저작을 뒷받침한다고 말한다.

언약 홍수 후 하나님은 언약 혹은 약속을 노아와 세우셨다. 하나님은 다시는 홍수를 보내지 않겠다고 약속하셨다. 그리고 노아와 그의 후손들에게 땅을 돌보라고 주셨다. 하나님은 자신이 지으신 세상과 이루어진 화해를 기념하는 의미로 하늘에 사랑의 증표를 새겨주셨다. 노아의 홍수는 비가 그치며 멈춘 것이 아니라 무지개로 마쳤다.

⑤ 바벨 탑 바벨은 '하나님의 문'이라는 뜻이다. 사람들은 이 대공사를 그렇게 생각했던 모양이다. 위대함으로 향하는 입구, 하나님만큼이나 능력 있게 되는 길이라 본 것이다. 인간은 옛적 놓쳤던 열매를 다시 얻으려고 안간힘을 쓴다. 그들은 홍수에서 배운 것이 아무것도 없었다. 아니 바벨 탑은 두고두고 이어지는 사건의 하나에 불과했다.

보통 '바벨'은 바벨론을 암시하는 구약의 언어다. 창세기 저자는 아마도 바벨론의 지구라트(ziggurat), 즉 계단형 탑을 염두에 두고 있었는지도 모른다. 어떤 경우든 하나님은 개입하시고 인간의 협업은 여지없이 부서지고 만다.

알쏭달쏭

사람들은 정말
그렇게 오래 살았나?

Q창세기 5장 27절은 므두셀라가 969살에 죽었다고 한다.
A맞다.
Q그렇게 오래 사는 사람은 없다. 내 할아버지는 연세가 꽤 높았는데, 그래도 86세밖에는 되지 않았다.
A장수한 사람들의 이야기를 기록한 고대 기록은 다른 데도 있다. 바벨론 설화에 따르면, 홍수 전 살았던 9~10명 왕의 수명을 다 합치면 18,000년에서 65,000년에까지 이른다!
Q그렇다면 원래 그렇다는 말인가?
A꼭 그렇지는 않다. 가장 흔한 설명은 타락의 영향이 육체적인 노쇠에 완만하게 작용했다는 것이다. 아담과 하와는 장수를 약속받았던 사람들이었다. 그들의 후손들은 정도의 차이는 있지만 이러한 육체적 특성을 나눠 가진 것 같다. 특이할 정도의 장수는 아담 가문의 유전이었다.
Q유전적 요인이었다는 것인가?
A그럴 수도 있다. 하지만 여기 나오는 숫자가 실제 연수가 아니라 그저 긴 세월을 뜻할 수도 있다.

?! 궁금증 해소

여러 홍수 기사들

큰 홍수 기사는 고대 문명에서 심심치 않게 등장한다. 주전 2000년경의 것으로 보이는 수메르인들의 토판은 어떻게 왕이 대홍수를 신들에게 경고받고 대피할 배를 지었는지 묘사하고 있다. 바벨론과 앗시리아의 설화들도 비슷한 이야기를 전한다. 길가메시(Gilgamesh) 설화는 길가메시가 어떻게 에아(Ea)라는 신으로부터 홍수의 경고를 받는지 기록하고 있다. 길가메시는 가족과 동물들, 보화와 기술자들을 피신시킬 배를 만든다. 길가메시 신화는 노아가 새를 내보내 육지를 찾는 것과 비슷한 내용 역시 담고 있다. 이 신화는 성경을 각색한 것은 물론 아니다. 어쨌든 유사한 묘사가 나오는 것은 엄청난 재앙에 대한 공통된 기억이 있었음을 암시한다.

아브라함 11:27-23:20

창세기 11장은 하나의 전환점이다. 하나님이 한 사람을 통해서 일하기로 작정하신 지점이기 때문이다. 하나님은 아브람에게 약속하셨다. 모든 창조 세계가 그분에게 돌아올 것이라는 약속이다. 아브람은 강성하고 위대한 한 나라의 시조가 될 것이라는 약속을 받았는데, 여기서 그치지 않고 이 나라를 통해서 온 세계가 복을 받을 것이라고 한다.

이후로 이 약속은 성경 전체의 주제가 된다. 아브람은 아브라함이 되고, 그의 가족의 역사가 구약성경의 대주제를 형성할 것이다. 이야기가 새로운 방향으로 흘러간다. 하나님의 약속의 성취와 하나님이 행동으로 옮기실 새로운 계획을 기대하게 된다. 한편 하나님이 자신과 자신의 성품을 아브라함에게 계시하심에 따라 성경에 더 깊은 결이 생긴다. 아브라함과 여러 번에 걸쳐 만나셨지만 하나님은 여전히 신비스러운 분이다. 족장들은 하나님을 잘 알지 못했거나, 하나님이 그들에게 계시되지 않으신 것처럼 보일 지경이다. 하나님도 나중에 모세에게 자신이 어떤 것들을 숨기고 계심을 말씀하신다(출 6:3).

⑥ 아브람과 맺은 언약 12:1-3 하나님은 아브람에게 "내가 너에게

난해한 주제

| 천사들이 여인들과 결혼했는가? (6:1-2) 말하기 어렵다. 정확한 표현은 '하나님의 아들들' 인데, 이것은 구약성경에서 천사들을 뜻하는 말이다. 어떤 학자들은 이 말을 천사들로 해석한다. 하나님을 거역한 타락한 천사들의 일부라는 것이다. 그러나 이 구절은 고대 셋 후손의 가계를 말한다고 보는 학자들도 있다.

어떤 경우든 간에, 이 관계에서 태어난 후손은 비범했다. 그들은 네피림이라고 불렸는데, '타락한 자들' 이라는 뜻이다. 물론 '영웅들' 과 전사들로 칭함 받았지만, 이들은 악했다. 이들을 묘사하는 구절은 세상의 혼란스러운 상태를 바라보시는 하나님의 눈길과 곧장 연결된다. 건장하고 완력이 막강하며, 정상이라고 보기에 힘든 남자들이 오랜 세월 땅에 존재했다. 이 사람들에 대해서는 민수기 13장 33절 역시 말하고 있다. 충격을 받고 신경질적으로 돌변한 이스라엘 백성의 대표들이 약속의 땅에서 네피림을 봤다고 주장한 것이다.

복을 주어 네가 큰 민족을 이루도록 하겠다."고 말씀하셨다. 이 약속은 아브람에게 하란을 떠나 새로운 땅으로 가라고 할 때 주신 것이다. 약속된 큰 민족은 사실 까마득히 먼 일이다. 아브람은 이미 75세였지만 자식이 없었다. 이 당시 성경 인물들의 평균수명이 우리보다는 두 배 정도 길었으니까, 어쩌면 40세 정도 됐다고 볼 수 있다. 땅은 신속하게 허락됐다. 아브람은 가나안에 당도했고 안착했다(창 12:7). 하지만 아버지가 되는 일은 이뤄지는 데 좀 더 긴 시간이 걸렸다(아브람에게도 숨 돌릴 틈이 필요하지 않았겠나? 나이가 일흔 다섯인데).

아브람은 15장에서 이 약속이 혹시 잘못된 게 아닌지 의심하기 시작한다. 이에 하나님은 꿈에서 별들을 보여주시며 그와 언약을 세우신다(창 15:12-21). 하나님은 언약을 체결하시면서 아브람에게 미래를 펼쳐보여 주신다. 아브람의 후손들은 노예가 될 것이지만 풀려날 것이다. 그리고 마침내는 약속의 땅에 당도할 것이다. 이 체결식은 연기 나는 화덕과 이글거리는 불로 다져졌다. 마치 바비큐를 하는 모습으로 보이지만, 하나님이 자기 백성들 앞에서 불기둥과 구름기둥으로 앞서 행하심으로 이스라엘을 포로생활에서 구출하는 미래상을 보여주는 것이다(하나님은 구약성경에서 여러 차례 연기나 불길로 나타나신다).

17장에서 하나님은 얼굴을 대면한 만남을 통해 이 꿈을 다시 한 번 확인해주신다(대면이라고 말하기엔 좀 무리가 있다. 아브람은 엎드

난해한 주제

| 왜 노아는 함을 저주했나?(9:20-27)
홍수 후 노아는 포도나무를 심었고 덕분에 취했다. 함이 장막에 들어왔다가 벌거벗은 아버지를 보았다. 왜 이 일이 저주를 불러일으켰는지 명확히 밝혀지지 않았다. 다른 두 아들은 아버지를 발견했을 때 그 모습을 보지 않으려고 무척 조심했다. 아마도 함은 아버지의 명예를 고려하는 마음이 없었고, 이것이 불경과 저주로 이어진 듯하다. 사족. 노아 자신이 그렇게 취해선 안 되지 않았을까?

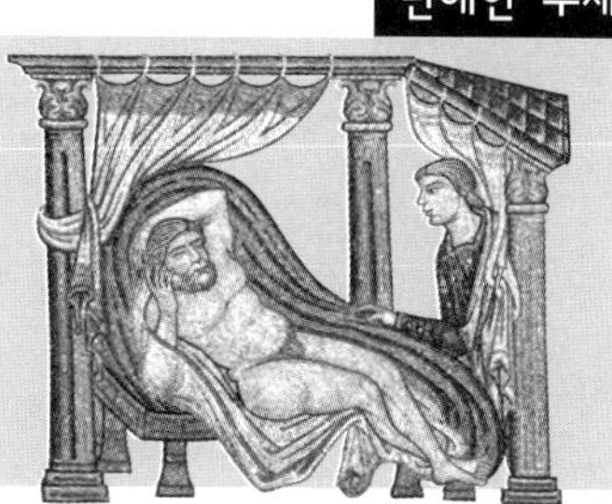

고대 근동과 아브라함의 여정

히타이트 사람들은 현대 터키인들이다. 이들은 시리아 북부와 레바논을 침공했고, 거기에 여러 도시 국가들을 세웠다. 솔로몬은 히타이트인 후궁들을 거느렸고(왕상 11:1) 다윗은 히타이트인 우리아의 아내 밧세바와 불륜을 저질렀다(삼하 11장). 훗날 히타이트는 앗시리아와 바벨론에 흡수됐다. 히타이트를 우리말성경은 '헷'으로 옮긴다.

페니키아 사람들은 지중해를 누빈 해상 무역업자들이었다. 그들은 목재, 도자기, 자주 옷('페니키아인'이라는 말은 '자주 염색'을 뜻하는 그리스말에서 파생했다)을 실어 날랐다. 이스라엘인들은 페니키아인들과 대체로 좋은 관계를 유지했다. 예루살렘 외곽에는 페니키아 상인들의 자치구가 있었다(습 1:11). 페니키아 왕 두로의 히람은 성전에 쓸 재료들과 기술자들을 제공했다(왕상 5장). 페니키아를 우리말성경은 '뵈니게'로 옮긴다.

블레셋 사람들은 해변에 사는 족속이었다. 이들은 질이 뛰어난 도자기와 공예품을 생산했고, 이스라엘 백성들보다 앞선 야금술을 가지고 있었다. 이들은 사사들이 무찌르지 못한 이스라엘의 유일한 주변 국가였다. 다윗 이후로 블레셋의 힘은 많이 약해졌다. 나중에는 바벨론에 의해 패망했다.

에서의 후손으로 추정되는 에돔 족속은 산지에 살던 거친 족속이었다. 다윗에 의해 정복돼 거의 멸족되었기에 이스라엘의 원수로 남았다가, 아하스 치세에는 오히려 유다의 무릎을 꿇게 했다(대하 28:17). 나중에 앗시리아와 바벨론에 의해서 패망한다.

미디안 사람들은 광야에서 살던 유목민이며 방랑자들이었다. 모세는 이집트에서 도망친 이후 미디안으로 가서 미디안 제사장인 이드로를 위해 일했다(출 2장). 모세가 불타는 관목에서 하나님을 뵌 것은 바로 미디안이었다. 기드온은 나중에 미디안 사람들을 무찌른다(삿 6장).

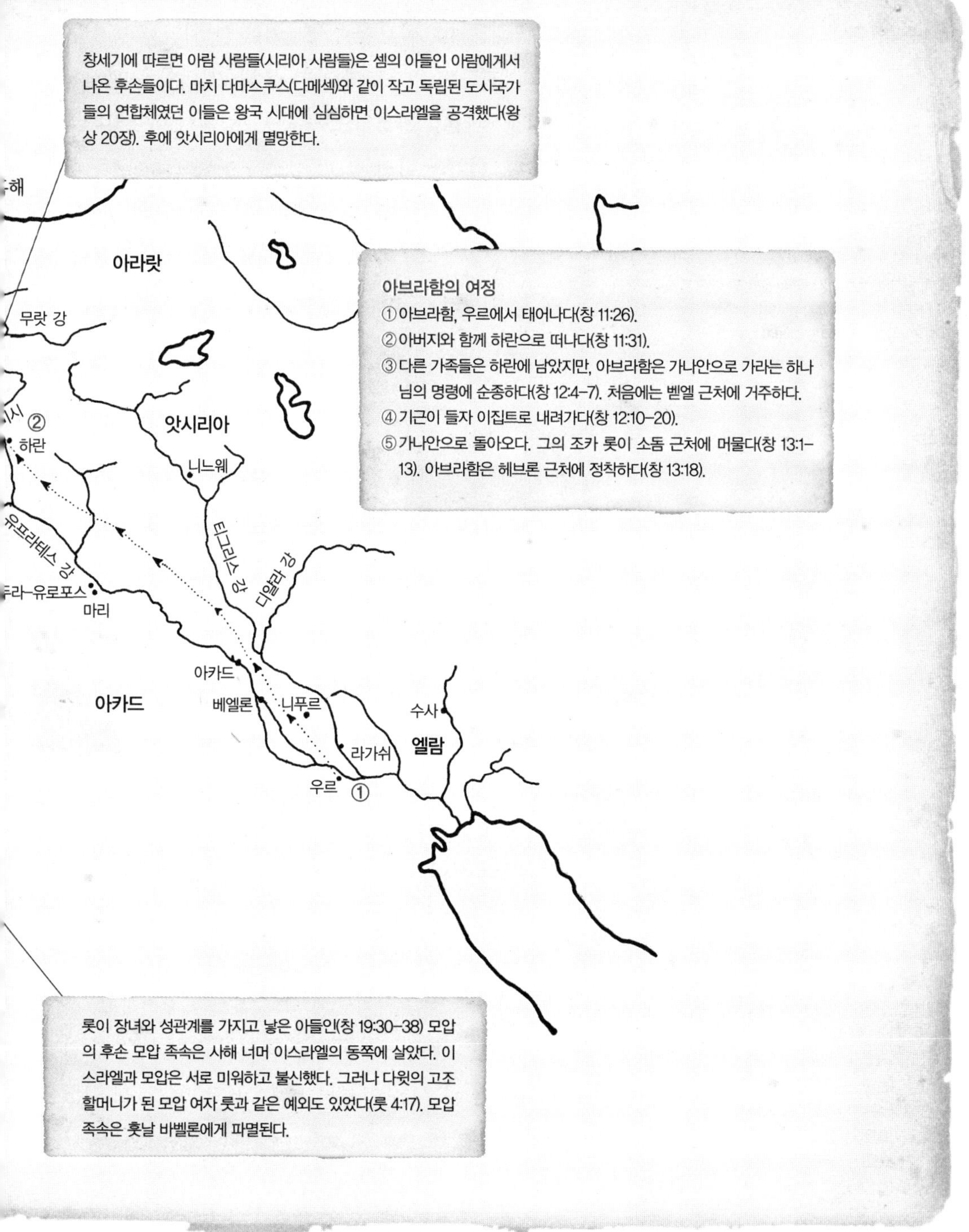

창세기에 따르면 아람 사람들(시리아 사람들)은 셈의 아들인 아람에게서 나온 후손들이다. 마치 다마스쿠스(다메섹)와 같이 작고 독립된 도시국가들의 연합체였던 이들은 왕국 시대에 심심하면 이스라엘을 공격했다(왕상 20장). 후에 앗시리아에게 멸망한다.

아브라함의 여정
①아브라함, 우르에서 태어나다(창 11:26).
②아버지와 함께 하란으로 떠나다(창 11:31).
③다른 가족들은 하란에 남았지만, 아브라함은 가나안으로 가라는 하나님의 명령에 순종하다(창 12:4-7). 처음에는 벧엘 근처에 거주하다.
④기근이 들자 이집트로 내려가다(창 12:10-20).
⑤가나안으로 돌아오다. 그의 조카 롯이 소돔 근처에 머물다(창 13:1-13). 아브라함은 헤브론 근처에 정착하다(창 13:18).

롯이 장녀와 성관계를 가지고 낳은 아들인(창 19:30-38) 모압의 후손 모압 족속은 사해 너머 이스라엘의 동쪽에 살았다. 이스라엘과 모압은 서로 미워하고 불신했다. 그러나 다윗의 고조할머니가 된 모압 여자 룻과 같은 예외도 있었다(룻 4:17). 모압 족속은 훗날 바벨론에게 파멸된다.

려 '얼굴을 땅에' 댔다[17:3]). 아브람에게도 져야 할 책임이 생겼다. 하나님께 충성을 다짐하는 뜻으로 할례를 통해 그 언약을 확정하라는 명령이 내려진 것이다. 결정적으로는 아브람에서 아브라함으로 이름이 바뀌었다. 언약을 다시 한 번 강조하는 뜻으로 '많은 민족들의 아버지'라는 좀 더 긴 이름을 갖게 된 의도도 있다. 그러나 아브라함이 '새로운 지배관계' 아래 들어갔다는 의도 역시 강하다. 왕들과 지배자들은 신하와 백성들의 이름을 바꿀 수 있었다. 성경에는 이런 사례가 수도 없이 나온다. 사래 역시 이름이 사라로 바뀌었다. 이 두 이름은 모두 '왕비'를 뜻한다. 이 역시 새로운 출발을 강조하기 위한 조치다.

하나님은 아브라함을 통해서 창대한 나라들, 세상 모든 민족에게 복을 가져다주는 나라들을 세우실 것이다. 이런 의미에서 이 장들은 하나의 전환점이 된다. 하나님은 모든 민족에게 복을 주기 위해 한 사람, 한 민족을 통해서 일하기 시작하셨다.

아브람과 롯 13:1–14:16 어떤 의미에서 롯은 퍽 재미있는, 약간은 얼간이 같은 인물이다. 그는 누가 보기에도 가나안의 비옥한 땅이 좋으리라는 생각으로 땅을 선택한다. 물질적으로 보면 바른 선택이었으나 영적으로 보면 영 아니었다. 나중에는 소돔 근처에 가서 살게 되는데, 이것은 부동산이라는 측면에서만 보더라도 그다지 좋은 이주 조건이 아니었다.

소돔은 여러 왕에게 공략당하고 롯은 포로로 잡혀간다. 아브람이 구출해주지만, 나중에 소돔 사람들이 그의 처소를 공격하고, 하나님이 그 성을 멸망시키실 때는 겨우 몸만 빠져나온다. 롯은 이 일로 인해 비난의 대상이 되지는 않지만 그렇다고 칭송을 들은 것도 아니다. 그는 사태가 잘못돼 가고 있는데도 손 놓고 있는 인물로 그려진다.

중요한 개념

죄

아담과 하와의 타락으로 인해 이제 죄는 창조와 따로 떼어놓고 볼 수 없는 세상의 현실이 되었다. 두 사람이 하나님을 거역하는 선택을 하기 전까지 세상은 완벽했다. 우리는 이 사건을 타락이라고 부른다. 이 사건으로 비단 아담과 하와뿐 아니라 모든 창조가 원래의, 얼룩지기 전의 완벽에서 완전히 벗어나 버렸기 때문이다.

이들은 하나님의 교훈을 거부하기로 선택했다. 모든 일들을 자신의 방법대로 하기로 했다. 이게 바로 죄라는 것이다. 하나님으로부터 등을 돌리고 우리가 원하는 바를 하겠다는 간교한 선택이 바로 죄다. 아담과 하와는 이 세상에 죄를 가져왔고, 이후로 우리는 그들의 접근방법을 그대로 따라하고 있다. 죄는 인간이 움직이는 모든 일에 스며들어 왔다. 인간을 노예로 만들고 주관했다.

죄를 통해서 죽음이 세상에 들어왔다. 죄를 짓는 자마다 죽게 돼 있기 때문이다. 이것이 법칙이다. 우리 모두는 죄를 지었으므로, 모두 죽어야 한다.

놀랍게도 하나님이 예수님을 보내셔서 우리를 위해 죽게 하셨다. 바울은 로마인들에게 보내는 편지에서 이 사건을 이렇게 요약하고 있다. 아담의 죄가 세상에 죽음을 가져왔지만, 그리스도의 죽음은 생명을 가져왔다. 아담이 하나님에게 불순종하여 우리 모두가 죄인이 됐지만, 그리스도가 하나님께 순종함으로 우리 모두가 구속 받았다.

크리스천은 예수님이 우리를 대신해서 죽었다고 믿는다. 그분께 용서를 구하고 그분을 따르기로 돌이키면, 우리의 죄는 깨끗이 씻어지고 하나님과 영원히 살 수 있게 된다. 그리스도를 따르기로 하면 아담과 하와의 선택은 취소되고, 그 동산으로 돌아갈 수 있는 길이 새롭게 열린다.

하갈의 입장에서 들어보자 16:1-16; 21:9-21 시간이 흘렀는데도 아이가 태어나지 않았다. 아브람은 자기 아내의 종 하갈을 통해서 아이를 얻음으로써 이 문제를 자기 식으로 처리하려고 한다. 아내가 아이를 갖지 못하면 여종을 취할 수 있는 것이 당시의 관습이었다. 이후 종의 아이는 아내의 자식으로 입양된다.

아이가 태어났을 때 아브람의 아내 사래는 하갈을 내쫓았다. 하나님이 하갈을 건져주시고 그에게도 약속을 주셨다. 그의 아들, 나중에 이스마엘이라 불리는 아들이 많은 후손들의 아비가 될 것이라는 약속이었다. 이스마엘도 일종의 언약을 받은 셈이다. 그 또한 '큰 민족'(21:17-18)의 조상이 될 것이다. 하지만 아브람에게 주신 약속과는 달리 하나님은 그 민족을 통해 많은 사람들이 복을 받게 될 것이라고는 약속하지 않으셨다. 유목민인 이스마엘 족속들은 요셉의 이야기에 등장한다. 이슬람 신학은 아랍인이 이스마엘의 후손이라고 주장한다.

하갈 앞에 하나님이 나타나셨다는 것은 매우 이례적인 일이었음을 유념해야 한다. 성경에서 여성의 지위와 위치는 언제나 토론과 논쟁, 아니 솔직히 말해서 두통을 일으킨다. 아무튼 우리 앞에는 한 평범한 여종, 여호와로부터 구출과 위로를 받은 한 이집트 여종이 있다.

?! 궁금증 해소

멜기세덱(14:17-20)

수수께끼 같은 인물. 만약 히브리서 기자가 멜기세덱을 그리스도의 대표적 인물이라고 풀이해주지 않았다면, 이 사건은 성경에서 '눈길은 끌지만 그렇게 중요하지는 않은' 본문의 하나일 것이다.

멜기세덱이라는 이름은 '정의의 왕'이라고 번역될 수 있다. 그가 섬기는 신이 아브람의 하나님과 같은 신이었음을 본문을 통해서 확실히 알 수 있다. 그는 예루살렘(여기서는 살렘이라고 돼 있다)에 살았다. '악에 빠져서'라는 뜻의 베라라는 이름의 소돔 왕과 대조를 이룬다. 이 사건은 아브람과 그의 후손들이 끊임없이 직면하게 될 선택, 즉 의와 악 사이에서의 선택을 나타낸다.

BRIEF LiVES 약력

| 아브라함이라는 별칭의 아브람

가족 사항 _ 데라의 아들. 우르 거민.

직업 _ 제법 큰 기업을 이끌었지만 '목축업자'라는 직책이 더 맞을 것 같다.

생애와 업적 _ 아브라함은 구약성경의 믿음의 인물이다. 신앙의 기초로 삼을 만한 앞선 경험이 없었다. 성경도 가지고 있지 않았고, 검증할 만한 역사도 없었다. 자기에게 말씀하시고 약조해주신 하나님밖에는 없었다. 그러나 아브라함은 약속을 믿고 그에 의거하여 움직였다. 고향을 떠나 남쪽으로 움직였다. 그는 자신의 고령에도 불구하고 아비가 될 것을 믿었다. 하나님이 요구하시면 금쪽같은 아들이라도 포기할 자세가 돼 있었다. 하나님이 행하리라 말씀하신 바를 하실 것이라는 믿음을 가지고 있었다. 물론 그도 의심한 적이 여러 번 있었다. 그런 때는 자기 아내를 누이라고 속이기도 했다. 하지만 대체로 "아브라함은 하나님을 믿었고 하나님은 그를 기쁘게 여겨주셨다"(15:6). 바로 이런 연유로 그는 구약성경에서 가장 위대한 영웅의 반열에 든다.

성품 _ 신뢰심이 강하지만 묻기를 주저하지도 않는다.

장점 _ 여호와를 의뢰했다.

단점 _ 때로는 여호와를 신뢰하지 않았다.

중요한 개념

언약

하나님이 아브라함과 맺으신 엄중한 약속을 언약이라고도 부른다. 언약은 법적으로 체결된 합의를 뜻하는 성경의 용어다. 성경에서는 하나님이 인간과 맺으신 합의를 가리키는 말로 주로 쓰인다. 이 용어는 매우 중요하다. 성경의 두 부분을 지칭하는 테스타멘툼(*testamentum*)은 언약을 뜻하는 라틴어다. 따라서 성경의 두 부분은 옛 언약과 새 언약을 담은 이야기들인 것이다.

옛 언약

노아 홍수 후 하나님은 노아에게 다시는 인류를 물로 심판하지 않겠다고 약속하신다(창 6:18).

아브라함 하나님은 아브라함에게 그의 후손들로 큰 민족을 이루시겠다고 하셨다. 하나님과 아브라함 사이의 약조는 할례로 인쳐졌다(창 15:9-21; 17:1-27).

모세 이스라엘 백성들을 이집트에서 구해내신 하나님은 그들이 이제 하나님의 백성이고, 하나님이 그들의 하나님이라고 선포하셨다. 이 언약은 이스라엘에게 "내가 거룩한 것처럼 너희도 거룩하라"는 요구를 부과했다. 그들을 거룩하게 하기 위해서 하나님은 그들에게 두 돌비에 새긴 계명을 주셨다. 이 돌비는 아카시아 나무로 만든 특별한 상자, '언약의 법궤'(출 19-24장)라 불리는 곳에 넣어 보관되었다.

이 언약들은 당시의 법적 합의문과 조약의 형태를 띠는 경우가 많았다. 계약 시행자의 이름을 밝히는 서문, 두 언약 당사자들이 누구인지 보여주는 정황 설명, 두 당사자들의 상호적인 책임의 선언, 언약이 낭독되어야 할 때에 관한 세부 조건들, 언약이 파기될 때에 따르는 일련의 결과들로 구성돼 있다.

이삭의 자손들을 통해서 일하기로 하신 하나님의 결정은, 다른 자식들을 돌봐주지 않으신다는 뜻이 아니다. 그들 안에서는 일하지 않으신다는 뜻도 아니다. 구약 역사를 통해서 예언자들은 다른 나라들을 가리켜 이스라엘에 대한 책망이라고 말하는 경우가 많다. 이스라엘에는 다른 나라들에서 온 개인이나 집단이 하나님의 복을 받는 일이 많았다.

⑦ 소돔과 고모라 18:16-19:38 고고학적인 증거는 주전 2000년경 사해 근처의 평원에 심상찮은 일이 일어났음을 말하고 있다. 어떤 참사가 일어나서 이 지역이 인간의 삶에 부적합하게 변했다는 의심이 간다. 가장 설득력 있는 설명은 일종의 큰 지진이다. 성경은 더 직설적으로 설명한다. 하나님이 하셨다는 것이다.

소돔은 모든 종류의 죄의 대명사였다. 소돔에서 자행된 가장 큰 악이 이름을 붙일 수 있는 죄라고 단정하는 것은 잘못이다. 이 도시의 사람들이 낯선 이들과 성관계를 맺길 원했고 분명히 성적 도착증에 사로잡혀 있었지만, 눈에 두드러지는 죄는 강간 미수와 몰인정함이었다. 고대사회에서 후한 대접은 신성한 것으로 간주됐기에, 롯은 남자들에게 그의 손님들을 해하지 말라고 간청한다(19:8). 롯은 그곳의 분위기에 자신 역시 얼마나 영향을 받았는지 드러내고 있다. 자기의 딸들을 남자 손님들 대신 제공하겠다고 하기 때문이다. 훗날 그의 딸들은 롯을 비슷한 방식으로 대우하고 만다.

마지막에는 천사들이 그들을 강권한다. 롯과 그의 가족은 떠날 수 있는 기회를 여러 번 부여받는다. 그는 다시 한 번 어리석은 인물로 드러난다. 팔을 잡아끌다시피 해서 서둘게 했지만, 미래의 사위들을 설득하여 그 사지를 빠져나오게 하는 데 실패한다. 그는 말 그대로 질질 끌려서 도시에서 빠져나온다. 그의 아내는 황급히 빠져나오다가 멈춰서는 바람에, 필시 파편 조각들이 덕지덕지 붙었을 '소금기둥'이 된다. 많은 경우 창세기에서는 이야기의 구도보다는 그것이 전하려는 메시지가 더 중시된다. 롯의 아내는 여전히 소돔을 사모했고 마침내 소돔과 한 운명이 되고 말았다.

이후 창세기에서 가장 이상한 사건이 일어난다. 산의 한 동굴에 거처를 정한 롯이, 자신에게 술을 먹인 딸들과 동침을 하는 것이다. 주위에 남자가 없다는 그들의 변명은 구차하다. 그들은 조금 전 소알이라는 작은 마을에서 왔기에, 합당한 총각을 구하는 게 어렵지만은 않았을 것이기 때문이다. 아마도 이 일은, 폭도들에게 딸들을 내주려고 했던 롯처럼, 소돔의 문화가 그들의 판단력과 도덕성을 얼마나 오염시켰는지 보여주는 작은 예가 아닐까 싶다.

새 언약
인간은 자기 몫을 다한 적이 한 번도 없다. 그들은 거짓 신들을 섬겼고 율법을 지키지 않았다. 하나님은 후기 선지자들을 통해서 새로운 언약, 희생제사와 할례와 같은 외적 국면들이 아니라 마음의 태도와 정신을 통해 표현되는 언약(렘 31:31-34)을 세우시겠다고 하셨다.
이 약속은 예수님을 통해서 성취됐다. 그분은 이 약속을 최후의 만찬에서 수립하고(막 14:24), 죽음으로 이를 봉인했다(히 8:8-13). 새로운 언약은 예수님을 믿는 모든 나라 모든 사람이 구원받는다는 것이다.

⑧ 이삭의 탄생 21:1-21 여호와의 약속은 결실을 맺어 사라는 이삭이라는 아들을 잉태한다. 사라는 짜증내듯 웃었던 일을 기억하면서 "하나님이 나를 웃게 하셨다"(21:6)고 말한다. 실소가 박장대소로 바뀌었다.

이삭은 아브라함과 사라에게 큰 기쁨이었다. 하지만 그들의 믿

난해한 주제

| 왜 같은 이야기가 세 가지로 나오는가? 창세기 20장 1-18절은 창세기 12장 10-20절의 반복으로 보인다. 그리고 창세기 26장 6-16절은 내용상 같은 이야기다. 이삭에게 일어났다는 점만 다를 뿐이다. 처음 두 이야기에서 아브라함은 외국에 있고, 자신의 목숨을 지키기 위해서 아내를 누이인 듯 꾸민다. 이런 논리인 것이다.

- 왕이 매력 넘치는 내 아내를 첩으로 삼으려 할 것이다.
- 그 매력 넘치는 여자가 내 아내인 걸 알면 왕은 나부터 죽이려 할 것이다.
- 아내가 내 누이인 것처럼 말하면?
- 그래도 왕은 아내를 첩으로 삼으려 하겠지만, 최소한 우리는 살아남는다.

이 호기심 자극하는 이야기는 세 군데에 나온다. 분위기만 약간 다를 뿐이다. 창세기 12장에서는 아브라함, 사라, 이집트 왕이 주인공이다. 20장에서는 아브라함과 사라가 그랄의 왕 아비멜렉을 만난다. 그리고 창세기 26장에서는 이삭, 리브가, 아비멜렉(다시!)이 당사자들로 나온다. 이렇게 세 번씩이나 이야기가 반복되는 데는 오직 두 가지 설명만이 가능하다.

1. 정말로 세 번 일어났다. 이삭은 자기 아버지가 저지른 것과 똑같은 실수를 저질렀고, 아브라함은 같은 일을 두 번씩이나 거푸 저질렀다.
2. 한 이야기의 세 가지 버전이다. 다른 전승들이 약간 다른 인물들을 사건의 당사자들로 지목한다.

그러나 본문들에는 약간의 차이가 있다. 창세기 20장에서 아브라함은 사라가 어떻게 이복동생이 되는지 궁색하게 변명한다. 26장에서 이삭이 그랄 땅에 남아 거부가 되자 왕은 그에게 떠나달라고 애원한다. 그러나 핵심은 따로 있다. 아브라함과 이삭은 하나님이 그들을 보호하실 것이라는 점을 믿지 못했다. 하지만 하나님은 매번 아브라함의 거짓과 허약한 믿음을 은근히 꾸짖는 듯하면서도 관대함과 긍휼하심으로 그를 감싼다.

음은 곧 시험대에 오를 것이었다. "하나님이 아브라함을 시험하기로 하셨다"(22:1). 하나님은 아브라함에게 이삭을 모리아로 데리고 가서 한 제단 위에서 그를 잡아 바치라고 하셨다. 아브라함은 소년을 데리고 가서 제단 앞에서 결단해 칼을 치켜든다. 하나님이 그를 부르셔서 멈추게 하지 않으셨으면 큰일 날 뻔했다.

마음이 편치 않은 이야기다. 아무리 믿음을 시험한다지만 너무 심하고 잔혹하며 불필요해 보인다. 그러나 우리가 마음에 담아두어야 할 몇 가지 특징들이 있다. 성경은 우리에게 하나님이 우선되어야 한다고, 다른 무엇보다 그분을 사랑해야 한다고 잘라 말한다. 아무리 가까운 인간관계도 우리에게 이기적인 소유물처럼 될 수 있기 때문이다. 우리는 그것이 우리의 소유가 아님을 잊는다. 모든 것은 하나님에게 속한 것이다. 그분은 자신의 뜻에 따라 모든 일을 하실 수 있다.

이스라엘 주변 나라들에는 인신제사의 역사가 있었다. 하나님은 이런 관습이 매우 혐오스러운 것이라 책망하셨다. 아브라함에게 내리신 이 명령은 하나님이 자녀들을 희생 제물로 바치는 일을 얼마나 원치 않으시는지 보여주는 실례라고 할 수 있다.

여기 언급된 모리아 지역(22:2)은 훗날 예루살렘 성전이 세워지는 산이 된다(대하 3:1). 아마도 이 사건은 미래에 일어날 사건의 '메아리'인 듯하다. 하나님이 같은 장소에서 자기 아들이 제물로 바쳐지는 모습을 보셔야 할 때가 올 것이다. 어쩌면 하나님은 그분이 언젠가 느끼시게 될 감정이 어떤 것인지, 자기 아들이 죽어가는 모습을 어떻게 보셔야 할지, 그러면서도 아브라함과는 달리 그 손을 멈출 수 없을 때의 심정이 어떤 것일지 그저 나누고 싶으셨는지도 모를 일이다.

중요한 개념

심판

하나님은 사랑의 하나님이시다. 그러나 그분은 심판의 하나님도 되신다. 성경 전체를 통해서 이를 확인할 수 있다. 하나님은 자신이 주권자이기에 심판하실 것이라고 끊임없이 사람들에게 일깨워주신다.

어떤 사람들에게 심판자 하나님은 받아들이기 어려운 이미지다. 절대자와 같은 개념을 좋아하지 않기 때문이다. "누가 당신에게 나를 심판할 권리를 주었소?" 텔레비전 토론 프로그램에서 늘 듣는 말이다. 하나님은 아마도 "나는 하나님이다. 내가 너를 지었다"고 답하실 것 같다. 성경은 하나님이 하늘과 땅을 지으셨다는 사실에 그 바탕을 단단히 두고 있다. 그래서 하나님은 소유권을 주장하실 수 있는 것이다. 예레미야는 하나님을 진흙덩어리를 만지는 도공에 비교한다. 도공은 자신의 작품에 맞는다고 생각하는 일을 할 권한을 가지고 있다(렘 18:1-6).

그러나 힘의 우위 때문만은 아니다. 하나님은 심판을 행하실 만한 도덕적인 권위 또한 가지고 계시다. 그분은 무엇보다 온전하시다. 그분은 정의 자체이시다. 따라서 "내 말은 본받아도 내 행동은 본받지 말라."는 식과는 거리가 멀다. 우리는 자신의 행동에 대해서 하나님께 책임을 져야 한다. 그분이 우리를 이 자리에 두셨다. 해야 할 책임을 주셨고 할 수 있는 자원 또한 주셨다. 그분은 우리의 협조를 구하신다.

마지막 날에 모든 사람은 자신이 저지른 과오에 직면하게 될 것이다. 하나님이 심판의 하나님이심에도 불구하고, 성경에는 심판이 유예되는 경우가 얼마나 많은지 모른다. 우리는 지옥불과 유황불을 쏟아 붓는 하나님을 연상할지 모르나, 하나님은 구출자, 회복자, 자기 백성을 결코 포기하지 않는 분이시며, 모든 사람에게 잘못을 바로 잡을 수 있는 기회를 허락

야곱 25:19–37:1

이삭의 아내는 북부 시리아 지역인 메소포타미아의 친척 가운데서 뽑혔다. 이 과업은 기도 가운데 수행됐다. 그리고 이 기도는 리브가의 출현으로 말미암아 책임을 맡은 종이 기도를 끝내기도 전에 응답됐다(24:15). 리브가는 그 종과 돌아가서 이삭과 결혼할 뜻을 내비쳤다(아마 오빠 라반은 너무 쉽게 결정을 내리는 게 아닌가 생각했을 것이다. 훗날 그는 야곱의 아들과 훨씬 더 교활한 방법을 써서 혼인 약정을 맺는다). 이삭과 리브가의 이야기는 아브라함과 사라의 이야기와 병행을 이루며 흐른다. 아비멜렉 사건이 일어난다(26:1-11). 리브가는 마치 사라처럼 불임 여성이며, 그의 임신은 하나님이 개입하신 결과이다(25:21). 이삭은 많은 가축 떼를 거느린 거부였다. 이삭과 이스마엘처럼 그의 두 아들 에서와 야곱 사이에도 갈등이 있었다.

야곱과 에서 25:19–34; 27:1–46 이 둘은 성경에 따르면 태어나기 전부터 싸웠다(25:22). 에서는 털이 많은 사람이었다. 에서란 이름은 '털이 많다'는 뜻이다. 그의 다른 이름인 에돔은 '붉다'는 뜻이다. 그의 동생은 에서의 발뒤꿈치를 붙잡고 태어났다. 그의 이름 야곱은 '그가 발뒤꿈치를 잡다'는 뜻이다. 이 말은 '그가 속임수를 쓰다'는 말의 은유적인 표현이다. 영어에서도 '그가 네 발을 잡아 당기다(he pulls your leg)'라고 하면 '그가 너를 놀리다'라는 뜻이 된다.

두 사람의 이름은 그들의 성격과 두 사람 사이의 적개심 같은 것을 말해준다. 털복숭이 에서는 사냥꾼이었다. 머리털은 붉었고 말보다 행동이 빠른 급한 성격의 소유자였다. 야곱은 잔꾀를 굴리는 자, 교활한 모사, 전략과 계책의 사람이었다. 하나님은 둘째 아들을 통해서 일하셨다. 이삭은 아브라함의 첫 아들이 아니었다. 이삭은

하시는 분이다. 우리는 그리스도에게로 가서 용서를 구하고, "제가 잘못했습니다" 하고 고백할 수 있다. 그리고 하나님과 관계를 회복할 수 있다. 물론 진정으로 회개해야 한다. 하나님을 속일 수 있다고 생각하는 것만큼 바보짓은 없다. 그분은 명재판관이시기 때문이다.

에서를 사랑했지만, 하나님의 계획은 야곱에게 있었다. 야곱은 에서를 속여서 그의 장자권을 빼앗는다(25:29-34). 이 일은 옳지 않아 보인다. 그러나 성경은 두 사람 모두에게 비난의 화살을 날린다. 비록 야곱이 속임수를 쓰긴 했지만, 에서는 장자권을 하찮게 생각한 나머지 죽 한 그릇에 헌신짝처럼 버렸다.

그러나 두 번째 속임수는 더 가관이다. 에서가 사냥을 하러 나간 사이에, 리브가와 야곱은 눈이 어두운 이삭을 속여서 야곱이 첫째 아들인 것처럼 보이게 한다. 이삭은 아무 생각 없이 야곱에게 복을 빌어준다. 한 번 나간 복은 다시 불러들일 수가 없다. 리브가와 야곱은 당당하지 못하게 행동한다. 야곱은 심지어 아버지에게 드릴 음식을 하나님이 잡게 해주셨다고 거짓말을 하고(27:20), 입까지 맞추면서 아버지를 배반한다(27:27). 이삭은 사실을 알게 됐을 때 몸을 떨며 충격에 사로잡힌다. 당시의 세대와 문화에서는 보통 일이 아니었기 때문이다. '복'은 강력한 선언이었다. 법적인 구속력을 갖는 선언이어서, 이삭이 마음대로 취소할 수 없었다. 이삭은 야곱이 에서를 누를 것이라고 복을 빌어주었다. 자기 형제에게 '상전' 노릇을 할 것이라 말한 것이다(27:27-29). 에서는 남은 복을 빌고, 아버지로부터 약간의 위안을 얻는다.

⑨ 하늘로 향하는 계단 28:10-22 야곱은 집을 떠나 하란에 있는 삼촌 집으로 향한다. 할아버지의 종이 걸었던 바로 그 길이었다. 가는 길에서 그는 의미심장한 꿈을 꾼다. 하늘에까지 닿아 있는 사다리가 있고 천사들이 그 위를 오르락내리락 하는 것이었다. 마치 여행객들이 큰 천상의 에스컬레이터를 타고 오르내리는 모습을 연상시킨다. 하나님이 다시 한 번 언약을 풀어 말씀하신다. 이것이 야곱의 인생에 전환점을 그린다. 속임의 인생에서 돌려 하나님을 신뢰하는 삶으로 향하게 하시는 하나님을 만난 것이다. 그는 이제부터는

?! 궁금증 해소

어디에 손을 넣느냐고! (24:2)

아브라함이 자기 종에게 이삭의 신부감을 찾아오는 일을 맡길 때, 종의 손을 자기의 넓적다리 아래에 넣음으로써 맹세를 시켰다. 이것은 고대의 관습이다. 그 약속이 아브라함 가문의 계승과 연관이 있었으므로, 종으로 하여금 아브라함의 생식기 근처에 넣고 맹세하게 한 것이다. 상식적인 행동에 불과하므로 위생 운운하지 말도록!

알쏭달쏭

속임수에 보상이라니

Q 이렇게 불공평할 수가 있는가?
A 맞다. 정말 불공평하다.
Q 하나님이 왜 이런 일을 허락하셨는가? 왜 야곱의 손을 들어주셨는가?
A 분문 어디에도 하나님이 야곱의 소행을 인정하셨다는 곳이 없다. 그러나 성경 전체를 놓고 볼 때 하나님은 인간과 더불어 일하시고 인간의 허물과 행동을 고려하신다.
Q 하지만 야곱은 지독한 사기꾼이었다.
A 맞다. 하지만 이 사건은 그의 생애에 비춰 이해해야 한다. 그는 속임수를 쓰기도 했지만 속기도 했다.
Q 예를 들자면?
A 그의 삼촌 라반은 그를 속였다. 에서에게서 장자권을 빼앗았지만, 집을 떠나 타향에 도망가 살아야 했기에 그것을 누렸다고는 말할 수 없다. 결과를 놓고 보자면 에서는 장자권을 빼앗긴 일로 손해 본 게 아무것도 없다. 에서는 부자요, 유력한 인물이 됐다. 나중에 두 형제는 화해한다.

하나님을 신뢰하겠다고 맹세하고, 그를 지켜주셔서 무사히 집으로 돌아오게 해달라고 간청한다.

야곱의 결혼 29:1-31:55 야곱은 하란으로 향한다. 거기 외삼촌 라반의 집을 피난처로 삼는다. 그는 라헬에게 매료된다. 야곱은 7년을 기다려서 결혼을 한다. 그러나 알지 못한 채 그의 언니 레아와 결혼한다. 야곱은 왜 레아를 몰라봤을까? 고대 결혼식에서 신부는 온몸을 뒤덮고 나오는 게 일반적인 관습이었다. 남자가 여자의 얼굴을 보는 것은 큰 실례였다. 야곱은 결혼식이 진행되는 그 밤에는 레아의 얼굴을 볼 수 없었다. 아마 날도 무척 어두웠을 것이다. 야곱은 자기가 라헬의 언니 레아와 결혼하고 있다는 것을 눈치 채지 못했다. 여기 재미있는 역설이 있다. 첫째인 양 속인 둘째 아들이 속아서 장녀와 결혼하게 된 것이다.

하나님은 안력이 부족했던 레아를, 마치 오래 전 하갈을 보호해준 것처럼 불쌍히 봐주셨다. 레아는 아이들을 잉태한다. 야곱 자식들 전체의 반이 레아의 아들들이다. 반면 라헬은 아이를 갖기 위해 애를 쓴다. 이들은 야곱에게 믿을 만한 여종들을 주어 또 서로 경쟁했다(29:31-30:24).

내겐 숨은 사연이 있답니다.

가정의 수호신들 31:22-35 야곱은 라반과 그의 아들들에게 점점 실망했다. 그는 집으로 돌아가라는 하나님의 명령에 응답한다. 일이 잘 풀리는 것처럼 보였다. 그런데 라헬이 아버지의 수호신상을 훔쳤다. 이것은 우상이었는데, 라헬은 그것이 행운이나 복을 가져다 줄 것이라 생각하고 그런 짓을 한 것 같다. 라헬의 마음은 여전히 이방인의 상태이고, 고모 리브가처럼 어느 정도는 사기꾼 기질도

중요한 개념

장자권

장자권은 성경에서 흔하게 다뤄지는 주제다. 장자권이란 히브리 가정에서 아들, 정확하게 말해서 장자 혹은 맏이가 차지하는 상속권을 말한다. 아버지가 죽으면 아들들에게로 재산이 나눠진다. 하지만 장자는 언제나 더 큰 몫, 보통은 두 배의 몫(신 21:27)을 받았다. 장자에게는 다른 책임도 주어졌다. 어머니 혹은 출가하지 않은 누이들을 돌보는 것 등이다. 아들들이 죽지 않은 한, 딸들이 아버지의 재산을 상속하는 법은 없었다.

그러나 장자권은 자동으로 승계되지는 않았다. 장자의 행실이 누가 봐도 악하면 취소될 수 있었다. 르우벤은 아버지의 소실과 정을 통했기에 장자권을 잃었다(창 35:22; 49:3-4). 에서는 죽 한 그릇과 장자권을 바꿨다(창 25:29-34). 그럼에도 불구하고 장자권을 옮기는 것은 신중하게 결정해야 할 일이었기에, 여러 차례의 경고가 주어진 후에야 조치가 취해졌다(신 21:17).

아버지의 부재 시 장자는 남동생들과 누이들을 좌지우지 할 수 있는 권위를 부여받았다. 왕가에서는 장자가 왕위를 수여받았고, 가문의 '적통'은 맏자식을 통해 내려가는 것이라 여겼다. 장자들은 여호와께 바쳐진 거룩한 자들로 여겨져서, 생후 한 달이 지나면 제사장에 의해 성결례를 치렀다. 예수님은 마리아와 요셉의 첫 아들이었기에, 성전에서 성결례를 받았다(눅 2:27).

신약시대에는 의무와 관행이 바뀌었다. 그리스인들과 로마인들은 재산 상속을 위해 기록된 문서를 활용했다. 유언장이 없는 경우에 재산은 아들들에게 공정하게 분배됐다. 혹 로마법에서는 아내와 자녀 전체에게 유산이 돌아가기도 했다.

물려받은 것 같다. 그는 신상을 훔치고도 거짓말을 하고, 그것을 상자 안에 숨긴 후 그 위에 앉는다. 생리중이므로 움직일 수 없다고 둘러댄다. 생리중인 여성은 의식법적으로 부정하다고 간주됐으므로, 남자가 가까이 가지 않았던 것이다. 라반과 아들들은 라헬이 그런 기간이거나 막 그 기간이 시작되려 한다고 생각했을 것이다.

⑩ 야곱의 씨름 32:1-32 창세기 32장에서 야곱은 어려운 입장에 처한다. 그의 뒤는 라반의 땅이고, 앞에는 에서의 땅이 펼쳐져 있다. 두 사람 모두 그의 원수다. 야곱이 놀랍고도 인상적인 방식으로 하나님을 만나는 것은 바로 이 위기를 당해서였다.

그는 앞서 하나님의 천사들을 만난다(32:1). 벧엘에서 꿈을 꿀 때 나타났던 천사들이었을지도 모른다. 역시 그가 홀로 있을 때였다. 아내들, 자식들, 재산도 그의 주변에 남아 있지 않았다. 그에 앞서 떠나간 후였다. 밤이었고, 그는 단신으로 남아 있었다.

성경은 "어떤 분이 나타나 야곱을 붙잡고, 동이 틀 때까지 씨름을 하였다"고 한다(32:24). 야곱은 그 인물과 씨름을 하는데, 그분은 야곱이 결코 항복하지 않을 것을 알고, 손을 뻗어서 그의 엉덩이를 치셨다. 그래도 야곱은 그분을 붙들고 복을 구한다.

의미 깊은 순간이 아닐 수 없다. 야곱은 지금까지 싸우면서 살아왔다. 처음에는 에서와 싸웠고 그 다음에는 라반과 싸웠다. 하지만 그의 진정한 싸움 상대는 그들이 아니었다. 상대는 하나님 자신이었다. 그는 이 순간이 오기 전까지는 진정으로 하나님을 의지하지 않았다. 자신의 운명이 하나님의 손아귀에 잡혀 있다고 믿지 않았다. 하나님의 한판승으로 끝난 이 싸움은 야곱에게 자신의 힘으로는 이길 수 없음을 보여줬다.

하나님은 그에게 새로운 이름을 주셨다. 더 이상 그의 이름은 '야곱'이 아니라 '이스라엘'이다. 이스라엘이라는 이름은 "그가 하

알쏭달쏭

양과 염소

Q 이번엔 뭔가?

A 야곱이 원시적이지만 유전공학적인 조작을 하는 이야기가 나오는 것 말이다. 나뭇가지를 교미하는 염소와 양들 앞에 걸어두면 점박이 염소, 점박이 양이 나온다고 제정신으로 말할 수 있는가? 빨간 벽지가 있는 방에서 임신된 아기는 빨간 머리로 태어난다고 하는 게 더 나을 것 같다.

Q 듣고 보니 정말 이상하다. 하지만 숨어 있는 요점은 이 모든 것이 하나님이 하신 일이라는 점이다. 야곱은 이 기술을 하나님이 주신 꿈에서 얻었다고 말한다(31:4-13).

Q 하지만 야곱은 이렇게 해서 실효를 얻었다고 믿었다.

A 이 모든 이야기들이 재미있게 짜여 있다. 그렇다. 창세기의 기자는 언어의 연금술사였기에, 야곱이 쓴 술수들도 이야기를 재미있게 이끌어가는 한 요소로 쓰고 있다. 에서라는 이름은 '붉다'는 뜻인데, 그는 붉은 죽 한 그릇에 속아 넘어간다. 라반의 이름은 '희다'는 뜻이다. 그런데 그는 흰 가지들로 인해 양들을 도둑맞는다. 야곱은 이 기술로 재산만 불리는 게 아니라 라반을 희롱하고 있는 것이다.

나님과 맞서 투쟁한다'는 뜻이다. 야곱은 자기와 투쟁한 분의 이름을 알려고 한다. 그러나 하나님은 그에게 답을 주지 않으신다. 이 역시 심오한 대목이다. 이로써 하나님은 싸구려이자 만만하고 유용하지 않은 우상들, 라헬이 상자 안에 감춘 신상들과 자신을 구분하신다. 하나님은 우상들과는 달리 조각으로 새긴 신상이 아니다. 그분은 권능 있고 신비하며 창조하는 존재이시다. 야곱은 투쟁 끝에 살아난다. 그러나 이후로는 평생 절룩거리며 걸어 다닌다.

이 만남이 야곱을 바꿔놓은 듯 보인다. 그는 에서를 '주인' 혹은 '주님'이라고 부른다. 그가 에서를 보면서 "하나님의 얼굴을 뵙는 것 같다"(33:10)고 한 말은 흥미를 불러일으킨다. 에서가 그 전날 밤 자기와 사투를 벌인 분의 얼굴을 닮았다는 뜻이 아니다. 에서의 따뜻한 영접이 야곱이 드린 기도의 응답이라는 뜻이다. 우리의 기도가 응답될 때마다, 누가 그 기도를 응답하는 도구가 됐든 간에, 하나님의 얼굴을 뵙는 것과 같다.

디나의 강간 34:1-31 야곱이 레아에게서 낳은 딸 디나는 세겜의 왕자에게 구애를 받다가 그만 성폭행을 당했다. 그러나 이 친구는 진심으로 디나를 사랑했기에 결혼하기로 결심했다. 야곱의 아들들은 그러려면 세겜의 모든 남자들이 할례를 받아야 한다고 요구했다. 세겜 남자들이 침상에 누워 거동을 못하고 있을 때, 시므온과 레위는 그 성읍에 있던 남자들을 조직적으로 학살했다.

남자 둘이 한 성읍을 도륙냈다는 게 이상하기는 하지만, 며칠 전 할례를 받은 남자들은 몹시 고통스러워하는 법이다. 그들의 적들은 칼을 뽑기는커녕 거의 움직일 수조차도 없었다. 잔인한 복수가 아닐 수 없었다. 야곱은 혐오감을 드러내며 역정을 냈다. 그들은 그곳을 떠나지 않을 수 없었다. 이 범죄로 말미암아 시므온과 레위는 후에 아버지의 저주를 받는다(49:7). 이 모든 일들에서 진짜 피해

중요한 개념

이름

성경은 이름의 중요성을 부각시킨다. 이름은 단순히 사람을 부르는 표식이 아니다. 이름에는 사람의 정체성, 하나님이 그에게 바라시는 바가 담겨 있다. 성경에 나오는 그 누구도 멋지게 들린다는 이유로 이름을 갖지는 않았다. 이름에는 의미와 깊이가 담겨 있다.

이름 바꿈(개명)은 바뀐 주인, 혹은 바뀐 충성의 상징이다. 바벨론과 이집트 제국이 예루살렘을 함락시켰을 때 그들은 왕들의 이름을 이름과 중간 이름, 두 개의 성으로 표기하도록 바꿔버렸다. 그들이 이스라엘을 소유하고 있음을 보여주기 위해서였다(왕하 23:34; 24:17).

개명은 또한 목적의 변화를 보여준다. 하나님은 아브람을 아브라함으로, 사래를 사라로 바꿔주셨다(창 17:5). 예수님은 시몬의 이름을 게바로 바꾸셨다(요 1:42).

이름은 성품을 보여주기도 한다. 야곱이라는 이름은 '속이는 자'였고 에서라는 이름은 '털이 많은'이라는 뜻이었다.

이름에는 예언적인 의미가 담겨 있다. 어떤 예언자들은 하나님으로부터 받은 메시지를 아이들의 이름으로 붙였다. 이 점을 잘 보여주는 예가 바로 호세아다. 그의 아이들은 '사랑 받지 못하는', '내 백성이 아닌'으로 불렸다.

자는 물론 디나다. 이 이야기에서 디나는 한마디도 하지 않는다. 미래의 남편은 살해당했다. 당시 사회의 엄격한 규례에 의하면 그는 '손상 입은 물품' 이었다. 오라버니들은 여동생의 명예를 지켜야 한다고 했지만, 결론적으로 디나를 고독한 삶에 갇혀버리게 한 꼴밖에는 되지 않았다. 성경은 그를 외로운 신세, 결혼하지 않은 딸로 기록하고 마친다. 야곱의 집안이 오랜 세월 후 이집트로 내려갈 때의 일이다(46:15).

요셉 37:2–50:26

라헬은 야곱이 가장 아끼는 아내였고, 야곱에게 낳아준 아들들인 요셉과 베냐민 또한 애지중지 하는 아들이었다. 배다른 형들은 동생을 대놓고 미워했다(37:4). 이런 편애가 끔찍한 결과를 부른다. 요셉이 잘난 체 하는 꿈을 꾸기 시작하자, 배다른 형제들은 분노를 터뜨렸다. 요셉이 꾼 꿈이 죄는 아니었다. 그것은 예언의 성격을 가지고 있었다. 형제들은 그가 죽은 것처럼 꾸몄고, 요셉은 이집트에 노예로 팔려갔다.

유다와 다말 38:1–30 시므온과 레위만이 야곱의 골칫거리가 아니었다. 르우벤은 아버지의 소실인 빌하와 동침했다(35:21). 뿐만 아니다. 유다와 그의 며느리 다말 사이에 일어난 해괴한 이야기도 들려온다. 유다는 가나안 족속들 틈에서 섞여 살았다. 그의 장자인 엘이 다말이라 불리는 여인과 결혼을 했다. 엘이 죽자, 그의 동생인 오난이 관습에 따라 다말을 아내로 맞아들였다. 그러나 오난은 다말이 임신하지 못하도록 했다. 임신이 되면 그

궁금증 해소

색동옷(37:3)

요셉의 겉옷이 구체적으로 무엇이었는지에 관해서는 의견이 분분하다. 아마도 긴 소매가 달렸거나, 화려한 자수가 놓이고 장식품들이 붙은 외투였을 것 같다. 이런 옷은 리더십을 상징한다. 야곱이 요셉을 다른 아들들 위에 두었다는 표시인 것이다.

중요한 개념

도량형

중량 구약성경에서 중량의 기본단위는 세겔이었다. 한 세겔은 11.4그램이다. 50세겔이면 한 므나를 이루고, 60므나는 한 달란트다. 한 달란트는 3,000세겔이다.
예수님 당시에 로마는 로마 '파운드'를 고수해서 쓰고 있었다. 한 로마 파운드는 325그램, 즉 11.5온즈다.

통화 구약성경에서 기본 통화는 세겔이었다. 어디서 들어본 듯하다고? 맞다. 중량 단위와 같다. 이렇게 된 데는 이유가 있다. 오랜 옛날에는 동전을 쓰지 않았다. 가축, 목재, 포도주, 꿀 같은 품목들을 교환하는 것으로 상거래가 이뤄졌다. 그러다가 당시로서 가장 흔한 금속이었던 은으로 바뀌었고, 은의 중량으로 물건의 가치를 매기게 되었다. 예를 들어 솔로몬은 전차를 600세겔의 은으로 산다. 6.8킬로그램의 은을 달아준 것이다.

신약 시대의 환율

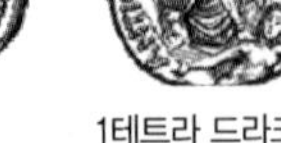

결혼은 완전히 확립되었기 때문이다. 그는 자신의 의무를 거부함으로써 죄를 얻었고, 그 결과 그는 죽었다. 유다는 셋째 아들 셀라도 죽을까 두려워서 그를 다말과 합치게 하지 않았다.

다말은 행동을 취했다. 그는 창녀로 변장하고 시아버지를 기다렸다가 동침했다. 그리고 화대의 보증물로서 시아버지의 인장, 도자기로 만든 작은 도장을 취했다. 이 인장은 법적인 문서에 밀랍으로 봉인할 때 쓰이는 것이다. 말하자면 주민등록증이고 비밀번호와 같은 것이었다. 그 후 석 달이 흘러 다말이 임신한 사실이 밝혀졌다. 그는 공개처형 되기 위해 끌려나왔다. 그는 누가 아기의 아버지인지 밝혔다. 유다는 잘못을 저지른 사람이 바로 자신임을 깨달았다.

다말의 소행을 이해하기 위해서 당시의 결혼 풍습을 이해해야 한다. 과부들은 남편의 가장 가까운 생존 친척과 결혼해야 했다. 보통은 남편의 형제들이 일순위 후보였다(이 풍습에 관해서는 신명기 25:5-6이 언급하고 있다). 이것은 여자를 보호하고 가계를 이을 자손을 주려는 의도이다. 고대사회에서 사내아이를 생산하지 못하는 것은 큰 수치로 여겨졌다. 아니 어떤 나라들에서는 지금도 그렇다. 왜 다말이 아이를 가지려고 그토록 오랜 세월을 보내는지 설명이 된다. 아이를 가지면 그의 지위, 중요성, 미래가 결정된다. 중요한 것은 유다가 "그 뒤로 다시는 그를 가까이하지 않았다"는 것이다. 다말이 욕정 때문이 아니라 여자로서 자신의 권리를 주장하고 자신과 가문의 미래를 보장받으려고 모험한 것임을 보여준다. 그리고 비천한 여자로 취급받던 이 가나안 여자는 그리스도의 족보에 언급되는 여인 중 한 사람이 된다(마 1:3). 그의 행동은 다윗 왕, 더 나아가서는 예수님의 가계를 잇는 용감한 것이었다.

세겔은 통화량의 단위도 됐다. 사람들은 재산과 생산품들을 귀금속의 중량으로 환산했다. 중량에서도 그렇지만, 달란트와 므나는 더 큰 가치의 품목을 잴 때 쓰였다. 예레미야는 은 17세겔로 밭을 샀는데(렘 32:9), 오므리는 사마리아의 언덕과 도성을 은 두 달란트, 약 68킬로그램을 주고 샀다. 시간이 흘러 사람들은 세겔을 좀 더 편하게 운반할 수 있도록 주조하기 시작했다. 사람들은 이 금속을 편리한 무게 단위로 가지고 다녔다. 아브라함은 리브가에게 10세겔짜리 목걸이를 줬다(창 24:22). 금은 얇은 막대 모양으로 유통됐는데, 보통 50세겔 단위였다.
주전 7, 8세기에는 드디어 동전이 유통된다. 그러나 이스라엘과 유다에서는 유통 속도가 느렸다. 아마도 동전들에 형상이 새겨져 있었기 때문일 것이다. 그러나 신약성경 시대에 이르면 세 가지 중요한 통화가 생긴다. 유다, 그리스, 로마의 동전들이다. 이 통화 단위들은 또한 중량 단위로도 쓰였다. 얇은 막대와 목걸이들을 녹여 동전들로 주조했다.
신약성경 시대에는 세겔이 11.4그램의 동전으로 바뀐다. 그러나 50세겔이 한 므나, 60므나가 한 달란트라는 화폐 단위에는 변함이 없다. 반면 그리스인들은 드라크마를, 로마인들은 데나리온을 화폐 단위로 썼다. 데나리온은 대략 하루치 품삯이었다. 유대인들 역시 렙돈이라고 알려진 작은 단위의 화폐를 유통시키고 있었다. 렙돈은 아주 작은 구리 동전이었다. 누가복음 21장 2절에서 한 가난한 과부가 이 돈을 헌금하자 예수님이 이에 대해 말씀하셨다. ➲

⑪ 이집트의 요셉 39:1-47:12 요긴한 사람이 되기 위해서는 먼저 별볼일 없는 사람이 돼야 하는 게 성경의 원칙이다. 야곱, 요셉, 모세,

거리 측정 성경에 나오는 거리의 기본 단위는 규빗이었다. 팔꿈치에서 손가락까지 대략 어른 팔 길이라고 보면 된다(물론 아주 길거나 이례적으로 짧은 팔이면 좀 곤란하겠지). 이렇게 보면 규빗은 44-53센티미터 정도가 된다.

구약성경의 규빗은 약 450밀리미터였고 신약성경의 규빗은 550밀리미터였다. 신약성경으로 들어오면 로마의 도량형이 더 우세하게 쓰인다. 배의 높이는 패덤(1.8미터)으로 측정했고, 더 먼 거리는 스타디온(펄롱, 185미터), 밀리온(마일, 1,478미터)이라고 정해 사용했다.

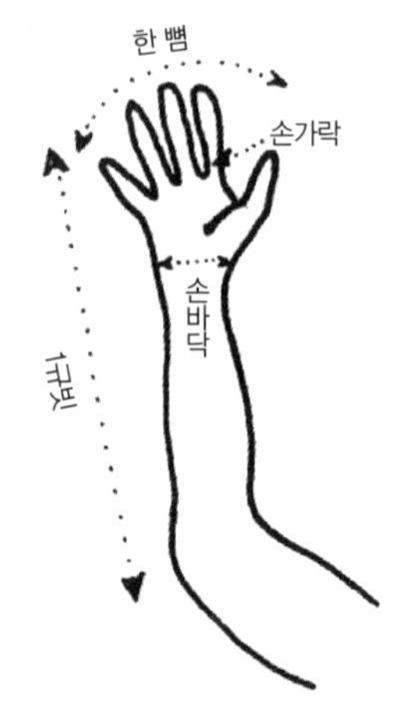

엘리야, 이 모든 사람들은 자신의 정체성을 찾기 위해 먼저 잃어야 했다. 때로는 광야에 들어가거나, 때로는 가족들을 버리고 떠나거나, 고향, 일가와 의절하기도 했다.

요셉은 노예가 되었다가 죄수가 됐다. 그러나 이런 일을 통해서 그는 하나님과 깊고 끊어지지 않는 관계를 맺게 됐다. 역설적으로 그를 곤경에 빠뜨린 바로 그 능력, 즉 꿈을 해석하는 능력이 그를 구출한다. 그는 파라오의 꿈을 해몽하고 이집트의 총리가 된다. 그의 해몽은 의미뿐 아니라 취해야 할 행동에 대한 제시까지도 포함하고 있었다. 이 일로 말미암아 그의 가족까지도 구원을 받는다. 그들은 기근을 만났을 때 잃어버렸다고 생각한 동생에게 기댈 수 있었다.

열두 지파들 48:1-22 야곱은 눈을 감는 침상에서 요셉에게 축복한다. 세겜에서 저지른 죄악 된 행동 때문에 야곱의 장자 르우벤은 장자권을 요셉에게 넘기게 된다(49:3-4). 이뿐 아니다. 야곱은 요셉의 둘째 아들을 축복한다. 요셉의 첫째 아들 므낫세보다 에브라임을 앞세운다. 그가 왜 이렇게 하는가는 분명하지 않지만 그렇게 놀랄 만한 일은 아니다. 야곱은 차남이었고, 둘째 딸과 사랑에 빠졌다. 그가 항상 둘 중에 어린 쪽을 택하는 것은 그다지 놀랍지 않다.

흔히 야곱의 축복이라고 불리는 49장은 창세기에 나오는 가장 긴 시다. 야곱 아들들만 아니라 그들에게서 뻗어 나올 지파들에게 주는 축복이 담겨 있다. 시므온과 레위는 호된 꾸지람을 듣는다. 시므온은 자기 자손들이 흩어지는 모습을 볼 것이다(수 19:1, 9). 열두 지파 사이에서 시므온 지파는 에브라임과 므낫세의 '반 지파'가 대신하게 될 것이다. 레위 지파는 그들 앞으로 땅이 돌아오지 않을 것이다. 그들은 제사장 지파가 될 것이기 때문이다. 이 시는 그 형제들에서 가지 쳐 나오게 될 민족의 특성들과 그들이 상속하게 될 영

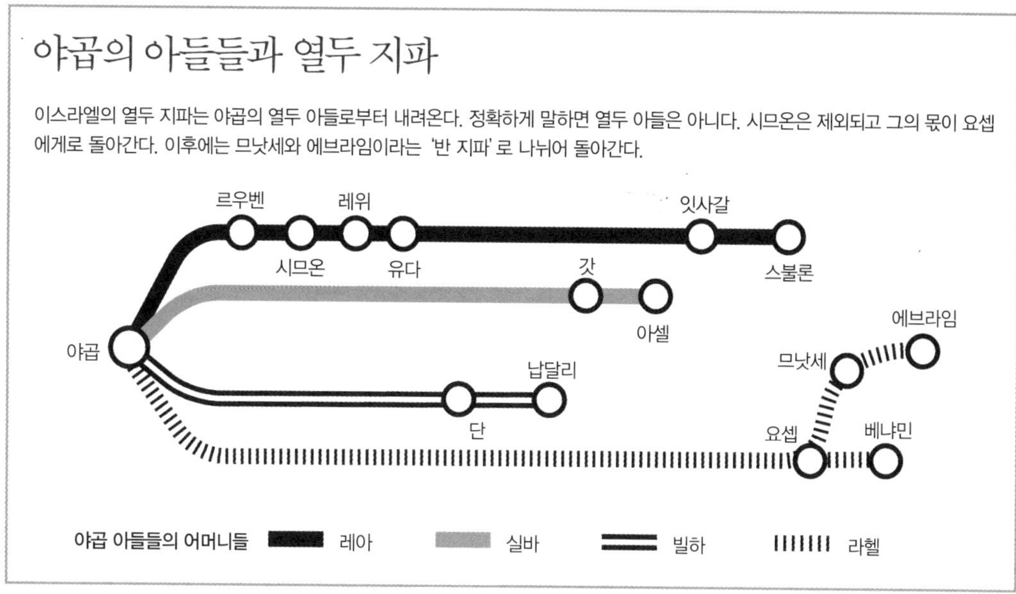

토를 그리고 있다. 스불론은 바닷가에 살게 될 것이고 아셀은 비옥하고 기름진 농토에 거하게 될 것이며, 베냐민은 난폭한 늑대에 비교되었다. 훗날 이 지파의 난폭성을 암시하는 말이다(삿 19-21장).

요셉의 이야기는 창세기에 나오는 어느 누구보다도 이스라엘 민족의 운명을 고스란히 담고 있다. 그는 포로로 잡혀야 했다. 하나님과 사람들 때문에 고뇌해야 했다. 그러나 마지막에는 다른 나라들과 겨레들에게 복의 원천으로 쓰였다. 요셉의 이야기는 족장이라는 개인의 이야기에서 민족의 이야기로 확장된다. 요셉 이후 이스라엘의 지파들은 이집트로 옮겨가서 노예 민족이 된다.

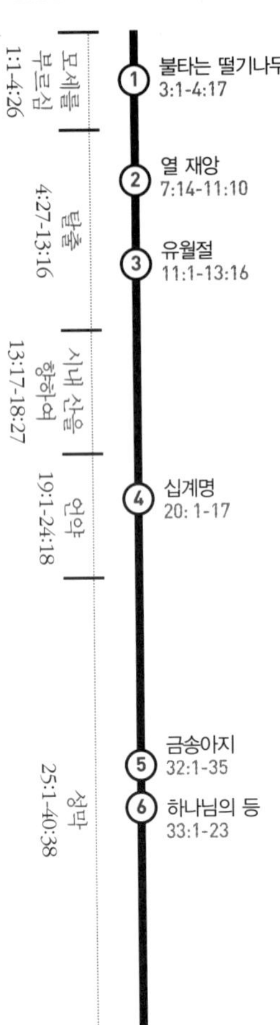

출애굽기

이리로 나가시오

엑소더스(Exodus)란 문자적으로 '출구'라는 뜻이다. 이 책의 주제를 어느 정도는 요약하고 있는 제목이다. 왜냐하면 이 책은 이스라엘 백성이 이집트의 노예살이에서 탈출한 일을 다루고 있기 때문이다.

누가 | 전통적으로 모세의 저작이라고 알려져 왔다. 어떤 부분들(17:14; 24:4; 34:27)에서는 그의 필체가 느껴지기도 한다. 여호수아는 "모세의 율법책"이라고 한다(수 8:31). 신약성경 역시 모세가 어떤 본문들을 썼다고 선언한다. 그러나 원래의 자료들을 모으고 편집한 후대의 사람들이 있는 것은 거의 분명하다.

언제 | 모세를 주요 인물이라고 본다면, 이 책의 연대는 주전 15

한눈에 보는 안내판

저자 모세를 비롯한 여러 명
유형 율법책
목적 하나님이 그의 백성을 이집트의 노예생활에서 어떻게 구출하셨는가를 보여준다.
핵심 구절 20:2-3 "나는 너희를 이집트 땅, 종살이하던 집에서 이끌어 낸 주 너희의 하나님이다. 너희는 내 앞에서 다른 신들을 섬기지 못한다."
한 가지만 기억하라면 하나님은 약속을 지키신다.

한눈에 보는 흐름

노예생활 1:1-14
모세의 탄생 1:15-2:10
살인 2:11-25
불타는 떨기나무 3:1-21
지침 4:1-17
모세 대 바로 5:1-21
재앙 7:14-8:32
마지막 재앙 11:1-10; 12:29-30
유월절 12:1-28
탈출 12:31-42
바다를 건너 14:1-31
만나 16:1-26
십계명 19:16-20:17
법궤와 성막 25:1-22

세기로 거슬러 올라간다. 그러나 후대 편찬자들의 역할이 어떤 형태로든 작용한 것 같다.

언제 | 출애굽이 실제 일어났는가에 관해서는 몇 가지 논쟁이 있다. 열왕기상 6장 1절에 따르면 출애굽하고 나서 480년 후가 솔로몬의 치세가 시작된 지 4년째 되는 해이다. 아마도 주전 1446년이었을 것이다. 이집트에서는 파라오 투트모스 3세(Thutmose III)와 그의 아들 아문호텝 2세(Amunhotep II)가 다스리고 있을 때였다. 그러나 난제가 많다는 점에 놀라서는 안 된다. 1장 11절은 람세스의 도시를 언급하고 있는데, 이 언급 때문에 출애굽 연대를 훨씬 뒤로 미뤄야 한다고 주장하는 사람들이 나오게 됐다. 이들의 주장에 의하면 그 도시는 주전 1290년경에 다스린 람세스 2세의 치세와 관련이 있다. 이 이름이 언급되는 것은 후대 편집자의 개입 결과일 수 있다는 것이다.

무엇을 | 이 책은 이스라엘 백성이 이집트의 노예살이에서 탈출한 일을 다루고 있다. 한편 많은 종교적 의식과 의전, 법적인 문제들도 다루고 있다. 여기에 덧붙여서 하나님의 본성, 하나님과 그분 백성의 관계에 관한 깊이 있으면서도 신비롭기 짝이 없는 통찰을 담고 있다.

모세를 부르심 1:1-4:26

출애굽기는 노예로 잡혀 있는 이스라엘 백성을 보여주는 것으로 시작한다. 요셉이 죽은 후 몇 세기 만에 이집트에 정착한 이스라엘 백성들은 셀 수 없이 불어나, 권좌에 앉은 파라오의 눈에는 마치 재앙처럼 보였다. 결국 파라오는 선별 조치를 발표한다. 이스라엘 족속으로 태어나는 모든 남자 아이는 강물에 빠뜨려 죽여야 한다는 칙령을 내린 것이다. 이렇게 절박한 상황 가운데서 한 엄마가 자기

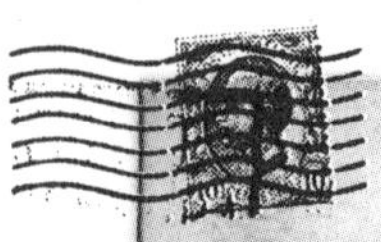

POST CARD

고대 이집트 영토는 나일 강을 따라 좁은 띠처럼 퍼져나가. 우리는 강에 풍요와 번영을 기대해. 매년 강이 범람해서 땅을 비옥하게 하고 곡물들을 자라게 하지. 다른 나라들의 배고픈 사람들이 그토록 우리를 찾는 이유는 이곳은 곡물이 풍부하기 때문이야.

우리에겐 대단한 건축물들이 있어. 람세스와 비돔의 성들은 대단하지. 노래하는 노예들이 흥에 겨워 행복한 얼굴로 엄청난 건축물들을 짓고 있는 모습을 보게 될 거야. 건축자 중에서도 으뜸 되는 분을 꼽으라면 의당 파라오 람세스 2세지. 약간은 정신병자처럼 반신반인의 모습을 하고 있는 여러 왕들 중에 제일 마지막 왕이야.

관광객들은 이집트의 위엄에 찬 신전들을 구경할 수 있어. 장엄하고 청정한, 개구리, 이, 피 따위는 조금도 없는 나일 강에서 이른 아침 목욕재개도 할 수 있지.

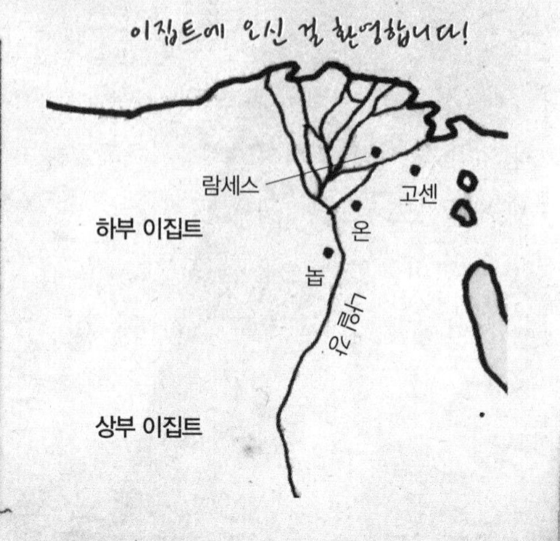

의 사내 아기를 숨기려고 한다. 아기가 너무 크게 되자, 엄마는 나일 강을 오르내리던 배를 흉내 내서 작은 상자를 만든다. 갈대로 만든 이 상자의 겉에는 역청을 칠해 물이 스며들지 못하게 했다. 그리고 물 위에 떠내려가도록 한다.

① **불타는 떨기나무** 3:1-4:17 3장은 성경 전체를 통틀어 가장 생생하고 중요한 장면들 중 하나를 보여준다. 모세는 이집트 호위병을 살해하고 호렙으로 도망쳐서 광야에서 양을 치고 있었다. 호렙이 어디인지는 확실하지 않지만, 시내 산의 다른 이름일 수 있다(시내 산이 어디인지도 모르기 때문에 아나 마나한 사실이다).

하나님, 아니 "여호와의 천사"라고 묘사된 분이 불꽃의 모습으로 모세 앞에 나타난다. 하나님은 그분이 누구신지 밝히고 자기 백성의 신음을 들으셨다고 말씀하셨다(3:7-10). 나아가서 그분이 이스라엘 백성을 이집트에서 끌어내겠다고 말씀하셨다. 여호와께서 모세와 함께 하시겠다고 확증하자, 그는 하나님의 이름을 물었다. 하나님은 자신의 이름이 "스스로 있는 자"라고 대답하셨다(3:14).

이름이 중요하다. 하나님은 현재시제로 계시는 분이다. 그분에게는 시작도 끝도 없다. 그분은 단지 존재하신다. 모든 것을 다 포함하시는 하나님이시기에 이름으로 그분이 나타내는 모든 것을 충분히 드러낼 수 없다(예수님은 나중에 이 구절을 자신에게 적용하심으로써 자신과 하나님을 분명 동일시했다).

?! 궁금증 해소

누룩은 왜?

하나님은 이스라엘 백성에게 집집마다 누룩을 전부 치우라고 하셨다(12:15). 왜 그러셨는지는 미스터리다. 이 행사를 기념하며 그들이 먹은 빵은 그들이 떠나와야 했던 당시의 긴박한 상황을 상징한다. 그들은 너무 급히 서둘러야 해서 반죽이 부풀어오르는 것을 기다릴 수조차 없었다. 그리고 여기서 누룩은 죄의 상징인 것 같다. 누룩이 발효를 의미하고, 발효는 타락을 의미하기에, 결국 누룩은 부정을 뜻하는 것이다. 아니면 혹시 이스라엘 백성들에게 누룩 알레르기가 있었는지도 모르겠다.

탈출 4:27-13:16

모세는 이집트로 돌아간다. 백성들은 그가 하나님의 능력을 나타내는 표적들(4:29-31)을 베풀자 그를 받아들인다. 사태는 전보다 더 심각하게 돌아간다. 파라오는 이스라엘 백성에게 더 고된 일을 시킨다. 벽돌을 만드는 데 없어서는 안 될 재료를 주지 않는 것이다. 이스라엘 백성들은, 출애굽기 전체에서 늘 그러듯이 일이 어려워지면 모세를 원망한다.

모세와 아론은 파라오에게 가서 하나님의 권능을 시위한다. 모세의 지팡이는 그가 광야에서 처음 하나님을 만날 때처럼 이번에도 뱀으로 변한다. 재미있는 것은 파라오의 마술사들도 같은 일을

BRIEF LiVES 약력

I 모세

가족 사항 _ 이집트 공주가 입양한 아들

직업 _ 왕자, 살인자, 목자, 리더, 입법자

생애와 업적 _ 개인적인 한계와 가정의 문제에도 불구하고, 고집 세고 반역적인 백성들을 용기와 비전을 갖고 이끌었다.

하나님과 독특한 관계를 유지했다. 모세만이 여호와의 참 모습을 보도록 허락받았다(그것도 오직 등만이었지만). 그는 하나님 앞에 정직했고 자기 백성을 위해 자신의 욕망을 기꺼이 죽였다.

이집트에서 도망쳐 나올 때 그의 나이는 40살이었고, 미디안 광야에서 40년을 머물렀다. 그의 생애는 세 부분으로 나뉜다고들 한다. 이집트의 왕자(1-40세), 미디안 목자(41-80세), 이스라엘의 리더(81-120세).

성품 _ 신실하고 순종적이나, 때로는 낙담을 잘하고 화를 내거나 두려워한다.

장점 _ 약속의 땅으로 백성들을 이끈다.

단점 _ 약속의 땅에 들어가지 못한다.

중요한 개념

하나님의 이름

야훼 *Yahweh* 성경에는 언제나 *YHWH*로 기록된다. 유대인들은 하나님에 대한 경외심 때문에 발음을 하지 않았다. 일부 현대 유대인 작가들은 이 전통을 존중하여 God 대신에 G-d라고만 쓴다. 유대인들은 성경을 소리 내 읽을 때 이 단어 대신 아도나이('나의 위대하신 주님')라고 발음했다. 여호와라는 말은 이 두 단어를 섞어놓은 것으로서, *YHWH*에 아도나이의 모음을 섞어 읽은 결과이다. 주후 12세기 이전에는 여호와라는 말을 쓰지 않았다.

이 이름의 뜻이 무엇인가를 놓고 수많은 논쟁이 벌어졌다. 일부 학자들은 이 이름이 사실은 아무것도 뜻하지 않는다고 믿는다. 그런가 하면 "그분은 존재하는 것이 존재하도록 하시는 분"을 뜻한다며, 하나님을 창조주라 지칭하는 이름이라고 믿는 학자들도 있다. 대부분의 현대 역본들은 야훼(*Yahweh*, 혹은 *YHWH*)라고 표기하는 대신에, '주'라고 표기한다.

엘로힘 *Elohim* '하나님'이라고 널리 옮겨질 수 있다. 원래는 복수형('하나님들')이지만, 유일하고 더 높은 위(位)가 없는 신이신 하나님을 말한다.

엘 *El* '엘로힘'의 단수형. 때로 하나님에 대해서 쓰이지만, 참되든 거짓되든 어떤 신에 대해서도 쓰일 수 있다. 보통은 하나의 술어로서 쓰인다. 다른 용어와 함께 나온다는 뜻이다. 좋은 예가 '엘 엘룐,' 즉 "지극히 높으신 하나님"(창 14:18)이다. 혹은 창세기 31장 13절에서 하나님이 "나는 벧엘의 하나님이다"라고 말씀하시는 예도 들 수 있다. 가장 널리 알려진 파생어는 엘 샤다이, "전능하신 하나님"이다. 샤다이라는 말은 아마도 '산'을 뜻하는 것 같은데, 영원성과 엄위함을 불러일으키기 위한 장치인 것 같다. 창세기 17:1, 28:3, 49:25 등

할 수 있다는 것이다. 하지만 그들의 뱀은 모세의 뱀에게 잡혀 먹힌다. 파라오가 시큰둥해하자, 하나님은 이집트에 연속으로 재앙들을 내리신다. 이것이 저 유명한 열 재앙이다. 매번 모세와 아론은 파라오에게 이스라엘 백성을 놓아주라고 도전하지만, 파라오는 매번 들은 체도 않는다. 마지막으로 가장 무시무시한 재앙이 닥치자, 파라오는 그제야 제정신으로 돌아온다.

② 열 재앙 7:14-11:10 어떤 사람들은 이 열 재앙들을 일련의 자연재해로 본다. 하나님이 그 도를 더하심으로써 초자연적으로 연속적으로 일어났다고 보는 것이다. 이렇게 해석하는 사람들은 모세가 재를 치자(9:8) 먼지가 이가 됐다(8:16)는 것은 일종의 상징이라고 한다. 이런 행위로 광범위한 참사를 서술하는 것일 수 있다. 아니면 먼지가 정말로 작은 곤충들로 변했을 수도 있다. 지팡이가 뱀으로 변하지 않았는가. 어느 쪽이든 이런 일들은 자신의 권능과 이집트인들에 대한 징벌로서 하나님이 내리신 것이다.

이 재앙들은 각각 세 가지씩 세 그룹, 그리고 마지막, 끔찍한 한 재앙으로 나뉘어 일어났다. 각 그룹은 모세가 아침 일찍 파라오와 마주치는 것으로 시작된다(7:14; 8:20; 9:13). 재앙들은 또한 절기에 따라서도 분류할 수 있다. 늦여름과 초가을에 일어난 여러 차례의 범람으로 시작해서 재앙의 만연과 질병으로 끝난다.

③ 유월절 11:1-13:16 파라오는 연거푸 협상을 시도하지만, 이스라엘 백성의 심정을 결코 이해하지 못한다. 결국 그는 모세를 꾸짖어 내쫓는다. "네가 내 앞에 다시 나타나는 날에는 죽을 줄 알아라"(10:29). 모든 이집트가 겪었다는 면에서, 이것은 약한 위협 정도이다. 그러나 이 말은 평지풍파를 일으켰다. 처음 아홉 가지 재앙이 자연재해의 일종이었다면, 열 번째 재앙은 초자연적이고 무시무시

한 것이기 때문이다.

하나님은 모세에게 이집트 나라 전체를 지나가겠다고 말씀하셨다. 이집트인 첫 사내아이들과 동물의 수컷 맏배들을 모두 죽이시겠다는 것이었다. 하나님은 '파괴자'(12:23)를 대동하실 것이다. 파괴자는 한 무리의 천사들임이 분명하다. 내려진 지침은 상세하고 정밀하다. 모든 이스라엘 백성의 가정은 양 한 마리를 잡아 그 피를 문설주에 바르고 함께 그 고기를 먹어야 한다. 그러면 피가 발린 집들마다 '유월'(逾越, 넘어감)할 것이다.

이스라엘 백성들은 하나님의 지시를 따랐다. 그날 밤 이집트인들의 장남은 죽었다. 파라오에게는 결정타가 아닐 수 없었다. 그는 모세를 불러 그와 그의 백성은 어서 떠나라고 말했다(12장은 장래에 이 사건을 어떻게 기념해야 할지 상세한 지침들을 안내한다).

유월절과 관련해서 두 가지 기억할 핵심 사항이 있다. 첫째, 이집트인들은 무죄하지 않았다는 것이다. 그들은 전에 이스라엘 백성들에게 똑같은 일을 자행한 적이 있다. 둘째, 하나님은 "이집트의 신들을 벌하겠다"고 하셨다(12:12). 파라오는 자기가 신이라고 믿었다. 여호와 하나님은 그에게 진짜 하나님이 어떤 일을 하실 수 있는지 보여주셔야 한다.

하나님은 이집트인들의 장자를 데려가셨기에 이스라엘의 첫 아들의 성별에 관하여 지침을 내리신다. 이스라엘 백성들은 양이든 염소

과 욥기에서 두루 쓰인다.

세 가지 이름이 동시에 나타나는 구절도 있다. "나, 주(야훼/여호와) 너희의 하나님(엘로힘)은 질투하는 하나님(엘)이다"(신 5:9).

이스라엘의 주 하나님 히브리어로는 야훼 엘로헤 이스라엘이라고 한다. 예언자들이 즐겨 썼다(사 18:6; 슥 2:9 참조).

만군의 주 야훼 츠바옷. 역사서와 예언서에 나오는 신적 칭호다. '만군'이란 하나님의 명령 아래서 움직이는 하늘의 세력들이다(삼상 1:3; 시 24:10 참조).

이스라엘의 거룩하신 분 이사야, 예레미야, 시편에 많이 등장하는 호칭(사 1:24; 삼상 15:29 참조).

하나님을 묘사하는 이미지들 성경에는 하나님이 어떤 분이신지 묘사하기 위해 동원된 이미지들이 무수하다. 바위(출 7:1-7), 목자(시 23:1), 요새(시 18:2), 피난처(시 37:39), 구속자(사 41:14) 등이다. 예수님은 귀를 쫑긋 세우게 하는 이미지, 즉 아버지라는 이미지를 쓰셨다.

난해한 주제

| 십보라의 아들 4장 24-26절에는 성경에서 가장 이해할 수 없는 사건 중 하나가 나온다. 여호와께서 이집트로 돌아가는 길에서 모세를 죽이려고 하셨다는 것이다. 그때 모세의 아내 십보라가 "모세의 다리에 손을 댔다"고 한다. 모세의 생식기에 손을 댔다는 말을 에둘러 한 것이리라. 십보라는 손에 부싯돌로 만든 칼을 들고 모세에게 할례를 베풀고, 모세는 목숨을 구한다. 정말 이상한 본문이다. 어떤 주석가들은 할례를 받지 않은 모세에게 벌을 주려 하셨다고 해석한다. 그러나 다른 주석가들은 이 이야기가 피에 굶주린 원시 설화의 반영이라고 보기도 한다. 그러나 아무도 진실을 모른다. 심지어는 대상이 모세인지 그의 아들인지도 잘 모른다. 십보라가 모세를 '피 남편'이라고 한 말이 무슨 뜻인지도 모른다. 그러나 이 이야기는 이집트 탈출의 핵심적인 이미지 중 하나에 연결돼 있다. 사람들은 피를 통해서 구원받는다는 것이다.

중요한 개념

유월절

오늘날에도 유대인 가정에서는 유월절(히브리어로 '페사크')을 지킨다. 그러고 나서 한 주 내내 얇게 구운 빵을 먹는 축제가 이어진다. 이스라엘 백성이 황망히 이집트를 떠나야 했던 일을 기념하는 것이다.

유월절을 지키지 못한 긴 공백기가 있었음에도 불구하고, 유월절은 예수님 당시에도 중요한 명절이었다.

유월절 절차

유월절은 니산월(3/4월)에 들어 있다.

니산월 10일 짐승을 골라 안전한 곳에 둔다. 짐승은 반드시 일년생 흠 없는 염소나 어린양이어야 한다(출 12:5). 송아지도 무방하다(신 16:7).

니산월 14일 오후 늦게 짐승을 도살한다. 짐승의 피는 문설주와 집의 인방에 뿌리고 짐승을 통째로 굽는다. 집안 전체가 고기를 먹되, 쓴 채소와 누룩 넣지 않고 구운 빵과 함께 먹는다.

니산월 15일 이른 아침 먹다 남은 고기를 불사른다.

처음에는 이 모든 일을 가정에서 행했다. 그러나 예수님 당시에는 짐승들을 성전으로 데려가 제사장이 도축하는 것이 관습이 되었다. 잡은 짐승을 집으로 가져가 굽고 이렇게 했다.

1. 견과류와 과일을 잘게 부수어 식초와 포도주를 섞어 만든 소스에 고기를 찍어 먹는다.
2. 두 잔째 포도주를 마신 후에, 아들이 아버지에게 묻는다. "왜 오늘밤은 다른 밤들과 다른 거지요?" 아버지는 신명기 26장 5–11절까지의 이야기를 들려준다.
3. 시편 113편(혹은 113–114편)을 노래한다.
4. 네 번째 포도주 잔을 비운 후에는 시편 115–118편을 노래한다.

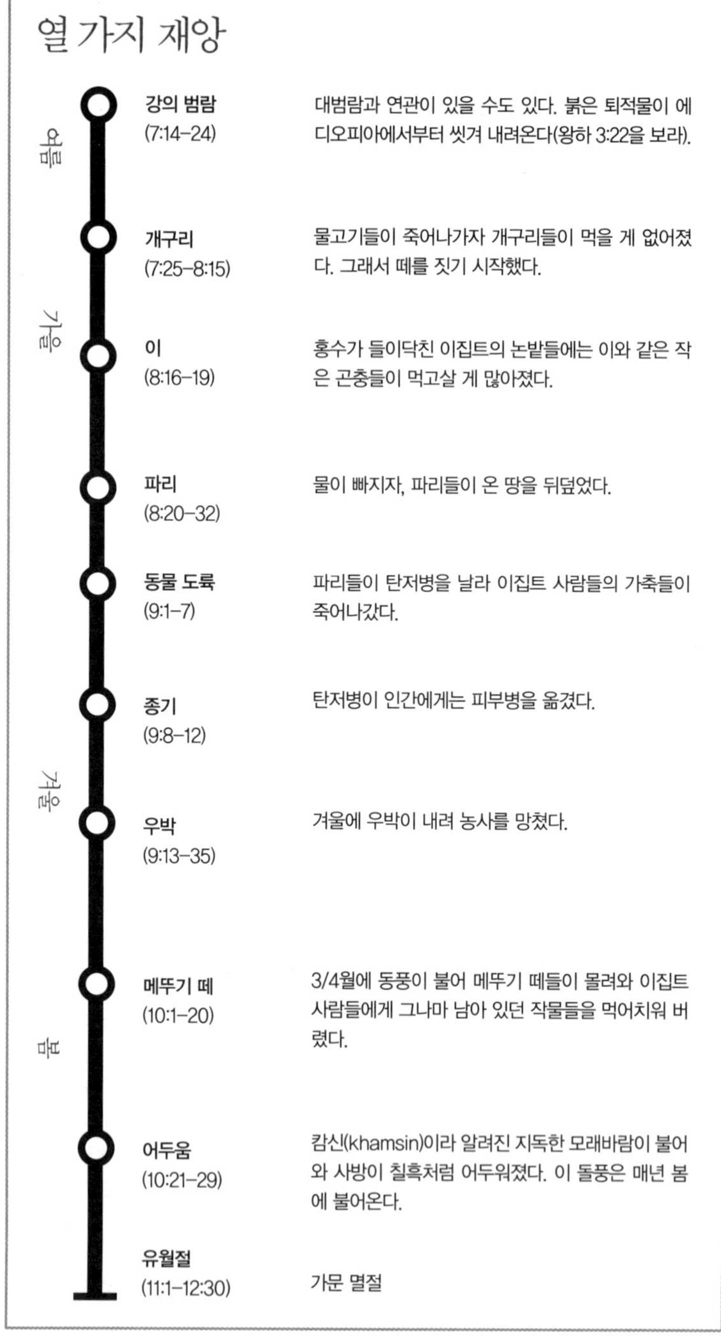

열 가지 재앙
여름
가을
겨울
봄
강의 범람 (7:14–24)
대범람과 연관이 있을 수도 있다. 붉은 퇴적물이 에디오피아에서부터 씻겨 내려온다(왕하 3:22을 보라).
개구리 (7:25–8:15)
물고기들이 죽어나가자 개구리들이 먹을 게 없어졌다. 그래서 떼를 짓기 시작했다.
이 (8:16–19)
홍수가 들이닥친 이집트의 논밭들에는 이와 같은 작은 곤충들이 먹고살 게 많아졌다.
파리 (8:20–32)
물이 빠지자, 파리들이 온 땅을 뒤덮었다.
동물 도륙 (9:1–7)
파리들이 탄저병을 날라 이집트 사람들의 가축들이 죽어나갔다.
종기 (9:8–12)
탄저병이 인간에게는 피부병을 옮겼다.
우박 (9:13–35)
겨울에 우박이 내려 농사를 망쳤다.
메뚜기 떼 (10:1–20)
3/4월에 동풍이 불어 메뚜기 떼들이 몰려와 이집트 사람들에게 그나마 남아 있던 작물들을 먹어치워 버렸다.
어두움 (10:21–29)
캄신(khamsin)이라 알려진 지독한 모래바람이 불어와 사방이 칠흑처럼 어두워졌다. 이 돌풍은 매년 봄에 불어온다.
유월절 (11:1–12:30)
가문 멸절

든 첫 소생을 희생제물로 여호와께 드려야 한다는 것이다. 이것은 유월절을 영원히 기억하게 하려는 조치이다. 하나님이 교만한 나라를 징벌하시고 그의 백성을 노예생활에서 빼내 오시는 순간이었다.

시내 산으로 13:17-18:27

하나님이 친히 이스라엘 백성을 이끄셨다. 낮에는 구름기둥 밤에는 불기둥의 모습으로 나타나셨다. 이스라엘 백성은 기적적으로 구출됐다. 노예 상태에서 해방됐고 죽음에서 건져졌으며, 이집트에서 꺼냄을 받았다. 이런 그들이 사흘 만에 통곡하기 시작한다.

이것은 반복되는 시작에 불과했다. 방랑 생활을 하는 동안 사람

성경에는 안 나온다

홍해 도강

찰턴 헤스턴의 영화와는 달리 모세는 홍해를 가르지 않았고 이스라엘 백성들은 거길 건너지 않았다. 이 바다는 히브리어로 얌 숩(*yam suph*), 즉 '갈대 바다'라고 한다. 알다시피 갈대는 짠물에서는 자라지 않으므로, 여기서 말하는 바다는 수심이 얕은 내륙호였을 것이다. 어쨌든 진퇴양난에 빠진 모세는 손을 들었다. 바다는 갈라졌고 백성은 마른 땅으로 통과했다. 이집트 사람들은 따라오려다가 익사하고 말았다. 살아남은 자가 없었다.

난해한 주제

| 하나님이 파라오의 마음을 완강하게 만드셨나? 출애굽기에는 모두 아홉 차례에 걸쳐서 하나님이 파라오의 마음을 완강하게 만드셨다는 말이 나온다. 마치 하나님이 파라오가 이스라엘 백성을 향해 계속 고집을 부리도록 한 원인이신 양 들린다. 그렇다면 하나님이 파라오를 조작하신다는 뜻인가? 파라오는 이스라엘 백성을 보내려고 하지만, 하나님이 억지로, 악의적으로 그의 마음을 바꿔 이집트인들이 생고생을 하게 하신다는 말인가?

하나님이 이렇게까지 직접적으로 개입하지 않으신다고 주장하는 사람들이 있다. "일이 그렇게 됐다" 혹은 "그렇게 되겠다"고 하려는 말을 확 줄여서 한 말이라는 것이다. 무엇보다 하나님은 미래를 아시고, 그렇기에 그분이 허락하시지 않는 한 어떤 일도 일어나지 않는다. 그분이 직접 개입하실 필요는 없다. 파라오가 어떻게 행동할지 정확하게 알고 계시기 때문이다. 파라오는 이스라엘 백성을 보내거나, 억류해 둘 수 있는 자유가 있다. 그의 마음이 완강해진 것은, 하나님이 그렇게 되는 것을 묵인하셨기 때문이다.

이 말을 곧이곧대로 듣는다 해도, 이 모든 것이 파라오에게서 시작됐음을 염두에 둬야 한다. 아홉 번에 걸쳐 하나님이 파라오의 마음을 완강하게 하셨다고 하지만, 또 아홉 번에 걸쳐서 파라오가 자기 마음을 완강하게 했다고도 한다. 첫 번째 다섯 개의 재앙에서는 순전히 파라오 저 혼자 마음을 완강하게 한다. 자기 스스로 그렇게 결정한 것이다. 하나님은 파라오가 이미 결정한 것을 묵인하신 것뿐이다. 그렇다면 단지 하나님은 앞으로 무슨 일이 일어날지, 파라오의 대답이 무엇일지 알고 계신다고 말씀하는 것이다.

기억해야 할 게 또 있다. 파라오는 자신을 신으로 여기고 거대한 권력을 행사한다. 백성을 억누르고 고통을 주는 데 사용한다. 그러니까 하나님은 마치 이렇게 말씀하시는 셈이다. "파라오는 자기가 칼자루를 쥐고 있다고 생각하지만, 누가 정말 힘을 가지고 있는지 그에게 보여주겠다." 재앙들은 단순한 징벌이 아니라, 이집트 신들의 패배다. 그들이 믿고 숭상한 많은 신들은 가축의 머리 모양을 하고 있었다. 그런데 그것들이 도살을 당했다. 어두움은 태양신 라(Ra)에 대한 모독이다. 파라오는 보통 코브라 형상의 관을 썼다. 그런데 그의 뱀들이 모세가 만든 뱀에 의해 잡아 먹혔다. 그분만이 유일하고 진실하며 전능하신 하나님이심을 직접 시위하신 것이다.

매 단계에서 파라오에게는 이스라엘 백성들을 놓아줄 기회가 있었다. 그러나 매번 그는 반대 되는 결정을 내렸다. 그는 하나님에게 맞섰고, 패배했다.

들은 난관에 부딪칠 때마다 모세와 아론에 대해서 볼멘소리를 늘어놓았다. 그들은 먼저 물이 부족하다며 불평했다. 그래서 모세가 물을 공급해줬다(15:22-27; 17:1-7). 음식이 모자라다며 불평하자 모세는 음식을 공급했다(16:1-34). 아말렉과의 전투에서는 하나님이 백성들을 지키고 보호하셨다(17:8-15). 이 본문은 미래의 주역이 될 한 용사를 소개한다. 여호수아는 모세의 부관이었고 이스라엘 백성의 지도자 중 한 사람이었다. 그는 자기 세대에서 약속의 땅에 들어갈 수 있는 유일한 사람이었다.

언약 19:1-24:18

이집트 탈출 3개월 후, 백성들은 시내 산 자락에 이르렀다. 여기서 하나님은 가장 기억에 남을 만한 방법으로 재판관들의 선임에서부터 여러 가지를 그들에게 지시하신다. 하나님은 이곳에서 모세에게 온전한 지침을 내리신다. 어떻게 살아야 하고, 어떻게 경배해야 하며, 근본적, 윤리적, 도덕적 규례들이 무엇인지 청사진을 주신다. 하나님은 시내 산에서 오합지졸의 유목민들을 한 나라로 바꿔놓으신다.

하나님의 권능을 인식하는 일로부터 이 작업은 시작된다. 백성들은 스스로를 정결하게 준비했다(19:10-15). 사흘째 되는 날 일진광풍이 산으로부터 불어왔다. 하나님이 일으키시는 돌풍이었다. 하나님의 거룩하심은 사실 위험천만하다. 하나님은 백성들에게 그들의 유익을 위해서 뒤로 물러서 있으라고 명령하셨다. 훗날 성경에서 이런 예가 또 나온다. 법궤를 만지려고 가까이 나온 사람들이 불에 타 죽은 것이다. 때로 하나님은 위험하시다. 이때 오직 모세만이 구름 속으로 들어오도록 허락받았다.

알쏭달쏭

눈에는 눈으로(21:23-25)

Q "목숨은 목숨으로"는 무엇을 말하는가? 신명기 19장 21절을 보면 거짓 증언을 한 사람에게 내리는 벌로 나온다. 레위기 24장 17절은 "남을 죽인 사람은 반드시 사형에 처해야 한다"고 분명히 말한다. 이 구절을 예수께서 마태복음 5장 38-42절에서 하신 말씀에 비춰 어떻게 이해해야 하는가? 그분은 그렇게 해선 안 된다고 잘라 말씀하신다.

A 그 말씀들이 모순이 아니라고 생각하는 사람들도 있다. '보복법'으로 알려진 이 법은 범죄에 맞는 형벌을 주려는 의도에서 제정됐다. 사실은 과도한 보복을 방지하려는 교정적인 차원에서 작동한 것이었다.

Q 하지만 자비보다는 여전히 보복에 뿌리를 두고 있지 않은가?

A 그 말은 너무나 흑백논리적인 것 같다. 다시 한 번 말하지만 당시는 어려운 시기였다. 일정한 상황에서 작동하는 명쾌한 질서가 있어야 했다. 쉽고 공정하게 적용될 수 있는 질서가 있어야 했던 것이다.

Q 하지만 그것은 잘못이다!

A 소리 지를 필요는 없다. 자, 이 법이 특정한 목적으로 특정한 시기에 주어진 것임을 이해해야 한다. 기독교적인 관점에서 볼 때, 이 법은 징검다리 역할로 주어졌다. 신약성경의 전체 요점은 율법이 그 자체로는 충분하지 않다는 것이다. 아무도 율법으로 살 수 있을 만큼 훌륭하지 않다. 예수께서는 율법의 원래 의미를 알기에 오셔서 율법을 성취하셨다.

Q 결국 예수께서 법을 바꾼 것인가?

A 그분은 이 법 너머에 계시다. 그분은 율법의 문자가 아니라 율법의 정신을 강조하셨다. 그분은 규칙들을 바꾸셨다. 그분은 바꾸실 만하다. 그분은 하나님이셨다.

출애굽 경로

정확한 경로는 확실하지 않다. 그러나 이스라엘이 주요 무역로를 피한 것만큼은 분명히 알 수 있다. 이 경로는 팔레스타인을 관통하여 북부 해안을 따라 난 길로서, '바다 길'을 택한 것이다. 이 길은 시내 산으로 이어진다

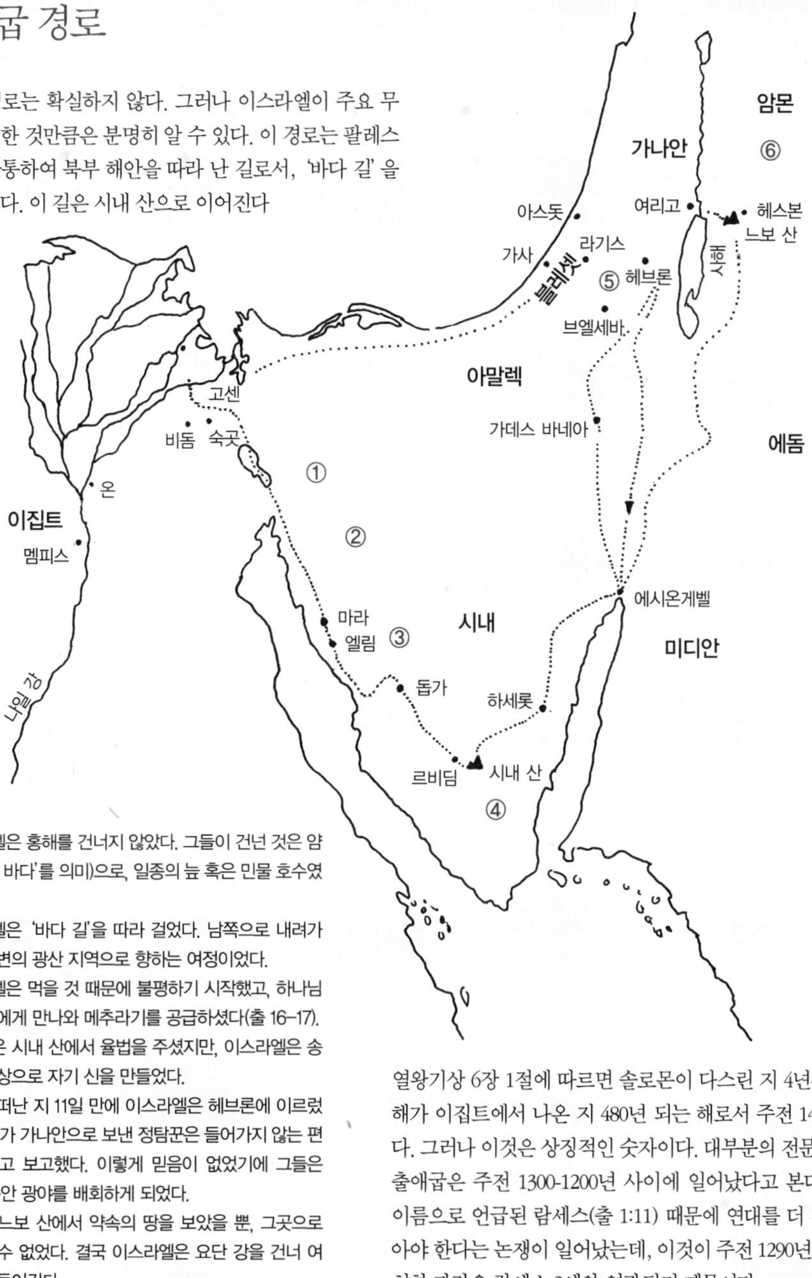

① 이스라엘은 홍해를 건너지 않았다. 그들이 건넌 것은 얌 숩('갈대 바다'를 의미)으로, 일종의 늪 혹은 민물 호수였다.

② 이스라엘은 '바다 길'을 따라 걸었다. 남쪽으로 내려가 시내 주변의 광산 지역으로 향하는 여정이었다.

③ 이스라엘은 먹을 것 때문에 불평하기 시작했고, 하나님은 그들에게 만나와 메추라기를 공급하셨다(출 16-17).

④ 하나님은 시내 산에서 율법을 주셨지만, 이스라엘은 송아지 형상으로 자기 신을 만들었다.

⑤ 시내를 떠난 지 11일 만에 이스라엘은 헤브론에 이르렀다. 모세가 가나안으로 보낸 정탐꾼은 들어가지 않는 편이 낫다고 보고했다. 이렇게 믿음이 없었기에 그들은 40년 동안 광야를 배회하게 되었다.

⑥ 모세는 느보 산에서 약속의 땅을 보았을 뿐, 그곳으로 들어갈 수 없었다. 결국 이스라엘은 요단 강을 건너 여리고로 들어간다.

열왕기상 6장 1절에 따르면 솔로몬이 다스린 지 4년째 되던 해가 이집트에서 나온 지 480년 되는 해로서 주전 1446년이다. 그러나 이것은 상징적인 숫자이다. 대부분의 전문가들은 출애굽은 주전 1300-1200년 사이에 일어났다고 본다. 도시 이름으로 언급된 람세스(출 1:11) 때문에 연대를 더 뒤로 잡아야 한다는 논쟁이 일어났는데, 이것이 주전 1290년경에 통치한 파라오 람세스 2세와 연관되기 때문이다.

중요한 개념

율법

히브리어 토라(*Torah*)는 실제로는 '지침'을 뜻한다. 율법은 행동의 규제안이라기보다는 삶의 뼈대이다.

정의 그 기본 취지에서 율법은 가난하고 무죄한 사람들을 보호하기 위해, 사회를 건강하고 정의롭게 돌아가도록 보호하기 위해 주어졌다. 율법에는 가난한 이들, 억압 받는 자들, 난민들의 권익에 관한 요소가 많이 나온다. 기본 정신을 놓고 볼 때 십계명은 사회가 공정함과 안정성을 가지고 돌아가도록 하는 한 방법이다.

따라서 율법을 가혹한 것으로 보는 시각은 잘못된 것이다. 많은 율법들이 동정심과 자비에 터를 두고, 모든 사람들을 부와 지위에 상관없이 공정하게 대하라고 주문한다. 율법에 나오는 여러 명령 중 가장 놀라운 것이 희년이다. 희년이란 50년마다 땅에 대해서 안식을 선언하고, 사회가 공평과 정의로 새롭게 되돌아가도록 하는 해이다.

위생법 청결에 관한 율법들은 그 뿌리를 보자면, 위생법적인 기능을 하고 있다. 여기에는 피부질환을 다루는 법과 돼지고기와 해산물 등의 음식에 관한 기피 사항이 포함돼 있다.

문화와 사회 율법은 당시 우세한 문화를 반영하는 등 문화적인 측면도 포함하고 있다. 예를 들어 결혼에 관한 규례들, 생리중인 여성에 관한 규례들에는 당시 문화가 투영돼 있다. 요즘은 누구도 생리중인 여성을 "불결하다"고 하지 않는다. 그러나 당시의 문화 수준으로는 이해할 수 없는 일들이 많았다. 성경은 당대의 문화적인 맥락 안에서 이해돼야 한다.

종교적인 준수 종교적인 준수와 예배에 관한 율법들은 희생제사와 예배를 다룬다. 성전과 성막에서의 많은 활동들 역시 율법을 통해 다뤄진다. 현대인들이 보기에는 어처구니없을 만큼 율법주의로 보이겠지만, 당대에서

1. 하나님만을 섬겨라(20:3)	실제로든 상상한 것이든 어떤 신도 유일하고 참 되신 하나님의 자리를 차지할 수 없다. 고대 신화에 나오는 제우스, 바알, 다곤이나, 오늘날의 돈, 성공, 쾌락도 하나님의 자리를 차지할 수 없다. 그 무엇도 하나님을 대신할 수 없다.
2. 우상들을 만들거나 섬기지 말라(20:4)	우상이란 한낱 이미지가 아니라, 그것 자체로 그것 스스로 예배의 대상이 되는 무엇이다. 고대인들은 신들의 상을 만드는 데 그치지 않고, 그 상을 예배했다. 어떤 사람들은 이 구절을 앞세워서 하나님을 표상하는 어떤 표현물도 틀렸다고 주장하지만, 여기서 핵심은 표상하는 행위가 아니라 예배다. 이미지들은 하나님을 바라보도록 하고, 하나님에 대하여 무엇인가를 말해주며, 하나님을 더 잘 이해할 수 있도록 도와줄 수 있다. 그러나 그 자체는 어떤 능력도 가지고 있지 않다. 표상하는 것과 실제는 다르다.
3. 하나님의 이름을 오용하지 말라(20:7)	하나님의 이름은 거룩하기에 조심해서 사용해야 한다. 오늘날 서구인들은 맹세하는 말로나 하나님의 이름을 들먹이는데, 이렇게 함으로써 그 이름을 값싸게 만들고 있다. 법정에서도 함부로 하나님의 이름을 걸고 맹세해서는 안 되고, 무슨 주문 비슷하게 입에 올려도 안 될 것이다. 하나님은 우리에게 그분을 진지하게 예우하라고 요구하신다.
4. 안식일을 거룩하게 지키라(20:8)	안식일이 주어진 이유는 두 가지다. 안식과 성찰. 일주일 내내 일만 하는 것은 옳지 않다. 오늘날 하루 24시간 일주일의 문화에서, 시간을 초과한 노동이 영예라도 되는 양 대접받는다. 그렇지 않다. 초과 노동은 하나님의 규례에 어긋난다. 그러나 안식일은 휴식에 관한 것만은 아니다. 안식일은 예배와 연결된다. 하나님과 함께 시간을 보내는 것, 그분을 위해 주중에 시간을 냈는지 점검하는 것, 일과 주변 세상이 아니라 하나님에게 삶의 우선순위를 맞추는 것이 안식일의 목적 중 하나다.
5. 네 부모를 공경하라(20:12)	'공경'으로 번역된 단어는 실제로는 '영예를 돌리다' '극찬하다' '공양하다'라는 뜻을 가지고 있다. 인정하기 싫을지 모르나 우리는 부모님에게 큰 빚을 졌다. 그렇다면 자녀들을 학대하는 부모들도 '공경'해야 한다는 말인가? 성경에 나오는 모든 악한들의 자녀들도 자신의 아버지를 공경해야 하는가? 그렇지 않다. 이 계명은 견고한 사회 구조와 가정적인 삶을 보존하기 위해 주어진 것이다.
6. 살인하지 말라(20:13)	너무 분명한 말씀이다. 여기 쓰인 단어는 미리 계획하고 숙고한 후 저지른 행동을 가리킨다.
7. 간음하지 말라(20:14)	견고한 사회 구조 구축에 초점이 놓인 계명이다. 간음은 결혼한 배우자뿐 아니라 하나님을 거스르는 죄이다.
8. 도둑질하지 말라(20:15)	불을 보듯 확실한 계명이다.
9. 다른 사람들에게 거짓말하지 말라(20:16)	사실 "네 이웃에게 거짓말하지 말라"이다. 예수님은 모든 사람이 우리의 이웃이라고 하셨기에 큰 차이는 없다.

10. 다른 사람들의 소유를 탐내지 말라(20:17)	탐낸다는 것은 나쁜 방법으로 욕망한다는 뜻이다. 사람들이 소유한 것을 보고 가져봤으면 하고 바라는 것이 반드시 나쁘지는 않다. 세상에는 내 집을 가져봤으면 하고 바라는 노숙자들이 참으로 많다. 탐낸다는 것은 소유하려는 악한 열정, 내 것으로 삼으려는 욕정이다. 탐심은 종종 다른 계명들을 어기게도 한다. 소유하려는 열망이 한 사람으로 하여금 거짓말을 하게 하거나 훔치고 죽이게도 할 수 있기 때문이다. 이렇게까지는 아니더라도, 하나님은 내면의 욕망은 외적인 행동만큼이나 나쁘다고 못 박아 말씀하셨다. 예수님도 이 점을 힘주어 가르치셨다(마 5:21-30).

④ 십계명 20:1-17 데칼로그(Decalogue: deca는 '열', logue는 '말씀'이라는 뜻이다)라고 하는 이 계명들은 모든 율법의 기초를 형성한다. 이 계명들은 한 문단으로 시작된다. "나는 너희를 이집트 땅, 종살이하던 집에서 이끌어 낸 주 너희의 하나님이다"(20:2). 달리 말해서 하나님이 이렇게 말씀하시는 것은 아니다. "이 계명들을 지켜라. 그러면 큰 상을 받을 것이다." 이스라엘의 역사는 순종이 복으로 연결됨을 보여준다. 여기서도 그렇다(20:5-6). 하나님은 이 백성들에게 이미 상을 내리셨다. 그분의 사랑과 능력과 관심을 나타내셨고, 이제 그들에게 반응하라고 하신다.

율법 20:22-24:18 십계명이 주어진 후, 하나님은 모세에게 예배(20:22-26), 사회정의(21:1-36; 23:2-9), 재산(22:1-15), 다른 많은 질문들(22:16-31)에 관하여 세밀한 계명들을 주신다.

성막 25:1-40:38 산에서 지내는 동안 모세는 하나님으로부터 특별한 예배의 장소를 건축하라는 명령을 받는다. 제사장이 입을 옷에 관해서도 소상한 명령이 주어진다(28:1-43). 제사장은 아론과 그의 가문에서 나와야 한다. 그들은 특별한 예식을 거쳐 선임된다(29:1-44; 30:22; 레 8:1-36).

는 중요한 목적을 수행했다. 이 율법들은 이스라엘이 계속 거룩해지도록 하는 역할을 했다. 이스라엘은 주변 국가들과 똑같이 행동할 수 없었다. 제사장의 기능에 관한 율법 가운데 일부는 이스라엘이 하나님께 초점을 두도록 하는 것이었다.

정체성 율법의 역할 중 일부는 하나의 왕국을 세우는 것이었다(23:20-33). 율법은 이스라엘을 특별하게 비교할 수 없는 존재로 만들었다. 이스라엘이 통일성과 목적감을 갖게 되는 것은 하나님의 율법들을 순종함으로 써였다. 율법은 그 주변에 있는 '무법한' 나라들로부터 이스라엘을 구별하는 요소였다.

?! 궁금증 해소

40일 주야

노아 시대에 40일 주야로 비가 내렸다(창 7:4). 모세는 시내 산에서 하나님과 함께 40일 주야를 보냈다. 엘리야는 호렙 산에서 하나님을 뵙기 위해 광야를 걸어 40일 주야를 여행했다. 예수님은 광야에서 40일 낮과 밤을 보냈다(눅 4:2). 40이란 통상 '긴 시간'을 뜻하는 중요한 숫자이자, 하나님을 진실 되게 섬기고 헌신하는 것을 표상하는 것이다.

중요한 개념

성막과 언약궤

울타리로 두른 넓은 장소에 성막, 번제단, 물두멍을 놓았다(27:9-21). 성막은 두 부분으로 나뉘는데 성소와 지성소다. 성소에는 상, 촛대, 향단이 놓이고 지성소에는 언약궤만 두었다.

번제단(27:1-8) 번제단은 단단하고 검은 색을 띠는 아카시아 나무로 만들었다. 네모 구조로서 위에는 거룩한 제물을 태우는 청동 석쇠가 설치돼 있었다. 제물을 불에 태우도록 만든 번제단이 나무로 돼 있다는 것이 흥미롭다(바비큐 그릴을 나무로 만들지는 않으니까). 그러나 번제단을 사용할 때는 흙으로 덮었던 것 같다.

물두멍(30:17-21) 청동으로 만든 이 큰 대야에는 물이 가득 채워져 있었다. 제사장들은 성막으로 들어가기 전에 손발을 씻었다.

성막(26:1-37) 문자적으로는 '거하시는 장소'다. 일종의 이동식 천막이다. 자수를 놓은 아마포(26:1-6), 염소 털로 만든 여러 겹의 덮개(26:7-13), 숫양과 '해표'(26:14)의 가죽으로 만든 외피로 된 내부 장막을 겉에서 싸고 있는 큰 천막이다.

큰 커튼이 장막을 성소와 지성소(26:31-35)로 나누었다. 유일하게 대제사장만이 지성소에 들어갈 수 있었다. 성소에는 세 가지가 있었다.

- 상(25:23-30)에는 한 지파에 한 덩어리씩 열두 덩어리 빵이 놓인다. 여호와께 영원히 드려짐을 표상한다.
- 촛대(25:31-40)의 빛은 여호와의 영광을 표상한다.
- 향단(30:1-10)에서 대제사장이 살라 바치는 향은 하나님을 향해 올리는 백성들의 기도를 표상한다.

언약궤(25:10-22) 법궤는 장방형의 나무 상자다. 그 안에 두 개의 돌비, 십계명이 적힌 돌비를 놓았다. 브살렐이 시내 산에서 만들었다. 하나님 임재의 상징으로 인식됐다. 또한

⑤ 금송아지 32:1-35; 신 9:6-29 이스라엘 백성의 건망증은 알아줘야 한다. 하나님과 그분의 계명에 관하여, 그들은 금붕어만도 못한 집중력을 가지고 있었다. 모세가 하나님과 대화하기 위해 높은 산에 올라가 있던 바로 그 순간, 이스라엘 백성들은 예배할 우상을 만들었다.

기가 막히다. 불과 수주 전 그들은 놀랍게 구출됐다. 40일 전에는 십계명을 지키겠다고 합의했다. 십계명은 우상숭배를 금하고 있지 않은가. 그런데 이제 이 모든 것들을 가볍게 저버리려고 한다. 더 어이가 없는 것은 아론이 그들의 요구에 순응한 것이다.

그들은 금으로 우상을 만들었다. 혹 나무에 금을 입혔을 수도 있다. 송아지 상이 만들어졌다. 어쩌면 이집트의 황소 신 아피스(Apis)에 대한 기억을 떠올렸을 수도 있다. 그들은 술 취해 흥청거리는 잔치를 벌였다. 산 밑으로 내려오던 여호수아와 모세의 귀에는 전투하는 소리처럼 들렸다.

물론 하나님은 정당하게 진노하셨다. 그들을 쓸어버리고 다시 시작하기로 결정하셨다. 그리고 아브라함으로 거슬러 올라가는 말씀을 모세에게 하셨다. "너는 내가 큰 민족으로 만들어 주겠다"(32:10). 하지만 모세는 여호와께 참으시라고 빌었고, 하나님은 마음을 바꾸셨다.

모세는 서둘러 내려와서 백성들 앞에 섰다. 그는 돌비를 깨뜨렸다. 백성들이 합의를 깨뜨렸음을 이렇게 시위한 것이다. 그리고 송아지를 부셔서 가루로 빻아 물에 섞은 다음, 백성들에게 마시게 했다. 그를 따르는 백성과 레위 지파의 일부는(신명기는 레위 지파 사람들도 같은 범죄에 참여했다고 밝힌다) 진중을 돌면서 후회하는 빛이 없는 위반자들을 죽였다. 모세는 이들을 따로 떼서 이스라엘을 위한 제사장들로 섬기게 했다(민 25:7-13). 모세는 백성들의 죄를 자신에게 돌리라고 애원하지만, 이번에는 하나님이 듣지 않으신다. 각 사람이 자신의 죄에 대한 책임을 져야 한다. 그리고 징벌로서 역병이 진을 휩쓸고 지나갔다(32:31-35).

⑥ **하나님의 등** 33:1-23; 신 10:1-5 하나님은 모세에게 비교할 수 없는 특권을 허락하신다. 하나님을 보고, 하나님의 선포하는 것을 듣고, 하나님의 본성을 이해하는 것이다. 하나님은 구약성경에서 일찍이 나타나셨는데, 보통은 인간의 모습, 야곱과 씨름하는 모습으로 나타나셨다. 지금 모세는 하나님을 그분의 능력 그 자체 안에서 뵌다. 그러나 그도 하나님을 '얼굴'로 뵐 수는 없었다. 모세가 산에서 돌아올 때 그의 얼굴은 빛이 났다. 하나님의 영광이 반사돼 권능으로 나타났던 것이다. 단지 그분의 등을 봤을 뿐인데도 이랬다.

출애굽기의 나머지는 성막의 축조에 대해서 상세히 기술하고, 앞 장의 내용들을 되풀이한다. 브사렐과 오홀리압이 이 일을 할 기술자로 하나님에게 뽑혔다. 그들은 기술자들을 이끌어 식양들을 만들어낸다. 그리고 백성들은 아마도 수치심 때문이었는지 모세가 이제 그만 가지고 오라고 할 정도로 성막 축조에 쓰일 헌물을 많이 가져왔다. 오직 모세만이 장막의 모습을 알고 있었다. 그리고 오직 그만이 법궤에 돌비들을 가져다 놓을 수 있었다. 성막이 완성되자, 여호와의 영광이 성막을 가득 채워 모세조차 들어갈 수 없게 됐다(40:1-38). 그 후로부터, 이스라엘 백성들이 어디로 가든지, 여호와께서 그들과 동행하실 것이다. 그들 가운데 계시면서 그들을 이끌어 친히 약속하신 땅으로 데리고 가실 것이다.

법궤는 사람들을 이끌었다. 출애굽기에서 법궤는 성막의 지성소에 안치되어 있다. 이스라엘 백성이 약속의 땅을 정복한 후에는, 처음에는 벧엘에 놓였다가(삿 20:27), 실로(삼상 1:3)로 옮겨 안치된다. 다윗은 법궤를 예루살렘으로 가져온다. 솔로몬은 거기에 성전을 짓고 그 지성소에 안치한다. 최종적으로 법궤가 어떻게 됐는지는 아무도 모른다. 바벨론이 주전 587년 예루살렘을 함락시킬 때 사라진 것 같다. 〈인디애나 존스〉에 나오는 법궤 이야기는 실증되지 않은 것이다.

법궤는 위험한 물건이었다. 직접 만지면 안 됐고, 여러 가지 이상하고 엄청난 일들이 법궤와 관련해서 일어났다. 그 안에 권능이 담겨 있기에 조심해서 다뤄야만 했다.

난해한 주제

| 하나님에게 이런 것들이 왜 필요했나? 이 모든 제사 의식들과 세부사항들, 특별한 복식들과 연장들이 그분을 예배할 때 왜 필요했던가? 하나님에게는 필요 없어도 사람들에게는 필요했다. 훗날 예언자들은 하나님이 바른 태도로 드리지 않는 의식과 의례에는 관심이 없다고 분명히 밝혔다. 어느 곳에나 계시는 하나님에게는 들어가 살 집 혹은 장막이 필요하지 않다. 그러나 당시의 문화와 시대에는, 하나님이 그들 가운데 계심을 사람들에게 상기시키는 일이 필요했다. 사람들에게는 임재의 장소가 필요했다. 우리도 크게 다르지 않다. 하나님이 거주하실 교회가 필요하지 않음을 알지만, 모든 종교는 거점이 될 장소를 찾는다.

이스라엘 백성들은 하나님이 지성소에 계시다고 믿지 않았다. 그들은 하나님이 법궤의 뚜껑, 속죄판이라고도 부르는 뚜껑 위에 선 두 천사 사이에서 그들에게 말씀하신다고 믿었다. 그 또한 하나님에게 필요해서가 아니라 이스라엘 백성이 필요로 했기에 있는 것이다. 그들은 눈에 보이는 것 없이는 바른 길에서 쉽게 벗어날 수 있었다.

성막과 언약궤

내부 장막은 수를 놓은 아마포로 만들었다(출 26:1-6). 이 위를 염소 털로 만든 천으로 덮었다(출 26:7-13).

지성소에는 오로지 언약궤 하나만 놓였다. 언약궤에는 십계명이 새겨진 돌판이 들어 있었다.

10규빗

10규빗

외부 장막은 물에 견딜 수 있는 가죽으로 만들었다(출 26:14).

10규빗

30규빗

성소에는 (거룩한 빵을 올리는) 상, 여호와의 영광을 나타내는 촛대, 대제사장이 향을 살라 드리는 제단이 놓여 있었다.

장막은 큰 텐트로서, 말하자면 이동식 성전이었다. 내부에는 공간을 성소와 지성소로 가르는 막이 쳐져 있었다(출 26:31-35). 대제사장만이 지성소에 들어갈 수 있었다.

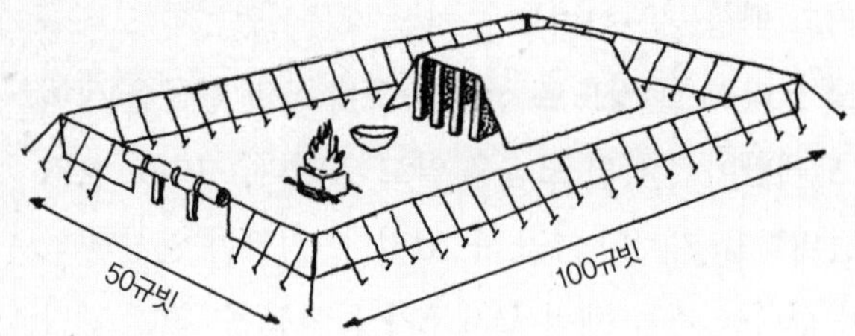

성막은 울타리로 두른 넓은 장소였다. 성막과 더불어서 이 공간에는 희생 제물을 살라 바치는 제단, 제사장들이 성막으로 들어가기 전에 씻는 청동 대야가 있었다.

언약궤는 성막과 훗날 예루살렘 성전에서 모두 지성소에 놓였다. 상자 자체는 아카시아 나무에 황금 나뭇잎을 덮어 만들었다. 긴 막대가 철물 고리에 끼워졌다. 이렇게 해서 법궤를 옮길 수 있었다. '시은좌' 라 불리는 뚜껑은 금으로 만들어졌고, 날개를 펼치고 있는 두 천사가 새겨져 있었다. 여기는 하나님이 나타나시는 일종의 '보좌' 로 여겨졌다.

뚜껑 위의 '체루빔' 은 날개 달린 짐승의 형상이었던 것 같다. 이것들은 날개를 편 채 서로 마주보고 있었다.

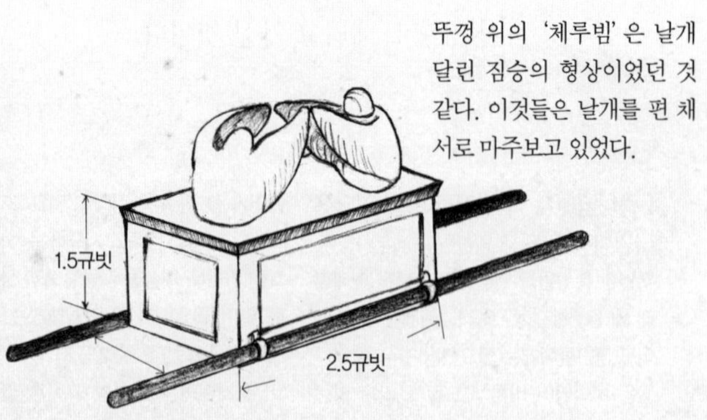

레위기

거룩에 이르는 길

레위기는 이스라엘의 제사장 지파인 레위에서 따온 제목이다. 기본적으로는 율법서다. 예배, 의식, 사회적인 행위, 범죄와 관련한 정의, 건강과 안전, 식품 생산과 옷감에 이르기까지 규정한다

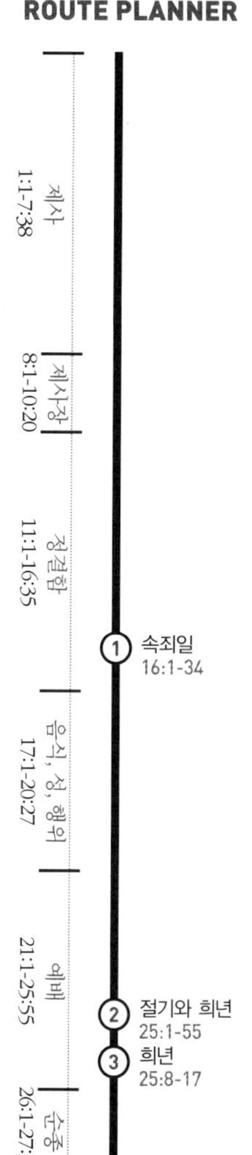

누가 | 현대 비평학은 레위기의 기록을 훨씬 후대에 활동한 제사장 전통으로 보는 경향이 있다. 그러나 이 책은 율법을 받는 모세에 대해 수도 없이 언급한다. 본문이 이 점을 명확하게 말한다.

언제 | 견해에 따라 다르다. 제사장 계열의 편집자 혹은 저자들의 기록물로 본다면, 주전 600년경에 기록됐을 것이다. 그러나 모세의 저작으로 본다면 주전 약 1400년경으로 거슬러 올라간다.

무엇을 | 일차적으로 레위기는 거룩함에 관한 책이다. 당시의 문

한눈에 보는 안내판

저자 모세를 비롯한 여러 명

유형 율법책

목적 이스라엘 백성들을 거룩하게 유지하기 위해 규례들을 제시한다.

핵심 구절 20:7-8 "그러므로 너희는 몸가짐을 깨끗하게 하고 거룩한 사람이 되어야 한다. 나는 주 너희의 하나님이기 때문이다. 내가 정한 규례를 지켜 그대로 하여야 한다. 나는 너희를 거룩하게 한 주다."

한 가지만 기억한다면 하나님은 백성들이 자신과 같기를 원하신다. 그분의 규례들을 따라야 하는 이유는 바로 이것이다.

한눈에 보는 흐름

제사장 위임 8:1-36

첫 번째 희생제사 9:1-24

정한 동물과 부정한 동물 11:1-47

성에 관한 규례 18:1-30

지켜야 할 것들 19:9-37

절기 23:1-44

희년 25:1-55

화에서 거룩함은 신체적인 완벽함으로 대표된다. 신체에 손상을 입은 자는 성막에서 봉사할 수 없었다. 종기, 화상, 피부병, 심지어 여성의 월경 등이 사람의 부정함을 드러내는 것이었다. 레위기는 차별 방지에 관한 규정과는 거리가 멀다. 장애자와 여성들은 레위기에서 고려 대상이 되지 못한다. 당시의 문화에 의하면 이들은 불완전한 자로 간주됐다. 그리고 하나님은 완전한 자들만을 받아주셨다.

왜 이런가? 왜 하나님이 여성이나 질병과 장애로 고통당하는 사람들을 무시하시는가? 쉽게 답할 수 있는 문제는 아니다. 모세는 언어장애를 가지고 있었던 듯 하지만(자신의 어눌함을 호소한다), 하나님이 받아주셨다. 어쨌든 성막에 관한 한, 레위기는 완전함을 말하는 책이다. 완전한 희생, 완전한 동물, 완전한 제사장이다.

레위기가 성막에서 벌어지는 의식과 의례에만 매달린다고 생각하면 오산이다. 제물과 번제, 정결한 것과 부정한 것에 이어서, 심각한 사회적 법 제도가 등장한다. 특히 희년이 그러하다. 희년은 다른 어떤 시대와 비교해서도 혁명적인 정치경제 개념이었다.

제사 1:1–7:38

여호와께 드리는 제물들은 흠 없고 완전한 것이어야 했다. 이것들은 하나님께 드리는 선물이었기에 최고의 가치와 품격을 지닌 것으로 간주됐다. 드리는 자가 가진 것 중 첫 손가락에 꼽을 수 있는 것이었다. 제사는 엄격한 규제 아래서 드렸다.

| 제사 |

유형	언제	무엇을	왜
번제 1:1-17; 6:8-13	성막에서 매일 아침저녁으로 드린다. 각 개인도 특별한 제사를 드릴 수 있었다.	황소, 숫양, 비둘기, 집비둘기 등. 수컷만 드린다.	하나님을 향한 헌신의 행위. 비의도적인 죄의 속죄
소제 2:1-16; 6:14-23	번제와 화목제와 동일	곡식, 가루, 올리브 기름, 효모 넣지 않은 빵, 소금. 효모나 꿀 금지	헌신의 행위. 하나님이 주신 것에 대한 감사
화목제 3:1-17; 7:11-36	번제와 화목제와 동일	흠이 없는 모든 동물	사람과 하나님 사이의 화평을 상징. 우정과 온전함의 표시. 어떤 축제들에서는 일반적으로 공동 식사가 따랐다. 상당수의 동물들을 드리기도 했다(왕상 8:63-65; 민 29:39).
속죄제 4:1-5:13; 6:24-30	제사장(4:3-12), 공동체 전체(4:13-21), 지도자(4:22-26)나 개인(4:27-35)이 의도하지 않은 죄를 저질렀을 때	제사장들은 어린 황소, 지도자들은 염소, 개인은 암염소나 양을 끌어온다. 가난한 자들은 비둘기 한 마리, 극빈자의 경우는 곡식 가루 약간을 가져온다.	의도하지 않고 지은 죄의 속죄. 고백의 표시이며 용서의 요청
속건제 5:14-6:7; 7:1-10	배상이 필요하거나 누군가에게 상해를 입혔을 때	숫양이나 암양. 여기에 저지른 손해의 120퍼센트를 더하여 손해나 손상을 입은 사람에게 준다.	보상이 필요한 절도나 사기와 같은 죄의 속죄를 위해 드렸다.

제사장8:1-10:20

성막에서 이런 제물들을 받고 예배를 감독해야 하는 사람들은 아론과 그의 아들들이었다. 그들은 여호와 앞으로 나와 기름 부음을 받았다. 숫양 한 마리를 정결하게 한 후 도살해서, 그 피를 그들의 오른쪽 귀, 엄지손가락, 엄지발가락에 발랐다. 이것이 무엇을 상징하는 것인지는 밝혀진 바 없다.

궁금증 해소

우림과 둠밈(8:8; 출28:30; 민27:21)

이것들이 무엇인지 정확하게 아는 사람은 아무도 없다(CEV 역본은 이 문제를 피하기 위해서 "두 개의 작은 물건"이라고 옮겼다). 히브리어는 사실 '저주와 온전함'으로 옮겨지는데, 문제 해결에 별로 도움이 되지 않는다. 일종의 복권(lottery device)과 같았던 것 같다. 나무 금속 혹은 돌로 만든 물체로 던지거나 흩뿌려서 위기에 하나님의 뜻을 결정하는 것이다. 주사위를 굴리거나 제비를 뽑는 것과 비슷하다.

정결함 11:1-15:32

레위기에는 음식과 건강상의 문제들에 관련된 율법들이 많이 나온다. 이 율법들을 가리켜 정결법이라고 한다. 음식도 정결하거나 부정하다고 판정됐다. 다양한 질병이나 상태로 고통 받는 사람들에 대해서도 마찬가지였다. 이 율법들의 대부분은 고대 건강과 위생법으로 설명이 된다. 예를 들어 돼지고기는 기생충에 쉽게 감염되기로 소문났다. 해산물도 마찬가지였다. 조심성 없는 여행객들이 많이 걸리는 것을 보면 안다. 그러나 다른 음식에 관한 율법들은 이해하기가 어렵다. 이를테면 짐승 새끼를 그 어미젖에 삶지 말라는 것이다. 물론 이 율법이 동물학 지침서가 아님을 의식해야 한다. 또 하나의 예는 산토끼가 단지 턱의 움직임만으로 소와 같은 부류의 되새김질 동물로 분류됐다는 것이다.

사람에게로 눈을 돌려보자. 출산 후 여성들은 정결해져야 했다 (12:1-8). 피부병이 있는 사람은 제사장에게 몸을 보여야 했다

| 정결한 음식과 부정한 음식 |

유형	식용 가능	식용 불가
되새김질 동물 11:1-8	가죽이 깨끗하고 굽이 갈라진 모든 동물. 소와 양 등이다.	낙타, 오소리, 토끼, 돼지
물고기 11:9-12	비늘과 지느러미가 달린 모든 어류	굴, 바닷가재, 해저 식물 등 비늘과 지느러미가 없는 모든 어류
조류 11:13-19	규정되지 않음	독수리, 수염수리, 물수리, 검은소리개, 붉은소리개, 까마귀, 타조, 올빼미, 갈매기, 매, 부엉이, 가마우지, 따오기, 백조, 펠리컨, 흰물오리, 고니, 푸른해오라기, 오디새, 박쥐(박쥐는 조류가 아닌데 그들은 몰랐던 것 같다)
곤충 11:20-23	연결된 다리가 있어서 뛸 수 있는 모든 곤충	그 외 다른 종류의 곤충들
기타 11:29-30	규정되지 않음	족제비, 쥐, 큰도마뱀, 도마뱀, 수종, 모래도마뱀, 카멜레온, 뱀(42절)

(13:1-46). 감사하게도 대머리는 정결한 것으로 간주됐다(13:40). 진중에서 생활을 했기에 곰팡이는 진 밖으로 내버려야 했다(13:47-59). 그러나 가정들마다 조심해야 했다(14:33-57).

15장은 성적인 부정을 다룬다. 여기에는 남성 생식기의 감염과 생리중인 여성들이 포함된다. 문화적인 관점에서 생리중인 여성은 부정하다고 간주됐다. 이 정결법이 무엇을 의미하든지 간에, 예언자들은 한 걸음 더 나아간다. 사람의 피부가 문제가 아니다. 중요한 것은 사람의 마음이 정결한가이다(시 5:10; 사 1:16).

① 속죄일 16:1-34 16장은 속죄일에 대한 규정을 소개한다. 많은 학자들은 이 장이 후대에 삽입된 것이라고 주장한다. 유대인들이 포로기 이전에는 속죄일을 지켰다는 증거가 없기 때문이다.

희생 염소 16:20-22 그러나 속죄일에 대한 세부사항은 흥미롭기 그지없다. 이스라엘의 죄를 염소에게 '전가하는' 의식이 소개되고 있기 때문이다. 두 마리 염소가 끌려와, 한 마리는 희생 제물로 드려지고 다른 한 마리는 백성의 죄를 지고 광야로 쫓겨났다. 이 본문에서 '희생양'이라는 말이 나왔다. 나중에 신약성경은 매년 치러야 하는 이 의식을 그리스도의 "단번에 드려진 제사"와 비교했다.

음식, 성, 행위 17:1-20:27

17-20장은 여러 가지 규례들을 담고 있다. 어떤 것들은 음식 관련 율법의 연장이고, 다른 것들은 성적 행위에 관하여 좀 더 소상하게 다룬다. 18장은 근친상간에 관한 금기에 거의 전 장을 쓰고 있다. 이 장의 24-30절에서 이러한 금령이 내려진 이유는 일부 이스

라엘 주변 국가들이 이런 일을 관습적으로 행하고 있었기 때문임이 드러난다. 이스라엘은 자신을 늘 성결하게 해야 했다.

궁금증 해소

만나

하나님이 이스라엘 백성들에게 준 음식을 만나, 하늘에서 내린 떡이라고 부른다. 우리는 이게 어떤 것이었는지 모른다. 자연에서 얻을 수 있는 것이었을 리는 없다. 엿새째 되는 날에는 두 배가 내렸고, 그것을 거두려는 사람들의 목숨을 보존하기 위해서 안식일에는 내리지 않았다. 후대를 위해 견본을 보존했다(출 16:31)는 사실로 미뤄보아 하나님이 기적적으로 공급해주신 식량임이 틀림없다. 만나는 광야 생활을 하는 동안 늘 그들에게 내렸지만, 가나안에 들어가면서부터 그쳤다. 예수께서는 훗날 자신이 하늘에서 내려온 진정한 떡이라며 자신을 만나에 비교했다(요 6:32, 51).

예배 21:1-25:55

제사장들에게는 그들의 행동을 관장하는 특별한 율법과 명령이 주어졌다. 그들은 주검을 가까이 하거나 머리털을 밀면 안 됐다(21:1-12). 그들은 신체적으로 완벽한 표본이어야 했고, 아니 적어도 어떤 신체적인 불구나 기형을 가지고 있어서도 안 됐다(21:16-21).

② 절기와 희년 25:1-55 23-24장은 다양한 절기와 성일의 준수에 관한 규정들을 포함하고 있다. 첫 곡식을 가져와서 여호와 앞에서 "흔들라"는 첫 수확물의 제물을 포함하여 우리에게 덜 알려진 절기들도 소개된다.

그러나 절기들의 목록은 희년과 안식년의 준비에서 절정을 이룬다. 이 놀라운 사회적 법령은 어쩌면 모든 레위기 율법들 가운데서도 가장 까다로운 것이다. 희생 제물에 일체의 외적인 결함이 없어야 한다는 것이 따르기에 약간 어려운 명령이라면, 지닌 재산을 다 내놓고

난해한 주제

| 왜 제사장은 죽었나? 새롭게 제사장들이 임명된 후 드린 첫 예배는 비극이었다(10:1-3). 아니 견해에 따라서는 그냥 그렇고 그런 것이었다. 아론의 두 아들인 나답과 아비후는 바르지 않은 향을 사르다가 그만 즉시로 불에 타 죽고 말았다. 이들의 죽음은 너무 가혹한 것처럼 보인다. 실수라는 것 외에는 다른 어떤 동기도 지적하고 있지 않다. 그러나 최소한 모세오경에서 여호와의 능력은 위험한 것이다. 조심해서 다뤄야 하고, 지침을 엄격하게 준수해야 한다.

왜 이런 일이 일어났는지는 신비라고 할 수밖에 없다. 똑같은 일이 법궤를 잡았던 사람들에게 일어났다. 신약성경에서는 아나니아와 삽비라에게도 일어났다. 왜 이런 일이 일어났는지, 이런 일을 당한 사람들이 그래 마땅한 자들이었는지 우리는 끝내 모른다. 때로 하나님의 권능은 자의대로 역사하시는 것처럼 보인다. 레위기가 요약하고 있는 규칙과 규례들은 단지 상징적인 것이 아니었다. 그것들은 영적인 안전 규정이었다.

노예들을 해방시키라는 명령은 지키기가 아주 어려운 명령이다.

안식년은 땅을 위한 것이었다. 매 7년째 땅은 안식과 회복을 위해 놀려야 했다. 이것은 일종의 농업 생산성 증진을 위한 고대의 조치라 보인다. 땅을 묵혀 놓음으로써 지력을 회복시켜 과도한 경작을 피하려고 한 것이다. 이 개념은 사회적인 구조에도 적용됐다. 노예로 부릴 수 있는 기간은 최대 6년간이었다. 7년 되는 해에는 놓아주어야 했다(출 21:2). 안식년에는 빚도 없애줘야 했다(신 15:1-11).

③ **희년** 25:8-17 매 50년, 즉 7년이 일곱 번 되는 해에는 이스라엘의 모든 사회 구조를 재정비해야 한다. 이것은 일종의 '안식의 안식'이었다. 상당한 재산(성곽으로 둘린 성읍들 안의 집은 제외했지만)을 원래의 주인에게 돌려줘야 했다(25:18-34). 노예들은 방면되고 원래 가지고 있었던 재산도 다시 소유할 수 있었다. 모든 사람에게 다시 시작할 수 있는 기회를 준다는 것이 기본 취지였던 것 같다. 삶이 아무리 힘들고 불운이 덮친다 해도 희년에는 장부를 완전히 정리하고 새롭게 시작할 수 있었다. 이 법령이 거의 지켜지지 않았다는 것은 별로 놀랍지 않다. 이런 일이 일어났다고 말하는 유일한 사건이 있었으나, 풀려난 노예들은 곧 다시 노예로 잡혀왔다(렘 34:8-22).

난해한 주제

| 레위기는 동성애를 저주하는가? 그렇다. 최소한 당시는 그렇다. 그러나 레위기에 나오는 율법들에서 보편타당한 도덕을 추출하기란 참 어렵다. 학자들은 레위기에 서로 다른 율법들이 포함돼 있음을 인정한다. 어떤 것은 문화적인가 하면, 어떤 것들은 옛 언약에 속해 예수님에 의해 개정되기도 했다. 한편 모든 시대에 반드시 지켜야 할 보편적인 것들도 있다. 무엇이 어디에 속하느냐를 결정하기가 어렵다.

예를 들어보자. 18장 22절을 당시뿐 아니라 지금도 적용할 수 있는 보편적인 진술로 받아들인다면, 두 종류의 실로 지은 옷을 입지 말라는 19장 19절의 율법은 왜 지키지 않는가? 아니, 옆머리를 자르지 말라는 19장 27절은 어떤가? 우리는 이 율법들을 문화적인 중요성에 대한 인식과 함께 읽어야 한다. 성경 다른 곳에서 되풀이해서 강조되지 않는 한, 보편타당한 율법으로 받아들여서는 안 된다.

성경에 근거하여 동성애를 반대하는 목소리가 높다. 하지만 레위기만을 가지고 동성애를 반대할 수는 없다. 사회적, 도덕적 기준 또한 고려되어야 한다.

중요한 개념

안식일

원래 희년은 안식일 개념에서 나온 것이다. '안식일'이라는 말은 '일을 그침'이라는 뜻이 그 기본 의미이다. 안식일은 쉼의 시간이다. 안식일은 또한 묵상의 시간이다. 사람들에게 하나님에 대해 생각하고, 자신의 삶을 돌아볼 여유를 준다. 안식일은 우선순위를 반영한다. 예언자들은 안식일 준수를 상당히 강하게 요구했다. 무엇이 중요한지 보여주는 표지였기 때문이다.

시간이 지나면서 안식일에 할 수 있는 일과 해서는 안 되는 일들에 관한 규정들이 점점 복잡해져서, 초점이 하나님에서 그 규정들 자체로 옮겨갔다. 예수님이 호되게 도전한 점은 바로 이런 태도였다(막 2:28).

유대인들은 안식일을 한 주의 일곱 번째 날로 지키라는 명령을 받았다. 그러나 크리스천들은 아주 초기부터 안식일을 주의 첫 날로 준수했다. 이는 예수님이 일요일에 부활하신 것을 기념하기 위함이었다(고전 16:2).

순종 26:1-27:34

레위기는 약속과 경고로 끝난다. 율법을 지킬 경우는 복의 약속(26:1-12), 지키지 않을 경우에는 징책의 경고(26:14-46)가 주어진다. 율법을 지키면, 하나님이 그의 백성과 함께하실 것이다. "나는 너희 사이에서 거닐겠다. 나는 너희의 하나님이 되고, 너희는 나의 백성이 될 것이다"(26:12). 거룩하신 하나님이 거룩한 백성을 얻으신다.

마지막 장은 여호와께 헌신되거나 드리기로 약정된 물품, 사람, 재물에 관해 다루고 있다. 어떤 맹세와 약속들은 현물로 대신할 수 있다. 한편 이 장은 공정한 가격에 대한 지침을 내린다. 어떤 사람들은 특별한 감사의 표시로서 바쳐질 수 있다(삼상 1:11을 참조하라). 그런가 하면 일정하게 매긴 값(27:3-7)을 치르거나, 제사장이 매긴 적정한 가격을 지불하고 되사올 수도 있다.

민수기

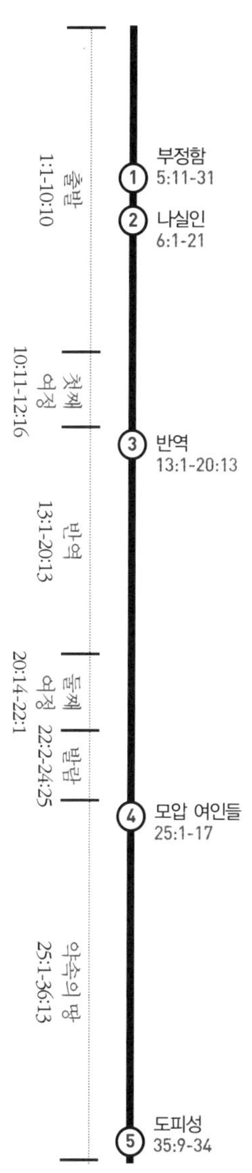

돌고 도는 여행길

민수기는 통계와 계수의 책이라고 말할 수 있다. 이스라엘 지파들의 목록과 각 지파 백성들의 수효가 담겨 있다. 그러나 책 전체를 채우고 있는 행정적인 세부사항 외에도 히브리 성경 제목인 '베미드바' 즉 '광야에서' 라는 제목이 아주 잘 어울리는 요소들도 많이 나온다.

누가 | 전통적으로는 모세가 저작자라고 한다. 하지만 후대의 작가가 참여한 흔적들이 눈에 띈다. 어쨌든 민수기의 어떤 부분들은 마치 전화번호부처럼 보인다. 모세가 책임을 져야 한다면, 정보를 한데 모으라고 했기 때문이다.

언제 | 레위기의 서론을 보라.

무엇을 | 민수기는 약속된 땅의 접경지역까지 이스라엘의 여정

한눈에 보는 안내판

저자 모세와 후대의 편집자
유형 율법책
목적 이스라엘이 어떻게 약속의 땅에 도착하는지 보고한다.
핵심 구절 14:22-23 "나의 영광을 보고도, 내가 이집트와 광야에서 보여 준 이적을 보고도, 열 번이나 거듭 나를 시험하고 내 말에 순종하지 않은 사람들은, 어느 누구도, 내가 그들의 조상들에게 주기로 맹세한 그 땅을 못 볼 것이다. 나를 멸시한 사람은, 어느 누구도 그 땅을 못 볼 것이다."
한 가지만 기억하라면 하나님께 거역하면 언제나 광야에서 헤매게 된다.

한눈에 보는 흐름

나실인 6:1-21
이스라엘이 시작한 여행 10:11-36
불평 11:1-35
모세 가족들의 질투 12:1-15
열두 정탐꾼 13:1-33
이스라엘에 대한 징계 14:1-45
고라의 반역 16:1-17:13
모세의 불순종 20:1-13
발람의 나귀 22:1-23:12
가나안 경계까지의 여행 33:1-56

에 관해 말한다. 하지만 여기서 그치지 않고 그 땅으로 들어가지 못하고 실패하는 모습, 끊임없이 하나님과 다투고 투덜대는 모습, 그들의 성실치 못함과 불순종에 내리는 최종적인 심판에 대해서도 말한다. 하나님은 그들을 이집트에서 빠져나오도록 하셨으나, 그들은 죄 때문에 광야에서 빠져나오지 못했다.

출애굽기가 이스라엘이 어떻게 예배하는 공동체가 됐는지 알려준다면, 민수기는 어떻게 그들이 군대로 조직됐는지 말해준다. 이스라엘은 율법을 받고 시내 산에서 성막을 세운 후에 약속의 땅 주변 나라들을 정복하기 위해 행진한다. 레위기는 약 한 달 정도의 기간을 기록하고 있을 뿐이다. 그러나 민수기는 40년을 기록 대상으로 삼고 있다. 레위기는 한 장소에서 일어난 일이지만, 민수기는 스테로이드를 맞은 낙타처럼 광야 여기저기를 비춰준다.

출발 1:1-10:10

시내 산에서 율법이 주어지고 성막이 세워진 후, 이스라엘 백성들은 시내 산을 떠나 목적지를 향해 여정을 떠날 준비를 한다.

준비 과정에서 모든 지파들에 대한 인구조사가 실시되고(1:1-54), 진 가운데서 지파의 배치도가 마련된다(2:1-34). 여러 지파들에게 주어지는 책임이 상세히 보도된다. 레위 지파는 법궤를 날라야 하고, 게르손 자손들과 므라리 자손들은 성막을 간수해야 하며, 고핫 자손들은 성막의 기구들을 운반하는 책임을 맡았다.

① 부정함 5:11-31 5장은 율법에서 가장 이상한 대목, 즉 부정의 시험을 포함한 자료들로 이루어져 있다.

이 율법은 아내의 행실에 대해 의심을 품은 남편에 관한 것으로서 가혹해 보이는 시험이 뒤따른다. 의혹을 산 여인은 "쓴 물"(5:18)이라 부르는 물을 마셔야 한다. 그에게 죄가 없으면, 아무 일도 일어나지 않지만, 죄가 있으면 아기를 잉태할 수 없게 된다. 이 과정 전체를 통해서 여호와의 이름이 거명된다. 마술적인 조처나 의식 그 자체가 아니라 진실을 드러내는 분은 그분이심을 말하는 것이다. 그러나 그렇다 할지라도 이 시험은 우리의 기준으로 볼 때 혹독하고 성차별적으로 보인다. 분명히 이 율법은 고대의 관습으로 당대의 사회적인 가치를 반영하고 있다.

② 나실인 6:1-21 6장은 나실인을 소개한다. 엄격한 맹세를 한 특별한 사람들의 그룹을 말한다. 나실인이란 '맹세한 자들'이란 뜻이다. 그들의 맹세는 여호와에 대한 전적인 헌신을 뜻한다. 그들은 머리를 자르지 않았고 알코올 음료를 마시지 않았으며, 심지어 부모의 것이라 해도 주검을 만지지 않았다.

나실인의 맹세는 항구적일 수도 있고 일정 기간에만 해당되기도 했다. 유명한 나실인으로는 삼손, 사무엘, 세례 요한이 있다.

7-10장은, 성막 시대의 개시와 성막 봉헌에 대해 언급하는 출애굽기 40장에서부터 이어진다. 7장은 모세오경에서 가장 긴 장인데 많은 부분 반복되고 있다. 각 지파가 가져온 선물들의 목록을 상세히 다루면서, 레위 지파를 위한 성결례(8:5-26과 레 8장을 참조하라)와 유월절 준수(9:1-14)에 관해서도 묘사한다.

첫째 여정 10:11-12:16

행진한 지 사흘 만에 백성들은 불평하기 시작했다. "여호와의 불"이 그들 가운데서 타올랐다(11:1). 아마 아론의 아들들을 사른

알쏭달쏭

왜 아론은 벌을 받지 않았는가?

Q 아론은 어떻게 빠져 나갔는가?
A 무슨 소린가?
Q 아론은 황금 송아지를 만들 때 함께 했는데도 벌을 받지 않았다. 모세를 비난하고서도 벌을 받지 않았다. 미리암은 나병에까지 걸렸다. 왜 그는 자기가 한 일에 합당한 벌을 받지 않는가?
A 아니다. 받은 것 같다. 어떤 학자들은 아론이 벌을 받았지만, 이 책이 제사장에 의해 기록됐으므로 아론에게 불리한 일을 기록하지 않으려 했다고도 주장한다.
Q 역사를 왜곡했다는 말인가?
A 그렇게 볼 수도 있다. 하지만 이 이론의 맹점은 아론이 잘못됐다고 지나치게 단정하는 것이다.
Q 아무튼 아론은 별로 좋은 인상을 주지 못한다.
A 아니다. 정반대다. 사실 아론이 받은 형벌이 덜 부각됐을 수도 있다. 봐라. 아론의 두 아들은 죽었다. 그는 모세처럼 약속의 땅에 들어가지 못했다. 하지만 그는 자신의 죄를 인식하고 회개한 것 같기도 하다. 그의 단점은 귀가 너무 얇다는 것이다. 어떻게 보는가?
Q 잘 모르겠다. 그렇다고 하면 그런 거지.

불과 비슷한 불이었던 것 같다. 하나님의 진노가 나타났지만 그들의 불순종과 징징거림을 완화시킬 수는 없었다. 그들은 곧 입에 달고 사는 불평, 곧 먹을 것에 대한 불평을 또 늘어놓기 시작했다. 지친 모세는 이 백성을 이끌며 겪는 고통을 하나님 앞에 호소한다. 하나님은 이스라엘 백성에게 진노하셨지만, 또한 긍휼의 하나님이시다. 하나님은 모세의 호소를 들으시고 백성들에게 고기를 주셨다.

백성들만 갈등을 겪는 게 아니었다. 갈등의 불똥은 리더들에게로 옮아 붙었다. 아론과 미리암도 모세를 비난하고 나섰다. 미리암은 모세를 비난한 죄로 하나님께 징벌을 받는다.

③ 반역 13:1-20:13 13장에서 이스라엘 백성은 가나안 땅에 가까이 이르러 정탐꾼을 보낸다. 각 지파에서 두 명씩 선발된 정탐꾼들이 보고한다.

그들의 보고는 약간의 설렘과 거의 대부분의 두려움으로 가득 찼다. 땅은 놀랍도록 비옥했지만, 거주민들은 강하고 힘이 셌다. 정탐꾼들의 보고가 퍼져나갔다. 가나안 사람들은 전설적인 네피림(13:33; 창 6:4)과 같은 신화 속의 거인들이라는 것이다. 이런 소문을 듣자, 백성들은 그 땅으로 들어가지 않겠다고 들고 있어났다. 가나안 백성들은 강했다. 이것은 사실이었다. 그러나 그들에게는 더 강한 하나님이 계셨다. 그 순간 그들은 이 사실을 믿을 수 없었고,

난해한 주제

| 안 맞는 계수 한 책에 나오는 숫자들이 서로 맞지 않으면 읽는 사람은 당혹스러울 것이다. 또 문제는 그 숫자들이 너무 크다는 것이다. 이스라엘 백성 중 남자의 숫자를 쓰인 대로 받아들이자면, 전체 인구가 2백만 명이 돼야 한다. 이것은 불가능한 인구 수다. 당시 주변 국가들과 비교해서도 그렇고, 그들이 광야에서 방랑하던 사람들임을 생각할 때도 그렇다.

여러 가지 가능성들이 제시됐다. 대부분의 것은 "천"이라고 쓰인 단어를 재해석하는 일과 관련이 있다. 하지만 어떤 가능성도 이 문제를 깨끗하게 해결하지는 못한다. 결국 우리가 할 수 있는 말은 그 숫자가 정확하지 않을 수도 있지만, 커가고 있는 한 나라를 보여주는 것임에는 틀림없다는 것이다.

출발할 시간이 되었다. 나팔이 울리고 승리의 함성이 하늘을 찌른다. 백성들은 행진하기 시작한다. 하나님의 임재를 상징하는 구름이 출발을 이끈다(9:15-23).

하나님보다 그들의 불충스러움이 더 컸다. 하나님은 그 백성이 그 땅에 들어갈 수 없다고 선언하셨다. 들어가야 한다고 선언한 두 정탐꾼 여호수아와 갈렙만이 가나안에 들어갈 수 있었다.

자신들의 불충함을 보상이라도 하듯, 이스라엘 백성은 자기 힘으로 가나안에 들어가보려고 했으나 너무 늦었다. 그들은 패배했고 퇴각할 수밖에 없었다(14:39-45). 이것은 모세에 대한 여러 차례의 반역 중 첫 번째 것에 불과했다.

개인적인 반역 15:32-36 사람은 자신의 결정에 대하여 개인적인 책임을 진다. 때로는 지나친 듯 보인다. 안식일에 땔감을 모으다가 죽은 사람의 경우가 그렇다. 그러나 안식일 위반에 가해지는 벌은 양보가 없었고, 처음부터 그랬다. 그는 15장 30절에서 "일부러 지은 죄"라고 말한 죄를 저지른 것이기에, 결과에 대한 책임을 져야 했다.

모세를 거스르는 반역 16:1-50 16장 역시 반역에 대한 것이다. 이번에는 고라와 그의 추종자들이다. 이 반역은 무지와 야심에서 비롯

난해한 주제

| 왜 하나님은 모세에게 화를 내셨나?
(20:1-13) 이스라엘 백성들은 물을 요구했다. 모세와 아론은 여호와께 호소했다. 여호와께서는 두 사람에게 한 바위 앞으로 가서 외치면 물이 나올 것이라고 하셨다. 모세는 그렇게 했다. 아니, 거의 그렇게 했다. 그는 바위를 지팡이로 쳤고, 이어 물이 나왔다. 바위를 향해 말하지 않고 바위를 쳤기에 모세와 아론은 약속의 땅으로 이스라엘을 인도하지 못하리라는 선고를 받는다.

왜? 모세는 바위를 향해 소리치지 않고, 화가 나고 지쳐서 막대기로 내려쳤다는 이유 하나만으로 이런 형벌을 받았다. 이게 도대체 무슨 말인가? 성경은 모세가 저지른 범죄의 실상을 정확하게 밝히지 않는다. 모세가 말씀만으로 바위를 깨지 않은 것은 결국 여호와를 신뢰하지 않은 것이라고 지적하는 사람들이 있다. 여호와를 믿는 믿음이 부족해서 징벌을 받은 것처럼 보인다. 동일한 믿음의 부족 때문에 이스라엘 백성들은 가나안을 정복할 수 있는 자신들의 능력을 의심했다. 민수기에는 여호와를 순종치 않는 결과가 드러난다.

그러나 모세의 봉사를 생각하면 이 형벌은 도를 넘어도 한참 넘은 것이다. 아마도 모세의 행동이 단순한 실수가 아니었을 것 같다. 이 일로 알 수 있는 것은 이 이야기의 배후가 무엇이든, 하나님의 명령을 안 지켜도 괜찮은 사람은 단 한 명도 없다는 것이다. 충심으로 봉사했지만, 모세는 특별한 대접을 받지 못했다. 약속의 땅을 바라볼 수 있었지만, 들어갈 수는 없었다.

이렇게 해서 이스라엘을 지키는 노병은 사라질 것이다. 미리암은 오래 전에 죽었다. 아론은 호렙 산에서 죽었고 그의 옷은 아들 엘르아살에게 넘겨졌다.

됐다. 고라는 특별한 역할을 위해 레위 족속 가운데서 이미 뽑힌 자이다. 하지만 그는 이것으로 만족할 수 없었다. 그는 제사장이 되고 싶어 했다. 결국 그는 시험에서 떨어졌고 그와 추종자들은 지진과 화염으로 진멸당했다. 하나님이 내리신 징벌로 인해 모세에 대한 억하심정은 더 커졌다. 그 결과 백성들을 쓰러뜨리는 역병이 나돌게 됐다. 역병으로 많은 백성들이 죽었다. 그들을 죽인 것은 역병이 아니라 그들 자신의 원망과 반역이었다.

아론과 제사장직 17:1–18:32 두 사건에서 아론은 핵심 역할을 한다. 고라의 도전에도 불구하고 하나님은 아론을 선택하셨다. 역병이 휩쓸고 다니는 동안 산 자와 죽은 자 사이에 서 있던 사람도 아론이었다. 그는 백성들을 위해 속죄를 행한다. 17장 1–13절이 보도하는 그의 지팡이에서 나온 싹은 아론 계열 제사장직의 중요성, 즉 제사장은 그의 후손들로 이어진다는 사실을 강조하는 여러 이야기들 가운데 하나다. 이야기의 말미에서 모세는 각 지파의 두령들이 들고 다니던 지팡이를 성막 앞에 놓는다. 다음 날 아침 아론의 지팡이에만 싹이 돋는다. 하나님이 그분의 특별한 종과 제사장으로 레위 가문을 선택하셨다는 표시인 것이다.

우림과 둠밈을 진작에 걸쳤더니 그게 어떻게 생겼는지 기억나지 않는군.

제사장으로 산다는 것은 결코 호사를 누리는 삶이 아니다. 레위 지파가 담당해야 할 번거로운 의무사항들은 다음 장에 상세하게 열거돼 있다. 그들에게는 여호와를 바르게 예배하는 일과 성막에 관한 모든 위반사항에 관련된 책임이 있었다. 그들은 이스라엘 백성들이 드리는 제물의 일정 부분과 백성들의 수입 중 일부인 십일조를 받았다. 그러나 레위 지파는 땅의 일부를 그들의 몫으로 소유할 수 없었다.

둘째 여정 20:14-22:1

이스라엘이 광야로 들어온 지 40년이 흘렀다(햇수가 언급되지는 않지만, 민수기 33장 38절에 나오는 지명들에서 계산해나갈 수 있다. 당신도 얼마든지 역산해볼 수 있다).

발람 22:2-24:25

이제 이스라엘 백성들은 피하고 싶은 적국을 지났다. 그들은 광야에서 수십 년 산 후 이제 가나안을 공격하고 그 땅을 자기 것으로 차지할 준비를 하고 있다.

모압 왕 발락은 발람을 불렀다. 그는 거룩한 사람으로 잘 알려진 인물이었다. 와서 이스라엘 백성을 저주하고 그들에게 불운이 내리도록 빌어달라는 뜻이었다. 발람은 흔한 인물이 아니었다. 그는 하나님을 자기의 주로 모시는 유프라테스 강 언덕에 사는 점쟁이였다. 그러나 그는 하나님을 여러 신들 중 하나로 여긴 것 같다. 훗날 그는 이스라엘을 우상숭배로 이끈 인물로 비난당하기 때문이다(31:7-8; 신 23:3-6; 수 13:22; 느 13:1-3, 그 외 다른 구절들). 이번에 그는 하나님의 말씀을 듣고 그대로 행한다.

한 가지 문제가 있다. 22장 20절에서 하나님은 발람에게 가도 좋다고 허락하신다. 그런데 두 절 뒤에 떠나는 발람을 향해 하나님이 진노하시는 모습을 본다. 모세에 대한 진노와 비슷한 설명을 할 수 있을 것 같다. 발람은 하나님의 말씀에 제대로 순종하지 않았다. 하나님은 가서 한 가지를 말하라고 하셨는데 그는 다른 말을 하려고 했다. 아무튼 이 모순을 풀기란 어렵다. 결국 하나님께서 발람을 막기 위해 천사를 보내신다. 발람은 나귀가 그에게 말을 할 때까지 천

중요한 개념

제사장직

제사장직은 광야에서 모세에 의해 제정됐다. 이어 첫 이스라엘의 대제사장인 아론을 성별하여 세웠다(출 28-29장). 그 순간부터 모든 제사장들은 레위 족속, 아론의 후손에서 나와야 했다. 훗날 다윗의 대제사장이었던 사독이 제사장의 권한을 주장하고 나섰다. 신약성경 시대에 예루살렘 성전에서는 사독 계열의 제사장들이 전권을 장악하고 있었다.

제사장의 주요 기능은 제사를 드리는 것이었다. 아니 그들은 제사와 헌물에 생활을 의지했다. 그들은 성전에 가지고 오는 모든 헌물에서 일정 부분을 취하도록 허락받았다. 최소한 포로기 전까지는 제사장들이 율법을 가르치는 교사 역할도 했다.

그들은 특별한 제복을 입었다. 에봇이라 불리는 두 개의 앞치마, 열두 보석이 박힌 가슴받이를 입었다. 열두 보석은 이스라엘의 열두 지파를 상징하는데, 그 보석들에는 열두 지파의 이름이 새겨져 있었다.

가슴받이에는 주머니가 하나 달려 있었다. 제사장의 심장 바로 위였다. 여기에 우림과 둠밈이 놓였다(출 28:30). 이것은 주사위처럼 생긴 돌인데, 하나님의 뜻을 정하기 위해서 던져 사용했다.

오직 대제사장만이 지성소에 들어갈 수 있었다. 지성소는 성전과 제단의 가장 깊은 곳이다. 그것도 일 년에 하루 대속죄일에만 들어갈 수 있었다.

제사장들은 하나님과 백성 사이의 중재자였다. 예수님의 오심으로 이 역할은 사라졌다. 이후 모든 크리스천들은 "왕 같은 제사장"이 됐다. 예수님은 제물을 바칠 필요가 없는 대제사장이시다. 그분 자신이 영원히 효력을 발생하는, 단 번에 바쳐진 제물이기 때문이다(히 7:27-28).

사를 보지 못한다. 얼마나 우스운 광경인가. 국제적으로 명성이 자자한 점쟁이가 천사를 보지 못한다. 말 못하고 우둔한 짐승으로 알려진 나귀가 더 잘 본다. 발람은 여호와께서 넣어주시는 말만을 하라는 명령을 받는다.

훗날 발람은 모압과의 전쟁에서 죽는다. 그는 저주가 아니라 미디안 사람들의 길로 행하도록 이스라엘 백성을 꾀어 이스라엘을 패배시킨 배후로 지목된다. 그는 이스라엘 백성이 "자기 좋을 대로" 행하도록 했다. 그는 자기가 한 경험에서 아무것도 배우지 않은 것 같다. 타고 다니던 나귀와 더 많은 이야기를 나눠야 했던 것 같다.

궁금증 해소

놋뱀(21:4-9)

어느 날 또 백성들이 다시 원망하기 시작했다. 호르마에서 가나안 사람들을 쳐부순 후(21:1-3) 우쭐한 탓인지도 모른다. 그들은 물이 부족하고 음식이 형편없다며 칭얼댔다. 이것은 단지 음식에 대한 불만이 아니었다. 하나님이 제공하시는 만나는 은혜와 자비의 표식이었다. 더 줘야 할 것이 없었다. 따라서 이스라엘 백성들이 음식을 놓고 투덜거렸다는 것은, 실은 하나님의 은혜를 의심했다는 것과 마찬가지다. 이번에 하나님은 백성들에게 뱀을 보내셨다. 모세가 중보기도 하여 놋뱀을 세우게 됐다. 놋뱀을 쳐다보는 자마다 살아날 것이다. 이 이미지는 요한복음 3장 14-15절에 다시 나온다.

약속의 땅 25:1-36:13

④ **모압 여인들** 25:1-17 이스라엘 백성들이 싯딤에 머물 때, 그들은 다시 이방인들이 섬기는 신들에 접하게 됐다. 그들은 이번에는 모압 여자들과 성관계를 맺었다. 모압 여성들과 잠자리를 같이 한 정도가 아니라, 그들의 종교 의식의 일부로서 성관계를 한 것이다. 이방 신들을 예배한다는 것은 성적 방종과 인신 제사와 같은 구역질나는 일들과 엮여 있기가 십상이었다. 성경에 기록된 역사의 대부분에서, 이방 신들의 유혹은 이스라엘의 몰락을 초래했다. 시간이 감에 따라 그들은 주변 나라들이 섬기는 바알과 다른 신들의 예배에 탐닉했다. 왜 그 반응이 그렇게도 신속하고 강력한지 그 이유가 여기 있다. 우리 눈으로 보기에는 어이가 없을 만큼 잔혹하다. 대제사장이 창을 들고 부정한 이스라엘 남자와 모압 여자를 한 창으로 찔러 꿴다(25:6-9). 아마 우리는 거짓 예배를 충분히 심각하게 생각하지 않는 것 같다. 하나님은 그때 분명한 계명을 내리셨

다. 거룩하라. 이 조치가 지나치게 보일 수 있다. 아니 지나쳐야 마땅하다.

40년 후 이스라엘 백성들은 약속의 땅으로 들어가기 위해 강을 건너려고 서 있다. 26장은 두 번째 인구조사를 기록하고 있다. 첫 번째 인구조사는 38년 전에 행한 것이다. 이집트를 떠났던 첫 세대는 지금 모두 죽고 없다. 새로운 사명 때문에 새로운 준비를 해야 한다. 이번에는 모세와 엘르아살이 지파의 수효를 다시 센다. 전사들의 수효가 그 사이에 전체적으로는 줄었다. 603,550명에서 601,730명으로 준 것이다. 어떤 지파들은 현격하게 그 수가 줄었다. 아마 고라와 그 추종자들에 내린 하나님의 심판과 역병 때문이었던 것 같다.

최종 진격을 위한 준비에는 리더십 이양도 포함된다. 하나님은 여호수아가 모세의 뒤를 잇는다고 정하셨다(27:12-23). 그는 오랜 세월 모세의 부관이었다. 그는 시내 산에서 모세와 함께 있었고, 그 후로 늘 신실한 모습이었다. 여호수아는 이스라엘을 약속의 땅으로 이끌 지도자가 될 것이다.

이 전쟁에서 적의 남녀는 모조리 살해당한다. 그러나 어린아이들과 처녀들은 전리품으로 남겨진다. 하나님이 가나안을 정복하면서 이스라엘에게 싸우라 하시는 싸움의 전형이 바로 이런 것이다. 민족 전체를 축출하든지 도륙하든지 하는 것이다.

⑤ 도피성 35:9-34 민수기의 나머지는 여러 가지 땅의 배치와 분배에 관한 내용으로 채워져 있다. 르우벤과 갓 지파는 그 자리에 남기로 하고 요단 강을 건너지 않는다. 다른 지파들은 이들의 결정을 양해해주었다. 그러나 그들은 전투에서 이스라엘 백성과 함께할 것을 약속했다. 알다시피 땅을 분배 받지 못한 레위 지파는 성읍 안에서 살도록 조치됐다. 이 성읍들은 도피성 역할도 해야 했다. 어쩌다

중요한 개념

할례

할례는 남성 생식기 표피의 일부나 전부를 제거하는 의식법적인 외과수술이다. 이 풍습은 아주 초기로 거슬러 올라간다. 이집트인들의 무덤에서도 할례의식이 그려져 있다. 아프리카, 남미, 오스트레일리아, 북미 인디언 부족 등 여러 문화에서 행해졌다. 일반적으로는 사내아이가 성인 남자가 되는 성인식에서 행해졌다.

그러나 유대인들은 태어난 지 여드레 만에 아기에게 할례를 베풀었다. 따라서 성인식과는 거리가 멀다. 그들에게 할례는 하나님에게 속했다는 신체적인 표였다. 하나님과 그의 백성 사이에 세워진 언약의 표였다. 하나님은 할례를 받지 않은 남자마다 "나의 언약을 깨뜨린 자이니, 그는 나의 백성에게서 끊어진다"(창 17:14)고 하셨다.

그러나 세월이 흐름에 따라 이 의미가 점차 퇴색되고, 유대인들은 할례를 정결과 거룩함의 보장으로 생각하기 시작했다. 그들은 할례를 받기만 하면 다 괜찮다고 믿었다. 예레미야와 같은 선지자들은 이런 태도를 신랄히 비난했다. 예레미야는 백성들에게 이렇게 말했다. "이 모든 민족은, 이스라엘 백성 전체와 마찬가지로, 마음에 할례를 받지 않은 자들이기 때문이다"(렘 9:26).

신약성경에서는 유대인 크리스천과 헬라인 크리스천 사이에 이 문제가 뜨거운 논쟁을 불러일으킨다. 어떤 사람들은 헬라인들도 유대인 신자들처럼 할례를 받아야 한다고 목소리를 높였다. 베드로와 바울이 여기에 반대하고 나섰다. 크리스천은 그리스도 안에서 믿음으로 말미암아 의롭다 하심을 받지, 할례라는 물리적인 행위를 필요로 하지 않는다고 주장한 것이다(롬 4:9-13).

가 실수로 사람을 죽였을 때 살인자들이 도망칠 수 있는 장소이다. 범죄자는 그 도피성에 머물러 있어야 했다. 가문 간의 복수로 인해 유혈이 그치지 않는 것을 방지하려는 조치다. 이런 상황에서는 무죄한 사람이 재판이 열리기도 전에 살해될 수 있다.

민수기는 이스라엘이 약속의 땅 정복을 코앞에 두고 있는 모습으로 막을 내린다. 그들은 오랜, 필요치 않은 여정을 끌어왔다. 그들이 하나님을 신뢰했다면 40년 전에 그 땅을 차지할 수 있었을 것이다. 그러나 이제 신실하지 않은 세대는 사라졌다. 새로운 민족이 그 땅으로 들어가서 오래 전 그들에게 약속된 것을 주장할 참이다.

신명기

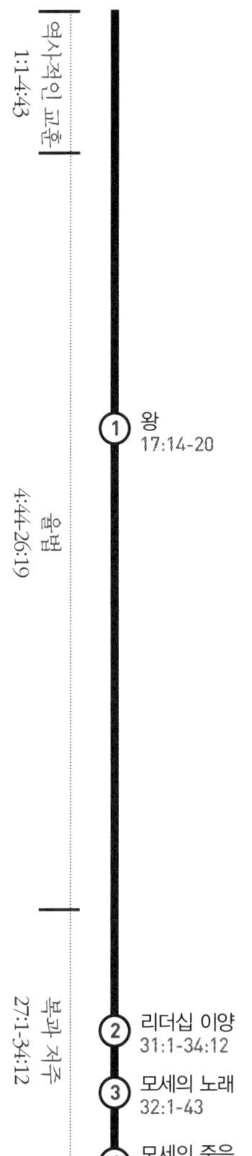

덧붙이는 몇 마디

신명기는 모세의 고별사다. 이스라엘의 믿음이 턱없이 부족했지만 하나님이 그들을 노예살이에서 빼내서 약속의 땅 바로 앞에까지 데려다 놓으신 일을 상기시킨다. 그렇다. 신명기라는 책명은 '율법의 반복' 이라는 뜻이다.

누가 | 전통적인 견해로는 모세가 신명기의 저자다. 그러나 서문과 모세의 죽음 보도는 다른 사람의 손으로 기록된 게 분명하다. 하지만 예수님 자신이 모세의 저작이라고 인정하셨다. 신약성경도 신명기를 높이 본다. 신약성경에는 거의 100군데에 달하는 신명기 구절들의 인용이 나온다.

언제 | 주전 1400년경

무엇을 | 신명기가 기록될 당시 모세와 이스라엘 백성들은 모압에 있었다. 그곳은 요단 강이 사해로 흘러들어가는 길목이었다. 리

한눈에 보는 안내판

저자 모세. 서문과 결론은 다른 사람들
유형 율법책
목적 이스라엘에게 하나님이 그들을 위해 하신 모든 일들을 기억나게 함
핵심 구절 30:15 "보라. 내가 오늘 생명과 번영, 죽음과 파멸을 너희 앞에 내놓았다."
한 가지만 기억한다면 하나님이 우리를 구출하셨다. 그분의 사랑에 반응하는 것은 우리에게 달린 일이다.

한눈에 보는 흐름

첫 번째 설교 1:1-46
들어가지 못함 3:1-29
십계명 5:1-33
최고법 6:1-25
궤와 돌판 10:1-9
거짓 신들 12:29-13:18
축복 28:1-14
여호수아 31:1-8
모세의 노래 31:30-32:47
모세의 죽음 34:1-12

더십이 여호수아에게 넘어갔고, 모세는 작별 인사를 하고 있다. 그는 연설 중에서 백성들에게 전에 일어났던 일들과 그들이 지켜야 할 율법들을 다시 생각나게 한다. 이것은 여호와와 그의 백성 사이의 언약 갱신식이나 다름없다.

신명기에 드러나는 하나님은 모세오경의 다른 책들에 비해서 훨씬 자상하고 인격적이다. 그분은 시련을 통해서 백성들을 가르치신다. 광야에서 생활하는 동안 그들은 결코 배를 곯은 적이 없었고, 옷은 해어지지 않았다. 발이 부르튼 적도 없었다! 이 사랑의 하나님이 그들을 풍요의 땅으로 이끄셨다(8:1-9).

역사적인 교훈 1:1-4:43

모세는 첫 번째 연설에서 과거를 회상한다. 거의 모든 사건들은 다른 어디에선가 언급됐다. 그러나 모세는 그들에게 좀 더 개인적인 어조로 말한다. 그는 이스라엘의 불순종을 상기시키고, 모압, 암몬, 바산과 같은 주변 국가들과 그들의 관계에 초점을 맞춘다. 우리는 그의 말을 통해서 지도자 이전에 사람의 마음을 읽는다. 또한 모세의 개인적인 고통을 더듬어본다. 그는 요단 강을 건너게 해달라고 하나님께 간구하지만, 허락되지 않는다. 그는 비스가 산 정상에서 약속의 땅을 내려다보는 것으로 족해야 했다. 볼 수는 있지만 만질 수는 없다(3:23-29).

그의 첫 번째 연설은 우상 숭배의 위험을 일깨우는 것이다. 이것은 앞으로 오는 세대 이스라엘 백성들의 삶에서 가장 중요한 현안 가운데 하나가 될 것이다. 그들은 이방 나라들 사이에 끼어서 살 것이기 때문이다.

"너희는 오로지 삼가 조심하여, 너희의 눈으로 본 것들을 잊지

| 평행 구절들 이 구절을 어디서 봤더라? |

	신명기	민수기	출애굽기	레위기
지도자 선임	1:9–18		18:13–27	·
정탐꾼들을 보내다	1:19–25	13:1–33	·	·
이스라엘, 들어가길 거부하다	1:26–45	14:1–45	·	·
시혼 왕 격파	2:26–37	21:21–30	·	·
옥 왕 격파	3:1–11	21:31–35	·	·
땅 분할	3:12–22	32:1–42	·	·
십계명	5:1–22	·	20:1–17	·
두렵고 떨림	5:23–33	·	20:18–21	·
다른 나라들을 쫓아냄	7:1–5	·	34:11–16	·
복	7:12–26	·	·	26:3–13
금송아지	9:7–29	·	32:1–35	·
더 많은 계명들	10:1–5	·	34:1–10	·
아론의 죽음	10:6–7	20:22–29	·	·
응답된 기도	10:10–11	·	34:9–10, 27–29	·
섭생법	14:3–29	·	·	11:1–47
대출법	15:1–11	·	·	25:1–7
노예 해방	15:12–18	·	21:1–11	·
초태생	15:19–23	18:15–18	·	27:26–27
유월절	16:1–8	·	12:1–20	23:4–8
칠칠절	16:9–12	·	·	23:15–21
초막절	16:13–15	29:12–38	·	23:33–43
세 가지 절기	16:16–17	·	23:14–17	·
제사장의 권리	18:1–8	18:8–32	·	·
안전한 성	19:1–13	35:9–28	·	·
불순종에 따르는 저주	28:1–14	35:9–28	·	26:3–13

않도록, 정성을 기울여 지키고, 평생 동안 너희의 마음속에서 사라지지 않도록 하여라. 또한 그것을 너희의 자손에게 길이 알려라" (4:9).

궁금증 해소

손목과 앞이마(6:8–9)

일부 유대인들은 지금도 이 구절을 문자적으로 따른다. 그들은 율법의 몇 구절들(출 13:1–16; 신 6:4–9; 11:13–21)을 넣은 작은 상자인 필랙터리(phylactery)를 손목이나 앞이마에 단다. 그런가 하면 메주자(*mezuzot*)라 하는 작은 상자들을 집의 문틀에 단다. 예수님은 보란 듯이 성구함을 달고 율법을 팔과 앞이마에 달면서도 그 마음에 사랑이 없는 자들을 호되게 비판하셨다.

율법 4:44–26:19

모세의 두 번째 연설은 율법의 주제들을 끄집어내서 하나님이 자기 백성에게 주신 계명의 많은 부분들을 반복한다. 두 번째 연설은 십계명으로 시작해서 예배와 거룩함이라는 주제를 파고든다. 이스라엘 백성들에게 큰 싸움은 가나안의 무력에 맞서는 것이 아니다. 불순과 죄에 맞서는 싸움일 것이다. 율법의 가장 큰 목적은 이스라엘이 끊임없이 거룩해지는 것이다. 그들을 구별하여 다른 가치관으로 살게 하는 것이다.

모세는 율법들을 반복하는 가운데 이스라엘 백성에게 거듭 거듭 그들의 하나님이 얼마나 위대하신지 다시 기억나게 한다. 그는 가장 중요한 계명은 마음, 영혼, 힘을 다해 하나님을 사랑하는 것이라고 말한다(6:5). 또 율법을 암송하고, 그것에 대해 항상 논하라 한다. 이렇게 하여 그들의 기억에 각인되는 것이다(6:6). 이스라엘은 가장 약한 민족(7:6)이지만, 가장 강하신 하나님을 모셨다. 하나님은 그들 하나하나를 돌보신다.

다른 것은 고사하고, 그들은 눈으로 하나님의 영광을 보았다. 하나님이 그들을 위해 하신 일을 보았다. 그들에게는 이 영광이 알려져 있다. 여호와께서 이집트 군대를 파하셨듯이 가나안 사람들 역시 무찌르실 것이다(11:1–32). 그러므로 말하는 사람이 누구든 간에, 형제자매나 심지어 예언자라 할지라도(13:1–2, 6–10), 그 사람이 백성을 하나님으로부터 떨어지게 만들려고 하면, 완강하게 저지해야 한다. 이것은 그야말로 삶과 죽음이 오가는 문제다.

① 왕 17:14–20 율법의 재해석과 새로운 땅에 들어가서 어떻게 처신해야 할지에 관해 이스라엘 백성들에게 훈계를 주는 과정에서, 모세는 왕의 위험에 대해서 미리 내다보고 경고한다. 사무엘을 통

해서 반복되고 있는 말(삼상 8:4-9)도 이런 위험성을 경고하는 것이다. 이스라엘에는 왕이 필요 없을 것이다. 하나님이 그들의 통치자이시기 때문이다. 그러나 모세는 백성들이 왕조를 요구할 때가 올 것을 미리 알고 있는 것 같다.

그는 특별히 이집트(외세의 상징)에 대한 과도한 의존을 경고하고 너무나 많은 첩들을 두지 말 것을 당부한다(솔로몬은 이 말씀을 읽지 않은 게 분명하다). 하나님은 이스라엘이 다른 나라에 매달리거나, 이런 위험에 빠지게 하는 동맹의 형성을 원치 않으셨다. 미래의 어떤 왕도 하나님의 허락 아래서만 다스린다는 것이 기본이었다. 왕은 율법을 읽고 순종해야 한다. 이 본문에 앞서 모세는 정의(16:18-17:13)에 대해서 말한 후 왕도 같은 율법을 따라야 한다고 말했다.

복과 저주 27:1-30:20

이 부분은 율법을 거역하거나 지키는 자에게 주어지는 복과 저주의 긴 목록을 담고 있다. 여기서는 두 종류의 사회가 그려진다. 하나는 견실하고 건강한 사회고, 다른 하나는 병들고 약하고 무기력하며 노예근성으로 충만한 사회다(27:9-28:68). 이 부분은 모세가 백성들에게 여호와와 맺은 서약을 새롭게 하라는 촉구로 끝난다. 말미에 보면 너무나 간단하다. 모세는 생명을 택하라고 말한다. 여호와의 길을 택하라고 한다(30:15).

"이 세상에는 주 우리의 하나님이 숨기시기 때문에 알 수 없는 일도 많다. 그것은 주님의 것이다. 그러나 하나님은 그의 뜻이 담긴 율법을 밝히 나타내 주셨으니, 이것은 우리의 것이다. 우리와 우리의 자손은 길이길이 이 율법의 모든 말씀에 순종해야 한다."

미래는 우리를 두렵게 하고 과거는 우리를 혼란스럽게 한다. 그렇다고 해도 우리는 하나님께 순종하고, 그분의 율법을 따르며, 그분의 임재 안에 살아야 한다.

② 리더십 이양 31:1–34:12 이 연설 이후 모세는 리더십 이양을 선언한다. 백전노장이 젊은 사령관에게 권력을 이양한다. 물론 상대적으로 젊다는 뜻이다. 여호수아는 약 75세쯤 됐다. 당시에는 은퇴라는 게 없었다.

③ 모세의 노래 32:1–43 성막 안에서 모세에게 미래가 계시됐다. 이스라엘 백성은 모세의 경고와 모든 복과 저주에도 불구하고 여호와에게서 등을 돌린다. 하나님은 그들에게 그 땅을 주실 것이지만, 그 땅에서 무엇을 할지 잘 알고 계셨다. 이 위대한 인물에게 더없이 슬프고 가슴 아픈 일이 아닐 수 없었을 것이다. 그는 백성에게 자기 목숨을 주었고, 그들이 정결하고 거룩해지도록 모든 것을 내놓았다. 그러나 이 모든 노력은 허사로 돌아갈 것이다(31:14–29). 그러나 그가 부르는 노래는 전적인 패배가 아니다. 이 노래는 이스라엘의 거절에 대해 말하지만, 용서와 정결로 끝나고 있다. 모세는 마지막에는 모든 것이 좋아질 것을 안다. 하나님이 이스라엘의 못된 됨됨이에도 불구하고 그분의 목적을 이루실 것을 안다.

④ 모세의 죽음 34:1–12 노병은 지파들을 축복한 후(33:2–29) 눈을 감는다. 그는 산정에 서서 약속된 땅을 바라본다. 하지만 그가 죽는 곳은 모압이다. 이야기는 여기서 끝나지 않는다. 모세는 약속의 땅에 들어와 보았고, 이스라엘의 참된 왕을 만났다. 오랜 시간이 흐른 후 변화산에서 예수님을 만난 것이다(마 17:1–9). 그러나 이것은 또 다른 이야기다.

역사서

열두 권의 역사서는 약속의 땅 정복으로 시작하여 왕조의 몰락, 이방 나라들로의 포로생활, 끝으로는 유대 귀환까지로 이야기가 이어진다.

| 여호수아 여호수아는 모세의 후계자다. 그는 자기의 스승과는 달리 약속된 땅에 들어갔다. 이 책은 그 땅의 침공과 정복, 이스라엘 열두 지파 간의 영역 분배에 대해서 말한다.

| 사사기 사사기는 성경에서 가장 황량한 책 가운데 하나다. 어둡고 무정부적인 시대, 정복 이후에 이어지는 시대로서 모든 사람이 자기 좋은 대로 생각하고, 폭력과 야만이 판을 친다. 유일한 예외는 사사들, 즉 하나님이 일으킨 지도자들이 가끔 혼돈에 질서를 부여하는 일뿐이다.

| 룻기 모압 여인 룻과 그의 신실한 사랑에 대해 말하는 작은 책이다.

| 사무엘상하 이스라엘의 첫 왕들인 사울과 다윗에 대한 이야기. 책의 이름은 이 두 왕에게 기름을 부은 선지자 사무엘의 이름을 딴 것이다.

| 열왕기상하 사무엘에 이어지는 책이다. 사무엘 1, 2에 이은 3, 4라고 부를 만하다. 솔로몬의 즉위에서 시작해 왕국이 둘로 분열되는 내리막, 악한 왕들이 연이어 왕권을 차지하는 모습을 보여준다. 이스라엘의 몰락과 그 주민들의 운명에 대해서도 말하고 있다. 주민들은 이방 나라에 포로로 잡혀간다.

| 역대상하 역대상하는 사무엘과 열왕기의 축약판이다. 주로 남쪽 유다 왕들에게 초점을 맞추고 있다. 아울러 성전 건축과 종교적인 의례들에 각별한 중점을 두고 있다.

| 에스더 에스더는 페르시아의 왕비가 돼 원수들의 손에서 멸절될 위기에 처한 동족을 구원했다.

| 에스라, 느헤미야 이 두 책은 바벨론 포로에서 돌아온 유대인들에 대해 말한다. 크게 훼손된 예루살렘 성을 재건하려는 애처로운 그들의 노력, 성전의 재확립, 율법책의 재발견 등을 다룬다.

ROUTE PLANNER

정복
1:1-12:24

1 라합
2:1-21

2 요단 도강
3:1-4:24

3 여리고 함락
5:13-6:27

4 아이 성과
기브온 족속
8:1-9:27

5 멈춰 선 태양
10:1-27

땅의 분배
13:1-21:45

여호수아의
마지막 날들
22:1-24:33

여호수아

약속의 땅으로

누가 | 여호수아가 땅을 정찰하라고 명령하고(18:8), 계명과 율법들을 제정하지만(24:25), 누가 저자인지는 모른다.

언제 | 저작 연대와 여호수아의 저작설에 관해서는 논란이 많다. 일부 학자들은 책에서 말하는 사건들이 일어난 훨씬 뒤에 이 책이 기록됐다고 주장한다. 어쩌면 사건들이 일어나고 800년 후일 수 있다는 것이다. 그러나 이 책의 저작 연대를 더 일찍, 사건 당시로 잡을 수 있는 근거도 많다. 많은 도시에 대한 묘사가 당시 널리 쓰였

한눈에 보는 안내판

저자 미상
유형 역사서
목적 이스라엘 백성이 약속된 땅을 정복하는 역사를 그린다.
핵심 구절 21:43 "이와 같이 주께서, 이스라엘 백성의 조상에게 주시겠다고 맹세하신 모든 땅을 이스라엘 백성에게 주셨으므로, 그들은 그 땅을 차지하여 거기에 자리 잡고 살았다."
한 가지만 기억한다면 하나님이 총괄하신다. 궁극적으로 역사를 주관하시는 분은 그분이시다.

한눈에 보는 흐름

지시사항 1:1-16
라합 2:1-24
여리고 함락 6:1-27
아간 5:1-26
이스라엘, 땅을 차지하다 10:40-43; 11:12-20
안전한 성읍들 20:1-9
마지막 말 23:1-16; 24:29-33

을 고대의 이름들을 반영하고 있다. 예를 들어 "여부스 사람들의 도시"를 예루살렘(15:8)이라고 하는 것 등이다. 이 책의 저작 연대가 왕조의 초기로 거슬러 올라갈 수도 있지만, 후대에 끼워 넣은 자료 또한 포함된다고 보는 것이 절충안일 것 같다.

무엇을 | 책의 주제는 가나안 정복이다. 이스라엘 백성들은 광야에서 방황한 후에 마침내 요단 강을 건너 하나님이 그들에게 약속하신 땅으로 들어갔다. 이스라엘은 처음 몇 번의 승리를 거둔 후에 가나안을 점점 더 넓게 정복해갔다. 도시국가들을 하나 둘씩 무너뜨렸다. 중요성이 덜한 도시들은 소각했다. 그러나 언덕 위에 자리잡은 도시들, 방어가 용이하고 유용한 도시들은 남겨두었다. 유일한 예외가 있다면 하솔이다. 가나안에서 가장 강한 성읍이지만 불태워졌다. 드디어 이 땅에 평화가 깃들었지만(11:23), 땅이 완전히 정복되지는 않았다. 원주민들도 완전히 내쫓지는 못했다. 이스라엘은 미래의 불충과 파멸을 스스로 심고 있는 것이다.

정복 1:1-12:24

여호수아서는 한 약속에서 시작된다. 하나님이 이스라엘에게 주실 땅의 경계를 정하신다. 여기 묘사된 경계는 사실은 다윗과 솔로몬 시대의 국경선이다. 책의 처음 절반은 땅의 소유에 관해 다룬다.

① **라합** 2:1-21 구약성경에서 창녀의 지위라는 것은 줄여 말해도 모호하다. 두 종류의 창녀가 있었다.

- 거짓된 우상숭배 시 성교를 하는 신전 창녀들. 그들의 화대로 거짓 신들의 신전을 유지했다. 이런 짓은 언제나 가증스럽다는 정죄를 받았다.

- '일반' 창녀. 길모퉁이에 서 있거나 홍등가에서 일했다. 일반적으로 이런 창녀들은 나쁜 부류로 분류됐다. 잠언은 젊은이들에게 창녀들이 쳐놓은 "덫"에 빠지지 말라는 충고로 가득 차 있다. 그러나 이런 일들이 받아들여지는 경우도 있었다. 이스라엘의 초기 왕들은 다수의 처첩과 후궁들을 거느렸다.

라합은 일반 창녀였다. 여관 주인과 계약을 맺고 일했던 것 같다. 잠도 자고 다른 서비스도 받는 그렇고 그런 곳에서 일했다. 그러나 그가 일하던 곳에 두 정탐꾼이 머물던 밤, 그는 이스라엘의 하나님께 돌이켰고 정탐꾼들을 선대했다. 정탐꾼들은 돌아와 그를 보호해주겠다고 약속했다. 라합은 죽임을 당하지 않을 것이다. 그가 집 밖에 붉은 줄만 걸어놓으면 된다. 출애굽기에 나오는 양의 피를 묘하게 연상시키는 장치다.

라합은 이 행동으로 이스라엘 백성의 영웅이 됐다. 신약성경은 그의 믿음(히 11:31)과 선행(약 2:25)을 치켜세운다. 그의 직업은 그가 하나님 나라의 수립에 기여한 역할에 비하면 아무것도 아니다.

② 요단 도강 3:1–4:24 정탐꾼들의 보고를 들은 후, 이스라엘 백성들은 요단 강을 건너 가나안으로 들어간다. 법궤를 앞세우고 가자 강이 갈라져 건널 수 있게 됐다. 출애굽할 때처럼 요단 강물이 갈라

BRIEF LiVES 약력

| 여호수아

가족 사항 _ 눈(Nun)의 아들.

직업 _ 노예, 모세의 시종, 후에 이스라엘의 리더

생애와 업적 _ 여호수아의 원래 이름은 호세아(민 13:8, 16)로, '구원'이라는 뜻이다. 모세가 그 이름을 여호수아, '여호와께서 구원하신다'는 뜻으로 바꿨다. 이 이름을 그리스어로 하면 '예수'다.
여호수아의 일생은 믿음의 사람과 군사 지도자라는 두 측면이 합쳐져 있다. 그는 젊어서 이집트를 떠났고, 75세 전후에 이스라엘의 지도자가 됐으며 110세에 죽었다. 믿음의 사람으로서 모세와 함께 시내산에 오르도록 허락받은 유일한 인물이었고(출 24:13–14), 모세가 하나님을 만날 때 회막 밖에서 호위를 섰다(출 33:11). 군사 지도자로서 이스라엘이 아멜렉 족속과 싸울 때 승리를 이끌어냈고, 약속의 땅을 정복하는 전투들을 총지휘했다. 이 두 측면을 보면 그의 성품이 보인다. 그는 처음으로 가나안 땅을 비밀 정찰한 열두 정탐꾼 중 하나였다(민 14:26–34). 오직 여호수아와 그의 동료 갈렙만이, 하나님이 승리를 주실 것이라고 주장했다. 그의 군사적인 지식을 그의 깊은 신앙이 뒷받침하고 있다.

성품 _ 열심히 일한다. 신실하다. 강인하다.

장점 _ 강인한 전사, 믿음의 사람.

단점 _ 그의 나이가 밝혀지지 않았다.

져 그들은 약속된 땅으로 들어갈 수 있었다. 강을 건넌 후 그들은 다시 헌신했다. 남자들이 할례를 받은 것이다.

③ 여리고 함락 5:13-6:27 성경에 나오는 가장 유명한 사건 중 하나인 여리고 함락에 대해서는 고고학적으로 숱한 조사가 이뤄졌다. 여리고는, 최고(最古)는 아닐지라도 세계에서 가장 오래된 도시 중 하나다. 20개 정도의 도시들이 한 기초 위에 세워지길 거듭해서, 가장 오래된 것은 8000년 전에 세워진 것으로 알려지고 있다. 무너진 성벽이 정말 존재하는가, 그 남은 흔적을 파악해낼 수 있는가를 놓고 아직도 뜨거운 논쟁이 벌어지고 있다. 아니, 여호수아서에 나오는 도시들이 실재하기나 했는지, 어디에 자리 잡고 있던 도시들

난해한 주제

| 성경과 인종청소 어떤 의미에서 여호수아서는 골치 아픈 책이다. 이스라엘 입장에서는 승리의 정복이지만, 다른 나라로서는 패배이기 때문이다. 때로 정복은 인종청소 그 이상도 이하도 아닌 것처럼 보이기도 한다. 도시의 전체 인구가 치밀하고 조직적으로 도륙됐기 때문이다.

무엇보다 여호수아서가 한 나라의 군사적인 성공을 담은 기록이 아니라 세상을 위한 하나님의 목적을 담은 책이라는 점에 유의해야 한다. 이스라엘의 역할은 하나님의 권능, 거룩함, 자비를 시위하는 것이었다. 주변 나라들에게 하나님이 어떤 분이신지 보이는 것이다. 성경은 지상의 나라들 사이에서 세워질 하나님 나라에 관한 이야기다. 이 나라는 전쟁 없이 세워질 수 없었다.

현실의 장벽 나라를 세우는 데 이 길밖에 없었다. 당시에는 유엔 같은 국제기구도 없었고, 국제법이나 '세계의 의견'을 모아줄 매체도 없었다. 수염 기르고 칼 찬 자들만 득실거렸다. 거칠고 잔혹한 시대였다. 이스라엘이 싸울 준비가 안 돼 있다면 죽는 수밖에 없었다. 이 나라의 건립은 다른 나라들에게도 유익이 될 터였다. 그러나 그 전에 나라부터 있어야 했다.

거짓 신들의 패배 성경은 하나님이, 그분의 길을 따르겠다는 조건 아래서, 자기 세계의 일부를 한 민족에게 어떻게 주셨는지 말하고 있다. 성경은 또한 하나님이 가나안 사람들을 어떻게 심판하셨는지 보여준다. 그들은 거짓 신들을 섬기고 끔찍한 짓들을 일삼았다. 나라들은 정치적이거나 군사적인 실체가 아니라 그들이 섬기는 신에 의해서 대표됐다. 한 나라의 성공 혹은 실패는 신의 능력에 달렸다고 인정됐다. 마치 올림픽에서 금메달을 따는 것이 사회주의나 자본주의의 가치를 입증하는 양 여기는 것과 똑같다. 이스라엘도 거짓 신들을 따랐을 때, 다른 나라들과 똑같이 혹독한 대가를 치렀다.

수여 아닌 대여된 땅 그 땅은 여호수아와 백성들의 소유가 아니었다. 땅의 주인은 여호와셨다. 그들이 승리함으로써 얻게 된 부는 하나님이 보시기에 합당하게 분배돼야 했다. 정복은 일정한 시기에 주어진 특수한 임무였다.

그렇지만… 이 모두가 사실이라 해도 무죄한 사람들, 아녀자들이 살해됐다는 점에 주목하지 않을 수 없다. 이들은 정부나 국가 종교에 대해서 일체 발언권이 없었다. 우리가 할 수 있는 일은 하나님의 자비와 정의를 신뢰하는 것이다. 성경은 우리에게 죽음이 끝이라고 말하지 않는다.

하나님의 방법은 문화와 시대에 따라 달라진다. 예수님이 오심에 따라 하나님의 구속 목적은 이 땅에서 성취됐다. 가나안 정복을 구속의 일부라고 하면, 그 목적이 완성된 것이다. 따라서 여호수아에 묘사된 전쟁 같은 것은 더 이상 필요 없다.

나라와 개인 앞에는 심판이 기다리고 있다. 총알과 폭탄으로 심판을 완수하는 것이 아니다. 세상으로 들어가서 모든 나라를 제자로 삼아야 한다. 우리에게는 왕국을 세워야 하는 사명이 있다. 다만 이번에는 사람들의 가슴에 세워야 한다.

인지에 대해서도 설왕설래한다. 하지만 고고학은 너무 멀리 나갈 수 있다는 점을 유념해야 한다.

가나안 정복도 마찬가지지만 여리고 함락은 하나님이 하신 일이다. 물론 이스라엘 백성들은 성곽을 맴돌되 처음에는 침묵 가운데, 그 다음에는 함성을 지르는 등 일종의 심리전을 수행했다. 하지만 이 일이 있기 전 여호수아는 한 천사를 만났다(5:13-15). 성벽의 붕괴는 하나님이 하신 일이다.

④ 아이 성과 기브온 족속, 두 가지 속임수 8:1-9:27 아이 성 전투는 흥미를 끈다. 작전상 후퇴에 대해 기록하고 있기 때문이다. 아이 성 왕은 이스라엘 백성이 퇴각하고 있다고 믿고 어리석게도 추격전을 벌이다가 복병을 만나고 만다.

그러나 속이는 자도 속을 수 있다. 기브온 지도자는 그들이 아주 멀리 산다고 말함으로써 이스라엘 백성과 화친을 맺었다. 여기서

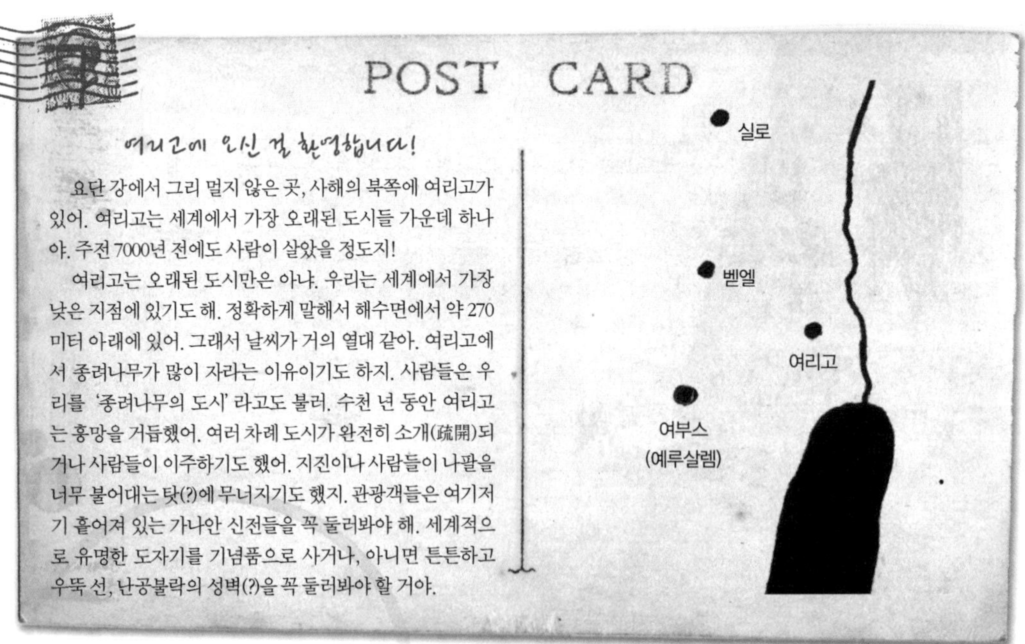
POST CARD
여리고에 오신 걸 환영합니다!
요단 강에서 그리 멀지 않은 곳, 사해의 북쪽에 여리고가 있어. 여리고는 세계에서 가장 오래된 도시들 가운데 하나야. 주전 7000년 전에도 사람이 살았을 정도지!
여리고는 오래된 도시만은 아냐. 우리는 세계에서 가장 낮은 지점에 있기도 해. 정확하게 말해서 해수면에서 약 270미터 아래에 있어. 그래서 날씨가 거의 열대 같아. 여리고에서 종려나무가 많이 자라는 이유이기도 하지. 사람들은 우리를 '종려나무의 도시'라고도 불러. 수천 년 동안 여리고는 흥망을 거듭했어. 여러 차례 도시가 완전히 소개(疏開)되거나 사람들이 이주하기도 했어. 지진이나 사람들이 나팔을 너무 불어대는 탓(?)에 무너지기도 했지. 관광객들은 여기저기 흩어져 있는 가나안 신전들을 꼭 둘러봐야 해. 세계적으로 유명한 도자기를 기념품으로 사거나, 아니면 튼튼하고 우뚝 선, 난공불락의 성벽(?)을 꼭 둘러봐야 할 거야.
실로
벧엘
여리고
여부스
(예루살렘)

핵심 구절은 9장 14절이다. "이스라엘 사람들은, 어떻게 해야 할지를 주께 묻지도 않은 채, 그들이 가져온 양식을 넘겨받았다." 이스라엘 백성은 자신의 판단을 믿었고, 기브온은 멸망을 모면했다.

⑤ 멈춰 선 태양 10:1-27 조약은 아모리 족속들이 기브온을 공격하자 곧 효력을 발휘했다. 이스라엘 백성은 기브온을 보호하기 위해 나섰다. 이뿐 아니다. 여호와께서 그들을 보호하셨다. 아모리 군대에 엄청난 우박이 쏟아졌다(10:11). 그리고 낮이 초자연적으로 늘어났다. 하루가 좀 더 길었으면 좋겠다고 기도하는가? 여호수아는 이런 기도에 응답을 받은 몇 안 되는 사람 가운데 하나다. 본문에 따르면, 태양이 "하루 종일" 떨어지지 않았다. 이 불가능한 현상을 설명하기 위해 수많은 이론들이 동원됐다. 하나님이 일광 시간을 늘렸다, 평소 같으면 너무 더웠을 텐데 이스라엘 백성이 오후 내내 싸우도록 구름이 태양을 가렸다 등등의 이론이 있다. 우리는 실제로 무슨 일이 일어났는지 모른다. 단지 여리고에서처럼 이스라엘의 군사적인 능력이 아니라 여호와의 능력으로 승리했다는 것만을 알 뿐이다.

궁금증 해소

헤렘 혹은 여호와께 바친 물건(6:18-19)

하나님은 이스라엘 군대 중 아무도 '전리품'을 취하지 말라고 명령하셨다. 값진 물건들은 여호와의 곳간에 들이라고 하셨다. 이 전쟁은 부를 축적하기 위한 싸움이 아니기 때문이다. 역사상 대부분의 전쟁은 땅과 소유에 대한 인간의 탐욕이 원인이 된다. 하지만 이스라엘의 전쟁은 그렇지 않다. 아무도 이 전쟁을 통해 스스로 부유해지려 해서는 안 된다. 오직 믿음만 부유해져야 한다.
감히 이 명령을 어긴 사람은 없었다. 그러나 아간이 아름다운 외투 한 벌과 은과 금을 취했다(7:1-26). 그의 죄는 개인적인 동시에 공동체적 결과를 가져왔다. 그의 죽음(7:25-26)이라는 점에서 개인적이고, 이후 전투에서 36명의 군인이 죽었다는 점에서 공동체적이다.

여호수아의 마지막 날들 22:1-24:33

땅을 분배하자마자 갈등이 일어난다. 요단 강 서편에 자리 잡은 지파들이 자신들의 편의를 위해 제단을 쌓자 나머지 지파들은 이를 불순종으로 간주한다. 이것은 다른 지파들로부터 독립하기 위한 행동은 아니었다. 그들은 전체 겨레에 대한 그들의 헌신을 입증하기를 원했던 것이다. 비록 약속의 땅 밖에서 살지만 제단은 그들의 충절을 보여주는 증거이기에 갈등은 진정됐다.

여호수아서는 거의 완수된 임무에 관한 책이다. 여호수아는 아직 남아 있는 일을 뒤로 하고 백성들과 작별한다. 아직 정복해야 할 땅이 많이 남았다. 여호수아는 하나님을 믿을 때만이 땅을 다 취할 수 있다고 엄명한다. 그의 고별 설교는 아브라함의 부르심에서 시작되는 간추린 이스라엘의 역사다. 이 설교는 이스라엘 백성에게 그들이 엄청난 계획의 일부임을 일깨워준다(24:1-13).

백성은 여호와를 섬기겠다, 끝까지 신실하겠다는 새로운 다짐으로 반응한다. 그러나 안심하기엔 이르다. 이스라엘에는 버리겠다고 공언했지만 아직도 우상을 가지고 있는 자들이 있었다(24:23). 하나님이 그들을 위해 그토록 일하셨음에도 불구하고, 다른 신들에게로 돌아가는 사람들이 있었다.

많은 승리를 거뒀고 백성들은 철썩 같이 약속했지만, 이 책은 아슬아슬하게 끝난다. 이스라엘 백성은 여호수아로부터 시작된 사명을 완수할 것인가? 마지막 장애물 앞에서 그만 넘어지고 말 것인가?

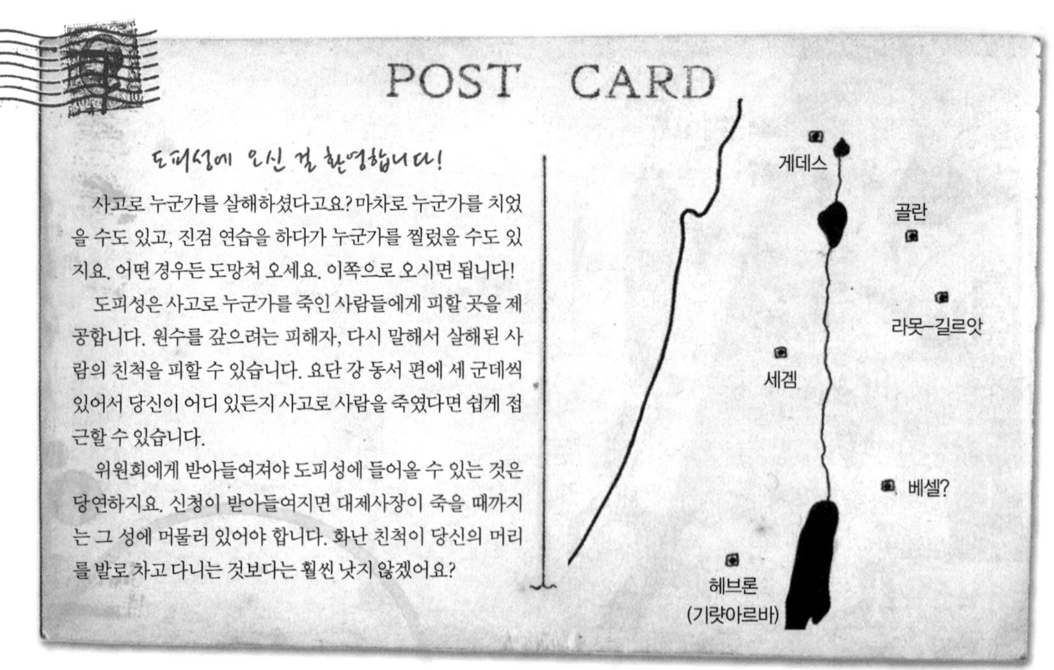

POST CARD
도피성에 오신 걸 환영합니다!
사고로 누군가를 살해하셨다고요? 마차로 누군가를 치었을 수도 있고, 진검 연습을 하다가 누군가를 찔렀을 수도 있지요. 어떤 경우든 도망쳐 오세요. 이쪽으로 오시면 됩니다!
도피성은 사고로 누군가를 죽인 사람들에게 피할 곳을 제공합니다. 원수를 갚으려는 피해자, 다시 말해서 살해된 사람의 친척을 피할 수 있습니다. 요단 강 동서 편에 세 군데씩 있어서 당신이 어디 있든지 사고로 사람을 죽였다면 쉽게 접근할 수 있습니다.
위원회에게 받아들여져야 도피성에 들어올 수 있는 것은 당연하지요. 신청이 받아들여지면 대제사장이 죽을 때까지는 그 성에 머물러 있어야 합니다. 화난 친척이 당신의 머리를 발로 차고 다니는 것보다는 훨씬 낫지 않겠어요?
게데스
골란
라못-길르앗
세겜
베셀?
헤브론
(기럇아르바)

열두 지파의 땅 분배(13:1-21:45)

하나님의 도우심이 있었지만 정복은 신속하게 이뤄지지 않았다. 여호수아는 90세에서 100세 사이였고, 갈렙은 85세쯤 됐다. 아직도 정복하지 못한 땅이 많았다(13:1). 특히 이스라엘 중앙에 있는 많은 도시들, 벧산, 므깃도, 여부스 등은 가나안에 그대로 남았다. 원주민들은 강제노동에 동원되었지만 그들의 문화와 종교는 지속적으로 이스라엘을 유혹했다.
마침내 땅을 구획하고 열두 지파, 아니 정확하게는 열한 지파들에게 배분할 시간이 됐다. 레위 지파는 땅을 분할 받을 수 없었기 때문이다(13:14). 땅은 이렇게 분할됐다.

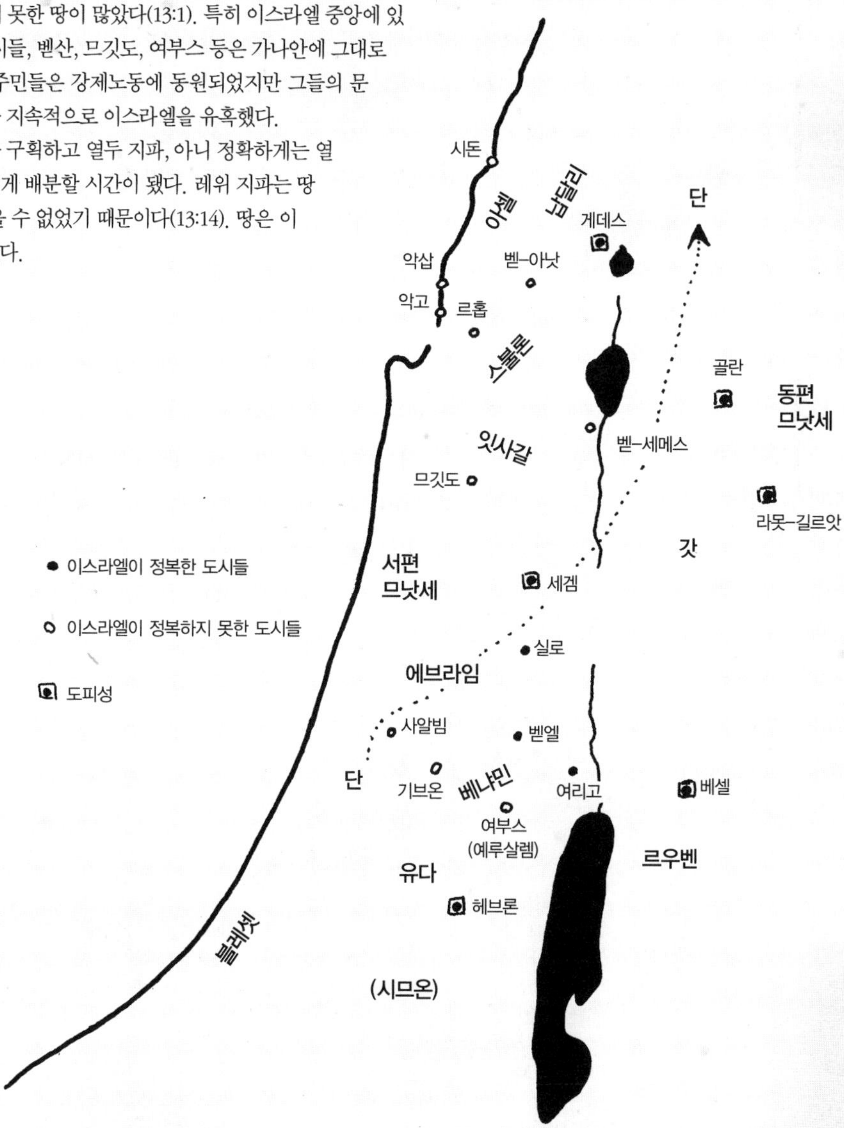

● 이스라엘이 정복한 도시들

○ 이스라엘이 정복하지 못한 도시들

도피성

ROUTE PLANNER

처음 사사들 1:1-3:31
1 옷니엘 3:7-11
2 에훗 3:12-30
3 삼갈 3:31

드보라 4:1-5:31

기드온 6:1-9:57
4 아비멜렉 9:1-57

여섯 사사들 10:1-12:15
5 돌라 10:1-2
6 야일 10:3-5
7 입다 11:1-12:7
8 입산, 엘론, 압돈 12:8-15

삼손 13:1-16:31

두려움과 배신 17:1-21:25
9 미가와 제사장 17:1-31
10 레위인의 아내 19:1-30

사사기

미치고 병든 세상

사사기는 여호수아에서 왕조의 수립까지를 다루고 있다. 사사기란 제목은 2장 16절에서 나왔다. "그 뒤에 주께서는 사사들을 일으키셔서 그들을 약탈자의 손에서 구하여 주셨다." 이 지도자들은 전투만 이끈 게 아니다. 그들은 재판을 담당했고 어떤 경우에는 종교적인 제의조차도 행했다.

누가 | 전통적으로는 사무엘이 이 책의 저자라고 한다. 그러나 뒷받침할 만한 증거는 없다. 사무엘이 내용의 일부를 편찬했을 가능성은 충분히 있지만, 사사기는 여러 사람들의 손을 거친 것 같다.

언제 | 저작 연대는 주전 10세기경, 왕조가 태동할 무렵으로 추정된다(그래서 이스라엘에 왕이 없었다는 말이 늘 되풀이된다). 기록된 사건들은 여호수아가 죽은 주전 1390년경 이후에 일어난 것이다.

무엇을 | 사사기는 어둡고 폭력이 난무하는 사회를 그리고 있다. 포로로 잡힌 왕의 엄지손가락과 엄지발가락을 자르는 장면으로 시

한눈에 보는 안내판

저자 미상
유형 역사서
목적 약속의 땅에서 일어난 초기의 혼란상. 하나님 없는 사회의 모습을 그린다.
핵심 구절 17:6 "그때에는 이스라엘에 왕이 없으므로 사람들은 저마다 자기의 뜻에 맞는 대로 하였다."
한 가지만 기억한다면 규례가 없는 사회는 자유가 아니라 혼돈 그 자체다.

한눈에 보는 흐름

임무를 완수하지 못한 이스라엘 1:27-35
이스라엘이 처벌받음 2:6-19
에훗과 에글론 3:12-30
드보라와 바락 4:1-24
드보라의 노래 5:1-31
기드온이 선택되다 6:11-40
군대가 선택되다 7:1-25
삼손의 탄생 13:1-25
삼손의 힘 15:1-20
삼손과 들릴라 16:4-31

작해(1:6-7) 거기서부터 더욱 내리막으로 치닫는다. 성경에서 가장 희미한 시대의 책을 대하면서 많은 독자들은 사사기에 어떤 도덕적 목적이 있는지 고개를 갸우뚱한다. 그러나 사사기는 있는 그대로의 인간 사회를 보여준다. 하나님을 저버린 사회 말이다. 이 책을 되풀이되는 한 구절로 요약할 수 있다. "그때에는 이스라엘에 왕이 없으므로, 사람들은 저마다 자기의 뜻에 맞는 대로 하였다."

이스라엘은, 그들을 이집트에서 빠져나오게 하신 하나님, 아브라함과 모세와 언약을 맺으신 하나님을 따르든지, 아니면 가나안의 신들을 선택하든지 할 수 있었다. 그들은 거듭해서 가나안의 신들을 택했다. 그래서 이 책은 느릿느릿, 피를 흘리면서 처절할 정도의 무정부 상태와 무법천지로 변모하는 사회를 그리는 것이다. 마치 악순환과도 같다. 사람들이 하나님으로부터 등을 돌린다. 하나님은 그들을 벌하기 위해 이방 나라를 보내신다. 백성들은 하나님에게 구출해달라고 아우성친다. 하나님이 그들을 구출하기 위해 사사를 보내신다. 그러면 백성들은 다시 등을 돌린다. 사사기는 백성의 불충을 그리고 있지만, 동시에 하나님의 신실하심을 그린다. 그분은 그의 백성들과는 달리 약속을 소중하게 여기신다.

처음 사사들 1:1-3:31

이스라엘 백성들은 여리고 근처 길갈에 진을 쳤다. 가나안 족속들은 크게 위축됐지만 여전히 도시들에서 살고 있었다. 도시들은 주로 중앙의 산지에 자리 잡고 있었다. 하나님은 이스라엘 백성이 깨끗하고 정결한 땅에서 살길 원하셨다. 이 말은 그 전에 살던 사람들을 모조리 내쫓으라는 뜻이다. 그러나 이스라엘 백성들은 곧 타협을 시작하고 자신들의 임무를 망각했다. 지파들은 하나 둘씩 임

역대 사사들

옷니엘 3:7-11 주전 1200
에훗 3:12-30
삼갈 3:31 주전 1150
드보라 4:1-5:31
기드온 6:1-8:35
돌라 10:1-2
야일 10:3-5
주전 1100
입다 11:1-12:7
입산 12:8-10
엘론 12:11-12
압돈 12:13-15
삼손 13:1-16:31
주전 1050

무 완수에 실패했다(1:21; 27-36).

이렇게 해서 가나안 족속들은 마치 몸속의 염증처럼 그 땅에 남게 됐다. 치료가 완전히 끝나지 않으면 염증이 도진다. 이스라엘 백성들은 하나님을 잊어버리고 가나안 신들에게로 갔다. 가나안을 주님의 땅으로 돌리기는커녕, 가나안 족속들의 방식, 습속, 사상과 종교까지를 슬그머니 받아들였다. 하나님은 그 결과를 간단하게 말씀하신다. 그들은 안전하고 편안하지 못할 것이다. 다른 나라들이 그들을 무릎 꿇릴 것이다. 그들은 가나안 족속들을 본받고 싶어 했으니, 이제 가나안 족속들처럼 정복당하는 약한 나라가 된다는 것이 무엇인지 절감하게 될 것이다.

이 부분은 여호수아의 죽음을 잠깐 보여주면서 시작한다. 그가 죽자 이스라엘 백성은 잠시 신실한 모습을 유지하지만, 한 세대 후에는 바알과 아세라와 주변 나라들의 다른 신들을 섬기기 시작한다(2:10-13).

사사들이 소개되었다. 그들은 이스라엘을 구출하기 위해 보냄 받은 지도자들이다. 하지만 사사들도 이스라엘의 어리석음과 하나님을 거스르는 태도를 돌이킬 수 없었다(2:18-19). 하나님은 그분의 정의를 나타내는 수단으로 이스라엘의 원수들을 사용하셨다. 가나안 족속들, 시돈 사람들, 히타이트 사람들, 아모리 사람들, 히위 사람들, 브리스 사람들, 여부스 사람들, 물론 블레셋 사람들은 단골이었다(3:1-6).

① **옷니엘** 3:7-11 구산 리사다임을 무찔렀다.

② **에훗** 3:12-30 그는 비대한 모압 왕 에글론을 암살했다. 왕의 집에서 그 왕을 공격하고 시신에 칼을 꽂아 놓았다. 지방이 칼날에 엉겨 붙어 칼을 뺄 수가 없었기 때문이다. 종들은 가서 살펴보기를 주

저했다. 왕이 용변을 보고 있다고 생각한 탓이다!

에훗은 왼손잡이라고 알려졌다. 왼손잡이라면 몸의 오른쪽에 칼을 숨길 수 있다는 뜻이다. 오른손잡이들은 왼쪽에 비수를 숨겨서 꺼내기 쉽게 하는 게 상례다. 친위병들은 왼쪽을 검색했다. 역설적이게도 에훗은 베냐민 지파 출신이다. 베냐민이란 '내 오른손의 아들' 이라는 뜻이다. 에훗은 이스라엘 백성을 이끌고 모압 군대를 참패시켰다.

③ **삼갈** 3:31 삼갈은 가축 모는 막대기로 600명을 때려죽였다. 그는 쇠붙이를 달아 끝이 날카로운 막대기를 들고 다녔다. 그에게는 사사라는 칭호가 붙지 않았다. 어떤 학자들은 그가 이스라엘 사람이 아니라 가나안 사람이었을 수도 있다고 한다. 하지만 그에게는 이 칭호가 어울린다. 그는 끝이 뾰족한 막대기를 아주 잘 다뤘다.

드보라 4:1–5:31

드보라는 유일한 여성 사사요 예언자다. 그는 바락에게 가나안 사람들을 치라고 촉구한다. 하지만 바락은 드보라에게 순종하는 조건이라면, 즉 드보라가 함께 가주면 그렇게 하겠다고 말한다. 이 일로 인해 그는 승리자의 영예를 얻지 못한다.

바락은 시스라의 군대를 무찌른다. 시스라의 병거는 물이 불어난 기드론 골짜기에 바퀴가 빠졌다. 시스라는 빠져나와 야엘의 장막에 숨었다. 당시의 풍습으로 여자의 장막에는 남편 외에 다른 남자는 들어갈 수 없었다. 시스라는 숨기에 아주 좋은 곳이라 생각했던 것 같다. 하지만 그가 잠든 사이 야엘이 그의 머리에 장막 말뚝을 박아버린다.

알쏭달쏭

슈퍼 영웅

Q 이 숫자들을 좀 봐라.
A 어떤 숫자들 말인가?
Q 조금 큰 이쑤시개 하나로 600명을 때려눕혔다고 한다.
A 이쑤시개가 아니라 창에 가까운 무기였다.
Q 턱뼈로 천 명을 죽이는 삼손도 있다.
A 그건 그렇다.
Q 그렇다면?
A 두 가지 견해가 있다. 그 숫자들이 실제는 아니라는 것이다. 그냥 많은 숫자를 강조하는 것이다. 정말 천 명을 쳐 죽인 게 아니라 엄청난 피해를 입혔다는 뜻일 수 있다. 좋아하는 축구선수가 수천 골을 넣었다고 말하는 것과 비슷한 이치다. 그냥 '많다'는 뜻인 거다.
Q 다른 견해는?
A 여호와의 영이 삼손에게 임하셨다면 단순한 병사가 아니다. 그는 하나님의 권능을 입어 싸우는 것이다.
Q 알겠다. 원자탄 턱뼈를 들고 있는 것이군.
A 하나님이 붙들어준 턱뼈다.
Q 좀 낫다.

좋게 말해서도 이것은 환대의 법을 어긴 것이다. 집주인은 손님을 해로부터 보호해야 할 의무를 진다. 그러나 야엘의 남편 헤벨은 이미 이스라엘 편에 서기로 했던 것 같다. 그래서 환대의 법을 어겨가면서까지 야엘은 남편의 신념을 함께 따른 것이다.

이어 나오는 드보라의 노래는 성경에서 가장 오래된 시가 중 하나다. 승리를 기념하고 야엘을 칭찬하면서, 그들을 강하게 하실 하나님께 기도드리며 마친다.

기드온 6:1-8:35

7년간 이스라엘은 미디안 족속에게 압제를 당했다. 억압이 얼마나 심했던지 많은 이스라엘 백성이 산으로 숨어들었다. 여룹바알이라 불리기도 하는 기드온. 그는 처음에는 자신의 소명을 믿지 않고 하나님께 표적을 구한다. 하나님께서는 그에게 표적들을 보여주신다(6:20-23, 36-40). 그는 미디안 사람들에게 맞설 군대를 이끌지만, 하나님은 그 수효를 32,000명에서 300명으로 줄이신다. 하나님은 이스라엘을 구하는 분은 자신임을 보여주길 원하신다. 이스라엘의 능력이 그들을 구한 것이 아니다. 기드온과 300용사는 한밤중에 기습을 가하고 미디안 진영에는 큰 혼란이 일어나서 서로 죽이기 시작한다(7:15-25).

사람들은 기드온에게 왕이 돼달라고 부탁하지만 거절당하고 만다. 그때 놀랄 만한 일이 일어났다. 그가 백성들에게 전리품으로 취한 금 고리들을 달라고 한 것이다. 그는 그것을 녹여서 우상을 만든다. 사람들은 그의 고향에서 그 신상을 숭배한다. 가나안 신들을 받드는 제단들을 허물면서 나타난 바로 그 사람의 이야기다. 기드온의 일생에서 사사기 전체를 보는 것 같다. 그는 하나님의 복을 받아 전체적으로는 성공을 거뒀으나, 이방의 신들에게 가버리고 만다. 그는 당시의 도덕적인 혼란과 부패를 온 몸으로 보여주는 것 같다.

④ 아비멜렉 9:1–57 기드온의 아들 아비멜렉이 이스라엘의 지도자가 된다. 그는 잔인하긴 하나 간단하게 모든 형제들을 죽여 버림으로써 지도자의 자리에 오른다. 아니 전부는 아니었다. 막내인 요담이 도망쳐 자기 형을 비난하는 우화를 짓는다. 3년 후, 아비멜렉은 세겜에서 반란을 맞는다. 그는 처음에는 반란을 진압하는 듯했지만, 성읍을 포위했을 때 한 여인이 던진 맷돌에 머리를 맞고 어이없게 죽는다. 여자에게 죽었다는 수치를 피하기 위해, 그의 시종이 그를 찌른다.

여섯 사사들 10:1–12:15

⑤ 돌라 10:1–2 이스라엘을 32년간 이끌었다는 것 외에는 알려진 바가 없다.

⑥ 야일 10:3–5 나귀를 탄 여러 아들을 둔 사사였다. 나귀는 상당한 재력을 나타낸다. 그렇다고 들었다.

⑦ 입다 11:1–12:7 이스라엘은 다시 억압받는다. 이번에는 블레셋 사람들과 암몬 사람들이다. 입다가 구출자로 나선다. 그는 한때 첩의 자식이라는 이유로 마을에서 쫓겨났던 인물이다. 그래서 그는 깡패가 됐다. 자기 부족 사람들이 와서 도움을 구하자, 성공하면 자기가 통치자가 되겠다는 조건을 달고 돕는다.

적과 싸우기에 앞서 그는 맹세를 한다. 하나님이 자기에게 승리

?! 궁금증 해소

쉽볼렛, 십볼렛(12:5–6)

입다는 마지막으로 에브라임 지파와 맞서 싸웠다. 길르앗 군대가 지키고 있는 강을 건너 에브라임 지파가 빠져나가려고 하자, 쉽볼렛이라고 발음해보라고 한다. 이 말은 역설적이게도 '홍수'라는 뜻이다. 그들의 억양이 세서 떠내려간 게 틀림없다. 그들은 격음 십볼렛으로 발음하는 바람에 죽임을 면치 못했다.

를 주시면, 집으로 돌아왔을 때 자기를 맞으러 나오는 첫 번째 것을 번제로 드리겠다는 것이다. 어리석기 그지없는 맹세요 엄청난 파장을 몰고 온 맹세였다. 승리를 거둔 후 집에 돌아왔을 때 그를 맞은 첫 번째 것은 개도 가축도 아닌 무남독녀 딸이었다. 딸은 번제로 바쳐진다.

구약 전체를 통해서 하나님은 인신제사를 금지하신다. 이스라엘 주변 국가들에서 행해지던 관습을 하나님은 역겹게 보셨다. 입다는 경솔한 맹세를 했고 극악한 번제를 드렸다. 사사시대의 사회가 얼마나 심하게 타락했으면 '경건한 사람들' 조차 저토록 어리석고 악한 짓을 자행하는지 보여주는 표지다.

⑧ 입산, 엘론, 압돈 12:8-15 상대적으로 비중이 적은 세 사사가 각각 7년, 10년, 11년간 이스라엘을 다스렸다. 상대적으로 평온한 시기였던 것 같다. 이 사사들 중 누구도 군사 지도자로는 그려지지 않는다.

삼손 13:1-16:31

삼손은 앞에 나온 에훗과 마찬가지로 외로운 영웅이었다. 그는 원수들을 홀로 무찌른다. 천사가 그의 부모들에게 나타나서 특출한 아이가 될 것이라고 말해준다. 나실인이 된다는 것이다. 나실이란 '헌신된' 이라는 히브리어에서 파생한 말이다. 삼손은 술을 입에 대지 않았고, 머리카락을 자르지 않았으며, 부정한 것을 먹거나 만지지 않았다. 그의 부모 역시 아기가 태어나기 전까지는 똑같은 규례들을 따라야 했다.

삼손은 특이한 사사다. 그는 유난히 블레셋 사람들을 증오했다. 그러면서도 블레셋 여인들을 집요하게 따라다녔다. 그는 영리했고 위트가 있었으며, 전례 없이 비범하게 힘이 셌다. 하나님의 사람이었지만 창녀와 잠자리를 같이 하고 어디로 봐도 어울리지 않는 여인들에게 마음을 빼앗겼다.

그는 자신의 고결한 부르심을 헌신짝처럼 여기기도 한다. 그는 자신의 힘이 하나님으로부터 나왔고, 그래서 하나님이 거둬 가실 수 있음을 한 번도 진지하게 생각해보지 않았다. 그는 격정과 자기도취의 사람이었다. "자기 생각에 옳으면 하는" 사람이었다. 믿음의 동기를 지니기도 했지만, 욕정으로도 움직인 사람이었다. 그는 계속되는 타협과 점점 더 강도가 세지는 폭력의 사람이었다. 블레셋 여자들과의 결혼은 재앙을 불러온다. 아내와 장인은 불에 타 죽고 수많은 블레셋 사람들이 덩달아 죽는다. 그는 슈퍼맨의 능력과 졸장부의 약점을 동시에 가지고 있었다. 삼손은 어떤 면에서 이스

궁금증 해소

성문(16:1–3)

성문은 그냥 커다란 문짝이 아니었다. 그것은 국력의 상징이었다. 삼손은 성의 문짝들을 떼어버림으로써 적들에게 수모를 안긴 것이다.

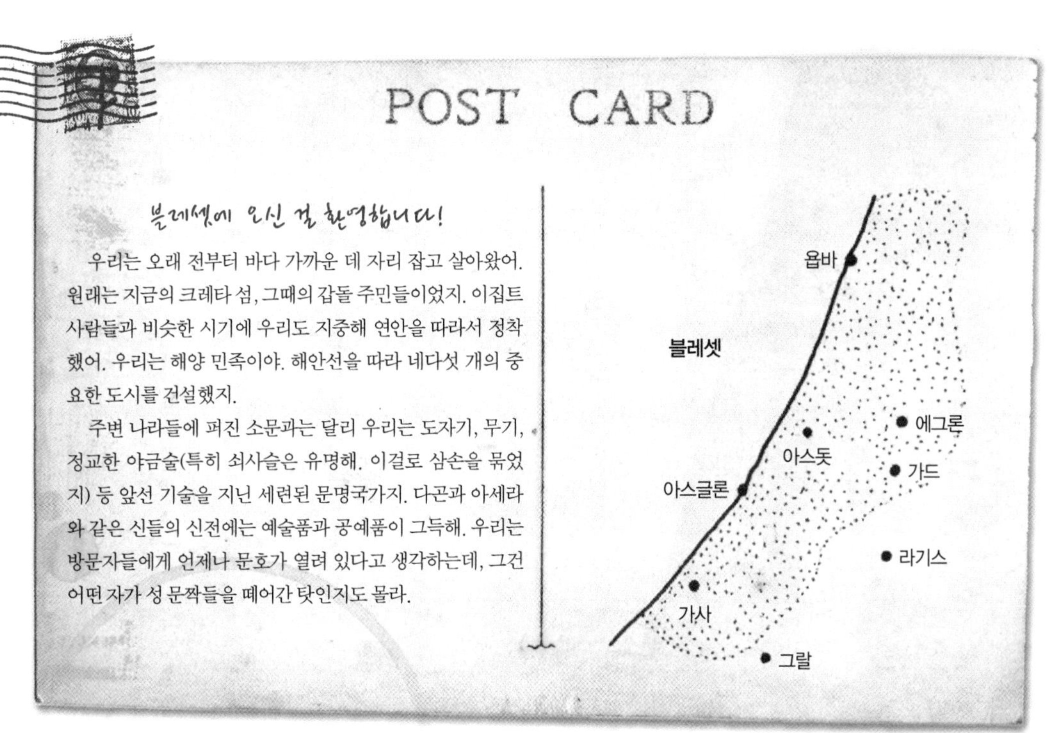

POST CARD
블레셋에 오신 걸 환영합니다!
우리는 오래 전부터 바다 가까운 데 자리 잡고 살아왔어. 원래는 지금의 크레타 섬, 그때의 갑돌 주민들이었지. 이집트 사람들과 비슷한 시기에 우리도 지중해 연안을 따라서 정착했어. 우리는 해양 민족이야. 해안선을 따라 네다섯 개의 중요한 도시를 건설했지.
주변 나라들에 퍼진 소문과는 달리 우리는 도자기, 무기, 정교한 야금술(특히 쇠사슬은 유명해. 이걸로 삼손을 묶었지) 등 앞선 기술을 지닌 세련된 문명국가지. 다곤과 아세라와 같은 신들의 신전에는 예술품과 공예품이 그득해. 우리는 방문자들에게 언제나 문호가 열려 있다고 생각하는데, 그건 어떤 자가 성 문짝들을 떼어간 탓인지도 몰라.
욥바
블레셋
에그론
아스돗
가드
아스글론
라기스
가사
그랄

라엘의 자화상이다. 특별히 고른 영웅이지만 끊임없이 타협하고 규례를 범한다. 그러나 삼손은 항상 하나님께 영광을 돌렸고 하나님은 그에게 초자연적인 힘을 실어주셨다(15:11-20). 삼손은 20년 동안 이스라엘에 상대적인 안정을 선사했다.

그의 몰락이 여자 때문이라는 점은 놀랍지도 않다. 삼손과 들릴라의 관계는 할리우드 영화에서도 자주 다뤄진다. 마치 로미오와 줄리엣의 로맨스와 같은 대접을 받는다. 이것은 굉장한 무지의 소산이다. 그것은 로맨틱한 사랑이 아니라 일방적인 집착이다. 삼손은 들릴라에게 집착한다. 처음 본 순간부터다. 그러나 들릴라가 바라는 것은 돈뿐이다. 그는 세 번이나 힘의 비밀을 알려달라고 삼손에게 조르고 그를 배신하려고 한다. 삼손은 세 번이나 엉터리 비밀을 말해주고 탈출했다(뭔가 미심쩍다고 생각했을 법도 한데 말이다). 끝내 들릴라는 삼손을 졸라 비밀을 말하게 한다. 단 한 번뿐이지만 결국 규정을 어기고 만다. 삼손은 "주께서 이미 자기를 떠나신 것을 미처 깨닫지 못하였다"(16:20).

삼손은 마침내 눈이 뽑히고 사슬에 매여 블레셋 사람들 보는 앞에서 끌려 다닌다. 눈은 어두워졌지만, 어쩌면 평생 처음으로, 삼손은 환하게 볼 수 있었던 것 같다. 그의 힘은 언제나 하나님으로부터 왔음을 말이다. 그는 이제 마지막으로 하나님에게 호소한다. 여호와께서 그의 외침을 들으셨다. 삼손은 지붕을 떠받치고 있던 기둥들을 쓰러뜨렸다. 블레셋 사람들은 삼손을 구경거리로 만들려고 했지만, 삼손은 그들의 신전을 무너뜨렸다.

두려움과 배신 17:1-21:25

사사기의 마지막 대목에는 아무 의미도 없는 폭력의 잔혹한 장면들이 나온다. 이 일들이 삼손 이후로 벌어진 것인지, 아니면 더 이른 시기에 일어난 것인지는 확실하지가 않다. 이 사건들은 사사기의 주제에 부록 역할을 하고 있다.

⑨ 미가와 제사장 17:1-31 미가와 레위 제사장 이야기는 흥미로운 사건으로 시작된다. 이야기는 이스라엘의 종교가 얼마나 심하게 부패했는지 들려준다. 미가는 어머니 돈을 훔쳤다. 그리고 누가 돈을 훔쳤든 저주를 받으라고 하자 돈을 돌려놓는다. 모자는 은을 녹여 예배할 우상을 만든다. 그때 젊은 레위인이 도착하고 미가는 그를 고용한다. 제사장을 고용하면 모든 게 다 잘될 것이라는 신념으로 움직인다(17:13).

그러나 단 지파가 미가의 제사장과 그가 만든 우상을 탈취한다. 그리고 라이스에 새로운 예배 장소를 마련했다. 이 이야기는 하나님을 믿는 신앙에서 멀리 떨어져 있는 백성들이 제사장과 신상에는 얼마나 집착하는지 보여주려는 것 같다. 그들은 우상을 소유하든 "신령한 사람"을 모시든 소유를 믿었다. 그 제사장은 권력과 영향력을 획득하는 것에만 관심이 있었기에, 무엇이든 듣고 싶다면 자기를 고용하면 된다고 말한다.

⑩ 레위인의 아내 19:1-30 두 번째 이야기는 당시 이스라엘이 소돔만큼이나 악했음을 보여준다. 이야기는 소돔에 살던 롯의 이야기에 거의 방불한다. 단지 하나님이 진노하셔서 마을을 심판하지 않으시는 것만 다를 뿐이다. 기브아에 사는 한 노인이 어떤 레위인에게 숙소를 내주었다. 그에게는 부정을 저지른 아내가 있었다. 레위인은 아내를 설득해서 함께 돌아가는 길이었다. 기브아 사람들은 레위인을 내놓으라고 한다. 그와 동성연애를 하겠다는 것이다. 노인은 거절하면서 차라리 자기 딸들을 데려가라고 한다. 마침내 겁

에 잔뜩 질린 레위인은 자기 아내를 내준다. 아내는 잔인하게 성폭행 당한 후 살해된다. 레위인은 아내의 시신을 열두 도막으로 잘라 이스라엘의 나머지 지파들에게 보낸다. 나머지 지파들은 충격과 분노에 떨면서 베냐민 지파에게 내려와 거의 씨를 말린다.

다른 지파들은 베냐민 출신과는 결혼하지 않겠다고 맹세한다. 그러나 이 맹세조차 유야무야 된다. 베냐민 지파 남자들에게 여자들을 납치할 수 있게 해준 것이다. 여자들을 납치하면, 자기 딸을 내줬다는 비난을 받지 않아도 되고 맹세를 지킨 것이 되기 때문이다.

이 이야기는 잔혹함이 일상이 된 책에 추잡하고 잔인한 대미를 장식한다. 조금이라도 이 범주에서 벗어나는 사람은 아무도 없다. 가난한 사람들, 부정을 저질러서 도망쳤다가 그 마을에 머물게 된 폭행당한 여인 등 누구도 다르지 않다. 도덕적인 하락과 윤리적인 혼동이 꼬리를 물고 사건들마다에 고개를 쳐드는 것 같다. 바람난 여인들, 성에 노예가 된 남자들, 자기 목숨 구하겠다고 아내를 몰인정하게 저버린 남편, 맹세를 했다가 이를 비껴갈 길을 마련하는 지파들이다. 폭력이 난무하고, 더럽고, 도덕적으로 타락한 이야기다. "사람들은 저마다 자기의 뜻에 맞는 대로 하"는 시대에 일어난 일들이다.

룻기

사랑과 의무

룻기는 가족의 의무와 보다 더 중요한 사랑과 우정에 관한 책이다. 사건은 사사시대를 배경으로 하고 있다. 당시는 이스라엘과 모압이 평화롭게 지낼 때이다. 이 책에 다윗 가문의 역사가 적혀 있는 것으로 볼 때, 왕정기에 기록된 것 같다.

ROUTE PLANNER

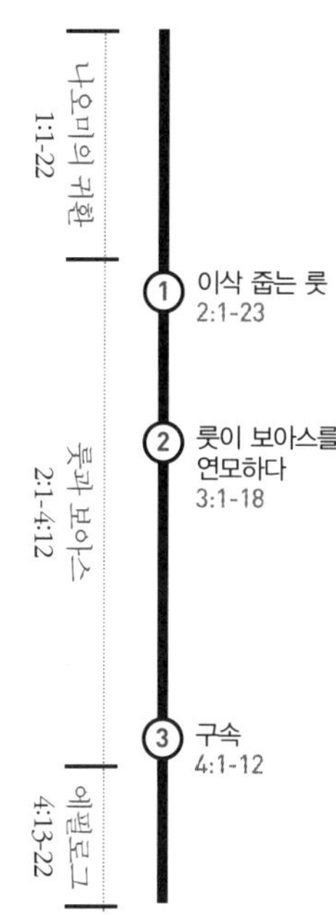

누가 | 미상

언제 | 미상. 사사기 이후에 기록된 것으로 보인다.

무엇을 | 이타적인 사랑을 몸소 실천한 사람이 이스라엘인이 아니라 모압 사람이라는 것이 충격적인 요소다. 이 책에서 저자는 독자들에게 그가 "모압 여자 룻"이라고 여러 차례 밝힌다. 경멸받고 천대받는 이스라엘의 적국 여자였던 것이다. 그의 선량함과 사랑은 태양처럼 빛난다. 그는 하나님 나라에 들어가는 것이 출신 때문

한눈에 보는 안내판

저자 미상
유형 역사서
목적 의무를 다하는 사랑과 우정을 보여준다.
핵심 구절 1:16 "나더러, 어머님 곁을 떠나라거나, 어머님을 뒤따르지 말고 돌아가라고는 강요하지 마십시오. 어머님이 가시는 곳에 나도 가고, 어머님이 머무르시는 곳에 나도 머무르겠습니다. 어머님의 겨레가 내 겨레이고, 어머님의 하나님이 내 하나님입니다."
한 가지만 기억한다면 하나님은 모든 나라들과 모든 민족들의 하나님이시다.

한눈에 보는 흐름

나오미와 룻의 귀한 1:1-22
룻이 보아스를 만나다 2:1-23
나오미의 계획 3:1-18
룻과 보아스의 결혼 4:1-22

중요한 개념

추수

구약성경의 추수는 보통 4-5월 사이에 이뤄졌다. 보리 수확이 제일 먼저고, 몇 주 후에 밀을 걷는다. 농부들은 낫을 가지고 밭을 다니면서 밀이나 보리를 자른다. 보통은 여자들이 뒤따르면서 자른 곡식을 단으로 묶어 세워놓는다. 낙수 줍기는 밭의 여기저기를 다니면서 흘린 이삭을 주워 모으는 것이다. 그런 다음 타작마당으로 밀을 가져가, 이삭에서 낟알들만을 떼어낸다. 이렇게 한 밀을 키질하는데, 바람 앞에서 손이나 키 등을 사용해서 까불면 겨와 낟알이 구분된다. 타작마당은 넓게 열려 있다. 바람이 불어서 겨 등은 쉽게 날리고 낟알은 땅으로 떨어뜨릴 수 있어야 하기 때문이다. 이렇게 골라낸 밀은 다른 불순물을 솎아 내기 위해 체질을 한다. 그리고 자루에 넣어 보관하거나 가루로 만들기 위해 방앗간으로 가져간다.

고대인들에게 풍성한 추수는 큰 잔치를 열 이유였다. 추수가 잘돼야 한 나라나 지역에 기본적인 먹거리를 공급할 수 있었기 때문이다. 추수에 관해서는 지켜야 할 율법과 전통이 있었다. 떨어진 이삭들은 가난한 사람들을 위해 놔둬야 한다. 그들은 밭 여기저기를 다니며 떨어진 것을 주울 수 있었다. 주인이 모든 것을 가져가면 안 되고, 추수의 극상품은 하나님께 바쳐야 했다. 이는 자기들에게 추수의 기쁨을 주신 분이 누구인지 깨닫게 하는 상징적인 행위였다.

누군가가 트랙터를 발명한 때지.

이 아니라 하나님을 사랑하고 그분의 계명을 따른 결과임을 똑똑히 보여준다.

나오미의 귀환 1:1-22

이 책은 사사시대를 배경으로 열린다(1:1). 이스라엘에 기근이 찾아온 탓에 베들레헴 거민인 엘리멜렉은 모압으로 내려간다. 거기서 그와 두 아들은 아내 나오미와 두 며느리 오르바와 룻(1:5)을 남겨놓은 채 죽는다. 나오미는 이스라엘로 돌아가기로 결심한다. 처음에 오르바도 나오미와 동행하다가 친정으로 돌아간다(1:14). 그러나 룻은 감동적인 절개와 사랑을 보이면서 나오미를 떠나지 않는다(1:16-17). 나오미는 룻에게 세 번이나 돌아가라고 간곡하게 권하지만, 룻은 시어머니와 함께 하기로 결심한다. 두 사람은 빈손으로 베들레헴에 당도했다. 돈도 없었고 막막하기만 했다. 역설적이게도 그것이 추수의 시작이었다.

룻과 보아스 2:1-4:12

① **이삭 줍는 룻** 2:1-23 룻은 보아스의 밭에서 이삭을 줍는다. 시아버지 엘리멜렉의 부자 친척이다. 구약의 율법은 밭에 떨어진 이삭은 가난한 사람들이 집어갈 수 있도록 남겨두도록 하고 있다(레 19:10; 23:22). 보아스는 룻을 눈여겨보았고 보호해줬다. 그가 자기 밭에서 원하는 만큼 낙수(落穗)를 줍도록 조치해줬다. 누구도 집적거리지 못하게 막아줬고 충분히 쉬고 힘을 다시 차릴 수 있도록 해

줬다(2:8-9). 사실 보아스는 해야 할 도리 이상을 했다. 일꾼들에게는 룻이 오는 길에 일부러 이삭을 떨어뜨려 많은 낙수를 줍도록 했다. 어려운 형편에 있던 룻을 지극하게 배려한 것이다. 그는 룻이 나오미를 지극한 정성으로 돌아보고 있음을 듣고, 룻의 헌신을 칭찬했다.

② 룻이 보아스를 연모하다 3:1-18 젊은 과부인 룻은 가련한 처지다. 보아스가 폭행과 성적 희롱으로부터 보호하는 조치를 내릴 때 룻은 분명히 느꼈다. 자신을 보호해줄 가정을 갖느냐 못 갖느냐는 미래를 좌우하는 문제였다. 나오미는 룻을 단장시켜서 보아스에게 보낸다. 보아스가 잠들자 룻은 보아스의 발치에 눕는다. 그의 보호를 요청하는 상징적인 행위다. 룻의 충절에 감동한 보아스는 룻을 아내로 맞기로 결정한다(3:6-13).

③ 구속 4:1-12 유익을 보려고 의무를 수행하지는 않는다. 한 친척이 관심을 보였다. 엘리멜렉의 땅에 관심이 있었기 때문이다. 그러나 보아스가 땅을 산다는 것은 룻과 결혼하여 아이를 낳아주는 일

난해한 주제

| 룻은 보아스를 유혹했는가? 룻이 보아스를 유혹했다고 믿는 학자들이 있다. 그에게로 가서 발치에 누움으로써 유혹했다는 것이다. 그들은 "발치에 눕다"는 말이 '성교하다'를 에둘러 표현한 것이라 주장한다. 이렇게 가정하면 룻과 나오미는 보아스를 '낚으려고' 합동작전을 편 것 같다. 그러나 이 해석은 룻의 행동과 보아스의 반응을 충분히 숙고하지 않은 것이다.

먼저, 때는 바야흐로 사사시대다. 나라는 도덕적인 타락의 길을 걷고 있었다. 다말이 유다를 통해서 자신의 결혼을 쟁취하기 위해 창녀로 가장한 점을 생각하면, 룻의 행동은 요조숙녀라 할 수 있다.

둘째, 보아스가 덫에 걸린 남자처럼 행동하는 기색이 조금도 발견되지 않는다. 그는 룻에게 요청받은 것 이상을 베푼다. 더 가까운 친척이 룻을 구속하지 못하도록 설득한다.

마지막으로, 성경은 성에 대해서 쑥스러워하지 않는다. 룻과 보아스가 잠자리를 같이 했다면 했다고 썼을 것이다. 룻의 행동은 상징적이고 감동적이다. 보아스는 룻에게 감동을 받았지 유혹을 받지 않았다.

보아스와 룻은 야곱과 레아, 라헬에 견주어지고, 보아스의 조상 중 한 사람이 베레스에게도 견주어진다. 베레스는 적절한 견줌의 대상이다. 그의 부모인 유다와 다말이 풍속과 의무에 따라 결혼했기 때문이다(물론 유다는 결혼 풍속을 따르도록 다소간 속임수에 걸렸다고 인정할 수 있다).

중요한 개념

구속

룻기에는 구속이라는 말이 23번이나 나온다. 이 개념은 이스라엘의 역사에서 핵심적인 위치에 있다. 구속이란 누군가를 악에서 구출하는 데 드는 비용을 지불한다는 뜻이다. 룻과 보아스의 흠 없는 사랑을 통해서 나오미가 구속받는다. 그는 손자를 얻고, 손자를 통해서 미래를 얻는다. 그는 배고픔과 집 없는 형편에서 안전과 만족으로 돌아온다.

저자는 다윗의 행함과 비교를 원했던 것 같다. 다윗은 룻의 자손으로서 그의 백성을 구속했다. 그러나 이보다도 룻기는 하나님의 순수한 사랑이 그의 백성을 구원하는 모습을 보여준다. 보아스가 자기 의무를 의식하게 되는 과정은 하나님이 그의 약속을 지켜 가시는 과정의 메아리일 뿐이다. 하나님이 자기 백성을 그분에게로 진정 다시 돌려놓으시는 것은 또 다른 다윗의 자손 곧 예수님을 통해서이다.

까지를 해준다는 뜻이라고 말하자 발을 뺀다. 이 말은 그가 이미 가지고 있는 재산을 자신의 자식들과 룻이 낳게 될 자식들이 나누게 된다는 뜻인 것이다. 이렇게 해서 보아스와 그 친척은 신고 있던 신발의 한 짝을 건넴으로써 법률적인 합의를 한다. 신발을 교환하는 것은 이상해 보인다. 그러나 이것은 합의가 이뤄졌음을 밝히는 관습이다(다음에 계약을 할 때 운동화 한 짝을 벗어 건네지 않길 바란다). 모든 일이 철저하고 적절하게 마무리됐다. 장로들은 두 사람을 축복했다.

에필로그 4:13-22

이 책은 헌신과 의무에 관한 것만은 아니다. 이 책은 “다윗의 집”의 보존에 관한 것이기도 하다. 이 책은 다윗 가문의 역사에 나오는 한 이야기로서 기록되었을 수도 있다. 룻과 보아스는 결혼하여 오벳이라는 아기를 낳는다. 이 책은 다윗의 계보가 이어져나가는 모습을 보여주면서 끝을 맺는다. 오벳은 다윗의 할아버지다. 보아스와 룻을 통해서, 자신들의 의무를 인식하고 사랑, 관대함 그리고 용기를 가지고 행동함으로써 가문의 대가 끊이지 않을 수 있었다. 이 가문은 다윗 왕 더 나아가서는 예수님에게로까지 이어진다.

사무엘상

목자들과 왕들

사무엘상하는 사실 한 권의 책이다. 한 축의 두루마리에 모든 내용을 다 담을 수 없다는 단순한 이유 때문에 둘로 나눴다. 사정은 열왕기상하도 마찬가지로, 이 책들도 원래는 한 권이었다. 사무엘상하는 선지자 사무엘의 이름을 따서 책 이름을 붙였다. 그는 이스라엘에 왕정을 수립하는 일에 하나님께 쓰임 받은 인물이다. 사무엘은 왕을 세운 인물이요 사울과 다윗에게 기름을 부은 선지자이며, 왕국의 구조를 세우는 일에 결정적으로 기여한 사람이다.

누가 | 저자가 누구인지 알려지지 않았다. 다양한 원기록을 편집한 것 같다. 사무엘은 야살의 책(삼하 1:18)과 같은 기록을 언급한다. 그러나 역대상하에 언급된 것들도 있다. 다윗 왕의 역대지략(대상 27:24), 선견자 사무엘의 글, 선지자 나단의 글, 선견자 갓의 글(대상 29:29)이 그런 것들이다.

언제 | 저자가 누구든 간에, 솔로몬 사후에 살았던 인물인 것 같다. 솔로몬 사후에 세워진 두 왕국을 언급하기 때문이다.

한눈에 보는 안내판

저자 미상
유형 역사서
목적 이스라엘의 초대 왕 사울의 역사와 두 번째 왕 다윗의 부상
핵심 구절 15:22 "주께서 어느 것을 더 좋아하시겠습니까? 주의 말씀에 순종하는 것이겠습니까? 아니면, 번제나 화목제를 드리는 것이겠습니까? 잘 들으십시오. 순종이 제사보다 낫고, 말씀을 따르는 것이 숫양의 기름보다 낫습니다."
한 가지만 기억한다면 하나님은 우리의 선한 의도가 아니라 우리의 순종을 원하신다.

한눈에 보는 흐름

사무엘을 부르심 3:1-21
왕을 원하다 8:1-22
사울이 왕이다 10:1-27
주님이 사울을 거절하시다 13:1-16
다윗이 선택되다 16:1-13
다윗 대 골리앗 17:1-58
사울 대 다윗 18:6-30
다윗이 사울을 살려두다 24:1-22
사울이 영혼을 불러내다 28:1-25
사울이 죽다 31:1-13

무엇을 | 사무엘상하는 약 백 년의 기간을 다룬다. 사사기의 마지막에서부터 다윗 치하의 왕국 수립까지다. 이 책은 또한 왕권의 조건과 상태에 대해서도 기록한다. 이 말은 모든 왕이 하나님의 다스리심 아래 있다는 것이다.

이야기는 세 사람의 인생을 추적한다. 사무엘, 사울, 다윗이다. 왕을 세운 사람과 두 명의 왕이다. 첫 부분은 사무엘과 사울을 다루는데, 신실한 선지자와 비극적으로 불순종하는 길로 들어서는 왕 사이의 대조를 보여준다. 사울은 모든 것을 갖췄던 사람이었다. 그러나 그는 하나님의 계명을 따르기보다는 끊임없이 자신의 판단을 의지한다. 내용이 펼쳐지면서 사울은 점점 자기 한 몸 추스를 수 없는 인물이 되어 간다. 기분에 의해 좌우되고 자기 왕국을 지키려고 발악한다. 하나님은 이 왕국을 이미 다른 사람에게 주시겠다고 확언하셨다.

사무엘의 생애 1:1–12:25

① 탄생과 어린 시절 1:1–4:1 성경의 많은 위인들처럼 사무엘의 탄생 역시 특별하다. 그의 어머니는 아기를 낳지 못했다. 이로 인해 남편의 다른 아내로부터 수모를 당했다. 실로에 있는 성전에서 눈물을 흘리고 있는데, 제사장 엘리로부터 아들을 낳을 것이라는 확언을 듣는다. 그리고 정말 아들을 낳는다. 그는 아기에게 사무엘, '하나님이 들으셨다'는 뜻의 이름을 지어줬다. 그리고 아이가 불과 젖을 뗄 정도가 되자 엘리에게로 데려가서 성전의 일들을 돕게 한다. 한나는 기도를 드리면서 가난한 자들과 도움 받을 데 없는 자들을 돌보시는 하나님을 높인다. 하나님이 생명과 죽음, 부요함과 가난을 관장하시는 분임을 고백한다(2:1–10).

엘리의 아들들은 정직하지 못한 제사장들이었다. 백성들을 속이고 제사용 고기를 자기들을 위해 빼돌렸다. 엘리는 그들을 나무랐지만(2:22-25), 엘리 역시 그들의 악에 함께 발을 담그고 있었음이 분명하다(2:29). 하나님은 선지자 한 명을 보내 그의 아들들이 죽겠고, 그의 가정은 저지른 죄의 결과를 거두며, 다른 사람이 뽑혀 세움을 받을 것이라고 하셨다(2:26-36).

"어린 사무엘이 엘리 곁에서 주를 섬기고 있을 때이다. 그때에는 주께서 말씀을 해주시는 일이 드물었고, 환상도 자주 나타나지 않았다"(3:1). 소년 사무엘은 한밤중에 여호와의 음성을 듣는다. 하나님은 여러 차례 그분의 메시지를 들려주셨고, 그때부터 백성들은 하나님이 사무엘에게 말씀하심을 알게 된다(3:1-4:1).

② 빼앗긴 법궤 4:1-7:2 이 사건은 가나안 정착 이후로 하나님과 그분의 율법에 대한 깨달음이 얼마나 가물가물해졌는지 보여준다. 법궤는 그동안 헤브론에 있었다. 엘리의 두 아들인 홉니와 비느하스는 법궤를 마치 이방 신상처럼, 하나님이 법궤에 갇혀 있는 양 대했다. 블레셋 사람들은 두려움을 이기고 이스라엘을 눌렀고 법궤를 탈취했으며 두 악한 제사장을 죽였다. 엘리는 말 그대로 충격을 받아 엎어져 죽었다(4:12-18).

역설적이게도 블레셋 사람들은 법궤에 담긴 하나님의 능력을 알

난해한 주제

| 왜 세부사항들이 일치하지 않는가?
구약의 역사서들을 기록한 기록자들은 여러 사료들과 문서들로부터 자료를 취했다. 그러나 우리가 알고 있는 것처럼 역사를 기술하지는 않았다. 각주도 달지 않았고 참고 자료도 밝히지 않았다. 때로는 연대표가 빠져 있기도 하다. 같은 사건을 이어 거푸 기록하고 비슷한 기록을 병기하기도 했다.

그러나 이런 기록들에는 가끔 여러 군데에서 차이가 발견된다. 좋은 예가 사울의 두 가지 대관식 장면, 다윗을 사울에게 알현시키는 두 번의 소개 장면이다. 사울의 죽음에 관해서도 기록이 다르다. 기록의 상이점에 대해서는 대부분 설명을 할 수 있다. 그러나 여전히 독자들에게는 한가지 의문이 남는다. 왜 역사가들이 조금 더 기록에 정확성을 기하지 않았는가? 왜 뒤죽박죽인 기록을 바로 잡지 않았는가? 하지만 사가들은 그렇게 생각하지 않았다. 사가는 정직하게, 이해할 수 있는 범위 내에서, 자기 손에 들어온 그대로의 사료들을 활용하여 기록해나간 것이다.

았다. 그들의 신이 내동댕이쳐지고 마을이 역병에 휩쓸리자, 그들은 법궤를 돌려보낸다. 자신들이 법궤를 이끌지 않고 하나님이 친히 운송하시게 한다(6:1-18). 이스라엘 백성은 법궤가 돌아오자 무엇을 했는가? 그들은 그 안을 훔쳐봤고 신기한 물건처럼 대했다(6:19-21). 결과는 참담했다. 당신의 삶 가운데 거하시는 하나님의 임재가 늘 편안한 것만은 아니다.

③ 민족적 회개 7:3-17 사무엘은 블레셋의 위험에 직면해서 백성들에게 신앙의 갱신을 호소한다. 백성들은 이방 신상들을 부수고, 기도와 제사를 위해서 미스바에 모인다. 예배가 끝나기도 전에 블레셋 사람들이 공격해온다. 그러나 그들의 군대는 엄청난 돌풍에 갇히고 혼란에 빠진다. 사무엘은 이스라엘의 마지막, 아니 가장 위대한 사사였다.

사울 왕의 통치 8:1-15:35

④ 왕을 원하다 8:1-11:15 그토록 경건한 사람도 가족들 때문에 난감해진다. 사무엘의 아들들은 부정하고 부패한 제사장이었던 엘리의 아들들과 다를 바 없었다. 백성들은 왕을 달라고 아우성치기 시작했다.

사무엘은 그들에게 왕을 세워준다(9:1-10:16). 하나님은 사무엘에게 사울을 왕으로 세우셨다 하셨고, 사무엘은 사울에게 기름을 붓는다. 기름을 붓자 하나님의 권능과 임재가 임한다. 사울은 예언하기 시작한다(10:6, 9-13). 그리고 그는 다른 사람이 된다. 사울을 아는 사람들은 이 일로 좀 놀란다. "사울마저도 예언자가 되었는가?" 그들이 놀라 묻는다. 그들의 놀람은 근본적으로 참 예언자와는 다른 사울의 영혼에 대한 사전 경고였는지도 모른다.

사무엘은 백성들을 소집한다. 아마도 제비뽑기(10:20-21)로, 사울이 뽑힌다. 사울은 처음에는 지도자가 되지 않으려고 한다. 무슨 일이 일어났는지 자기 친척들에게 사실대로 말하지 않는다. 이스라엘 백성 앞에 그를 소개할 시간이 왔다. 너무나 떤 나머지 짐짝을 실은 수레 뒤에 숨은 그를 억지로 끌어내야 할 정도였다! 사울이 첫 번째 한 일은 큰 성공을 거뒀다. 그는 야베스에서 암몬 족속들을 무찔렀다. 이스라엘 백성은 기뻐했고 사울은 왕의 자리를 굳혔다.

⑤ 사무엘의 고별사 12:1-25 모세와 여호수아처럼 사무엘의 고별사도 여호와께서 이스라엘을 위해 하신 모든 일들을 듣는 사람들에게 상기시킨다. 그의 메시지는 간단하고 명쾌하다. "우상들을 섬기지 말라. 그것들은 너희들을 도울 수 없다. 여호와가 너희를 돌봐주실 것이다. 너희가 그래도 악을 행하면, 너희 위에 벌이 내려질 것이다."

사울 왕의 실패 13:1-15:35 사울의 성공은 블레셋의 반격을 불러일으켰다. 사울은 길갈에서 사무엘을 만나기로 했던 것 같다. 그러나 패배의 두려움에 사로잡힌 그는 자기 스스로 희생제사를 드리고 만다. 사울의 실패는 단지 심약함 때문이 아니다. 그는 사무엘 없이도 혼자 할 수 있다고 생각했다. 예언자를 통해 주신 하나님의 지침을 무시해도 괜찮다고 생각한 것이다. 그것 자체는 별것 아니었을 수도 있다. 하지만 이 사건은 이후 이스라엘의 만성적인 실패를 보여주는 작은 그림이다. 사무엘은 사울에게 왕조를 세울 수 없을 것이라고 말한다. 이스라엘의 보좌에 그의 아들이 등극하지 못할 것이다. 그의 통치는 시작하자마자 막을 내리고 만다.

사울이 왕의 재목이 아님은 이후에도 밝혀진다. 그는 어리석기 짝이 없는 맹세를 해서 군사들을 굶기고 결국 그들이 부정한 고기를 먹지 않을 수 없게 한다(14:31-35). 사울의 아들 요나단은 모르고 그 맹세를 깬다. 사울은 그를 처형해야 한다고 생각한다. 그러자 군대가 들고 일어나서 그를 구명한다(14:36-46). 갑자기 사사시대로 돌아간 느낌이다. 어리석은 맹세를 해 재앙을 일으킨 사람들이 그 시대에도 있었다. 더 중요한 건 하나님이 침묵하신다는 것이다.

이 사건으로 사울의 성격을 파악할 수 있다. 그는 언제나 옳은 일을 하려고 하지만, 그릇된 방법으로 옳은 일을 한다. 제사를 드리는 것은 잘못된 행동이 아니다. 금식도 나쁜 게 아니다. 그러나 사울 스스로가 이렇게 하면 안 됐다. 그리고 전투 중인 병사들에게 금식을 하라고 명하는 것은 무리다. 아말렉 족속의 모든 소유를 멸하라고 하나님이 명령하셨을 때, 그는 가축들을 남겼다. 나중에 제사에 쓰려는 의도에서였다. 사무엘의 대답이 사울의 문제가 무엇인지 잘 보여준다. "주께서 어느 것을 더 좋아하시겠습니까? 주의 말씀에 순종하는 것이겠습니까? 아니면, 번제나 화목제를 드리는 것이겠습니까? 잘 들으십시오. 순종이 제사보다 낫고, 말씀을 따르는 것이 숫양의 기름보다 낫습니다"(15:22).

알쏭달쏭

하나님은 공화주의자이신가?

Q 성경에 보면 하나님이 이스라엘의 왕정 수립을 결코 원하지 않으신다. 왕을 두지 말라고 하셨다.
A 그건 맞다. 하지만 좀 더 영적인 맥락에서 봐야 한다. 그들은 단지 왕을 달라고 한 게 아니었다. 그들은 하나님이 근본적인 왕이심을 부정한 것이다. 하나님은 "그들은 사실 나를 거절한 것이다"라고 말씀하신다.
Q 하지만 하나님이 왕들에 대해서 하신 말씀을 들어보자. 왕은 이스라엘 백성의 자손들을 군대로 내보내고, 그 자녀들을 노예로 삼을 것이며, 비옥한 땅들을 수탈하고, 무거운 세금을 매기며, 많은 공문서 작성에 시달리게 할 것이라고 하셨다.
A 공문서가 어쨌다고?
Q 그건 농담이다. 하지만 나머지는 다 맞는 말 아닌가. 하나님은 왕들을 좋아하지 않으셨다. 하나님은 공화정을 지지하셨다.
A 아니다. 요점은 이것이다. 이스라엘에는 이미 왕이 있었다. 진정한 왕, 하나님이 계셨다. 그러나 그들은 만족하지 못했다. 그들은 다른 나라들처럼 되고 싶어 했다. 주변 모든 나라들에는 왕이 있었다. 그래서 이스라엘도 왕을 원했다. 하나님은 그들에게 갖고 싶다는 것을 주셨다. 2대 왕 다윗은 가장 영웅적인 인물이었다. 그렇다. 하나님의 원래 계획은 아니었지만, 왕조를 통해서도 하나님은 여전히 일하셨다.

다윗의 부상 16:1-20:42

⑥ 새로운 왕 16:1-13 하나님의 예언자로서 사무엘은 마지막으로 새로운 왕에게 기름을 붓는 일을 행한다(16:1-13). 여호와께서 재촉하시자 그는 베들레헴 사람 이새에게로 간다. 그는 키가 크거나 외모가 잘 생긴 후보들을 차례로 거절한다. 그는 마침내 이새의 막내아들 다윗, 들에서 불러 온 목동에게 기름을 붓는다. 임무를 마친

사무엘은 라마로 돌아가서 거기서 눈을 감는다(25:1).

재주 많은 악사 다윗은 사울을 위해 연주하도록 궁으로 불려온다. 사울의 병세는 점점 더 악화되고 있었다. 그는 악령에 시달리고 있었다. 게다가 점점 더 변덕스러워지며 편집증 증세를 보였다.

⑦ 다윗과 골리앗 17:1-58 다윗과 골리앗의 이야기는 성경에서 가장 유명한 이야기 중 하나다. 관건은 다윗의 민첩함이었다. 그는 무겁고 거추장스러운 갑옷을 입지 않았다. 거인과 근접전을 펼치지도 않았다. 다윗은 레슬러가 아니라 스나이퍼(저격수)였다. 그는 멀리서 조약돌로 그 거인을 정확하게 겨눴다. 엉겨 붙어서 싸운 게 아니었다. 그러나 다윗이 골리앗을 쓰러뜨린 싸움에서 가장 중요한 것은 그가 전적으로 하나님을 의지했다는 것이다. 다윗의 믿음은 나머지 군대를 사로잡고 있던 두려움과 날카롭게 대조가 된다. 군대는 거인을 두려워했지만, 다윗은 하나님을 신뢰했다.

누구보다도 사울이 강렬한 인상을 받았다. 그는 다윗을 질투했으며 그의 성공을 배 아파했다. 그러나 무엇보다도 사울의 신경을 거스른 것은 다윗이 하나님과 친밀한 관계를 가지고 있었다는 것이다. "주께서 자기를 떠나 다윗과 함께 계시는 것을 안 사울은, 다윗이 두려워졌다"(18:12). 사울이 다윗을 해하기 위해 한 일은 도무지 성사되지 않았다. 사울은 자기 딸과의 결혼을 미끼로 다윗을 꾀어 자살이나 다름없는 싸움에 밀어 넣었다. 그는 다윗이 수금을 타고 있을 때 창을 던졌다. 음악평론치고는 너무 혹독한 것이었다. 하지만 어느 것도 성공하지 못했다. 다윗이 손대는 일마다 성공했다. 사울은 점점 더 깊이 비통한 마음에 사로잡혔고 해괴한 행동을 했다.

그렇다. 하나님은 그 젊은이와 함께 해주셨다.

ⓣ 성경에는 안 나온다

무지한 블레셋 사람들

블레셋 사람들은 예술에 무지한 사람들의 대명사처럼 쓰인다. 보통은 문명과는 동떨어진 사람들이라 여겨진다. 그러나 사실은 그 반대다. 이들에게는 예술과 과학 면에서 상당히 발달한 문화가 있었다. 블레셋 사람들은 단지 군사적인 면에서만 이스라엘을 앞선 것이 아니라 기술에서도 그랬다. 그들은 이스라엘에 없던 야금술을 가지고 있었다(13:19-22).

어째 두통이 올 거 같아…

다윗이 사무엘에게 도망쳤을 때, 그를 죽이러 왔던 사람들조차 예언하기 시작했다(19:18-24). 사울도 그 능력에 강하게 사로잡혔다.

⑧ 다윗과 요나단 19:1-20:42 역설적이게도 다윗은 사울 집안의 두 사람에게 보호를 받는다. 사울의 딸인 미갈과 그의 아들 요나단이다. 다윗을 사랑한 미갈은 사람 크기의 인형을 침대에 올려놓고, 다윗이 아프다고 거짓말을 함으로써 병사들을 따돌렸다(19:8-17). 그리고 요나단은 다윗에게 아버지의 계획을 알려주고 탈출할 수 있도록 도와줬다(20:1-42). 두 사람의 우정은 고금의 모범으로 남게 됐다. 그러나 이것은 다윗의 운명을 이해한 요나단 때문이었다. 원래 왕의 자리는 요나단에게 돌아오게 돼 있었다. 하지만 그는 여호와께서 다윗을 왕으로 삼고자 하는 것을 알았다.

다윗의 도피생활 21:1-31:13

다윗은 도피하지 않을 수 없었다. 그는 광야에서 몇 년을 보냈다. 가드의 아기스 왕을 위해 용병으로 일했고 무법자 무리들을 훌륭히 이끌기도 했다. 사울의 다윗 체포, 살해 기도는 번번이 실패했다. 더 한심한 것은 그가 다윗의 자비로 목숨을 건졌다는 것이다. 사울은 휴식을 얻기 위해서 동굴에 들어갔다. 다윗이 그 동굴에 피해 있는 것을 몰랐던 것이다. 다윗은 사울의 겉옷 자락을 잘라, 왕을 죽일 수 있었지만 그렇게 하지 않았음을 보여준다. 잠시 후 그는 멀리서 왕에서 고한다. 자신의 결백함을 밝힌다. 사울은 후회하는 마음에 몸을 떤다. 울면서 다윗을 해치지 않겠다고 약속한다. 단지 자기 가문을 지켜달라고만 부탁한다.

⑨ **엔돌의 무당** 28:3-25 극도로 피폐해진 사울은 무당을 찾아 묻는다. 하나님의 계명을 정면으로 어기는 행위였다. 이 본문은 난해하다. 나타난 유령은 최근 세상을 뜬 사무엘의 혼령일 수 있다. 하나님이 무당 앞에 나타나게 하셨을 수 있다. 하지만 일종의 망상일 수도 있다. 사무엘의 모습을 한 악령이 나타난 것이다. 아니면 일종의 강신술이었을 수도 있다. 그렇다면 무당이 사무엘의 말과 임재를 흉내 낸 것일 뿐이다. 사무엘의 말은 등골이 오싹하다. "주께서는 이미 너에게서 떠나 너의 원수가 되셨는데, 나에게 더 묻는 이유가 무엇이냐"(28:15). 귀찮은 일이라는 듯이 말한다. 어쨌든 사무엘의 말에는 새로운 게 전혀 없다. 사울은 더 깊은 절망의 심연에 빠졌고, 달라진 것은 아무것도 없다.

⑩ **사울의 죽음** 31:1-13 사울의 종말이 찾아왔다. 요나단을 비롯한

난해한 주제

| 왜 하나님은 아이들을 죽게 하셨는가? 하나님은 사울에게 아말렉을 전멸시키라 하셨다. 군대뿐 아니라 재산과 여자들과 아이들도 다 멸하라 하셨다. 너무 잔인하고 혹독하게 느껴진다. 사랑과 용서의 하나님 아니신가? 상당히 복잡한 문제고, 완전히 만족스러운 답은 없다.

당시는 인정사정없는 세상이었다. 그야말로 양육강식의 세상이었다. 아말렉 사람들은 자기 손으로 아이들을 죽였다. 결코 무죄하다고 할 수 없다(삼상 15:33).

구약 전체를 훑어보면, 하나님은 이스라엘의 순수성에 지대한 관심을 두셨다. 다른 민족과 문화들에 의해 오염되지 않기를 바라셨다. 그러나 세상은 하나님을 정면으로 거역하고, 잔혹하고 인정사정없는 체제요, 폭력적이고 어리석은 신들을 예배하는 문화였다.

그러나 이런 잘못을 했다고 해서 유아살인이 정당화되는 것은 아니다. 왜 아이들을 죽이라고 했는가? 속 시원한 대답은 없다. 우리가 아는 바는, 하나님이 정의의 하나님이고, 정의를 사랑하는 사람들은 그분 안에서 영원한 안식을 얻을 것이라는 점뿐이다. 이 문제를 외면할 수는 없지만, 우리의 정연한 사고와 말쑥한 신학으로 파악할 수 있는 문제도 아니다.

| 하나님이 사울에게 악령을 보내셨는가?(16:14) 하나님이 이 일의 원인이라는 말은 아니다. 단지 악한 영들이 활개를 칠 수 있는 것도 하나님의 허락이 있어야 한다는 뜻이다. 이 일에 관하여 사울이 한 일 또한 잊어서는 안 된다. 그의 반역하는 성품과 불순종이, 하나님의 영이 그를 떠나신 직접적인 원인이었던 것이다. 어쩔 수 없는 힘이 그를 덮친 탓만은 아니었다. 그의 변덕스러운 기분, 폭력적인 행동은, 물론 초자연적인 요소도 있지만 그의 성격에 의해 좌우되기도 한 것이다. 악령은 이미 조성돼 있는 것들을 가지고 움직였을 뿐이다.

| 다윗은 이미 왕궁에서 지냈는데, 왜 사울은 그가 누구냐고 묻는가?(17:55-58) 다윗은 왕궁에 상주하지 않았다. 따라서 사울이 그의 가정 배경을 세세하게 알리 없었다. 아울러 사울은 다윗이 어느 용사의 집안 후손이냐고 물은 것일 수 있다. 아니면 다윗이 후계자 자리를 노리고 있다고 생각해서 던진 질문일 수도 있다.

아들들은 길보아 산에서 블레셋 군대와 싸우다가 전사했다. 심한 부상을 입은 사울은 자살했다. 블레셋 사람들은 사울의 목을 자른 시신을 가지고 성읍들을 돌았으며, 나중에는 성문에다 시신을 매달았다. 야베스가 보낸 구조팀이 사울의 시신을 되찾아, 작은 나무 아래 잘 알려지지 않은 곳에 장사지냈다. 이렇게 이스라엘의 초대 왕은 죽었다. 여러 방면에서 재능이 뛰어났던 사울은 용기충천하고 자부심이 대단한 사람이었지만, 심지가 굳지 못하고 비극이라 할 만큼 흠이 있었다.

사무엘하

다윗 왕의 통치

이 책은 다윗의 승리에서 타락까지 다룬다. 이스라엘의 위대한 왕이 어떻게 가정을 망치고, 나라까지 거의 망칠 뻔했는지 보여준다. 그러나 이 책은 동시에 그가 하나님의 사랑과 용서의 새로운 깊이를 어떻게 발견하는지 보여준다.

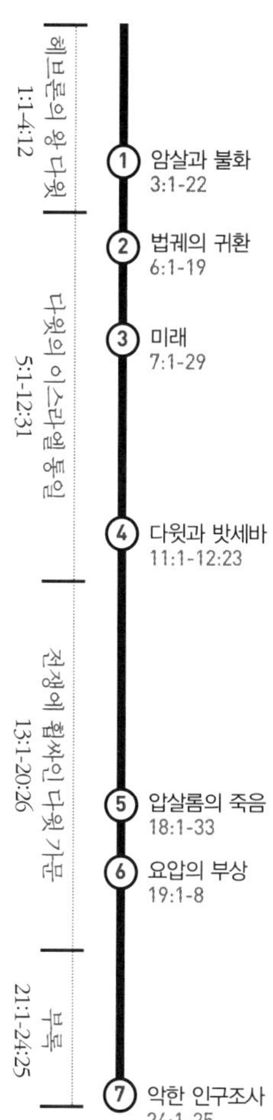

누가, 언제 | 사무엘상의 서론을 참고하라.

무엇을 | 사무엘하는 이스라엘 왕들의 이야기를 다윗의 등극에서부터 다뤄나간다. 다윗 치세의 첫 7년은 내전으로 얼룩졌다. 다윗은 사울의 아들인 이스보셋과 전쟁을 벌이다가 이 갈등을 진정시키면서 왕위에 오른다.

다윗은 이스라엘의 적들을 정복하고, 나라를 작은 제국으로 세워나간다. 다윗의 치세에 영토는 가장 넓어진다. 그는 예루살렘을 수도로 정하고, 언약궤를 제자리에 놓으며 웅장한 성전 건축을 계

한눈에 보는 안내판

저자 미상
유형 역사서
목적 다윗 왕의 통치, 하나님이 주신 성공과 그의 인간적인 실패의 역사
핵심 구절 7:11 "이제 내가 너와 네 자손의 왕위를 영원토록 튼튼하게 해 주겠다."
한 가지만 기억한다면 죄에는 결과가 따른다. 그러나 우리가 간청하면 하나님은 언제나 용서하신다.

한눈에 보는 흐름

다윗 왕의 등극과 법궤의 예루살렘 귀환 5:1-12; 6:1-23
하나님의 약속 7:1-29
다윗과 밧세바 11:1-27
나단이 폭로한 진실 12:1-23
압살롬의 반역 15:1-31
압살롬의 죽음 18:1-33
다윗의 마지막 죄 24:1-25

획한다. 나라가 가장 융성하는 시기를 맞는다.

그러나 사무엘하는 정직하지 않다면 냉정하리만치 별 가치가 없는 책이다. 다윗의 정치적이고 군사적인 승리만을 노래하지만, 그의 개인적인 결점과 실패도 소상히 보도한다. 다윗은 간음을 저질렀고 나아가 살인까지 자행했다. 그의 가정은 근친상간적인 성폭행과 암살과 반역으로 갈가리 찢어졌다.

결론적으로 볼 때, 사무엘하는 어쩌면 나라의 영광이 아니라 개인의 용서를 다루고 있는 책인지도 모른다. 이스라엘의 적들을 퇴패시킨 다윗이지만, 그는 이스라엘의 하나님에 대해 더 많은 것을 발견한다. 그의 가문이 그 땅을 영원히 다스릴 것이라고 약속하심으로써 자기에게 용서를 베풀어주신 하나님을 만나기 때문이다.

헤브론의 왕 다윗 1:1–4:12

사울의 죽음, 2부 사무엘하는 다윗이 사울의 죽음을 애도하는 장면으로 시작한다(1:1–16). 이 장면은 사무엘상 31장 1–13절과 충돌을 일으키는 것처럼 보인다. 사무엘상에서는 사울이 자살을 한다. 본문의 전령은 사울 왕을 죽이면 상이 돌아올 것이라 기대했다. 왜냐하면 사울이 다윗의 원수였기 때문이다. 그러나 그는 처형을 당하고 다윗은 조가를 지어 죽은 사울과 요나단에게 바친다(1:17–27).

사울이 죽음에 따라 다윗은 마음 놓고 왕권을 주장할 수 있었다. 그러나 여전히 반대가 뒤따랐다. 사울의 아들인 이스보셋이 사울의 군대 장관들에 의해 이스라엘의 왕으로 옹립됐다. 다윗은 이스라엘의 남쪽 절반인 유다를 통치하고, 7년 반 동안 헤브론에서 왕노릇한다(2:1–5:3). 지금은 내전 중이다. 가문끼리 칼을 맞대고 맞수들이 서로 으르렁거린다. 다윗의 힘이 커지면서, 군 내부의 알력

평행 구절들 사무엘하 내용의 상당 부분이 역대기상에 나온다

	사무엘하	역대기상
다윗의 아들들 명단	3:2–5	3:1–4
다윗의 이스라엘 통일	5:1–5	11:1–3
다윗의 예루살렘 함락	5:6–12	11:4–9; 14:1–2
예루살렘에서 태어난 다윗의 아들들	5:13–16	14:3–7
블레셋과의 전쟁	5:17–25	14:8–17
예루살렘에 온 언약궤	6:1–19	13:1–4; 15:1–16:3
하나님의 약속	7:1–29	17:1–27
다윗의 전쟁	8:1–18	18:1–17
암몬과 이스라엘의 전쟁	10:1–19	19:1–19
르바임	21:15–22	20:4–8
다윗의 전사들	23:8–39	11:10–47
악한 인구조사	24:1–25	21:1–22:1

은 더 골이 깊어갔다.

① **암살과 불화** 3:1–22 이스보셋은 군부세력으로부터 이내 신뢰를 잃고 만다. 그의 군대 사령관이 다윗에게 투항한다. 그는 후에 다윗의 총사령관이며 일급 참모인 요압에게 암살당한다(3:22–27).

다윗의 이스라엘 통일 5:1–12:31

이스보셋은 암살되고 다윗은 이스라엘 전체의 왕이 된다. 다윗은 그가 걷는 길과 사울이 걷는 길이 어떻게 다른지 보여준다. 다윗은 하나님의 모든 규례를 행하는 사람이 되게 해달라고 간구한다. 여호와께서 블레셋 사람들을 다윗의 손에 부치며 약조하셨고, 다윗은 르바임(5:17–25; 대상 14:8–17)에서 그들을 대파한다.

② 법궤의 귀환 6:1-19 이스라엘의 다른 왕들에 비해 다윗은 하나님 앞에서 수행해야 할 의무를 아주 잘 알고 있었다. 그는 언약궤를 통일된 이스라엘 왕국의 수도인 예루살렘으로 가져올 계획을 세운다.

다윗은 예루살렘을 향해 가는 법궤의 행렬 앞에서 기뻐 덩실덩실 춤을 춘다. 옷은 반쯤 벗겨졌다. 그의 아내 미갈이 춤추는 다윗을 업신여겼다. 그는 남편을 빈정거리고 얕잡아 보며 맞았다. 다윗은 개의치 않았다. 여호와 앞에서는 점잔을 빼며 서 있을 수 없었기 때문이다. 다윗 안에서 솟아나는 어린아이와 같은 기쁨을 알 길 없었던 미갈은 아기를 가질 수 없게 되었다.

③ 미래 7:1-29 법궤가 예루살렘으로 돌아왔다. 다윗은 여호와께 성전을 지어 바치기로 했다. 예언자 나단은 처음에 이 생각을 기뻐했으나, 하나님은 나단에게 전언하셨다. 성전을 세우는 것은 다윗에게 허락된 일이 아니다. 아니, 여호와께는 성전이 필요하지 않다. 오히려 그분은 다윗에게 어마어마한 약속을 주셨다. 다윗과 그의 자손들, 즉 다윗의 집이 미래에도 오래도록 왕이 될 것이다.

이것은 하나님이 인류와 맺으신 또 하나의 언약이다. 이번에는 다윗의 자손과 한정적으로 언약을 맺으신다. 이 언약으로 인해 유대인들은 메시아, 하나님이 택하신 자가 다윗 가문에서 나올 것을 알게 된다. 이 언약의 진정 최종적인 성취는 예수님에게서 발견된다. 예수님은 다윗의 직계 후손이었다.

④ 다윗과 밧세바 11:1-12:23 다윗은 영토 확장에 나선다. 앙숙들을 무찌르고(8:1-13; 10:1-19; 대상 18:1-13; 19:1-19), 이스라엘을 공평과 정의(8:15)로 다스린다. 이 점은 요나단의 장애인 아들 므비보셋을 선처하는 대목에서 이미 입증됐다(9:1-13).

그런데 이 모든 게 곤두박질친다. 왕궁 지붕 위를 걷던(지붕들은 평평했다. 다윗은 등산을 하고 있던 게 아니다) 다윗이 목욕하고 있던 여인을 본다. 그는 군대 장수 중 한 사람의 아내인 밧세바다. 왕은 그와 간통을 했고 밧세바는 임신했다(11:1-5).

다윗은 공황상태를 보인다. 먼저 그는 전선에 나가 있던 우리아를 부른다. 얕은꾀를 써서 그가 밧세바와 동침하도록 애쓴다. 우리아는 거절한다. 자기 부하들이 인간 이하의 불편을 감수하고 있는데, 자신만 편할 수 없다고 한다. 다윗은 그에게 술을 먹인다. 하지만 이 책략도 먹히지 않았다. 마침내 궁지에 몰린 왕은 우리아를 포위 작전에서 가장 위험한 지역에 혼자 남겨놓고 빠져나오라는 명령을 군대에 내린다. 속임수에 빠진 이 남편은 급기야 죽임을 당한다. 누군가가 화살을 날렸겠지만, 피는 다윗의 손에 묻었다(11:6-26).

다윗의 생애에서 가장 절체절명의 순간이 닥쳤다. 골리앗을 향해 달려 나갈 때만큼 절박한 순간이다. 아무도 모른다 하더라도 그분은 아실 것이 틀림없다. 여호와께서는 일어난 일의 전모를 아셨다. 그렇다. 하나님은 아신다. 선지자 나단이 우화를 통해 다윗의 죄를 드러냈다. 다윗은 항변하지 않는다. 우기거나 변명하지도 않는다. 자기 죄를 인정하고 용서를 구하여 용서를 받는다. 다윗의 기도와 금식과 고통에 겨운 탄원에도 불구하고, 아기가 죽는다. 죄는

난해한 주제

| 웃사의 죽음(6:3-8) 다시 한 번 법궤의 위력이 드러났다. 웃사는 법궤가 수레에서 떨어질까 염려하여, 법궤가 움직이지 않도록 법궤에 손을 댔다. "주 하나님이 웃사에게 진노하셔서, 거기에서 그를 치시니, 그가 거기 하나님의 궤 곁에서 죽었다"(6:7).

왜 하나님은 이렇게 하셨을까? 우리는 법궤에 손을 대는 자마다 위험하다는 것을 안다. 맞다. 법궤는 어떤 의미에서는 '위험한 성물'이다. 하지만 이번 경우는 법궤를 잘못 대하거나 우습게 여긴 것이 아니었다. 법궤가 떨어질까봐 잡은 사람이 웃사다. 하나님은 도대체 왜 이렇게 화를 내셨는가?

웃사의 선한 의도와는 달리, 그는 법궤에 손을 대지 말라는 율법을 어겼다(출 25:15; 민 4:5-6, 15). 그러나 이 문제에 대해 단순하게 답할 수는 없다. 여기서 하나님은 융통성이 없고 율법적인 분으로 보인다.

이 이야기에서 얻을 수 있는 유일한 위안이 있다면, 다윗이 하나님을 향해 속상해하고 있다는 것이다. 우리와 마찬가지로 그도 황당했던 것 같다.

궁금증 해소

친자 소송(11:4)

성경은 다윗이 밧세바를 훔쳐보는 그 때에 밧세바가 성결하게 하고 있었다고 기록한다. 그리고 다윗에게로 불려왔을 때 역시 "자신을 부정에서 성결하게 했다"(11:4)고 말한다. 이 말은 밧세바가 막 월경을 마치고 레위기에 나오는 율법(레 15:19-30)에 따라 목욕을 하고 있었다는 말이다. 이 말은 다윗과 밧세바가 동침을 했어도 임신이 될 수 없었다는 뜻이다. 구약성경에서 DNA 검사를 해야 한다면 바로 이 사건에 대해서 해야 할 것이다.

언제나 용서받지만, 동시에 결과를 초래한다(12:1-23).

때가 되어 밧세바는 또 다시 아기를 가진다. 훗날 솔로몬이 되는 그 아기다. 다윗의 뒤를 이어 왕이 되는 아기요 여호와께서 사랑하셔서 특별한 이름으로 불러주시는 아기다(12:24-25).

전쟁에 휩싸인 다윗 가문13:1-20:26

성경에서 얻는 교훈 중 하나는 덕망 있는 부모 밑에서 반드시 바른 자식들이 나오지는 않는다는 것이다. 엘리와 사무엘은 모두 부끄러운 자식들을 슬하에 두었다. 다윗의 가정은 가장 막되먹은 가정으로 손꼽히기에 부족함이 없을 것이다. 다윗의 자식들 중 눈에 띄는 자들을 살펴보았다.

⑤ 압살롬의 죽음 18:1-18 비단 채 같은 숱 많은 머리털을 자랑하던 호남 압살롬은 아버지에게 반역의 칼을 겨눴다. 그는 일종의 PR을 시작했고, 백성들에게 친구며 어려움을 들어주는 사람으로 처신하기 시작했다(15:1-5). 마침내 그는 반역을 일으킬 수 있을 만큼의 세력을 끌어모았고, 다윗은 도망치지 않을 수 없게 됐다. 일족들과 가장 충성스러운 장병 몇 명만을 대동한 채였다(15:13-22). 이 가운데서도 다윗은 분노하기보다는 애통해한다. 그는 법궤를 예루살렘에 놓고 떠나기로 하고, 자신을 모욕하고 왕의 측근에게 돌을 던진 한 노인을 용서한다(16:5-13).

압살롬은 왕궁을 접수한 것으로 만족하지 않고, 아버지의 후궁들을 범함으로써 아버지를 모욕한다. 이것은 한마디로 왕좌를 내놓으라는 행동이다. 정복왕은 선대왕의 후궁들을 '농락'함으로써 그의 힘을 과시했다. 마치 젊은 사자가 포효하는 것과 같은 형국이었다.

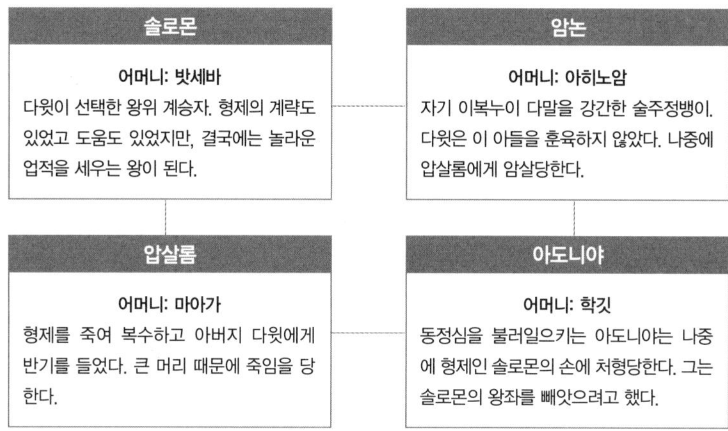

솔로몬
어머니: 밧세바
다윗이 선택한 왕위 계승자. 형제의 계략도 있었고 도움도 있었지만, 결국에는 놀라운 업적을 세우는 왕이 된다.
암논
어머니: 아히노암
자기 이복누이 다말을 강간한 술주정뱅이. 다윗은 이 아들을 훈육하지 않았다. 나중에 압살롬에게 암살당한다.
압살롬
어머니: 마아가
형제를 죽여 복수하고 아버지 다윗에게 반기를 들었다. 큰 머리 때문에 죽임을 당한다.
아도니야
어머니: 학깃
동정심을 불러일으키는 아도니야는 나중에 형제인 솔로몬의 손에 처형당한다. 그는 솔로몬의 왕좌를 빼앗으려고 했다.

마침내 전투가 벌어지고 압살롬의 군대는 패퇴한다. 압살롬은 노새를 타고 탈출하다가, 휘어진 나뭇가지 아래를 지나다 머리가 가지에 걸려 매달린다. 다윗의 군사령관인 요압은 반역 수괴를 발견하고 창으로 찌른다. 압살롬의 큰 머리가 죽음의 실마리가 됐다.

다윗은 아들에 관한 소식을 듣고 슬퍼 어쩔 줄 몰라 한다(18:33-19:8). 요압의 항변을 듣고서 사태를 수습하긴 하지만, 다윗은 이 상처를 평생 가슴에 묻어둔다. 이야기 전체에서 이 일을 도저히 감당할 수 없어 하는 한 노인의 한탄이 그려지고 있다. 그는 할 수 없이 싸우지만, 원수를 죽인다고 조금도 기쁘지 않다. 승리의 함성은 어디에서도 들리지 않는다. 체념과 비탄의 정서만이 가득하다.

⑥ 요압의 부상 19:1-8 다윗은 용서하고 잊으려 하지만, 요압은 완강하고 냉정한 인물이다. 그리고 요압은 이 사건 후로 군대를 효과적으로 장악한다. 그는 아마사를 교활하고도 잔인하게 죽인다. 아마사는 압살롬의 휘하에 있던 인물이다(17:25; 20:7-13). 한편 그는 세바라는 자가 일으킨 반역을 매우 효과적으로 제압한다. 다윗 통치의 말기로 가면서 권력의 핵심으로 등장하는 자는 바로 이 냉

혈 사령관이었다.

부록 21:1-24:25

사무엘하는 몇 가지 소소한 보도들을 소개하면서 막을 내린다.

기브온 사람들의 손에 죽은 사울의 일곱 아들들을 열거하고(21:1-10), 다윗이 어떻게 사울의 유골을 그의 가족묘지에 안장했는지 전한다(21:11-14). 이어 다윗이 지은 두 수의 시가 나온다(22:1-51). 유언이라기보다는 시처럼 보이는 다윗의 마지막 말들도 기록하고 있다. 아무래도 실제로 영면을 앞두고 한 말인 것 같지는 않다(23:1-7).

⑦ 악한 인구조사 24:1-25 마지막에 나오는 이야기 역시 진기하다. 다윗은 인구조사를 실시하기로 한다. 요압은 이를 말리지만 다윗은 고집을 꺾지 않는다. 그래서 인구조사는 실시된다. 하나님은 진노하시고 무서운 질병으로 이스라엘을 치신다. 다윗은 아라우나에 내려가서 타작마당을 사고, 제단을 세운 후 번제를 드린다. 이렇게 할 때에야 역병이 그쳤다.

왜 하나님은 이스라엘에게 진노하셨을까? 왜 그 땅의 백성들 수효를 조사한 이유만으로 다윗을 벌하셨는가?

난해한 주제

| 누가 골리앗을 죽였나?(21:19) 다윗의 장수들을 열거하는 본문을 보면 엘하난이 가드 사람 골리앗을 죽였다고 나온다(21:19). 어떤 사람들은 이 구절만을 잘라내서 골리앗을 진짜 죽인 사람은 엘하난이고, 다윗이 죽였다는 기사는 충성심에서 꾸며진 것에 불과하다고 주장한다.

흥미로운 논쟁이 아닐 수 없다. 다윗의 싸움에 관해서는 상세하게 보도가 된 바 있기 때문이다. 그러나 주류의 기록을 외면하겠다고 하는 것은, 너무 소소한 데 매달리는 꼴이다. 역대기상 20장 4-8절은 사무엘하 21장 15-22절과 똑같은 정보를 담고 있다. 다만 역대기상은 엘하난이 죽인 거인은 골리앗이 아니라 그의 형제인 라흐미라고 한다. 상세한 묘사가 여기에는 빠져 있다.

아마도 이 이야기는 20장 바로 뒤에 나와야 하는 것인지도 모른다. 그러면 하나님이 진노하신 이유는 반역자 압살롬과 세바를 지지하는 사람들에 대한 것이라고 설명이 된다. 그러나 이것도 왜 다윗의 인구조사가 하나님을 화나시게 했는지에 대한 질문에 답을 주지는 않는다.

이스라엘이 아무런 위협에도 처해 있지 않았으므로 다윗이 백성의 수효를 알 필요가 없었다고 주장하는 사람들이 있다. 그는 오로지 자기의 업적을 자랑하려고 했을 뿐이라는 것이다. 숫자를 믿고 이스라엘을 지키시는 하나님의 능력을 의심했을 수도 있다. 아무튼 그는 자기가 저지른 죄를 인정하고 그것을 시인한다. 그는 백성에게가 아니라 자기 집안에 벌을 내려달라고 빈다(24:17).

천사에 관해서도 궁금하다. 다윗이 보기에 이스라엘 백성을 치는 천사가 있었다(24:17). 이집트를 떨게 만든 죽음의 천사와 흡사하다. 낯선 이야기이며 신비롭기까지 하다. 그러나 이야기의 끝으로 가면 재미있는 사실이 나온다. 다윗이 여부스 사람 아라우나에게서 산 타작마당은 예루살렘의 북쪽이다. 그 타작마당은 훗날 성전 터가 된다. 다윗은 이런 식으로 그의 성전을 세운다. 그는 땅을 사고, 미래에 성전이 들어설 곳에 제단을 쌓는다.

ROUTE PLANNER

다윗의 죽음 1:1-2:11

1 왕위 계승 전쟁 1:1-53
2 다윗의 죽음 2:1-12

솔로몬의 통치 2:12-11:43

3 암살 2:13-46
4 성전 5:1-6:38
5 쇠락 11:1-43

분열 12:1-16:34

엘리야 17:1-22:53

6 광야의 엘리야 19:1-18
7 엘리사를 부르심 19:19-21
8 나봇의 포도원 21:1-29
9 아합의 죽음 22:1-40

열왕기상

예언자와 왕들

솔로몬의 치세에서부터 왕국의 붕괴까지 이스라엘과 유다 왕들의 역사를 다룬다. 사무엘상하와 비슷하게 열왕기상하 역시 원래는 한 권이었다. 한 축의 두루마리에 다 담기에 적합하지 않으면 언제나 둘로 나뉜다. 책 전체는 47장으로 돼 있는데, 솔로몬의 즉위(주전 975년)부터 포로생활의 시작(주전 561년)까지를 다룬다.

누가 | 알려져 있지 않다. 그러나 누가 됐건 간에 다양하고 많은 사료들을 가지고 작업을 했고, 신명기와 같은 구약의 책들에 능통한 사람이었다.

언제 | 열왕기는 유대인들이 바벨론에서 포로로 지낼 때 기록됐다. 열왕기는 무엇이 잘못되었던가를 설명하고, 포로로 잡혀 있는 유대인들에게 왜 모든 게 산산조각 났는지 깨닫게 하려고 한다. 이런 이유로 저자는 책 전체를 통해서 왕들에 대해서 냉철한 판단을 내린다. 선한 왕이 있었고 악한 왕이 있었다. 판단 기준은 군사적인

한눈에 보는 안내판

저자 미상
유형 역사서
목적 이스라엘과 유다 왕들의 역사
핵심 구절 18:21 "여러분은 언제까지 양쪽에 다리를 걸치고 머뭇거리고 있을 것입니까? 주님이 하나님이면 주님을 따르고, 바알이 하나님이면 그를 따르십시오."
한 가지만 기억한다면 하나님은 순종하는 자를 기억하신다.

한눈에 보는 흐름

다윗의 죽음 1:1-2:12
솔로몬의 지혜 3:1-28
성전의 건축 5:1-6:14
성전의 봉헌 8:1-66
솔로몬의 어리석음 11:1-13; 41-43
왕국의 분열 12:1-20
아사-선한 왕 15:9-24
엘리야 도입 17:1-24
엘리야 대 바알 18:1-46
엘리야에게 나타나신 하나님 19:1-21

성공이나 외교정책, 교역 확대가 아니라, 하나님을 향해 끝까지 신실했는가이다. 이 책에 나오는 모든 왕은 단 한 가지 단순한 기준에 의해 판단 받는다. 여호와의 계명들에 순종했는가?

무엇을 | 열왕기는 왕조에 관한 책만은 아니다. 질풍노도와 같고 까다롭고, 하나님의 영으로 가득 차 있던 사람들, 즉 예언자들에 관한 책이기도 하다. 때는 바야흐로 예언의 황금기였다. 예언자들은 전에도 있었고 후에도 출현하겠지만, 이 시기에는 엘리야와 엘리사, 이사야, 에스겔, 예레미야, 그 밖의 많은 예언자들이 활약했다. 이들 중 일부는 열왕기에 언급되고, 일부는 이 시기와 연관된 예언서들을 남겼다. 열왕기에는 이들의 용감함과 경건함이 부각된다. 이 사람들은 거룩하고, 영감을 받았으며 대단한 용기를 지닌 사람들로서, 사악함에 맞서고 순종을 몸소 실천하여 본을 보였다. 가난하고 억압 받는 사람들을 돕고, 인정 없고 힘 있다는 사람들을 호되게 꾸짖었다. 세상을 창조하신 분의 말씀을 듣기 원치 않는 세상에서 이들은 하나님을 위해 떨쳐 외쳤다.

다윗의 죽음 1:1–2:11

만년에 다윗은 아비삭이라는 수넴 여자 아이를 곁에 두었다. 다윗의 몸을 덥히기 위해 둔 처녀였다. 인간 전기담요라고나 할까. 다윗은 이 아이와 성관계를 갖지 않았다고 한다(1:4). 일흔 살이나 됐고 기력이 쇠해 죽어가고 있는 즈음이니 놀랄 일도 아니다.

① 왕위 계승 전쟁 1:1–53 위대한 왕이 죽음을 앞두고 있다. 왕의 계승을 위한 암투가 시작된다. 제일 먼저 움직이는 사람은 아도니야다. 그는 요압의 후원을 등에 업고 있다. 그는 '기어오르는 바위'

다윗과 솔로몬의 이스라엘

다윗과 그의 아들 솔로몬 치하에서 이스라엘은 권력과 영향력의 극점에 이른다. 다윗은 전쟁의 성공을 통해서 영토를 확장했다. 그는 암몬(삼하 10:1-14), 에돔(삼하 8:13-14), 모압(삼하 8:2), 시리아의 일부(삼하 8:3-8; 10:15-19)를 복속시켰다.

솔로몬은 군사 지도자는 아니었지만, 외교와 고도의 상업과 교역의 모험을 벌였다.

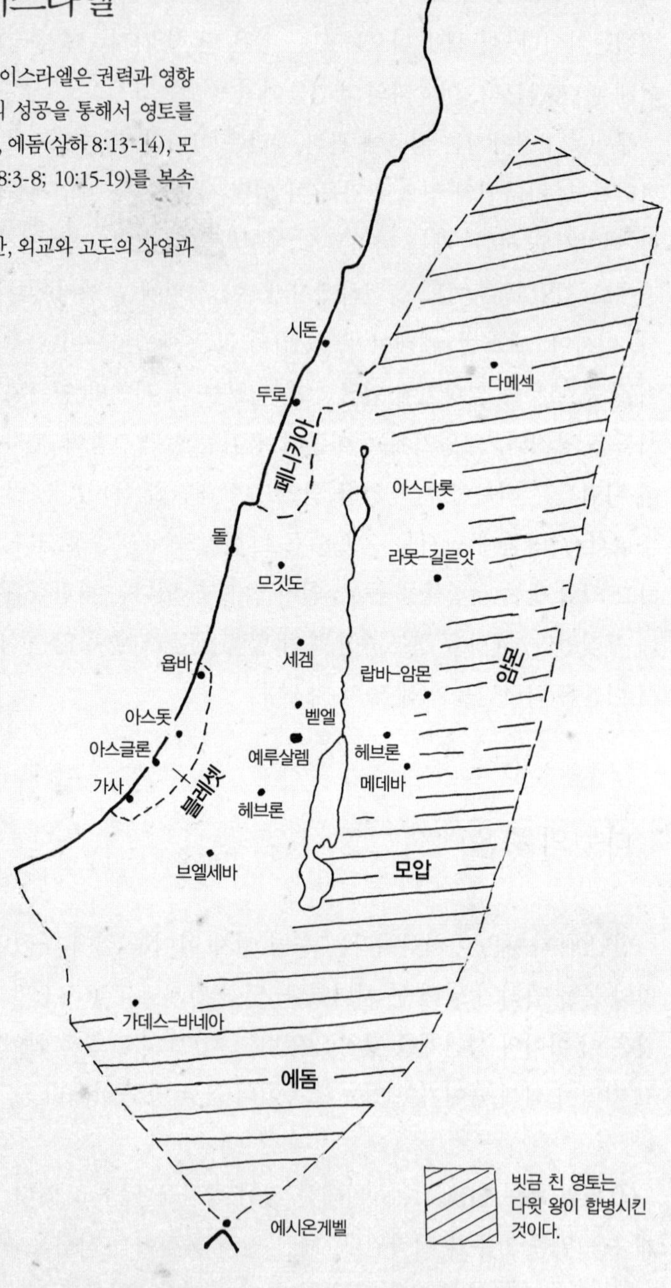

솔로몬의 성전

다윗 왕은 예루살렘을 이스라엘의 수도로 삼고 언약궤를 이 도시에 안치했다. 그는 지하수로로 병사들을 보내 이 도시를 점령했다(삼하 5:6-12). 다윗은 성전을 건축하고 싶어 했지만, 공사는 아들 솔로몬에 이르러서 완공됐다. 성전은 엄청난 건축물이었으나, 주실과 내부의 작은 성소 등 기본 형태는 성막과 똑같았다.

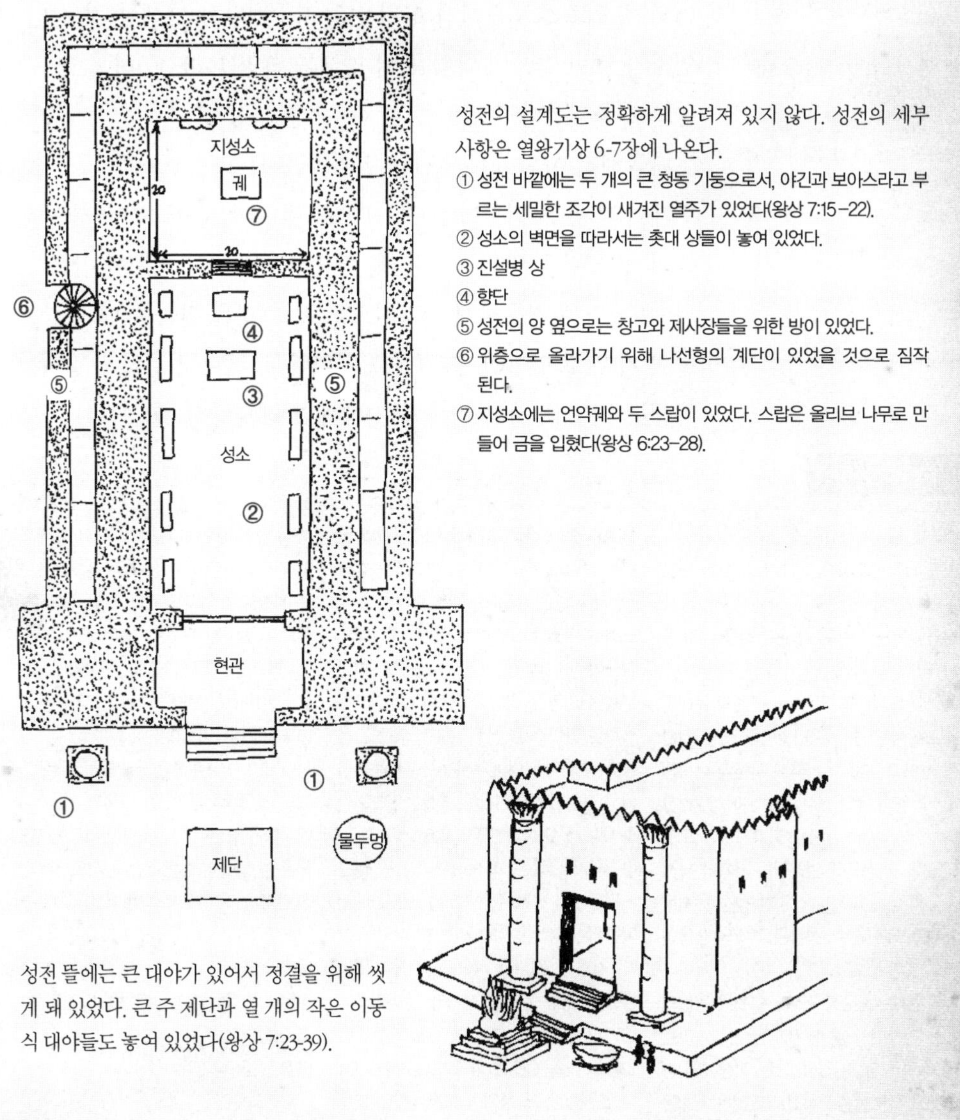

성전의 설계도는 정확하게 알려져 있지 않다. 성전의 세부 사항은 열왕기상 6-7장에 나온다.

① 성전 바깥에는 두 개의 큰 청동 기둥으로서, 야긴과 보아스라고 부르는 세밀한 조각이 새겨진 열주가 있었다(왕상 7:15–22).
② 성소의 벽면을 따라서는 촛대 상들이 놓여 있었다.
③ 진설병 상
④ 향단
⑤ 성전의 양 옆으로는 창고와 제사장들을 위한 방이 있었다.
⑥ 위층으로 올라가기 위해 나선형의 계단이 있었을 것으로 짐작된다.
⑦ 지성소에는 언약궤와 두 스랍이 있었다. 스랍은 올리브 나무로 만들어 금을 입혔다(왕상 6:23–28).

성전 뜰에는 큰 대야가 있어서 정결을 위해 씻게 돼 있었다. 큰 주 제단과 열 개의 작은 이동식 대야들도 놓여 있었다(왕상 7:23-39).

알쏭달쏭

스바의 여왕

Q 스바의 여왕은 누구였나?

A 아무도 확실하게는 모른다. 스바는 아라비아 남서부에 있던 왕국이었던 것 같다. 오늘날의 예멘이다. 부유한 상업국가였다. 해상을 통해 많은 교역을 했다.

Q 그렇다면 일종의 무역협정을 위한 방문이었을지도 모른다.

A 하지만 여왕은 관광을 좀 하고 협약을 맺으려고 온 건 아니었다. 여왕은 솔로몬의 지혜에 대해 많이 들었다. 답을 듣기 위해 여러 질문을 만들어 가지고 왔다.

라는 재미있는 이름이 붙은 곳으로 후원자들을 모이게 해서 번제를 올린다. 그를 왕이라고 부르는 예식이나 다름없었다. 예언자 나단은 밧세바를 다윗에게 보낸다. 다윗에게 무슨 일이 벌어지고 있는지 알리려는 것이다. 기록돼 있지는 않지만 다윗은 통일 이스라엘의 왕으로 솔로몬에게 왕위를 물려주겠다고 맹세한 것 같다. 예언자가 보는 가운데 다윗은 이 맹세를 확인(1:28-36)하고 솔로몬을 왕으로 옹립한다.

다급해진 아도니야는 겁을 집어먹는다. 그는 보호받을 생각으로 번제단의 한쪽 귀퉁이를 잡는다. 고대의 번제단들은 귀퉁이에 짐승의 뿔 모양을 만들어 놓는데, 아도니야는 바로 거기를 잡은 것 같다. 번제단은 거룩하게 여겨졌으므로, 그것을 잡는 어떤 사람도 해를 받지 않고 안전할 수 있다고 믿었다. 그러나 엄밀하게 말해서 이 규례는 사고로 사람을 죽인 자에게만 해당된다(출 21:14). 솔로몬

BRIEF LiVES 약력

| 다윗 왕

가족 사항 _ 이새의 막내아들. 룻과 보아스의 증손자.

직업 _ 목동, 자작곡 가수, 거한을 이긴 용사, 전사, 왕.

생애와 업적 _ 다윗은 이스라엘의 위대한 왕으로 추앙된다. 골리앗이란 거인 전사를 눕히고, 사울의 사후에 서른의 나이에 이스라엘의 왕이 됐다. 헤브론에서 7년간 통치한 후, 예루살렘을 함락시켜 수도로 삼았다. 이 성읍에 언약궤를 가져다 놓았고 하나님께 바치는 장엄한 성전을 지을 계획을 세웠다. 이 성읍은 다윗의 성읍이라고 불릴 정도였다.

지금까지는 승승장구였다. 다윗은 왕들의 전체 기준에서 볼 때 위대한 통치자라는 데 이의를 달 수 없다. 그는 전쟁에서 승리했고 국부를 증진시켰으며 많은 처첩을 거느렸다. 그의 치세에 이스라엘의 국경은 가장 넓게 확장됐다. 나라에는 성공을, 적들에게는 패배를 안겼다.

그러나 다윗을 유명하게 만든 것은 그의 성공이 아니라 인간적인 약점이다. 하나님을 섬기려는 열망에도 불구하고, 그는 후회할 만한 죄들을 저질렀다. 그는 간음을 저질렀다. 우리아, 요압, 시므이의 죽음에 직접적인 책임이 있다. 장남 편애로 가족 내에서 살인과 반역이 일어났다.

다윗의 진면목은 그의 이름이 달린 많은 시편들에서 엿볼 수 있다. 그 시편들에서 이런저런 정서를 띠고 있는 한 사람을 본다. 거룩함, 즐거움, 후회막급, 의기양양, 망설임, 좌절 등 모든 정서가 진솔하게 표현돼 있는 것이다. 다윗을 그토록 특별한 인물로 만드는 것은 바로 이 감정들이다. 이 감정들은 그 행위의 모자람에도 불구하고 진심으로 하나님을 사랑한 한 인간의 기도이기 때문이다. 그렇다. 그는 자신의 감정을 숨기지 않았다. 법궤가 예루살렘으로 들어올 때 옷이 흘러내려도 기쁨에 겨워 춤을 췄다. 아내의 못마땅해 하는 눈길 따위는 아랑곳하지 않았다(아내 외에도 여러 눈길들이 있었겠지).

하나님이 그의 후손들에게 통치권을 주시겠다고 약속하신 이유, 다윗의 가문에서 메시아가 오신 이유가 어쩌면 이것인지도 모른다. 다윗이 용맹스런 용사요 권력을 한 손에 쥔 왕이어서가 아니었다. 그는 진심으로 하나님을 사랑했고 그분의 약속들을 믿었다.

장점 _ 정직하고 용감무쌍하며 열정적이고 신실하다.

단점 _ 인간적이다.

은 아도니야가 합당하게만 행동한다면 해 받을 일이 없을 것이라고 약속했다(1:42-53).

② 다윗의 죽음 2:1-12 다윗의 유언에는 영적인 훈계와 정치적인 복수 지시가 섞여 있다. 그는 솔로몬에게 모세의 율법책에 기록된 대로 하나님의 가르침을 따라라, 여호와께 순종하고 믿음을 지켜라, 몇 명을 살려두지 말라고 유훈을 준다.

제일 먼저 처단해야 할 자는 요압이다. 솔로몬은 "모압이 나이 들어 편안하게 죽지 못하게 하라"는 명령을 받는다. 요압은 혼란한 시대를 틈 타 왕위에 올라보려 했던 것 같다. 그러나 이 이유 때문은 아니었다. 요압은 교전중이 아니었는데도 두 사람을 죽였다. 그는 전사가 아니라 암살자처럼 행동했다. 다른 목표는 시므이였다. 이 얼빠진 늙은이는 마하나임에서 다윗을 모욕했다. 다윗은 번번이 그를 죽이지 않겠다고 다짐했지만, 이 맹세가 그의 아들에게까지 구속력을 갖는 것은 아니었다. 모세 율법은 지도자를 능멸하는 일을 금한다(출 22:28). 아무튼 이 일은 그렇게 큰 문제가 되지는 않는 것 같다. 어떤 면에서 다윗의 유언은 그의 치세의 마지막 혼란기를 요약해 보여준다. 초기의 희망과 영광은 반역과 내전으로 얼룩졌다. 하나님의 영광스러운 약속은 너무나 인간적인 야욕의 그림자로 뒤덮였다. 이렇게 다윗은 죽고 예루살렘에 장사된다. 이 성읍은 이후로는 다윗의 성읍이라 불린다.

솔로몬의 통치 2:12-11:43

③ 암살 2:13-46 아도니야는 제압됐다. 그러나 그가 아주 포기한 것은 아니다. 그의 책략은 이번에는 아비삭이라는 젊고 아리따운

성경에는 안 나온다

솔로몬의 지혜

사실 성경은 솔로몬의 지혜에 대해서 말한다. 하지만 그의 지혜와 더불어 뭐랄까 대단한 어리석음이라 할 만한 것에 대해서도 말한다. 솔로몬은 정말 위험한 부류, 아주 똑똑한 멍청이였다.

그를 가리켜 세상에서 가장 똑똑한 사람이었다고 한다(4:29-34). 전 세계에서 몰려든 사람들이 그의 가르침을 듣고자 했다. 그는 우리에게 잠언과 시편을 남겼다. 현자의 말씀과 빛나는 통찰력도 끼쳤다. 그의 지혜에는 영민함이 깃들어 있었다. 두 어머니 사이의 유명한 재판 등 문제들을 풀어낸 것도 그의 영민한 지혜 때문이었고, 당면한 정치적인 과제들도 그 지혜 앞에서 풀렸다. 그의 영도로 이스라엘 통일 왕국은 번영에 번영을 거듭했다(4:20-27).

그러나 정말 이상하게도 이 모든 지혜가 그의 어리석기 짝이 없는 기행을 막지 못했다. 통치 후반기로 가면서 그는 이방 신들을 섬겼다. 그는 왕국의 절반을 너무 혹독하게 통치한 나머지, 그의 사후에는 반란이 일어나 나라가 갈린다. 백성들은 솔로몬이 성전을 짓는 데 강제 노역을 시켰다고 불평한다. 솔로몬 왕국의 영광이 나중에는 나라의 몰락을 재촉하는 계기가 된다(12:4). 다른 것들과 함께 솔로몬의 정책은 왕국의 쇠퇴를 부추긴다.

솔로몬의 삶에서 배우는 교훈은 이것이다. 하나님께 순종하고 그의 계명에 충실한 삶이 가장 지혜로운 길이다. 솔로몬은 모든 것을 손에 쥐었지만, 그것을 죄다 내버렸다.

몸 덥히는 처녀를 도구로 삼는다. 그는 이 여자에게 청혼을 한다. 그러나 보이는 것처럼 그의 요청은 순수하지 않다. 왕의 아내나 첩들을 아내로 삼는 것은 권좌에 오를 자격이 있다는 말과 다를 바 없다(압살롬이 아버지의 첩들과 잠자리를 함께 한 이유가 바로 이것이었다). 아도니야는 자기 입장을 강화하려고 했다.

솔로몬은 아도니야가 있는 한 왕좌가 온전치 못할 것을 알았다. 솔로몬은 그를 죽인다. 이제 다른 모략이 꾸며진다. 제사장 아비아달은 파직되고(2:26-27), 요압은 제거된다. 요압은 제단 뿔을 잡지만, 솔로몬의 새로운 '오른팔' 브나야에 의해 끌려간다.

마지막으로 시므이의 운명을 보자. 솔로몬은 처음에는 지역을 떠나지 말라는 금령과 함께 은전을 베푼다. 시므이가 잠재적인 위협 세력이기에 사울의 살아 있는 가솔들과 연계하여 공모를 꾸미게 놔둘 수 없었다. 시므이는 명령을 지키지만, 나중에는 노비들을 되찾아오기 위해 경계선을 넘는다. 그것이 마지막이었다. 한 번 더 브나야가 일어서고 다윗의 마지막 원수는 사라진다(2:36-46).

④ 성전 5:1-6:38; 대하 2:1-16 예루살렘에 성전을 건축하는 아버지의 소원을 성취하는 일만이 남았다. 수많은 일꾼들, 엄청난 양의 석재와 진귀한 금속들, 귀한 목재들이 들어갔다. 완공되는 데 7년이 걸렸다. 성전을 지은 후에는 자신을 위해 새로운 왕궁을 13년 걸려 짓는다(7:1-12). 당시 최고의 공예가인 두로 사람 히람이 건물의 완공을 위해 온다(7:13-51; 대하 3:15-17; 4:1-5:1).

마지막으로 법궤가 안치된다. 모세의 시대에 그랬던 것처럼 구름이 성전을 가득히 채운다(8:1-12). 구름을 뚫고 나오는 빛은 너무나 밝아서 제사장들이 자리를 떠야 했다. 솔로몬은 긴 설교를 통해서 하나님이 성전을 보셔서 그분의 백성들을 지켜주시고, 공의를 행하시며 그들의 기도를 들어달라고 간청한다. 성전은 비단 이

중요한 개념

이스라엘과 유다

솔로몬이 죽자 왕국은 이스라엘과 유다, 이렇게 둘로 찢어진다. 솔로몬의 통치는 분열을 빚어낸 여러 요소들 가운데 하나였을 뿐이다. 여러 면에서 남북 이스라엘의 '갈라짐'은 가나안 정복 때부터 예견됐던 일이다. 분열에는 몇 가지 요인이 있었다.

- 유다 지파는 나라의 북쪽 지역에 사는 지파들과 언제나 느슨한 관계만을 가지고 있었다. 유다 출신의 유일한 사사는 거의 무명에 가까운 옷니엘이다. 유다는 당시의 크고 작은 분쟁들에는 끼어들지 않았다.
- 이스라엘의 허리 부분에는 완전히 정복하지 못한 가나안 도시들이 있었다. 이 점 때문에 유다는 중심 부족이 되지 못했다. 의사소통에 장애 요소가 없었음에도 불구하고, 약속의 땅에는 처음부터 어느 정도는 분열의 조짐이 있었던 것이다.
- 숱한 사사들을 배출한 북이스라엘 입장에서 유다 지파의 지도자인 다윗과 솔로몬을 인정한다는 것은 쉽지 않았다. 게다가 솔로몬은 부당한 세금, 강제 노역, 과도한 소비 등의 통치 행태로 이스라엘 사람들의 마음을 더 멀어지게 했다.
- 두 지역은 문화적으로 달랐다. 삶의 방식도 달랐다. 그들이 자리 잡고 사는 환경 때문이다.

이스라엘의 이 두 절반 사이에 끼어 있는 '거리'는 극복하기 어려웠다. 어떤 학자들은 다윗과 솔로몬의 통치 아래서조차 이 둘은 서로를 분리된 정치 체제로 봤다고 한다. 영국의 일부이긴 하나 스코틀랜드나 웨일즈의 입장이었던 것이다. 다윗의 통치를 받을 때 북이스라엘의 지파들은 두 번이나 반역을 일으켰다. 여러 면에서 분열은 예정된 수순이었다. 물론 솔로몬이 잘했다는 것은 아니다.

스라엘 백성만을 위함이 아니라 세계 곳곳의 하나님을 두려워하는 백성들을 위한 곳이다. 솔로몬은 다른 무엇보다도 그들의 죄를 용서하시고 도움을 찾아 부르짖을 때 들어주시라고 여호와께 빈다(8:14-61). 낙성식에는 전국에서 올라온 백성들이 모였다(8:62-66). 성전 낙성식은 장막절, 이스라엘이 광야에서 유랑할 때 하나님의 보호를 입은 것을 기념하는 절기에 치러졌다. 그들은 이제야 집에 당도한 것이다(대하 5:2-7:10).

⑤ 쇠락 11:1-43 마지막에 왕국은 산산조각이 난다. 하나님이 성전에 임하시고, 친히 약속하시며 행하신 일들을 생각하면, 솔로몬이 끝까지 신실함을 잃지 말아야 한다. 그러나 그는 반대였다.

몇 가지 이유들이 있다. 솔로몬은 무려 천 명의 여인들과 결혼했다. 이 결혼의 대부분은 순전히 외교적인 것이었다. 크고 작은 나라들과 맺은 조약의 실효성을 위해 취한 조치였다. 그렇다 하더라도 너무 많은 숫자다. 이뿐 아니다. 신명기 17장 17절은 왕이 너무 많은 처첩들을 거느리는 것을 분명히 만류하고 있다. 일부다처제였지만, 너무 과했다.

솔로몬이 나이 들어가면서 '정략적인 혼인'이 재앙을 일으켰다. 솔로몬은 지혜가 출중했지만 발을 헛딛고 이방신들을 예배하기 시작한다. 그는 "암몬 사람들의 가증스러운 신"(11:5)인 아세라와 밀곰을 예배한다. 그의 적들은 세력을 규합하고, 그의 신하들은 반역을 도모하기 시작한다(11:14-40). 신하 중 한 명인 여로보암이 하나님의 전언을 받는다. 그가 이스라엘 열 지파의 지도자가 될 것이다.

솔로몬의 약속들은 조금씩 퇴색되었고, 하나님의 약속은 상실됐다. 하나님은 이스라엘의 통일왕국이 그의 아들 대에 이르러 더 이상 서지 못할 것이라 말씀하셨다. 통일 왕국에 대한 다윗 가문의 통치는 두 세대밖에는 지속되지 못한다.

유다의 영토는 원래 유다와 베냐민에게 할당된 땅 주변이다. 이스라엘의 영토는 나머지 열 지파들의 땅으로 이뤄져 있다. 처음부터 이스라엘은 언제나 정정(政情)이 불안했다. 쿠데타, 피 비린내 나는 불화, 암살과 단명한(게다가 사악하기 그지없는) 왕들, 왕좌를 노리는 배다른 왕족들의 암투가 이스라엘의 특징이었다. 여기에 비해서 다윗 왕조는 왕통이 잘 이어졌다. 하지만 유다 왕국이 끔찍한 왕정에 대한 책임을 완전히 피할 수 없다는 말은 꼭 덧붙여야 한다.

유다의 수도는 다윗의 성읍 예루살렘이다. 예루살렘에는 성전과 왕궁이 있었다. 이스라엘의 초대 수도는 벧엘이었다가 나중에는 사마리아로 정해진다. 두 왕조 중에서 유다가 지정학적으로 좀 더 유리했다. 당시의 주적인 앗시리아가 유다를 치기 위해서는 이스라엘을 통과해야만 했기 때문이다. 유다는 이스라엘을 일종의 완충지대로 사용했다.

그러나 이스라엘이 두 나라 중에서 더 부유했다. 특히 왕국 분열 4년 후 이집트의 시삭이 예루살렘에 집중돼 있던 솔로몬의 부를 탈취해간 후로 격차가 커졌다. 상대적으로 융성하고 안정된 기간도 있었지만 두 왕국 모두 허약했다. 그리고 결과는 똑같았다. 힘을 합쳤다면 그들은 설 수 있었을 것이다. 그러나 그들은 분열돼 몰락하고 말았다.

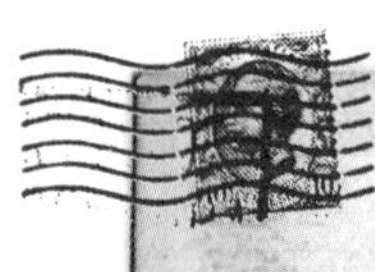

POST CARD

예루살렘에 오신 걸 환영합니다!

요즘에는 유다라고 불리는 언덕에 우뚝 솟은 이 오래된 도시는 최근까지도 여부스 사람들이 사는 곳이었어. 이 사람들은 가나안 족속인데 이 성읍을 '여부스'라고 하고 거기 있는 숲을 '시온'이라고 했어.

하지만 다윗 왕이 정복한 이후 새로운 궁전이 세워졌고, 예루살렘이라 불리는 이 성읍은 새롭게 통일된 이스라엘 왕국의 수도가 된 거야. 이 도시는 왕권의 상징만이 아니라 종교의 중심이기도 해. 다윗 왕은 예루살렘으로 법궤를 옮겨왔고 장엄한 새 성전을 건축할 허락(하나님께)을 구하지.

성읍이 높은 언덕 위에 세워졌기 때문에 물의 공급이 문제였어. 하지만 지하 터널이라는 기막힌 방법을 통해서 물을 공급했어. 방문객들은 물을 끓여먹는 편이 나을 거야. 특히 지하 수도를 통해 침입하는 적군이 있을 때는 말이야.

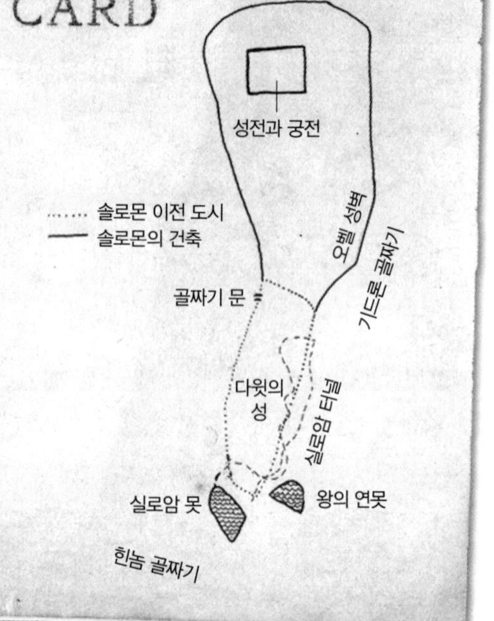

분열 12:1-16; 대하 10:1-19

지혜는 유전이 아니다. 솔로몬의 아들이자 후계자는 아버지의 영민함을 닮은 구석이라곤 조금도 없었다. 지파에서 그의 아버지보다 자기들을 더 잘 대해주겠냐고 물었을 때, 더 무거운 짐을 얹겠다고 대답했다. 자기가 터프 가이라도 되는 양 생각한 것 같다. 그의 어리석음 때문에 왕국이 갈라졌다. 열 지파가 반역을 했고 나라는 두 쪽이 났다. 북 이스라엘과 남 유다로 갈린 것이다. 그는 잠시 반역 진압을 꾀하나, 예언자 스마야가 나서서 내전을 반대한다(12:21-24; 대하 11:1-4).

분열 왕국: 이스라엘과 유다

이스라엘의 수도는 처음에는 벧엘이었고, 다음에 사마리아였다. 두 나라 사이를 더욱 어지럽힌 것은 궁중 암투, 유혈반목, 암살, 악한 왕들 등이다. 많은 왕가가 나타나 왕위를 차지했다.

유다의 영토는 원래 유다와 베냐민에게 할당된 땅 주변이다. 유다의 수도는 성전과 왕궁이 있는 다윗의 성읍 예루살렘이다. 유다의 왕들은 모두 다윗 왕가에서 나왔다(비록 그들 대부분이 철저히 악했지만). 유다는 이스라엘보다 가난했다. 왕국이 분열된 후 4년 만에 애굽의 시삭이 쳐들어와 솔로몬이 예루살렘에 쌓아둔 부를 탈취해 갔기 때문이다.

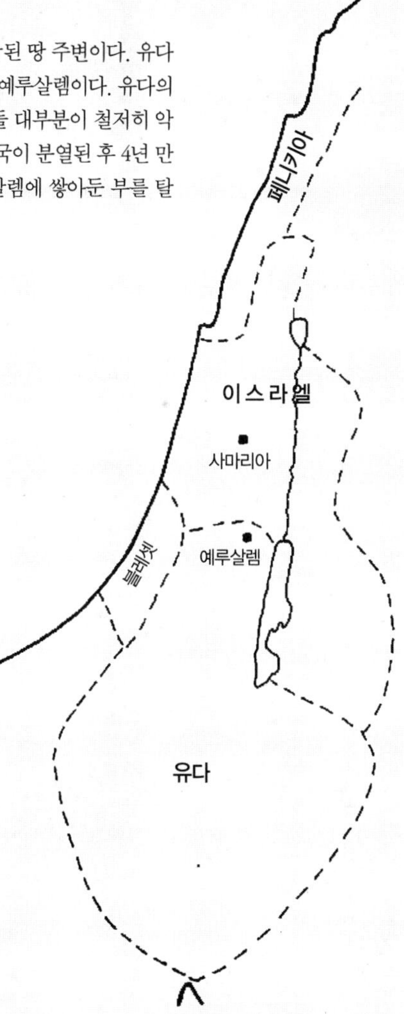

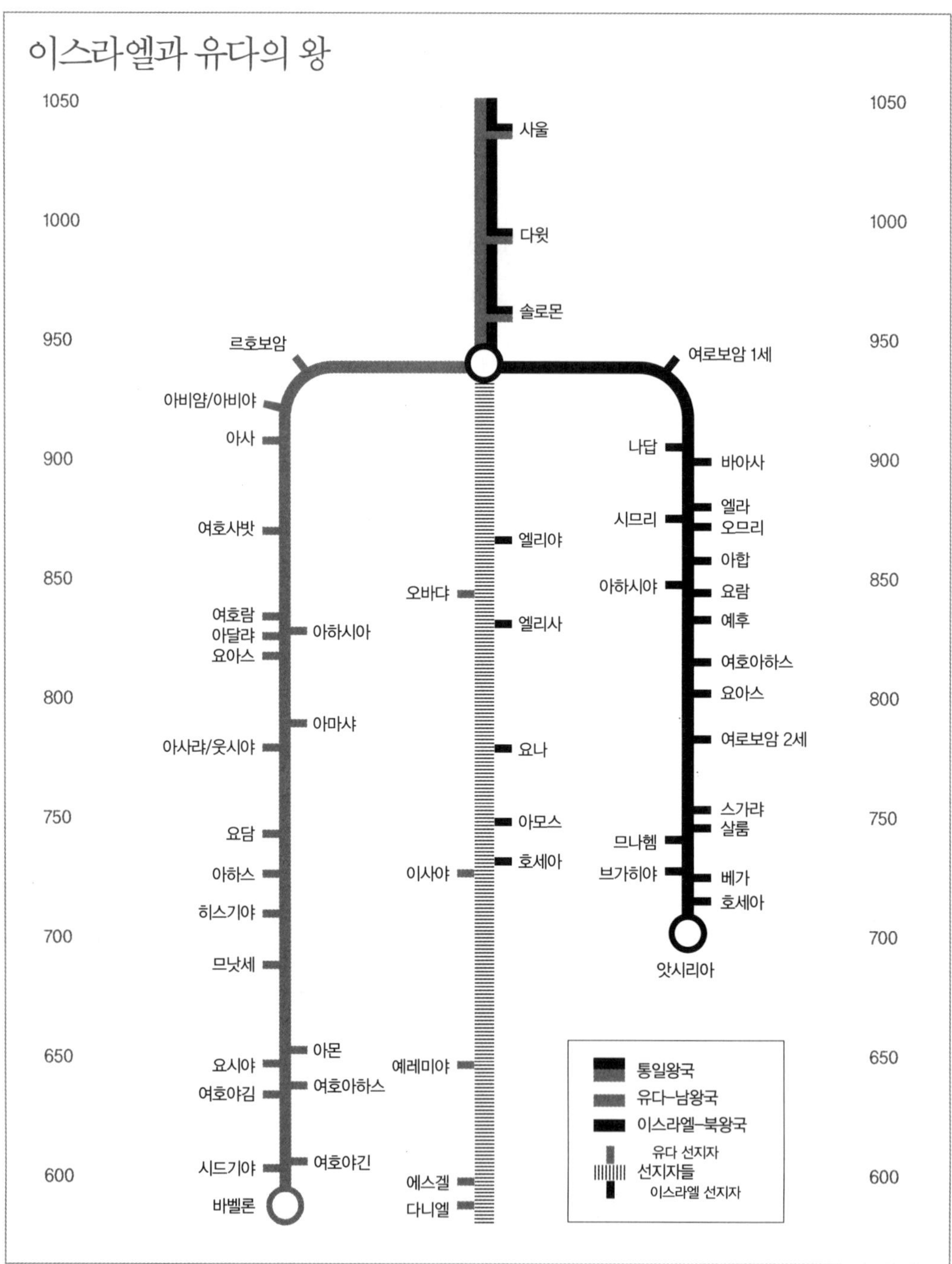
이스라엘과 유다의 왕
1050
1000
950
900
850
800
750
700
650
600
사울
다윗
솔로몬
르호보암
여로보암 1세
아비얌/아비야
아사
여호사밧
여호람
아달랴
아하시야
요아스
아마샤
아사랴/웃시야
요담
아하스
히스기야
므낫세
아몬
요시야
여호아하스
여호야김
여호야긴
시드기야
바벨론
엘리야
오바댜
엘리사
요나
아모스
호세아
이사야
예레미야
에스겔
다니엘
나답
바아사
엘라
시므리
오므리
아합
아하시야
요람
예후
여호아하스
요아스
여로보암 2세
스가랴
살룸
므나헴
브가히야
베가
호세아
앗시리아
통일왕국
유다–남왕국
이스라엘–북왕국
유다 선지자
선지자들
이스라엘 선지자

이스라엘과 유다의 왕

르호보암 12:1-24; 14:21-31; 대하 10-12 르호보암은 17년을 다스렸다. 그는 여로보암의 우상숭배를 피해 남왕국으로 망명한 많은 제사장들과 레위인들을 통치 기반으로 삼았다(대하 11:13-17). 하지만 그들은 실망하지 않을 수 없었다. 르호보암도 아세라 상을 세우고 성전에서의 혼음을 눈감아줬다. 그는 영토 중 몇몇 성읍들을 요새화했다(대하 11:5-12). 아마도 이집트의 공격을 방어하려는 까닭에서였을 것이다. 하지만 이 요새들은 무용지물이었다. 이집트 바로 시삭은 멀리 돌아 예루살렘으로 침공을 감행하고 성전을 노략했다. 솔로몬이 입혀 놓은 값진 청동과 금은 다 벗겨졌다.

여로보암 12:25-14:20 하나님이 여로보암을 세우시긴 했지만, 그는 하나님께 순종하지 않았다. 그는 제단들을 축조하고 우상들을 세웠다. 예루살렘에 버금가는 예배의 중심을 만들겠다는 야심에서 나온 행동이었다. 그러나 성전과는 달리 백성들은 벧엘과 단에서 금송아지 상을 세우고 숭배했다는 게 문제다(12:25-33). 원하는 사람은 누구나 제사장이 될 수 있었다(13:33).

예언자들은 그의 행실을 날카롭게 지적했다. 그러나 왕은 예언자들을 벌레 보듯 했다. 그러나 왕세자가 아프자, 아내에게 변장을 하고 자기에게 기름 부은 예언자 아히야를 만나보라고 한다. 하지만 예언자를 속일 수는 없는 법이다. 그가 진짜 예언자라면 그렇다. 아히야는 그 여인에게 소름 끼치는 메시지를 전한다. 남편의 모든 식구들이 도륙을 당할 것이다(14:1-18).

아비얌/아비야 15:1-8; 대하 13:1-22 열왕기는 아비얌이라 하고 역대기는 아비야라고 한다. 열왕기에서 그는 아버지와 다름없는 죄인으로 그려진다. 그러나 역대기는 그를 약간 긍정적인 시각에서 소개한다. 그가 이스라엘의 지파들로부터 구해달라고 하나님께 기도했다는 것이다. 르호보암처럼 그 역시 선과 악의 혼합물이었던 것 같다.

아사 15:9-24; 대하 14:1-16:14 아사는 처음 10년은 예언자 아사랴의 후원을 업고 평화롭고 풍요로운 종교개혁을 일으킨다. 그는 조상들이 세운 우상들을 비롯하여 성전의 남창 등 오랜 악행들을 깡그리 쓸어버린다(15:12-13). 심지어는 모후인 마아가에게도 벌을 내린다. 아사는 에티오피아의 침공 기도를 분쇄한다(대하 14:9-15). 성전을 재봉헌하면서 700마리 황소와 7,000마리 양을 기념제에서 바친다. 그의 생애에 유일한 오점이 있다면 이스라엘 왕 바아사로부터 자신을 지키기 위해 시리아와 동맹을 맺은 것이다. 예언자 하나니는 이 조약을 신랄하게 비난했다. 왕이 여호와 하나님을 의지하지 않았기 때문이다(대하 16:1-10). 왕은 불같이 화를 냈고 예언자를 투옥시켰다. 그도 발에 병이 났다(15:23).

나답 15:25-32 왕위에 오른 지 불과 두 해 만에 가문의 모든 사람들을 죽여야 했다. 열왕기는 그가 아버지가 저지른 죄의 연고로 이런 일을 했다고 하지만 그 역시 악한 왕이라고 지적한다. 그는 암살당하고 다른 왕이 뒤를 잇는다.

바아사 15:33-16:7 바아사는 그 이름에 어울리게 병사였다. 나답을 죽인 후 유다 왕국의 아사 왕과 긴 반목에 들어간다. 예언자 예후가 그와 그의 가문을 정죄한다. 그럼에도 24년간이나 다스린다. 그의 가문은 시므리의 손에 목숨을 잃는다.

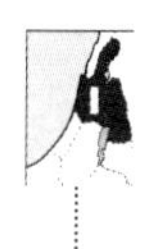

엘라 16:8-14 바아사의 아들로 악한 왕이었다. 하지만 공정하게 말하자면 그렇게 악할 기회조차도 없었다. 두 해를 다스리고 나서 그의 마병 사령관인 시므리에게 잡혀 죽는다. 그때 그는 궁내대신의 집에서 취해 있었다. 당시 정치라는 건 이 정도로 요지경이었다.

시므리 16:15-20 일주일간 왕위에 있었다. 시므리는 엘라를 암살하고 일주일 뒤에는 왕궁에 난 불 때문에 죽는다(16:18). 시므리는 살생부를 손에 쥠으로써 왕이 될 수 있었다. 시므리가 스스로 왕이 됐다는 소식을 접한 군대는 오므리에게 대신 왕관을 씌운다. 오므리는 디르사로 진격하여 성을 에워싼다. 시므리는 포위된 것을 알았다. 나머지 이야기는 역사가 안다. 아니 정확하게 말하면 방화범이 안다. 그는 반역 수괴의 대명사가 되었다(왕하 9:31).

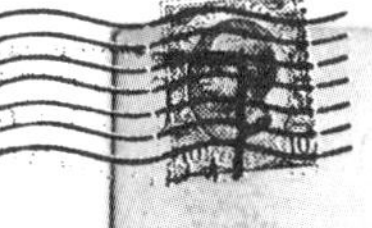

POST CARD

사마리아에 오신 걸 환영합니다!

북왕국의 수도인 사마리아는 해발 100미터가 넘는 곳에 자리 잡고 있어. 여기서 보면 주요 교역로들이 훤하게 내려다 보이지. 짓는 데 6년 걸린 성은 오므리 왕이 세웠지. 오므리 왕은 원래 이 땅을 사서 개발하려고 은 두 달란트를 들였어.

관광객들의 눈길을 끄는 것들은 많지. 다메섹에서 온 상인들로 붐비는 시장 거리, 아합 왕이 지은 상아궁, 어떤 왕이 권력을 잡느냐에 따라 여호와 예배에 쓰이기도, 그렇지 않기도 했던 성전이 볼 만하지.

도시가 워낙 언덕 위에 있었기 때문에 천혜의 요새였어. 사마리아에서 제일 인기 있는 소일거리 하나는, 전투가 벌어지면 넓게 펼쳐진 평원을 바라보면서, 어느 침략군이 쳐들어오는지 지켜보는 거야.

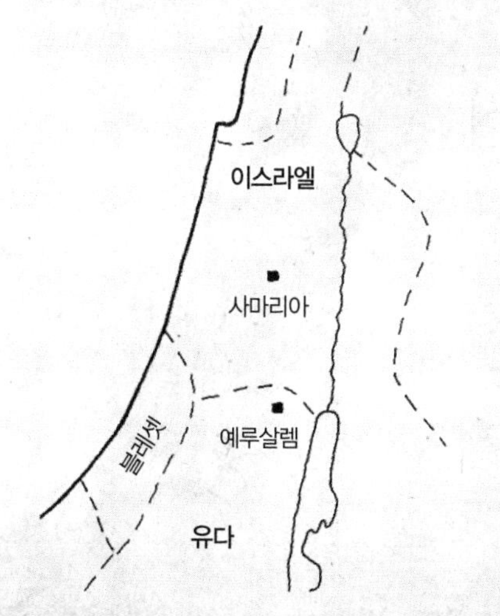

오므리 16:21-28 성경에는 단 몇 줄에 기록될 뿐이지만, 그는 이스라엘의 왕들 가운데서 가장 중요한 인물 중 하나다. 그리고 몇 건의 고고학적인 증거들이 외교문서 형태로 남아 그의 활동들을 증명한다. 오므리는 시므리를 잠재우고 디브니를 상대로 내전을 벌인다. 그는 왕권의 강력한 경쟁자였다. 그는 사마리아를 수도로 정했다.

엘리야17:1-22:53

아합 16:29-22:40 기민함과 처량한 연약함을 동시에 지닌 인물인 아합의 통치는 상당히 중요하다. 그의 치세는 거물 선지자 엘리야의 활동 배경이 된다. 외교전략을 놓고 말하자면 그는 상당히 뛰어났다. 유다 왕 여호사밧과 화친을 맺었고, 당시 뛰어난 상업국가였던 페니키아와 동맹을 맺었다. 그는 두로 왕 엣바알의 딸과 혼인함으로써 이 동맹을 확고하게 했다. 그 공주가 이세벨이다.

외교정책은 A+였지만, 종교정책은 F-였다. 아합의 우상숭배는 그의 선임자들을 완전 무색하게 만든다. 여기에는 페니키아인 아내의 역할이 컸다. 아합으로 인해 바알 숭배의 새 시대가 열렸다. 한편으로는 하나님의 율법에 대해서 의례적인 존경을 표하면서도, 사마리아를 바알에게 바치는 신전을 세웠다. 사실 그는 두 종교를 하나로 통합하려고 했다. 왕비는 이 일을 부추겼다. 왕비는 바알 숭배에 관한 한 전도자적인 열심, 아니 안 믿으려면 칼을 받으라는 식의 광기와, 치통 걸린 하마와 같은 성정을 지닌 사람이었다. 이세벨은 하나님의 제단들을 조직적으로 파괴했다. 진정한 신자들을 박해했고 예언자들을 죽였다. 아합은 왕비의 극성에 찬동하지 않았는지도 모른다. 그러나 그를 만류하기엔 너무 심약했다.

오바댜 18:3–16 무명의 영웅이 있으니 그 이름은 오바댜다. 그는 어떻게 보면 고대판 오스카 쉰들러다. 목숨을 살리기 위해 예언자들을 동굴에 숨겼다(18:4). 그는 하나님을 경외하는 궁정 관리로, 엘리야의 메시지를 아합에게 전하곤 했다. 왕이 어떤 반응을 할지 두려웠지만, 오바댜는 자신의 의무를 다한다. 그 결과 갈멜 산에서 바알이 대대적으로 참패하는 일이 벌어진다.

⑥ 광야의 엘리야 19:1–18 아끼는 예언자들이 갈멜 산에서 떼죽음을 당하자 이세벨은 거의 실성한다. 그는 엘리야를 죽이겠다고 위협한다. 목숨을 잃을까 겁이 난 엘리야는 광야로 달려 나간다. 잔뜩

BRIEF LiVES 약력

| 엘리야

가족 사항 _ 알려져 있지 않음. 디셉 출신. 하지만 디셉이 어디인지 알 길 없어 별로 도움이 되지 않는다.

직업 _ 예언자.

생애와 업적 _ 엘리야라는 이름은 '여호와가 나의 주님이시다'라는 뜻이다. 이 이름은 그가 아합과 이세벨과 이스라엘 백성에게 전한 메시지의 골자이기도 하다. 그는 평생 다툰다. 정의와 사랑의 하나님과 악의 힘 사이에서 벌어지는 싸움이다. 엘리야가 취하는 행동들은 하나님의 권능과 임재를 계속해서 보여주는 시위와 같다. 여기에는 공허하고 실효가 없는 바알 예배에 대한 은근한 정죄가 담겨 있다. 그가 바친 단순한 기도와, 광란에 가깝게 안달하며 자해하는 바알 선지자들은 충격적으로 대비된다(18:16–40). 아합이 그를 피한 것은 무리가 아니다. 엘리야는 왕국의 죄와 실패를 떠오르게 하는 산 증인이었다.

그는 여러 역할을 했다.

산 증인 _ 해괴한 옷과 거친 외모의 엘리야는 이스라엘에게 그들이 진정한 신앙을 저버렸음을 상기시키는 인물이었다. 엘리야는 모세의 영적 계승자로, 그의 생애에 일어난 몇 가지 일들이 직관된다. 그는 광야에서 시간을 보냈다. 모세가 시내 산에서 보내는 것과 똑같이 그도 40일을 보낸다. 그도 산 위에서 하나님을 "보았다." 그 혼자만이 지고한 신앙을 간직하고 있었다.

대사 _ 이 나라에 엘리야가 있다는 것은 하나님이 임재하신다는 표다. 그가 그릿 시냇가에 가서 살게 됐다는 말은, 하나님이 이스라엘을 떠나셨다는 뜻이다. 그가 행한 기적의 대부분이 이스라엘 밖에서 일어났다. 하나님이 다른 민족을 우호하신다는 뜻이었다.

전사 _ 엘리야는 갈멜 산에서 벌인 일을 통해서 바알 선지자들에게 모욕을 준다. 그들이 불을 타오르게 하지 못하자, 엘리야는 그들의 신이 산책을 나갔거나 혹 화장실에 갔을 수도 있다고 희롱한다(18:27). 그는 여호와를 위해 싸우는 과감한 전사였다.

기적사 _ 엘리야는 여러 기적들을 통해서 하나님의 권능을 나타낸다. 가장 장관인 것이, 사렙다 과부의 죽은 아들을 일으킨 것이 아닐까. 성경에서 죽은 사람이 살아나는 첫 경우로 기록되어 있다(17:7–24). 이런 점들에도 불구하고 엘리야는 쉽게 의기소침하고 두려움에 사로잡혔다. 적들에게 둘러싸이면 목숨을 구하기 위해 도망치길 허다하게 했다. 때로는 아무리 최선을 다해도 소용없다고 생각하기도 했다. 엘리야는 생의 마지막에도 죽지 않는다. 하나님이 그를 소환하러 오신다. 이 괴상하고 털북숭이 같은 디셉 사람보다 하나님과 더 가까운 관계에 있던 사람도 그리 많지 않다.

성품 _ 성마르다. 열정적이다. 용기가 있다. 때로는 팔을 늘어뜨리고 겁에 질린다.

장점 _ 격렬한 반대에 맞서서 하나님을 섬겼다. 고기 구울 불을 쉽게 피웠다.

단점 _ 자기 원망을 자주 하고 두려움에 떨기도 했다.

겁을 먹고 고립된 그는 하나님에게 죽여달라고 애원한다. 다시 한 번 하나님은 그에게 기적을 베풀어주셨다. 이번에는 천사가 이 일을 맡았다. 음식을 먹고 기운을 차린 그는 40일을 걸어 시내 산에 당도한다.

무엇을 암시하는지 훤히 보인다. 엘리야는 개인적으로 출애굽을 한 것이다. 40일은 이스라엘 백성이 광야에서 보낸 40년, 모세가 시내 산에서 보낸 40일을 연상시킨다(출 34:28). 그리고 장차 '광야'에서 40일간 금식(마 4:2)하신 예수님의 모습과도 닮아 있다. 여호와께서 엘리야에게 "왜 여기 있느냐?"고 물으셨다. 이 여행이 하나님의 인도이기도 하지만 엘리야의 불안한 정서와도 무관치 않음을 암시하는 질문이다. 엘리야는 생뚱맞게 대답한다. 자기는 최선을 다했으나 턱도 없이 부족하다는 것이다. 예언자는 죄다 죽임 당했고, 백성들의 마음은 떠나갔다. 대대적으로 승리를 자축해야 할 시간이나, 그는 완전히 풀이 죽었다. 혼자 죽을까봐 덜덜 떨고 있다. 모세에게도 그러셨지만, 하나님은 그의 예언자를 만나주신다. 엘리야는 질풍, 강력한 지진, 맹렬한 불길을 본다. 그러나 이 어느 것도 하나님은 아니다. 하나님은 오히려 부드럽게 속삭이며 다가

난해한 주제

| 왜 숫자가 맞지 않는가? 열왕기상이 안고 있는 문제 가운데 하나는 각 왕의 치세의 합이 맞지 않는다는 것이다. 문제는 아주 간단해 보인다. 무엇보다도 각 왕의 치세의 연수가 밝혀지고 있는데, 예를 들어 앗시리아와 바벨론의 역사 기록들과 같은 성경 외의 여러 기록들로부터 특정 사건들의 연대를 정할 수 있다. 아합은 주전 853년에 죽었고, 예후는 841년에 통치를 시작했다는 식으로 연대를 확정지을 수 있는 것이다. 마찬가지로 다른 사건들의 연대도 차례로 밝힐 수 있다.

이 방법이 먹히지 않는 예외가 있다. 유다와 이스라엘의 왕들의 치세는 맞지 않는다. 예를 들어보자. 열왕기에서 유다의 경우 르호보암의 즉위에서 아하시야의 죽음까지가 95년으로 처리된다. 그러나 같은 시대의 이스라엘 왕들의 치세를 더하면 98년이 나온다. 아하시야의 죽음에서부터 사마리아의 함락에 이르기까지 유다 왕들의 치세를 합하면 165년이 되는데, 이스라엘 왕들의 치세의 합은 144년밖에는 안 된다.

이 문제를 이런 이론으로 일부 풀 수 있다. 어떤 치세는 겹친다. 혹은 어떤 왕들은 아버지와 아들이 동시에 다스린다. 아니면 한 해의 다른 달들에 치세가 시작되기도 한다. 하지만 최종적으로는 이 역사가 우리의 기대와 관습대로 쓰인 것이 아님을 인정해야 한다.

여기서 중요한 것은 이 역사가 도덕적 진리를 품고 있다는 사실이다. 숫자가 어떻든 간에, 이 역사는 그것 너머에 영적이고 도덕적인 진리를 간직하고 있다. 진정으로 중요한 것은 바로 이것이다.

오셨다. 이 속삭임 속에서 엘리야는 새 왕과 새로운 조력자에 관하여 새로운 말씀을 받는다.

여기서 하나의 전환이 이뤄진 것 같다. 능력에서 부드러움으로의 전환이다. 바람, 지진, 불은 이전 단계에서 하나님의 자기 천명을 암시하는 것들이었다. 이것들은 하나님의 권능과 정의, 전능하심에 대해서 말한다. 그러면 속삭임은 무엇인가? 그것은 인격적이라는 것이다. 부드럽게 일하시는 하나님이 계시다(19:1-18).

⑦ 엘리사를 부르심 19:19-21 엘리야는 시내 산에서 새 제자를 맞는다. 이 젊은이가 엘리사다. 엘리사란 '하나님이 구원하신다'는 뜻이다. 여호수아와 비슷하다. 그는 열두 마리 황소를 부리고 있었다. 열두 마리라면 제일 적은 수인데, 이것은 그가 그만큼 젊은 나이에 부름 받았다는 뜻이다. 엘리야는 겉옷을 이 젊은이에게 둘러주었다. 엘리사를 '입양'했다는 표시다. 엘리사는 황소를 제물로 드리고 엘리야를 따라간다.

그 동안 아합은 시리아의 공격을 받는다. 기적적으로, 아니 그의 타고난 죄성을 고려하면 조금은 헷갈릴 만큼, 아합은 여호와의 예언자로부터 도움을 입어 시리아 군대를 격멸한다(20:1-34). 시리아 군대장관 벤하닷에게 자비를 베푸는 처사는 그의 외교지략을 보여주는 하나의 예다. 죽은 적보다는 산 친구가 나은 법이다. 그러나 그는 까맣게 잊고 있었다. 하나님은 벤하닷을 살려두지 말라고 이미 말씀하셨다. 여호와께서 이스라엘을 지키신다고 해서 아합의 통치가 저절로 보장되는 것은 아니다.

⑧ 나봇의 포도원 21:1-29 종교가 썩으면 썩은 행동이 나오는 법. 이세벨의 궁전 근처에 나봇이란 사람이 소유한 포도원이 있었다(왕상 21:1). 아합은 채전 밭을 삼으려고 이 포도원을 손에 넣고 싶

엘리야와 엘리사

① 엘리야는 디셉에서 태어났다.
② 엘리야는 페니키아 사렙다에서 한 과부와 그의 아들과 머물면서 기적을 행했다(왕상 17장).
③ 엘리야는 갈멜 산에서 바알의 제사장들과 겨뤄 이겼다(왕상 18장).
④ 엘리야는 이스라엘의 어딘가에서 엘리사를 찾아 그를 후계자로 세웠다(왕상 19장).
⑤ 하나님은 엘리야를 데려가셨다(왕하 2:11).
⑥ 엘리사는 죽은 아이를 살렸다(왕하 4장).
⑦ 엘리사는 하사엘에게 시리아의 왕이 될 것이라고 말했다(왕하 8장).
⑧ 이스라엘의 아합 왕은 전투에서 살해당하고, 예후는 엘리사가 보낸 예언자에 의해 왕으로 기름부음 받았다(왕하 9장).

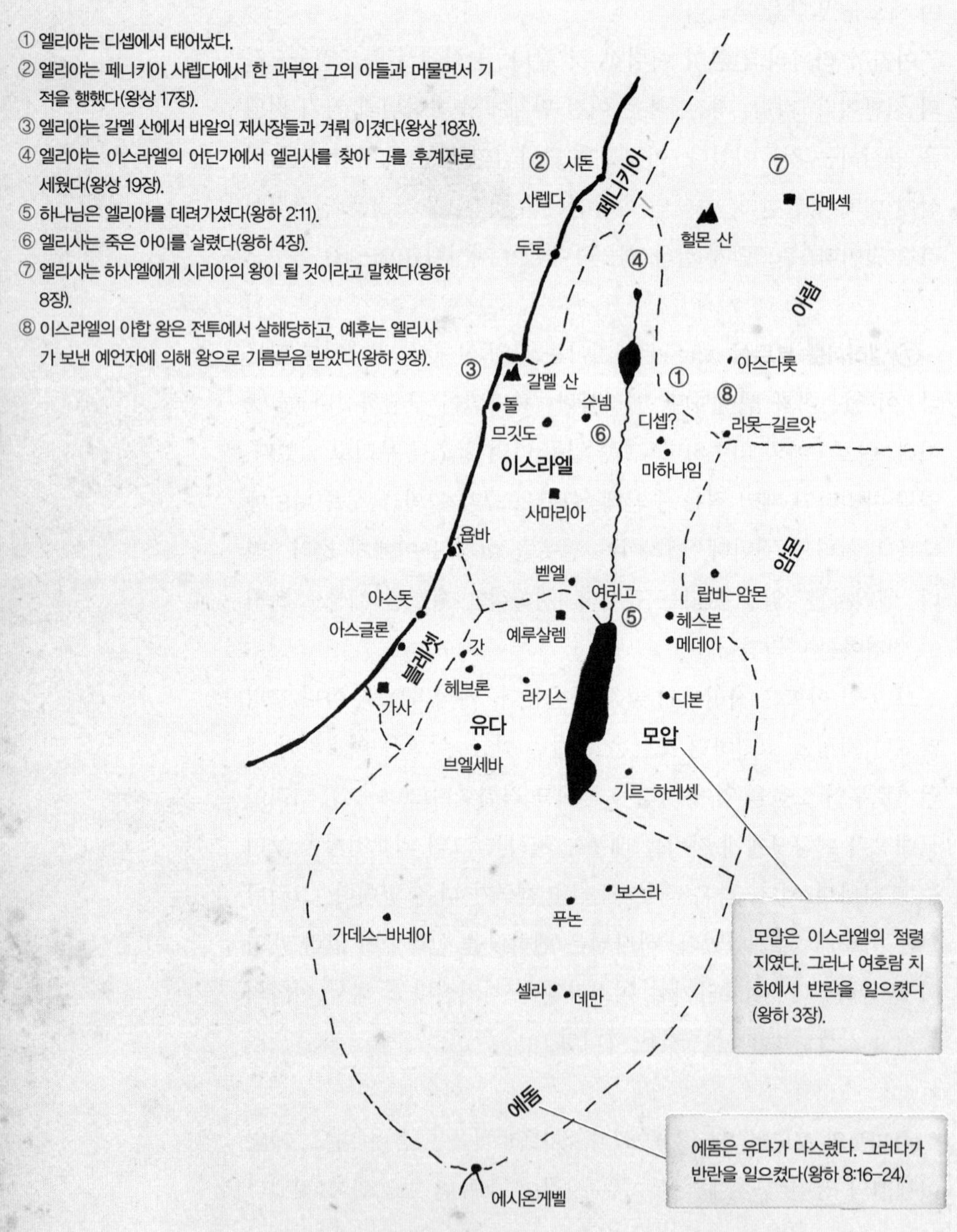

이방의 신들

아람의 신

하닷 '굉음의 창조자'라는 뜻으로 추정. 우레의 신 혹은 소리의 신.

림몬 다메섹에서 예배된 신. 앗시리아 사람들의 신으로서 바람, 비와 폭우의 신인 람마누와 연관이 있다.

블레셋의 신

다곤 초목 혹은 추수의 신이었던 것 같다. 이 이름은 물고기를 뜻하는 다그(*dagh*)에서 나온 것 같다. 따라서 초목 혹은 물고기 신이었을 수도 있다. 아니면 튀긴 생선과 튀긴 감자(Fish and Chips)의 신이었을지도?

바알세불 '바알의 왕자'라는 뜻. 유대인들은 이를 '파리 대왕'이라는 의미인 바알세붑으로 살짝 바꿨다. 블레셋인들은 에그론에서 이 신을 섬겼다(왕하 1:2, 3, 6, 16).

모압과 암몬의 신

그모스 까다롭다. 성경의 한 쪽에서는 그모스가 암몬 사람들의 신이라고 하지만(삿 11:24), 역사상 실제 인물이었다. 왕이 신의 이름을 땄다고 보면 될 것이다. 성경은 그모스가 인신제사를 요구했다고도 밝힌다(왕하 3:27).

밀곰이라고도 불리는 몰렉 이 이름은 그냥 '왕'일 것이다. 힌놈의 골짜기 같은 곳에서 예배되곤 했는데, 그곳에는 커다란 화장용 장작더미가 있었다. 인신제사를 요구하는 신이었다. 이스라엘과 유다의 후기 역사로 갈수록 몰렉 예배가 성행한다. 유다 왕 아하스는 열렬한 지지자였고, 자기 아들을 불살라 바쳤다(왕하 16:3).

이스라엘과 우상숭배

이스라엘 백성들은 여러 나라들에 둘러 싸여 있었다. 역사적으로 볼 때 이스라엘은 이방 신들을 섬기곤 했다. 이 많은 신들은 원시 사회의 풍요다산 신이다. 곡식과 가축을 자라게 한다고 믿기에 섬겼다.

구약성경에서 이 신들 중에서 가장 잘 알려진 것이 바알(이 이름은 실제로는 '주님'이라는 뜻이다), 곧 가나안 신이다. 바알은 비를 관장하는 신이라 사람들이 믿었다(엘리야가 바알의 선지자들에게 비를 내리는 대결을 하자고 제안한 이유가 이것이다. 그는 바알의 헛됨을 보여주고자 했다). 아세라라는 신도 있었다. 풍요를 관장하는 여신이었던 것 같다. 가나안인들은 '아세라 장대'를 여기저기에 꽂아놓았다. 지역 산당의 표시이다. 신들은 주제별로 나눠진다. 열기를 주는 태양신, 비를 주는 폭우의 신, 곡식과 식물들을 자라게 하는 대지의 신, 아기를 갖게 하는 다산의 신 등이다.

이방신들의 예배는 종종 충동적이었다. 많은 신전들에 남창과 창녀들이 넘쳐났다. 이들은 예배자들과 성행위를 하고 화대를 신전 제사장들에게 바쳤다. 어떤 신들은 인신제사를 요구하기도 했다. 이 행위는 이스라엘에서는 엄격하게 금지됐다. 그러나 이스라엘 백성들도 이런 행위에 가담하기도 했다. 유다 왕 아하스와 므낫세는 그들의 친아들을 이방신들에게 불살라 바쳤다(왕하 16:3; 21:6). 예레미야는 백성들이 자식을 바알에게 불살라 바치는 일을 정죄했다(렘 7:30-33). 그들은 이 일을 예루살렘 밖에, 도살자의 계곡 혹은 힌놈 골짜기로 알려진 곳에서 행했다.

훗날 예수님은 이 장소를 지옥과 동의어로 사용했다. 신약성경 시대에, 로마인들과 그리스인들은 만신전을 가지고 있었다. 시민이라면 이곳에서 명절과 예배를 지켜야 했다. 게다가 황제 자신을 예배하기도 했다. 크리스천들과 유대인들은 인간 황제 숭배를 거부했는데, 이로 인해 상당한 불신과 박해가 초래됐다.

어 했다. 하지만 나봇은 왕의 제안을 거절했다. 이세벨은 나봇을 신성 모독 죄로 고소하고 돌로 쳐 죽임으로써 이 문제를 가볍게 해결했다. 엘리야는 포도원에서 이 문제를 아합에게 지적했다. 이것이 그들의 마지막 만남, OK 목장의 결투였다. 엘리야는 아합에게 심판이 내릴 것이라 선언했다. 아합은 회개하지만, 선고 유예밖에는 달리 할 수 있는 일이 없었다. 이 사법 살인을 끝으로 아합의 심란한 통치는 막을 내린다.

⑨ **아합의 죽음** 22:1-40; 대하 18:1-34 아합의 예언자들은 쓰레기 같은 아첨꾼들이었다. 그들은 무슨 말이든 아합이 듣고 싶은 말을 해준다. 그러나 이믈라의 아들 미가야는 달랐다. 아합은 이렇게 툴툴거렸다. "그는 한 번도 나에게 무엇인가 길한 것을 예언한 적이 없고, 언제나 흉한 것만 예언하곤 합니다"(22:8). 사람들은 미가야에게 잔잔한 호수에 돌을 던지지 말고, 다른 예언자들의 예언에 따르라고 충고했다. 그는 그렇게 했다(22:15-16). 어디 한 번 물 먹어보라는 심사였던 것이다. 아합이 거짓말하지 말라고 하자, 미가야는 진실을 말해준다. 그의 예언자들은 거짓 예언을 했고, 아합은 라못으로 돌아가면 영락없이 죽는 것이다.

미가야는 진실을 말한 대가로 예언자들의 우두머리 시드기야로부터 뺨을 맞는다. 그리고 투옥 당한다. 그러나 그가 옳았다. 아합은 변장을 하고 운명을 피해보려 했으나, 그래도 죽임을 당했다. 아무렇게나 쏜 화살에 맞고 피를 흘리며 죽었다. 그의 병거는 창녀

난해한 주제

| 예언자 치기를 꺼렸던 사람(20:35-36) 한 예언자가 어떤 사람에게 자기를 치라고 했으나 거절한 사람 이야기가 나온다. 결과가 어떻게 됐는가? 그는 사자에게 잡혀 먹혔다. 좀 과한 거 아닌가 하는 생각이 든다. 먹지 말라는 명령에 불순종한 예언자에게도 같은 벌이 내렸다. 사실 그는 속임수에 넘어가 먹게 됐을 뿐이다. 예언자들에게 온전한 순종은 필시 생과 사를 가르는 문제였다. 그렇지만 황당한 경우고, 너무나 억울하게 느껴진다.

들의 못에 와서 피를 닦았다. 개들이 와서 그의 피를 핥았다.

여호사밧 22:41-50; 대하 17:1-21:1 그는 하나님을 두려워하고 정사를 잘 돌보는 군주였다. 백성들은 그를 따랐다. 그는 현장에서 직접 뛰는 군주였던 것 같다. 때때로 민정을 시찰하면서 백성들과 대화하고 "백성들을 주 그들의 조상의 하나님께 돌아오게 하였다"(대하 19:4). 그는 예언자들이 전한 바를 공정하게 반영하는 사법 체계를 세웠다.

여호사밧의 유일하고도 심각한 문제는 다른 지도자들, 하나님 경외함이 없는 지도자들과 너무 친밀하게 지내려고 한다는 것이었다. 그는 아합과도 사이가 좋았다. 자기 아들 여호람을 이세벨의 딸 아달랴와 혼인시켰다. 예언자들이 비난한 아하시야와도 동맹을 맺었다(대하 20:35-37). 그가 아합과 맺은 동맹 때문에 모압을 자극하여 유다를 침공하는 사건이 벌어졌다. 그러나 이때 여호사밧은 기도와 금식을 하면서 하나님의 뜻을 구했고 그 결과 위기에서 잘 벗어날 수 있었다. 아모리, 모압, 에돔 연합군은 자중지란을 일으켜 서로 싸웠다.

ROUTE PLANNER

열왕기하

몰락과 패망

누가, 언제 | 열왕기상의 서론을 보라.

무엇을 | 열왕기의 두 번째 책은 긴 내리막 이야기를 이어서 다룬다. 책 전체에는 멸망의 그늘이 드리워져 있다. 먹구름이 몰려오고 곧 폭풍이 들이닥칠 것 같은 분위기다. 먹구름은 구체적으로 앗시리아와 바벨론이라는 두 거대 제국이다. 이 두 막강 세력은, 먼저 북왕국 이스라엘을, 다음은 이스라엘 남방에 이웃한 유다 왕국에 종언을 고할 것이다.

주전 722년 이스라엘은 앗시리아에 멸망당한다. 수도 사마리아

한눈에 보는 안내판

저자 미상
유형 역사서
목적 열왕기상 서론을 보라
핵심 구절 13:23 "그러나 주께서 이스라엘에게 은혜를 베푸셔서, 그들을 불쌍히 여기시고, 그들을 굽어 살피셨다. 이는 아브라함과 이삭과 야곱과 맺으신 언약 때문이었다. 그래서 그들을 멸망시키지 않으시고, 이제까지 주 앞에서 쫓아내지 않으셨다."
한 가지만 기억한다면 하나님 뜻은 이뤄진다.

한눈에 보는 흐름

엘리야의 떠남 2:1-18
나아만 5:1-27
엘리사 대 시리아 군대 6:8-23
예언자의 눈물 8:7-15
이세벨의 죽음 9:1-37
엘리사의 죽음 13:14-21
이스라엘의 멸망 17:1-23
히스기야 18:1-4; 19:1-37
요시야 왕과 율법 22:1-20; 23:21-23
예루살렘 멸망 25:1-30

는 파괴되고 거민들은 포로로 끌려간다. 유다의 종말은 150년 후에 온다. 바벨론의 황제 느부갓네살에 의해 주전 586년에 점령당한다. 예루살렘은 형적을 짐작하기 어려울 정도로 파괴되고, 인구의 상당수가 바벨론으로 잡혀간다. 책의 마지막 부분은 유다 왕 여호야긴이 포로로 끌려가는 장면을 보여준다. 개인적으로는 자유로웠고 황제의 상에서 먹었지만, 다른 백성들과 마찬가지로 그도 포로였다.

이들이 가지고 있던 문제의 뿌리는 왕과 백성의 불경건한 삶이었다. 열왕기상에서처럼, 하나님은 그들을 기다리고 있는 운명에 대해 백성들에게 경고하기 위해 예언자들을 보내셨다. 열왕기상에서 두드러지게 활약하는 인물은 엘리야다. 열왕기하에서는 엘리사에게 초점이 옮겨간다. 그는 열왕기하의 첫 13장에서 주요인물로 활동한다.

그가 죽고 나서 예언자들이 어떤 활동을 했는지 알아보려면, 그들이 쓴 글을 봐야 한다. 이사야, 예레미야, 에스겔, 아모스, 호세아, 그 외 여러 위대한 예언자들이 두 왕국이 침몰하는 기간에 활동했다. 이들은 열왕기에서는 거의 언급되지 않는다. 그러나 그들이 남긴 글들이 그들의 활약에 독특한 해설서 노릇을 하고 있다.

아하시야 왕상 22:51-3; 왕하 1:1-18 열왕기상은 여호사밧의 약력과 아합의 아들로서 서서히 나라를 망친 아하시야에 대한 소개를 마지막으로 장식하고 있다.

여기서 엘리야는 털복숭이처럼 소개되고 있다(1:8). 그는 아하시야를 힐책한다. 그가 떨어져 부상을 입었을 때 이방신에게 치유를 받고자 했기 때문이었다. 아하시야는 군대를 보내 그를 체포하려 했지만, 하늘에서 내려온 불이 군인들을 태웠다(이 화를 피한 사람은 세 번째 지휘관뿐이다. 그는 모든 현명한 지휘관들이 그런 것처럼 부하들에게 닥칠 운명을 예견하여 도망쳤다).

궁금증 해소

체온 올리기

엘리사는 소년의 몸 위에 눕는다. 그의 스승 엘리야가 했던 것과 똑같다(4:34, 왕상 17:21을 보라). 산 자의 온기를 죽은 자에게 옮겨주려는 것이 분명하다. 그러나 엘리야와 엘리사의 행동에서 죽은 사람을 살아나게 한 것은 신체 접촉이 아니라 그것과 함께 드린 기도였다.

나귀 머리(6:24)

레위기 율법에서는 나귀를 부정한 동물로 규정한다. 그러나 상황이 너무나 안 좋다. 사마리아 사람들은 나귀를 먹을 뿐 아니라 비위가 상하는 부위인 머리조차 먹는 지경이 됐다(어쨌든 나귀 머리가 식욕을 돋우는 부위는 아니지). 비둘기 똥은 먹지는 않지만 땔감으로 쓰인다(6:25). 정말이지 그냥 연료로만 쓰였기를 바란다.

① 엘리야의 죽음 2:1-8 엘리야의 죽음 기사는, 그의 기적적인 이동에 관해서는 침묵한다. 그도 그럴 것이 그는 죽은 게 아니라, 하나님에게로 옮겨갔다. 오히려 죽음 기사는 엘리사의 충직스러움과 한 번 물면 놓지 않는 인내에 관해 많이 말한다. 엘리야는 여러 차례나 엘리사에게 따라오지 말라고 한다. 하지만 엘리사는 스승과 함께 하겠다며 고집을 부린다. 마치 모세를 연상시키는 것 같다. 엘리야가 요단 강을 마르게 하여 두 사람은 강을 건넌다. 엘리사는 이별의 선물로 스승의 능력의 갑절을 원한다. 어떤 의미에서는 당돌하기 짝이 없는 요청이다. 이런 청은 철없고 물정 모르면서 뜨겁기만 한 젊은이나 하는 것이다. 엘리야는 이런 선물을 줄 만한 능력이 자신에게 없음을 알았다. 그러나 하나님은 이 요청을 기꺼이 받아주신다. 엘리야는 하늘로 들려올라 간다. 엘리사는 요단 강을 건너 돌아간다. 그는 자기가 참으로 스승의 능력을 물려받았음을 시위하고 다닌다(2:1-18).

두 가지 기적 2:19-25 엘리사는 여리고에서 물을 정결하게 한다

BRIEF LiVES 약력

| 엘리사

가족 사항 _ 알려진 바 없음.

직업 _ 농부의 아들. 견습 예언자. 예언자.

생애와 업적 _ 엘리사는 15년에 걸쳐 여섯 왕의 치세에 활동한다. 어떤 의미에서 엘리사는 엘리야의 활동을 빼박듯 닮았다. 그는 곤경에 처한 과부에게 기적을 일으켜 기름을 공급해줬다(4:1-7). 엘리사에게 친절을 베푼 수넴 여인에게는 죽었다 살아난 아들이 있었다(4:8-37). 마치 예수님이 행한 유명한 기적의 전조를 보여주듯(막 6:35-43), 그는 빵 스무 덩이와 곡식 약간으로 백 명을 먹였다. 기적적으로 국 맛을 좋게 한 일도 있었다. 별로 대단하게 들리지 않겠지만, 요리사가 실수로 국에 독을 넣었을 때 일이다(4:38-41).

예언자가 행한 기적들에는 그야말로 평범해 보이는 것도 있다. 너무 평범해 기적 같지도 않다. 요단 강을 가른다든지 죽은 사람을 살리는 일, 물에 빠진 도끼를 떠오르게 하는 일은 약간은 개인적인 일로 보인다. 그러나 엘리사가 하나님 안에서 살았다는 것이 중요한 사실이다. 따라서 그는 '일상의' 삶과 '종교적인' 삶을 구별하지 않았다. '기적을 일으켜야 할 만큼' 중요하거나, 그 반대인 일은 없었다. 믿음으로 행하는 것만이 유일한 문제였다.

엘리사가 큰 그림에는 무심했다는 말은 아니다. 엘리사는 항상 움직였다. 나라에서 나라로, 궁정에서 궁정으로 움직였다. 그는 국가 대사에 관여했다. 시리아 왕은 엘리사 때문에 번번이 좌절했다. 자기 군대 내에 첩자가 있다고 믿을 정도였다. 이스라엘 백성의 숨어 있는 병기의 실체를 알게 되자, 그는 엘리사를 잡기 위해 군대를 보낸다. 그러나 엘리사는 "여호와의 군대"의 호위를 받고 있었고, 오히려 시리아 군대가 포위를 당했다. 시리아 군대는 한 번 이상 눈이 멀었다. 아니 눈을 떠 보고 있을 때에도 엘리사가 보는 현실을 볼 수 없었다.

성품 _ 충동적이다. 격정적이다. 외모에 민감했던 것 같다.

장점 _ 강렬한 하나님의 사람이었다. 그의 스승보다 더 강력했다.

단점 _ 머리털에 대해서는 말을 삼가라.

(2:19-22). 벧엘로 가는 길에 아이들이 나와 그의 용모를 가지고 희롱을 한다. 구약성경 시대에 머리털은 중요한 상징이었다(압살롬, 삼손을 봐서 알겠지만). 남성다움과 힘의 상징이었다. 엘리사는 대머리였다. 아이들은 엘리사를 놀렸다. 외모를 보면 내면적인 힘도 알 수 있다고 잘못 본 것이다. 아이들은 여호와의 예언자를 대놓고 경멸했다. 엘리사가 하나님의 이름으로 아이들을 저주하자, 두 마리 곰이 뛰어나와 아이들을 공격했다(2:23-25). 나는 개인적으로 이 구절을 제일 좋아한다. 결코, 결단코, 대머리를 놀리지 말라.

요람 3:1-27 아합의 아들은 그 부모만큼 악하지는 않았지만 그렇다고 크게 나은 것도 없었다. 여호사밧과 함께 전쟁을 일으키면서 여호사밧의 제안으로 엘리사에게 길흉을 묻기로 했다. 엘리사는 요람에게 냉정하게 말한다. 자신은 여호사밧을 존경하는 마음이 아니면 요람 왕의 얼굴도 쳐다보지 않겠다는 것이다. 전쟁은 잘 풀리는 것 같았다. 그러나 자기 아들을 불살라 바친 모압 왕 메사 때문에 곤혹스럽고 끔찍하게 끝난다. 겁먹은 이스라엘 백성들은 당황하여 집으로 돌아온다.

② 나병과 관련된 두 가지 사건 5:1-7:20 첫 번째 사건은 이렇다. 엘리사가 나병에 걸린 시리아 군대장관 나아만을 고쳐주었다. 엘리사의 시종 게하시는 이 일을 돈벌이 기회로 생각하다가 나아만과 똑같은 병에 걸린다. 성경에는 안 나오는 규칙 한 가지. 절대로 예언자를 팔아 돈 벌 생각을 하지 말라.

그러나 이것이 게하시의 끝은 아니다. 그는 자기가 지은 죄에서 제대로 배운 것 같다. 그는 왕 앞으로 불려가서 엘리사가 지금까지 해온 일을 고하고, 수넴의 과부가 가정을 회복하도록 돕는다. 자기 스승과 그분 말씀의 진실성을 높게 평가하는 것으로 보아 그가 변

알쏭달쏭

능력의 제한

Q 이해가 안 간다. 엘리사가 시리아 군대의 해를 피할 수 있었다면, 왜 사마리아를 포위하지 못하게 하지 않았는가?

A 할 수 없었기 때문이다.

Q 그게 설명의 전부인가?

A 우리는 예언이 어떻게 성취되는지 모른다. 진정한 예언자들이 하나님의 권능으로 움직인다는 것은 분명하다. 그들은 능력을 소유한 게 아니었다. 능력이 그들을 통해서 흘러나왔을 뿐이다. 다른 사건이 일어난다면, 그것은 하나님이 그분의 목적에 맞게 일어나게 하시니까 일어나는 것이다.

Q 별로 도움이 안 된다.

A 나도 안다. 하지만 성경을 읽으면 읽을수록, 더 이해하게도 되지만 더 이해하지 못하게도 된다. 언제나 질문이 고개를 든다. 우리는 여기서 가장 위대하고 가장 큰 권능을 행하던 이스라엘의 예언자가 눈물을 흘리는 모습을 본다. 앞으로 닥칠 일을 알지만, 막을 수 없었기 때문이다.

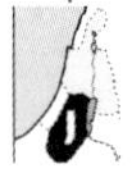

했다는 희망을 가져본다.

두 번째 사건은 사마리아가 포위된 공포의 상황에서 벌어졌다. 식량이 서서히 바닥나자 사람들은 서로를 잡아먹고, 부정한 음식에도 서슴없이 손을 댔다. 요람 왕은 정확하게 이유도 모르면서 공연히 엘리사 때문에 생긴 일이라고 여겼다. 아마도 이 재앙이 하나님이 내리신 것이라 생각한 탓인 것 같다. 그렇다면 이 땅에서 하나님을 대리하는 자가 책임을 져야 한다. 엘리사는 따져 묻는 사람들 앞에서, 여호와께서 포위를 풀어주실 것이라고 공언했다. 여호와께서 이번에는 시리아 사람들에게 청각 이상을 일으키셨다. 그들은 공격당하고 있다는 강박관념에 빠져 부리나케 도망쳤다. 네 명의 나병환자가 음식을 구걸하러 와서, 이상하게도 황량한 진영을 발견했다. 그들은 진중에 다니면서 쓸 만한 것들을 죄다 긁어모았다. 성문을 지키던 시종무관 하나가 발에 밟혀 죽었다. 그는 엘리사의 말을 믿지 않았던 그 무관이었다(6:24-7:20).

요람은 일면 옳은 데가 있었다. 여호와께서는 이스라엘이 아니라 시리아와 함께 하셨다. 엘리사는 다메섹에서 하사엘을 만난다. 엘리사는 벤하닷의 장교 중 한 명인 하사엘을 응시한다. 그리고 아무 말 없이 운다. 그는 이 사람이 이스라엘에 자행할 일을 볼 수 있었다. 그는 하사엘에게 여호와께서 그를 시리아의 다음 왕으로 삼으셨음을 알려준다. 하사엘은 곧장 왕에게로 돌아가서 잔인하게 시해한다. 엘리사의 예언이 하사엘의 행위를 정당화하지는 않는다. 후에 이스라엘에 대한 압제 역시 그렇다. 그는 자신의 죄로 가득 찬 본성에 의거해 행동했을 뿐이다. 하나님은 일어날 일을 아셨지만, 그분이 이 일을 승인했다는 뜻은 아니다.

여호람 8:16-24; 대하 21:2-20 에돔을 통제 못해서 쩔쩔맨 것 외에는 그의 8년 치세는 돋보인다. 아버지 여호사밧의 대리청정을 한다.

아버지가 아팠거나 왕권이 확고하지 않았기 때문으로 보인다.

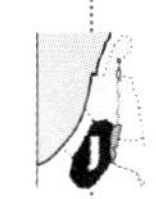

아하시야 8:25-29; 대하 22:1-6 그의 모친은 아합의 딸이다. 그 역시 가족과 같은 가치관을 지녔을 것이 확실하다. 악했다.

③ 예후 9:1-10:35 예후는 아합 가문을 도륙내고 바알 예언자들의 씨를 말린다. 그러나 이방예배를 일소하지는 못했다. 예후는 병거를 모는 장교였다. 그는 자신이 왕이 될 것이라는 소식에 퉁명스럽고 별것 아니라는 식의 반응을 보였다. "좋은 소식이었소? 그 미친 녀석이 장군께는 무슨 일로 왔었소?" 하고 동료 장교가 물었다. 예후는 아무렇지도 않게 대답했다. "장군들께서도 그 사람이 누구고, 그가 쓸데없이 떠들고 간 말이 무엇인지 짐작하고 있을 것이라 믿소"(9:11-13). 그러나 그의 편안한 말 속에는 사려 깊은 사람의 행실이 들어 있다. 그는 병거를 신속히 몰아갔다(9:20). 이스라엘 왕 요람뿐 아니라 유다 왕 아하시야도 죽였다.

그는 병거로 병사들을 치고 이세벨을 추격한다. 이세벨은 화장을 하고 머리를 단장하는 놀라운 여유를 보인다. 그는 창밖으로 내던져 죽는 순간까지 도도한 자태를 유지하려고 했다(9:30-32).

예후는 임무를 완수한다. 자신을 왕으로 옹립하기 위해서는 난공불락의 요새 사마리아를 점거해야 했다. 그는 사마리아 거민들에게 편지해 아합 아들 중 하나를 왕으로 세우자고 한다. 그런 후에 그들을 습격한다. 사람들은 겁에 질려 고분고분 따른다. 그들은 예후 편에 서려고 한다. 그들은 아합의 아들을 죽이고, 예후는 나머지 아합 가문을 쓸어버린다. 아합과 연계된 모든 사람은 제거됐다. 이스라엘을 위해서는 잘된 일이었다.

그런 다음 예후는 유다로 눈길을 돌린다. 그는 레갑의 아들인 여호나답을 지목하여 유다의 통치자로 세운다. 여호나답은 바알 반대

운동의 지도자였다. 그가 죽은 지 수십 년 후에 레갑 사람들이라고 알려진 자들이 나와 비슷한 원리를 따랐다(렘 35:6-10).

예후의 마지막 개혁 작업은 바알 예언자들의 씨를 말리는 것이다. 그는 바알 예언자들을 제사에 초대했다. 자기가 앞으로 바알 예배의 든든한 보호자가 돼 줄 것처럼 꾸민 것이다. 바알 예언자들은 신전으로 꾸역꾸역 몰려들었고, 근위병들이 그들을 전멸시켰다. 간단하고 효과 만점의 작전이었다.

아달랴 11:1-21; 대하 22:10-23:21 아달랴는 아하시야의 모친이다. 아들이 죽었다는 소식에 이성을 잃는다. 그는 아합 가문에 남은 자들을 다 죽인다(예후가 거의 모든 사람을 죽이지만 유다에 남은 자들이 있었다). 그러고 나서 자기가 왕위에 앉는다(10:12-14). 아마도 모든 직계 자손들, 심지어는 자기 손자 손녀들도 죽이려는 게 목적이었던 것 같다. 이때에는 할머니를 찾아뵙는 일이 큰 위험이었다. 하지만 이 계획은 대제사장과 결혼한 여호세바 때문에 틀어졌다. 아하시야의 핏덩어리 아들 요아스는 할머니가 전권을 휘두르는 동안에 성전에 숨어 자라났다.

6년이 흘렀다. 대제사장 여호야다가 친위 쿠데타를 일으켰다. 그는 군부를 등에 업고 어린 요아스를 왕위에 앉혔다. 그리고 그에게 어떻게 나라를 다스려야 할지 알려주는 책 한 권을 건넸다. 아마도 모세 율법의 필사본일 수 있다. 혹은 '군왕지도'에 관한 구체적인 책일 수도 있다. 아달랴는 백성들이 외치는 소리를 듣고 무슨 일이 일어났는지 보러 왔다. 불길한 행차였다.

요아스 12:1-21; 대하 24:1-16 군왕의 길에 관한 그 책은 좋은 지침이 됐다. 요아스는 선한 왕이었다. 하지만 대제사장 여호야다의 조언과 후원에 너무 의지했다. 대제사장이 죽자(대하 24:17-19), 요아스는 꾐에 빠져 우상을 숭배하기 시작하고 여신 아세라를 섬긴다. 나라는 다시 적의 공격을 받고, 하사엘에게 조공을 바치지 않을 수 없게 된다. 마지막에 요아스는 아버지와 같은 운명이 된다. 그는 길에서 암살당한다. 고용된 암살자들의 소행이었던 것 같다.

여호아하스 13:1-9 예후의 아들은 악한이었고, 형편없는 군 지도자였다. 하사엘이 그를 굴복시켰을 때, 그의 군대는 전멸했다.

여호아스 13:10-19 유약하고 열매가 없었다. 시리아 군대를 물리치고 그들이 점령한 영토를 회복했다. 엘리사는 운명하는 자리에서 시리아에 대한 승리를 선물로 줬다.

④ 엘리사의 죽음 13:14-21 엘리사는 아합의 치세 때 등장해서 거의 50년간 예언자 활동을 하고 죽음을 맞는다. 왕은 엘리사 자신이 엘리야와 이별할 때 했던 말로 죽어가는 예언자에게 문안한다(13:14; 2:12). 엘리사는 죽음의 자리에서도 정정하다. 아니 죽은 후에도 그의 뼈는 생명을 주는 기적적인 능력을 행한다(13:20-21).

이스라엘의 몰락 14:1-17:41

아마샤 14:1-22; 대하 25:1-24 아마샤는 아버지 암살에 대해 복수했다. 하지만 자녀들에 대해서는 자비를 베풀었다. 에돔과의 전쟁에서 승리를 거뒀다. 하지만 우쭐해져서 어리석게도 이스라엘을 공격했다. 여호아스에게 무릎을 꿇고 포로가 된다. 말년에는 하나님을 등지고 암살되고 만다. 그의 아버지와 이 점에서도 닮았다.

여로보암 2세 14:23-29 풍요와 군사적인 승리를 구가하던 시대임에도 불구하고, 위선과 냉소주의가 팽배하기도 했다. 아모스와 호세아가 이 시대의 정체를 제대로 밝힌다.

⑤ 아사랴/웃시야 15:7; 대하 26:1-23 아사랴는 역대기와 이사야에서 웃시야로도 언급된다. 부왕의 암살로 왕위에 올랐다. 그의 부왕이 대중의 인기에 희생된 인물이라면, 아사랴는 대중이 선택한 왕이었던 것 같다. 최소한 처음에는 백성들의 구미를 잘 맞춘다.

전체적으로는 선한 왕이었다. 피부 질병에 걸렸지만 유다의 원수들을 숱하게 무찔렀다. 한편 이스라엘의 농업 생산성을 크게 늘였다. 역대기는 그가 농사를 좋아했다고 기록하고 있다(대하 26:10). 군대를 아꼈고 신무기를 개발하기도 했다. 다재다능했지만, 이것이 패망의 원인이 된다. 그는 제사장들의 역할을 대신하여 자기 스스로가 분향을 드렸다가, 벌로 나병에 걸렸다.

이로써 공직생활은 끝이 나고 여생을 격리돼 지낸다. 아들 요담 뒤에서 수렴청정을 한다. 그가 죽자 조상들의 선영에 묻히지 못하고 들에 매장된다. 역대기는 이것이 나병 때문이라고 기록한다. 하지만 웃시야가 개의치 않았을 것이라 본다. 그는 언제나 들과 농사를 사랑했으니까.

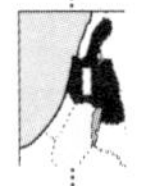

스가랴 15:8-12 이제 이스라엘의 왕위는 뒤죽박죽으로 계승된다. 스가랴는 암살되기 전까지 불과 6개월 동안만 다스린다.

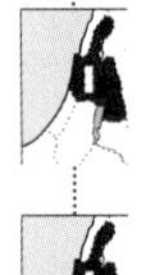

살룸 15:13-16 죽임을 당하기 전까지 불과 한 달간 왕위에 있었으므로 악하다 선하다를 논할 시간도 없었다.

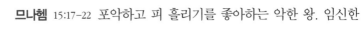

므나헴 15:17-22 포악하고 피 흘리기를 좋아하는 악한 왕. 임신한

앗시리아 제국

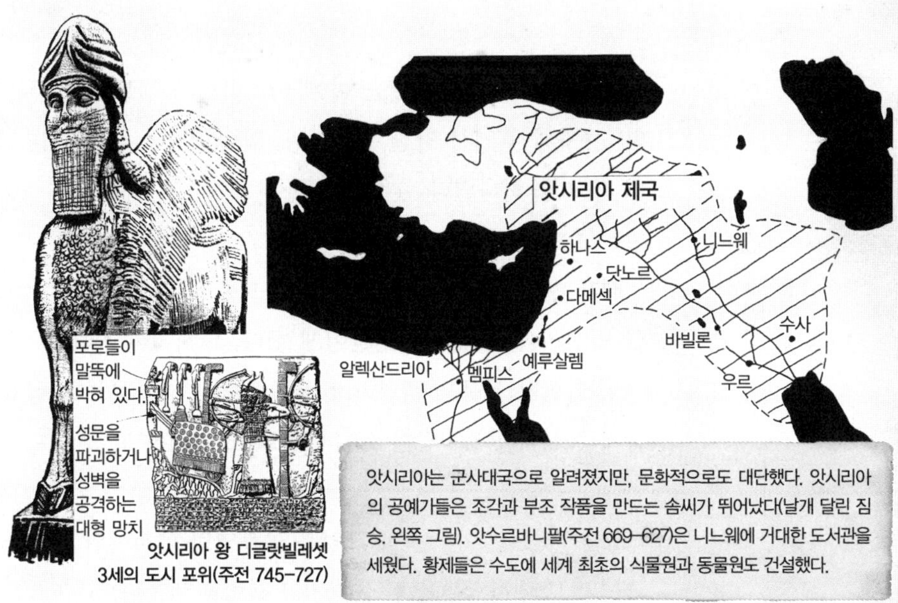

앗시리아 왕 디글랏빌레셋 3세의 도시 포위(주전 745-727)

앗시리아는 군사대국으로 알려졌지만, 문화적으로도 대단했다. 앗시리아의 공예가들은 조각과 부조 작품을 만드는 솜씨가 뛰어났다(날개 달린 짐승, 왼쪽 그림). 앗수르바니팔(주전 669-627)은 니느웨에 거대한 도서관을 세웠다. 황제들은 수도에 세계 최초의 식물원과 동물원도 건설했다.

북이스라엘을 멸망시킨 앗시리아

역사상 가장 막강한 제국 중 하나인 앗시리아는 부와 군사력, 잔인함으로 알려져 있다. 이스라엘은 오랫동안 앗시리아에게 조공을 바쳐왔다. 대영제국 박물관에 있는 검은 오벨리스크에는 예후가 살만에셀 3세에게 주전 841년경 조공을 바치는 모습이 담겨 있다. 그러나 이런 관계는 불과 1세기가 가지 않았다. 드디어 앗시리아는 이스라엘을 침공한다. 첫 번째 침공은 디글랏빌레셀이 주도하지만, 이스라엘 왕 므나헴은 앗시리아에 34,000킬로그램의 은을 주고 전쟁을 종료시킨다(왕하 15:19-20). 디글랏빌레셀은 베가 왕 치세에 재침공하여 7개 도시들을 점령한다(왕하 15:29). 시리아와 동맹 관계를 유지하던 베가가 유다를 침공했을 때, 유다 왕 아하스는 앗시리아에 도움을 구한다. 디글랏빌레셀은 시리아와 이스라엘을 무찌르지만, 유다에게 조공을 요구한다. 그럼에도 불구하고 아하스는 앗시리아를 따르려고 했다. 그는 심지어는 앗시리아의 종교까지도 베꼈다(왕하 16:10-18).

이스라엘은 호세아 왕이 조공을 바치지 않음으로써 패망하게 됐다. 주전 722-721년 사이에 살만에셀 5세는 침공을 감행해서 전국토를 파괴한다. 앗시리아의 기록에 의하면 27,290명이 이스라엘에서 추방당해 앗시리아로 끌려갔다. 이스라엘에는 대신 이방인들이 와 정착했다. 이스라엘과 유다 사이의 지역인 사마리아에는 새로운 정착민들이 이스라엘의 종교를 받아들였고, 끌려가지 않은 이스라엘 사람들을 흡수했다. 그들은 자신들만의 유다 종교를 창제했다. 그리고 그리심 산에 자신들만의 성전도 세웠다. 그러나 유대인들은 이 이단아들을 종교적으로 또 인종적으로 잡종 취급했다. 이렇게 해서 유다인들과 '사마리아인들'의 반목이 싹트기 시작한 것이다.

앗시리아 사람들은 예루살렘도 공격하여 포위했다. 그러나 하나님은 기적적으로 개입하셔서 포위를 풀어주셨다(왕하 19장). 스바냐와 나훔과 같은 예언자들은 앗시리아의 멸망을 예고했다. 주전 612년 바벨론과 메대 연합군은 수도 니느웨를 침공했다. 그들은 성벽을 무너뜨리고 도시를 물바다로 만들었다(왕하 19:36). 한때 최강을 자랑하던 제국이 무너지고 거대한 도시가 큰 폐허의 못이 되고 말았다.

니느웨의 폐허는 현대 이라크의 무술 근처다. 1846년 젊은 영국 탐험가인 헨리 레이어드(Henry Layard)에 의해 발견됐다. 그는 산헤립의 궁전도 발굴했다. 그 궁전에서 산헤립이 예루살렘과 라기스와 같은 도시들을 포위한 사건(왕하 18:13-14)의 기록 등이 발견됐다. 이런 물건들이 대영제국 박물관에 소장돼 있다. 이 박물관은 이 외에도 다수의 앗시리아 도시들에서 발견된 유물들을 전시하고 있다(박물관 안의 카페도 정말 멋지다).

여자들도 공격했다. 앗시리아 디글랏빌레셀 왕의 침공 위협 앞에 떨었다. 그는 앗시리아의 이 황제에게 점점 더 많은 조공을 바쳤다.

브가히야 15:23-26 이제는 아예 이스라엘의 전통으로 굳은 것 같다. 브가히야 역시 악한 왕이었다. 암살당했다. 암살자는 그의 군대 장교 중 하나였다.

베가 15:27-31 20년간 통치했다. 유다를 공격했다. 아하스로 하여금 앗시리아 군대를 끌어들이게 했다. 앗시리아 군대는 이스라엘 영토의 상당 부분을 점령하고 많은 거주민들을 포로로 잡았다. 종국에는 호세아에게 암살당한다. 돌고 도는 역사다.

요담 15:32-38; 대하 27:1-9 요담은 농부였던 웃시야의 뒤를 잇는다. 그는 아모리 사람들을 잘 물리치고 세력을 키운다.

아하스 16:1-20; 대하 28:1-27 요담의 아들은 아버지와 달랐다. 열왕기는 거의 놀랍다는 듯 아하스가 이스라엘의 어떤 왕보다 더 악했다고 기록한다. 어떤 대목을 말하는 것일까? 아하스는 이방적인 관행들을 열렬히 행하고, 모든 이방 신전(혹은 큰 나무)에서 예배했다. 게다가 자기 아들을 불살라 바치기도 했다(16:2-4). 웃시야와 요담 아래서 유다 군대는 잘 조직되고 막강해졌다. 아하스는 그 두 왕이 쌓아놓은 강점을 모조리 까먹었다. 이스라엘과 시리아의 공격을 받고 누군가의 도움을 구하지 않을 수 없었다. 그는 앗시리아의 군대를 부른다. 호랑이를 불러서 개를 막는 꼴이었다. 개는 막을 수 있을 테다. 하지만 호랑이는 조만간 사람을 잡아먹는다. 그러나 아하스는 앗시리아를 너무도 동경했다. 그들의 제단을 본뜨고 앗시리아 양식으로 성전을 바꿨다.

⑥ 호세아 17:1-41 베가를 암살한 이 사람은 멸망 직전의 나라를 장악한다. 앗시리아 황제 살만에셀은 벌로 이스라엘에 무거운 세금을 부과한다. 호세아가 이를 거부하고 반역을 일으키자, 살만에셀은 그를 투옥하고 나라 자체를 없애버렸다. 이스라엘 왕국은 사라졌다. 모든 주민들은 앗시리아에 포로로 끌려갔다.

열왕기의 저자는 한 가지 진리를 지적하면서 북왕국 이야기를 마친다. 이 나라는 "가치 없는 우상들"을 섬기고, 악한 왕들을 선택했으며, 하나님을 등졌기에 망했다. 살만에셀은 이스라엘 백성을 포로로 잡아가는 대신에 다른 나라들에서 사람들을 데려온다. 그가 이스라엘 백성에게 가르칠 제사장을 세워주지만, 백성들은 여러 이방신들을 섬겼다. 북왕국은 이렇게 막을 내렸다.

유다의 몰락 18:1-25:30

히스기야 18:1-20:21; 사 37:1-39:8; 대하 32:24-33 아하스가 북왕국에 가한 압력이 이제 유다로 돌아오려고 하고 있다. 그러나 희망이 있었다. 아버지와는 전혀 다른 아하스의 아들 히스기야였다. 성경은 이렇게 말한다. "그는 주님이신 이스라엘의 하나님만을 신뢰하였는데, 유다 왕 가운데는 전에도 후에도 그만한 왕이 없었다"(18:5). 유다는 앗시리아의 위협을 물리쳤다. 앗시리아의 왕 산헤립은 유다를 침공했고 예루살렘을 제외한 모든 성읍들을 함락시켰다. 앗시리아 군대가 예루살렘을 에워싸고 있을 때, 히스기야는 성전에 들어가 기도했다. 여호와께서는 산헤립이 예루살렘을 함락시키지 못할 것이라 약속해주셨다. 한밤중에 여호와의 천사가 앗시리아 진영을 급습하여 진멸시켰다. 위협은 물러갔고, 앗시리아는 전처럼 맹위를 떨칠 수 없게 됐다.

므낫세 21:1-18; 대하 33:1-20 히스기야의 아들 므낫세는 즉위했을 때 겨우 열두 살에 불과했다. 그는 아버지가 일소한 속된 관행들을 다시 끌어들였다. 아세라를 숭배하고 "하늘의 별을 숭배하고 섬겼다"(21:3). 성전에 우상들과 이방인들의 제단을 두었고, 심지어는 마술과 점치는 일도 행했다. 자기를 반대하는 사람들을 거리에서 처형하기를 서슴지 않았다(21:16). 신실한 아버지 덕분에 앗시리아 군대가 궤멸됐다는 것이 그에게는 천우신조였다.

아몬 21:19-26; 대하 33:21-25 므낫세의 아들은 아버지의 사악한 길로 걸었다. 측근들에 의해 암살되기 전까지 두 해를 다스렸다.

⑦ 요시야 22:1-30; 대하 34:29-36:1 요시야는 세태를 거슬러 증조할아버지의 길을 따랐다. 요시야 치세에 일어난 가장 인상 깊은 일은 성전을 보수하다가 하나님의 율법책을 발견한 것이다.

이어진 개혁을 놓고 판단할 때, 발견된 책은 신명기였던 것 같다. 물론 모세오경 전체였을 수도 있다. 그러면 그 책이 왜 사라졌는지는 아무도 모른다. 성전을 지을 때 그 기초에 묻어두었다고 믿는 사람도 있다. 율법이 예배의 기초임을 상징하는 행위다. 그런가 하면 모세오경의 편찬이 아주 늦게 히스기야 때나 이르러 완성됐기 때문에, 두 악한 선대 왕들의 치세에는 "사라졌던" 것과 다름없지 않았겠냐는 주장을 펴는 사람들도 있다. 어떻게 된 일이던 간에, 율법책의 재발견으로 광범위한 개혁이 일어났다. 요시야는 전국의 장로들을 즉시 소집했다. 그들 앞에서 율법책을 읽고 그 계명에 따를 것을 엄숙히 서약했다(23:2). 그는 솔로몬 시대부터 거슬러 내려온 이방 신전들을 때려 부쉈고, 유대인들은 유월절을 지켰다. 요시야는 중병을 앓고 있던 이스라엘에 개혁을 일으켰다. 거기 있던 이방 신전을 파괴하기 위해 벧엘까지 행차했다. 이로써 여로보암을 향해 발한 예언이 이루어졌다(왕상 13:1-2).

이 일들은 인상적으로 보인다. 하지만 너무 늦었다. 예레미야는 이것이 백성들을 의식한 주로 외형적인 개혁이었다고 평가한다(렘 11:1-14). 하나님은 이스라엘 백성에 대한 노여움을 여전히 풀지 않으셨다. 요시야의 통치는 그렇게 행복하게 끝나지 않는다. 그의 경건과 개혁의지에도 불구하고, 그는 군사적인 전략가는 아니었다. 그는 이집트 바로 느고를 맞아 므깃도에서 싸우다가 패한다.

여호아하스 23:31-34; 대하 36:2-4 요시야의 아들이다. 자위 능력이 전혀 없는 나라를 물려받았다. 바로 느고에게 잡혀 투옥됐다.

여호야김 23:35-24:7; 대하 36:5-8 바로 느고의 손아귀 아래서 유다의 왕으로 옹립됐다. 느고는 사람들의 이름조차 바꿔버렸다. 여호아하스의 동생 엘리아김이 왕으로 세워졌고, 그 이름을 여호야김으로 바꿨다. 엘리아김이나 여호야김이나 뜻은 비슷하다. 왜 이름을 바꿨는지 모를 정도다. 아마 느고가 자신의 절대권력을 과시하기 위한 조치였던 것 같다.

그러나 이집트의 지배는 곧 막을 내렸다. 바벨론이 갈그미스에서 이집트를 꺾었기 때문이다. 이 지역에서 바벨론과 맞설 나라는 없어졌다. 여호야김은 바벨론을 삼 년간 섬기다가 반역을 일으켰다. 바벨론 군대가 침공해서 여호야김을 가볍게 제거한다. 그의 아들이 뒤를 잇는다.

여호야긴 24:8-17; 25:27-30; 대하 36:9-10; 렘 52:31-34 여호야긴은 왕으로 3개월을 지낸다. 그러고는 바벨론에 백기를 들고, 그의 백성 대부분과 함께 바벨론으로 끌려간다. 바벨론인들은 교육 받은 상류층, 병사들, 기예 있는 백성들을 남기지 않고 포로로 잡는다. 지지리 못

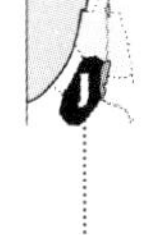

난 백성들만이 그 땅에 남겨졌다. 여호야긴은 바벨론에서 자유로운 몸이 됐으나, 예루살렘으로 돌아오지 않았다.

시드기야 24:18–25:21; 대하 36:17–21; 렘 52:3–30 유다의 마지막 왕은 시드기야다. 여호야긴의 숙부로, 바벨론 왕 느부갓네살이 왕위에 앉혔다. 시드기야는 바벨론을 향해 공연한 반역을 꾀한다. 예루살렘은 포위되고 18개월의 끔찍한 고난 끝에 성은 함락되고 시드기야는 붙잡힌다. 형식적인 재판 끝에 그는 아들들이 처형되는 장면을 목도해야 했다. 이것은 그가 본 마지막 장면이다. 느부갓네살은 그의 눈을 멀게 했다.

예루살렘은 이렇게 최후를 맞는다. 성전은 불타고 왕궁들은 파괴된다. 성벽은 허물어진다. 성전에 쓰던 기구들은 바벨론으로 약탈돼 실려가고, 유다 군대의 패잔병들은 완전 소탕돼 처형당한다(25:8–21).

그달랴 25:22–26; 렘 40:7–9; 41:1–3 이 슬픈 이야기의 에필로그는, 이 나라에 남은 자들을 이끌 총독으로 그달랴가 임명되는 일에 대해 말한다. 그는 숨어 있던 귀족들에 의해 암살당한다. 그들은 그달랴를 부역자로 취급했다. 그들은 바벨론의 화를 피해 이집트로 망명했다.

이스라엘 북왕국과 마찬가지로 남왕국 유다는 철저하게 파괴됐다. 140년 후 앗시리아가 아니라 바벨론이 초토화시켰다는 것 외에는 모든 결과가 같았다. 성전은 폐허가 됐다. 예루살렘은 잿더미가 됐다. 약속의 땅에 대한 대망은 이제 끝난 듯하다.

바벨론 제국

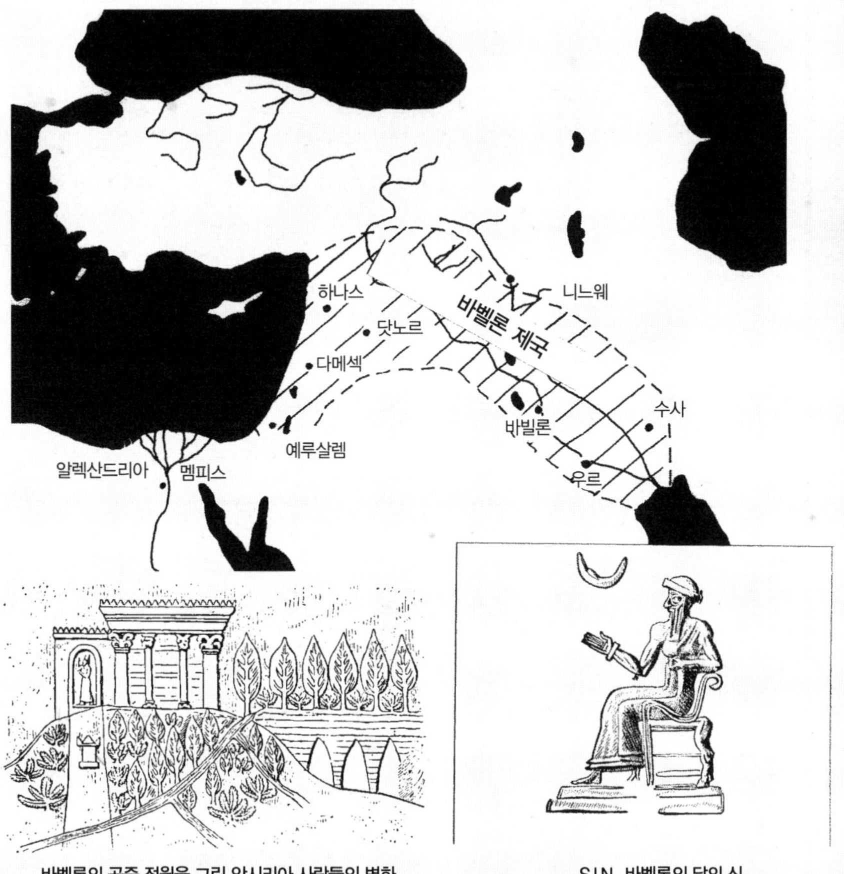

바벨론의 공중 정원을 그린 앗시리아 사람들의 벽화

SIN, 바벨론의 달의 신

바벨론 제국은 느부갓네살에 이르러 최고조로 융성했다. 그는 주전 605–561년 동안 다스렸다. 그는 영토를 시리아와 팔레스타인을 지나 이집트 국경까지 넓혔다. 그는 주전 605년 갈그미스에서 이집트를 파했다. 이 일로 인해 바벨론은 최강국의 위치로 떠오른다(렘 46:2). 유다가 바벨론에게 반기를 들자, 느부갓네살은 가볍게 수도를 함락시키고 사람들을 포로로 잡아왔다(겔 29:17).

포로들은 도시인 바빌론으로 잡혀왔다. 그 위에서 마차를 몰아도 될 정도로 거대한 성벽을 자랑하는 거대도시였다. 각 옹벽은 에나멜 처리를 한 벽돌로 쌓았고, 유프라테스 강에서 끌어온 풍부한 물로 수로를 파 외호(外濠)를 둘렀다. 끌려온 유대인 포로들은 거리마다 서 있는 신전과 탑들을 포함하여 화려한 건물들에 입을 다물지 못했을 것이다. 도시의 중앙에는 위풍당당한 탑 모양의 신전 지구라트 혹은 벨의 신전 탑(단 4:30)이 있었다. 공중 정원도 있었는데, 전설에 의하면 느부갓네살이 메데에서 온 공주인 왕비 아미이티스(Amyitis)의 기분을 돋워주기 위해 세웠다고 한다.

ROUTE PLANNER

족보들 1:1-9:44

① 법궤를 가져온 다윗 13:1-16:43

다윗의 통치 10:1-29:30

② 성전 건축을 위한 준비 22:1-19

③ 솔로몬이 왕관을 쓰다 28:1-29:9

역대상

제대로라면 어때야 했을까

열왕기는 포로가 된 유대인들의 역사를 설명한 것이다. 역대기는 돌아온 자들에게 주는 말씀이다. 황폐해진 땅과 성전을 보면서 이 책은 이렇게 묻는다. "하나님은 이제 우리를 돌보지 않으시는가?"

누가 | 전통에 따르면 에스라가 역대기를 썼다고 한다(에스라-느헤미야가 아니라). 하지만 이 주장은 확실한 것은 아니다. 저자는 제사장이었던 것 같다. 이 책이 성전과 제사장직을 강조하고 있기 때문이다.

언제 | 주전 5세기경. 유대인들이 예루살렘으로 돌아온 후.

무엇을 | 역대기의 두 가지 주요 주제는 이것이다. 다윗의 가문과 하나님의 집. 이 책은 하나님과 그분 백성의 지속적인 관계를 보여주려고 한다. 포로기 이후 재정립된 이스라엘이 전과 같은 나라

한눈에 보는 안내판

저자 에스라라고도 하나 미상
유형 역사서
목적 이스라엘에게 건국의 목적과 영화로웠던 시대를 생각하게 한다.
핵심 구절 17:14 "오히려 내가 그를 내 집과 내 나라 위에 영원히 세워서, 그의 왕위가 영원히 튼튼하게 서게 하겠다."
한 가지만 기억한다면 하나님은 한참 앞을 바라보신다. 그분은 역사를 주관하신다.

한눈에 보는 흐름

사울의 죽음 10:1-14
다윗이 왕이 됨 11:1-9
법궤의 귀환 15:1-29
다윗의 노래 16:7-36
"네 후손이 왕이 될 것이다" 17:1-26
성전 계획 28:1-21
솔로몬이 계승하다 29:21-30

임을 천명한다. 이 책이 왜 그렇게 많은 족보들로 시작되는지 그 이유가 바로 여기 있다. 그 시초로 돌아감으로써 이스라엘은 미래를 바르게 볼 수 있다.

이 연속성은 이스라엘의 예배 관습을 통해서도 표현된다. 역대기의 저자는 성전과 제사장직의 중요성을 곳곳에서 강조한다. '현재의' 왕들이 다윗의 계승자들이고, 재건된 성전이 솔로몬 성전, 더 거슬러 올라가면 모세 성막의 후신(後身)이라는 것이다. 제사장들은 물론 아론의 후계자들이다.

그러나 문제가 없지 않다. 포로에서 돌아온 사람들은 유다 왕국의 백성이었다. 앗시리아에 잡혀갔던 자들, 곧 이스라엘 열 지파들은 돌아오지 못했다. 그러니 어떻게 전과 똑같은 겨레일 수 있는가? 역대기는 많은 백성들이 두 왕국 시대에 남쪽으로 내려왔다고 말한다. 핍박의 시기 혹은 앗시리아에 점령당한 후에도 주로 종교적인 이유의 망명이 이루어졌다는 것이다. 따라서 새로운 나라는 여전히 열두 지파를 대리하는 실체로서, 왕위의 정통성은 바르게 이어져 나가고 있다.

족보들 1:1–9:44

회복된 이스라엘이 과거의 연장선에 있음을 보이려는 뜻이 나타난다. 족보들은 하나님이 이 나라를 위해 행하신 모든 일들을 축약하여 보여준다. 그러므로 이스라엘 역사를 세부적으로 반복하여 말하지는 않더라도, 이름들을 부르는 것만으로도 그들에게는 하나님이 행하신 위대한 구원의 일들을 떠오르게 하기에 충분했을 테다. 이런 이유 때문에 아담과 노아(1:1), 아브라함과 이삭(1:28)이 등장한다. 그러나 몇몇 걸출한 인물들의 이름이 빠져 있다. 모세도 없고 여호수아도 없다. 왜 그런가? 야곱(이스라엘)의 열두 아들들에 이른 후에, 초점은 유다의 집으로 좁혀진다. 이 책은 크게는 유다 지파였던 다윗과 솔로몬에 관한 것임을 잊어선 안 된다.

다윗의 통치 10:1–29:30

① 법궤를 가져온 다윗 13:1–14; 15:1–16:43; 삼하 6:1–11 15장에 나오는 다윗의 세세한 준비는 사무엘하의 사료들에서 확대된 것이다. 역대기가 레위 지파와 음악, 사람들의 이름을 얼마나 강조했는지 이 장을 보아 알 수 있다. 16장에서 다윗이 부르는 노래는 세 개의 다른 시편들에서 잘라낸 조각들로 만든 것이다. 그러므로 다윗이 이 시를 노래했는지 하지 않았는지, 혹은 역대기 저자가 하나의 대표 시가를 지어냈는지는 더 토론해 보아야 할 문제다.

② 성전 건축을 위한 준비 22:1–29:9 역대기는 다시 한 번 성전이라는 주제를 타작마당을 사는 장면으로 가져가 자세하게 다룬다. 역대기의 보도에서 다윗은 손에 너무 많은 피를 묻혔기 때문에 성전

| 평행 구절들 이 구절을 어디서 봤더라? **|**

	역대기상	사무엘하
사울의 죽음	10:1–14	31:1–13
왕이 된 다윗	11:1–9	5:1–10
다윗의 전사들	11:10–12:40	23:8–39
하나님의 약속	17:1–26	7:1–29
다윗의 승리	18:1–17	8:1–18
암몬과의 전쟁	19:1–20:3	10:1–19
블레셋 거인들	20:4–8	21:15–22
인구조사	21:1–30	24:1–25

을 건축할 수 없다. 그가 전쟁에 참전한 것이 어느 정도는 정결하지 않다는 뜻으로 이어진다(22:8-9). 그러나 그는 성전 건축에 대한 생각을 접지 않는다.

역대기에서 다윗은 성전을 위한 구체적인 계획을 수립한다. 석공들을 구하고 솔로몬이 따라야 할 지침들을 정리한다. 다윗은 자신이 성전을 지을 재목이 아님을 안다. 자기 아들이 자신의 생각을 이어받길 원한다. 마치 마음속으로 성전을 짓는 것처럼 움직인다. 그의 준비는 석재와 건축 시안에 그치지 않는다. 그는 시행 규칙까지도 제시한다. 역대기는 제사장들(23:1-24:31), 악사들(25:1-31), 성전 경비병(26:1-28)의 의무를 제정한다. 군 사령관,

난해한 주제

| 역사라고 부를 수 있을까? 열왕기가 연대기나 역사에 있어서 성경과 우리의 견해 차이를 제기한다면, 역대기는 역사의 개념 자체를 수면 위로 떠오르게 한다.

역대기가 제기하는 문제는 과거를 너무 미화한다는 것이다. 예를 들어 책의 상당 부분이 다윗과 솔로몬에 초점을 맞추고 있다. 전체적으로는 무난하지만 그들의 평판에 금이 갈 사항들은 일체 배제한다는 데 문제가 있다. 내전 이야기, 반역, 무엇보다도 다윗과 밧세바의 통간은 거의 다뤄지지 않고 있다. 솔로몬이 만장일치로 왕위에 오르는 것도 문제다. 다윗에게 누를 끼친 사람들에 대한 복수극도 다뤄지지 않고, 후기의 우상숭배나 세기 힘들 만큼 많은 후궁들에 관한 이야기도 나오지 않는다. 열 지파들에 대한 솔로몬의 학정도 빠져 있다. 이스라엘과 유다의 분열에 대한 비난은, 전적으로 여로보암에게 돌아가고 있다.

한편 역대기는 솔로몬의 즉위에 관해서 전혀 다른 보도를 한다. 누가 봐도 반듯하고 건강한 다윗이 대대적인 경축 분위기에서 아들에게 왕위를 물려주고 있다. 열왕기에서는 다윗이 운명하는 자리에서, 유언을 통해서 솔로몬의 정적들을 '치워버린' 후에 왕위 계승이 이뤄진다.

어떤 경우든 간에, 역대기는 열왕기와 같은 의미의 역사일 수 없다. 역대기가 추구하는 이념을 이해하는 것과는 별개의 문제다.

그러면 역대기는 무엇인가? 다윗 왕조에 대한 선전선동을 어떻게 정당화할 수 있을까?

영감론이 그 답이다. 역대기는 말하자면 감동을 주는 연설 혹은 설교다. 저자는 독자들에게 역사관을 심어줘 결국은 감동과 격려를 받도록 하기 위해 광범위한 사료들을 취사선택했다. 저자는 나라를 다시 세우려고 애쓰는 사람들을 위해 쓰고 있다. 영웅적 신앙인들의 성공담에서 감동을 받아야지, 그들의 실패를 보고 낙심하면 안 된다.

역대기는 우리가 이해할 수 있는 역사를 말하고 있지 않다. 그렇게 보이려고 하지도 않는다. 왕이란 이래야 한다는 이상적인 모습을 그려내고 있다. '이스라엘의 대박 사례들'을 골라서 재건된 왕국에 용기를 주는 것이다.

예루살렘으로 돌아온 사람들에게 하나님의 신실한 사람들의 얼이 그들에게까지 계승되고 있고, 성전은 그들이 섬기는 하나님이 주신 표지로서 민족의 심장이며, 하나님이 과거에 이스라엘 왕국을 건국하셨듯이, 다시 한 번 그렇게 해주신다는 것을 강조하는 게 역대기다. 이 책은 그들이 과거와 끈끈하게 접착돼 있음을 거듭 밝힌다. 바벨론에 포로 잡혀갔던 사람들은, 하나님이 자기들을 잊어버리신 게 아닌지, 그 오랜 세월 스스로 속이고 있었던 게 아닌지 두려워했을 것이 틀림없다. 역대기는 아니라고 대답한다. 하나님의 약속은 여전히 굳게 서 있다. 다윗, 모세, 아브라함, 이삭의 후손들은 살아 있고 예루살렘에서 예배하며 잘 살고 있다.

족장들, 왕실의 재산을 관리하는 자들에 관한 의무들도 빠짐없이 챙겼다.

③ 솔로몬이 왕관을 쓰다 28:1-29:9 다윗은 솔로몬에게 성전 건축을 위한 시안을 넘기고, 왕위를 '공식적으로' 양위한다. 이 이상적인 보도는 열왕기상하의 시작부에서 발견하는 야망, 적의, 권력욕과는 상당히 다른 모습을 보여준다. 젊은 처녀의 체온으로 몸을 덥혀야 하는 늙은 다윗, 아도니야의 반역과 솔로몬의 왕위계승에 도전하는 모습도 전혀 언급되지 않는다.

이 책에서 다윗은 모세에게 비견된다. 모세가 약속된 땅으로 들어가지 못한 것처럼, 다윗은 성전을 짓지 못한다. 그러나 모세가 하나님으로부터 성막 양식을 받았듯이 다윗은 성전 양식을 받는다 (대상 22-29장은 출 25-30과 유사하다).

역대하

성전 시대

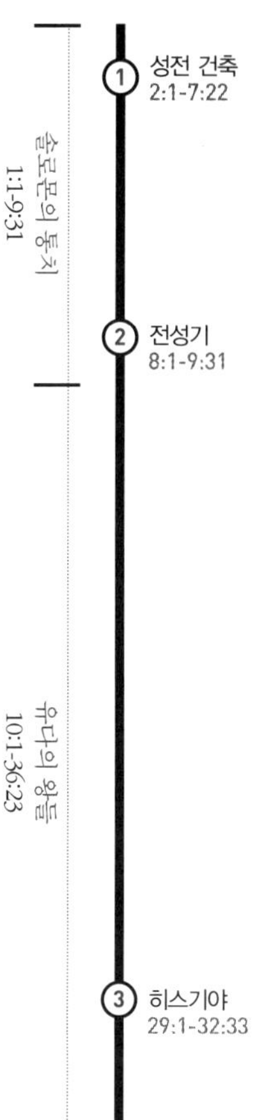

성전에 관해서라면, 역대기는 완전히 결벽증적이다. 의식과 의전들의 세부사항에 목을 맨다. 누가 무엇을 언제 했는지에 관해서도 지나치리만큼 상세하게 보도한다. 왜 이래야 했을까? 그 비밀은 역대기를 기록하던 시기에 감춰져 있다. 역대기는 바벨론에서 막 돌아온 사람들, 와서 성전을 재건하기 위해 죽을힘을 쓰고 있는 사람들을 향해서 쓰고 있다. 이런 맥락에서 성전의 용도, 그 안에 있어야 할 것들, 성전과 관련된 행사들을 될 수 있는 한 자세히 이해하는 것이 매우 중요했다. 성전은 이스라엘 땅에서 하나님의 임재

한눈에 보는 안내판

저자 역대상을 보라.
유형 역사서
목적 역대상을 보라.
핵심 구절 7:19 "그러나 너희가 마음이 변하여 내가 너희에게 일러준 나의 율례와 계명을 버리고 다른 신들을 섬겨 숭배하면, 비록 내가 이 땅을 너희에게 주었지만, 내가 너희를 여기에서 뿌리째 뽑아 버릴 것이다."
한 가지만 기억한다면 하나님을 향하여 신실한 것이 가장 중요하다.

한눈에 보는 흐름

솔로몬의 부 1:1-17
건축 3:1-17
솔로몬이 성전을 봉헌하다 7:1-22
스바의 여왕 9:1-12
분열 10:1-19
웃시야 26:1-23
히스기야 31:1-21
요시야와 율법 34:1-33
유월절 35:1-19
결말과 시작 36:17-23

를 상징하는 가장 중요한 실체였다. 따라서 역대기는 많은 시간을 들여서 성전의 역사와 활동에 주목한다. 이것이 개축된 성전이 추구해야 할 바였기 때문이다.

많은 이름들과 지파들의 긴 목록이 포함돼 있는 배후에도 비슷한 이유가 있다. 우리 눈에는 부적절하게 보인다 해도, 이것들은 단지 역사적인 세부사항이 아니다. 포로 억류에서 돌아온 백성들에게 그들의 조상, 지파가 한 역할을 보여주는 것이기 때문에 그것은 매우 중요한 의미를 지녔다. 그러니까 백성들을 위해 역사를 사적(私的)으로 만든 것이다. 조상들에게 주어졌던 일을 계속 해나가라고 촉구한 것이다.

역대기에 나오는 왕들 열왕기에 나오는 남북왕조의 왕들은 '그다지' 성왕도 아니고 '아주' 악한 왕도 아니다. 선한 왕들도 그 땅에서 이방 제단들을 깨끗하게 몰아내지는 못했다(웃시야의 치세에 있었던 왕하 15:4의 기록을 보라). 역대기는 역사에 대해서 훨씬 '흑백' 논리적인 접근을 한다. 회색지대는 없다. 우상숭배로의 완만한 하락도 없다.

역대기는 열왕들의 통치를 두 부분으로 나눈다. 좋은 출발을 했다가 안 좋게 마지막을 장식하는 왕들의 경우이다. 요아스는 여호야다의 모범과 충고를 따를 때는 성공을 거둔다. 여호야다가 죽자 모든 것이 바뀌고 참담한 결과가 빚어진다. 이 때문에 독자들은 역대기의

평행 구절들 이 구절을 어디서 봤더라?

	역대하	열왕기상
솔로몬의 지혜	1:1–13	3:1–15
솔로몬의 부	1:14–17	10:26–29
성전 건축을 시작하는 솔로몬	2:1–17	5:1–12
성전 봉헌	3:1–7:22	6:1–8:66

핵심 주제 중 하나, 즉 선악에 따르는 결과에 집중하게 된다.

솔로몬의 통치 1:1-9:31

이 부분은 다윗에서 시작하는 왕조의 이상적인 모습을 그린다. 역대기의 첫 책은 다윗을 모세와 비견되는 인물로 그린다. 유사한 대비가 여기서도 나온다. 솔로몬과 공사감독 후람 아비를 출애굽기에 나오는 브살렐과 오홀리압에 비교(출 35:30-36:7)하는 것이다. 여기서 핵심은 이스라엘 역사의 계속성을 수립하고 강화하는 것이다. 하나님이 성막의 건축을 지시하신 것처럼, 성전의 건축 역시 지시하셨다.

① 성전 건축 2:1-7:22 솔로몬의 성전 건축에 관한 상세한 보도는 열왕기상의 보도를 연상시킨다. 이 부분에서도 다소 논쟁의 여지가 있는 상세사항들의 일부가 누락돼 있다. 건축을 위한 무리한 동원이 외국인들의 입에서 나온 것으로 역대기에는 기록돼 있으나(2:17-18), 나중에 열 지파들의 불평을 들어보면 일부 유대인들도 합세한 것으로 돼 있다. 상세한 건축 사항은 누락된 부분이 있다. 열왕기상 6장 4-20절은 완전히 빠져 있다. 하지만 역대기에서는 성전에서 쓰이는 기구들에 관해서는 더 자세한 설명이 등장한다.

② 전성기 8:1-9:31 솔로몬의 부, 영예, 지혜는 대대적으로 강조된다. 그의 행적에 오점을 남긴 말년의 일들은 하나도 언급되지 않는다. 배교, 이방 신들에 대한 언급은 일체 나오지 않는다. 이 시기는 이스라엘의 태평성대다. 잔과 대접들도 전부 순금으로 만든다. "은은 귀금속 축에 들지도 못하였다"(9:20).

유다의 왕들 10:1-36:23

솔로몬 이후 출현한 왕들을 다루는 부분은 거의 유다 왕들에만 초점을 맞춘다. 열왕기 부분보다는 훨씬 짧고, 다른 사료에서 가져온 기사가 많다. 역대기는 일차적으로 유다에 관심을 두는데, 이스라엘의 왕들은 유다 왕들에게 영향을 끼치는 경우에만 다뤄진다.

역대기 기록의 중심 목적은 다윗 집안의 가계를 일목요연하게 나열하고, 다윗에게 끊어지지 않는 계승을 약속하신 하나님의 언약을 보여주는 것이다. 다른 목적이 있다면, 억류 생활에서 돌아온 자들에게 그들이 이스라엘의 참된 남은 자들임을 확신시켜주는 것이다. 따라서 국경을 넘어온 북쪽 지파의 사람들, 그래서 분열 왕국 시대 내내 남쪽에서 산 사람들에 대한 언급이 나온다. 이런 이주의 원인으로서 북왕국의 배교와 불충이 자주 지적된다.

르호보암 10:1-12:16; 왕상 12:1-20

아비야 13:1-22; 왕상 15:1-8 아비야에 대한 역대기의 보도는 열왕기와 비슷하게 약 세 번에 걸친다. 그 보도의 일부는 왕의 긴 연설과 연결된다(13:4-12). 그러나 치세에 관해서는 해석이 엇갈린다. 열왕기는 아비야에 대해 전체적으로 부정적인 견해를 드러내는 반면, 역대기는 두 왕국의 분열의 책임을 여로보암에게 지운다. 역대기에서 아비야는 복수의 도구로 그려진다.

아사 14:1-15:19 역대기는 왕의 변절을 언급하면서 아사 왕에 대한 연보를 소개한다. 그는 10년 동안 옳은 일을 행했기에, 구스 사람들이 침공했을 때 물리칠 수 있었다(14:1-7). 그는 34년의 재위 기

중요한 개념

신전과 성소

고대 문화에서 신전은 신들의 집이었다. 신들이 사는 곳이요, 신봉자들이 제물을 바치는 곳이다. 신전에는 보통 신상이 모셔져 있다. 제물을 바칠 제단 또한 있었다. 어떤 신전에는 신이 앉는 보좌도 마련돼 있다. 대부분의 초기 신전들은 비슷한 패턴을 따라 주건물과 내부의 성소로 구성된다. 대제사장은 바로 이 내부 성소에서 신의 뜻을 물었다.

이스라엘의 하나님은 달랐다. 그분에게는 살 집이 필요하지 않았다. 그러나 성경은, 그분을 기리고, 그분이 자기 백성에게 말씀하시는 몇 군데 전들과 성소에 대해서 말한다.

성막 모세가 지은 성막을 첫 손가락에 꼽는다. 성막이란 일종의 이동 성전이다. 성막에는 성전의 모든 자잘한 기구들이 다 있었다. 제단, 제사장들, 하나님이 뜻을 보여주시는 내부 성소 등이 모두 갖춰져 있었다. 이스라엘이 광야에서 유랑할 때는 접어서 여기저기로 이동할 수 있었다.

성소 이스라엘 백성이 약속의 땅으로 들어갔다. 성막은 정해진 몇 군데의 성소, 그중에서도 주로 실로(삼상 3:3)와 벧엘(삿 20:26-27)에 설치됐다. 이 두 곳에는 여러 차례 법궤가 모셔지기도 했다. 왕국이 분열된 후, 이스라엘의 여로보암은 벧엘을 왕국의 종교적 중심지로 만들었다. 그는 거기에 금송아지 상을 설치하고 거짓 신들에게 희생 제사를 바쳤다(왕상 12:20-29).

성전 다윗이 왕국을 통일하고 예루살렘에 도읍을 정했기에, 법궤 역시 예루살렘에 두는 것이 합당하게 여겨졌다. 다윗은 성전을 짓고 싶어 했지만, 건축은 아들 솔로몬의 손에 의해 완성된다. 예루살렘에는 세 개의 성전이 있었다. 솔로몬의 성전은 주전 587년 바벨론 군대에 의해 파괴됐다가, 70년 후에 재건된다. 제 2성전은

간 내내 '선한 왕'으로 남아 있었다. 그때 그는 이스라엘 왕 바사의 침공을 받았다. 여기 문제가 있다. 열왕기에 나오는 연표에 의하면 바사는 아사가 왕으로 다스린 지 36년째 되는 해에 죽는다. 여러 가지 해결 방안들이 제시됐지만, 필사가의 오류로 보는 게 대세다. 열왕기에는 침공한 해가 기록돼 있지 않다.

그러나 아사는 변한다. 그는 시리아의 벤하닷을 의지한다. 그에게 성전에서 끌어온 은금을 주는가 하면, 선견자 하나니를 구금한다. 역대기는 신실함에는 여호와의 보호가 따르지만, 불순종에는 징벌이 따를 뿐임을 힘주어 말한다.

약 500년 정도 지속되다가 헤롯 대왕의 손에 크게 증축, 보수된다. 이 성전은 수십 년 동안 지속된다. 제 3 성전은 예수님 생애에도 공사가 진행됐다가 주후 64년에야 완공됐다. 그러나 이 성전은 6년밖에는 성전 구실을 못한다. 유대인들이 일으킨 반역에 대한 징벌로 주후 70년 로마군에 의해 완전히 파괴된 것이다. 그 후로 이스라엘에는 어떤 성전도 존재하지 않는다.

여호사밧 17:1-21:3 여호사밧의 통치에 관한 보도에서 그의 치세에 관해 알 수 있다. 열왕기에서보다는 역대기가 그의 통치를 더 많이 다루고 있다. 열왕기는 아합과 엘리야의 관계에 주력한다. 하지만 역대하는 엘리야를 단 한 번 언급할 뿐이다. 그것도 엘리야가 편지를 보낸 것을 간단히 언급한다. 여호사밧은 아합과의 아둔한 동맹으로 인해 비판을 당하지만, 하나님께 신실한 점과 정의에 대한 관심, 공정한 재판으로 인해 칭송을 받는다(19:1-11). 모압과 암몬을 무찌르려는 그의 노력에 각별한 경의가 표해진다. 역대기가 보기에 이들 민족은 회복된 이스라엘의 유대인들에게 거침돌이 되고 있었기 때문이다.

여호람 21:4-20; 왕하 8:16-24 여호람이 자기 동생들을 살해하는 장면은 열왕기에는 나오지 않는다. 이스라엘의 많은 왕들이 똑같이 죽임을 당했다. 여호람은 "이스라엘의 왕들의 길로 행했다"고 비난당한다. 이 말은 역대기에서는 엄청난 모욕적 언사다. 여호람은 아합의 가문과 혼사를 맺고, 그 장인이 걸어간 길로 걸어갔다. 엘리야의 편지(21:12-15)는 여호람이 불충한 결과를 예고한다. 그의 아들들과 처첩들은 죽을 것이고, 그는 병으로 죽을 것이다.

아하시야 22:1-9; 왕하 8:25-29 열왕기 기록에 비해서 짧다. 열왕기의 기록은 예후의 반역과 오므리의 죽음에 초점을 맞추고 있지만, 역대기는 북왕국에 관심이 없다. 아하시야의 죽음에 관한 언급은 열왕기 기록과 약간 다르다. 역대기는 아하시야가 사마리아에 숨어 있다가 발각된다고 말한다. 그는 잡혀서 처형당한다. 그러나 열왕기에서는 도망치다가 화살에 맞아 죽는다.

아달랴 22:10-12; 왕하 11:1-3 자기 이름으로 통치한 유다의 유일한 여왕이다. 왕위 승계를 위해 동원한 방법은 남편 여호람에게 배운 것이 틀림없다. 만약 아달랴가 성공했더라면, 다윗 가문을 통해 내려오는 속박을 깨뜨렸을 수도 있었을 것이다. 그러나 정통성을 지닌 왕은 숨어 있었다.

요아스 23:1-24:27; 왕하 11:4-21 역대기의 기록은 빈번히 일어나는 쿠데타, 성전의 거룩함에 대한 새로운 각성을 강조한다. 성전의 거룩함이란, 오직 허락받은 사람들만이 성전에 들어가는 것이 허용된 일을 두고 말하는 것이다(23:6-7). 역대기는 대제사장 여호야다의 존재와 요아스의 신실함을 연결시킨다. "여호야다가 살아 있는 동안에는" 성전에서 제사를 드렸지만(24:14), 그의 사후에 요아스는 이방 신들에게 유혹되고 말았다.

보응은 지체하지 않고 임한다. 역대기의 주제 가운데 하나는 결과가 신속하게 나타난다는 것이다. 여호와를 거스르는 배교는 왕국에 즉각적이고 심각한 결과를 가져온다. 요아스의 악함, 즉 여호야다의 아들을 죽인 일은 시리아 군대의 침공과 그의 죽음으로 이어졌다. 죽은 사람은 왕만이 아니다. 역대기는 여호와께서 "듣지 않는" 자들에게 예언자들을 보내셨다고 기록한다(24:19).

아마샤 25:1-28; 왕하 14:1-22 아마샤 역시 요아스처럼 두 시기로 완전히 구별된다. 선정을 베푸는 시기(25:1-13)에 이어 악정을 베푸는 시기가 이어진다(25:14-28). 아마샤가 은혜에서 떨어지는 것이 가장 큰 성공을 거둔 직후라는 것은 참으로 역설이다. 그는 거만한 생각으로 어리석게도 이스라엘 왕을 공격한다. 그 결과 예루살렘이 함락되고 왕이 잡힌다. "아마샤가 주를 따르다가 등지고 돌아선 뒤에, 예루살렘에서 반란이 일어나자, 아마샤는 라기스로 도망하였다. 그러나 반란을 일으킨 사람들은 라기스에까지 사람을 보내어, 거기에서 그를 죽였다"(25:27).

웃시야 26:1-23 웃시야도 예외 없이 둘로 구별되는 통치기를 보낸다. 그도 선정 후에 악정을 베푸는 것이다. 지혜와 신실함이 성공을 가져오고, 거만이 들어가자 재앙이 초래된다. 복과 성공이 권력을 가져다주자(26:1-5) 웃시야는 우쭐해지고, 선대 왕들이 그랬던 것처럼 병이 그를 엄습한다.

요담 27:1-9 요담은 하나님을 향해 신실했고 이로 인해 보상을 받는다(27:6).

아하스 28:1-27 아하스는 그나마 선정을 베푸는 시기도 없다. 그는 선정을 베풀며 시작해서 악한 위정자로 끝나는 게 아니라, 악정을 베푸는 왕으로 시작해서 더 악정을 베풀며 끝난다. 그는 앗시리아의 디글랏빌레셀을 원군으로 불러서 일을 더욱 악화시킨다(28:20). 그러나 여호와의 얼굴을 구하기는커녕 전보다 더 큰 악을 자행한다(28:22). 성전 문을 닫고 모든 기구들을 내다쓴 것이다.

③ 히스기야 29:1-32:33 역대기는 솔로몬 이후 어느 왕에게보다도 히스기야에게 많은 지면을 내준다. 그의 신실함은 "그의 조상 다윗"(29:2)에게 뿌리가 닿아 있다. 역대기는 종교적인 개혁과 성전의 재봉헌을 각별하게 무게 실어 다룬다. 이제는 독자들도 짐작하겠지만, 그는 행정과 종교적인 의무에 상당한 분량을 할애한다. 열왕기에서 히스기야의 통치는 산헤드립과의 마찰과 관련하여 주로 다뤄진다. 솔로몬에 대한 역대기의 언급에는 제법 많은 평행 구절들이 나온다. 성전에서의 축제(30:25-26), 왕의 부(32:27-29), 왕국의 영토(30:25) 등이다. 이렇게 보면 히스기야는 두 번째 솔로몬이다. 그러나 역대기는 열왕기에 나오는 일부 세세한 사항들을 빠뜨린다. 열왕기에 따르면 산헤드립이 예루살렘을 공격하러 왔을 때 히스기야는 성전 수장고에서 보물을 꺼내 뇌물을 보낸다(왕하 18:14-16). 역대기는 당연히 히스기야의 교만을 다루지만(32:24-26), 사건은 짧게 다뤄진다. 히스기야는 다윗과 솔로몬과 마찬가지로 가장 좋은 면들이 부각된다.

므낫세 33:1-20 므낫세는 유다 왕 중 가장 오래 재위했다. 역대기 보도는 열왕기와 사뭇 다르다. 두 책 모두 그의 악행들을 고발하고 있지만, 역대기만이 바벨론으로 끌려간 이야기, 거기서 회개한 일

새로운 관점	므낫세에 대한 열왕기와 역대기의 관점
왜곡 어떤 학자들은 하나님의 상과 보복에 대한 역대기의 강조 때문에 사료를 왜곡했다고 한다. 므낫세의 오랜 재위기간을 설명하기 위해서, 회개했다고 써야 했다는 것이다. 그렇지 않다면 주님께서 악한 자를 신속히 그 위에서 끌어내지 않으셨을 리 없다.	타당 사료 그대로를 기록했다고 보는 학자들도 있다. 열왕기 저자들이 가지고 있지 않은 자료에 곧이곧대로 접근했다는 것이다. 역대기에는 악한 왕들의 긴 재위 기사도 얼마든지 있다.

전망 므낫세는 마치 귀환한 이스라엘 백성과도 같다. 그는 징계를 받았지만, 돌이켜 좋은 일을 했다. 이스라엘 백성은 그의 모범을 따라야 한다.

| 평행 구절들 열왕기에 나오는 대체 구절들 **|**

	역대하	열왕기상	열왕기하
르호보암	10:1-12:16	12:1-20	·
아비야	13:1-22	15:1-8	·
아사	14:1-15:19	15:9-24	·
여호사밧	17:1-21:1	22:41-50	·
이스라엘 왕 아합	18:1-34	22:1-35	·
여호람	21:4-20	·	8:16-24
아하시야	22:1-9	·	8:25-29
아달랴	22:10-12	·	11:1-3
요아스	23:1-24:27	·	11:4-21
아마샤	25:1-28	·	14:1-22
웃시야	26:1-23	·	15:1-7
요담	27:1-9	·	15:32-38
아하스	28:1-27	·	16:1-20
히스기야	29:1-32:33	·	18:1-20:21
므낫세	33:1-20	·	21:1-18
아몬	33:21-25	·	21:19-26
요시야	34:1-35	·	22:1-30
여호아하스	36:1-4	·	23:31-34
여호야김	36:5-8	·	23:35-24:7
여호야긴	36:9-10	·	24:8-17; 25:27-30
시드기야	36:11-14	·	24:18-25:21

을 다루고 있다. 열왕기는 므낫세를 가망이라곤 없는 부패한 작자로, 바벨론 억류의 주원인으로 그린다(왕하 21:10-15). 역대기 역시 이 점을 간과하지는 않지만, 그 뒤에 일어난 사건들을 추가한다.

요시야 34:1-35:26 요시야에 관한 열왕기와 역대기의 기록들은 그의 종교적인 개혁과 율법책의 발견에 초점을 모으고 있다. 역대기는 마치 기다렸다는 듯이 요시야가 유월절을 지키는 장면을 세세한 부분까지 신경 써서 다룬다.

요시야는 성왕이었다. 하지만 교만 때문에 마지막을 재촉했다. 예레미야 선지자는 그를 높이 평가하고 그의 죽음에 조가까지 지어 바친다(35:25). 그래서 어떤 사람들은 애가가 예레미야가 쓴 것이라고 믿기에 이르게 됐다.

여호아하스 36:1-4, **여호야김** 36:5-8, **여호야긴** 36:9-10, **시드기야** 36:11-14
유다의 마지막 네 왕은 재위기간이 매우 짧다. 게임은 끝났다. 그들의 이어지는 불충이 바벨론 군대를 불러들였고, 나라가 그들의 손에 떨어졌다. 바로 느고는 여호아하스를 포로로 잡았고, 나중에 이름이 바뀌는 엘리아김으로 왕위를 갈아치웠다. 그 후 느부갓네살은 여호야김과 여호야긴을 폐위하고 그들의 삼촌을 왕좌에 올렸다. 느부갓네살은 그의 이름을 시드기야라고 지어 부른다. 이름을 바꾼다는 것은 소유권의 상징이다. 이 왕들은 이름조차 마음대로 정하지 못할 정도로 정복자들의 손아귀에 들어가 있는 것이다.

결론 36:15-23

역대기의 결말부는 열왕기와 다르다. 열왕기는 포로 억류의 원인을 보여주려고 했다. 열왕기의 기록은 포로 억류 이상을 넘어가지 않는다. 다윗 자손이 여전히 명맥을 이어가고 있음을 보여줄 수 있는 유일한 길은 왕들이 바벨론에 잡혀 있을 때 그들에게 베풀어진 뒷날의 은혜를 말하는 것뿐이다.

반면 역대기는 억류 생활이 끝난 시점에서 역사를 서술한다. 그가 보기에 포로 생활은 정화의 시간이었다. 예배가 중지되거나 참람한 일이 벌어진 후에는 성전을 재차 정결하게 하듯이, 포로 생활

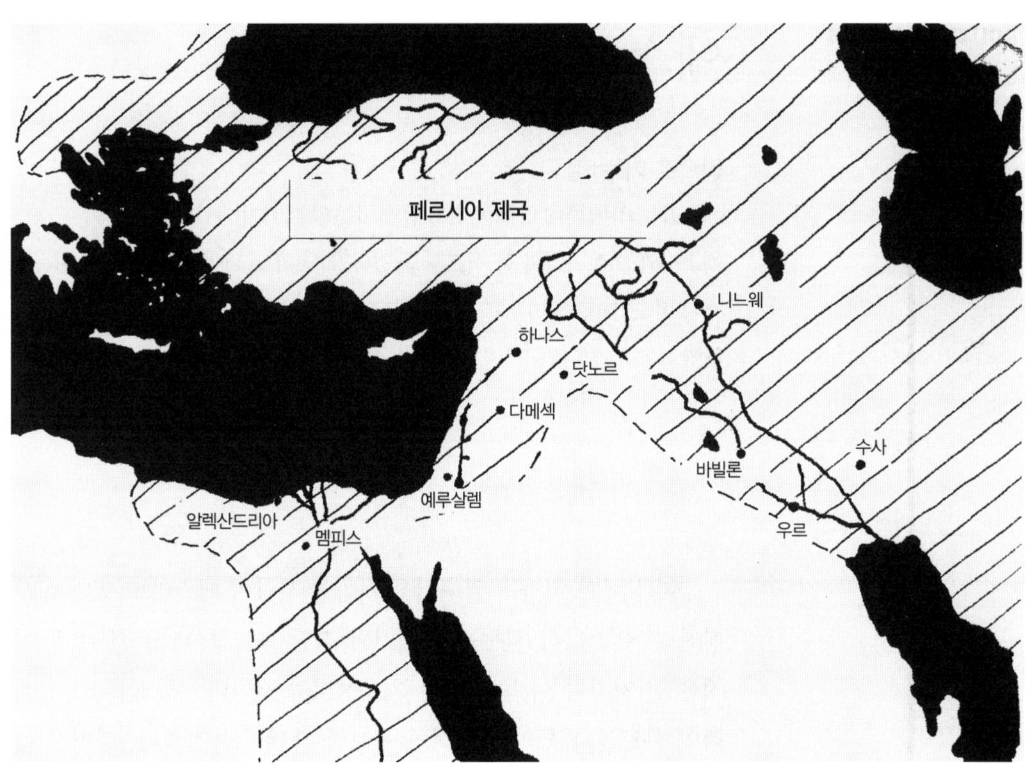

은 백성과 그 땅을 새롭게 할 수 있는 좋은 기회였다. 역대기는 결말부에 이르러 레위 지파에게 준 "안식"(36:21)을 논한다. 레위기에 따르면, 백성들은 매 7년마다 땅을 쉬게 해야 했다(레 25:1-7). 포로 생활은 모든 나라에게 안식일이 됐다. 선하든 악하든 모든 왕들의 통치에서 그 땅이 회복될 수 있는 기간을 마련해준 것이다.

역대기는 고레스의 칙령으로 끝난다. 새로운 성전이 열릴 것이다. 백성들은 돌아올 것이다. 안식은 끝나고 다시 일할 때가 올 것이다.

ROUTE PLANNER

포로들의 귀환
1:1-2:70

성전의 귀환
3:1-6:22

에스라의 귀환
7:1-10:44

에스라

집으로 가는 길

에스라는 바벨론에서 돌아오는 유대인들의 이야기다. 고대 사본들은 에스라와 느헤미야를 한 책으로 묶었다. 그러나 느헤미야의 서두는, 이 두 책이 비슷한 내용을 다루고 있음에도 불구하고 두 가지 분리된 문서임을 분명히 하고 있다.

누가 | 어떤 학자는 역대기를 기록한 사람이 에스라도 썼다고 주장한다. 에스라의 서두는 역대기의 결말부와 그야말로 똑같다. 이 점은 한 저자가 이 두 문서를 기록했다는 것이다. 에스라에도 공식적인 사료들 목록과 일반적인 족보들이 많이 등장한다. 따라서 에스라가 역대기의 세 번째 책, 포로기 후로부터 귀환까지 이스라엘의 역사를 조망하는 책이 아닌가 추측하는 학자들도 있다. 에스라가 자신의 기억을 더듬고, "나"라는 일인칭을 사용하여 설득력을 확보하고 있기는 하지만, 세 권 책 모두의 저자는 에스라일 수도,

한눈에 보는 안내판

저자 누군지는 모르나 역대기를 기록한 저자, 아마도 에스라
유형 역사서
목적 포로 억류로부터 귀환하고 예루살렘을 재건하는 역사.
핵심 구절 3:11 "모두 주를 찬양하며, 감사의 찬송을 불렀다. 주의 성전 기초가 놓였기 때문이다."
한 가지만 기억한다면 상황이 나아지지 않을 듯 나빠도 하나님은 약속을 이루신다.

한눈에 보는 흐름

귀환 1:1-11
재건축과 반대 3:7-4:5
학개의 격려 5:1-6:5
성전과 유월절 6:13-22
에스라의 귀환 7:1-27
난관 9:1-15
해결 10:1-17

아닐 수도 있다.

언제 | 주전 440년경에 쓰였다. 전통적인 견해에 의하면 에스라는 주전 458년, 느헤미야는 445년에 예루살렘에 도착했다. 그러나 어떤 학자들은 느헤미야가 먼저 도착했다고도 주장한다.

무엇을 | 이 책의 목적은 어떻게 하나님의 약속이 이루어지는지 보여주는 데 있다. 하나님은 예언자들을 통해서 약속하셨다. 그 땅은 그분의 백성들에게 되돌려질 것이다.

이것을 이루기 위해서 하나님은 이방의 왕들(고레스, 다리오, 아닥사스다), 유대인 지도자들(예수아, 스룹바벨, 에스라와 느헤미야), 예언자들(학개와 스가랴)을 사용하셨다. 그들의 노력으로 도시는 회복되고, 성전은 재건됐으며, 백성들은 돌아왔다.

포로들의 귀환 1:1-2:70

고레스는 바벨론 제국을 무너뜨렸다. 그리고 일차로 억류 포로들이 돌아갈 수 있게 허락했다. 유다 총독은 세스바살이었다. 그는 유대인 관리였을 수도 있다. 당시에는 모든 유대인이 바벨론식 이름을 사용하는 게 관행이었기 때문이다. 실제로 어떤 학자들은 세스바살이 스룹바벨을 뜻하는 바벨론 이름이라고 주장하기도 한다. 두 사람 모두 총독이었다는 점에 착안한 것이다(5:14; 학 1:1; 2:2). 또 두 사람 모두가 성전의 기초를 놓았다(3:2-8; 학 1:14-15; 슥 4:6-10). 그러나 이러한 유사성은, "관리"였던 세스바살과, 인기 있던 지도자 스룹바벨이라는 엄연히 다른 사람을 공연히 엮어보려는 것임을 지적하지 않을 수 없다. 이 두 사람이 기초를 놓았다고 하는 것은 세스바살의 지도 아래서 이뤄진 일들이 너무 적자 전체 과정이 다시 시작됐다는 사실에 기인한 게 아닐까 싶다.

돌아온 사람들의 긴 목록은 느헤미야 7장 6-73절에 나오는 것과 거의 정확하게 평행을 이룬다. 포로로 억류돼 있는 동안에도, 백성들은 고향과 마을들을 정확하게 기억했다.

성전의 귀환3:1-6:22

제사장 여수룬과 지도자 스룹바벨은 도시와 성전 재건이라는 대역사를 시작한다. 그들이 한 첫 번째 일은 제단을 재건하여 희생 제사를 재개할 수 있게 한 것이었다(3:1-6). 그러고 나서 큰 기쁨과 눈물 나는 즐거움으로 성전의 초석을 놓는다(3:7-13).

재건은 순조롭지만은 않았다. 이 대목에서 연대가 뒤엉켜 몹시 혼란스럽게 된다. 4장은 반대하는 모습을 개략적으로 보여준다. 몇 개 왕조들을 왔다 갔다 한다. 첫 번째는 고레스 통치기(주전 559-530)에 불거진 반대다. 이때 원수들이 "도움"을 제안한다. 아마도 일의 진행을 지연시키고 진척을 방해하려는 의도였던 것 같다(4:1-3). 이 제안을 거절하자, 그들은 선전선동을 감행한다. 일꾼들을 낙심시키고 거짓 정보를 유포하기 위해서다(4:4). 이 일로 인해 다리오의 치세(주전 522-486)까지 공사가 중단된다. 이 일이 있은 후, 연대기적으로 말하자면, 5장으로 훌쩍 넘어간다. 5장은 다리오가

난해한 주제

| 귀환자 숫자가 왜 안 맞는가? 에스라 2장 64-65절은 전체 귀환자 숫자를 밝힌다. 그러나 2장 3-60절 사이에 나오는 각각의 인원들을 더하면, 3만 명 미만이 된다. 1만~1만 2천 명 정도가 모자란다. 느헤미야에서도 비슷한 숫자가 나오는데 합하면 3만 천 명 정도가 된다.

여기서 누락된 12,000명은 여자와 어린아이들, 그리고 계수에 포함되지 않은 열외의 제사장들일 수 있다(2:62-63). 그러나 단순히 오류를 그대로 필사한 결과라고 보는 것이 가장 설득력 있는 설명이다. 에스라와 느헤미야에 나타나는 차이 역시 이렇게 설명할 수 있다.

다시 재건을 시작하라고 명령하는 장면이다.

또 저자는 아하수에로(Xerxes, 주전 484-465)의 치세(4:6)와 아닥사스다(주전 465-424) 아래서 벌어진 배척 이야기를 삽입한다. 다분히 헷갈린다. 이 기사는 성전이 완공되고 난 훨씬 뒤의 일이기 때문이다. 여기서 원수들이 방해하고 있는 공사는 성읍의 방어벽이다. 원수들은 페르시아의 황제 아닥사스다 1세에게 전령을 보내서, 유대인들이 방어벽을 재건하고 있는데, 이는 페르시아에 반역하기 위함이라고 고소한다(4:6-16). 왕은 사실을 조사하고 공사를 중단시킨다. 유대인들이 그간 오랫동안 "말썽"(4:17-21)을 부려왔기 때문이다.

이 중간사가 끝나면 5장에서 주전 520년의 성전으로 돌아간다. 예언자 학개와 스가랴는 백성들에게 멈췄던 공사를 다시 시작하라고 권고한다(5:1-2; 학 1:1; 슥 1:1).

눈앞에서 일어나고 있는 일을 염려한 관리들은 왕에게 편지를 쓴다. 왕의 창고를 조사하다가 고레스의 칙령이 발견된다. 칙령은 유대인들로 하여금 성전과 성읍에 관한 공사를 허락하는 내용이었다(5:1-6:12). 다리오는 성전 재건을 용인했을 뿐더러, 비용도 대줬다. 이 성전은 주전 516년 3월 12일에 완공된다(6:15). 파괴된 지 거의 70년 만의 일이다. 그 후 한 달 뒤 성전에서 다시 유월절을 기념한다.

새 성전은 크게 볼 때 솔로몬의 원안을 따르고 있으나 지성소는 비운 채로 남겨졌다. 왜냐하면 언약궤가 분실돼 어디서도 찾을 수 없었기 때문이다. 학개는 옛 성전을 기억할 만큼 늙은 사람들이 새 성전에 실망했다고 보도한다. 하지만 두 번째 성전은 솔로몬의 성전보다 훨씬 오래 갔다.

궁금증 해소

뒤죽박죽 에스라, 순서대로 읽기

알쏭달쏭

이방 여인들과의 이혼

Q 이혼은 나쁜 건 줄 알았는데, 왜 여기서는 이혼하라는 건가?

A 전체적으로 성경은 이혼을 마뜩찮게 본다. 하지만 지금 여기서는 나라의 미래가 걸려 있다. 결혼의 취향에 관한 문제가 아니다. 이방의 영향력이 하나님의 백성들을 그 사명과 책임에서 비껴나도록 힘을 떨치고 있는 것이다.

Q 그럼 내 아내가 이방 신들을 예배하도록 자꾸 권하면 이혼할 수 있나?

A 없다. 이혼해서는 안 되는 까닭은 훨씬 더 근원적이다.

에스라의 귀환 7:1-10:44

진척에 간극이 생긴 것을 따라가자. 바야흐로 아닥사스다에게 편지를 쓰는 때다(4장을 참조하라). 주전 458년부터 약 60년 정도 도성 공사가 완전히 중단됐다. 이때 에스라는 왕에게 나가 예루살렘으로 돌아가겠다는 청을 올린다. 아직 바벨론에 사는 유대인들이 남아 있었다. 에스라는 이들 중 더 많은 사람들을 유다로 돌려보내 도성 공사를 재개하고 지역 치안을 확립한다.

에스라는 아하와라는 마을에 유대인들을 모은다. 거기서 예루살렘으로 향하는 긴 여정을 출발한다. 예루살렘에 닿아보니, 앞서 귀환한 자들이 주변 족속들과 결혼을 하고, "주변 백성들처럼 살고 있는" 모습이 눈에 띄었다. 하나님의 도성이 거룩하기는커녕, 우상

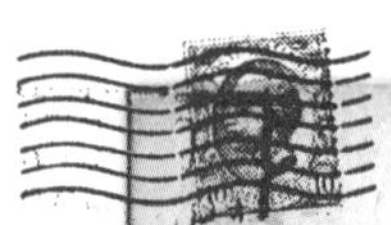

POST CARD

페르시아에 오신 걸 환영합니다!

페르시아 제국은, 자랑스럽게도, 지금까지 지상에 출현한 나라 중 가장 큰 나라입니다! 한때 막강했던 바벨론 제국을 고레스 대왕이 무너뜨렸습니다. 그 후로 우리는 계속 영토를 확장해왔습니다. 하지만 제국 확장과 관련해서 앞선 제국들과 달리 우리는 민족 전체를 옮겨오는 일에는 관심을 두지 않았습니다. 반대로 우리는 사람들과 종교적인 유산을 원래의 나라로 돌려보내는 정책을 구사했지요.

수도 수사는 그 화려함과 우아함으로 이름을 떨치고, 보석과 금 세공업자들로 유명합니다. 물론 미용사들도 썩 괜찮지요. 우리가 신봉하는 종교는 조로아스터교입니다. 가장 중심되는 교리는 "선을 행하고 악을 미워하라" 입니다. 어떤 사람들은 한편으로는 작고 힘없는 나라들을 침공하면서, 진정 그 나라들의 유익을 위할 수 있느냐고 우리를 이상한 눈으로 보기도 합니다.

페르시아, 고레스 대왕의 무덤

숭배와 가나안 사람들의 거짓된 신앙으로 돌아가 있기조차 했다(9:1-4).

누가 봐도 대대적인 수술이 요청되는 상황이었다. 에스라는 오래, 절실하게 기도한다. 이 기도로 주 여호와를 멀리 하던 자들이 제정신을 차리게 됐다. 백성들은 에스라가 권면하는 일을 행하겠다고 서약한다. 에스라는 이혼을 명한다. 몇몇 반대가 있었지만, 제사장들을 배교에 빠지게 한 이방 아내들은 이혼 당하고, 그들의 영향력은 봉쇄된다(10:1-17). 책은 이방 아내들과 이혼하기로 서약한 사람들의 긴 명단을 보여주는 것으로 끝나고 있다.

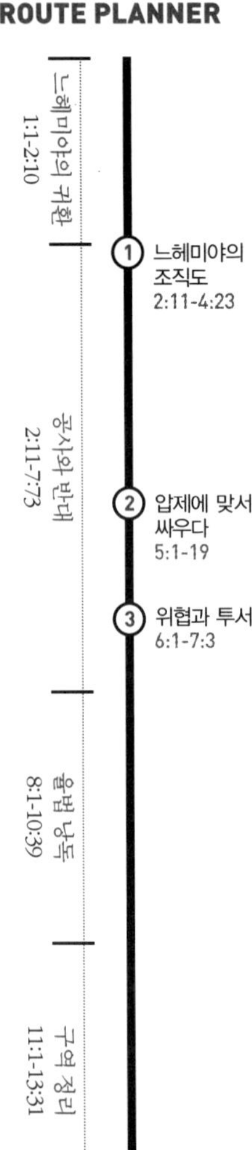

느헤미야

기도와 계획

느헤미야는 에스라의 부속 기록이다. 사실 일부 초기 사본들에서는 이 두 책이 한 권을 이루고 있다. 느헤미야는 에스라의 끝으로부터 12년 후에서 시작한다. 이때 여전히 바벨론에 살고 있던 유대인인 느헤미야는 예루살렘에서 온 소식을 듣는다. 성읍은 황폐하고, 성문을 다시 달지 못한 상태고, 위협에 그대로 노출된 지경이었다.

누가 | 역대기와 에스라를 편찬한 사람과 동일인일 가능성이 높다.

언제 | 에스라와 똑같은 연대, 즉 주전 330년경으로 추정된다.

느헤미야의 귀환1:1–2:10

느헤미야는 왕이 마시는 술을 관장하는 관리였다(2:1). 고대 궁

한눈에 보는 안내판

저자 역대기를 기록한 사람일 가능성이 크다.
유형 역사서
목적 느헤미야의 예루살렘 귀환과 성벽의 재건에 관한 보도
핵심 구절 4:9 "우리는 한편으로는 우리의 하나님께 기도를 드리고, 다른 한편으로는 경비병을 세워, 밤낮으로 지키게 하였다."
한 가지만 기억한다면 기도와 계획이 함께 간다(노력 역시 마찬가지다. 사실은 이 셋이 필요하다).

한눈에 보는 흐름

느헤미야의 눈물 1:1-11
요청 2:1-10
성벽 2:11-20
반대 4:1-23
가난한 사람들에 대한 관심 5:1-19
성벽 6:1-19
에스라의 율법 낭독 8:1-18
고백 9:1-37
언약 9:38-10:39
헌신 13:1-31

전에서는 상당히 신뢰받는 관직이었다. 술 맛은 물론이고 술에 독이 들어 있지 않은지 감별하는 자리였기 때문이다. 그가 예루살렘에 관한 소식을 듣는다. 그리고 그는 선구자 에스라가 그랬던 것처럼 금식하며 기도한다. 느헤미야의 특징 가운데 하나는 그의 인내심이다. 그는 주전 446년 11/12월에 예루살렘 소식을 듣는다. 하지만 주전 445년 3/4월까지 왕에게 청원을 내지 않는다(1:1; 2:1). 왕이 겨울 궁전에 가 있었기 때문일 수도 있고, 적기가 아니었든지 왕이 그다지 기분이 좋은 상황이 아니었을 수도 있다.

그러나 마침내 그는 왕 앞에 나간다. 왕은 그의 수심을 금방 알아챈다. 신하와 모사들이 왕 앞에서 밝은 기색을 하고 있어야 하는 것이 도리였으나, 느헤미야는 안 그런 척 꾸밀 수가 없었다. 그의 슬픈 기색은 왕의 눈에 띄였다. 그는 자신의 곤경을 설명한다. 그의 기도는 응답된다(2:1-9). 느헤미야는 휴가를 간청한 것 같다. 왕은 그가 제법 긴 기간 후에 돌아올 것이라고 기대한다(2:6).

공사와 반대 2:11-7:73

느헤미야의 여행에 반대하는 자들이 있었다. 호론 사람 산발랏과 암몬 사람 도비야가 반대에 앞장섰다. 그들은 지방 총독이었다. 산발랏은 사마리아의 총독이었다. 도비야는 아마도 암몬 지역을 관장하는 총독이었던 것 같다. 그들은 종교적인 이유가 아니라 정치적인 이유로 반대했다. 강한 유다가 그들의 권력과 영향력을 제한하게 될 것이기 때문이었다. 따라서 느헤미야는 매우 조심스럽게 임무를 수행해야 했다. 그는 비밀스럽게 성벽들을 돌아보았고(2:11-16), 지역 지도자들을 격려했다(2:17-18). 그리고 반대가 예상되지만 일을 진행할 자신의 권한을 강력하게 내세웠다(2:19-20).

① 느헤미야의 조직도 2:11-4:23 3장은 느헤미야의 조직에 대해 말한다. 40명의 핵심 인물들의 이름이 거명된다. 45군데의 지역이 할당된다. 이 보도로 보아 대부분의 공사가 성읍의 문들을 재건축하는 데 맞춰져 있음을 엿볼 수 있다. 이 일은 대단히 중요하다. 성문은 적들이 쳐들어 올 수 있는 요충들이기 때문이다. 모든 유대인들이 일꾼으로 나섰다. 위로는 대제사장인 엘리아십(3:1)에서 시작해서 금장색, 향 제조자, 상인과 성전 봉사자들 모두가 포함됐다.

산발랏과 도비야의 희롱에도 불구하고, 성벽은 차근차근 올라갔다(4:1-7). 그들의 방해 공작이 더 거세지자 느헤미야는 전형적인 반응을 나타내 보인다. 즉 "기도하면서" 동시에 "파수를 서는" 것이었다. 믿음과 현실적인 조치의 조합은 느헤미야가 늘 취하는 방식이다. 그는 하나님을 깊은 믿음으로 의뢰하면서 세밀한 계획을 세운다. 그의 일꾼들은 한 손에는 호미, 다른 한 손에는 칼을 들고 일한다. 완수해야 하는 임무와, 그들이 직면하고 있는 위협을 잘 파악하고 있음을 보여주는 모습이다(4:9-23).

② 압제에 맞서 싸우다 5:1-19 느헤미야는 가난하고 기가 꺾인 백성들을 염려했다. 형제들을 억압하는 유대인들에 대한 증거가 확보되자, 그는 신속하게 조치를 취한다(5:1-13). 화가 치밀었지만, 그는 심사숙고했다(5:7). 그는 잘못을 바로 잡기 위해 백성에게 공개적으로 문제를 지적한다. 백성들은 그의 호소에 응답한다. 아마도 그들은 느헤미야가 보여준 모범을 따르고자 한 것 같다(5:14-19). 느헤미야는 자신이 가난한 사람에게 베풀고 그들로부터 어떤 부당한 이익도 취하지 않았음을 분명히 한다. 싼 값에 재물을 긁어모을 수 있었음에도 불구하고, 자신의 직위를 남용하지 않았다. 일꾼들은 그의 모범을 따른다(5:16).

③ 위협과 투서 6:1-7:3 산발랏과 도비야는 느헤미야와 만나기 위해 계략을 꾸민다. 추측컨대 그를 자기 책무에서 벗어나게 하려는 것이었다(6:1-4). 이 일이 실패로 돌아가자 바벨론 왕에게 추문을 퍼뜨리겠다며 투서를 보낸다(6:5-8). 심지어는 느헤미야의 일꾼들에게 뇌물을 주고 그를 죽이려고 한다(6:10-14). 스마야는 그의 목숨을 구할 요량으로 느헤미야를 설득해서 성소에 들어가게 한다. 사실 그 일은 금지된 일이었다. 스마야의 율법에 대한 무지가 느헤미야로 하여금 위협에 대처할 여유를 주었다. 느헤미야는 다시 기도하면서 공사를 마친다.

궁금증 해소

초막절 혹은 장막절

유대인의 명절 수코트(*Succoth*)는 광야에서 지낸 시간을 기념하고 하나님의 보호를 감사드리는 절기다. 이때 백성들은 장막이나 오두막에서 지내야 했다. 율법을 낭독했고, 좀 더 후기로 가면서는 큰 촛대에 불을 켜 성전을 환하게 밝혔다. 이 명절 중에 예수님이 "나는 세상의 빛이다"고 하신 것은 바로 이런 연유에서였을 것이다.

율법 낭독 8:1-10:39

성벽 공사가 끝났다. 백성들이 모두 모여 "하나님의 율법"을 낭독하는 것을 들었다. 이 책이 무엇이었는가에 관해서는 이견이 있다. 아마도 신명기나 모세오경 전체였을 것이다. 백성들은 대여섯 시간을 꼼짝도 않고 서 있었다. 그러나 중요한 것은 그들이 하나님의 율법을 듣기만 한 것이 아니라, 먼저는 예배로(8:6), 그 다음에는 회개와 기도로(8:13-9:37), 마지막에는 행동(10:28-29)으로 반응을 보였다는 것이다. 그들은 성경을 단지 듣기만 한 것이 아니라 행동으로 옮겼다. 우리 모두가 따라야 할 모범이다.

그들의 헌신은 10장에 자세히 다뤄진다. 그들은 자기들이 하려는 일을 충분히 숙지한 가운데(10:29), 율법을 따르기로 작정했다. 십일조와 성전 예배뿐 아니라 희년을 다시 지키기로 한 것이다(10:31).

구역 정리 11:1-13:31

마지막으로 느헤미야는 땅의 구역들을 정리한다. 예루살렘에는 다시 사람이 살아야 했다. 그러나 성읍이 작아서 모두가 예루살렘에서만 살 수는 없었다. 예루살렘에서 살 사람들을 선발하기 위해 제비를 뽑았다(11:1). 이 성읍에 정착한 사람들의 명부가 나온 후에, 성읍 성벽의 낙성식이 묘사된다(12:27-47). 두 떼의 사람들이 성벽 꼭대기를 돌며 행진한다. 그들은 하나님을 찬양하고 기쁨으로 노래한다. 이렇게 한 후에는 성전에서 예배를 드린다.

POST CARD
예루살렘에 다시 오신 걸 환영합니다!
포로 억류가 끝난 후의 예루살렘은 전보다 훨씬 볼 만합니다! 호기심 많은 관광객이라면 성전을 포함해서 성문들과 방어 성벽 등 유명한 건축물들의 파편 조각들을 캐낼 수 있습니다. 하지만 스산한 거리 모습 때문에 너무 실망하진 마세요. 이 도시의 설계자에게는 야심 찬 계획이 있답니다. 그렇지요. 성전은 이 새 도시가 거둔 승리의 하나입니다. 물론 영화로웠던 솔로몬의 성전에 비할 수는 없지요. 특히 지성소가 텅 비어버리고 언약궤가 사라진 지 오래라 더 그렇답니다.
그렇지만 예루살렘은 여전히 종교의 중심 도시입니다. 관광객들은 종교적인 축제와 예식들을 경험할 수 있습니다. 아, 대여섯 시간씩 한 사람이 모세오경을 읽는 행사에도 참여할 수 있습니다. 뭘 더 원합니까?
양문
어문
회문
옛 문
동문
성전
마문
느헤미야 시대, 예루살렘의 대략적인 윤곽
큰 망대
화덕 망대
골짜기문
다윗의 성
수문
성벽
샘문
분문

느헤미야의 마지막 대목은 율법을 읽고 난 이후 변화들을 소개한다. 느헤미야는 성전 공사를 충실하게 지원함으로써 제사장들과 레위인들이 "부수적인 일"(13:4-14)에 시달리지 않게 일을 마무리

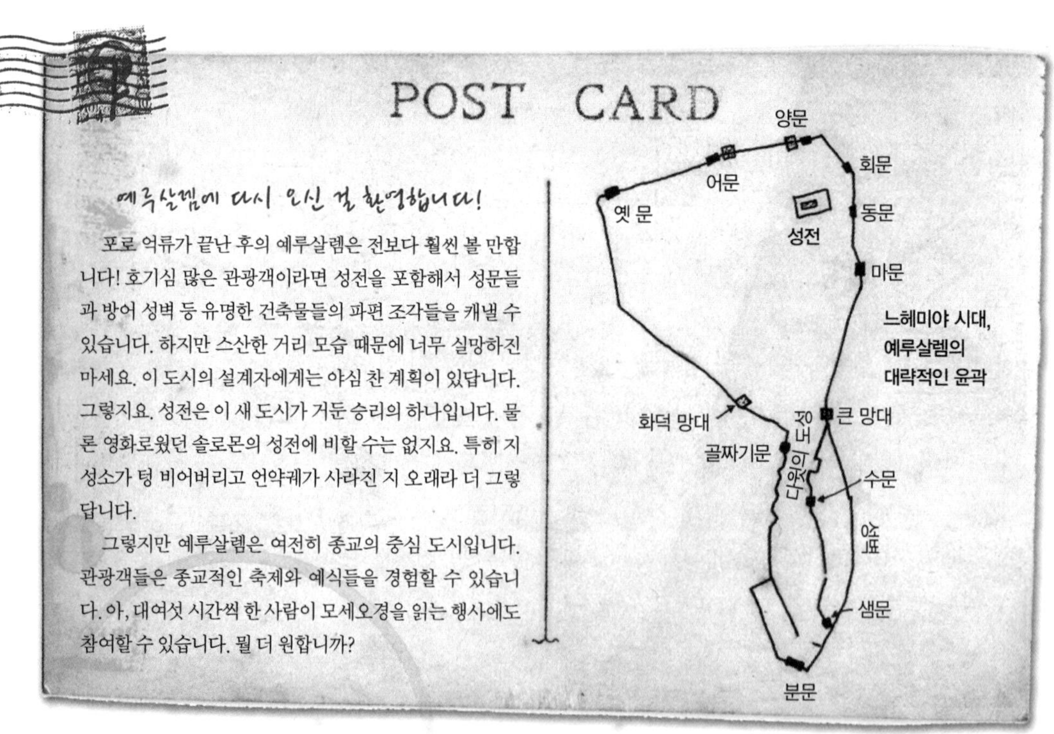

짓는다. 그는 에스라가 그랬던 것처럼 안식일의 바른 준수를 회복하고 혼혈 결혼을 정리한다(13:15-29).

매번 이 부분은 인종 청소 같이 들려서 불편하다. "섞여 사는 이방 무리"(13:3)는 이스라엘 백성에게서 분리됐다. 그러나 이 주제는, 이스라엘 역사에서 반복적으로 확인하다시피, 이방인들이 이스라엘의 신앙을 변색시키는 일과 관련이 있다. 이 조치의 핵심은 책의 마지막 구절에 나오는 느헤미야의 진술에서 확인할 수 있다. "나는 제사장들과 레위 사람들에게 묻은 이방 사람의 부정을 모두 씻게 한 뒤에, 임무를 맡겨 저마다 맡은 일을 하게 하였다"(13:30). 엄청난 조치였지만, 포로에서 돌아와 세운 왕국은 이 정도 모험을 감수할 만큼 소중했다.

ROUTE PLANNER

왕비가 된 에스더 1:1-2:23
① 간택 준비 2:1-18
② 구출 2:19-23
하만의 음모 3:1-15
에스더에 의해 무산된 음모 4:1-9:19
③ 두루마리를 읽다 6:1-14
부림절 9:20-10:3

에스더

배후에 계신 하나님

왕비가 된 히브리 여자 에스더에 관한 이야기. 에스더는 동화책 같은 분위기를 자아낸다. 궁정에서 일어나는 음모, 위험과 조마조마한 사건들이 전개된다. 하나님이 단 한 번도 언급되지 않는다.

누가 | 누가 이 책의 저자인지는 모른다. 한 페르시아의 도성에 사는 유대인이라는 정황 증거는 있다.

언제 | 대략 주전 460년경

무엇을 | 이 책은 에스더에 관한 이야기다. 에스더는 유대인 여자로서 페르시아의 왕비가 되고 자기 민족을 구출한다. 에스더에서 참 이상하다고 생각되는 것은 이 책이 하나님을 전혀 언급하지 않는다는 것이다. 정말 한 번도 언급하지 않는다. 어떤 성경학자들

한눈에 보는 안내판

저자 미상
유형 역사서
목적 하나님이 어떻게 그의 백성을 구출하시는지, 심지어 그분의 존재를 인식하지 못하는 순간에도 어떻게 구출하시는지 보여준다. 아울러 유대 명절인 부림절의 연원을 설명한다.
핵심 구절 4:14 "왕후께서 이처럼 왕후의 자리에 오르신 것이 바로 이런 일 때문인지를 누가 압니까."
한 가지만 기억한다면 하나님은 이 세상에서 늘 일하고 계시다. 그분이 거기 계심을 거의 느끼지 못하는 순간에도 그분은 일하신다.

한눈에 보는 흐름

에스더가 왕비가 되다 2:1-18
모르드개가 왕을 구하다 2:19-23
하만의 음모 3:1-15
이때를 위함이라 4:1-17
역전되다 6:1-7:10
유대인들의 보호 8:1-17
부림절 9:20-32

은 *YHWH*(하나님/야훼)를 나타내는 신명 표기)가 머리글자 형태로 여기저기 이 책에 숨겨 있다고 믿는다. 이들은 이 책의 중요한 주제 가운데 하나가, 우리 눈에 감춰져 보이지 않지만 역사의 씨줄날줄로 짜인 하나님의 목적이라고 주장한다. 에스더는 억눌린 사람들을 위한 해방과 정의라는 메시지로, 책이 쓰인 당시뿐 아니라 오늘에까지도 합당한 책으로 우리에게 다가온다.

부림절 에스더는 유대인들에게 인기 있는 책이다. 이 책이 부림절을 말하고 있기 때문이다. 부림은 에스더가 가져온 구출을 경축하는 절기다. 축제가 벌어지는 동안 회당에서는 구출에 얽힌 이야기들을 말해주고, 또 야외극이 공연되기도 한다. 부림이라는 단어는 '제비뽑기'를 뜻하는 히브리말에서 유래됐다. 하만이 유대인들을 몰살할 날을 잡기 위해 제비를 뽑았던 것을 가리키는 것이다.

하지만 이 책을 부림절과 연결시키는 것은 역사적 문서로서 이 책의 진정성에 여러 가지 의심을 일으킨다. 성경 다른 어떤 곳도 부림절을 언급하지 않는다. 그리고 부림절이 축제로 지켜졌다는 문헌상의 기록이 주후 2세기까지는 나타나지 않는다. 그럼에도 불구하고 이 책은 페르시아인의 생활과 관습을 아주 정밀하게 묘사한다. 아울러 아하수에로 왕에 관한 묘사는 우리가 성경 외의 다른 사료들을 통해서 보는 그의 모습과 일치한다.

왕비가 된 에스더 1:1–2:23

왕족들이 살아가는 이야기… 아하수에로 왕은 세상에서 가장 힘센 왕이었다. 왕비인 와스디와의 사이에 불화가 생겼고 이 일로 왕비는 폐위된다. 아하수에로 왕은 다리오 왕의 뒤를 이은 인물로서

궁금증 해소

아하수에로 왕의 본명

아하수에로는 아하쉬루스라는 그리스 이름을 히브리 식으로 읽은 것이다. 또 아하쉬루스는 크샤아르샨이라는 페르시아 이름을 그리스 식으로 읽은 것이다.

주전 486-465년까지 다스렸다. 와스디의 폐위 연도는 주전 484/483년이 확실하다. 와스디는 훗날 아들 아닥사스다의 재위 기간에 모후로서 다시 등장한다. 하지만 왕의 눈 밖으로 밀려난다.

① **간택 준비** 2:1-18 에스더는 왕의 후궁으로 선발돼 몸단장 기간을 거친다(2:12). 모든 후보자들을 물리치고 에스더는 왕의 눈에 들어 왕비로 간택된다. 왕은 에스더가 유대인이라는 점을 모르고 있다.

② **구출** 2:19-23 에스더의 일족들이 왕을 구한다. 사촌 모르드개는 왕에 대한 반역을 적발한다. 그가 에스더에게 고한다. 이어서 왕에게 아뢰고 계략은 수포로 돌아간다. 이 사실과 모르드개의 공이 기록된다.

하만의 음모 3:1-15

주전 539년 페르시아의 고레스에 의해 바벨론이 사라진다. 이 사건으로 많은 유대인들이 예루살렘으로 돌아온다. 하지만 그 일부는 동쪽으로 이주하여 메대와 페르시아의 도시들로 옮겨간다. 아하수에로 시대의 문헌들을 보면, 니푸르 성에 살던 약 백여 명의 유대인 이름이 나온다.

하지만 다른 나라에서 하나님을 믿는 자들로 산다는 것은 결코 쉽지 않았다. 아하수에로 왕의 높은 신하였던 하만은 명예욕에 빠져 사람들마다 자기에게 절하게 한다. 유대인이며 에스더의 사촌인 모르드개는 이 명령을 거부한다. 이를 트집 잡아 하만은 유대인들을 몰살하기로 한다. 등골이 서늘할 정도로 신속하고 효과적으로 명령이 내려진다. 모든 유대인은 남녀노소를 불문하고 죽여야 한다. 제비를 뽑아 날짜를 정했다. 아달 월의 열사흘이었다. 아하수에로 왕은 제대로 알지 못했던 게 분명하다. 하만은 아하수에로 왕에게 유대인이라고 말하지 않고 "어떤 민족"(3:8-9)이라고만 얼버무린다.

궁금증 해소

메대와 페르시아의 법

아하수에로 왕의 참모들은 변경할 수 없는 법을 제정하라고 간언한다. 이 법은 8장 8절과 다니엘 6장 8절에도 기록돼 있다. "메대와 페르시아의 법"은 그 후로 변경할 수 없는 어떤 것을 통칭하는 말이 됐다.

에스더에 의해 무산된 음모 4:1-9:19

계략을 알아챈 모르드개는 베옷을 입고 왕궁 문 앞으로 간다. 유대인들에게 곧 벌어질 일에 관해 에스더에게 전갈을 넣는다. 에스더는 왕과 하만을 연회에 부른다.

③ 두루마리를 읽다 6:1-14 이 일 전에 막간의 사건이 있다. 왕이 사료들을 읽다가, 모르드개가 행한 일을 기억해내곤 그에게 상을 베풀기로 한다. 정말 웃기게도 하만은 왕이 자기에게 상을 베풀기로 한 줄로만 여긴다. 그러다가 상이 모르드개에게 돌아가게 된 것을 안다. 게다가 부아 나게도 모르드개를 위한 개선행진을 준비해야 했다.

하만은 이제 자신이 절박한 형국에 빠진 것을 알아챈다. 왕이 유대인들에게 벌어질 뻔했던 일에 대해 알게 되면, 하만은 죽은 목숨이다(6:12-14). 진실이 곧 밝혀질 판이다. 그 연회에서 에스더는 하만이 획책했던 일을 폭로한다. 하만은 처형된다. 그것도 모르드개를 처형하려 했던 그대로 처형된다.

하지만 위험은 아직 제거되지 않았다. 유대인을 처형하라는 명령이 제국의 각 도로 전달됐기 때문이다. 에스더는 왕에게 법을 바꿔달라고 간청한다. 왕은 에스더에게 다른 법을 내릴 수 있는 권한을 부여한다. 하만의 명령을 무효화하고, 오히려 유대인들이 자신들을 위협하는 자들에게 보복을 가할 수 있는 권한을 부여했다.

절기

월	히브리 월	절기 및 농사
3월	아빕	14 유월절 15–21 무교병, 보리 수확
4월	이야르, 십	
5월	시반	6 오순절, 밀 수확
6월	탐무즈	첫 무화과
7월	아브	포도 준비
8월	엘룰	수확 경작
9월	티슈리, 에타님	1 나팔절 10 속죄일 15–21 초막절
10월	마르체쉬반	올리브 수확 곡식 씨뿌리기
11월	키슬레브	25 빛의 축제, 하누카
12월	테베스	
1월	쉐밧	삼 수확
2월	아달	13–15 부림절

…… 건기 ……

…… 우기 ……

절기는 이스라엘의 월력에서 등뼈와 같은 것이다. 세 가지 중요한 명절이 있다. 유월절, 오순절, 속죄일이다.

유월절(레 23:4-5)은 이스라엘 백성이 이집트에서 하나님의 구출을 받은 사건을 기념한다. 유월절은 첫 달의 어느 날 저녁에 일어났다. 가족들은 특별히 양 고기를 먹는다. 유월절 뒤에는 무교병(레 23:6-8)을 먹는 절기가 따른다. 이스라엘 백성들이 이집트에서 황급하게 빠져나온 일을 기념하는 절기다.

오순절 혹은 주간절(레 23:15-22; 민 28:26-31)은 큰 수확을 기념하고 성전에서 제사를 드리는 기간이다. 7개월 째 되는 달의 첫 날에는 추수를 기념하는 축제인 **나팔절**이 있었다.

나팔절 뒤에는 **속죄일**(레 16:1-34, 23:26-32)이 온다. 이날은 금식과 회개를 하는 날로서 백성들이 자신의 죄를 속함 받으려는 날이다.

그 다음으로 이어지는 절기는 **장막절** 혹은 **초막절**이다(레 23:33-44). 이 절기는 8일간 행하는데, 이스라엘이 광야에서 유랑한 사건을 기념한다. 가족들은 7일 동안 장막에서 지내면서 좋은 과일들을 바친다.

하누카 혹은 **봉헌절**은 성전 정결을 기념하는 절기다. 이 절기는 마카비 혁명 이후로 지키게 되었다. 성전 촛대에 다시 초를 태우게 된 일, 혹은 혁명이 일어나는 동안 소량의 기름만으로 성전을 7일 동안 밝힌 기적을 기념하기 위해 초들을 켠다(마카비상 4:50-51).

마지막으로는 **부림절**이 있다. 에스더서(에 9:26-32)에 나오는 대로 페르시아에 살던 유대인들이 구출받은 일을 기념하는 절기다.

부림절 9:20–10:3

모르드개는 유대인들에게 부림절을 지킴으로써 구출된 것을 기념하라고 명령을 내린다. 짧게 이야기가 요약되고(9:24–32), 아하수에로 왕의 치세와 왕의 충복 모르드개를 칭송하면서 막을 내린다.

지혜서

지혜서에 속하는 다섯 책은 다루는 폭이 매우 넓다. 인간의 모든 삶이 여기 있다. 고통, 쾌락, 사랑, 미움, 성(性), 분노, 냉소적인 권태, 거침없는 기쁨 등 하루하루 삶에서 찾을 수 있는 정서와 태도가 다섯 권의 책에 고스란히 담겨 있다.

여러 가지 의미에서 이 책들은 매우 '인간적'이다. 곤혹스러운 질문을 던지고, 어두컴컴한 분위기를 자아내기도 한다. 나쁜 일에 대해서도 말하지만, 좋은 일들도 대놓고 말한다. 눈에 보이는 세상과 인간적임에 대한 파격적인 평가가 자주 튀어나온다. '지혜'에 해당하는 히브리어는 '삶의 기술'이라는 뜻에 가깝다. 유대인들은 지혜를 대단히 실천적인, 삶을 제대로 살게 해주는 뭔가로 생각해왔다. 물론 이 기술은 가벼운 처세술 정도는 아니다. 이것은 하나님과 인류의 관계에 초점을 두고 있다. 그리고 모든 지혜와 지식은 그분과 그분이 하신 일에 대한 적절한 존경심에 바탕을 두고 있다.

| 욥기 욥기는 고통 문제에 대한 긴 묵상이다. 거의 책 전체가 두 가지 상반된 견해의 긴 논쟁으로 구성돼 있다. 논쟁의 끝에는 하나님이 등장하시나 문제에는 답을 주지 않으시는 것으로 보인다.

| 시편 시편은 150수의 시 혹은 가사들을 모아놓은 시집이다. 어떤 시들은 활기차고, 어떤 것들은 울적하다. 어떤 것들은 의기소침한가 하면, 감사의 생각으로 가득찬 시들도 있다. 이 시들은 하나님과 관계를 갖는다는 것이 무엇인지 대단히 개인적으로 묵상한 것들이다.

| 잠언 잠언은 인간 삶의 모든 측면들에 대한 현명하고 유용한 격언들의 모음이다. 이 격언들은 일, 여자, 술까지 다룬다. 잠언의 목적은 우리를 바르게 살게 하는 것이다. 인간 행위에 대한 간추린 지침서와도 같다.

| 전도서 전도서는 성경에서 가장 이상한 책 가운데 하나다. 실존하는 것의 무의미함에 대해 어둡고 냉소적인 묵상이 이어진다. 하나님의 위대하심을 의식하기도 하지만, 책 전체에 흐르는 분위기는 겨울비가 오는 날 버스를 기다리는 흐린 아침의 울적함이다.

| 아가서 아가서는 사랑의 시다. 성의 아름다움을 대놓고 즐거워한다. 선의로 무장한 신학자들과 성경학자들이 이 책을 일종의 풍유(諷諭)로 보려고 애를 쓰지만, 다시 봐도 남녀 간의 사랑에 관한 책이다. 아가서 앞에서는 사슴을 논하지 말라!

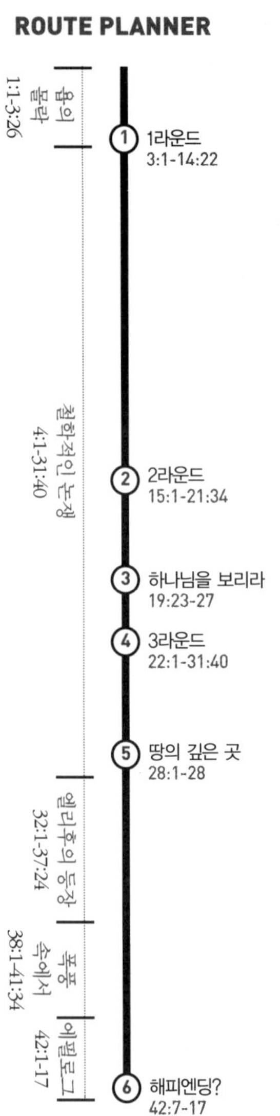

욥기

신앙과 고난

욥은 역동적이면서도 대단히 신비스러운 책 중 하나다. 탁월한 시들은 고난과 신앙에 관한 탐구, 무엇보다 하나님의 권능을 다룬다.

누가 | 욥 자신이 저자는 아닌 것 같다. 아마도 후대의 저자가 아닐까 싶다. 여러 자료들을 바탕으로 욥기를 정리 편찬한 것 같다.

언제 | 이 책의 저작연대를 짐작하기는 쉽지 않다. 솔로몬의 치세에서 포로기까지 언제라도 기록됐을 수 있다. 하지만 사건은 이보다 훨씬 더 앞서 일어났다. 영웅 욥은 아브라함에 비교될 수 있는 인물이다. 그는 족장이었고 가축을 많이 거느렸으며, 대가족의 가장이었다. 그리고 장수했다. 그래서 아마도 이야기의 배경은 주전

한눈에 보는 안내판

저자 미상
유형 지혜문학
목적 이 책은 하나의 근원적인 질문을 붙들고 씨름한다. 왜 죄 없는 사람이 고난당하는가?
핵심 구절 19:25-26 "내가 알기에는 나의 구속자가 살아 계시니 후일에 그가 땅 위에 서실 것이라 나의 이 가죽, 이것이 썩은 후에 내가 육체 밖에서 하나님을 보리라."
한 가지만 기억한다면 우리는 왜 사람이 고난당하는지 모른다. 그러나 하나님은 우리의 신앙과 경배의 대상이 될 자격이 있으시다.

한눈에 보는 흐름

욥이 전부 잃다 1:1-22
재 가운데 앉아서 2:1-13
태어나지 않았더라면 3:1-26
고통의 이유 7:1-21
인생의 쓰라림 10:1-22
빌닷의 정죄 18:1-21
하나님을 보리라 19:1-29
지혜를 구함 28:1-28
엘리후의 등장 32:1-10; 33:1-33
하나님의 개입 38:1-41
폭풍 속에서 40:1-24
욥의 반응 42:1-17

2000-1500년인 것 같다.

무엇을 | 욥은 "의인"이었다고 한다. 그는 일어나지 말아야 할 모든 일들이 그를 엄습할 때도 흔들리지 않고 굳게 서 있었다. 그는 또한 온전하고 흠이 없으며, 정직한 사람이었다고 한다. 그가 살았다는 '우스 땅'은 '동방'의 어느 한 지역이다. 다시 말해서 그는 이스라엘 사람이 아니었다. 그렇다. 욥의 경험과 그의 질문은 인류에게 보편적인 것이다.

욥은 고통의 문제에 관심을 보이는 것 같다. 그러나 결말부에서 제시되는 답은 그리 현실적이지 않다. 욥은 왜 고난이 일어나는지 설명하지 않는다. 오히려 고난을 해설하는 모든 이론의 경박함을 고발한다. 욥의 친구들, 즉 위로자들은 욥이 죄를 범했음에 틀림없다고 믿었다. 그들은 왜 고난이 일어나는지 멋지고 직설적인 이론으로 설명하려고 한다. 욥은 그 질문에 대답하지 않는다. 고난은 오히려 모든 대답을 무색하게 만든다.

결말부에서 모든 질문들이 하나님의 등장으로 모조리 쓸려간다. 욥의 질문은 그분의 권능 앞에서 사소하고 하찮은 것처럼 보인다. 아울러 친구들의 이론은 뻔하고 경박스러워 보인다.

욥의 몰락 1:1-2:13

욥은 '옛날 옛날에' 문체로 시작한다. 우리는 우스(오즈가 아니다. 오즈는 전혀 다른 곳이다)라는 신비한 땅의 거민 욥을 소개받는다. 첫 절부터 욥은 '진정 선한 사람'으로 나온다. 그리고 책 전체를 통해서 그의 올곧은 본성과 타고난 선함이 여기저기서 다시 언급된다. 핵심 대적을 소개한 후에 장면은 하늘의 회의장으로 옮겨간다. 사탄은 하나님에게 반기를 든다. 그는 이렇게 말한다. "좋습니다.

욥은 하나님을 예배하지요. 하지만 이 모든 것을 주셨기 때문이 아닙니까? 양떼, 재산, 약대들, 이것들을 다 걷어가시면, 곧 하나님을 저주할 겁니다."

하나님은 고개를 저으신다. 그리고 사단에게 욥의 부를 전부 치워버려도 좋다고 허락하신다. 이어지는 구절들에서 욥의 가축, 모든 재산, 심지어는 그의 가족들까지 사라진다. 한때 그가 누리던 모든 것들이 다 사라졌다. 사탄은 욥을 아프게 할 권한까지 받았다.

이렇게 해서 프롤로그가 끝날 때 욥은 잿더미 위에 앉아서 헌데를 긁고 있다. 그의 아내는 "하나님을 저주하고 죽으라" 한다. 그러나 욥은 고통에서 풀려나오는 것 이상을 구했다. 그는 대답을 원한 것이다.

욥의 호소 3:1-26 욥의 첫 번째 연설은 이 책의 주제들을 한눈에 보여준다. 그는 철학적인 탐구를 하는 게 아니라, 가슴이 찢어지는 애끓는 호소를 하고 있다. 욥은 자기 생일을 저주한다. 나자마자 죽었다면 얼마나 좋았을까 탄식한다. 그러나 하나님을 원망하지는 않는다. 그의 외마디 비명은 고난에 깊이 찔려본 사람에게 너무나 친숙한 것이다. "왜 내가 이걸 겪어야 한단 말입니까?"

철학적인 논쟁 4:1-31:40

이 책의 상당 부분은 욥과 세 친구, 엘리바스, 빌닷, 소발 사이에서 벌어진 논쟁들이 차지하고 있다. 이 부분은 기본적으로 세 번의 논쟁으로 이어지는데, 각 논점이 꼬리에 꼬리를 무는 식으로 전개된다. 욥과 세 친구들이 견지하고 있는 견해는 아래와 같이 요약될 수 있다.

욥의 친구들은 당시의 전통적인, 아니 정통의 견해를 열띠게 피

중요한 개념

하나님과 사탄의 내기

여기서 말하는 사탄은, 우리가 성경 후반부에서 알게 되는 그 사탄이 아닐 수 있다. 욥기에서 욥의 순전함에 대해 질문을 제기하는 측은 사탄(the Satan)이다. 사탄 그 자신일 수도 있고, 아니면 특수한 감찰관 노릇을 하는 하나님의 종일 수도 있다. 천상의 품질 관리관이라고 생각해도 좋겠다. 사탄은 현실적인 이해관계를 초월한 믿음이란 게 과연 있는지, 혹은 사람들이 돈(혹은 낙타, 나귀, 양 등) 때문에 하나님을 예배하는 것은 아닌지 심문한다. 하나님이 대답을 준비하시는 도전이 바로 이것이다.

왜 하나님이 욥에게 고난을 허용하셨는지 두 가지 가능성이 있다.

선한 결과를 위해서 고난을 통해서 욥은 하나님과 개인적인 마주침이 더 깊어졌을 뿐 아니라, 수천 년간 고난당하는 자들을 돕고 지탱해준 문학작품을 탄생시켰다.

진리를 입증할 유일한 길이기에 두 번째 이유는 더 간단하다. 하나님은 궁극적으로 "그 내기를 받아들이셨다." 왜냐하면 이렇게 해야만 진리를 입증할 수 있기 때문이다. 사탄의 고소를 무력화하는 유일한 방법은 욥이 고난당하는 것이다. 좋은 시절에는 누구나 하나님을 따를 수 있다. 욥은 하나님이 힘든 시기에도 우리를 위해 계심을 보여주는 사례다. 그의 믿음은 혹독한 시험을 통과했다. 이렇게 하기 위해서는 불길 한가운데를 지나야 했던 것이다.

그러면 모든 고난은 하나님이 일부러 주시는 시험인가? 모든 고난은 분명히 시험이다. 우리 모두가 통과해야 하는 힘든 시기는 '믿음의 시험'을 위한 것이다. 욥처럼 우리는 하나님을 배신하라는 유혹을 받는다. 그러나 이것이 하나님이 일부러 만든 것인지와 관련해서는, 지난 수천 년간 철학자들과 신학자들이 고민에 고민

친구들		욥
모든 고난은 죄 때문에 발생한다. 너는 고난당하고 있다. 따라서 너는 죄를 지었다. 네 허물을 인정하라. 죄를 회개하라. 그러면 하나님이 모든 것을 제자리로 돌려놓아 주실 것이다.	↔	미안하지만, 나는 죄를 짓지 않았다. 그런데 내가 왜 고난을 당하는가? 따라서 고난은 죄의 결과가 아니다. 내가 하지도 않은 일을 어떻게 회개하나. 아무튼 너희들의 말은 내게 아무런 도움이 되지 않는다.

을 거듭했다. 이 문제는 지금도 신비로 남아 있다.
욥기의 메시지는, 고난당하는 현실은 어디에나 있다는 것이다. 왜 고난이 일어나는지 모른다. 욥은 자기 고난의 원인을 끝내 알아내지 못했다. 하지만 고난의 이유가 무엇이든 간에 우리는 믿음을 가져야 한다.

력한다. 받을 만하니까 고난 받는다는 것이다. 오늘날에도 많은 종교적 관점들은 이 같은 입장이다. 현재 당신이 처한 운명은 전 단계의 삶(전생)에서 당신이 취한 행동들에 직접적으로 영향을 받는다는 것이다. 일부 그리스도인들조차 이런 견해에 공감을 표한다. 그들은 성공과 번영이 하나님이 축복하신 표요, 실패와 고난은 그분이 거절하신 표라고 주장한다. 욥기는 이런 견해를 정면으로 부인한다. 그리고 고난의 원인과 기원에 관해서는 오직 한 가지 단순한 관찰만이 유효하다. "고난은 일어난다."

① 1라운드 3:1-14:22 욥의 적대자들이 전적으로 틀린 것은 아니다. 그들은 하나님이 무죄한 자가 아니라 죄 있는 자를 멸하신다(4:7)고 주장한다. 자신의 무죄를 주장할 자는 아무도 없고(4:17), 곤경은 누구나에게 닥친다(5:7)고도 말한다. 문제는 이런 진술이 그 자체로는 옳지만, 난제를 해결하지는 못한다는 것이다. 욥은 현실이 그들의 쉬운 말과는 다름을 알고 있다.

일차 논쟁은 점차 분노와 가시 돋친 말로 내달린다. 엘리바스는 점잖게 시작했지만, 빌닷은 더 강경하게 말하고(8:1-22), 소발은 '친구들' 가운데서도 가장 비정한 말로 쏘아댄다. 욥은 빈정거림으로 맞받아친다. 친구들은 욥이 이미 알고 있는 그 이상을 말해줄 수 없었다. 나아가 욥은 친구들에게 "하나님을 위한다며 알맹이 없는 말을 한다"(13:7)고 쏘아붙인다. 그들은 마치 하나님의 언론 특별

보좌관처럼 발언한다. 그들은 논지도 없는 말들을 마구 쏟아내고 있는 것이다. 최후로 욥은 하나님을 향해 직소하며(13:20-14:22) 자비를 구한다.

② 2라운드 15:1-21:34 두 번째 논쟁은 훨씬 짧지만 더 신랄하다. 같은 논점이 반복된다. 이제 욥의 친구들은 고문관이 된다. 그들은 듣지 않으며(17:4), 할 수 있는 일이라곤 '공허한 희망'을 말하는 것뿐이다(17:12).

③ 하나님을 보리라 19:23-27 갑자기 칙칙함과 비통의 한가운데를 뚫고 희망의 빛이 비친다. 마치 먹구름 사이로 햇빛이 뚫고 내려오는 것과 같다. 23-27절은 조금 다른 모습의 욥을 보여준다. 그는 하나님을 보고자 한다. 그가 말한다. "그러나 나는 확신한다. 내 구원자가 살아 계신다. 나를 돌보시는 그가 땅 위에 우뚝 서실 날이 반드시 오고야 말 것이다. 내 살갗이 다 썩은 다음에라도, 내 육체가 다 썩은 다음에라도, 나는 하나님을 뵈올 것이다. 내가 그를 직접 뵙겠다."

이 장은 어떤 의미에서 욥이 빠진 딜레마를 보여준다. 욥은 하나님을 향해 거칠게 항의하며 악쓴다. 불의와 매정한 무관심의 배후로 하나님을 지목한다. 하지만 그는 동시에 하나님이 광대하고 너그러우며, 자기 백성을 사랑하는 분이심을 안다. 욥은 두 모순되는 상황 가운데서 허우적거린다.

④ 3라운드 22:1-31:40 논쟁은 지지부진하다. 이번에는 엘리바스와 빌닷만이 자신의 논쟁을 편다. 마지막으로 그들은 똑같은, 완고하기까지 한 논지를 펼친다. 덧붙일 것조차 없다. 새롭게 제시할 희망도 없다. 엘리바스는 욥의 죄를 열거하려 하고(22:5-9), 빌닷은 누

구도 완벽하지 않다(25:4)는 말을 되풀이한다. 욥은 다분히 빈정거리는 투로 그들에게 도움을 줘 고맙다고 한다. 이어 그는 마지막 연설을 시작한다.

⑤ 땅의 깊은 곳 28:1-28 또 한 수의 놀라운 시가 나온다. 이 시는 지혜에 바치는 송가다. 사람이 땅의 심연을 파들어 가보려고 하지만, 보석과 금이 감춰진 장소를 발견하지만, 진정으로 소중한 것은 지혜다. 어디서 지혜를 발견할 수 있는가? 하나님과 우리가 맺는 관계 안에서만 지혜를 발견할 수 있다. "주를 경외하는 것이 지혜요, 악을 멀리하는 것이 곧 슬기다."

엘리후의 등장 32:1-37:24

마침내 욥의 친구들이 욥과의 말싸움을 멈춘다. "욥이 자신의 죄를 인정하지 않기" 때문이다. 이때 새로운 목소리가 이 싸움판 안으로 들려온다. 엘리후라는 젊은이다. 그는 논쟁을 듣다가 화가 치밀고 답답해짐을 느꼈다. 엘리후는 신비한 인물이다. 그는 불같이 분노한다. 그는 고난이 우리를 죄에서 떠나게 하는 하나님의 방편이라고 믿는다. 과연 욥이 진실로 무죄한지 묻고, 하나님께 곤경에서 건져달라고 간청하는 사람들이 상황이 호전되면 얼마나 자주 그분을 잊는지 정곡을 찌른다.

엘리후는 고난이 미리 주어지는 경고 같은 것이라고 주장한다. 우리를 하나님께 돌아가게 한다는 것이다. 엘리후의 말을 빌리면 고난은 일종의 적색경보이다. "사람이 고통을 받을 때에 하나님은 그 사람의 귀를 열어서 경고를 듣게 하십니다"(36:15). 이 주장 역시 오랜 세월 빈번하게 신학적으로 논쟁되는 주제이다. 이 주장에는 나름 일리가 있다. 욥의 자녀들의 죽음과 모든 재산의 상실이 욥의 눈길을 그분께로 돌리려는 하나님의 조치일 뿐이라고 누가 편안한 마음으로 주장할 수 있단 말인가. 엘리후는 비록 열띠게 말하고 있지만, 단 한 걸음도 우리를 바른 해결책으로 인도하지 못한다. 엘리후의 주장 마지막 대목으로 가면, 날씨가 변덕을 부려 비가 내리기 시작한다. 그가 천둥과 번개 속에 나타난 하나님의 권능을 말하면서 자신의 말을 마치기에 하는 소리다. 참 역설적이게도 정작 하나님이 말씀하시는 순간은 엘리후가 말한 바로 그 폭풍 속이었다.

궁금증 해소

리워야단

리워야단이라는 피조물이 욥기에서 여러 번 언급된다. 이 이름은 혼돈의 괴력을 대표하는 신화적인 바다 괴물을 지칭한다. 따라서 욥이 이 괴물을 입에 올릴 때, 혼돈과 무의미, 인생에 답이 없음, 목적도 상식이라 할 것도 없음을 말하는 것이다.

어떤 주석가들은 욥기 42장에 나오는 묘사를 악어에 관한 것이라고 해석한다. 그러나 여기서는 상징적으로 해석하는 것이 더 좋은 것 같다. 이 피조물, 즉 강력하고 원초적인 혼돈의 힘을 길들이는 분은 하나님이시다. 때로는 삶에 의미가 없는 것처럼 보인다. 리워야단이 승승장구하는 것처럼 보인다. 그러나 하나님이 더 강력하시다. 하나님이 온전히 통제하신다.

걱정마시라.
나는 은유 속의 괴물일 뿐이니까.

폭풍 속에서 38:1–41:34

"그때에 주께서 욥에게, 폭풍이 몰아치는 가운데서 대답하셨다." 드디어 하나님이 말씀하신다. 지금까지 무슨 말을 했건 용서받을 수 있을 것이고, 모든 질문들에 대한 답을 얻게 될 것이다. 이제야말로 우리는 진실을 발견하게 될 것이다.

하나님은 욥의 질문에 대답을 하신다. 그러나 다른 많은 질문 또한 퍼부으신다. "너는 조금밖에 모르면서 왜 그렇게 많은 말을 하느냐?" 이것이 하나님의 질문이다. 이어 욥이 이 세상 돌아가는 이치에 대해서도 얼마나 무지한지 말씀하신다. "내가 이 땅의 기초를 어떻게 놓았느냐?" "네가 태양에게 떠오르라 한 적이 있느냐?" "바다의 밑바닥을 걸어본 적이 있느냐?" "번개는 어디에 쌓여 있는 것이고, 동풍은 어디서 불어오는 것이냐?"

하나님은 이런 질문들을 던지심으로써 입이 벌어지게 하는 놀라운 능력을 과시하신다. 이어서 한 치도 틀림이 없는 동물들에 대한 점호를 시작하신다. 사자, 사냥, 양생 나귀, 들소들이 등장한다. 말, 매, 독수리에 이어 타조도 나온다. 어떤 역본들이 '하마' 라고 번역한 베헤못은 깊은 바다에 사는 괴물 리워야단에 앞서 나온다.

에필로그 42:1-17

욥은 이 모든 질문들 앞에서 할 말을 잃은 것 같다. "제가 무엇이라고 감히 주님께 대답할 수 있겠습니까?" 그는 말한다. "이미 말을 너무 많이 했습니다. 더 할 말이 없습니다." 욥은 왜 이토록 겸손하게 무릎 꿇는 것일까? 욥이 누군가. 그는 30장 내내 자기 주장을 거듭해왔다. 기회만 있으면 하나님께 말하려고 준비하던 사람이다. 지금이 가장 좋은 때가 아닌가?

그렇다. 하나님의 하나님 되심 앞에서 욥의 모든 질문은 눈 녹듯 사라졌다. "제가 알기에는, 너무나 신기한 일들이었습니다." 그는 덧붙여 말한다. "주님이 어떤 분이신지 지금까지는 제가 귀로만 들었습니다. 그러나 이제는 제가 제 눈으로 주님을 뵙습니다." 온갖 의문에 쌓여 있던 욥은 이제 깨닫는다. 하나님은 하나님이시기에 신뢰해야 한다는 것이다.

이때 하나님은 엘리바스에게 이상한 말씀을 하신다. "내가 너와 네 두 친구에게 분노한 것은, 너희가 나를 두고 말을 할 때에 내 종 욥처럼 옳게 말하지 못하였기 때문이다." 하나님이 무슨 말씀을 하시는 것일까? 아니, 욥은 이 책의 대부분에서 모든 불의와 범죄의 근원으로 하나님을 지목하지 않았는가? 여기에 비하면 세 친구는 정통적이고 공식적인 견해를 유지하려고 애쓰지 않았는가. 아마도 하나님은 정직하지 않은 확신보다는 정직한 의심을 더 좋아하시는 것 같다. 하나님은 질문을 환영하신다. 자기를 이해하려는 진실한 시도를 원하신다. 욥의 경우에서처럼 궁극의 해답이 너무 신비하여 우리가 인식하기 어렵다 할지라도 말이다.

⑥ 해피엔딩? 42:7-17 결론부에 이르러 하나님은 욥에게 복을 내리신다. 그의 재산은 벌충된다(전에 지녔던 것의 두 배가 된다). 자녀와 손자손녀들에게 둘러싸인다. 그러나 이것으로 정말 충분한가? 욥이 제기한 질문들을 그냥 잊어버릴 수는 없다. "욥은 이렇게 오래 살다가 세상을 떠났다"면 다 되는 것인가? 나는 이것이 욥기의 메시지가 아니라고 생각한다. 욥에게 부으신 하나님의 복은 22,000마리의 가축도, 많은 자녀와 손자손녀도 아니다. 하나님이 욥에게 내리신 복은 욥과 말씀을 나누고, 그와 진리를 나누셨다는 사실이다.

착한 사람도 고난당한다. 왜 하나님이 이런 일을 허락하시는지 모른다. 그러나 이런 일이 일어난다고 하나님이 불의하거나, 무심하거나 능력이 없으신 것은 아니다. 욥기는 궁극적으로는 왜 고난이 일어나는가에 관한 설명서가 아니다. 오히려 고난에 어떻게 반응해야 하는가를 보여주는 책이다. 우리 삶에 어두움과 어깨를 짓누르는 질문들이 엄습할 때도, 하나님이 여전히 우리를 사랑하시고 우리를 안전하게 이끄신다는 사실을 기억해야 한다.

시편

성도들의 시가

ROUTE PLANNER

1권 다윗의 시편 1-41편

2권 다윗과 고라의 시편 42-72편

3권 아삽의 시편 73-89편

4권 작자 미상 시편 90-106편

5권 다윗과 익명의 시편 107-150편

누가 | 여러 저자들. 저자가 누구인가에 관해서는 다양한 이견들이 있다. 대부분의 시가들에는 누가 저작자인지, 어떤 선집에 들어

한눈에 보는 안내판

저자 다윗, 솔로몬 등을 포함하여 다양함
유형 시가
목적 하나님을 따르는 신자의 모든 감정을 반영하고 있는 노래들의 선집.
핵심 구절 너무 많아 뽑기가 어렵다.
한 가지만 기억한다면 좋은 때, 나쁜 때, 기쁠 때, 슬플 때 등 하나님은 모든 순간 우리와 함께하신다.

한눈에 보는 흐름

창조주 찬양 시 8편
죽음에 가까운 시 13편
다윗의 도망 시 18편
하나님의 영광 시 19편
결국 혼자인 시 22편
주님은 내 목자 시 23편
하나님을 신뢰한 시 27편
목마른 사슴 시 42편
하나님의 축복 시 46편
용서와 자비 시 51편
서원을 갚는 시 66편
다윗에게 주신 언약 시 89편
즐거운 예배 시 95편
깊은 고통, 깊은 믿음 시 102편
창조의 영광 시 104편
포로에서 귀환 시 107편
위대한 왕 시 110편
율법의 기쁨 시 119편
순례자의 노래 시 121편
포로의 노래 시 137편
하나님을 찬양하라 시 150편

있었는지, 어떤 유형인지, 어떤 축제나 경우에 사용했는지 등등의 정보가 담겨 있다.

그러나 "다윗의 시"와 같은 표기는 무엇을 의미하는지 모호하다. 저작자를 의미할 수도 있고, '다윗에 관한 시'로도 얼마든지 볼 수 있다. 심지어 '다윗이라는 사람에 의해 사용된 시'로도 볼 수 있다. 그렇다. 다윗이라는 말도 다윗의 가문, 즉 왕실이라는 뜻일 수도 있다. 우리가 아는 것은 다윗이 작사가요 작곡가라는 것이다. 하프를 다루는 그의 솜씨는 익히 알려진 바다. 따라서 그의 작품이 아주 초기부터 보존돼 내려왔다고 추정하는 것이 억측만은 아닐 것이다. 시편의 대부분 시가들이 오래 된 것임을 의심해야 할 강력한 이유 또한 없다.

언제 | 지금 우리 손에 들어와 있는 시편은 오랜 세월에 걸쳐 모였다. 얼마나 오랜 세월이었는가에 대해서는 의견이 분분하지만, 최소한 400년은 됐다. 시편의 편찬이 다 끝난 것은 주전 3세기경이었던 것 같다. 당시 시편은 성전과 회당들에서 기도서로 사용되었던 것 같다.

무엇을 | 시편은 시집이다. 시 선집, 책들을 모아놓은 책, 사화집(詞華集)을 모아놓은 사화집이다. '시편(Psalms)'이라는 말은 프살테리온(psalterion)이라는 일종의 고대 그리스 현악기에서 빌려온 것이다(오늘날 식으로 옮겨보자면 '기타와 노래들' 정도가 되겠다). 히브리어 제목은 '찬양들'이다.

그러나 더 좋은 제목이 있다면 "기분에 따라 이랬다저랬다 하는

누가 시편을 썼나? 전통적인 견해에 의하면 이런 작가들이 썼다.

다윗	73수	솔로몬	2수
무명	49수	모세	1수
아삽	12수	헤만	1수
고라의 자손들	11수	에단	1수

노래책"일 것이다. 시편의 각 '편'은 독립된 시다. 다른 목적으로 다른 시기에 지은 것이다. 보통은 다른 시인의 작품이다. 따라서 이 시들을 처음부터 끝까지 읽고 있으면 정서적으로 롤러코스터를 타는 것 같다. 한순간 허공을 찌를 듯 높이 솟았다가 다음 순간에 절망의 심연으로 떨어진다. 시편이라는 책은 일종의 영적인 일기, 정서와 상황의 기록이라고 하는 게 더 맞다. 인생이 어떻게 흘러가는지 드러난다. 하루는 승리의 축배를 드는 기분이다가도, 곧 사약을 마시는 기분으로 바뀐다. 시편(詩)은 시이지 논리 해설이 아니다. 시에 자기를 맡기고 편안하게 즐겨라.

시편의 음률

히브리 시가들에도 음률이 있다. 그러나 단어가 아니라 주로 개념을 가지고 음률을 만든다. 세 가지 기본적인 음률 형태를 소개한다.

동의어 병행 먼저 한 개념을 진술하고 나서 그 비슷한 개념을 '음률'처럼 진술한다.

일차 진술	평행 진술
주님은 억압받는 이들이 피할 수 있는 요새이시며	고난을 받을 때에 피신할 수 있는 견고한 성이십니다(시 9:9).

대조 병행 후반절이 전반절과 대조됨으로 '음률'을 만든다.

일차 진술	완결 진술
의인의 길은 주께서 인정하시지만	악인의 길은 망할 것이다(시 1:6).

점층 병행 후반절이 전반절의 단순 반복에 가깝지만, 거기에 약

간 다른 것을 보탬으로써 '음률'을 이룬다.

일차 진술	부가 진술
주님이 나의 빛, 나의 구원이신데, 내가 누구를 두려워하랴?	주님이 내 생명의 피난처이신데, 내가 누구를 무서워하랴?(시 27:1)

다른 음률들도 있지만, 이것들이 기본을 이룬다.

시편의 유형

시편을 작은 상자들 안에 정연하게 분류해 넣어보려는 시도는 끝에 가서는 실패하게 돼 있다. 어떤 시들을 구별하는 데 아래 범주들이 약간의 도움이 되겠지만, 읽다보면 어떤 시들은 그 경계선이 모호함을 발견하게 될 것이다. 어떤 시들은 비탄조로 시작해서 찬양으로 끝난다. 순례 시편들에도 감사가 담겨 있다. 그럼에도 불구하고 금방 구별되는 유형들을 발견할 수 있다.

시 3-7, 10, 12-13, 17, 22, 25-28, 35, 38-40, 42-43, 51, 54-57, 59, 61-64, 69-71, 77, 82, 86, 88, 102, 109, 130, 140-143편

탄원시 이 시들은 애가들이다. 개인적으로 하나님께 도움을 구한다. 직설적이고 열띠고 감정적인 기도들이다. 뼈가 부러지고 몸이 무너지며, 집어삼킬 듯한 파도, 이빨을 드러낸 야수들의 눈으로 가득 차 있다. 무죄함(7, 12, 26편), 심지어 하나님의 노골적인 망각(9, 10, 22, 44편)에 대하여 자주 항변한다. 그러나 이 시들은 재차 얻은 확신, 기도가 응답됨으로써 얻은 확증, 믿음으로 드리는 감사로 끝나는 경우도 빈번하다(6, 22, 69, 140편).

때로 비탄은 나라를 위한 것이기도 하다. 전투에 임하는 군대(44편), 자연재해(60편)와 같은 일들이 나라를 위한 비탄시의 소재가 된다. (시의 형식을 띤 애가를 제외하면) 두 수의 시가 예루살렘 함락

후 포로로 억류된 겨레의 한탄을 반영하고 있다(74, 137편). 79, 80, 83, 85, 90편도 민족적인 비탄을 다룬다.

감사시 이 시들은 하나님이 하신 일로 인해 감사한다. 그분의 구출 혹은 기도에 대한 응답이 임한 것이다. 모면한 위험, 풍성한 가을걷이, 전투에서의 승리, 시인에게 보여주신 그분의 선하심 등이 감사의 제목들이 되고 있다.

시 18, 30, 32, 34, 41, 65-68, 75, 106-107, 116, 138편

찬양시 이런 저런 의미에서 모든 시편은 때로는 '찬송'이라고도 부르는 찬양시지만, 여기 속하는 시들은 하나님의 광대하심과 능력을 인해 하나님을 찬양하는 내용이다. 어떤 시들은 떠들썩하게 나팔을 불지만, 다른 시편들은 조용히 신뢰를 표현하고 있다. 어쨌든 하나님을 칭송한다.

시 8, 9, 16, 19, 23, 29, 33, 36, 81, 91, 95, 100, 103-105, 111, 113-114, 117, 135, 136, 139, 145-148, 150편

여기 속하는 것으로 '왕 되심'의 시들이 있다. 이 시들은 하나님이 모든 것을 통치하심을 기뻐한다(47, 93, 95-99편). 또 다른 하위 범주로는 '왕'의 시들이 있다. 이 시들은 '왕 되심'의 시들과 비슷하지만, 하늘의 왕과 지상의 왕들을 비교하는 내용을 골자로 삼고 있다(2, 20-21, 45, 72, 89, 101, 110, 115, 118, 144편).

순례시 이 시들은 종종 "올라가는 노래"라고 불린다. 이 시들은 예루살렘을 향해 언덕길을 올라가던 순례자들이 읊조렸다. 유월절, 맥추절, 초막절 등 일 년의 중요한 세 절기 중 하나에 예루살렘을 향해 여행하던 순례자들이 이 시들을 읊었을 것이다. 여기에 속하는 시군으로 '시온의 노래'라는 것이 있다. 이 시들은 하나님의 도성인 예루살렘을 찬미하는 것들이다.

순례시 시 120-134편
시온의 노래 시 43, 46, 48, 76, 84, 87, 122, 126, 129, 137편

지혜시 이 시들은 교훈적인 성격이 강하고 잠언에 가깝다. 이 시들

시 1, 15, 37, 53, 112, 119, 127편

은 도덕적이고 윤리적인 가르침을 독자나 청자들에게 전하려 한다.

시 7, 35, 40, 55, 58, 59, 69, 79, 109, 137, 139, 144편

복수시 개인이나 이스라엘의 적을 저주하는 시들이다. 이 시들은 복수를 다짐하는 어두운 목소리로 차 있다. 이 시들은 도움을 호소하는 목소리가 어두움 속에 파묻힐 때 불린다. 시인은 원수의 피로 자기 발을 씻길 원한다(58:10). 그런가 하면 여호와께 바벨론 아이들의 머리를 반석에 메다꽂는 사람에게 복을 주시라고 간청한다(137:9). 현대인의 눈에는 피에 굶주린 것처럼 보이고도 남는다. 그러나 시인은 원수의 성공을 하나님의 정의에 대한 모욕, 하나님의 다스리심을 거스르는 반역의 도발이라고 보았다.

이런 시들이 나오게 된 중요한 이유 하나가 더 있다. 우리가 말할 수 있는 범위 안에서 시인은 죽음 이후의 심판에 대한 관념을 거의 가지고 있지 않다(시인이 사후의 생에 관하여 어떤 개념을 가지고 있었는지는 토론의 여지가 많다). 따라서 이 시들의 호소가 절실한 까닭은 하나님의 승리를 이생에서 보길 원했기 때문이다.

?! 궁금증 해소

셀라

39편의 시가 "셀라"라는 말로 끝난다(역시 시인 하박국 3장도 셀라로 끝난다). 누구도 확정적으로 그 뜻을 말할 수 없다. 그냥 그런가보다 하라.

말, 말, 말

모든 위대한 시가 다 그렇지만, 시편도 이미지와 은유로 풍성하다. 언어유희와 두운(alliteration), 반복이 많이 나타난다. 시편이 오늘날까지도 많은 사람들의 가슴을 적시는 이유가 여기 있다. 시는 이야기와 마찬가지로 세대에 국한되지 않고 퍼져간다. 잘 쓰인 은유는 어디에서나 통한다. 고대 히브리인들과 마찬가지로 우리는 지금도 산을 보면 위엄과 압도적인 영감을 느낀다.

모든 위대한 시인들과 마찬가지로 시편의 시인들은 큰 심상을 가지고 시를 지었다. 그래서 시편의 시들은 즉흥적이거나 휙 갈겨

쓴 졸작이 아니다. 이 시들은 정교하게 다듬은 노래들이다. 그렇다고 해서 이 시들에 예언의 정신이 빠져 있다는 뜻은 아니다. 섬세하고 능숙하게 예언이 수놓아져 있다. 두음시도 몇 편이 있다. 각 절이나 행이 히브리 알파벳의 순서를 따라 시작되는 시들을 말한다. 이런 시의 대표격으로는 각 행이 히브리 알파벳으로 이어지는 22행시인 119편이 있다. 어떤 이들은 이런 시가 기억을 돕기 위함이라고 하지만, 히브리인들은 우리보다 암기를 훨씬 더 잘했기에 이런 도움이 필요하지 않았다. 오히려 이런 시들은 완전함을 예시하기 위해서가 아니었을까 추측할 수 있다. A부터 Z까지 있는 모든 것을 다루는 완전함 말이다.

이 외에 다른 형식들도 사용되었음이 연구를 통해 드러났다. 첫 행과 마지막 행이 같은 수미쌍관 시도 있다(33, 86편). 각 절에 같은 수의 행을 사용한 시들도 있다(12, 41편). 마치 계단형 탑처럼 축조된 시도 있다(내 눈에도 보이지 않으니 독자는 다른 각도에서 봐야 할 거다). 아무튼 누군가가 이 시들을 이렇게 지었다. 우리가 시들을 이해하기 위해 노력하는 한, 시편에서 여러 가지를 빼낼 수 있다.

막힘 없는 감정

시편은 신학 교과서가 아니다. 도덕적인 교훈, 규정집, 역사 문헌도 아니다. 물론 이런 요소들을 모두 가지고 있기는 하다. 시편은 인격을 지닌 인간의 표현이다. 정서적인 색조에서 거친 경우가 종종 있다. 때로 애원이나 구걸하는 모습도 보인다. 성경의 다른 어떤 부분에 못지않게 시편은 인간의 감정과 거친 정서를 그대로 기록한다. 왜 십자가에서 죽어가던 예수께서 시편의 한 구절을 비명처럼 내뱉으셨는지 이해가 간다.

시편, 대히트곡

시편은 전편을 읽어야 한다. 그러나 애송되는 시편들이 있다.

시편 8편 창조주에게 바치는 찬양시. 땅의 창조주, 하늘과 별을 만드신 분이 우리 개개인을 돌보아 주시는 하나님이시다.

시편 9편 일부 학자들이 10편에 합본돼 있어야 한다고 믿는 또 한 편의 찬양시. 9, 10편은 합쳐 놓으면 두음시 형태를 띠기 때문에 이렇게 주장하는 학자들이 있다. 감사와 찬양을 기막히게 섞어 놓았다. 하나님을 억압 받는 모든 사람들을 위한 피난처로 노래하고 있다.

시편 13편 단순명쾌한 애원시. 아마도 큰 병에 걸려서 지은 시인 것 같다. 시인은 죽음을 눈앞에 두고 있으나 여전히 하나님을 신뢰한다.

시편 15편 지혜시의 성격이 가장 잘 두드러지는 시. 시인은 성전에 들어갈 자격, 하나님께 나아갈 자격이 있는 자는 희생 제물과 제사를 드리는 자가 아니라, 도덕적인 의와 순전한 마음을 지닌 자라고 외친다.

시편 18편 이 시는 사무엘하 22장과 조금 차이를 보인다. 사무엘하에서는 다윗이 사울의 손에서 빠져나온 것을 노래한다. 다윗이 바위틈과 동굴에 숨은 것처럼, 여호와는 다윗의 안전한 숨을 곳이다. 하나님이 그를 어떻게 구출하셨는지 두 부분에서 재연한다(18:1-19, 30-45). 그리고 막간에는 다윗이 하나님을 향해 어떻게 신실했는지 진술한다(20-29).

시편 19편 하나님을 찬양하는 아름다운 찬송. 하나님의 영광을 한껏 노래하고, 하늘이 어떻게 창조주의 능하심을 증거하는지 말한다. 하나님의 목소리가 자신의 피조세계를 통해 말할 수 없는 민족 이나 언어는 없다. 자연은 그 자체가 신적인 것은 아니지만 참되신 하나님을 가리킨다. 시인은 자연에서 율법으로 눈길을 돌린다.

시인의 말을 빌리면, 율법은 "꿀처럼 달다." 레위기가 꿀처럼 달지는 않지만, 시인의 마음에는 이스라엘 백성에게 생명을 주는 율법이 자리 잡고 있다.

시편 22편 상실과 버림받음 때문에 한숨 쉬며 슬퍼하는 시. 십자가에 달린 예수님이 느꼈을 감정, 즉 어두움과 아득함을 이 시처럼 잘 표현한 시는 없다. 한편 이 시만큼 십자가의 결과를 완벽하게 묘사하고 있는 시도 없다. 부자에서부터 거지에 이르기까지 모든 인간은 주님 앞에 무릎 꿇어야 한다. 그리고 땅 끝이 여호와께서 자신들을 위해 하신 일을 기억하게 될 것이다.

시편 23편 아마도 가장 유명한 시일 것이다. 하나님에 대한 완전한 신뢰가 표현돼 있다. 이 시에서는 여호와가 자기 양떼를 이끄는 목자로 비유되고 있다. 목자는 자기 양을 이끌고, 보호하고, 회복시켜 주고, 기름 발라 치료해준다. 또 자기와 영원히 거하도록 그들을 집으로 인도한다.

시편 27편 여호와에 대한 확신에 찬 신뢰의 선언. 어떤 일이 벌어지든 간에 여호와는 자기 자녀를 보호하신다. 하나님이 "산 자의 땅" 가운데서 자신의 선하심을 보이실 것이라는 시인의 신념으로 시는 마친다. 이 하나님은 저 멀리 계시는 분이 아니라, 자기 백성과 함께 거하시고 그들 안에서 활약하시는 분이다.

시편 42편 구출을 갈망하는 시. 강렬한 이미지를 눈여겨볼 만하다. 시인은 쫓기는 사슴과도 같다. 그 영혼이 하나님을 목말라 한다. 이 시 전편은 강물, 눈물, 폭우, 출렁이는 바닷물 등 물의 이미지로 흠뻑 젖어 있다. 시인은 깊은 욕구를 느끼면서 여호와 사랑의 깊음을 갈망하고 있다.

시편 46편 시온의 노래. 더 많은 물, 더 위험한 바다가 등장한다. 그러나 이번에는 예루살렘으로부터 흘러나오는 하나님의 복의 물줄기와 대조가 된다. 예루살렘에는 강이 없지만, 여기 강은 넘쳐흐

중요한 개념

죽음 이후의 생

구약성경은 대부분 죽음 이후의 생이 아니라 죽음 전의 삶에 관심을 둔다. 시인은 하나님께 지금, 이생에서 구출해달라고 호소한다. 사자(死者)는 스올에 거한다고 믿었다. 이곳은 지하세계, 그림자의 세상, 훗날 나오는 하늘나라와는 전혀 다른 이미지를 지닌 곳이다.

구약성경의 모든 책들을 통해서 죽음 이후의 삶에 대한 명시적인 언급이 없다는 것은 성경의 놀라운 사실 중 하나다. 사후의 생에 관한 구절로 받아들일 수 있는 이상한 구절들이 있다. 예를 들어 시편 49편 15절이 그것인데, 구약성경의 사람들은 의가 이런 식으로 보상될 것이라고 믿지 않았다. 그들은 하나님이 하나님이시기에 복종했다. 보상을 바라고 복종한 게 아니었다. 죽음 이후의 삶에 관한 신념은 훨씬 후에 발전된다. 예수님이 죽었다가 다시 살아나심으로 그분의 옳음이 입증됐다는 믿음이 여기서 나온 것이다.

르는 하나님의 사랑이며 모든 세상으로 향하는 복이다.

시편 51편 용서와 자비를 노래하는 걸작시. 다윗이 밧세바와 간음을 저지른 후에 지었다. 왕은 하나님을 향해 깨끗하게 다시 한 번 씻어달라고 간구한다. 그는 자신의 범죄가 우발적이었다고 우기지 않는다. 그 반대로 인간의 내재된 죄성을 인정한다(51:3-5). 아울러 그는 오직 하나님만이 자신을 깨끗하게 하고, 오직 하나님만이 자기를 새롭게 하실 수 있음을 알고 있다. 한편 제사와 의식으로는 충분치 않음을 인정하기도 한다. 하나님이 진정으로 원하는 제사는 진정한 회개와 아파하는 마음이다.

시편 66편 감사시. 하나님이 그분의 백성을 구하고 원수들로부터 구출하셨다. 11-12절은 전쟁에 따른 행운을 묘사한다. 감옥에 갇힌 사람, 노예로 끌려간 죄수들, 군대를 뚫고 달려가는 병거 등을 그린다. 어떤 학자들은 이 시가 앗시리아의 위협에서 유다가 구출된 이후 지어진 것이라고 주장한다(왕하 19장).

시편 89편 에스라의 자손인 에단의 유일한 시. 그러나 고귀함이 느껴지는 시다. 하나님이 다윗에게 주신 약속을 반복적으로 주장한다. 아마도 이 시는 다윗 이후 유다의 왕들이 이 약속의 성취와는 동떨어진 행동을 할 때 지어졌을 것이다. 어쩌면 예루살렘이 함락되고 여호야긴 왕이 주전 597년 포로로 끌려간 후가 될 수도 있다. 이런 씁쓸한 배경에도 불구하고, 이 시에는 활달함이 넘친다. 하나님의 진실무망한 약속을 알 때 나오는 불굴의 기쁨이 넘치는 것이다. 여기저기에 바다와 리워야단의 또 다른 이름인 라합으로 상징화한 혼돈이 넘실거린다. 하지만 하나님은 전능하시다. 이 시는 외마디 외침으로 끝나지만, 여호와는 여전히 찬송을 받으신다.

시편 95편 활기 찬 예배로 초대하는 시. 아마도 레위인이나 제사장들이 회집한 백성들 앞에서 불렀을 것이다. 하나님은 다른 모든 신들 위에 계시는 위대한 왕이시다. 찬양 리더는, 이스라엘 백성이 광야에서 방황할 때 그랬던 것처럼 그분에게 반역하지 말라고 호소한다.

시편 96편 또 하나의 예배 초대시다. 그러나 이번에는 이스라엘을 넘어 온 민족을 초대한다. 그들에게 하나님의 통치를 인정할 것을 촉구한다. "여호와께 새 노래"를 부르는 것은 비단 시인이나 민족들만이 아니다. 모든 피조세계가 하나님을 찬양하는 일에 하나가 된다(비슷한 이미지를 사용하는 98편도 참고하라).

시편 100편 짧고 소박한 감사시. 이 시는 두 부분으로 이뤄져 있다. 전반부는 찬양하라는 촉구고, 후반부는 왜 여호와께서 찬양을 받으셔야 하는지 그 이유를 열거하고 있다.

시편 102편 지은이가 밝혀지지 않고 있다. 하지만 지은이가 처한 형편은 금방 알아차릴 수 있다. 그는 여호와께 도움을 구하는 고난 속의 사람이다. 이미지의 힘과 맞물려 감정의 농도가 더해지고 있다. 시인은 육체적인 고통을 당하고 있는 것처럼 보인다(하지만 시온의 회복을 운운하는 것으로 보아서는 고난이 포로 억류로 인한 것일 수도 있다). 시인은 후손들을 위해 시를 짓는다고 한다. 그가 당하는 고난은 찌르는 것 같지만, 여호와의 약속에 대한 믿음을 버리지 않고 있다.

시편 104편 감탄이 나오게 만드는 창조 찬양시. 마치 창세기에 시적 상상력을 덧칠한 것처럼 보인다. 하나님은 빛에 싸여 계시다. 그분은 하늘을 텐트처럼 펴신다(104:2). 땅은 기름진 곳이다. 온갖 생명이 무성하다. 바다는 물고기들로 바글거린다. 그 중심에는 맡기신 일을 하는 사람이 있다. 이 시에는 질서와 창조성이 있다. 목적의식과 기쁨이 넘친다. 우리의 오랜 친구 리워야단도 수면 위로 올라와서 물을 뿜을 듯 느껴진다.

시편 107편 감사시. 아마 특별한 축제를 위해 지었을지 모른다. 포로로 잡혀 갔던 자들, 실종됐던 자들이 예루살렘으로 돌아오는 일을 말한다. 다시 예루살렘을 볼 수 있을 것이라고 생각지 않았던 자들이 집으로 이끌려 온다. 쇠사슬에 묶여 고통당하던 자들이 높임을 받는다. 어떤 자들은 질병이 낫는다(17-22절). 또 다른 자들은 흉흉한 파도에서 구출된다(23-32절). 그러나 하나님은 단지 구출자만이 아니다. 그분은 심판자이시기도 하다. 그분은 자기 백성의 악함을 심판하기 위해서 광야에 큰물이 들이닥치도록 하신다(어떤 사람들은 이것이 바벨론과 앗시리아에 의한 억류를 말하는 것이라 해석한다). 그러나 마지막에 그분은 다시 한 번 약하고 힘없는 자들을 추켜주신다. 그들에게 열매 가득한 삶으로 돌려주신다.

시편 110편 한 위대한 왕에 대한 신비로운 환상을 담은 시. 다윗은 이 왕을 '나의 주님'이라고 부른다. 궁극의 권세와 권력을 받으시는 분은 바로 다윗의 '주님'이시다. 다윗이 이 시를 아들 솔로몬을 위해 썼을 수 있지만, 일반적으로 크리스천들은 이 시가 예수님을 가리킨다고 해석한다. 아니 예수님이 이 시를 그렇게 사용하셨다(마 22:43-45). 그리고 베드로와 히브리서의 저자 역시 이 이미지를 활용한다(히 5:6-10; 7:11-28; 행 2:34-36).

시편 119편 장시. 시편에서 가장 길다. 성경 전체에서도 가장 긴 장이다. 이 시는 시편 전체의 요약본이라고 할 수 있다. 22개의 8행 절구가 모여 된 시다. 각 절은 히브리 알파벳의 글자들로 시작된다. 이 시의 근본적인 주제는 하나님의 말씀이다. 시는 하나님의 말씀을 여러 히브리어를 동원해서 묘사한다. 율법, 율례, 규례, 계명, 법도, 말씀, 약속 등이 그것이다. 이 시는 그야말로 작은 시들의 시편이다. 각 절이 나름의 분위기와 주제를 가지고 있기 때문이다. 찬양의 노래들은 구출의 호소와 섞여 있다. 하나님 말씀에 대한 묵상은 잠언을 연상시키는 훈계와 섞여 있다. 이 시에는 두 가지 근본적인 주제가 나온다. 하나님 말씀에 대한 헌신과 그분의 약속에 대한 믿음이다.

시편 121편 "올라가는 노래." 큰 명절 중 하나에 예루살렘으로

중요한 개념

음악

가장 오래된 악기는 물론 사람의 목소리다. 모세와 미리암은 파라오의 군대가 수장 당했을 때 승전가를 불렀다(출 15장). 드보라와 바락은 시스라의 죽음을 소재로 노래를 지어 불렀다(삿 5장). 물론 시편들도 노래로 불렸다.

양의 뿔은 신호를 할 때 주로 쓰였다. 행사를 알릴 때나 백성들을 소집할 때 썼다. 그러나 양뿔 나팔은 둘이나 셋 음계밖에는 만들 수 없으므로 화음을 낼 수가 없었다. 나팔(청동이나 은)은 곧은 금속관이었는데, 양뿔보다는 높은 음역을 냈다. 그러나 나팔 역시 몇 개의 음계밖에는 연주할 수 없었다.

파이프나 피리는 나무로 만들거나 구멍을 뚫은 뼈로 만들었다. 오늘날의 오보에라고 보면 되겠다. 이것들은 하나나 두 개의 리드가 달린 마우스피스를 통해 불었다. 이런 악기들은 장례식 등 주로 슬픈 음악을 연주하는 데 쓰였다.

하프는 모양과 크기가 각각 달랐다. 그리고 현은 양의 힘줄을 잡아당겨서 매달았다. 십현금은 큰 하프로 열 줄이나 그 이상의 현을 달았다. 7현금에는 소리통이 달려 있었다. 하프와 기타의 중간 모양을 하고 있었다. 현이 네 개인 삼각형 모양의 하프도 있었다. 때로는 색버트(sackbut)라고 부르기도 했다.

탬버린은 맨손으로 치거나 막대기로 치기도 했다. 보통은 무희들이 사용했다. 심벌즈는 주석으로 만들었고 일종의 딸랑이인 시스트럼(sistrum)도 있었는데 막대에 금속 편자들을 달거나 빈 박에 구슬들을 넣어 만들었다.

향하면서 불렀던 순례의 노래였던 것 같다. 지켜봄이라는 주제를 맴돌듯 돌아간다. 순례자는 여호와를 우러른다. 그러나 여호와는 항상 순례자를 바라보고 계시다. 지금부터 영원히 지켜보신다.

시편 131편 가장 소탈하면서도 아름다운 시다. 이 시는 또 하나의 순례시인데, 하나님에 대하여 겸손하게 마치 아이와 같은 신뢰를 표현하고 있다. 예수님이 아이와 같이 되라고 했을 때, 여기에 나타난 태도들을 생각하면 된다. 소박하고 고요하며 신뢰하는 아이가 엄마의 품에 안겨 있는 모습이다.

시편 137편 포로의 노래. 머나먼 타향에 버려진 영혼들의 애절함과 더불어서 피를 부르는 결말부로 유명한 시다. 바벨론 사람들은 그들에게 노래하라고 명령했지만, 그들의 마음이 여전히 예루살렘을 잊지 못하는데 노래할 수 있겠는가?

시편 139편 헌신의 시. 하나님의 측량하기 어려운 광대하심을 깨닫는다는 점에서는 욥을 떠오르게 한다. 이 광대하신 하나님이 우리를 아주 친숙하게 아신다. 우리의 생각과 언어를 하나님은 꿰뚫어 아신다. 우리가 어머니의 태에 있을 때에 하나님은 거기 계셨다. 우리가 살아갈 날들을 미리 정하시고 그날들을 그분에 대한 그리움으로 채우셨다. 시인은 하나님께 자기를 점검하고 시험해달라고 요청한다. 거만하게 하는 말이 아니라 가장 좋은 길로 걸어가려는 가슴 깊은 열망에서 나온 고백이다.

시편 150편 여호와께 바치는 위대한 찬송시. 하나님은 어디서 찬양을 받으셔야 하는가? 모든 곳에서 받으셔야 한다. 성전에서부터 저 위의 하늘에 이르기까지 모든 곳에서 찬양 받으셔야 한다. 왜 하나님은 찬양 받으셔야 하는가? 그분은 권능 있고 광대하신 분이기 때문이다. 그분은 어떻게 찬양 받으셔야 하는가? 노래, 춤, 음악, 심지어는 호흡을 통해서 찬양 받으셔야 한다. 모든 사람이 함께 할 수 있는 강력한 사랑의 노래다.

흠, 이게 내 마지막 앨범의 노래랍니다.

ROUTE PLANNER

지혜의 길 1:1-9:18

솔로몬의 잠언 10:1-22:16

현자의 말씀 22:17-24:34

히스기야의 잠언 25:1-29:27

아굴과 르무엘의 잠언 30:1-31:9

에필로그 31:10-31

잠언

생각하게 하는 책

잠언은 인생, 인품, 행위에 관한 격언의 모음집이다.
어떤 면에서 '잠언' 이라는 제목은 이 글의 진짜 성격에는 맞지 않는다.
히브리어 제목은 '조롱'(14:4), '경고(oracle)', '비유' 라고도 번역될 수 있다.
이런 제목이 붙은 이유는 우리로 하여금 생각하도록 자극을 주고
흔들어 깨우려 함인 것 같다.

누가 | 여러 작가들. 어떤 글들은 솔로몬의 것이다. 일부는 아굴과 야게의 글이기도 하다. 어떤 글은 르무엘 왕의 글이고, 어떤 글들은 그냥 '계시' 의 말씀이라고 되어 있다. '히스기야의 신하들' 은 이 책의 내용 일부를 편찬했다고 한다. 한편 일부 내용은 '지혜자' 가 한 말이라고도 밝히고 있다.

언제 | 솔로몬이 책의 일부를 썼다고 가정할 때, 저작연대는 주전 10세기로 거슬러 올라간다. 히스기야의 신하들이 일부를 편찬

한눈에 보는 안내판

저자 솔로몬과 르무엘 왕의 모친을 비롯하여 여러 저자들
유형 지혜문학
목적 삶의 모든 영역에 관한 조언의 말씀집
핵심 구절 1:7 "주를 경외하는 것이 지식의 근본이어늘, 어리석은 사람은 지혜와 훈계를 멸시한다."
한 가지만 기억한다면 지혜는 하나님의 본질적인 속성 중 하나다. 지혜를 구하라. 지혜에서 배워라. 그리고 지혜를 찾으면 소중하게 간직하라.

한눈에 보는 흐름

가르침 1:1-7
친구 1:8-33
지혜의 가치 3:13-35
음녀의 길 7:1-27
지혜의 말씀 8:12-36
주님은 모두 아신다 15:1-33
말 26:17-27:7
우정 27:17-27
가난한 자 28:1-28
르무엘의 침묵 31:1-31

했다는 것은 주전 715-686년 사이에 편찬됐다는 말이다. 이는 히스기야 왕이 다윗과 아삽의 글에 관심이 많았다는 사실과도 잘 맞는다(대하 29:30).

무엇을 | 이 책은 논쟁을 펼치거나 역사를 구술하지도 않는다. 이 책은 일종의 선집이다. 아니, 선집들의 시리즈다. 시편이 시가의 선집이라면, 잠언은 격언의 모음집인 것이다.

대부분의 격언들이 실천적이다. 그러나 성경은 뿌리 채 실천적이다. 하나님은 우리의 행동 양식, 생활 방식, 이 땅에서의 행동들을 유념해보신다. 잠언 기자들의 눈에는 바르게 행동하고 거짓을 삼가며, 근면하게 일하고 죄된 관계를 피하는 것, 이것들이 '여호와를 경외함' 이었다.

잠언의 주제들

"반복되는 주제는 자주 나오는 그 무엇을 말한다. 그것이 주제다"(별로 쓸데없는 닉의 잠언 1:1).

이 책에 나오는 격언들은 정말 다양한 주제들을 다룬다. 하지만 몇 가지 주제는 반복돼 나타난다. 그리고 유혹하는 여자, 게으른 사람, 입 싸고 정직하지 못한 상인과 같은 인물들이 정기적으로 등장한다.

지혜를 구하라 지속적으로 나오는 주제는 적극적으로 지혜를 구해야 할 필요가 있다. 잠언은 반복해서 사물에 대해서 숙고하고, 지혜를 구하고, 찾으면 소중히 여기라고 독자들에게 촉구한다. 2장 1-5절을 참고하라.

나쁜 친구를 멀리 하라 1장 10-19절은 하나의 고전적인 예다. 이 구절들은 고대 유대인의 집단문화를 그리고 있다. 젊은이에게 이런 길들에서 떠나라고 충고한다. 반대로 현명한 친구는 언제나 적극적으로 사귀라고 말한다(13:20).

가난한 자를 도우라 성경 전체가 그렇지만 잠언은 사회적인 책임을 강조한다. 이 주제에 관해서는 '한 구절' 짜리 잠언들이 많이 나온다. 3장 27-35절을 보라.

말을 삼가라 추문, 거짓말, 어리석은 말들은 잠언에서 호된 비판의 대상이다. 우리가 한 동아리를 이뤄 어떻게 사는가를 강조한다. 추문, 빈정거림, 거짓말처럼 사람들 사이를 가르는 것은 없다. 26장 20-28절은 소문, 거짓말, 아첨, 악한 동기를 숨긴 "부드러운 말"을 경계한다. 한편 옳은 말을 바람직한 때 할 것을 권장한다. 말하자면 슬픔을 당한 집에 가서 올챙이송을 불러선 안 된다는 것이다(18:20). 그러나 친구의 '경책하는' 바른 말은 새겨들어야 한다.

잠자리에서 일어나라 잠언의 많은 말씀들이 노동의 미덕과 게으름 방지에 관한 것이다. 6장 6-11절은 게으름뱅이, 잠만 자고 아무것도 하지 않는 백수를 그리고 있다. 여기서 말하는 게으른 자는 직업이 없는 사람이 아니라 귀찮은 것을 견뎌내지 못하는 자다.

자리에 들지 말라 간음과 부정(不貞)이 빚어내는 파괴적인 결과를 잠언보다 더 잘 그려낸 현대작품은 거의 없는 것 같다. 5장 1-23절은 아내에게 충실하고 다른 여성의 유혹을 피하라고 말한다. 잠언의 다른 부분 역시 이러한 위험성을 경고하고 있다. 때로는 창녀에 관한 경고가 나오기도 하는데, 자신의 행동거지를 반성할 줄 모르는 여성을 두고 하는 말인 경우도 많다(30:20). 7장은 거절하지 못하여 파멸의 유혹에 빠진 한 남자의 이야기를 전하고 있다.

지혜의 길1:1-9:18

지혜의 개념과 이 책을 어디에 활용해야 하는지를 소개한다. 이 책은 삶의 지침, 행위의 기준, 도덕적이고 윤리적인 도움으로 사용돼야 한다. 이 책의 기본 접근은 7절에 요약돼 있다. 여호와를 경외함이 지식의 출발선이다. 그러나 어리석은 자들은 지혜와 훈계를 멸시한다. 이것이 모든 지혜의 등뼈요, 진정한 이해와 통찰이 흘러나오는 원천이다(욥 28:28; 시 111:10).

여기서 지혜는 인간, 즉 여성형으로 나타난다. 지혜는 거리에서 목 놓아 외친다. 지혜를 무시하는 자들을 꾸짖고 야단친다(1:20-30). 여인인 지혜는 '어리석음'에 맞서 싸운다(9:1-6, 13-18). 어리석음은 유혹하고 현혹하는 말을 내뱉는다. 이 책 전반에서 간음과 창기 짓과 어리석음이 한 줄로 꿰진다. 이 책이 주로 아들들을 위해 기록된 것임을 다시 생각나게 한다. 사악한 여인만큼 한 남자를 어리석음에 떨어뜨리는 경우는 없는 듯 보인다.

이 모습은 지혜라는 인물과 대비된다. 지혜는 순결하고 그야말로 지혜롭다. 이 지혜 여인은 왕과 통치자들과 함께 걷고, 번영과 의를 가져온다. 지혜는 창조 때부터 하나님과 함께 해왔다고 진술한다(8:22-31). 유대인들이 지혜를 어떤 신성한 존재 비슷하게 상상했다는 점은, 지혜가 얼마나 중요한지 보여주고도 남는다. 지혜는 하나님의 근본적인 본성이다.

솔로몬의 잠언 10:1-22:16

큰 경구 모음집이 잠언의 중심부를 이루는 것처럼 보인다. 경구들은 비슷하게 짝을 이루며 진술된다. 한 행이 다른 행과 대조를 이룬다. 지혜로운 아들은 아버지에게 기쁨을 드리나, 미련한 자식은 어머니께 근심을 끼친다(10:1). 게으른 손에 남는 건 가난뿐이나, 부지런히 놀리는 손에는 재산이 들어온다(10:4). 여기 유일한 예외가 있다면 19장 7절이다. 그 이유는 행이 분실됐기 때문인 것 같다. 이것은 잠언의 고전적인 형식이다.

16장 이후로는 형식이 약간 바뀐다. 전반절이 후반절과 대구를 이루는 게 아니라, 전반절을 재확인하거나 제기한 사상을 발전시킨다. 그래서 이런 구절을 보게 되는 것이다. "네가 하는 일을 주께 맡기면, 계획하는 일이 이루어질 것이다"(16:3).

이 부분에 있는 경구들은 다양한 주제들을 다룬다. 의, 게으름, 부, 정조, 우정, 조심스러운 언설, 예배, 정직 등등이다. 어찌 보면 인생 전체를 다루는 것이다.

현자의 말씀 22:17-24:34

이 부분에 속한 말씀들은 많지 않다. 이곳은 두 부분으로 이루어져 있다. 첫 부분은 30개의 경구들을 담고 있다. 이 경구들은 관직에 있는 사람, "묻는 사람에게 바른 대답을 할"(22:21) 사람을 위해 쓴 글이다. 이 경구들은 대개가 4행으로 돼 있다. 그러나 음주 문제를 다루는 한 경구만은 물경 17행으로 돼 있다!

두 번째 부분은 분량으로는 더 작은 모음집으로 사회적인 정의와 공동체를 위한 조언을 다룬다. 여기에는 태만한 자나 게으른 자라는 익숙한 주제가 포함돼 있다(24:30-34). 솔로몬의 경구들에 나오는 부분과도 일맥상통하는 면이 있다(6:6-11). 아마도 원래 시의 한 부분이었거나 그 연작물이었는지도 모른다.

?! 궁금증 해소

예닐곱 가지

이상한 문학적 장치다. 마치 하나님께서 처음 것을 잊어버리신 듯한 인상을 준다. 그분이 미워하시는 것 여섯 가지, 역겨워하시는 것 일곱 가지가 있다고 한다. 그러나 이 말은 정말 몇 가지를 말하려는 것이 아니다. "옛날 옛적에" 혹은 "짐작하겠지만" 식으로 말하는 것과 비슷한 표현이다.

히스기야의 잠언 25:1-29:27

히스기야의 신하들이 편찬한 경구들에서는 훨씬 더 솔로몬 냄새가 난다. 원래 솔로몬의 작품들이었을 수도 있고, 이것들이 "솔로몬을 따라" 적은 경구들일 수도 있다는 뜻이다.

이 경구들은 고전적인 대구 형식을 취하고 있다. 여기서 처음으로, 예를 들어 왕에 관한 잠언(25:2-7) 등 주제에 의한 경구들의 분류 경향이 나타난다. 이 경구들은 전반부에 비해 훨씬 더 시적이다. 그리고 직유와 은유가 훨씬 더 많이 동원된다. 아마도 이 경구들이 문학이 더 융성한 시대의 작품들이어서인지도 모른다.

아굴의 잠언 30:1-33

아굴에 대해서는 이 짧은 잠언 외에는 알려진 바가 없다. 그의 이미지는 30장 8절에 고스란히 드러난다. "허위와 거짓말을 저에게서 멀리하여 주시고, 저를 가난하게도 부유하게도 하지 마시고, 오직 저에게 필요한 양식만을 주십시오."

위대한 잠언의 역사에 비춰보면, 그다지 멋진 말은 아니다. 그러나 우리가 이 말을 제대로 깨닫기만 한다면 세상은 지금보다 훨씬 더 나아질 것이라 확신한다. '서너 가지'라는 말로 시작되는 경구들의 시리즈도 있다. 아굴의 잠언은 초현실적인 심상에 호소한다.

궁금증 해소

잠언(30:1; 31:1)

이 본문과 르무엘 관련 본문들에는 '잠언(oracle)'이라는 말이 나온다. 약간 신비스러우나 중요성을 띤 말인 듯 보인다. 이스라엘 백성들은 이 말씀들을 소중히 여겨, 예언의 말씀과 같은 수준으로 대했다.

예를 들어 부모에게 순종하지 않는 자식들은 새들에게 쪼여 먹힐 것이라고 하는 것이다(30:17). 잠깐, 새장 문이 닫혔는지 확인해봐야겠다.

르무엘의 잠언 31:1-9

이 경구들은 르무엘 왕의 모친이 왕에게 준 것이 틀림없다. 누가 르무엘이었는지 알 길이 없다. 하지만 그의 모친이 영특한 사람이었던 것만은 분명하다. 아마도 아굴과 르무엘은 유대인이 아니었는지도 모른다. 지혜전승은 고대 근동 지방 전역에 널리 퍼져 있었다(따지자면 욥과 그의 친구들 역시 유대인이 아니었다). 르무엘의 모친은 정숙함, 인내, 정의에 교훈의 초점을 둔다.

에필로그 31:10-31

31장의 마지막 부분이 르무엘의 말인지 아닌지를 놓고 전문가들의 의견이 분분하다. 이 부분은 현숙한 아내를 위한 두음시 찬가다. 그 시대를 생각하면 당연한 일이지만 이 시가는 현숙한 아내가 집안일을 돌보는 기술을 집중해서 다룬다. 그러나 핵심 메시지는 모든 세대에게 전할 만하다. 이런 아내의 남편은 아내에게 의지하고, 아내는 남편의 기가 꺾이지 않게 한다(31:11).

전도서

왜 안달하느냐?

ROUTE PLANNER

모든 것이 헛되다 1:1-2:26
모든 것에는 때가 있다 3:1-22
인생은 불공평하다 4:1-6:12
아무도 미래를 모른다 7:1-11:6
하나님을 공경하라 11:7-12:14

누가 | '코헬렛(*Quobeleth*)' 혹은 '선생.' 이 선생의 정체는 "예루살렘 왕 다윗의 아들"이다. 이 말은 통상 솔로몬을 가리킨다. 물론 이 말은 다윗계의 다른 왕을 가리킬 수도 있다. 혹 이상적인 왕, 왕의 원형이 되는 왕을 나타내는 것일 수도 있다. 이 선생이 누구든 간에, 적어도 '행복 씨'는 아니라고 생각한다.

언제 | 주전 400년경. 솔로몬이 저자라면 훨씬 더 앞당겨진다.

무엇을 | 전도서는 성경에서 가장 놀라운 책 중 하나다. 냉소적이고 침울한 삶에 대한 실망이 깔려 있다. 그것도 모든 것을 다 지

한눈에 보는 안내판

저자 코헬렛 혹은 선생. 흔히 솔로몬이라고 말한다.
유형 지혜문학
목적 실존의 덧없음에 관한 어두운 성찰(아직도 웃음이 나오나?)
핵심 구절 1:2 "헛되고 헛되며 헛되고 헛되니 모든 것이 헛되도다."
한 가지만 기억한다면 인생이 늘 키득거리며 웃을 수 있는 건 아니다.

한눈에 보는 흐름

모두 헛것이다 1:1-18
지혜가 돕는다 2:12-26
범사에 기한이 있고 3:1-8
삼가 경외하라 5:1-20
어리석음보다 지혜가 낫다 9:13-10:20
열심히 일하라 11:1-6
어릴 때를 기억하라 11:7-12:14

켜보고도 고개를 돌린다. 자주 나오는 말처럼 "모든 것이 헛되다."

전도서에는 유머와 가벼움도 있다. 뭉클한 감동을 주는 미학도 있다. 하나님이 지고지순한 분이심을 안다. 지상에 그다지 소중한 것이 없다 해도 그분에 대해서는 달리 말해야 한다. 하지만 권태와 시큰둥함이 책 전반에 깔려 있다. 시편이 하나님을 찬양하는 손을 들어올리는 책이라면, 전도서는 피곤한 기색으로 어깨를 한 번 들썩 하는 책이다.

이런 이유들 때문에 많은 크리스천들은 전도서가 아예 없었으면 하고 바란다. 뿌리를 갉아먹는 냉소주의, 경박한 낙관론과 가벼운 즐거움을 일관적으로 거부하는 태도에 당혹스러워한다. 그러나 전도서에 독특한 힘이 있다면 바로 이 대목이다. 전도서는 현실적이다. 많은 사람들의 생각을 그대로 전달한다. 절망과 친구 한 사람들, 삶에서 어떤 목적도 발견하지 못한 사람들의 생각을 전한다. 우리가 사는 마을과 도시들에서 매일 우리가 그 곁을 스쳐 지나가는 바로 그 사람들의 생각이다(솔직히 말해서, 나는 얼마 전에 잠에서 깨어나 이제 겨우 커피 한 잔을 하고 있다).

이 책이 한 사람의 비애를 진솔하게 기록한 것인지, 아니면 이렇게도 사고할 수 있다는 방식 하나를 그려내려 한 것인지는 판단하기 어렵다. 어느 쪽이든 간에, 이 책은 우리에게 알람 음처럼 울린다. 이 책은 성경의 접힌 면이다. 우리는 전도서가 묘사하는 태도에 갇힌 사람들을 돕기 위해 있는 힘을 다해야 한다.

모든 것이 헛되다 1:1-2:26

우리는 한 방 맞고 시작한다. "마음 둘 만한 것은 없다!" 그 선생은 이렇게 외친다. "모든 것이 헛되다!" 인생은 정처 없고 게다가 따분하기까지 하다(1:8). 어디에도 새로운 것이 없다. 의미를 찾아보려고 노력하는 것은 마치 바람을 잡으려는 것과 같다(1:14). 결코 유쾌한 도입부는 아니다. "기분이 업 되는" 분위기도 아니다. 하지만 우리가 정직하기만 하다면 이 도입부가 보편적인 호소를 하고 있음을 알 수 있다. 사실 누가 한 번쯤 이렇게 생각해보지 않았겠는가?

화자는 그의 인생에 대해서 이런저런 말들을 털어놓는다. 그는 호사스럽고 영예롭게 살았다(2:4-8). 당대 최고의 현자다(1:16; 2:9). 그러나 이런 점이 그에게 의미 있게 와 닿지 않는다.

한 순간 그는 어리석은 사람보다는 그래도 현명한 게 낫다고 결론짓지만(2:12-14), 이것도 부질없는 짓이다. 마지막에는 다 잃어버릴 것에 불과하다. 왜 그는 이리 마음을 잡지 못하는가? 애씀을 통해서 과연 무엇을 얻었는가?

아마 최선은 순간에 맡기고 사는 것일 터다. 먹고, 마시고, 즐거워하는 것이다. 우리가 하나님을 기뻐하면 보상을 받을 것이다. 그러나 화자는 이 또한 될 일이 아니라 본다(2:26).

모든 것에는 때가 있다 3:1-22

하나님을 생각하니 세상을 좀 더 밝게 보게 된다. 비록 짧은 순간이라도 말이다. 3장은 성경에서 가장 아름다운 구절로 시작한다. 만사가 다 때가 있다고 주장하는 시다.

냉소적인 분위기에도 불구하고 저자는 하나님이라는 개념을 '거부'할 수 없다. 그는 하나님이 "모든 것이 제때에 알맞게 일어나도록 만드셨다"(3:11)는 것을 안다. 그리고 어떤 것들, 하나님이 지으신 것들은 영원히 지속될 것이다. 우리는 어떤 일이 일어날지 모른다. 이 작가는 최소한 자기가 죽을 때 일어날 일을 알지 못한다(3:21). 우리가 할 수 있는 일이라곤 공평하게 판단하시는 하나님을 신뢰하고, 우리의 노동을 즐거워하는 것이다.

인생은 불공평하다 4:1-6:12

잠시 긍정적인 분위기가 조성된다. 아니, 금방 자살할 듯한 분위기는 아니다. 그러나 작가는 다시 어두움을 응시한다. 불의가 사방천지를 뒤덮고 있다. 차라리 죽는 게, 아니 태어나지 않았던 게 더 나을 뻔 했다(4:2-3). 이제는 노동조차 의미가 없다. 그의 냉소는 마치 산(酸)처럼 모든 것을 삭힌다.

친구라, 친구는 좋은 거다. 친구는 매 맞는 당신을 보호해줄 수 있다(4:9-12). 지혜는 어떤 면에서 유익한 점이 있다(4:13-16).

이제 작가는 예배로 그 냉소적인 눈을 돌린다. 다시금 허탈함이 분위기를 지배한다. 하나님이 마치 잔소리 많은 노인처럼 그려진다. 우리의 사소한 언설에도 발끈하시는 분인 양 묘사된다. 틀린 말을 하느니 말을 않는 게 낫겠다.

세상의 길 5:8-12 5장 8-12절은 이 책이 제기하는 가장 핵심적인 논제 중 하나다. 우리는 그가 제기하는 불의에 놀라지 말아야 한다. 세상이 그런 것이기 때문이다.

어쩌면 이 대목이 이 불편한 책의 진실인지도 모른다. 여기서 화자는 누구인가? 왕이다. 그는 최고통수권자다. 삶이 그토록 불공평하다면, 왜 삶을 붙들고 씨름해야 하는가? 그는 왕이다. 그러나 그의 생각은 도덕적으로 파탄이 나 있다. 그는 그릇된 것이 무엇인지 안다. 하지만 사태를 변화시키려고 손가락 하나도 까닥이지 않을 것이다. 어쩌면 이것이 전도서가 전하려는 전부일지도 모른다. 세상에서 일어나고 있는 일 그대로를 보여주려는 것 말이다. 정말 그래서 그런 것이 아니라, 하나의 사고방식, 전적으로 파탄 난 하나의 철학을 묘사하려는 상상의 시도라는 것이다. 어쩌면 이 책의 진짜 요점은, 삶이 이렇다고 말하려는 것이 아니라 삶이 이렇지 않다는 것을 우리에게 간곡히 일러주는 것인지도 모른다.

아무도 미래를 모른다 7:1-11:6

이야기가 계속되면서 점진적인 변화가 일어난다. 긍정적인 경험이 약간 더 우세하게 기술된다. 얼굴을 찌푸리지 않고, 이제는 약간 웃는 분위기로 전환된다. 지혜가 이런저런 보호막을 제공한다(7:12). 좋은 시절에는 명랑해하고 나쁜 시절에는 깊은 생각에 잠겨야 한다(7:14).

때로 나오는 대로의 경구들을 통해서 작가가 자기 자신을 설득하고 있는 듯하다. 아무도 완벽하지 않다(7:20). 엿듣지 말라(7:21). 왕에게 순복하라(8:2-5). 베풀면 돌려받는다(11:1-3). 어리석은 것보다는 지혜로운 게 낫다(9:13-18). 지혜는 너에게 웃음을 준다(8:1).

좀 더 적극적인 생각들 사이로 어두운 순간이 들이닥친다. 남자들 대부분이 나쁘지만, 여자는 모두 다 악하다(7:26-28). 우리는 꼬인 마음의 소유자들이다(7:29). 도둑들이 잘된다(8:10-13). 어리석음은 모든 것에 전염된다(10:1-3). 논지는 이리저리 왔다갔다 한다. 긍정적인 진술에 뒤이어 부정적인 것들이 따라온다. 우리에게 호흡을 주시는 하나님과 비교해 봤을 때, 작가가 과연 무엇을 알 수 있는가?(11:5)

하나님을 공경하라 11:7-12:14

갑자기 우중충한 분위기가 아름다운 해돋이로 깨져버린다. 하지만 아니 나타남만 못하다. 곧 다시 어두움이 뒤덮인다. 노인의 시름이 청년의 기쁨을 앗아가는 모습이다(11:7-12:8). 이 모든 상념들과 저작활동도 의미가 없다. 그 선생은 우리에게 충고한다. "한마디만 더 하마. 나의 자녀들아, 조심하여라. 책은 아무리 읽어도 끝이 없고, 공부만 하는 것은 몸을 피곤하게 한다"(12:12).

전도서는 아스라이 끝나지 않는다. 책의 말미에 어색한 수긍이 남는다. "하나님을 두려워하여라. 그분이 주신 계명을 지켜라. 이것이 바로 사람이 해야 할 의무다"(12:13). 신앙의 도약은 결코 아니다. 작은 폴짝거림이다.

그 나름대로 승리이다. 모든 대안들을 다 찾아본 연후에, 삶의 의미 없음에 직면해본 후에, 작가는 믿을 수 있는 유일한 것으로 지친 발걸음을 돌린다. 하나님은 어떻게 해서든 결국에는 인생을 바로잡아주실 것이다. 신앙의 도약은 아니지만 바른 방향으로 떼어 옮기는 한 걸음이다.

아가서

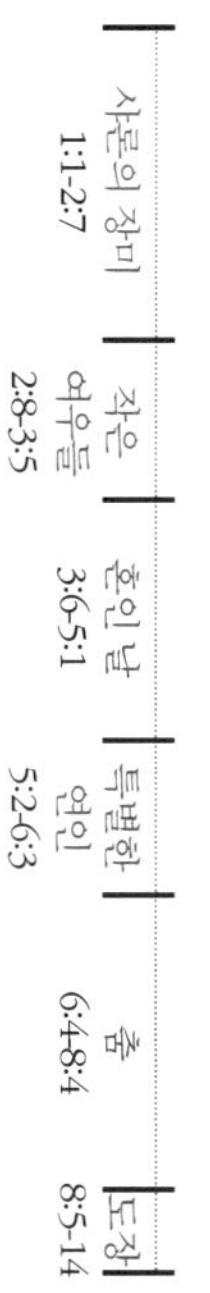

황홀한 사랑!

이 책의 공식 제목은 '솔로몬의 아가' 혹은 '가장 아름다운 노래들'이다. 연가들의 모음집. 자발적이고 자연스러운 사랑의 향연이다.

누가 | 전통적으로는 솔로몬이 썼다고 한다(그의 많은 처첩 중 누구를 두고 한 말인지는 분명하지 않다). 그러나 어투는 솔로몬보다는 후대 사람에게 훨씬 더 잘 어울린다.

언제 | 아무리 일찍 잡아도 주전 3세기경.

무엇을 | 이 책은 성경에 기록된 가장 놀라운 것 중 하나인 연시(戀詩)이다. 8장에 걸쳐 에로틱하고 육체적인 사랑을 노래한다.

많은 주석가들이 이 책에서 뭐라 말하기 힘든 요소들을 발견했

한눈에 보는 안내판

저자 미상. 전통적으로는 솔로몬을 저자로 꼽지만, 그는 아닌 것 같다.
유형 지혜문학
목적 사랑과 성에 대한 인정
핵심 구절 8:6 "도장 새기듯, 임의 마음에 나를 새기세요. 도장 새기듯, 임의 팔에 나를 새기세요. 사랑은 죽음처럼 강한 것, 사랑의 시샘은 저승처럼 잔혹한 것, 사랑은 타오르는 불길, 아무도 못 끄는 거센 불길입니다."
한 가지만 기억한다면 남편과 아내의 사랑은 신비하고 격정적이며 감탄을 자아낸다.

한눈에 보는 흐름

사랑은 포도주보다 낫다 1:1-27
혼인 3:6-5:1
꿈속의 연인 5:2-16
혼인의 춤 7:1-13
네가 만일 8:1-14

궁금증 해소

샤론의 장미(2:1)

샤론은 갈멜 산 남쪽에 자리 잡은 황야다. '장미'라고 흔히 번역되지만, 이 꽃의 정체는 정확하지 않다. 크로커스(crocus) 류의 꽃일 수도 있다.

포도원의 여우들(2:15)

'포도원'은 연인들을 가리키는 은유다. 그들의 외모가 그것을 말해준다(1:6 참조). 이 말은 "그게 무엇이든 우리 사랑을 망치는 것으로부터 우리를 안전하게 지켜주오"라는 뜻이거나, 좀 더 입말로 표현하자면 "이대로 영원히 지내게 해줘요"가 될 수 있다.

알쏭달쏭

오 베이비, 당신의 아르마딜로를 사랑하오

Q 음, 무슨 말 좀 해 보라.
A 뭘 물어볼지 알겠다. 사슴과 노루에 대해서 묻고 싶은 게 아닌가?
Q 사슴과 노루만이 아니다. "염소 떼 같은 머리채"와 "암양 떼 같이 흰 이"도 무슨 말인지 모르겠다.
A "레바논의 망대와 같은 코"도 만만치 않다. 우선 이런 것들은 우리가 쓰는 비유가 아니다. 하지만 이 시가 최소한 2300년 된 것임을 알아야 한다. 그 사람들의 미적 감각은 우리와 아주 다르다.

다. 유대인 랍비들은 이 노래가 하나님과 그의 백성 사이의 사랑을 풍유적으로 노래한 것이라 가르쳤다. 기독교 교사들은 그리스도와 그의 교회, 혹은 그리스도와 신자의 영혼 사이의 사랑에 관한 알레고리라고 보았다. 수천 년간 이것이 공식적인 입장이었다.

이런 해명에 따르는 문제가 있다. 이 책 자체에, 그리고 나머지 성경 전체에도 위와 같은 해석을 암시하는 어떤 조짐도 없다는 것이다. 만약 이것이 하나님과 이스라엘의 관계에 대한 일반적인 이미지였다면, 다른 어디에서도 이런 이미지가 나와야 한다. 물론 이스라엘이 가끔 신부로 묘사되기는 하나, 거기서 그칠 뿐이다. 결혼 첫날 밤에 관한 상세한 보도는 다른 어디에도 없다.

문제는 이 노래가 아니라 우리 자신이다. 성경은 사랑의 부작용, 사랑의 추한 뒷모습, 욕정, 색욕, 강간에 대해 할 말이 많다. 여기 이 책은 육체적인 사랑의 좋은 면을 부각하고, 그것의 자발성, 거기서 나오는 힘과 신비를 확인한다. 아가서는 육체적이며 정서적인 사랑에 관한 책이다. 이 점이 불편하다면, 이 책 역시 불편하게 느껴질 것이다.

샤론의 장미 1:1-2:7

우리 앞에는 연인들이 있다. 여자는 자신을 '검다'고 말한다. 고대에는 오늘날과는 달리 검게 그을린 피부를 좋아하지 않았다. 그러나 사랑은 인습에 굴복하지 않는다. 남자는 왕이라고 하지만 어떻든 목자다.

작은 여우들2:8–3:5

이 시는 비단 사랑에 관한 것만이 아니다. 우정에 관한 것이기도 하다. 연인들의 기쁨은 육체적인 사랑 때문만이 아니라, 그저 함께 있음에서도 나온다. 이렇게 말했지만, 육체적인 측면이 전편에 걸쳐 드러난다. 아무튼 이 책이 플라톤적인 사랑을 장려하지는 않는다. 2장 16–17절은, 번역에 어려움이 있지만, 분명히 성행위를 은유적으로 표현한 것이다.

혼인 날3:6–5:1

이 부분은 두 사람의 결혼식 날을 그린다. 신랑은 위대한 솔로몬 왕에 비견되고, 신부는 여러 가지 동물에 빗대 찬란하게 묘사된다. 이 본문은 맛과 냄새로 가득 차 있다. 석류, 포도, 꿀, 몰약, 침향, 계피, 유향 등이다. 그들의 사랑은 오감을 자극한다.

이런 모욕은 생전 처음이야.

특별한 연인5:2–6:3

연인이 문 앞에 나타난다. 늦은 밤이다. 문을 열려고 하자, 남자가 가버린다. 이 부분은 3장 1–5절의 애절한 찾음을 다시 연상시킨다. 아마 진정한 사랑을 찾기가 참으로 어려움을 말해주는 것 같다. 이런 찾아나섬은 폭력으로 이어지기도 한다. 여자의 애절함과 헌

중요한 개념

신부, 첩, 창녀

구약성경 시대뿐 아니라 신약성경 시대도 고대의 결혼은 현대의 결혼과 여러 면에서 달랐다. 우선 부모가 아들이나 딸에게 맞는 배필을 선택하는 것으로 결혼이 성사된다. 예를 들어 삼손은 자기가 짝을 골라놓고도 부모에게 결혼시켜 달라고 조른다(삿 14:1–3).

신부 약혼은 법률적인 계약 비슷했다. 신랑은 '혼인 위로금'을 지불함으로써 신부를 '구매'하는 것이 보통이었다. 이 돈은 신부의 아버지에게 가족 중 유용하고 소중한 사람을 잃은 데 대하여 보상하는 성격으로 지불하는 것이었다(세 딸의 아빠로서 나는 언제든 이 돈을 받을 준비가 돼 있음을 선언하노라). 그러나 신부는 전쟁에서 약탈(신 21:10–14), 기습하여 납치(삿 21:1–12)할 수도 있었고, 혹은 유혹하여 유괴할 수도 있었다. 이때 유혹한 자는 데려온 여자와 반드시 결혼해야 했다(출 22:16). 신부들은 혼인 날 짙은 베일을 감싸고 있었기 때문에 야곱은 다른 여인과 결혼하는 줄도 모르고 속아넘어갔다(창 29:21–28).

성경 역사의 초기에는 일부다처제가 묵인됐다. 그러나 왕정기부터는 귀족들만 이런 관습을 행했다.

구약성경에서는 남편이 죽으면 과부들은 남편의 현존하는 가장 가까운 친척, 보통은 남편의 형제와 결혼하는 것이 관습이었다(신 25:5–6). 룻기에는 바로 이런 관습이 배경으로 깔려 있으며(룻 4:1–8), 사두개인들은 바로 이 점을 붙잡고 늘어지며 예수님께 질문을 던졌다(눅 20:27–36). 또한 다말이 왜 그토록 엄청난 스캔들을 남겼는지도 설명해준다. 다말은 여성으로서 자신의 권리를 주장하고 있다(창 38장). 다말은 그리스도의 족보에 오른 몇 안 되는 여성 중 한 명이다(마 1:3).

첩 왕들과 세도가들은 첩을 거느렸다. 첩은 법적인 권리를 행사할 수 있었고, 첩이 낳은 자식들은 사생아로 여기지 않았다. 그러나 첩에게는 정실에게 주어지는 것만큼의 권한이 주어지지는 않았다. 솔로몬에게는 700명의 아내와 300명의 첩이 있었다(왕상 11:3).

창녀 그때도 창녀가 있었다. 고대 세계에는 두 종류의 매매춘이 있었다. 신전 창녀들은 거짓된 우상숭배 시 성교를 하고 화대로 거짓 신들의 신전을 유지했다. 성경에서 이런 짓은 언제나 가증스럽다는 정죄를 받았다. 일반 창녀들은 길모퉁이에 서 있거나 홍등가에서 일했다. 성경은 일반적으로 이런 자들을 나쁜 부류로 분류했다. 예를 들어 잠언은 젊은이들에게 창녀들이 쳐놓은 '덫'에 빠지지 말라는 충고로 가득 차 있다.

신을 나타내지만 말이다.

춤6:4-8:4

연인들은 함께 춤춘다. 디르사는 고대 가나안 도시였다(수 12:24). 여로보암이 북왕국의 수도로 택했다. 지명의 뜻은 '즐거움' 혹은 '아름다움'이다. 예루살렘은 물론 남왕국의 수도였다. 연인은 사랑하는 자를 두 빼어난 도시로 그리고 있다. 여인을 도시에 비교하는 것은 고대에서는 그리 낯선 일은 아니었다. 고대인들은 도시를 보통 여성형으로 보았다.

6장 13절에 나오는 '술람미'는 수남이나 수넴의 변형일 수 있다. 이스르엘 부근이다. 수남 사람 중 가장 유명한 이는 다윗 왕의 첩이었던 아비삭이다(왕상 1:3). 자귀나무(7:13)는 자극성이 있는 풀로서, 다산과 관련이 있다고 믿었다.

8장 1-4절은 누가 봐도 난해한 구절들이다. 연인들이 그들의 밀애를 비밀에 부쳐야 한다는 뜻으로 보인다. 혹 여성은 자신의 애정을 늘 드러내 보이고 싶어 하지만, 그렇게 하는 것이 사회적인 금기라는 뜻일 수도 있다.

도장8:5-14

도장은 고대 사회에서 상당히 중요한 것이었다. 개인의 도장은 자신의 이름과 다름없었다(창 38:18). 나아가서는 자신의 존재와도 동일시된다. 그러나 여기 연인들은 너무나 가까워서 한 사람이 됐다. 그들의 사랑은 모든 것을 정복할 것이다. 사랑은 죽음보다 강하니까.

예언서

성경에서 이 부분은 '예언서'라 불린다. 여기에는 모두 17권의 책이 속한다. 첫 다섯 권은 대예언서, 나머지 열두 권은 소예언서라고 부른다. 예언서들은 대강 연대순으로 배열돼 있다. 가장 이른 시대의 예언자가 처음으로 나온다.

대예언서

| 이사야 이사야는 네 왕의 치세 동안 유다에서 예언했다. 그가 전한 주요 메시지는 앗시리아와 바벨론의 위협에 대해 경고하는 것이었다. 그러나 미래에 대한 희망의 메시지도 전했다.

| 예레미야 예레미야는 예루살렘에서 예언했다. 유다에 임박한 벌에 대해 경고하고, 여호와께서 자기 백성과 새로운 언약을 맺으실 때를 바라봤다.

| 애가 예레미야가 지었다고 알려진 두음시. 바벨론 군대에 의해 예루살렘이 함락되는 모습을 그린다.

| 에스겔 제사장이며 예언자인 에스겔은 바벨론에 포로로 억류됐다. 포로로 잡혀온 사람들과 예루살렘에 남은 동포들에게 환상 형태로 된 여러 메시지를 전한다.

| 다니엘 다니엘은 바벨론에 억류된 유대인들에 관한 이야기를 전한다. 이야기체의 담화들과 미래 제국들에 관한 여러 환상들이 섞여 있다.

소예언서

이 부분은 열두 권의 책, 호세아, 요엘, 아모스, 오바댜, 요나, 미가, 나훔, 하박국, 스바냐, 학개, 스가랴, 말라기로 이뤄져 있다. '소예언서'라는 용어는 이 책의 내용에 관한 것이 아니라 길이를 놓고 하는 말이다. 어떤 책은 딱 한 장으로 돼 있다. 이 예언자들 대부분은 이스라엘과 유다 왕국의 쇠퇴기에 예언했다. 학개와 스가랴는 포로 억류 이후의 예언자들이다. 그리고 구약성경의 마지막 책인 말라기는 포로 귀환 후 백 년 뒤에 기록됐다. 어떤 것들은 우리가 예언서라고 보통 기대하는 것에서 한참 벗어나 있다. 그 좋은 예가 요나서이다. 이 책은 예언서라기보다는 한 예언자에 관한 이야기에 가깝다. 하박국도 하나님에 대한 까다로운 질문을 던진다는 면에서는 욥기와 흡사하다.

이 책들이 다루는 주제는 대예언서들과 유사하다. 백성의 불충, 사회적 불의와 억압, 하나님 백성의 구속적 미래, 하나님의 백성을 원수의 손에서 건져내실 메시아의 오심 등이 그것이다.

예언

예언은 미래를 내다보는 능력이라는 뜻의 예견과 자주 혼동된다. 성경에서 예언은 단지 미래를 내다본다는 것 이상의 의미를 가지고 있다. 예언자들은 진리의 사람들이었다. 그들은 하나님이 주신 진리를 말했다. 진리를 말할 때 미래에 대한 예견이 따라오는 경우가 많았다. 임박한 심판의 경고라든가 미래에 받을 복에 대한 약속 등이 그것이다. 그러나 예언은 사람들에게 그들의 행위와 관련하여 도전하는 경우가 주종이었다. 예언자들은 왕, 제사장, 백성들을 격려하고 비판하고 위안했다. 진리에 대한 강조로 미루어 볼 때, 예언자가 된다는 것은 매우 위험한 일이었다. 그의 말이 진실로 판명되지 않으면, 다시 말해 '거짓 예언자'로 판명나면, 끌려가서 돌로 쳐 죽임을 당했기 때문이다. 예언자 노릇을 한다는 게 그 시대에서는 거친 일이었다.

예언자들은 이스라엘의 국가적인 삶에서 중요한 역할을 했다. 그들 중 다수가 조롱당하거나 무시당했음에도 불구하고, 많은 예언자들이 존경의 대상이 됐고 그들의 재능을 펼칠 수 있었다. 물론 그 재능이란 듣는 사람을 불편하게 하는 것이었다. 성경에서 말하는 예언 경험에 관한 묘사는 대개 신체적인 것이다. 메시지가 예언자들의 몸을 떨리게 하고, 뼈를 녹였다. 그래서 그들은 말하지 않고는 견디지 못했다. 그들 중 몇몇은 쭈뼛쭈뼛거리며 예언하는 은사를 받았다.

성경의 예언자들은 하나님으로부터 서로 다른 메시지를 받았다. 그러나 일련의 주제들을 뽑아낼 수는 있다. 특히 후기 예언자들의 메시지에서는 더욱 그렇다.

하나님께 돌아오라는 호소 이스라엘과 유다의 지도자와 백성들은 너무도 자주 하나님을 떠나 거짓 종교로 향했다. 이러한 행동은 나라로서 그들의 운명을 결정짓는 직접적인 요소가 됐다. 예언자들은 거듭해서 이스라엘에게 참된 믿음으로 돌아갈 것을 호소한다. 그러나 그들은 거듭해서 무시당했다.

정의에 대한 호소 예언서는 부자와 권력층, 빼기는 자들이 가난한 사람을 억누르는 것을 정죄하는 내용으로 가득하다. 아모스서와 미가서 같은 예언서만큼 하나님이 가난하고 억눌린 자들에게 마음 써주심을 선명하게 보여주는 책은 없을 정도다.

이스라엘과 유다에 내릴 심판 예언자들은 이스라엘과 유다에 장차 일어날 일이 무엇인지 끊이지 않고 경고했다. 예언자들은 백성들이 그 악한 길을 고집하면 멸망하여 포로로 잡혀갈 것이라고 경고했다. 그리고 주변 나라의 거민들이 그들을 무시할 것이라고 내내 경고했다. 주변 국가들의 무시는 앗시리아와 바벨론이 그들의 코앞에까지 쳐들어올 때까지 계속 이어졌다.

다른 나라들에 내릴 심판 하나님의 세밀한 판단을 받을 나라는 이스라엘과 유다만이 아니었다. 예언자들은 이스라엘의 주변 국가들과 압제자들의 파멸 또한 경고했다. 바벨론, 앗시리아, 구스, 메대, 이집트는 여호와의 판단을 받을 것이다.

거친 압박 예언자들은 부드러운 외교관들이 아니었다. 그들은 하나님의 열정을 내뱉었다. 백성들이 경악하여 듣지 않을 수 없도록 했다. 격정에 차 있었고 목소리를 높였다. 하나님은 그분의 백성을 향해서 열정적이시다. 그분의 예언자들은 하나님의 분노와 그분의 열성을 드러낸다.

하나님께 올리는 간청 예언자들의 언어를 관통하는 또 다른 것이 있다. 하나님이 구원하시는 자비가 그것이다. 예언자들은 코앞에 닥친 끔찍한 미래뿐 아니라, 영광으로 가득 찬 더욱 먼 미래 또한 보았다. 이스라엘과 유다에 닥칠 파괴뿐 아니라, 모든 인류에게 임할 구원도 봤다. 그들은 눈에 보이는 세계와 도래할 세계를 대비시켜 보았다. 무엇보다도 그들은 하나님의 평화, 정의, 자비, 긍휼, 안전, 피난처와 사랑의 통치를 소개할 메시아 예수를 보았다.

이사야

여호와가 구원하신다!

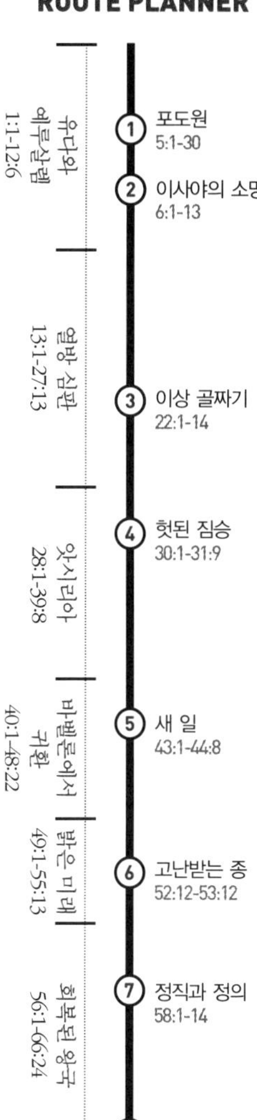

누가 | 이사야의 이름은 '여호와가 구하신다'는 뜻이다. 두 아들을 둔 기혼자로서 그는 주로 예루살렘에 살았다. 웃시야 왕의 전기를 기록했다고 전해진다(대하 26:22). 유대인들의 전승에 의하면 처참한 죽임을 당했다. 톱으로 켜 몸이 두 동강 났다는 것이다(히 11:37은 이 일을 두고 한 말이다). 그러나 어떤 학자들은 이 책이 여

한눈에 보는 안내판

저자 이사야. 혹은 여러 명의 '이사야'
유형 예언서
목적 하나님이 자기 백성을 어떻게 징벌하시는지, 어떻게 구출해내시는지 보여준다.
핵심 구절 65:17-19 "내가 새 하늘과 새 땅을 창조할 것이니, 이전 것들은 기억되거나 마음에 떠오르거나 하지 않을 것이다. 그러니 너희는 내가 창조하는 것을 길이길이 기뻐하고 즐거워하여라. 내가 예루살렘을 기쁨이 가득 찬 도성으로 창조하고, 그 주민을 행복을 누리는 백성으로 창조하겠다. 예루살렘은 나의 기쁨이 되고, 거기에 사는 백성은 나의 즐거움이 될 것이니, 그 안에서 다시는 울음소리와 울부짖는 소리가 들리지 않을 것이다."
한 가지만 기억한다면 하나님은 심판도 하시고 용서도 하신다.

한눈에 보는 흐름

종교가 아닌 정의 1:1–20
포도원 5:1–30
이사야의 환상 6:1–13
메시아 8:16–9:7
그날이 오리라 11:1–12:6
승리 26:1–27:1
형벌 28:1–29
앗시리아 전쟁 36:1–22
히스기야에게 주신 말씀 37:21–38
소망 40:1–31
여호와의 종 42:1–9
고난의 종 53:1–12
참된 종교 58:1–14
새 하늘과 새 땅 65:17–25

러 명의 '이사야'가 지었다고 믿고 있다.

언제 | 이사야는 주전 740년에 사역을 시작했다. 최소한 주전 681년까지 살았다. 이때는 앗시리아가 바벨론에게 패배한 해다.

무엇을 | 이사야의 중심 주제는 심판과 구속이다. 하나님은 그의 백성을 벌하실 것이나, 또한 건져내기도 하실 것이다. 이사야는 하나님의 능력과 권세를 쉴 새 없이 강조한다. 하나님은 이 땅을 가물게 하는 '불'이시다. 그러나 하나님이 심판의 불이라면, 그분은 광야를 흐르는 물줄기, 포로생활을 마치고 돌아가는 길도 되신다. 이사야는 억류됐던 자들이 돌아올 것을 내다보지만, 그것을 넘어서 놀라운 새 시대를 바라본다. 평화와 온전함의 시대, 메시아가 다스리는 시대가 올 것이다.

이사야를 읽기는 쉽지 않다. 연대순으로 배열돼 있지 않다. 독자들은 이 시각에서 저 시각을 부지런히 오가지 않으면 안 된다. 정치적인 관찰과 역사적인 담화들이 먼 미래에 대한 환상, 회개의 촉구들과 버무려져 있다. 가까운 장래에 대한 표지들이 메시아 선언들과 섞여 있다. 이스라엘의 원수에 대한 저주가 영광스러운 환상, 나아가서 복속된 궁정대신들에 관한 환상 사이사이에 끼어 있다.

가장 안정된 구절은 구속과 영광의 환상을 보여주는 것들이다. 이때 포로로 잡혔던 자들은 시온 산으로 돌아온다. 여기서 보여주는 환상들은 영광스럽고 미래적인 것이다. 어려운 시기에 있던 이사야와 그를 따르는 사람들에게 기댈 반석이 되었을 환상이다.

이사야는 누구인가? 아모스의 아들 이사야는 예언자였다. 그는 주전 750년에서 700년경 예루살렘에서 살면서 활약했다. 그는 웃시야, 요담, 아하스, 히스기야 등 네 왕의 치세에 활동했다. 7-39장은 그의 생애에 일어남직한 사건들을 담고 있다. 이 이야기들은 정치적이고 외교적인 사건들 속에서 예언자의 활약을 보여준다.

- ▶ 이사야는 주전 734년 아하스 왕에게 메시지를 보낸다. 아하스는 다른 나라들과 연합하여 앗시리아에 반역을 일으키자는 압력을 받고 있던 젊은 왕이었다(7:1-16).
- ▶ 약 29년 후 히스기야 치세에 이사야는 왕에게 이집트와 동맹을 맺지 말라고 경고한다. 그는 옷을 벗고 포로와 같은 모습으로 예루살렘 근방을 돌았다. 이집트인들은 앗시리아가 그들을 멸망시킬 때 그렇게 알몸이 될 것이다(20:1-6). 이 일은 주전 715년경에 일어난 것으로 보인다.
- ▶ 앗시리아 군대가 포위한 예루살렘에서 다시 등장한 그를(36:1-37:38) 본다. 때는 주전 701년경이다. 히스기야는 확신을 주고 있는 이사야에게 조언을 구한다. 그는 앗시리아 왕이 암살을 당해 그 군대가 철수할 것이라고 말한다. 앗시리아 왕 산헤립이 확실한 그 왕은 정복을 포기하고 철군했다가 두 아들 손에 암살당한다.
- ▶ 히스기야가 병에 걸렸다(38:1-22). 이사야는 왕이 죽을 것이라고 경고한다. 히스기야는 기도했고 여호와께서 15년을 더 살게 하셨다.
- ▶ 마지막 이야기(39:1-8)는 히스기야가 바벨론에서 온 사절단에게 이스라엘의 요새들을 보여주는 장면이다. 이것은 그가 앗시리아 전쟁에 바벨론과 동조하겠다는 뜻이다. 이사야는 이 행동을 심히 나무라며, 바벨론이 파괴만 가져올 뿐이라고 경고한다.

후대의 전설에 따르면 이사야는 므낫세 왕에 의해 톱으로 켜(마술 쇼가 아니라 사형 방법이다) 죽었다. 그러나 위서에 나오는 이야기이고 성경에서는 발견되지 않는다.

유다와 예루살렘 1:1-12:6

첫 열두 장은 이사야 사역의 초기를 기록하고 있다. 이것은 짧은 예언들의 모음인데, 일부 전기적인 정보가 그 안에 들어 있다. 주제는 예루살렘과 유다의 상태다. 첫 장은 문제를 선명하게 그린다. 만연한 악과 부패(1:2-6, 21-23), 몰려드는 적들(1:7-9), 제사를 드리면서도 죄를 짓는 모습(1:10-17)이 그것이다. 그러나 지금도 용서받을 수 있는 길이 있다(1:18-20). 2-4장은 예루살렘을 네 방향에서 그리고 있다. 미래의 영광(2:2-5; 4:2-6), 현재의 부패(2:6-3:15), 다가오는 심판과 정화(3:16-4:6)이다.

① 포도원 5:1-30 이사야 5장은 신 포도만을 내는 포도원 비유로 시작된다. 이스라엘은 구약성경에서 포도나무 혹은 포도원으로 매번 비유된다. 이 이미지는 나중에 예수님이 채용하기도 한다. 신 포도만을 산출하는 상황은 이스라엘의 도덕적인 피폐(5:8-12)를 나타내고, 미래에 벌어질 일에 대한 경고가 주어진다(5:13-30). 여기 나오는 그림은 놀랄 만큼 현대적이다. 흥청망청거릴 뿐 예배할 줄 모르고, 규례를 깨기만 할 뿐 순응할 줄 모르는 사회의 모습이 그려지고 있다.

② 이사야의 소명 6:1-13 주전 742년 이사야는 환상을 보았다. 그의 입에 "불붙은 숯"이 닿았다. 그를 깨끗하게 하기 위해 취해진 조치다. 그리고 그는 백성에게 말하기 위해 보냄을 받는다. 6장 9절은 이것이 소득 없는 임무임을 보여준다. 그러나 이 장은 소수가 남겨질 것을 찬양하는 찬미로 마무리된다.

털을 밀리라 7:1-9:7 7-12장은 이스라엘에서 일어나는 정치적인 사건들을 다룬다. 여기에 임마누엘, 즉 "하나님이 우리와 함께하신다"라고 불릴 분에 대한 예고가 끼어 등장한다. 아하스는 앗시리아에 동맹을 제안하고 있지만, 이스라엘의 패망을 잠시 연기시킬 실속 없는 정책에 불과하다. 이사야가 전하려는 핵심 메시지는 7장 9절에 나온다. 믿음에 굳게 서지 않으면 모두 휩쓸려 가버리고 말 것이다. 7장 18-25절은 이스라엘이 앗시리아의 편에 설 경우 임할 패배를 말하고 있다. 그들의 턱수염은 밀릴 것이다. 턱수염을 민다는 것은 고대사회에서는 대단한 불명예였다. 왕은 이사야의 메시지를 무시한다. 그래서 이사야는 동료들을 위해 이 말을 두루마리에 적어놓는다(8:1). 이사야의 아들이 태어났다. 이사야의 아내 역시 예언자였다. 예언자는 이사야의 가업이었다. 마헬살랄하스바스는 정확하게 번역하기 어렵다. 대충 옮기면 '갑자기 공격당해 순식간에 끌려간다' 쯤 될 것이다.

이사야는 백성들에게 믿음을 가지라고 촉구한다. 무당들이나 거짓 예언자들이 아니라 오직 여호와를 신뢰하라고 한다(8:17-22). 먼 미래를 내다보는, 예수님의 오심에 대한 놀라운 본문이 나온다. 예수님은 어두움에 빛을 던지고, 영원한 왕국을 세울 진정

난해한 주제

| 이사야는 몇 명인가? 전통적인 견해로는 주전 8세기에 살았던 이사야라는 한 사람이 모두 썼다.

그러나 최근 대부분의 전문가들은 이 책이 다른 '이사야들'의 작품이라고 보고 있다. 본문들에서 확인되는 다른 문체, 각 부분들이 반영하고 있는 정치적인 상황이 서로 다른 시대를 나타내고 있다는 사실 때문이다. 이들의 주장은 구체적으로 이렇다.

1-39장은 원래의 이사야, 전통적인 이사야의 말을 담고 있다. 여기서는 하나님의 심판과 앗시리아의 위협을 다룬다.

40-66장은 주로 두 번째 '이사야'의 작품이다(사실 39장 이후에는 이사야의 이름이 한 번도 나오지 않는다). 40-55장은 바벨론에서 포로로 잡혀 있던 시절(주전 597-539) 한 사람의 작품임을 드러낸다. 56-66장에서 이사야는 다시 팔레스타인으로 돌아온다(주전 약 521년). 일부 전문가들은 팔레스타인에 돌아온 이사야는 사실 세 번째 '이사야'라고 한다. 그러나 40-55장과 56-66장의 문체는 매우 유사하다. 이 이사야는 바벨론의 타락과 고레스의 발흥, 역사를 주관하시는 하나님을 말하고 있다.

한 명이나 두 명의 이사야, 아니 어쩌면 세 명의 이사야, 이게 문제가 되는가? 꼭 그래야 할 이유가 없다. 하나님이 다른 시대에 다른 사람들에게 주시는 예언은 지금도 여전히 예언이고, 우리에게 말하는 바 또한 많다. 한 명이 썼건 여러 명이 썼건, 심판과 구속의 메시지는 진실한 것이다.

한 왕이다(9:1-7).

앗시리아 9:8-12:6 이 부분은 임박한 황폐에 관한 주제가 이어진다. 앗시리아 왕은 이스라엘 백성을 "길의 진흙처럼"(9:5) 밟을 것이다. 10장 5-34절은 앗시리아를 여호와의 수단으로 묘사한다. 그분의 진노를 보여주는 도구라는 것이다. 11-12장은 메시아에 대한 위엄에 찬 찬미와 예언을 담고 있다. 여기서 완전한 평화가 다스릴 때의 환상이 펼쳐진다. 에덴으로 다시 돌아가 사람과 자연이 완벽한 조화를 이룰 것이다(11:6-10). 모든 민족들이 하나가 된다(11:10-16). 이 부분은 하나님을 찬양하는 노래로 끝난다(12:1-6).

포로의 옷 20:1-6 20장에서 예언자는 포로처럼 옷을 입는다. 이집트와 에티오피아의 운명이 앗시리아의 손에 의해 어떻게 좌우될지 보여주려는 조치다. 앗시리아가 북왕국을 주전 722-721년에 함락한 후, 히스기야는 이집트와 동맹을 맺어야 한다는 압력을 받았다.

난해한 주제

| 처녀와 아기(7:14) 7장 14절에 나오는 히브리어 알마(*almah*)는 통상 '처녀'라고 번역되지만 실제로는 '젊은 여자'를 뜻한다. 이 말이 처녀라는 뜻을 가지고 있기는 하나, 그 정도로 '처녀'를 뜻하는 말은 아니다. 사실 이사야는 자기 집안 이야기를 하고 있는 것 같다. 젊은 여자는 장래의 자기 아내를 뜻하는 것일 수 있다(8:3). 먼저, 그는 하나님이 주시는, 몇 년 후면 이뤄질 '징표'에 관해 말하고 있다. 바로 그 다음 구절은 "버터와 꿀"(7:15)을 먹는 이야기인데, 아기에게 먹일 만한 것이 충분히 없다. 다시 말해서 아기가 황폐함과 기근 속에서 자라게 될 것임을 은근히 비치는 것이다.

그러니까 이사야는 먼 장래에 관해 예언하는 것이 아니라, 바로 얼마 후면 견뎌야 할 어려움이 있겠지만, 많은 여자들이 자기 자녀의 이름을 임마누엘, 즉 "하나님이 우리와 함께 하심"이라고 할 날이 온다고 말하는 것처럼 보인다. 그들의 하나님에 대한 믿음은 아하스 왕의 불신과 정면으로 대조될 것이다.

그러면 성탄절마다 이 구절이 나오는 것은 어찌 된 일일까? 간단하게는 마태가 그리스어 성경을 썼다는 점에서 그 이유를 찾을 수 있다. 이 성경에는 히브리어 알마가 '처녀'라고도 옮길 수 있는 파르데노스(*parthenos*)로 번역돼 있다. 그래서 마태는 이 구절을 마리아에 관한 예언으로 본 것이다. 어떤 사람들은 이 혼동을 근거 삼아 동정녀 탄생이 잘못 번역된 구절에 바탕을 두고 지어낸 이야기라고 주장한다. 그러나 다른 쪽으로도 얼마든지 생각할 수 있다. 마태뿐 아니라 누가도 동정녀 탄생을 사실로 받아들였다. 이 본문은 그리스도에 관한 직접적인 예언은 아닐 수도 있다. 그러나 분명히 하나의 견본, 그리스도가 장차 하실 일을 희미하게나마 보여주는 견본이다.

이사야는 힘든 시간이 기다리고 있음을 알았다. 그러나 궁극적으로 하나님이 자기 백성과 함께 하실 것임을 알았다. 어느 쪽으로든 성탄절이 무엇인지를 잘 드러낸다.

이사야의 열방 심판(13:1-23:18)

이사야서 13-23장은 긴 단락이다. 여기에는 다른 나라들에 임하는 심판의 예언이 주로 담겨 있다. 비슷한 유형이 아모스 1-2장, 에스겔 25-32장, 예레미야 46-51장에서도 발견된다.

블레셋(14:28-32)
북쪽에서 온 침략군으로 인해 일부는 굶어죽고 일부는 살해당한다.

두로(23:1-18)
황폐화, 상업의 붕괴(23:9), 권력 상실. 두로는 장차 여호와를 예배하게 된다(23:18).

다메섹과 북부 이스라엘 (17:1-11)
기근과 전쟁

바벨론(13:1-14:23, 21:1-10)
도시의 완전 황폐(13:2-22), 왕의 죽음(14:4-23)이 예고된다. 배신, 폭력, 파괴 뒤에 군사적인 패배가 따른다.

앗시리아 (14:24-27)
전멸을 예고하는 간단한 예언

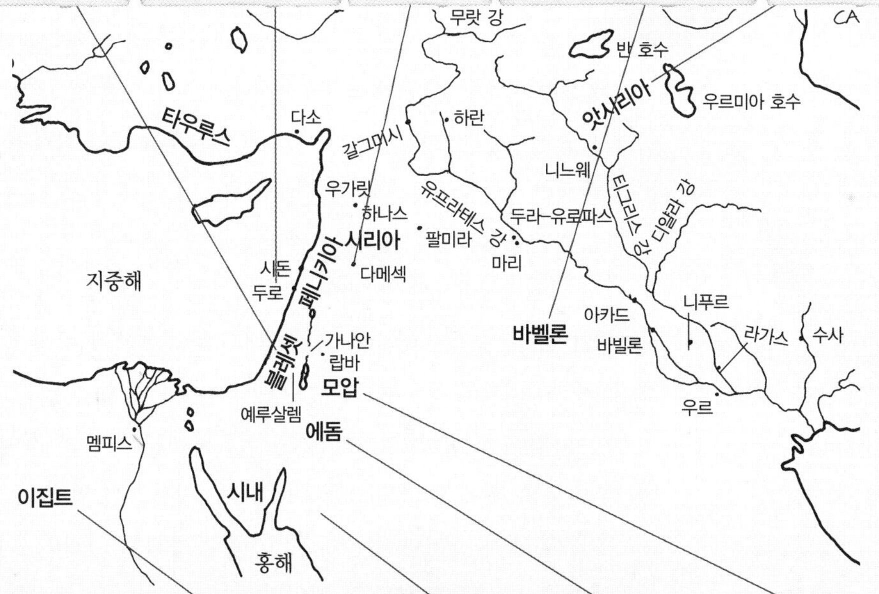

에티오피아 혹은 구스 (18:1-7)
이집트에 의해 멸망당할 것이다. 에티오피아는 '붕붕거리는 날개들의 땅'으로 묘사되는데, 이는 메뚜기 떼를 의미하는 것일 수도 있으나, 나라 전체가 완전한 공포에 휩싸이게 된다는 뜻으로 해석할 수도 있다.

이집트(9:1-22)
내전, 한발, 역병에 휩싸일 것이다. 그러나 19장 23-25절은 이집트, 앗시리아, 이스라엘이 회개와 예배로 하나가 된다는 놀라운 예견을 하고 있다.

아라비아 (21:13-17)
전쟁과 갈등

세일 혹은 에돔 (21:11-12)
다가오는 '어두움'에 관한 간략한 예고. 구체적이지는 않지만 좋아보이지는 않는다.

모압(15:1-16:14)
기근, 포로 억류, 사자들에 의한 공격을 예고하는 슬프고 애곡으로 가득 찬 시. 이사야는 다른 나라들에 대한 태도와는 달리 모압의 곤경과 그 난민들이 지르는 외침에 진심으로 감동 받은 것처럼 보인다.

이사야는 왕에게 그런 어리석은 선택을 하지 말라고 경고한다. 살곤은 주전 721-705년 사이에 앗시리아를 다스린 사르곤 2세(Sargon II)인 것 같다.

③ 이상 골짜기 22:1-14 이사야 22장 1-14절은 '이상 골짜기' 곧 예루살렘에 관한 계시다. 지도자들은 도망치고 백성들은 "칼이 아닌 것"에 죽어나간다. 이 말은 기근이나 질병이 휩쓸 것이라는 의미인 것 같다. 그들은 하나님이 아니라, 사람의 지켜줌을 믿었다. 회개하기는커녕, 흥얼거리고 술에 취했다(22:13). 이때 갑자기 이사야는 개인적으로 정부 고위관리인 셉나를 공격한다. 그는 이방인으로서 출세한 사람이었던 것 같다. 그는 왕에게나 합당한 묏자리를 탐냈다. 셉나는 나중에 다른 곳에서 나오는데, 거기서는 강등된 것으로 보인다(36:3; 37:2).

고난과 희망 24:1-27:13 이제 여호와께서 이스라엘의 이웃을 넘어 세계를 바라보신다. 이 부분은 13-23장과 밀접하게 연결돼 있다. 여기서는 최후의 심판이 그려진다. 여호와께서 지상의 행악자들뿐 아니라 "그 위에 있는 권세들"(24:21)도 심판하실 것이다. 이 본문은 이스라엘에 일어날 일들에 대한 해설 성격도 있지만, 미래의 구원에 대한 메시지 성격도 띠고 있다.

이사야는 24장에서 땅의 심판에 관해 말한다. 하나님은 천상의 권세들에 대해서도 심판하실 것이다. 즉 사탄과 타락한 천사들에 대해서도 판결하실 것이다.

이러는 가운데, 이사야는 기쁨의 노래들을 듣는 것 같다. 하지만 이 노래들은 엉성하다. 25장에서 초점은 옮겨지고, 앗시리아 군대가 괴멸된 이후의 상황으로 건너뛴다. 온 민족들이 시온 산에서 열리는 큰 잔치에 초대받는다. 나는 이 대목이 너무 좋은데, 귀하고 오래 된 포도주가 차려 나온다(25:6). 먼저 죽음이 파멸당한다(25:7-8). 25장 10-12절에서 모압은 하나님을 반대할 모든 자들의 상징이다. 그들은 오물통에서 헤엄치는 꼴이 될 것이다. 승리의 개가가 영원한 반석을 향해(26:4) 울려 퍼진다(26:1-19). 리워야단은 고꾸라지고 이제 이스라엘은 제대로 가꾼 포도원이 된다(27:2-5).

?! 궁금증 해소

아리엘(29:1)

'아리엘(*Ariel*)'은 '제단 화로'의 비슷한 소리다. 이사야는 예배의 중심인 예루살렘을 빗대 말하는 것이다. 그들은 이해심이나 깊은 생각 없이 예배한다. 이제 그들은 자신들의 무지가 얼마나 깊었는지 놀라고 말 것이다(29:13-14).

앗시리아 28:1-39:8

반역하는 나라들과 백성에 관한 다양한 본문들이 섞여 있다. 사마리아(28:1-13)와 예루살렘(28:13-29:8)에게 경고가 주어진다. 특별히 이사야는 거짓 제사장들과 예언자들, 그리고 무지하고 부패한 지도자들을 정죄한다. 이들은 술과 위선적인 종교에 취해 해롱거리고 있다(29:1-14).

④ 헛된 짐승 30:1-31:9 30-31장은 이집트를 신뢰하는 일에 대해 더 심한 경고를 발한다. 하지만 다시 한 번 이스라엘은 듣지 않을 것이다. 친 이집트주의자들은 왕을 찍어 누르고, 좋은 소식들과 달콤한 거짓말만 들으려고 한다(30:10). 이사야는 이집트를 무용지물이 된 짐승(30:7)에 비유하며, 이집트 군대와 기병을 의지하는 태도를 경고한다(31:1). 예언자는 이스라엘에게 여호와께서 그들을 구출하시고, 앗시리아는 패망할 것을 상기시킨다.

32장은 새로운 세계질서에 관한 기막힌 그림으로 시작된다. 여기에 새로운 사회, 명쾌함과 유용함을 기본으로 삼는 사회가 펼쳐진다. 아둔하고 경솔한 여인들은 더 이상 그 땅에 없을 것이고, 땅은 다시 한 번 비옥해질 것이다. 33장은 패망한 이스라엘에 대한 그림이고, 앗시리아 침략군에 대한 경고다. 이 모습은 미래의 이상적인 예루살렘, 메시아 왕이 다스리는 도성과는 대조가 된다(33:17-24). 34장과 35장은 "모든 나라들", 그러나 특별히 에돔에게 정의를 호소하는 장면이다. 뿔뿔이 흩어졌던 이스라엘은 돌아오고 "근심과 걱정은 사라질 것이다"(35:10).

예루살렘 귀환 36:1-39:8 이 장들은 앞과 뒤를 이어주는 연결고리다. 시대의 역사적 상황으로 우리를 안내하고, 이사야의 두 번째 구획의 서론 노릇을 한다. 이 부분은 열왕기하 18장 13-27절, 역대하 32장 1-19절과 평행을 이루고 있다.

산헤드립은 예루살렘 정복을 위해 두 가지 일을 한다(36-37장). 앗시리아 지도자들은 히스기야를 대면하곤 혼란에 빠졌다. 그가 여호와의 모든 제단들을 다 부셨다고 믿었기 때문이다. 히스기야는 거짓 신들에게 바쳐지는 모든 제단들을 부셨다. 산헤드립의 장수들은 말을 줄 테니 싸워보겠냐고 조롱했다. 그리고 유다 백성들이 자기의 인분을 먹고 자기의 소변을 마시게 될 것이라고 경고했다(36:12). 히스기야는 이사야를 통해 여호와께 구했다. 이사야는 이 침공이 무위로 돌아갔다고 보도한다. 하나님이 통제권을 쥐고 계시기에 산헤드립은 그의 인형에 불과하다(37:21-29). 한 천사가 앗시리아 군영을 찾아가서 그들을 때려 부순다(그리스 역사가인 헤로도투스는 이 일을 전염병이라고 밝히고 있다). 그리고 니느웨에서는 산헤드립이 암살당한다.

38장은 히스기야의 병과 회복을 다룬다. 여호와께서 그에게 회복의 놀라운 조짐을 주신다. 그림자가 뒤로 열 발자국 물러가게 하신 것이다(38:8). 왕의 생명이 "태양 속에" 몇 년 연장되는 것이 하나님의 징표였다. 그러나 왕은 전술적인 실수를 저지른다. 바벨론에서 온 사신들에게 예루살렘 일대를 보여주고, 모든 것을 그들에게 드러낸 것이다. 아마도 왕은 도움을 구하려던 것 같다. 혹 그냥 과시를 하고 싶었는지도 모른다. 아무튼 이때 유출된 지식은 이스라엘을 압박하는 데 쓰인다.

바벨론에서 귀환 40:1–48:22

40장은 여호와의 영광에 관한 것이다. 등장하는 질문들을 놓고 볼 때 내용의 상당 부분이 여호와께서 욥에게 대답하신 방식과 흡사하다. 서두에 세 가지 목소리가 들린다. 1절에서 약속한 '위로'가 어떻게 이뤄질 것인지를 각 절이 보여준다. 3-5절은 세례 요한의 역할에 관한 예언이라고 보인다. 당시 이사야는 인간의 무력함, 특히 하나님의 백성을 압제하는 인간의 무력에 대해서 목소리를 높이고 있었다. 9-11절은 선한 목자 여호와의 오심을 예고한다. 하나님은 자기 백성을 잊지 않으셨다. 그러나 백성들은 믿음을 갖고 구원을 기다려야 한다(40:27-31).

41장은 하나님이 미래를 관장하심을 보여준다. 오직 그분만이 일어날 일을 아실 수 있다. 반면 우상들은 벙어리다(여러 의미에서). 25절은 고레스를 처음으로 언뜻 보여준다. 그는 바벨론을 패배시키고 이스라엘 백성을 억류 상태에서 해방할 영웅이다.

여호와의 종 42:1–44:28 이 장들은 다시 택한 자, 여호와의 종이라는 주제로 돌아간다. 고레스가 이스라엘 해방의 현실적인 도구라면, 여호와의 종은 구속의 영적인 도구가 될 것이다. 여호와의 종은 위대한 전사가 아니다. 아마 많은 사람들이 이런 종을 기다렸을 것이다. 여호와의 종은 치유와 정의를 가져온다. 이런 모습은 여호와께서 원하시는 일에 눈멀고 귀먹은 것처럼 보이는 종 이스라엘(42:19)과 대조가 된다.

?! 궁금증 해소

종의 노래

이사야에는 '종의 노래'라고 알려진 몇 개의 본문이 있다(42:1-4; 49:1-6; 50:4-9; 52:13-53). 본문은 종이 누구인지 밝히지 않는다. 과연 이 종이 개인인지, 아니면 이스라엘 백성 전체를 말하는지 많은 논란이 있다. 그러나 양자택일의 문제는 아니다. 문맥으로 볼 때 이사야는 이스라엘을 놓고 말하는 것 같다. 하지만 예언이라는 입장에서 보면, 신약성경과 이후 기독교 전통에서는 다름 아닌 그리스도를 가리킨다(마 8:17; 벧전 2:24 참조).

예수님은 자신을 이 인물과 동일시하셨다(눅 9:22 참조). 그리고 고향의 회당에서 설교하실 때, 이사야 61장 1-3절의 말씀을 본문으로 삼으셨다. 그분은 이사야에서 예언된 인물로, 여호와의 은혜의 해를 선언하신다.

⑤ 새 일 43:1-44:20 43-44장은 용서와 구속에 관한 아름다운 본문을 포함하고 있다. 하나님이 자기 백성과 함께 하시고 그들을 보호하실 것이다. 그분은 자기 백성을 사랑하신다(43:4). 그 백성은 모든 나라들 가운데서 나온다(43:5-9). 하나님의 용서를 얻기 위해 그들이 할 수 있는 것은 아무것도 없다. 구원을 주심은 그분 자신을 위함이다(43:25). 이것이 구약성경의 최고 요점이다. 말 못하는 우상들과 사랑과 용서의 하나님의 차이가 이보다 더 분명하게 드러날 수 없다. 여호와는 생명을 주신다. 메마른 광야에 과실을 주신다. 우상들은 가치가 없고 의미 없는 인간의 날조품일 뿐이다. 사람들은 나무와 쇠로 우상들을 만들면서, 나무와 바위를 만드신 하나님은 무시한다(44:6-23).

고레스 45:1-47:15 드디어 이사야는 이스라엘을 구속하기 위해 여호와께서 쓰실 사람의 이름을 밝힌다. 그는 고레스다(44:24-45:25). 그를 통해 포로로 끌려갔던 자들이 돌아올 것이고, 성전이 재건될 것이다. 어려운 본문이다. 이사야가 고레스를 메시아적인 용어를 써서 목자, 기름부음 받은 자, 택하신 동맹으로 묘사하기 때문이다.

난해함의 일부는 다시 한 번 역사와 예언이 합쳐져 있기 때문이다. 고레스는 그리스도의 '유형'으로 비친다. 일종의 전령 혹은 이미지로 내세워지는 것이다. 그러나 고레스는 여전히 미래의 인물이다. 사실 이런 표현은 이 본문이 고레스에 관한 진술이기보다는 예언이라는 증거라고 주장하는 사람들도 있다. 정작 고레스는 이러한 박수를 받을 만한 인물은 아니었기 때문이다.

이사야 또한 그의 영향이 실제보다 훨씬 더 넓게 미치고 있음을 알고 있다. 특히 고레스의 승리가 모든 나라들이 함께 하나님을 예배하게 만든다는 본문에서 그렇다. 아무리 고레스를 좋게 보는 동시대인이라 할지라도 이런 주장을 펴면 곤혹스러움을 감추지 못할 것이다.

46-47장은 바벨론의 붕괴를 묘사한다. 도성뿐 아니라 문명 전체의 붕괴다. 성벽들은 무너지고, 게다가 그 신들 또한 무너졌다.

48장은 앞의 일곱 장에서 나온 논제들을 다시 정리한다.

▶ 하나님은 홀로 미래를 주관하신다(48:1-8).

▶ 하나님은 홀로 참된 신이시다. 처음이요 나중이시다(48:9-13).

▶ 하나님 홀로 고레스에게 권세를 주셨다(48:14-16).

▶ 하나님은 이스라엘의 유익을 위해서 이스라엘을 벌하셨다(48:17-19).

▶ 하나님 홀로 이스라엘을 억류에서 구출하시고 악한 자들을 벌하신다(48:20-22).

밝은 미래 49:1-55:13

⑥ 고난받는 종 49:1-53:12 49장은 여호와의 종 주제로 돌아온다. 하지만 이사야는 여호와의 종을 통해 두 가지, 즉 이스라엘과 메시아를 말한다. 이스라엘은 여호와의 종이라고 한다. 이스라엘이 다른 나라들에 비쳐지는 빛이기 때문이다. 하나님의 구원 능력을 세상에 전하는 그분의 대표이기 때문이다(49:1-6). 그러나 이스라엘은 악한 종으로 판명 났다. 주인의 명령을 거의 따르지 않은 종이었다. 하지만 하나님은 그분의 백성을 사랑하지 않을 수 없어서 그들을 구출하러 오셨다. 엄마와 아이처럼 하나님은 그분의 자녀들을 사랑하신다(49:15-18). 이래서 예루살렘에는 밝은 미래가 있다. 예루살렘은 많은 나라들을 위한 예배의 중심, 하나님의 종들의 중심이다.

여기에 또 다른 종이 하나 있다. 이상한 인물이다. 가르치기 위해 왔으나 매 맞고 고문당한다. 이사야가 "종의 노래들"(50:4-11)에서 묘사한 그 인물이다. 그는 여기서 한 사람에 대해 말하고 있는가? 아니면 다시금 한 나라로서 이스라엘에 대해 말하고 있는가? 같은 인물이 52장 13절에서 53장 12절에 나타난다. 고난당하고 부당하게 대우받는 종은 인간이라고 말하기 어려울 정도로 두드려 맞는다. 사람들은 그를 보면서 "이제까지 듣지도 못한 일들을 볼 것이며, 아무도 말하여 주지 않은 일들을 볼 것이다"(52:15).

53장은 절정 부분이다. 이제 한 사람이라고 분명하게 알 수 있는, 이 사람이 묘사되고 있다. 그는 매력이 넘치는 준수한 왕자가 아니다. 오히려 증오와 거절을 불러일으킨다. 그러나 이사야는 그의 고난이 우리, 하나님의 백성을 위한 것임을 분명히 한다. 우리의 죄 때문에 그가 상처를 입고 짓밟힌다. 우리가 하나님께 되돌아갈 수 있도록 우리의 형벌을 지셨다. 이사야 53장은 메시아 예언의 정점이다. 무력으로 적들을 괴멸하는 능한 전사의 이미지를 벗어버린다. 이 종은 깊다 못해 신비한 차원에서 일하고, 정말이지 가공할 만한 원수와 싸운다. 53장의 마지막 절은 강력한, 숨이 멎을 듯한 약속을 한다. "나는 그가 존귀한 자들과 함께 자기 몫을 차지하게 하며, 강한 자들과 함께 전리품을 나누게 하겠다. 그는 죽는 데까지 자기의 영혼을 서슴없이 내맡기고, 남들이 죄인처럼 여기는 것도 마다하지 않았다. 그는 많은 사람의 죄를 대신 짊어졌고, 죄 지은 사람들을 살리려고 중재에 나선 것이다." 이 역사적인 인물이 모든 사람을 위해 형벌을 감당할 것이다.

초대 54:1-56:8 이제 잔치를 열 시간이다. 이스라엘은 깨끗하게 씻겼다. 이제 죄와 죄책감과 수치를 뒤로 하고 기뻐할 시간이다. 하나님께서 사랑과 자비를 영원히 약속하신다(54:8). 새로운 예루살렘이 약속되고 모두에게 초대장이 발송된다. 새로운 질서가 펼쳐진다. 목마르고 가난한 자들이 손님 명부에 오른다(55:1-5). 이 잔치는 예수를 통해 성취된다(눅 14:15-24).

회복된 왕국 56:1-66:24

이사야서의 마지막 부분에는 포로 억류 이후 예루살렘으로 돌아온 사람들에게 주는 예언이 담겨 있다. 때는 난국이지만, 예언자는 이방인들도 그분 나라의 일원이 되는 영광스러운 미래를 지시하고 있다(56:3-7). 여호와를 예배하고 그의 명령에 순종하는 모든 사람들을 위한 세상이 열린 것이다. 이 모든 일을 통해 하나님의 은혜가 분명하게 나타난다. 그분은 자기 백성을 결코 포기하지 않으신다. 그의 종은 우리를 위해 무슨 일이라도 서슴지 않고 할 준비가 돼 있다. 우리는 하나님의 권능을 다시 한 번 알게 된다. 그분의 길은 우리의 길과 다르다. 그분의 생각은 우리의 생각과 다르다(58:6-11).

고난 받는 종은 이스라엘의 실제 지도자들과 현격하게 대조가 된다. 그들은 눈 먼 경비견이고, 어리석으며 탐욕스럽기까지 하다. 술에 취해 있고 회개하지 않은 목자다. 그들은 양떼를 그릇 인도한다(56:9-12). 그러는 동안 하나님의 백성들은 고난을 당한다. 아니 더 안타까운 것은 지도자의 어리석음을 좇는다. 그들은 사술과 성적 방종의 무시무시한 혼합물에 집착한다. 예언자들은 한결같이 이스라엘이 일종의 영적인 간음, 즉 이방신들과 잠자리를 같이 했다고 고발한다. 물론 이는 그들의 우상숭배적인 예배를 놓고 한 말이다(57:1-13). 뉘우치는 자만이 구원을 받을 것이다. 겸손히 하나님을 부르는 자만이 그분의 도움을 입을 것이다(57:15-21).

⑦ 정직과 정의 58:1-14 이사야 58장은 하나님을 따르며 책임감 있

고 공정하게 행동하는 자에게 주는 큰 훈계다. 이런 자들은 일꾼들을 돌보고(58:3), 옥에 갇힌 자들을 방면하며(58:6), 배고픈 자들을 먹이고 집 없는 자들에게 잘 데를 제공해주며, 헐벗은 자들을 입혀줘야 한다(58:7). 안식일을 존중하고 예배를 진실 되게 드려야 한다(58:13). 그러면 그들의 정직이 알려질 것이다. 그들의 진실한 경건과 빛이 아침 해처럼 비칠 것이기 때문이다.

영광 59:1–66:20

59장은 다시 친숙한 기초로 돌아온다. 이스라엘에게 옛 길에서 떠나라고 호소하는 것이다. 이 장은 하나님이 그의 백성을 구출하신다고 약속하시는 것으로 마친다. 그들은 새로운 나라의 중핵이 될 것이다. 하나님이 이 나라와 더불어 새로운 언약을 맺으실 것이다. 하나님은 그들에게 그분의 영을 주셔서 그들과 영원히 함께 살게 하신다(59:20-21). 예루살렘은 영광을 입으며 세상은 하나님의 구원하는 정의로 가득 찬다(60-61장).

62장은 예루살렘이 신부 혹은 왕비처럼 차려 입은 모습을 보여준다. 그리고 이 도성의 성격을 더 잘 묘사하기 위해 새로운 이름이 주어진다. '좋아하는 연인' 이라는 뜻의 헵시바, '결혼한 여인' 이라는 뿔라라는 이름을 받는다. 나중에 요한과 바울은 같은 이미지를 교회를 향해 사용한다. 교회를 '그리스도의 신부' 라 부르는 것이다. 63장 1-6절은 하나님을 승전군으로 그리는 짧은 시다. 이 병사는 이스라엘의 원수를 마치 포도주 틀에서 포도를 밟는 것처럼 밟았다. 63장 15절에서 64장 12절에는 하나님께 도움을 구하는 절박한 외침과 기도가 나온다. 그들은 하나님이 자신들을 버렸고, 성전은 불탔으며 땅은 황무해졌다고 믿는다(64:11).

⑧ **새 창조** 65:17-25 나는 이 말씀을 구약에서 제일 좋아한다. 회복된 지구를 영광스럽게 그렸기 때문이다. 마땅히 그렇게 돼야 하고 미래에 그렇게 될 세상이다. 새 하늘과 새 땅, 죽음과 질병과 슬픔과 고통이 없는 세상이 그것이다. 자연은 인간과 조화를 이루고, 하나님은 그분 백성 가운데 거하실 것이다(65:17-25). 다시는 우는 자가 없을 것이다.

궁금증 해소

은밀한 처소와 돼지고기 (65:4)

원래 유대인은 돼지고기를 먹거나 시신에 접촉하는 일이 금지됐다. 본문은 그들이 이방인들의 제사나 시신을 놓고 벌이는 밀교 의식에 참여했음을 나타낸다.

예배의 요구 66:1-24 진실한 예배를 드려야 한다는 호소가 한 번 더 나온다(66:1-4). 그리고 배교에 대한 정죄도 나온다(66:5-17). 하나님이 결코 자기 백성을 잊지 않으신다는 약속과, 다른 길을 택하는 자들의 운명에 대한 엄중한 경고로 이사야는 막을 내린다. 처음과 비슷한 마지막이다. 울적한 분위기가 여전히 있지만, 메시아의 약속들이 더 우세하다. 앞에서보다는 더 두드러져 보인다.

이사야는 한 사람이었는가, 아니면 두 사람이었는가? 주전 8세기에 썼는가, 아니면 6세기에 썼는가? 여기까지 왔지만 대답은 확실치 않다. 그러나 우리가 아는 것은 이 책 전체가 하나님의 성령으로 가득 차 있다는 것이다. 한 사람이 이 메시지를 적었을 수도 있고, 세 사람이 그랬을 수도 있다. 아니 서른 세 명일 수도 있다. 그러나 진정한 저자는 오직 한 분이다.

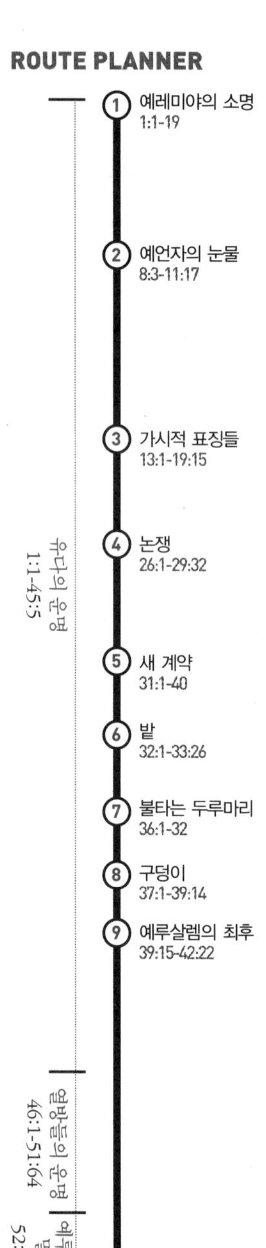

예레미야

유다에 내리는 심판

누가 | 예레미야. 제사장 힐기야의 아들이다. 예루살렘에서 북쪽으로 약 7킬로미터 정도 떨어진 아나돗에 살았다. 스바냐, 학개, 에스겔과 동시대인으로 유다에서 예언했다.

언제 | 주전 622년에서 580년 사이다. 요시야(성왕) 치세에 예언 활동을 시작했고, 점차로 실권을 잃고 쇠망해가는 왕조를 거쳤다. 여호야김, 여호야긴, 시드기야가 그가 예언했던 시대의 왕들이다.

한눈에 보는 안내판

저자 예레미야
유형 예언서
목적 유다 왕국 패망 직전에 행한 예언들의 기록
핵심 구절 31:33 "그러나 그 시절이 지난 뒤에, 내가 이스라엘 가문과 언약을 세울 것이니, 나는 나의 율법을 그들의 가슴 속에 넣어 주며, 그들의 마음 판에 새겨 기록하여, 나는 그들의 하나님이 되고, 그들은 나의 백성이 될 것이다. 나 주의 말이다."
한 가지만 기억한다면 하나님은 자기 백성의 불충을 벌하신다. 하지만 그들에게 용서도 약속해주신다.

한눈에 보는 흐름

하나님이 예레미야를 선택하시다 1:1–19
첫 번째 메시지 2:1–37
성전 설교 7:1–26
살육의 골짜기 7:27–8:17
예레미야의 불평 12:1–17
썩은 허리 띠 13:1–27
금지 명령 16:1–18
적들의 반격 18:18–23
70년 예언 25:1–14
거짓 예언자 28:1–17
새 계약 31:1–40
밭을 사다 32:1–44
구덩이 아래로 38:1–28
멸망 39:1–14

그의 예언은 크게 세 시기로 구분된다.

▶ 주전 627-605년 유다가 앗시리아와 이집트에 위협을 받음

▶ 주전 605-586년 하나님이 바벨론을 심판하심

▶ 주전 586-580년 예루살렘이 포위당함

무엇을 | 예레미야는 정치적이고 사회적인 혁명가였다. 성경의 인물 중 소수만이 이런 갈등기의 삶을 살았다. 그에게는 투옥되거나 자살하거나 망명하는 길밖에 없었다. 거짓 예언자들이 그를 공개적으로 조롱했고, 심지어 감옥에 던지기까지 했다. 예레미야는 거듭해서 백성들에게 회개하라고 촉구했다. 하지만 거듭거듭 그는 무시당했고 혐오의 대상이 되거나 학대당했다. 예언의 대가는 매 맞고 축출당하고 투옥되는 것뿐이었다.

이런 가혹한 대접을 받는 이유는 간단하다. 권력자들이 그의 메시지를 들으려 하지 않았기 때문이다. 예레미야의 예언은 유다 왕국의 멸망을 전제로 하고 있었다. 예레미야는 어두운 분위기의 예언을 했다. 유다 멸망의 마지막 날들에 관해서 예언했던 것이다. 나라는 하나님에게서 등을 돌렸고, 파멸의 군대들이 주변으로 모여들고 있었다.

예레미야는 소름 끼칠 정도로 정직한 책이다. 원래 이 예언자는 소심한 인물이었다. 하나님이 힘을 주겠다 약속해주셨음에도 불구하고, 자신의 소명을 버겁게 생각하는 일이 잦았다(그에게 일어난 일을 보면 크게 놀랄 일은 아니다). 그는 원수들을 향해서 복수를 다짐하기도 하고, 눈물을 흘리며 쓰러지기도 한다. 그러나 그는 끝까지 강하다. 첫 소명의 기억을 가슴 깊이 새기고 끝까지 걸어간다. 그를 둘러싼 모든 것들이 무너지지만, 예레미야가 서 있는 토대는 굳건하다.

궁금증 해소

살구나무 가지(1:11-12)

하나님은 언어유희를 하고 계시다. "일찍 익은 살구"에 해당하는 히브리어는 '항상 일찍 일어나다'와 비슷한 음으로 들린다. 그다지 웃기는 농담은 아니지만, 요점은 하나님이 준비되셨다는 것이다.

유다의 운명 1:1-45:5

① 예레미야의 소명 1:1-19 예레미야가 젊었음에도 불구하고, 그의 연소함은 하나님에게 아무 문제도 되지 않았다. 하나님은 이 예언자가 모태에 있기 전부터 그를 준비시키셨다(1:5). 예레미야의 권위는 하나님으로부터 나오며, 그가 할 말은 하나님의 메시지다.

파멸의 경고 2:1-6:30 유다는 다른 신들에게로 갔다. 나라는 부정한 아내, 그 땅 전체를 더럽힌 사람으로 비유된다(2:1-8). 하나님이 주시는 생수를 버리고, 더러운 웅덩이, 갈라진 틈에서 물을 찾으려고 한다. 이 나라는 이 신에서 저 신으로 옮겨 다니는 창녀와도 같다(3:1-5).

유다는 이스라엘의 교훈에서 배우지 않았다. 그들은 자신들의 누이가 포로로 잡혀가는 것을 보았는데도 같은 길로 가고 있다(3:8-10). 그들은 회개한 척하지만 실상은 그렇지 않다. 하나님이 말씀하신다. "이스라엘은 최소한 척하지는 않았다."

재앙이 닥쳐오고 있다. 예레미야서 전체에 걸쳐 점점 말발굽 소리가 커진다. 반역하는 백성들을 향해 침략군이 더 가까이 다가오는 소리인 것이다. 유다에 일어날 일들이 예레미야를 공포에 몰아넣는다. 그는 예루살렘이 멸망할 때의 그 어두움과 파괴를 목도한다. 예루살렘은 그를 찾는 손님에게 죽도록 매 맞는 싸구려 창녀와도 같은 신세다(4:27-31).

파괴의 도구는 '이방 나라'가 될 것이다(5:15-17). 이 땅에서 모든 것들을 벗겨갈 고대의 강국이다. 그들은 선전포고도 없이 쳐들어올 것이다. 군대들은 보통 대낮의 열기가 있을 때는 싸우지 않았지만, 이 군대는 싸우고 싶을 때는 어디서든 공격해올 것이다(6:4-5).

성전 밖에서 7:1-8:3 예레미야는 성전 밖에 서서 백성들에게 경고한다. 미신이랄 수 있는 믿음이 퍼져 있다. 백성들이 성전에 정기적으로 나오면 만사형통할 것이다. 그러나 하나님은 성전을 강도들의 소굴에 빗대셨다. 나중에 예수님도 이 이미지를 쓰신다(마 21:13). 삶은 비도덕적이고 소위 하늘의 여왕이라는 아스다롯을 비롯하여 헛된 신들을 숭배하면서도(7:18) 성전에는 나오고 있다. 더 이상 제사는 없다. 하나님이 노하여 말씀하신다. "번제든 무슨 제사든, 고기는 너희가 다 먹으라"는 것이다.

유다 백성은 거짓 신들에게 아이들을 불살라 바치기까지 했다(7:31). 그들은 힌놈 골짜기라는 곳에서 이와 같은 일을 저질렀다. 나중에 이곳 이름은 게힌놈 혹은 게헨나로 바뀐다. 예수님은 이 지명을 지옥의 동의어로 사용하셨다. 이곳은 우상 숭배자들과 살인자들의 뼈가 나뒹굴고 싸늘한 정적만이 감돌던 곳이었다(7:30-8:3).

② 예언자의 눈물 8:3-11:17 예레미야는 흔히 눈물의 예언자라고 불린다. 이 부분은 그 별명이 틀리지 않았음을 보여준다. 그는 어떤 일이 닥칠지 알고 있다. 막연히 느끼는 것이 아니다. 예감 혹은 추측이 그렇다는 게 아니다. 그는 정확히 일어날 일을 알고 있다. 그는 길에 수북이 널린 시체들을 본다. 황폐해진 땅을 본다. 우상을 믿거나 하늘에서 미래를 점치는 사람들(10:1-5)과는 달리, 예레미야는 어떤 미래가 닥칠지 정확하게 알고 있다. 유다는 하나님과 맺은 약조를 깼다. 하나님이 그 백성을 이집트에서 빼내셨을 때로 거슬러 올라가는 오랜 약조를 깼다. 이제 그들은 뿌리 채 뽑힐 것이고 버림을 받을 것이다(11:1-17).

예레미야를 잡으려는 음모 11:18-12:17 예레미야를 반대하는 세력은 강력했다. 그의 고향 사람들이 그를 잡으려고 계책을 짰다. 이 일로 예레미야는 심각한 의문을 갖게 됐다. 어떻게 악한 사람들이 그토록 편안하게 살고, 하나님의 예언자인 그는 생고생을 하는가? 하나님은 심판이 임할 것이고, 그 심판이 무서울 것이라고 대답해주셨다. 그러나 먼 미래에는 회복시켜주실 것도 말씀해주셨다.

③ 가시적 표징들 13:1-19:15 이어지는 몇 장은 '가시적 표징들'에 관해 다룬다. 예레미야는 여호와로부터 받은 메시지를 행위로 만들어 나타내 보이거나 이미지로 메시지를 드러낸다.

예레미야는 여기에서 최고조로 불평을 늘어놓는다. 그는 마음이 상했고 아픔을 느끼고 있다. 가뭄을 겪는 것만큼이나 나라에 대해서 아파하고 있다(15:18). 예레미야가 전한 메시지에 대한 백성들의 반응은 그를 체포하는 것으로 나타났다. 예레미야는 맨 감정을

베 띠 13:1-11	유다는 하나님이 띠신 띠와 같다. 그러나 이 띠는 버림을 받아 어두움 속에서 썩게 될 것이다.
포도주 항아리 13:12-13	백성들은 마치 취한 사람들 마냥 감각이 없고 방향을 찾지 못한다. 그들은 깨진 항아리처럼 버림을 받을 것이다.
극심한 가뭄 14:1-15:21	끔찍한 가뭄 가운데서 예레미야는 비를 구하는 기도를 드린다. 그러나 비는 내리지 않는다. 가뭄은 곧 닥칠 일의 예시이다. 한 나라의 패망을 보여주는 장면이다.
외로움 16:1-21	하나님은 에스겔에게 죽은 아내를 위해 애곡하지 말라고 하셨다. 호세아에게는 창녀와 결혼하라고 하셨다. 예레미야에게는 독신으로 지내라고 하신다. 예언자가 되기 위해 치르는 대가는 정말 크다. 육체적인 측면에서만이 아니라 정서적으로도 큰 요동이 있다. 이는 백성들에게, 무자하고 독신이며 홀로 남은 사람이 훨씬 더 나을 때가 오고 있음을 보여주기 위해서이다.
항아리 19:1-13	예레미야는 옹기 항아리를 사서 예루살렘의 지도자들 앞에 세워 놓은 후, 그것을 깨뜨려버린다. 이처럼 하나님이 이 나라와 도시를 깨뜨리실 것이다. 단순하지만 효과 만점의 표시다.
토기장이 18:1-23	예레미야는 토기장이에게로 간다. 토기장이가 진흙을 이겨 그릇을 만드는 광경을 지켜본다. 메시지는 분명하다. 하나님이 그분의 마음을 돌리시겠다는 것이다. 그분은 만드실 수도, 만들지 않으실 수도 있다. 지으실 수도, 부수실 수도 있다.

드러낸다. 쓰디쓴 심정으로 기도한다(18:18-23). 그는 원수들의 신음소리를 듣고자 한다. 하나님이 그들을 영원히 저주하시길 기대한다. 중요한 것은, 하나님이 이 기도에 반응하지 않으신다는 것이다. 이런 기도에는 응답하실 수 없기 때문이다.

예레미야의 체포 20:1-18 예레미야의 메시지는 화를 불러왔다. 그는 성전 경비대의 우두머리인 바스훌의 손에 체포됐다. 그는 성전 문에 붙은 창고에 구금됐다. 그는 치욕 속에서 여호와께 다시 부르짖는다.

왕들에 대한 예언 21:1-22:30 이곳의 연대기는 뒤섞여 있다. 21장에 나오는 예언들은 20장에 나오는 것들보다 앞서 있다. 시드기야는 다른 왕들 뒤에 온다.

온전한 왕들과 거짓 예언자들 23:1-40 예레미야는 거짓 예언자들에 대해 예언한다. 그들은 하나님의 말씀을 전하는 자들이 아니다. 이들은 백성들을 꾀어 거짓 예배를 드리게 한다. 이들은 악을 행하는 자들을 독려한다(23:14). 하나님을 위해 말한다고 스스로 주장하지만, 그분의 음성을 들은 적이 없다(23:21). 그들의 환상과 꿈은 거짓말이다(23:25). 예레미야의 환상은 그렇지 않다. 그는 진정한 왕에 대한 환상을 보았다. 그 왕은 정의로 다스릴 분이시다(23:1-8).

무화과 두 광주리 24:1-10 이 환상은 예루살렘의 일차 함락 직후에 본 것이다. 주전 597년쯤이다. 포로들과 함께 간 무화과나무들은 보호를 받고 잘 자라겠지만, 남은 것들은 썩어버릴 것이다.

70년의 포로생활 25:1-38 주전 605년에 임한 예언이다. 예레미야는 23년 동안 예언해왔지만 아무도 그의 말을 듣지 않는다. 이제 그는 다가올 포로생활에 대해 예고한다. 70년 동안 포로로 억류돼 있을 것이다. 아마도 이 숫자는 단순히 '긴 세월'을 뜻하는 말일지 모른다. 실제로 유대인들은 주전 605년에서 538년 동안 억류돼 있었다.

④ 논쟁 26:1-29:32 세 가지 사건으로 예레미야의 메시지가 권위자들과 어느 정도까지 논쟁에 휩쓸렸는지 알 수 있다. 첫 번째 사건(26:1-24)은 7장 1-15절의 성전 설교와 관련된 것으로 주전 609년으로 어림된다. 예레미야는 그 같은 메시지를 전함으로써 거의 목숨을 잃을 뻔했다. 그러나 용감한 사람들이 나서서 그를 지지해주었다.

스마야의 아들인 우리야는 하나님의 말씀에 따르다 대가를 치르고 만다. 여호야긴은 우리야를 벌하기 위해 자객들을 보내 그를 이집트에서 잡아오게 한다. 우리야의 시신은 구덩이에 던져졌지만, 하나님을 향한 순종은 결코 잊히지 않는다.

597년으로 향하던 해, 수치와 고립에 떨어야 했던 예레미야는 어깨에 멍에를 메고 섰다. 가축을 길들이기 위해 메는 이 멍에는, 유다가 어떻게 바벨론에 당도하게 될지를 보여주는 표시였다. 여기에 고도의 정치적인 메시지가 담겨 있다. 시드기야는 바벨론을 거슬러 보려고 했다. 그러나 예레미야는 굴종만이 살길이라고 말한다. 거짓 선지자들은 아첨하며 이를 부인한다. 그리고 왕이 듣기 원하는 말을 한다. 하나냐는 멍에를 부순다. 이것이 그가 한 마지막 일이었다. 그는 두 달 후 죽는다.

같은 해에 예레미야는 이미 포로로 잡혀간 자들에게 편지를 보낸다(29:1-32). 거짓 예언자들은 잡혀갔던 자들이 신속히 돌아올 것이라고 예견했지만, 예레미야는 오래 기다리면서 정착하라고 충고한 것이다.

⑤ 새 언약 31:1–40 이런 굴곡과 절망 가운데서 예레미야는 모든 것을 바꾸는 하나의 환상을 본다. 하나님이 자기 백성을 위해 안전한 미래를 예비하신다. 그들은 고향으로 돌아올 것이고 다시 기뻐할 것이다.

그러나 하나님은 단지 땅의 회복이 아니라 새로운 언약, 자기 백성에 대한 새로운 조처를 약속하신다(31:31–37). 이 약속은 백성들의 마음과 의식에 관한 것이다. 하나님은 그들의 하나님이 되실 것이고, 백성들은 그분을 자원하여 따를 것이다. 이 약속은 이뤄질 것이 요원해 보인다. 이 예언은 바벨론에서의 귀향을 말하는 것일 수도 있고, 어떤 면에서는 예수님에 이르러서나 이뤄질 사건들(히 8장)에 대해 하나님의 말씀을 받아 말하고 있는지도 모른다.

⑥ 밭 32:1–33:26 주전 588/87년. 예레미야는 놀라운 믿음의 행위로 밭을 산다. 사려고 하는 밭은 그의 고향에 있고, 고향은 이미 적의 점령 아래 들어갔다. 이런 상황에서 밭을 사는 것은 어리석은 짓처럼 보인다. 그러나 예레미야는 여호와께 순종한다. 그는 자기는 보지도 못할 밭을 셈을 치르고 사들인다. 하나님은 어느 날 유다에게 말씀하신다. 그들이 그 땅을 다시 차지하게 될 것이다. 어느 날 그들은 귀향해서 밭을 갈고 재산을 모을 것이다. 참혹한 파괴의 현장에서 예레미야는 하나의 신호를 보낸다. 그 땅이 항구적으로 적군들에 의해 점령되지는 않을 것이다. 어느 날 땅은 제 임자에게 돌아갈 것이다.

미래의 회복이라는 주제가 33장에서 두드러지게 나타난다. 여호와께서 미래에 출현할 왕에게 또 다른 약속을 주신다(33:14–26).

예루살렘 성문 앞에 당도한 적들을 보면서, 시드기야는 희년(신

⁈ 궁금증 해소

레갑 집안의 사람들 (35:1-18)

이스라엘 주변에 살던 유목민들. 여호와를 향한 그들의 순종은 이스라엘의 불순종에 대한 직격탄이다. 이것이 여호야긴 치세(주전 609-598)를 한눈에 보여주는 단면도다.

15장)을 지킴으로써 하나님의 은총을 얻어 보고자 한다. 그러나 유대인들은 자기들만을 위하고, 종들은 다시 종살이를 하며, 왕은 약속을 어긴다. 상황은 전보다 한결 더 나빠졌다.

⑦ 불타는 두루마리 36:1-32 이 흥미로운 장은 구약성경의 예언자들의 기록 방법에 관해 유례없는 통찰력을 준다. 때는 주전 605년이었다. 예레미야는 성전에 들어갈 수 없도록 금령이 내려졌다. 그래서 그는 서기관 바룩을 시켜 자기 말을 받아 적게 한다.

이 메시지는 궁정 대신들의 마음을 움직인다. 그러나 왕의 눈에는 밉보인다. 왕이 이 메시지를 듣는 모습이 놀랍도록 정밀하게 묘사된다. 그러나 몇 문단 뒤로 가면 왕이 그 두루마리를 잘라 불에 던지는 모습이 나온다. 어리석고 한심한 장면이다. 예레미야는 구술을 계속하고, 이번에는 더 많이 첨가한다(36:32).

⑧ 예레미야가 갇히다 37:1-39:14 주전 588년 예레미야는 바벨론 사람들과 내통한 혐의로 체포된다. 왕은 그를 왕궁으로 은밀히 불러서 묻는다. 예상했듯이 시드기야는 예레미야를 돌려보내지 않는다. 왕은 우선 그를 감방에 감금한다. 이것이 시드시야가 저지른 결정적인 허물이었던 것 같다. 그는 무엇이 옳은지 알았지만, 온 마음으로 옳은 것을 받들 수 없었던 사람이었다.

시드기야는 유약한 사람이며 허수아비 같은 왕이었다. 그는 다시 예레미야를 저주하면서 그를 우물에 던졌다. 진흙 바닥인 우물에 빠진 예레미야는, 힘이 다하면서 점점 더 진흙탕에 빠져들어 갔다. 이때 시드기야는 마음을 바꿔 예레미야를 꺼낸다. 그는 항복해야 할지 말지도 결정할 수 없었다(38:19).

결말부에서 시드기야는 바벨론 군대에 의해 체포된다. 밤에 성을 빠져나가려다 잡힌 것이다. 시드기야라는 슬프고도 불쌍한 인물은 눈을 뽑힌다. 그가 마지막 본 장면은 자식들이 죽임을 당하는 것이었다. 역설적이게도 느부갓네살은 예레미야에게 지극한 존경심을 나타낸다. 빈민들 외에는 예루살렘에 남은 사람이 없었음에도 불구하고 느부갓네살은 예레미야를 찾으라고 명령한다. 예레미야는 미스바에 "그 땅에 남은 몇 안 되는 사람들과 함께" 남았다.

⑨ 예루살렘의 최후 39:15-42:22 유다에 남은 마지막 소수는 그들 사이에 분쟁이 일어나 더 비참한 상황을 맞이한다. 끔찍하게도 본문은 마치 사사 시대에 방불한다. 사회적인 붕괴, 폭력에의 의존, 권력투쟁이 똑같은 양상으로 일어나고 있다.

느다냐의 아들 이스마엘은 게릴라전 지도자였다. 그는 바벨론 군대에 투항하는 것을 반역이라 여겼다. 그는 유다 총독 그다랴와 바벨론 병사들을 암살한다(40:7-41:15).

남은 자들에게 하나님이 공급하시는 보호가 약속됐지만, 그들은 이집트로 도주하지 않는다. 그들은 예레미야를 믿지 않고 나라를 떠나지도 않는다. 그들은 예레미야와 바룩을 끌고 간다(41:16-43:13). 그들은 이집트에서 전과 똑같은 일을 반복한다. 이방신들에게 절한 것이다. 그래서 하나님이 그들에게 징벌이 있을 것이라 말씀하신다(44:1-30). 바벨론은 예루살렘을 함락시켰듯이 이집트를 정복할 것이다.

?! 궁금증 해소

바룩(45:1-5)

바룩은 그의 스승 예레미야의 밝은 전망에 공감하고 있다. 그러나 하나님은 그의 불안을 아시고 그를 지켜 주시겠다고 재차 확인해주신다. 바룩은 신실한 종이었고 많은 말들을 기록했다. 나는 그의 기분을 안다.

열방들의 운명 46:1-51:64

이 장들은 유다 주변 국가들에 대한 여러 예언들을 한눈에 보기 쉽게 만든 것이다. 주변 국가들은 자기들이 강대국이라고 생각했지만, 이 예언을 보면 그들이 한낱 도구였음을 알 수 있다. 이집트,

예레미야의 열방 심판

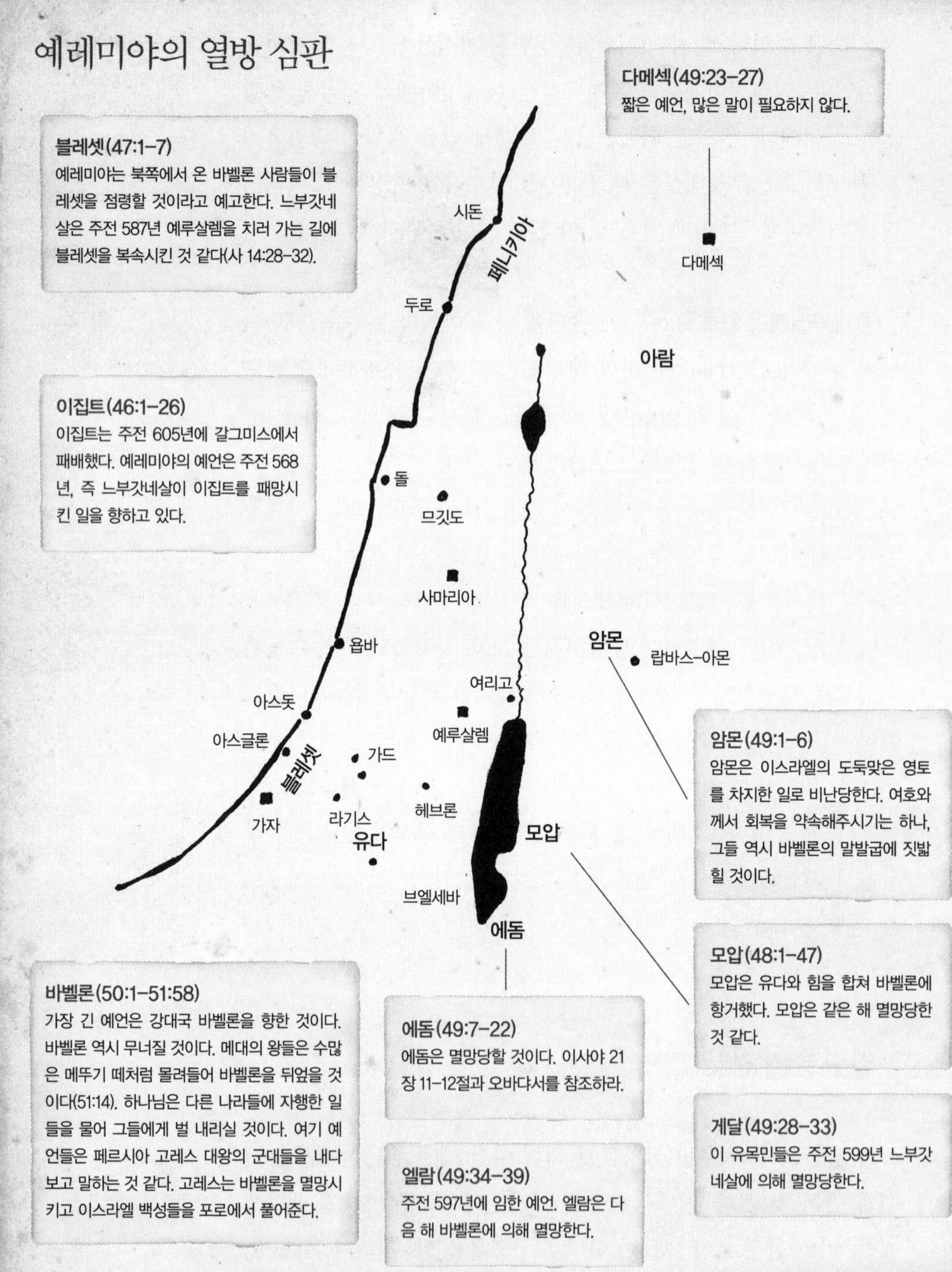

블레셋(47:1-7)
예레미야는 북쪽에서 온 바벨론 사람들이 블레셋을 점령할 것이라고 예고한다. 느부갓네살은 주전 587년 예루살렘을 치러 가는 길에 블레셋을 복속시킨 것 같다(사 14:28-32).
다메섹(49:23-27)
짧은 예언, 많은 말이 필요하지 않다.
시돈
페니키아
두로
다메섹
아람
이집트(46:1-26)
이집트는 주전 605년에 갈그미스에서 패배했다. 예레미야의 예언은 주전 568년, 즉 느부갓네살이 이집트를 패망시킨 일을 향하고 있다.
돌
므깃도
사마리아
욥바
암몬
랍바스-아몬
여리고
아스돗
예루살렘
아스글론
블레셋
가드
가자
라기스
헤브론
유다
모압
브엘세바
에돔
암몬(49:1-6)
암몬은 이스라엘의 도둑맞은 영토를 차지한 일로 비난당한다. 여호와께서 회복을 약속해주시기는 하나, 그들 역시 바벨론의 말발굽에 짓밟힐 것이다.
모압(48:1-47)
모압은 유다와 힘을 합쳐 바벨론에 항거했다. 모압은 같은 해 멸망당한 것 같다.
바벨론(50:1-51:58)
가장 긴 예언은 강대국 바벨론을 향한 것이다. 바벨론 역시 무너질 것이다. 메대의 왕들은 수많은 메뚜기 떼처럼 몰려들어 바벨론을 뒤엎을 것이다(51:14). 하나님은 다른 나라들에 자행한 일들을 물어 그들에게 벌 내리실 것이다. 여기 예언들은 페르시아 고레스 대왕의 군대들을 내다보고 말하는 것 같다. 고레스는 바벨론을 멸망시키고 이스라엘 백성들을 포로에서 풀어준다.
에돔(49:7-22)
에돔은 멸망당할 것이다. 이사야 21장 11-12절과 오바댜서를 참조하라.
게달(49:28-33)
이 유목민들은 주전 599년 느부갓네살에 의해 멸망당한다.
엘람(49:34-39)
주전 597년에 임한 예언. 엘람은 다음 해 바벨론에 의해 멸망한다.

블레셋, 모압, 암몬은 하나님의 다스림 앞에 모두 망할 것이다.

열방들에 대한 예레미야의 예언은 두루마리에 기록돼 바벨론으로 보내졌다. 스라야는 두루마리를 읽고 유프라테스 강에 던지게 한다. 이것은 바벨론의 운명을 보여주는 상징이었다.

예루살렘 멸망 52:1-34; 대하 24:18-25:30; 36:11-21

나중에 첨가된 이 본문은 예루살렘에서 잡혀간 백성이 오직 4,600명뿐이라고 말한다. 이 숫자는 역대하 24장에 나오는 엄청난 숫자와 상충된다. 어쩌면 이 숫자는 여자와 아이들을 포함시키지 않은 것 같다.

예레미야서는 바벨론의 새로운 통치자인 에윌므로닥을 소개하면서 막을 내린다. 그는 유다의 사로잡힌 왕에게 친절을 베풀었다. 하지만 여호야긴이 여전히 포로 신세며 나라 전체가 아직도 종으로 잡힌 처지임을 감추지 않는다.

ROUTE PLANNER

버림받은 도성 1:1-22
하나님의 심판 2:1-22
희망의 염원 3:1-66
예루살렘 포위 4:1-22
회복을 기원하는 기도 5:1-22

예레미야 애가

예루살렘의 장례

누가 | 전통적으로는 예레미야의 글로 알려져 있다. 하지만 책은 저자를 밝히지 않고 있다.

언제 | 예루살렘 함락 이후. 주전 588-587년경.

무엇을 | 아마 이 책을 다 읽어본 사람은 그리 많지 않을 것이다. 책은 다섯 수의 암울한 시로 짜여 있다. 예루살렘이 혼돈과 패망으로 사위어갈 때 예레미야가 지었다. 놀랍게도 예레미야는 이 와중에서도 한 편의 찬송시를 짓고 있다(3:21-40). 이 모든 혼란 속에서도 그는 "감히 희망을 품는다."

한눈에 보는 안내판

저자 미상. 예레미야일 수 있다.
유형 예언서
목적 바벨론에 의한 예루살렘 함락을 애통해하는 시.
핵심 구절 3:22-23 "주의 한결같은 사랑이 다함이 없고 그 긍휼이 끝이 없기 때문이다. 주의 사랑과 긍휼이 아침마다 새롭고, 주의 신실이 큽니다."
한 가지만 기억한다면 참혹한 재앙 가운데도 하나님은 계시다.

한눈에 보는 흐름

버림받은 도성 1:1-22
하나님의 심판 2:1-22
희망의 염원 3:1-66
예루살렘 포위 4:1-22
회복을 기원하는 기도 5:1-22

시의 구조는 일반적이지 않다. 모두, 혹은 줄여 잡아도 첫 넉 장은 두음시로 돼 있기 때문이다. 각 장의 각 절이 히브리 알파벳으로 시작된다(3장은 각 문자로 시작되는 세 절이 있다). 5장은 조금 다르게 자유롭게 22절로 짜여 있다. 두음시는 완벽함을 과시하기 위해 쓰인다. 아마 예언자는 백성의 고난이 A부터 Z까지, 다시 말해서 모두, 갖가지 경험을 한 후 지나갔음을 말하고 있는 것 같다.

예언자는 예루살렘이 고난당해도 싸다고 생각한다. 그러나 이 정도까지인지 의아해한다.

가장 견디기 힘든 감정은 이것인 것 같다. 하나님이 그들을 버렸다는 것이다. 하나님이 그들 원수의 편에 서셨다. 그와 그의 백성은 더 이상 고려의 대상이 아니다. 예루살렘이 짓밟혔다거나, 그들의 죄악이 오늘의 참상을 만들었다는 정도가 아니다. 여호와께서 그들에게서 등을 돌리셨다는 정서가 깔려 있다.

그러나 예언자는 이것이 오래 가지 않을지 알고 있다. 하나님이 그분의 도성과 백성을 다시 일으키실 것이다. 폐허 속에서도 희망이 피어오른다.

?! 궁금증 해소

두음시

알파벳의 순서에 따라 그 절이 시작되는 시 혹은 노래. 성경 여기저기서 이런 종류의 시들이 등장한다. 이를 알아차리는 독자들은 없다. 왜냐하면 히브리어를 그대로 살려 번역을 할 수 없기 때문이다.

버림받은 도성 1:1–22

예루살렘은 황량하게 버려졌다. 시인은 모든 면에서 훼손된 도시의 그림을 그린다. 길은 텅 비었다. "처녀들은 강간당했다"(1:4). 을씨년스러운 풍경이다. 예루살렘이 말을 한다. "끝없는 이 한숨소리, 심장이 다 멎을 듯합니다"(1:22).

하나님의 심판 2:1-22

예언자는 이 도시에 어떤 일이 일어났는지 말한다. 그는 생생한 묘사로 그 일의 원인이 여호와의 진노에 있음을 말한다. 바벨론 군대가 활과 화살로 공격한 게 아니라 하나님이 이 도성을 공격하셨다. 돌보지 않은 정원처럼(정원의 담장처럼), 성전은 노략을 당해 버려져 있다(2:6). 아이들은 거리에서 죽어가고 있다(2:12). 2장 20절과 4장 10절은 심지어 인육을 먹는 장면을 공개한다. 참담하고 외로운 침묵만이 흐른다(2:10). 이 장은 예루살렘이 다시 말하는 장면으로 끝난다. 하나님의 무참한 공격 앞에서 망연자실하다. "주께서 분노하신 날에, 피하거나 살아남은 사람이 아무도 없습니다."

희망의 염원 3:1-66

그러나 희망이 있다. 예언자는 어두움 속에 있는 자신을, 그의 뼈가 부서졌음을, 찢겨 피 흘리고 있음을 한탄한다. 그리고 이상하

새로운 관점 | **예레미야가 애가를 썼나?**

찬성 역대하 35장 26절은 예언자 예레미야가 요시야를 위한 만가(輓歌)를 지었다고 기록하고 있다. 따라서 그는 이런 형식을 익숙하게 사용할 줄 알았을 것이다. 또한 예레미야의 삶에 관련된 본문이 나오기도 한다. 좋은 예가 3장 55-63절이다. 예언자가 하수도에 던져진 경험이 다뤄진다.

반대 4장 17절에서 저자는 이집트가 구출해줄 것으로 기대한다. 그리고 4장 20절에서는 시드기야를 "여호와가 택하신 지도자"라고 부른다. 그러나 예레미야는 시드기야를 썩은 무화과 바구니와 같다고 여겼으므로(렘 24:8-10), 맞지 않는다. 전문가들은 시의 순서에서도 차이가 있어 같은 저자로 보기 어렵다고 한다.

전망 하지만 분명한 것은 저자가 예루살렘에 있었다는 것이다. 그는 일어나고 있는 일을 목도하고 있다. 게다가 왜 이런 일이 일어나고 있는지, 미래가 어떻게 될지 이해하고 있었다.

게도 갑자기 쓸개집을 먹는다는 말을 한다(3:16, 솔직히 말해서 쓸개집을 먹느니 차라리 인육을 먹는 게 낫다). 그러나 예언자는 기억한다. "주의 한결같은 사랑이 다함이 없고 그 긍휼이 끝이 없기 때문이다"(3:22). "주의 사랑과 긍휼이 아침마다 새롭고, 주의 신실이 큽니다"(3:23). "어찌하여 살아 있는 사람이, 자기 죗값으로 치르는 벌을 불평하느냐"(3:39). 그러나 이것은 일시적인 소강상태다. 예언자는 다시 한 번 자신을 둘러싼 위험을 직시한다(3:48-66). 하나님이 그 성읍을 돌아보지 않으셨으나 예언자는 보호를 요청한다.

예루살렘 포위 4:1-22

차라리 소돔이 낫다. 그 도시는 삽시간에 뒤엎어졌다. "굶어 죽은 사람보다는 차라리, 칼에 죽은 사람이 낫겠다"(4:9). 예루살렘 거민들은 야생동물처럼 사냥감이 됐다. 들짐승 흉내를 내야 했다.

회복을 기원하는 기도 5:1-22

그분의 백성을 기억해달라는 마지막 호소다. 시인은 그들을 자유롭게 하실 분은 오직 여호와이심을 안다. 달리 호소할 분은 아무도 없다. 하지만 정의도 없고(5:14) 자비도 없다(5:11-12). 시는 어찌 될지 모르는 두려움으로 끝난다. 어쩌면 하나님이 그분의 백성을 원치 않으실 수도 있다.

ROUTE PLANNER

유다 심판 1:1-24:27
1. 네 생물 1:1-24
2. 두루마리 2:1-3:27
3. 벽돌 4:1-17
4. 머리털 5:1-7:27
5. 예루살렘 8:1-11:25
6. 행장 12:1-16
7. 창기 16:1-63
8. 백향목 17:1-24
9. 애곡하지 말라 24:15-27

열방들 25:1-32:32

회복 33:1-39:29
10. 파수꾼 33:1-34:31
11. 마른 뼈 골짜기 37:1-28

성전 40:1-48:35

에스겔

누가 | (이사야, 예레미야와 함께) '빅3' 예언자 중 한 명인 에스겔. 그는 제사장이었다(1:3). 그는 주전 597년 바벨론으로 강제이주 당한 첫 집단 가운데 속해 있었던 게 분명하다(하지만 다음의 '새로운 관점' 도 참고하라). 전설에 의하면 바벨론에서 살해돼 거기 묻

한눈에 보는 안내판

저자 에스겔
유형 예언서
목적 예루살렘 거민들에게 닥칠 일들을 경고한다. 그러나 여호와께서 그의 백성을 용서하시고 그들을 고향으로 돌아오게 하신다는 점도 말한다.
핵심 구절 37:12-14 "나 주 하나님이 말한다. 내 백성아, 내가 너희 무덤을 열고, 무덤 속에서 너희를 이끌어 내고, 너희를 이스라엘 땅으로 들어가게 하겠다. 내 백성아, 내가 너희의 무덤을 열고 그 무덤 속에서 너희를 이끌어 낼 그때에야 비로소 너희는, 내가 주인 줄 알 것이다. 내가 내 영을 너희 속에 두어서 너희가 살 수 있게 하리라."
한 가지만 기억한다면 하나님은 심판의 주님이시나, 용서와 새로운 삶을 허락하신다.

한눈에 보는 흐름

에스겔의 소명 1:1-2:10
두루마리를 먹어라 3:1-3:27
멸망 행위 4:1-17
벽을 뚫고 12:1-16
예루살렘이 음란히 행하다 16:1-43
녹슨 가마 24:1-27
예루살렘의 함락 33:21-33
선한 목자와 악한 목자 34:1-31
마른뼈 계곡 37:1-28
성전에서 흘러나온 물 47:1-12

혔다고 한다.

언제 | 에스겔에 묘사된 사건들은 대략 주전 580년부터 일어난 일들인 듯하다. 이 책은 예언자의 죽음 직후 편찬된 것으로 보인다. 때는 대략 주전 570년경이다.

무엇을 | 에스겔은 구약성경에서 가장 별나고 기괴하고 격정적인 예언자 중 한 사람이다. 두루마리를 먹었다니 말이다. 그는 390일 동안 왼편으로만 누웠고, 40일 동안은 오른쪽으로만 누웠다. 집의 벽에 구멍을 파놓고 그 구멍으로 다니기도 했다.

'예언자'와 '괴짜'는 종이 한 장 차이인 것 같다. 그러나 이 모든 행동들이 목적을 가지고 있음을 기억하는 것이 중요하다. 에스겔은 충격요법의 예언자였다. 행위예술가와 같았던 것이다. 그는 하나님의 메시지를 실어 나르고 있었다. 때로 그의 메시지는 외설의 옷을 입고 전해지기도 한다(좋은 예가 16장이다). 에스겔은 상황의 심각함 때문에 애가 탔다. 듣는 사람들이 찔린다면 찔리는 거다. 그들의 둔감한 마음에 충격을 가할 필요가 있었다.

에스겔서의 근본 주제는 함께 끌려간 포로들에게 그들의 잘못을 일깨워 참회하게 하고, 미래의 회복을 바라보게 하는 것이다. 그들은 이제 이방 땅에 살지만, 그들의 행위를 깨끗하게 할 수 있고 또 그래야 한다.

당시의 동료 예언자들처럼, 에스겔도 무엇이 다가오고 있는지 알았다. 그러나 그도 미래의 회복이 있음을 알았다. 그는 평화와 안전과 귀향이 있음을 깨달았다(43:4-7). 하나님은 일어난 모든 일들을 바람직하게 보지 않으신다. 포로로 끌려갔지만 자기 백성이 그분에게로 돌아오게 하신다(33:11-20).

궁금증 해소

델아빕 혹은 아빕 언덕 (3:15)

포로로 끌려간 사람들이 바벨론 어디에 살았는지에 관련해 나온 유일한 언급이다. 지명의 뜻은 '홍수의 언덕'이다. 파괴로 인해 잡석들이 산을 이룬 곳이 아니었을까? 포로들이 좋은 곳에 살지는 않았을 것이다.

유다 심판 1:1–24:27

① 네 생물 1:1–24 에스겔은 요란스럽게 시작한다. 저자를 소개하고, 곧장 첫 번째 환상으로 돌입한다.

각 생물은 네 얼굴(독수리, 사자, 사람, 황소)과 두 날개를 가지고 있다. 이 생물들이 날 때 날개에서 요란한 소리가 난다(1:24). 그리고 서 있을 때는 날개로 몸을 덮고 있다(1:23). 그들은 직선을 따라 움직였다. 얼굴은 넷이지만 그 중 하나가 항상 앞을 향하고 있기 때문이다(1:12). 그들은 불붙은 탄처럼 타올랐다(1:13). 그들 사이에서는 불꽃이 튀는 것 같았다. 그들 옆에는 녹색을 띠는 보석인 녹주석으로 만든 바퀴들이 있었다. 이 바퀴들 주변에는 숱하게 많은 눈들이 붙어 있었다. 그리고 이 눈들은 네 생물이 창공을 향해 날 때 함께 따라 다녔다. 이 생물들은 마치 돔과 같은 곳을 여기저기 날아다녔는데, 눈과 같은 것이 튀었다(1:22). 그 돔 위로는 한 인물이 청옥으로 만든 보좌에 앉아 있다. 화염이 타오르고 허리 아래로는 불꽃이 튀었다. 그의 주변에서 빛이 쏟아져 나오길 마치 불에 달군 쇠와 같은 모습이다.

이분이 하나님이신가? 에스겔은 이분을 "하나님의 영광"(1:28)

새로운 관점	에스겔은 첫 포로 그룹들과 함께 바벨론으로 갔나?
찬성 물론 갔다. 성경은 그가 갔다고 한다. 한편 그가 그 장소에 있어야 했다는 것은 예언의 본질을 오해한 논쟁이다. 예언이란 본질상 비전을 보는 것이기에 특정 장소나 시간에 매이지 않는다.	반대 가지 않았다. 후대의 삽입이다. 그의 설교는 예루살렘에 남은 사람들에게 전해졌다고 할 때 더 설득력을 갖는다. 무엇보다도 바벨론에 끌려간 사람들에게 삶의 방식을 바꾸라는 것은 그다지 가능성이 없어 보인다. 그들에게는 너무 늦은 이야기다.
전망 에스겔이 바벨론에 갔다가 마지막 포로들이 끌려가기 전에 돌아왔다고 절충안을 낼 수 있다. 혹은 그가 주전 586년까지 예루살렘에 머물렀다고도 할 수 있다.	

이라고 한다. 이것이 하나님의 모습인지도 모르겠다. 에스겔은 그가 아는 언어로만 하나님을 묘사하고 있다. 그래서 우리는 신비스러운 생물들, 폭포수가 떨어지는 듯한 굉음, 밝은 빛줄기, 무지개를 보고 있는 것이다. 이것들은 우리의 감각을 상하게 한다.

② 두루마리를 먹으라 2:1-3:27 에스겔은 하나님의 예언자로 선택받았다. 그는 이스라엘 백성들에게 말해야 한다(2:3). 그는 "포로로 끌려간 네 민족의 자손에게 이르러, 그들에게 전하는"(3:11) 책임을 맡았다. 이것을 상징화하기 위해 그는 두루마리를 먹어야 했다. 이 메시지가 그의 중심이 돼야 한다. 그의 몸에 새겨져야 한다. 예언은 '직업'이 아니라 온전함을 향해 나아가는 하나의 부르심이다.

두루마리를 먹고 하나님으로부터 최종적인 소명을 받고 나서, 에스겔은 바벨론으로 되돌아간다. 여드레 후 그는 하나님을 다시 뵌다. 레위 지파의 제사장으로서 정식으로 임명되는 기간이었을 수도 있다(레 8:1-33). 에스겔은 직분을 위해 준비한다. 여호와께서 그의 입을 닫아버리신다. 그는 지금부터 예루살렘이 함락되기까지 '묶여' 있게 된다. 예루살렘이 함락된 후에야 하나님이 그에게 말씀하신 것을 말할 수 있다.

③ 벽돌 4:1-17 에스겔은 예루살렘의 비극을 몸으로 보여준다. 예

난해한 주제

| 왜 에스겔은 기뻐하지 않는가? 에스겔은 어떻게 그리고 언제 여호와의 능력이 그를 사로잡았는지 상세히 묘사한다. 그는 "괴롭고 분통이 터지는"(3:14) 줄 알았다. 어떤 번역에는 그가 씁쓸하고 분기가 났다고도 한다. 이 말은 그에게 하나님의 분노가 옮겨왔다는 뜻일 수 있다. 혹은 쌓여 있는 게 무엇인지 잘 알고 있어서 그랬을 수도 있다.

하나님에게 "특별히 선택"받고자, 예언자가 되고자 하는 사람들이 있다. 구약성경의 예언자들은, 이 소명이 말할 수 없이 어렵고 고단한 것임을 알았거나, 몰랐어도 곧 알게 됐다. 에스겔은 그가 "가시와 찔레 속에서 살고, 전갈 떼 가운데서 살고"(2:6) 있는 듯 느끼게 될 것이다.

하나님이 누구인가 불러 예언을 하라 하실 때는, 가볍게 다룰 수 있는 게 아니라 심각한 책무다. 부름을 받은 사람이 휘파람을 불면서 할 수 있는 그런 일이 아니었다. 예레미야는 그 책임을 벗겨달라고 요청했다. 예언은 당신이 하는 일이 아니라, 바로 당신 자신의 존재다.

루살렘은 벽돌 한 장에 그린 그림과 같다. 에스겔은 390일 동안 왼편으로만 눕는다. 이스라엘의 고통을 표상하기 위해서다. 그 다음에는 40일을 오른편으로만 눕는다. 유다가 고난 받을 햇수를 나타내기 위함이다. 그는 말린 쇠똥을 연료로 만든 음식을 먹는다(원래는 인분이었으나, 하나님께서 그래도 덜 심한 것으로 바꿔주셨다). 그는 기아, 참극에 가까운 상황, 가슴 아픈 진실을 온몸으로 보여주고 있다. "그들은 빵과 물이 부족하여 누구나 절망에 빠질 것이며, 마침내 자기들의 죄악 속에서 말라 죽을 것이다"(4:17).

④ **머리털** 5:1-7:27 그렇다. 똥은 지나갔다. 그러나 이번에도 괴기스럽다. 에스겔은 머리털을 밀고 그 무게를 달아본다. 머리털 중에서 일부만이 남겨질 것이다. 이렇듯 소수의 백성만이 살아남을 것이다. 그는 이어 여러 가지 그림과 같은 메시지들을 보여준다(5:7-7:27). 이 메시지들은 백성의 죄가 어떤 재앙들을 불러올지 하나님이 주신 것이다.

⑤ **예루살렘** 8:1-11:25 다시 한 번 에스겔은 예루살렘으로 이끌려 간다. 몸이 갔다는 건지 아니면 영혼이 그랬다는 건지는 분명하지 않다. 그는 그 벽이 온통 부정한 짐승들로 치장된 성전에서 유대인들이 우상을 경배하는 모습을 본다. 그들은 떠오르는 태양 앞에서 절을 한다(8:16). 담무스(8:14)는 바벨론의 풍요다산의 신이다. 파라오의 도성을 가로지른 죽음의 천사 이야기를 떠오르게 하는 이야기가 나온다. 그 성읍의 수호천사들인 일곱 '남자'가 길거리에서 사람들을 도륙한다(계 8:2, 6 참조). 한 사람은 뉘우치거나 벌어지고 있는 일에 분개하는 기색을 비치는 사람의 이마에 표를 한다. 다른 사람들은 표가 없는 자들을 모조리 죽인다.

1장에 나오는 네 생물들이 다시 등장한다. 여기서는, 그러나 황소의 얼굴이 스랍 혹은 "날개가 달린 생물"로 바뀐다. 이제 이것들에는 바퀴가 더해진다(10:10). 이것들은 원래의 바퀴들 안에서 서로 연결되거나 돌아간다. 생물들의 몸 역시 눈(眼)으로 덮여 있다. 그들은 한 천사에게 숯불을 줘 온 도성에 퍼뜨리게 한다. 여호와의 영광이 성전을 떠나 날개 달린 생물들 위로 오른다. 에스겔에게는 예루살렘의 지도자들을 반대하여 말하라는 명령이 내려진다. 그리고 여호와의 영광이 그 도시를 떠난다. 에스겔은 바벨론으로 돌아간다.

⑥ **행장** 12:1–16 일 년 넘게 한쪽으로만 누워 지내고, 쇠똥을 구워 먹은 에스겔은, 이제 집 벽에 구멍을 파고 거길 드나든다. 짐을 싸고 얼굴을 숨기며 어두움 속에서 지낸다. 많은 사람이 그를 지켜봤지만, 어느 하나 왜 이런 행동을 하냐고 묻는 자가 없다(12:7–9). 추측컨대 이제 사람들은 그의 기행에 익숙해진 것 같다. 그래서 그는 돌아가서 설명해야 한다. 예루살렘의 지도자들은 한밤중에 도망쳐야 할 것이다. 스가랴는 바로 이 일을 겪었다. 왕의 체포와 눈을 뽑는 사건이 예고된다(12:13).

⑦ **창기** 16:1–63 성경에서 가장 충격적인 장 중 하나다. 에스겔은 거칠고 덧칠하지 않은 언어로 예루살렘을 처녀라고 말한다. 그는 이 처자의 삶을, 난산에서부터 도덕적인 타락까지 세밀하게 그린다. 예루살렘은 하나님이 친히 돌보아주시기까지는 원치 않는 아기와 같은 신세였다. 자라나면서는 가장 좋은 옷을 입혔다. 하나님의 돌보심과 보호 아래서 살았다. "너는 … 마침내 왕비처럼 되었다 … 네 아름다움이 완전하게 된 것이다. 나 주 하나님의 말이다"(16:13–14).

그런데 그가 어떻게 보답했는가? 지나가는 자들에게 자기를 내

주었다. 이 장에 묘사된 예루살렘은 색광(色狂)이다. 자고 싶은 모든 남자와 잔다. 게다가 잔 대가로 남자들에게 돈을 준다(16:34). 에스겔은 하나님이 원하시는 바를 따라야 했음에도 불구하고 예루살렘이 거짓 신들에게 자신을 내준 점, 혹은 다른 나라들과 동맹한 사실을 지적하고 있다. 그는 음행의 형벌로 지정된 벌을 받아야 한다. 좋은 옷이 벗겨질 것이고 돌로 쳐 죽임을 당할 것이다(16:40). 이 장은 하나의 약속을 소개하면서 끝난다. 하나님이 예루살렘을 진정 사랑하신다. 예루살렘은 회복될 것이다. 그러나 예루살렘이 자기 죄와 자신에 관한 진실을 직시한 후에 그렇게 될 것이다. 너무 부끄러워 입에 담을 수조차 없는 진실이다(16:63).

⑧ 백향목 17:1-24 구약성경에 나오는 몇 안 되는 비유 가운데 하나다. 이 이야기는 1-10절에 나오고 11-21절에서 그 뜻이 풀어진다. 이것은 일종의 정치적인 비유다. 첫 번째 독수리는 느부갓네살이다. 백향목은 다윗 왕조를 말한다. 그 꼭대기는 여호야긴 왕이다. 느부갓네살이 새 왕 시드기야를 심었다. 시드기야는 저질 포도를 냈다. 두 번째 독수리는 이집트의 파라오다. 유다가 도움을 요청한 프삼메티쿠스 2세(Psammetichus II)일 수도 있고 아니면 호프라(Hophra)일 수도 있다. 이 비유의 요점은 두 번째 독수리가 돕지 않는다는 것이다. 동풍이 불어온다. 이것은 바벨론의 군대를 말하는 것이다. 이 바람이 포도나무를 완전히 쓸어버린다. 그러나 하나님은 백향목을 심으실 것이다. 다윗 가문에서 나오는 한 순이 가장 큰 나무가 될 것이다. 이것은 진정한 왕의 아름다운 이미지다. 그리스도 안에서만이 성취될 모습이다.

눈 먼 백성들 18:1-23:49 에스겔은 예루살렘을 향해서 이어지는 예언을 한다. 다가오는 파멸을 경고하는 내용이다. 그는 이스라엘의

궁금증 해소

부풀려진 이집트인

16장 26절은 널리 오역되는 절이다. 너무나 천박한 말이기 때문이다. NIV는 "너의 욕정에 불타는 이웃인 이집트 사람들"이라고 했다. 그러나 "욕정에 불타는"으로 번역된 원래 히브리어는 '굉장히 큰 신체기관을 지닌'이라는 뜻이다. CEV 역시 얼버무리고 지나갔다. 흠정역(The Authorized Version)이 훨씬 낫다. "너희는 너희 이웃인 몸 큰 이집트인들과 통간을 저질렀다."

이 말이 왜 중요한가? 하나님은 언제나 예의가 바른 분이 아니다. 대부분의 성경역본들이 에스겔서 16장을 줄여서 번역했지만, 하나님이 쓰신 언어는 우리가 상상하는 것보다 훨씬 더 거칠고 충격적이다. 그분은 백성들이 충격을 받길 원하셨다. 백성들이 얼마나 저질스러운 죄를 저질렀는지 깨닫길 원하셨다. 유다 백성들은 저질스럽고 구토 나는 포르노 영화 배우들처럼 행동했다. 하나님이 그들의 행위를 그렇게 보신다.

우리에게는 이런 언어가 걸릴지도 모른다. 하지만 예루살렘 거민들이 하나님을 배반한 것에 비하면 아무것도 아니다.

지도자들에게 이스라엘 역사를 이야기한다. 이런 불순종의 순환고리가 이집트를 떠나는 순간부터 계속됐다는 것이다. 20장의 마지막 부분에는 놀라운 구절이 나온다. 에스겔은 이렇게 불평한다. "주 하나님, 그들은 저를 가리켜 말하기를 '모호한 비유나 들어서 말하는 사람' 이라고 합니다"(49절). 에스겔은 하나님이 하라 하신 대로 전하고 있었다. 그러나 백성들의 눈은 너무 어두워서 그가 헛소리를 하고 있다고 믿었다.

21장 22절에서 그는 바벨론 지도자가 어떻게 쳐들어올지 자세히 말한다. 화살을 흔들거나 양의 간으로 점을 칠 것이라 말한다. 물론 이 장이 보여주듯이, 하나님은 바벨론 왕과 그의 군대를 사용하신다. 그의 신들이 옳은 방향으로 인도한다고 생각할 수 있지만, 한 분이시며 참 되신 하나님이 모든 것을 주관하신다. 잡혀 죽은 양에게도 위안이 되길….

23장에는 또 하나의 비유가 나온다. 오홀라는 사마리아, 오홀리바는 예루살렘이다. 다시 한 번 그들의 불충이 놀라울 정도로 세밀한 언어로 묘사된다. 그러나 이번에 에스겔은 우상숭배보다는 정치적인 동맹에 대해서 말하고 있는 것처럼 보인다.

⑨ **애곡하지 말라** 24:15-27 에스겔 아내의 죽음만큼 예언자가 됨으로써 치러야 할 대가를 생생하게 보여주는 사건도 없다. 보통 애곡하는 사람은 맨 발에 맨 머리를 하고 간다. 얼굴에 너울을 쓰고 "애곡할 때 먹는 음식"을 먹는다. 에스겔은 이런 일은 하나도 하지 않는다. 아내는 에스겔이 이 세상에서 가장 사랑하던 사람이었다(24:16). 그러나 이 역시 백성들에게 또 하나의 징조가 된다. 그들 역시 가장 사랑하는 사람들을 잃어버릴 것이다. 가슴 아픈 순간이다. 에스겔의 이름이 언급된 책의 서두 이후 이렇게 개인적인 일이 다뤄진 적이 없었다. 하나님은 망연자실 말을 잊고 있는 예언자에

?! 궁금증 해소

인자

에스겔의 호칭은 이 책에서 93번 나온다. 이 호칭은 그의 인간성을 강조한다. 그러나 그는 인류의 대표이기도 한다. 예수님은 이 호칭을 즐겨 사용하셨다. 다니엘 7장 13절 이하에서 이 구절은 이스라엘 백성을 지칭하는 듯 보인다. 다른 나라들을 대표하는 짐승들과는 상반된다. 왜 예수님이 이 칭호를 사용하셨는가를 놓고 수많은 논쟁들이 벌어졌다.

게 끝을 약속하신다. 마지막 소식이 닿는 대로, 그는 마음 놓고 말할 수 있을 것이다(24:26-27).

열방들 25:1-32:32

열방 예언은 여러 곳에 두루 나온 것이지만, 이 책에서 한 군데로 모아졌다. 이 예언들은, 예루살렘의 함락을 전후로 나온 예언들에 관해 하나의 막간으로 활용된다. 암몬(25:1-7), 모압(25:8-11), 에돔(25:12-14), 블레셋(25:15-17)은 이스라엘의 운명을 보고 고소해한 이유로 심한 꾸지람을 당한다. 이어 두로(26-28장)에 대한 긴 예언이 나온다. 두로는 페니키아인들의 항구였다. 두로는 처음에는 바벨론의 통치에 순응했다가, 나중에는 반역에 동참한다. 에스겔은 느부갓네살의 손에 두로가 최종적으로 멸망할 것을 내다본다. 두로는 아름다운 도시였다. 그러나 그 아름다움에도 불구하고 무너져 내릴 것이다. 시돈(28:20-26)은 두로의 북쪽에 자리 잡은 또 다른 무역항이었다. 두로 역시 반역에 동참한다. 이 도시 역시 함락될 것이다.

마지막으로 이집트에 관한 일곱 가지 계시의 말씀이 임한다. 이 말씀들은 모두 연월이 밝혀져 있다(29:1-32:32). 이 말씀들은 아마도 이집트가 포위된 가운데서도 잠시 소강상태를 맞고 있을 때 주어진 것 같다. 이집트는 큰 괴물, 혹은 나일 강에 누워있는 악어로 그려진다(29:3). 악어라고 된 단어는 사실은, 욥기에 나오는 '리워야단'이다. 그 빼김에도 불구하고 이 나라는 무너질 것이다. 신의 없는 나라로 비난받고 있으며, 마치 갈대와 같아서 이스라엘을 도울 힘이 없다고 한다(29:7). 이집트는 다시는 과거처럼 강성하지 못할 것이다.

회복 33:1–39:29

⑩ **파수꾼** 33:1–34:31 이 장은 에스겔의 새로운 임무와 역할을 소개한다. 그는 전처럼 '파수꾼'으로 소개된다. 그러나 그의 메시지는 바뀌었다. 전에 그는 심판을 경고했다. 그러나 이제는 심판이 시작됐다. 이제 그는 백성들에게 어떻게 반응할지 설명해야 한다. 백성들은 전에 그를 무시했지만, 이제는 그의 말을 들어야 한다(33:10). 백성의 지도자들과는 달리 그는 하나님이 선한 목자라고 말한다(34:11–17). 오랜 세월 후 예수님은 이 이미지를 자신에게 적용하셨다. 자신을 아버지와 동일시하는 것이다. 34장은 예수님이 사용한 이미지들로 가득 차 있다. 하나님은 선한 목자와 악한 목자를 구별하겠다고 말씀하신다. 예수님도 마태복음 25장 32절에서 비슷한 말씀을 하셨다. 에스겔은 먼 앞날을 내다보고 있다. 잘 알지는 못하지만 참된 왕이 한 분 오실 것이다.

⑪ **마른 뼈 골짜기** 37:1–28 하나님이 약속하신 회복은 37장에 나온다. 예언자는 마른 뼈들의 골짜기로 이끌려 간다. 그의 눈앞에서 뼈들이 맞춰진다. 하나님이 그의 '죽은' 백성들에게 생명을 불어넣으실 것임을 표상하는 것이다. 이어 에스겔에게 막대기 두 개를 취해 하나처럼 잡으라는 말씀이 주어진다. 이는 솔로몬 사후 처음으로 이스라엘이 한 나라가 되리라는 증표다.

성전 40:1–48:35

에스겔의 마지막 몇 장은 아주 밋밋하다. 에스겔은 마치 공사 감독관과 같이 말한다. 그러나 에스겔은 하나의 그림을 보여주려고

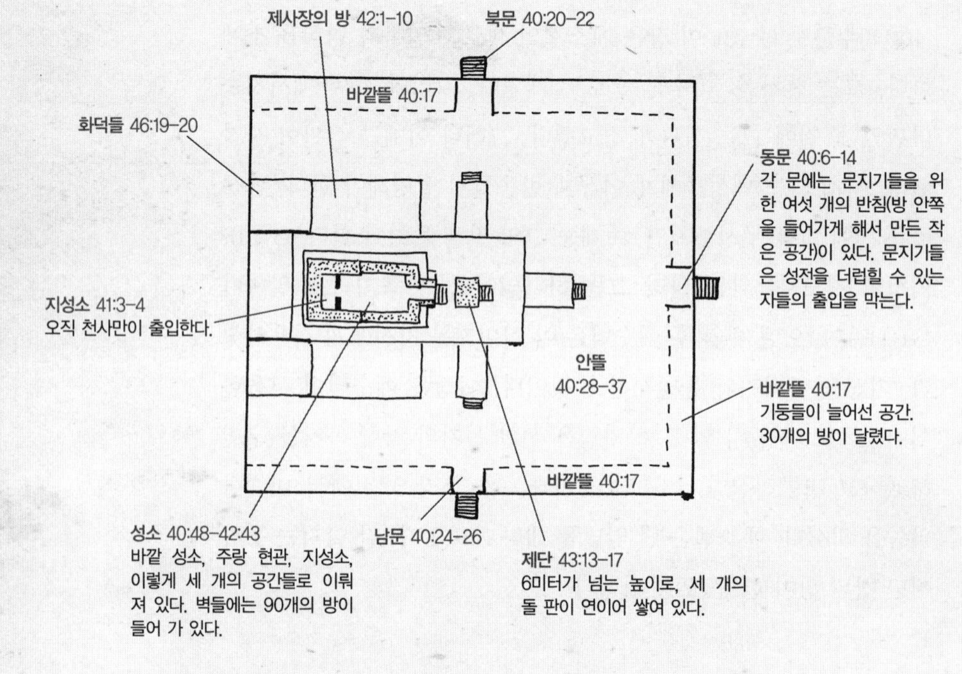

한다. 그는 이상적인 성전, 결코 세워지지 않을 성전, 진정한 성전의 모습을 상징화하는 그런 성전을 펼쳐 보여준다. 이 성전의 중앙에는 강이 발원해 주변 모든 땅에 생명을 준다. 이 강은 겨레의 영적 중심이다.

에스겔의 환상은 놀랍도록 정밀하다. 그는 성전의 모든 부분들을 속속들이 알고 있다. 그러나 핵심은 성전의 각 부분들이 아니라, 그것이 만들어내는 내용이다. 에스겔은 47장에서 성전에서 흘러나온 강물을 본다. 더 깊어지고 물줄기가 거침없어진다. 그리고 새로운 생명을 가져다준다(계 22장이 이 이미지를 차용한다).

강은 성전에서 나온다. 하나님의 순전한 임재에서 흘러나온다

(47:1-2). 강물은 거세지고 더 깊어진다. 에스겔이 들어가 보니, 그것을 느낄 수 있다. 강물이 새로운 생명을 선사한다. 사해조차도 강의 존재로 말미암아 되살아난다(47:8-11). 강둑에 열리는 과실이 회복과 치유를 가져다준다(47:12). 강은 영원하다. 강물은 마르지 않는다. 흐름은 그치지 않는다(47:12).

강물은 실제적인 묘사가 아니다. 이것은 삶을 바꾸시는 하나님의 강력한 임재의 이미지다. 마른 뼈들에게 새로운 생명을 주는 바람처럼, 마르고 죽어 있는 삶이 생명을 주는 물줄기로 말미암아 다시 살아날 것이다.

ROUTE PLANNER

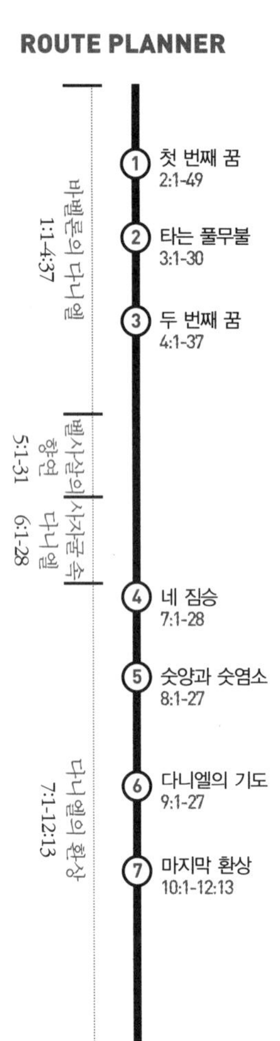

다니엘

포로들 가운데 계신 하나님

누가 | 다니엘 혹은 훨씬 후대의 어떤 사람. 견해에 따라 달라질 수 있음('새로운 관점' 참조).

언제 | 주전 6세기 혹은 2세기경. 이 책의 역사적 순정성에 관한 견해에 따라 다를 수 있다(이 역시 '새로운 관점'을 참조하라).

무엇을 | 다니엘서는 이야기와 예언이 섞여 있는 책이다. 바벨론에 억류돼 있는 유대인들에 관한 이야기다. 하지만 미래에 대한 예언도 들어 있다. 이야기들은 느부갓네살, 벨사살, 다리오 등 세 명

한눈에 보는 안내판

저자 다니엘이라는 게 정설이다.
유형 예언서
목적 바벨론에 포로로 억류돼 있는 순간에도 하나님이 그분의 백성들과 함께 하심을 보여준다.
핵심 구절 7:13 "내가 밤에 이러한 환상을 보고 있을 때에 인자 같은 이가 오는데, 하늘 구름을 타고 와서 옛적부터 계신 분에게로 나아가 그 앞에 섰다."
한 가지만 기억한다면 당신을 둘러싼 문화에 동화되지 말라. 하나님이 원하시는 것을 행하라. 그분이 당신에게 힘을 주신다.

한눈에 보는 흐름

채소만 먹다 1:1-21
느부갓네살의 꿈 2:1-49
타는 풀무불 3:1-30
벽에 쓰인 글씨 5:1-31
사자굴 6:1-28
네 짐승 7:1-28
70년 9:1-19

의 바벨론 황제들의 치세에 걸쳐 펼쳐진다. 이야기들은 다니엘과 그의 친구들, 특히 핍박 속에서 순수함을 지키기 위한 그들의 노력을 부각시킨다. 다니엘은 당대의 요셉이라고 할 수 있다. 하나님이 주신 지혜와 통찰력을 통해 이방의 궁정에서 권력과 영향력 있는 자리에 오른다. 더불어 이 책은 기이한 꿈들과 미래 제국들에 관한 예언들로 가득 차 있다. 다니엘서의 마지막 네 장은 미래에 대한 다니엘 자신의 예언들이 상세하게 기록되고 있다.

이 책의 중심 주제는 오늘의 우리에게도 참으로 적절하다. 우리의 관습과 실천을 바꾸려는 압력에 관해 이 책은 말한다. 바벨론은 '다문화적인' 제국으로서, 정복한 나라들로부터 얻은 지식과 관행을 흡수하던 나라였다. 그러나 다니엘은 순전함 그 자체를 보여준다. 동화와 변화를 강요하는 무지막지한 압력 가운데서도 예배의 순수성을 지킨다. 오늘날 우리는 다른 신들을 예배하라는 압력에 늘 직면하여 우리의 신앙을 희석시키려는 도전에 부딪쳐 산다. 다니엘서는 끝까지 신실해야 할 의무와 함께 이 싸움에서 우리를 도우실 하나님의 일하심에 관한 중요한 메시지를 던진다.

다니엘은 그의 신앙을 매일같이 도전하는 시대와 장소에서 살았다. 그러나 그는 지지 않았다. 오히려 그의 용기가 주변 사회를 변화시켰다.

바벨론의 다니엘 1:1–4:37

다니엘은 바벨론에 잡혀온 왕족이다. 그와 세 친구 하나냐, 미사엘, 아사랴는 왕궁에서 교육받도록 선발됐다. 이들에게는 바벨론식 이름과 교육이 제공됐다. 이들을 더 우월한 바벨론 문화에 젖어들게 하려는 생각이었다.

바벨론(느부갓네살 시대)

이 도시의 중심부는 마르둑이라는 신에게 바친 성소인 에사글리아이다. 여기에는 계단형 탑인 거대한 지구라트가 있다. 이 탑에는 '하늘과 땅 사이 선각자의 집' 이라는 이름이 붙여졌다.

이 도시 자체는 그 위로 마차가 다닐 수 있을 정도로 넓은 성벽으로 둘러싸여 있었다. 벽은 푸른색 에나멜 벽돌로 쌓았다. 유프라테스 강 물줄기를 끌어 성 주변에 외호(外濠)를 두었다.

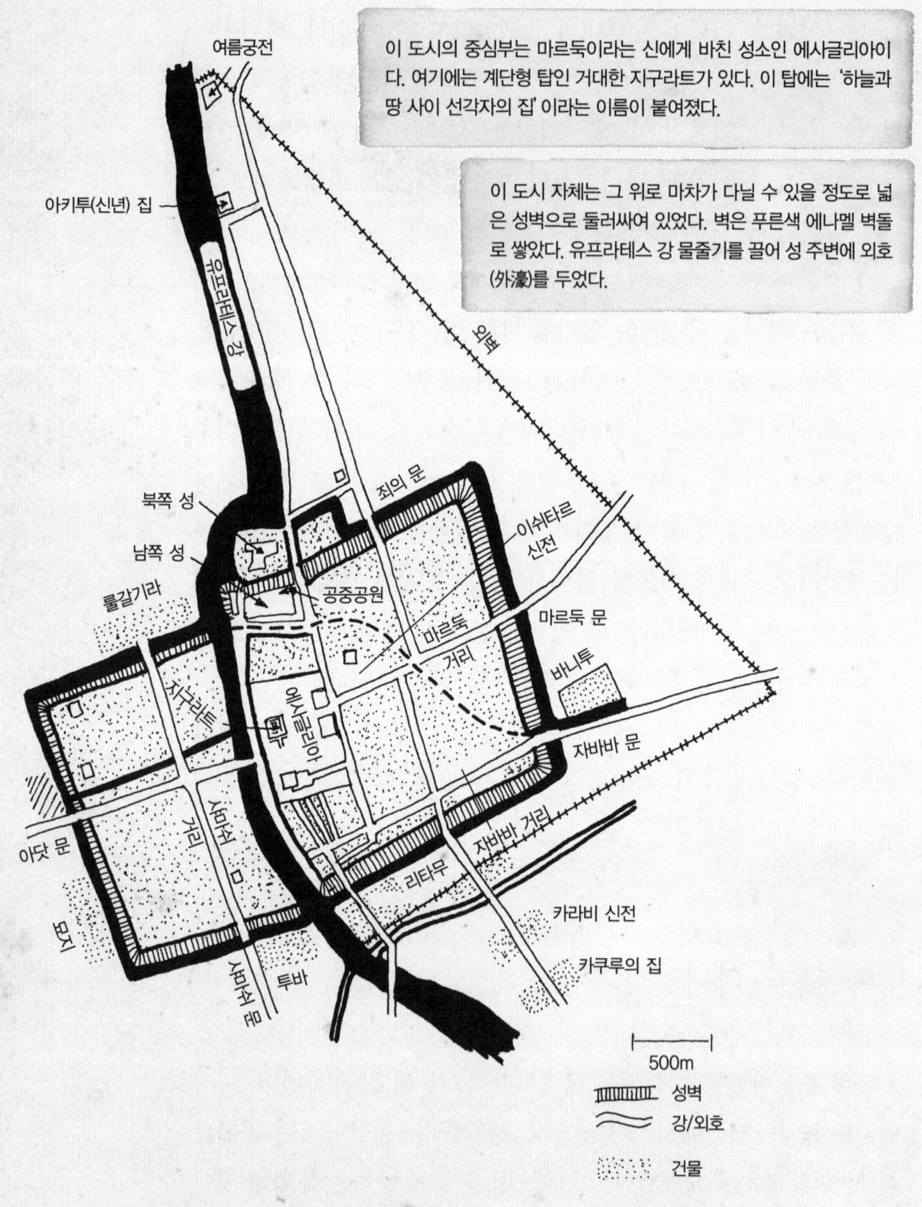

따라서 처음부터 다니엘의 임무는 그를 둘러싼 문화에 오염되지 않는 것이었다. 그는 '정한' 음식(1:8)만을 먹음으로써 이 일을 시작한다. 이 결정은 그들이 주변 사람들보다 훨씬 건강해보이자 옳은 것으로 입증됐다.

① 첫 번째 꿈 2:1-49 느부갓네살은 복잡한 사람이다. 다른 독재자와 절대군주들과 마찬가지로 그 역시 변덕이 죽 끓듯 하고 감정적이며 종잡을 수 없었다. 그는 사술과 마술을 매우 중요하게 생각했다. 그가 악몽에 시달렸는데 그의 현자들이 해석을 하지 못했다. 그가 꾼 악몽의 내용이 무엇인지 말해주지 않는다는 게 별로 이상하지 않은 일이다. 그러나 자신이 영매(靈媒)라고 주장할 정도면, 꿈이 무엇이었는지 정도는 알아맞혀야 한다. 그러나 느부갓네살의 현자들은 실패했다.

다니엘이 나섰다. 놀라운 예언자적 통찰력을 과시하기 위함이 아니라 생명을 구하려는 일념 때문이었다. 그는 왕의 현자들이 처형당할 위기에 처하자 그들을 구하기 위해 나선다. 이렇게 나선 이상 그는 사람들을 구해야 한다. 그리고 그는 기도의 능력으로 구해낸다. 다니엘은 기도를 통해서 하나님으로부터 꿈의 내용과 의미를 알려 받는다(2:31-45). 그는 설명을 하면서 조심스럽게 자신이 아니라 하나님에게 영광을 돌린다(2:28-29).

신상의 어떤 부분이 어느 왕국을 가리키는지에 관해서는 해석이 분분하다. 그러나 전통적으로는 신상의 네 부분이 네 개의 거대 왕국들, 바벨론, 메대 페르시아, 그리스, 로마를 가리킨다고 한다. 이 왕국들은 하나님의 손에 의해 날린 돌 하나 때문에 무너진다.

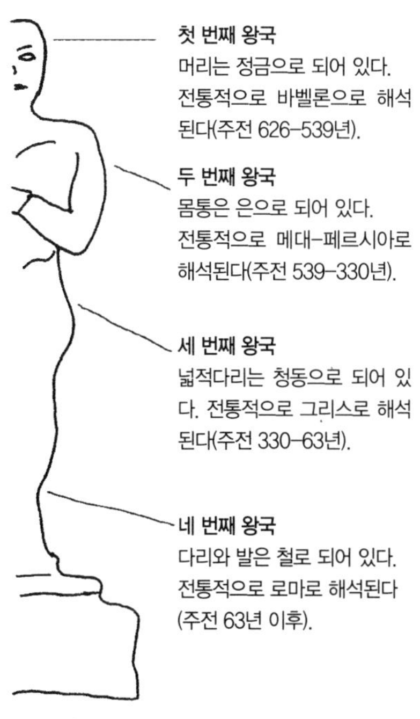
첫 번째 왕국
머리는 정금으로 되어 있다. 전통적으로 바벨론으로 해석된다(주전 626-539년).
두 번째 왕국
몸통은 은으로 되어 있다. 전통적으로 메대-페르시아로 해석된다(주전 539-330년).
세 번째 왕국
넓적다리는 청동으로 되어 있다. 전통적으로 그리스로 해석된다(주전 330-63년).
네 번째 왕국
다리와 발은 철로 되어 있다. 전통적으로 로마로 해석된다(주전 63년 이후).

그리고 "영원히 망하지 않을" 왕국(2:44-45)이 세워진다. 이것은 예수님의 통치를 가리킨다.

② 타는 풀무불 3:1-30 왕은 하나님의 권능을 알아봤지만(2:47), 얼마 가지 않았다. 그는 자신의 신상을 세워놓고 모두에게 절하라고 명령한다. 사드락, 메삭, 아벳느고는 거절하고 풀무불에 던져진다. 그러나 그들은 불에 타죽기는커녕 머리털 하나도 상하지 않았다. 놀랍게도 왕은 세 사람이 아니라 네 사람이 화염 가운데를 걸어 다니는 모습을 봤다. 그 네 번째 사람은 "신의 아들"(3:25)과 같았다.

크리스천들은 이 네 번째 인물이 예수님이라고 해석한다. 예수님이 우리의 모든 곤경 가운데 우리 곁에서 걸으시는 이미지와 딱 맞는다는 것이다. 우리가 화덕 안으로 던져질 때, 그분은 우리와 함께하실 것이다.

③ 두 번째 꿈 4:1-37 느부갓네살은 두 번째 꿈을 꾼다. 베임을 당하는 큰 나무를 본다. 다니엘은 이번에도 꿈을 해몽한다. 하나님이 "나무를 베어 없앨" 것이다. 이 꿈은 느부갓네살의 몰락을 미리 보여준다. 이 꿈을 꾼 지 열두 달 만에 황제는 일종의 몰락을 맞는다. 하나님이 그에게 말씀하시자 그는 마치 짐승처럼 된다. 풀을 뜯어 먹는가 하면 난폭하게 달렸다. 마침내 그는 하나님께 절박하게 기도함으로써 나음을 얻었다.

난해한 주제

| 메대 왕 다리오 다리오는 문제를 일으키는 인물이다. 다니엘서 외에는 그가 존재한다는 기록이 어디에도 없다. 바벨론 제국을 멸망시킨 인물은 고레스다. '다리오'는 구바루(Gubaru)의 다른 이름일 수 있다. 그는 바벨론을 감독하기 위해 고레스가 파견한 총독이었다. 아니면 고레스의 다른 이름일 수도 있다.

벨사살의 향연5:1–31

벨사살은 사실 느부갓네살의 아들이 아니다. 그는 나보니두스의 아들이다. 기록자가 오기를 한 것 같다. 혹은 이 단어를 좀 더 일반적인 의미에서 사용한 것 같다. 고대에는 선대 왕을 '아버지' 라고 할 수 있었기 때문이다.

벨사살의 몰락은 느부갓네살과 마찬가지로 교만에 그 뿌리가 있다. 그는 성전의 기구들을 술잔으로 내와서 썼다(5:2). 갑자기 나타난 손이 벽에 신비한 메시지를 적는다. 오직 다니엘만이 해석할 수 있었다. 이 메시지는 일종의 심판이다. 다니엘은 그 자리에서 승진했지만 너무 늦었다. 그날 밤 왕이 살해된다(최소한 술에서는 깼다). 메대 왕 다리오가 왕국을 접수했다.

사자굴 속 다니엘6:1–28

다시 한 번 다니엘은 높은 자리에 오른다. 이번에는 꿈을 푸는 능력이 아니라 조직하는 능력 때문에 발탁됐다. 다리오가 신하들에게 속아 모든 기도를 금지할 때(자기에게 바치는 기도는 제외하고), 다니엘은 평상시처럼 기도했고 왕은 그를 사자들에게 던지지 않을 수 없었다. 다시 한 번 하나님이 개입하셔서 다니엘이 구원을 받는다. 신하들과 그들의 가족들이 사자굴에 던져져 산 채로 잡아먹힌다.

다니엘의 환상7:1–12:13

다니엘서의 두 번째 부분은 에스겔의 환상과 아주 비슷하다. 기

궁금증 해소

어려운 책

다니엘서는 해석이 어려운 책으로 정평이 났다. 솔직히 이 책 때문에 얼마나 많은 이단들과 극단주의자들이 태어났는지 모른다. 극단적인 크리스천들과 비신자들이 맥락을 무시한 채 몇 구절들만을 다니엘서에서 뽑아 신념으로 내세우는 일이 얼마나 많은지 알 수 없을 정도다. 예를 들어보자. 10장은 '수호천사들'에 관해 말한다. 어떤 장소를 지키는 천사를 말하는 것이다. 여기서 다른 '영적' 존재와 싸우는 천사들이라는 개념이 나왔다. 바울은 분명히 "보이는 것들과 보이지 않는 것들"을 막론하고, "권력이나 권세"(골 1:16)에 대해 말한다. 그렇다면 우리가 인식하지 못하고 있지만 우리를 둘러싼 많은 것들이 있음은 분명하다. 하지만 하나님이 실권을 쥐고 계시고, 그분이 우리의 보호자며 능력이심 또한 분명하다.
그 본질이 환상인 것을 근거로 신학을 전개하려 할 때는 매우 조심해야 한다. 환상은 실제적인 진술이라기보다는 그림이고 이미지다. 다니엘서의 역사적 진위는 고사하고라도, 이 책은 구체적인 진술의 근거로 내세워지기에는 너무 모호하다. 이 책의 언어는 그 특유의 분위기를 가지고 있다. 그림과 인상의 언어다. 어떤 대목은 명쾌하게 해석이 되지만, 상당 부분은 신비스럽게 감춰져 있다.

이하고 황당하기까지 한 이미지들, 이상한 짐승들, 말하는 뿔들과 돕는 천사들로 가득하다. 벨사살과 다리오 치세에 다니엘에게 임했던 여러 가지 환상들이 언급된다.

④ 네 짐승 7:1-28 네 부분으로 된 신상처럼, 다니엘의 짐승은 네 개의 초강대국을 나타난다. 바벨론, 메대, 페르시아, 그리스다. 네 번째 짐승이 가장 호전적이다. 이 괴물이 나타내는 제국은 "가장 높으신 분께 대항하여 말한다"(7:25). 짐승의 뿔은 아마도 로마 황제들, 혹은 하나님을 거역하는 당국자들을 상징하는 것으로 보인다. 하나님은 "사람의 아들"과 같은 이에게 권세를 주신다. 이 호칭은 에스겔에게로 거슬러 올라가는 것으로서, 예수께서 스스로 취하신 것이다.

⑤ 숫양과 숫염소 8:1-27 2년 후 다니엘은 또 다른 환상을 본다. 이번에는 숫염소 한 마리와 숫양 한 마리다. 가브리엘 천사가 해석해 준다. '숫염소'로 상징된 첫 환상 중 그리스의 뒤를 이어 두 번째 환상인 로마, 즉 '숫양'이 나온다. 포로 억류 기간이 2,300일이라

새로운 관점	다니엘서는 역사적으로 참인가?
찬성 정확하다고 말할 수 있는 사람이 과연 누구인가? 아무튼 역사적인 언급들에는 오해가 있다. 이 책은 바벨론의 문화를 아주 구체적으로 섭렵하고 있고, 후대의 표현들(3장 5, 10절에 나오는 그리스어 악기 이름들) 역시 당시에도 쓰였을 수 있는 것이다.	반대 이 책은 후대 창작물이다. 주전 165년경에 작성됐을 것이다. 예언들에 나오는 구체적인 언급들과 후대의 용어들은 이 책의 후대 저작설을 뒷받침해준다. 역사적인 진술들은 부정확하고, 한 번쯤 나올 법도 한 다니엘의 이름이 당대 다른 어떤 문서에도 나오지 않는다.

전망 근본적으로 논점은 예언의 예측성에 관한 것이다. 책에 나오는 구체적인 예언의 진술들이 불가능하다고 믿는다면, 이 책의 어디를 봐도 의심의 눈으로 보게 될 것이다. 그러나 이런 것이 가능하다고 믿는다면, 다른 문제들은 훨씬 사소해진다.

는 아주 구체적인 언급이 이어진다(8:14).

'작은 뿔'은 안티오쿠스 4세(Antiochus IV)에 대한 언급이다. 그는 주전 175년부터 164년까지 시리아를 다스렸다. 그는 유대인들을 핍박한 인물이다. 성전 문을 닫고 지성소에 그리스 제단을 설치했다. 성전이 폐쇄된 실제적인 일을 소상히 언급하기 때문에, 어떤 사람들은 다니엘서가 이 사건이 일어난 후에 기록됐다고 믿기도 한다. 그러나 이것은 예언의 성격을 어떻게 보느냐에 달린 문제다.

⑥ 다니엘의 기도 9:1-27 다니엘은 백성들을 위해 기도한다. 예레미야가 예고한 70년간의 포로 억류가 거의 끝나가고 있다. 다니엘과 백성들은 예루살렘으로 돌아가고자 애태우고 있다. 다니엘은 다시금 찾아온 가브리엘의 방문을 받는다. 가브리엘은 '선택된' 혹은 '기름부음 받은' 지도자의 출현을 예고한다. 그 지도자가 또 다른 제국을 대신할 것이다. 여기 나오는 숫자들은 다니엘서의 다른 곳에 나오는 것들보다 훨씬 헷갈린다. 날들은 햇수를 말하는 것처럼 보인다. 어떤 경우든 예루살렘이 재건된 후 483일 만에 택함 받은 분이 오실 것이다.

⑦ 마지막 환상 10:1-12:13 마지막 장들에는 다니엘의 환상 중 먼 미래에 관한 것들이 들어 있다. 여기에는 햇빛처럼 빛나는 한 인물에 관한 놀라운 비전이 들어 있다. 이것은 요한계시록에 나오는 요한의 환상과 비슷하다. 마지막 장들은 수호천사들과 영적 전투에 관한 모호한 언급들로 가득 차 있다. 미래 제국들에 대한 훨씬 더 상투적인 언급도 많이 나온다.

중요한 개념

천사

'천사'라는 말은 '메신저'에 해당하는 그리스어에서 파생했다. 이 존재들의 가장 중요한 역할인 하나님으로부터 메시지를 받아 사람에게 전하는 일을 가리킨다. 하나님이 시키시는 일을 행하기도 한다. 천사들은 소돔의 파괴에 동원됐고(창 19장), 엘리야에게 음식을 가져다줬으며(왕상 19:5-7), 군사적인 도움을 제공하기도 했다(왕하 19:35).

천사들은 거룩하고 오염되지 않은 존재로 묘사된다. 이들은 하나님을 직접 대면해 뵐 수 있다. 구약성경의 초기에는 천사들에게 이름이 부여되지 않았으나, 다니엘 이후로는 천사들이 이름과 특정한 임무를 부여받는다.

여호와의 사자 이 특별한 천사는 하나님 자신과 종종 동일시된다. 때로 누가 여호와의 사자고 누가 하나님이신지 구별하기가 어렵다. 마치 하나님의 인격을 외적으로 연장한 존재처럼 보인다. 그는 하나님처럼 일인칭으로 말한다(창 16:7; 출 3:2 참조). 그러나 또 다른 때는 하나님 자신과는 구별된다(삼하 24:16). 신약성경에서 이 천사는 가브리엘로 밝혀진다. 일반적으로 여호와의 사자가 사람들에게 나타날 때, 이 사자를 하나님이라고 한다. 그러나 이 사자는 하나님의 대리자며 그분의 '대변인 천사'다.

타락한 천사 사탄에 이끌린 일군의 천사들이 하나님을 대항해 반역을 일으키고 하늘에서 쫓겨났다(마 25:41; 계 12:9; 눅 10:18). 그들은 선한 군대들에 맞서 싸우지만 언젠가는 전멸될 것이다.

난해한 주제

"한 때와 두 때와 반 때"(7:25) 정확히 아는 사람은 아무도 없다. 다만 3년 반을 뜻하는 말인 것 같다. 그렇지 않을 수도 있다. 우리가 어찌 알겠는가. 다니엘에게 물어봐야겠다.

이번에는 제국들에 대해 더 구체적인 언급들이 나오는데, 페르시아의 네 명의 왕들(11:2), 알렉산더 대왕(11:3-4), 그의 후계자들과 새로운 권력의 부상이다.

알렉산더 대왕(11장 3절에 나오는 용감한 왕이 그다)이 죽은 후 일어난 일들에 관한 소소한 언급이 예언 형태로 나온다. 알렉산더의 영토는 네 명의 장군들에 의해 분할되고, 이 영토는 다음 200년 동안 화약고가 된다.

한 번 더 안티오쿠스 4세에 의한 성전 모독이 언급된다(11:29-32). 마지막으로 안티오쿠스 생존 시절의 사건들을 말하는 듯한 모호한 구절들, 아니 더 먼 미래의 일들을 언급하는 듯한 구절들이 나온다.

다니엘서는 부활의 환상으로 끝난다(12:1-4). 이 책은 구약성경 가운데 부활을 공공연히 언급한 최초의 책이다.

호세아

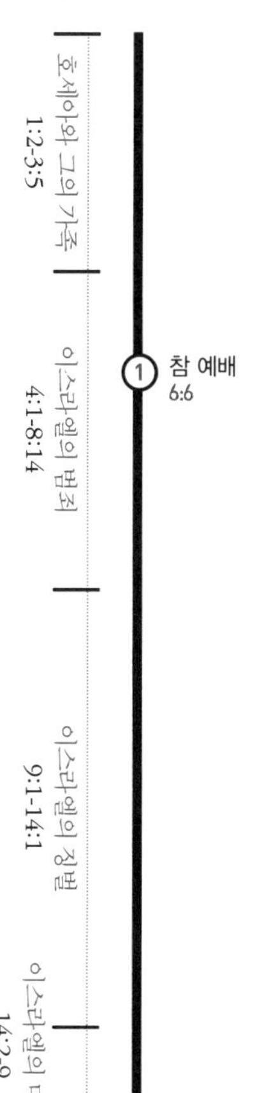

하나님의 끝없는 사랑

호세아는 한 남자가 부정한 아내를 사랑하는 극적인 이야기다. 이 이야기를 통해서 자신의 부정한 백성들에게로 향하는 하나님의 사랑을 보여준다. 호세아는 자비롭고, 용서하는 사랑의 하나님을 극화해 보여주고 있다.

누가 | 호세아는 북왕국 이스라엘에 살며, 아모스에 이어 활동했다. 그의 아버지 브에리는 '부자' 라는 뜻의 이름이었다. 호세아서에 의하면 그는 40년 동안 예언했지만, 이 책 외에는 그의 행적에 대해 알 길이 없다.

언제 | 주전 750-715년. 앗시리아에 복속되기 전까지 이스라엘이 험난한 마지막 시절을 보낼 때.

폭력이 난무하고 불안정한 세상이다. 왕들은 쿠데타로 왕위에서

한눈에 보는 안내판

저자 호세아
유형 예언서
목적 하나님이 신실치 못한 백성을 얼마나 사랑하시는지 보여준다.
핵심 구절 6:6 "내가 바라는 것은 변함없는 사랑이지 제사가 아니다. 불살라 바치는 제사보다는 너희가 나 하나님을 알기를 더 바란다."
한 가지만 기억한다면 하나님은 우리를 사랑하신다. 우리의 죄에도 불구하고 사랑하신다. 그분은 우리가 돌이키길 원하신다.

한눈에 보는 흐름

호세아의 가족 1:2-2:1
징벌과 희망 2:2-3:5
거짓 제사장, 거짓 사람들 4:4-19
형식적 예배 6:1-11
내 자녀 11:1-11
끔찍한 운명 13:1-16
미래의 용서 14:1-9

끌려 내려온다. 제사장들이나 백성들이나 도덕적 부패와 우상숭배가 만연해 있다. 호세아는 아모스처럼 사회적인 불의와 거짓 신들, 거기서 나오는 거짓 예배를 신랄하게 공격한다.

호세아에 관해 가장 충격적인 것은, 그가 자기 메시지대로 살았다는 것이다. 에스겔과 이사야 예언자 역시 자신들의 예언을 '몸으로' 보여줬다. 자신들이 전하는 메시지가 백성들에게 전달되도록 극적인 행동을 불사한 것이다. 호세아는 그의 인생 전체가 예언자적인 행동이었다. 부정하기 짝이 없는 창녀와 결혼하고, 아이들의 이름을 "불쌍히 여기지 않는다"와 "내 백성이 아니다"로 지었다. 살아 있는 은유였던 것이다.

책의 전체 메시지는 명쾌하다. 백성들의 신의 없음에도 불구하고 하나님이 자기 백성을 여전히 사랑하신다는 것이다. 그분은 처벌을 원하지 않으신다. 그러나 다른 신들과의 끊임 없는 '간음'이 벌을 자초한다. 하나님은 쉬지 않고 이스라엘에게 '행음'을 그치라고 하시지만, 이스라엘은 물질적인 유익에 너무 관심이 많아 촉구를 듣지 못한다.

호세아와 그의 가족 1:2–3:5

호세아의 결혼은 하나님과 백성들의 관계를 거울처럼 비쳐주는 하나의 행위이다. 에스겔 16장의 언어를 다시 접하는 듯한 느낌을 받는다. 이스라엘은 돈을 들고 다니며 누구라도 찾아 자려고 하는 창녀다. 호세아의 자녀들은 하나님이 주시는 예언적인 메시지다. "하나님이 흩어버리신다"(1:4), "불쌍히 여기지 않는다"(1:6), "내 백성이 아니다"(1:9).

그러나 이스라엘에게는 바로 그 자녀들처럼 미래가 있다. 하나님이 말씀하신다. 이스라엘이 "살아계신 하나님의 자녀"라고 불릴 날이 온다. 그분의 백성에게 긍휼이 입혀질 날이 온다(1:10).

2장에서 하나님은 아내의 마음을 다시 사길 원하는 배신당한 남편으로 그려진다. 그는 아내에게 화를 내고, 벌을 받을 것이라 경고하면서 제재를 강구하고 있다(2:6-10). 그럼에도 불구하고 아내를 벌하길 원치 않는다. 아내를 심하게 다루지 않으려고 한다. 되려 그와 재결합하려고 한다(2:19). 아내의 마음을 돌려 의와 자비와 사랑의 삶으로 이끌려고 한다. 호세아서는 하나님의 갑작스러운 망설임이 여기저기 눈에 띄는 책이다. 벌하겠다는 다짐과 그렇게 하지 않으려는 의지 사이의 정서적인 진폭이 크다. 마치 배신당한 남편처럼 아내를 벌하려고 하지만, 아내를 되돌리려는 마음이 더욱 크다.

이스라엘의 범죄 4:1-8:14

4장은 불충의 정도를 보여준다. "있는 것이라고는 저주와 사기와 살인과 도둑질과 간음뿐이다. 살육과 학살이 그칠 사이가 없다"(4:2). 그들은 '나무'를 예배한다(4:12). 호세아의 '살아있는 비유'는 단순한 그림이 아니다. 이스라엘 백성들은 실제로 간음에 절어 지냈다. 그들의 거짓 예배는 종교적인 혼음을 동반했기 때문이다(4:14).

① 참 예배 6:6 호세아가 전한 메시지의 핵심은 6장 6절에서 발견된다. "내가 바라는 것은 변함없는 사랑이지 제사가 아니다. 불살라 바치는 제사보다는 너희가 나 하나님을 알기를 더 바란다." 이스라엘 백성들은 성전을 방문하고 일정한 제사를 드리는 한, 무슨 짓을 해도 무방하다고 믿었다. 그러나 하나님은 진정한 예배는 옳

은 말을 하거나 바른 제사 의식을 따르는 정도가 아니라, 하나님의 뜻에 합당하게 살기 위해 애쓰는 것이라고 말씀하신다.

그들은 자신들의 판단을 신뢰하여, 하나님의 말씀을 듣지 않고 스스로 왕과 왕자들을 세웠다(8:4). 그들은 구원이 동맹군에게 달려 있다고 믿었다(8:10). 훌륭한 건물들과 방어성에 달려 있다고도 믿었다(8:14). 대신 그들을 지으신 분을 잊었다.

이스라엘의 징벌9:1-14:1

이스라엘은 벌 받아야 한다. 호세아는 포도 수확을 기념하는 축제에서 외친다. 포도나무 이미지를 끌어온다. 징벌의 날이 다가오고 있다. 사람들은 그를 바보 혹은 광인이라 부를 것이다. 그러나 그들에게 어떤 미래가 기다리고 있는지 그는 알고 있다. 백성들은 말라 못쓰게 된 포도나무와 같다. 뿌리가 뽑혀 죽게 된 포도나무다. 그들은 악을 심었고 불의를 거둔다(10:13). 그들을 기다리고 있는 것이라곤 재앙뿐이다. 호세아는 앗시리아 군대가 이 백성에게 자행할 잔혹한 일들을 생생하게, 몸서리쳐지게 그린다(10:14-15).

호세아서 전체를 통해서, 하나님이 눈물을 참으시려 애쓰는 모습이 느껴진다. 하나님은 격정에 사로잡혀 계시다. 하나님은 상심하셨다. 자식에게 걸음마를 가르쳤다가, 자식들이 도망치는 모습을 보는 어머니와 같다. 그러나 하나님은 이 관계를 잊어버리실 수 없다. 이스라엘이 벌을 받아야 하지만, 자기 자식들을 멸망시키지 않으실 것이다. 그들은 언젠가는 새들처럼 날개를 펄럭이며 그분에게로 돌아갈 것이다(11:11).

유다와 이스라엘에 멸망이 닥칠 것이다. 모세의 때처럼, 그들은 다시 광야로 들어가야 할 것이다. 거기서 약속의 땅에 이르는 길을 찾아야 한다(12:9). 그들은 자신들의 신의 없음 때문에 고초를 겪을 것이고, 사막의 물줄기처럼 흔적도 없이 사라져버릴 것이다(13:15).

이스라엘의 미래 14:2-9

책의 말미는 미래 희망에 관한 비전을 보여준다. 버림받은 후에는 용서가 있을 것이다. 아름답고 시적인 문장으로 하나님은 자신을 올리브 나무에 떨어지는 이슬로 그리신다. 그분의 사랑은 이 세상을 향해서 '무제한' 부어진다. 오직 회개와 순종만이 요구된다. 그러면 하나님과 그분의 백성이 다시 한 번 함께 걸을 수 있다.

ROUTE PLANNER

메뚜기 떼의 기습 1:1-2:11
회개의 촉구 2:12-27
미래의 심판과 복 2:28-3:21

요엘

메뚜기의 날

누가 | 브두엘의 아들 요엘. 이 이상으로는 그에 대해 알지 못한다. 그는 아마 예루살렘 근처에 산 것 같다.

언제 | 확실하지 않다. 그러나 대략 주전 9세기인 것 같다. 어떤 사람들은 연대를 더 늦춰 잡지만 크게 달라지는 것은 없다. 메뚜기 떼는 당시 중동 지역에서는 일상적이었다.

무엇을 | 요엘서는 엄청난 자연재해를 해석하려는 책이다. 유다

한눈에 보는 안내판

저자 요엘
유형 예언서
목적 유다 백성들에게 자연재해의 원인을 알린다.
핵심 구절 2:13 "나는 은혜롭고 자비로우며, 오래 참으며, 한결같은 사랑을 늘 베풀고, 불쌍히 여기는 마음이 많아 뜻을 돌이켜 재앙을 거두기도 한다."
한 가지만 기억한다면 너무 늦기 전에 회개해야 한다.

한눈에 보는 흐름

메뚜기와 군대 1:1-2:11
돌아서라 2:12-32
심판 계곡 3:1-21

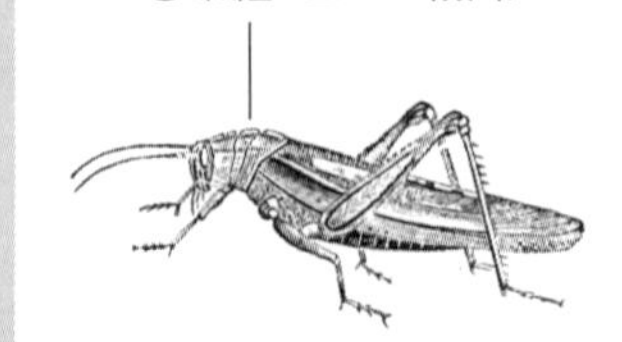

는 메뚜기 떼의 기습으로 쑥대밭이 됐다. 예루살렘은 말할 것도 없고 모든 곡물이 깡그리 피해를 입었다. 요엘은 이 재해 너머를 바라보면서 왜 이 일이 일어났는지 묻는다. 그는 이 재해를 하나님의 경고라고 해석한다. 심판날을 미리 알려주는 역할을 한다는 것이다. 그날 하나님의 군대가 침입할 것이다.

메뚜기 떼의 기습 1:1-2:11

요엘서가 그리는 메뚜기 떼는 생생하다. 마치 막강한 나라와도 같이 수를 헤아리기가 어렵다(1:6). 그 수가 급격하게 늘어난다(1:4). 모든 것들을 먹어 치워버린다. 가축들이 먹을 풀 한 포기도 남기지 않는다(1:18). 그것들이 나타나면 마치 먹구름에 덮인 듯 하늘이 어두워진다. 에덴 동산이라도 메마른 광야로 만들어버린다(2:3).

메뚜기 떼에 대한 언급은 머리털이 설 정도로 생생하다. 성읍들은 속수무책이고 그 소리는 마치 지진이 일어난 듯하다. 성벽은 메뚜기 떼들이 달라붙어 검은색으로 보인다(2:9).

요엘은 애곡과 기도의 날을 선포한다. 이 대재앙을 조금이라도 완화할 수 있는 유일한 방법이다(1:13-14).

회개의 촉구 2:12-27

고대사회에서는 슬픔을 표현하는 방법이 짜여 있다. 사람들은 옷을 찢는다든지, 머리에 재를 뒤집어쓴다. 이렇게 슬픔을 표시할 때 먹는 음식이 따로 있다. 그러나 요엘은 경박하지 않은 회개를 촉구한다. 찢어야 할 것은 옷이 아니라 유다의 마음이다. 제사 의식과 메마른 감정을 넘어서 진실한 반응을 하고, 마음의 변화를 일으키라고 촉구하는 것이다.

유다가 이렇게 변하면 땅이 "기뻐하고 즐거워"(2:21)할 것이다. 다시 과실이 열릴 것이고, 풀들이 자랄 것이다. 메뚜기 떼가 가져온 참상은 없던 일처럼 될 것이다. 물질적인 풍요에 대한 환상, 여호와께서 그 땅에서 메뚜기 떼를 쓸어버리고 다시 풍성한 소출을 허락하시는 날에 대한 환상이다.

미래의 심판과 복 2:28-3:21

과실과 곡물의 풍성함만이 전부가 아닐 것이다. 하나님의 영 또한 풍성하게 거하실 것이다. 늙은이, 젊은이 할 것 없이 하나님의 임재를 느낄 것이다. 남종과 여종 등 평범한 사람들, 그러나 진실하게 하나님을 예배하는 모든 사람들이 구원을 받을 것이다. 그리스도께서 사회의 모든 영역, 즉 종이든 자유자든, 남자든 여자든, 귀족이든 천민이든 모든 사람에게 이르실 것을 놀랍게 예견하고 있다. 베드로가 이 본문을 그의 첫 설교에서 인용한 것은 전혀 놀랄 일이 아니다(행 2:16).

한편 하나님은 그분에게 맞서 일어난 나라들을 벌하실 것이다(3:1-16). 이 나라들을 포도 따듯 따버리실 것이다. 메뚜기 떼보다 더 큰 심판이 당도할 때, 하나님의 심판으로부터 악한 백성을 보호할 것이 아무것도 없을 때가 올 것이다.

중요한 개념

여호와의 날

요엘은 여호와의 날에 대해 말한다. 이날은 심판과 형벌의 날이다. 시간의 종말을 가리키는 말로, 하나님의 목적이 최종적으로 완수되는 때를 가리킨다. 메뚜기 떼의 날이 경악스러웠다면, 여호와의 날에는 비견할 것이 없을 정도이다.

원래 이스라엘 백성들은 여호와의 날을 하나님이 인간 역사에 최종적으로 또 극적으로 개입하시는 날이라고 보았다. 그들은 하나님이 원수들을 뒤엎어 멸망시키고 모든 것을 바로 잡으실 때가 올 것이라고 믿었다. 그러나 예언자들은, 여호와의 날이 이스라엘이 기대하는 대로 큰 기쁨의 날이 되지는 않을 것이라고 강도 높게 경고하기 시작했다. 나라가 이방 신들에게 기울고, 사치와 쾌락 속에 흥청망청하자, 아모스는 여호와의 날이 그들에게 괴로움을 주는 날이 될 수도 있다고 경고했다. 이스라엘에 대한 심판의 날이 될 수 있다는 것이다(암 5:18-27). 예루살렘의 함락은 이 예언을 이루는 사건이었다.

그러나 신약성경은 여호와의 날을 예수님의 재림으로 재해석했다(고후 1:14; 롬 2:15-16). 따라서 심판의 날도, 승리의 날도 될 수 있다. 하나님이 그의 아들을 통하여 인류의 역사를 끝내시고, 인류를 심판하시며 그분의 통치를 영원히 세우시는 순간이 바로 여호와의 날이 될 수 있다.

아모스

가난한 자들을 위한 소박한 연설

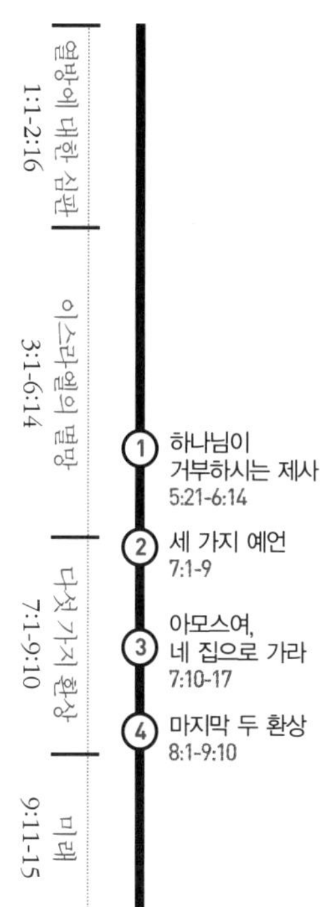

누가 | 드고아의 목자 아모스. 그의 이름은 '부담'이라는 뜻을 가지고 있다. 아모스는 '국경선을 넘나든' 예언자였다. 고향은 유다였지만 예언하기 위해서 당시 이스라엘의 수도였던 벧엘로 간다.

언제 | 웃시야의 치세인 주전 760-750년경이다. 그가 이스라엘에서 얼마나 오래 예언자로서 활동했는지는 모른다. 그는 그곳을 떠나라는 명령을 받는다.

한눈에 보는 안내판

저자 아모스
유형 예언서
목적 이스라엘의 지도자들이 가난한 자들의 필요에 눈을 돌리고 정의롭게 행동할 수 있도록 촉구한다.
핵심 구절 5:23-24 "시끄러운 너의 노랫소리를 나의 앞에서 집어치워라! 너의 거문고 소리도 나는 듣지 않겠다. 너희는 다만 공의가 물처럼 흐르게 하고, 정의가 마르지 않는 강처럼 흐르게 하여라."
한 가지만 기억한다면 하나님의 사랑은 가난하고 억눌린 사람들을 위한 사랑과 관심으로 표현돼야 한다.

한눈에 보는 흐름

열방에 대한 심판 1:1-2:5
이스라엘에 대한 심판 2:6-16
살찐 암소들아! 4:1-13
올바로 행하라 5:1-15
나는 너희의 종교를 미워한다 5:21-27
무너진 집 9:1-10
새 뿌리 9:12-15

무엇을 | 아모스는 이사야나 스가랴처럼 귀족 출신이 아니다. 예레미야처럼 제사장도 아니었다. 그는 자영업자였다. 자신을 목자라고 소개하지만, 무화과 과수원과 양떼를 소유하고 있던 자영업자로 보인다(7:14). 그러나 하나님의 말씀이 그에게 임하자 그는 외치지 않을 수 없었다.

많은 자영업자들처럼 아모스 역시 소박한 말을 선호한다. 그의 메시지는 이스라엘의 배타적이고 자기만족이 강한 종교적 허울, 참담한 우상숭배의 만연, 사치스럽고 부정부패한 사회에 대해 직선적인 비난을 날린다.

아모스는 매력적인 인물이다. 그는 '전문적'이지 않았지만, 진리에 대한 열정적인 헌신, 하나님에 대한 깊은 공경심, 하나님이 백성들을 위해 행하신 일의 중요성을 이해하는 식견이 있는 사람이었다. 그는 하나님을 뵙고 그분의 말씀을 들었다. 이제 그는 그분의 메시지를 전해야 한다. 갑작스레 예언자 반열에 오르게 된 평범한 사람이라는 것은 문제가 되지 않는다. 그는 이렇게 말했다. "사자가 으르렁거리는데, 누가 겁내지 않겠느냐? 주 하나님이 말씀하시는데, 누가 예언하지 않을 수 있겠느냐?"(3:8)

열방에 대한 심판 1:1-2:16

자신의 신분을 밝히고 나서 아모스는 이스라엘의 주변 국가들을 점명하면서 그들을 기다리고 있는 형벌에 대해 알린다. 그들의 범죄는 임산부의 배를 가른 것(1:13)부터 사람들의 머리에 말뚝을 박은 것(1:3)까지 잔혹한 폭력상을 망라하고 있다. 그가 각 주변 국가들을 점고하는 순서가 이채롭다.

가장 먼 나라들에서부터 시리아(1:3-5), 블레셋(1:6-8), 페니키아

(1:9-10) 순으로 이어진다. 아모스의 독자들이 원수들에게 닥칠 운명에 수긍하며 고개를 끄덕이는 모습을 상상할 수 있다. 심판 예언은 에돔(1:11-12), 암몬(1:13-15), 모압(2:1-3) 등 가까운 나라들로 옮겨온다. 이제 그의 청중들은 어디서 이 징벌의 목록이 끝날지 고개를 갸우뚱할 것이다. 왜냐하면 동심원이 본토에까지 가까이 왔기 때문이다. 그가 유다의 불순종과 배교에 대해 언급하는 것으로 보아 이스라엘 순서가 머지않았음을 알 수 있다.

그의 청자들은 곧 알아차려야 한다. 다른 나라들에 임할 심판은 핵심으로 들어가기 직전의 서막이다. 이스라엘의 범죄들에 대한 본격적인 고발이 나온다. 백성들은 인신매매를 하고(2:6), 아버지와 아들이 한 창녀를 찾고(2:7), 술 취함과 탐욕으로 성전을 더럽힌다. 징벌이 코앞에 닥쳐 있다. 빠져나갈 길은 없다.

이스라엘의 멸망3:1-6:14

이스라엘의 심판은 다음 부분에 열거된다. 이 장들에서 아모스는 이스라엘과 사마리아의 불의와 부패에 초점을 맞춘다. 여기에 아모스만의 언어가 나온다. 적들이 이스라엘을 향해 내려온 후 남을 것이 얼마 없을 것에 대해 말하면서, 그는 목자가 양의 신체 일부를 찾고 나서야 사자가 먹어버렸음을 알게 될 것과 같다고 쏘아붙인다(3:12). 그는 사마리아의 여인들을 "암소"(4:1)에 비긴다. 또 하나님께서 자기를 부르셨을 때 어떻게 예언자가 됐는지 말한다(3:8).

이스라엘의 많은 죄와 허물들이 구체적으로 열거된다. 다른 사람들은 억압받고 학대당하는데, 상아로 조각한 여름별장과 겨울궁에서 호사스럽게 사는 사람들이 있다(4:1). 이러한 상황은 듣는 자들에게 "악을 미워하고, 선을 사랑하라"(5:15)며 뜨겁게 호소하는 장면으로 요약이 된다. 이제 그들에게 달렸다. 지금까지 해온 대로 속이고 거짓말하고 후리든지, 아니면 여호와께로 돌아갈 수 있다.

① 하나님이 거부하시는 제사 5:21–6:14 하나님이 가장 미워하시는 것이 위선이다. 이렇게 경악스러운 사회에서도 그들은 여전히 '교회에 다녔다.' 그들은 성전에 올라갔으며 제사를 올렸다. "나 여호와는 너희의 종교적인 축제들과 예배를 혐오하고 경멸한다." 하나님이 말씀하신다. "더 이상 시끄러운 노래들을 부르지 말아라! 수금을 켜도 듣지 않으련다." 하나님은 오히려 정의가 강물처럼 흘러가게 하라고 촉구하신다. 수세기 동안 예언자들의 입에서 터져 나온 많은 외침 중 첫 자리를 차지하는 것이 바로 이것이었다. 노랫소리의 크기가 문제가 아니다. 삶의 질이 문제가 된다. 얼마나 자주 모이는가도 중요하지 않다. 하나님이 관심을 두시는 것은 마음의 생각이다.

이 단락은 이스라엘이 받을 징벌을 직선적으로 예고하면서 끝난다. 그들은 안락하고 안전하다고 생각한다(6:1). 유유자적 호사스러운 삶을 산다(6:4-6). 하지만 그것들은 끝날 것이다. 그들은 바위 위를 질주하거나 바다에 쟁기질을 하는 듯한 어리석은 길을 선택했다. 부자들부터 노예로 잡혀갈 것이다. 상아 계단이 있는 집들에서 살아온 나날들, 좋은 포도주는 이제 끝이 났다.

다섯 가지 환상 7:1–9:10

아모스는 재앙에 대한 다섯 가지 환상으로 자신의 예언을 보완한다.

② 세 가지 예언 7:1-9 메뚜기 떼가 곡물을 먹어치울 것이다(7:1-3). 그것들은 가장 안 좋은 때에 몰려올 것이다. 겨우 몇 가지 곡식들을 거뒀을 때, 그러나 본격적인 추수가 아직 시작되기 전에 밀어닥칠 것이다. 아모스는 백성들을 위해 호소하며 하나님의 마음을 누그러뜨린다. 다음에 하나님께서 화염을 내려 위협하신다(7:4-6). 다시 아모스가 호소하고, 하나님께서 마음을 물리신다. 끝으로 아모스는 하나님이 벽 곁에 서서 그 벽을 다림줄로 재시는 것을 본다. 백성들은 더 이상 하나님의 기준에 맞게 살지 않는다. 벽은 무너져 내릴 것이다.

③ 아모스여, 네 집으로 가라! 7:10-17 당국자들이 아모스의 예언을 들었다. 그는 벧엘의 제사장 아마샤 앞으로 끌려갔다. 아마샤는 아모스의 사역을 전혀 이해하지 못했기에, 아모스를 억지로 이주시키려고 했다. 그가 아모스를 무시한 결과 그의 가문은 대가를 받을 것이다. 그의 아이들은 죽임을 당할 것이고, 아내는 창녀로 팔릴 것이다. 그의 땅은 빼앗길 것이며, 아마샤 자신은 먼 이국땅에서 죽을 것이다.

④ 마지막 두 환상 8:1-9:10 아모스는 즉시 떠나지 않는다. 두 가지 환상이 더 임한다. 첫 번째는 익은 과일 바구니다(8:1-3). 이스라엘이 가지에서 꺾여 집어삼켜질 것을 보여주는 것이다. 8장 4-14절은 앞장에서 나온 고발을 반복하고 있지만, 여기서 하나님은 기근이나 가뭄보다 더 심각한 하나님 자신의 침묵과 부재라는 결핍을 내리실 것이라 한다. 백성들은 전국을 돌아다니며 찾아 헤매지만, 하나님은 그들을 버려두실 것이다(8:11-12). 그들은 그분 없이도 살 수 있고, 다른 신들에게 갈 수 있다고 생각했다. 그러나 이제 그들은 정녕 혼자가 될 것이다.

마지막 환상은 벧엘 성전에 계시는 여호와에 관한 것이다. 백성들이 복과 용서를 받을 수 있는 장소라고 생각하는 바로 그곳에서, 하나님은 패망을 준비하신다. 그들이 어디로 가든지 멸망이 따를 것이다. 아무리 높이 올라갈지라도, 아무리 깊이 내려가더라도, 죄로부터 도주할 수 없다. 이스라엘 백성은 자신들이 '선민'이라고 믿었으나, 하나님은 그분이 온 세상 나라들을 내셨음을 알리신다. 그분은 다른 나라들도 그분에게 참으로 소중하다는 놀라운 선언을 하신다(9:7). 그분의 목적은 이뤄질 것이다. 이스라엘이 협력을 하고 하지 않고는 별로 중요치 않다.

미래 9:11-15

이 모든 일이 있은 후, 책이 고조된 상태로 막을 내리는 것이 조금은 놀랍다. 어떤 학자들은 이 부분이 후대의 첨가이기 때문이라고 주장하기도 하지만, 똑같은 미래의 약속으로 끝나는 예언서들도 많이 있다. 아모스가 더 두드러지게 우울한 메시지를 내고 있다고 해서, 그의 선포들이 모두 똑같아야 한다는 법은 없는 것이다.

그는 마지막으로 영광의 환상을 보도록 허락받는다. 하나님이 그분의 땅을 회복하실 때, 모든 계절과 추수가 순환되는 때(9:13)에 관한 환상이다. 이스라엘은 하나님 안에 단단히 뿌리를 내릴 것이다. 무엇도 이스라엘은 다시는 뿌리 채 뽑히지 않을 것이다.

오바댜

에돔의 패망

누가 | 오바댜. '하나님을 예배하는 자' 라는 뜻이다. 그 이상으로는 아는 게 없다.

언제 | 알 수 없다. 11-14절과 관련된 두 가지 이론이 있다.

▶ 이 구절들이 블레셋의 침략을 말하는 것이라면, 오바댜는 엘리사 시대 사람이고 책은 주전 9세기경에 기록되었다는 뜻이다.

▶ 바벨론의 침략을 말한다면, 연대는 200년 후가 돼야 한다.

무엇을 | 한 장밖에 없는 오바댜는 구약성경에서 가장 짧은 책이다. 주제는 에돔의 멸망과 이스라엘의 승리다. 에돔은 사해 남쪽에 있는 나라다. 에돔은 상징적인 이름이다. 하나님이 에서가 아니라

ROUTE PLANNER

에돔의 교만 1:1-9

에돔의 잔인함 1:10-14

이스라엘의 승리 1:15-21

한눈에 보는 안내판

저자 오바댜
유형 예언서
목적 에돔 멸망에 관한 예고
핵심 구절 1:15 "내가 모든 민족을 심판할 주의 날이 다가온다. 네가 한 대로 당할 것이다. 네가 준 것을 네가 도로 받을 것이다."
한 가지만 기억한다면 하나님의 심판을 피할 수 없다.

한눈에 보는 흐름

에돔의 교만 1:1-14
이스라엘의 승리 1:15-21

궁금증 해소

오바댜 대 예레미야

오바댜 1-9절은 예레미야 49장 7-22절과 아주 비슷하다. 오바댜가 예레미야를 인용한 것인지, 아니면 예레미야가 오바댜를 인용한 것인지, 아니면 두 예언자 모두 다른 선대의 자료를 인용한 것인지를 놓고 많은 논란이 벌어진다. 이것은 책의 저작 연대 결정에 다소 영향을 미친다.

야곱을 택하신 일에 연원을 둔 이름이다. 이런 의미에서 에돔은 하나님이 선택하지 않은 모든 사람들, 그 악함 때문에 스스로 쫓겨난 자들(말 1:3)을 대표한다. 따라서 이 나라는 유다가 고초를 겪을 때 서서 지켜만 보던 산악국가일 수도 있고, 악이 저질러지는데도 수수방관하는 사람들, 그 죄악과 무정함 때문에 하나님께 버림받은 자들일 수도 있다.

에돔의 교만1-9

에돔은 산악국가다. 공격을 견딜 수 있는 지형 때문에 자부심이 강하고 우쭐댄다. 그러나 산을 만드신 분은 여호와시기에, 산이 에돔 사람들에게 피신처가 될 수는 없다. 그들은 모든 것을 잃고 말 것이다(5-6절).

에돔의 잔인함10-14

에돔 사람들은 이스라엘 백성들과 연관이 있다. 따라서 이들의 잔혹함은 핑계거리가 될 수 없다. 이들의 조상은 야곱의 형인 에서다. 하나님이 야곱을 선택하셨지만, 이것이 책임을 다하지 않아도 좋을 이유는 되지 않는다. 그들은 악이 자행되고 있는데도 수수방관했다. 그들은 자신들의 일족을 도왔어야 했다. 그러나 그들은 산채에 가만히 앉아서 예루살렘이 함락되는 것을 지켜만 봤다. 이뿐 아니다. 그들은 이스라엘 백성의 귀중품들을 취했다. 남은 것들을 약탈했다. 자행되는 악을 막을 힘이 있는데도 수수방관하는 것은 그 범죄에 동참하는 것이나 다름없다.

이스라엘의 승리 15-21

여호와의 날이 다가온다. 에돔 사람들은 보응을 받을 것이다. 전에는 다른 나라들이 에돔을 정복하리라는 뜻(7절)으로 해석했지만, 지금은 이스라엘이 에돔을 이길 것이라는 뜻으로 받아들인다. 포로로 잡혀갔던 자들이 돌아와 다시 땅을 차지할 것이다(20절). 에돔 사람들은 하나님의 거룩한 산에서 술 취해 비틀거리며 산을 더럽힌 것으로 기소당한다(16절). 이제 그 거룩한 산은 다시 제 주인에게로 돌아갈 것이다. 에돔의 모든 언덕들을 합친 것보다 더 위용 있는 산이 될 것이다(21절).

ROUTE PLANNER

도망치는 요나 1:1-17

고기 뱃속의 요나 2:1-10

니느웨의 요나 3:1-4:11

요나

만백성을 위한 하나님의 사랑

이 작은 책에는 성경에서 가장 널리 알려진 이야기가 들어 있다. 그리고 이 책의 네 장은 창세기의 첫 네 장만큼 빠지지 않고 논란의 대상이 되고 있다.

누가 | 누가 이 책을 기록했는지 모른다. 그러나 이야기의 주인공은 요나다. 그의 이름은 '비둘기' 라는 뜻이다. 이 책은 요나 저작이라는 게 통설이다. 하지만 엘리사와 엘리야 이야기와 같은 자료에서 나온 것일 수도 있다.

언제 | 사건 자체는 주전 800-750년경에 일어났다. 요나는 아모스와 동시대인이다. 어떤 사람들은 이 책이 후대, 즉 포로기 이후 최소한 주전 612년 니느웨가 함락된 후에 지어진 것이라고 연대를 잡는다. 그러나 훨씬 전에 기록됐을 수도 있다. 만약 도시가 몰락한

한눈에 보는 안내판

저자 미상
유형 예언서
목적 하나님의 메시지가 이스라엘의 불구대천 원수에게 어떻게 전해지는지 보여준다.
핵심 구절 4:2 "하나님은 은혜로우시며 자비로우시며 좀처럼 노하지 않으시며 사랑이 한없는 분이셔서, 내리시려던 재앙마저 거두실 것임을 내가 알고 있었기 때문입니다."
한 가지만 기억한다면 하나님의 용서와 사랑을 받을 수 없을 만큼 먼 데 있는 사람은 없다.

한눈에 보는 흐름

여로보암에 대한 요나의 예언 왕하 14:25
요나가 달아나다 1:1-17
고기 뱃속에서 2:1-10
앗시리아 사람들의 회개 3:1-10
만백성을 위하여 4:1-11

뒤가 아니라 공중에 나는 새도 떨어뜨릴 수 있을 당시에 예언자가 그곳에 갔다면 더욱 그럴 것이다.

무엇을 | 예언서 부문에 들어 있는 책 치고, 요나는 별로 예언과 관련이 없다. 아니 우리는 책 전체에서 요나의 초지일관한 한 예언을 듣는다. "사십 일 후 니느웨는 망할 것이다." 복선이라곤 조금도 없는 메시지다.

그러나 이 책의 진정한 요점은 요나의 메시지가 아니라 그의 도착지에 있다. 요나는 하나님의 용서의 메시지를 가지고 지상에서 가장 야수적인 장소로 보냄을 받았다. 하나님은 이렇게 말씀하시는 것이다. "얘야, 네가 인간 같지도 않게 생각하는, 짐승보다 못하다고 보는 원수들도 회개할 수 있단다!" 이스라엘은 진리가 자신들에게 있다고 믿었다. 그들은 이 진리를 의식과 제사, 그리고 경건함으로 쌌다. 그러나 하나님은 그 증오스럽고 숨 막히게 잔인한 앗시리아 사람들조차 하나님의 자녀임을 말씀하신다. 그들이 회개하고 그분의 메시지를 들었을 때 용서해주셨다.

따라서 요나는 어마어마하게 큰 고기에 관한 재미있는 이야기 그 이상이다. 철천지 원수조차도 하나님의 용서를 받을 수 있음을 보여주는 이야기다.

도망치는 요나 1:1-17

요나 이야기는, 요나가 마치 비행 청소년처럼 굴었다는 식으로 사람들의 입에 오르내린다. 그가 하나님이 떠나라는 곳으로 떠나지 않고 불순종했다는 것이다. 그러나 실상 그는 세상에서 가장 위험한 곳으로 가라는 명령을 받았다. 상상해보라. 히틀러가 이끌던 베를린의 제국의회에 들어가서 운집한 나치들에게 회개해야 한다

알쏭달쏭

물고기

Q 물고기는 뭔가?

A 안 믿긴다는 것인가? 과학이라는 관점에서 보면 믿기 어렵다.

Q 그럼 꾸며낸 이야기인가?

A 그렇다고 하지 않았다. 내 말은, 과학적인 관점에서 보면 믿기지 않는다는 것이다. 하지만 기적이라는 것은 우리가 어떻게 보는가와는 상관없이 일어난다. 기적은 하나님이 일으키시는 것이다. 하나님은 하고자 하는 일을 하실 수 있다. 그분은 물고기를 만든 분 아닌가.

Q 고래다. 고래는 포유류지 물고기가 아니다.

A 우리는 지금 생물학 공부를 하고 있는 게 아니라 고대 이스라엘에 관해 말하고 있다. 그 사람들 눈에는 바다에서 크고 물에 젖은 뭔가가 올라왔다. 성경은 '믿기 힘든' 일들로 가득 차 있다. 엘리야와 엘리사는 도끼를 물에 떠오르게 했고, 기름병에서 기름이 떨어지지 않게 했다. 그런가 하면 죽은 사람도 살려냈다. 물론 요나 이야기를 하나의 풍유로 볼 수도 있지만, 물고기 때문에 이 이야기를 거부하면, 창세기, 출애굽기, 열왕기 등등 많은 것을 거절해야 한다.

Q 알았다. 참, 청고래는 한 사람이 그 안에 들어가서 수영을 할 수 있을 만큼 큰 혈관을 가지고 있다는 것 아는가?

고 외치는 것이다. 요나는 바로 이런 일을 명령받은 것이다.

그는 예전부터 이스라엘의 예언자였다. 이스라엘에 기쁜 소식을 전한 예언자였다. 요나는 성경 여기저기에 나온다. 열왕기하 14장 25절에서 그는 여로보암 2세에게 좋은 일을 예고해준다. 그의 예언들과 그 예언의 성취는 요나를 '이스라엘의 국민 예언자'로 만들고도 남았다.

그러나 이스라엘의 군사적인 성공에서 가장 중요한 요인은 위협적인 새로운 힘의 부상에 있었다. 이스라엘과 오랫동안 교전해 온 나라인 다메섹은 맥을 못 추고 있는 중이다. 앗시리아라는 막강한, 잔인하고 야만적인 제국에게 공격을 당하고 있었기 때문이다. 따라서 이스라엘은 우쭐거릴 이유가 하나도 없었다. 그런데도 이런 일이 실제로 벌어졌다. 아모스와 호세아 같은 예언자들이 자만과 우쭐거림에 빠져 있는 이스라엘 백성들에게 충격을 주기 위해 파송됐다.

요나는 전혀 다른 방향으로 보냄을 받았다. 그는 니느웨로 가라는 명령을 받았다. 거대도시, 지상에서 가장 힘센 나라의 수도로 가서, 창피한 줄 알라고 외치라는 명령을 받고 있는 것이다. 정신병적

새로운 관점 | 요나, 사실인가 허구인가?

찬성 문체로 봤을 때 요나서는 모세, 엘리야, 엘리사에 관한 보도와 아주 잘 어울린다. 왜 하나님께서 사람을 물고기 뱃속에서 지켜주지 못하시겠나? 그분은 물고기를 만드셨다. 그분은 하나님이시다. 책이 너무 말쑥하게 배열돼 있다고 해서 실제 일어나지 않은 것은 아니다. 구약성경 저자들은 자신들이 다루는 자료들을 언제나 조밀하게 배열했다. 역사가라면 다 그렇게 한다.

반대 요나서는 비유 혹은 교훈적인 이야기다. 심지어 소위 경건치 않은 나라들에 비해서도 이스라엘이 믿음이 없고 하나님을 향해 더디 반응하는 것을 지적하기 위함이다. 흥미진진하게 잘 짜인 이야기다. 여기 나오는 사건들은 전설 형식을 빌린 것이다. 앗시리아 사람들의 회개 역시 희망사항이다.

전망 가장 중요한 것은 의미다. 요나서가 이야기든 사실이든 이것만은 분명하다. 즉 하나님은 온 세상을 사랑하시고 모든 사람이 회개하길 원하신다는 것이다.

이고 광포하며 폭력을 일삼는 백성들에게 가서, 여호와께서 그들이 저지르는 짓들을 좋아하지 않으신다고 말하라는 명령이다. 그가 반대 방향으로 도주한 것은 동정을 사고도 남는다.

이렇게 해서 요나는 하나님으로부터 도망쳤다. 하지만 좋은 행동은 아니었다. 왜냐하면 이 도주는, 말하자면 어디에나 계시는 분으로부터 도망치는 것이었기 때문이다. 하나님으로부터 도망치는 것은 불가능하다. 그분을 향해서 도망칠 수 있을 뿐이다.

이방인 선장은 하나님을 두려워하고 인간을 존중하는 사람이었음을 지적해야 한다. 배 밖으로 던져져야 한다고 말한 사람은 요나 자신이다. 그러나 선장은 배를 육지에 대기 위해 안간힘을 써본다(1:13). 상황이 도저히 불가능해지자, 그는 망설이면서, 아니 하나님의 능력을 잘 알기에 요나를 바다에 던진다. 다른 나라 사람들이 예언자 자신보다 하나님의 말씀에 순종할 준비가 더 잘돼 있음을 보여주는 또 다른 사례다.

고기 뱃속의 요나2:1–10

고기 뱃속에서 요나는 기도한다. 그가 구원을 구하는 것은 그다지 이상하지 않다. 자신이 죽을 짓을 한 것을 인정하자 여호와께서 그를 구하신다. 그러나 이 기도에는 뭔가 이상한 점이 있다. 뭔가 비린내가 난다(내가 거기서 한 짓을 보았는가?). 요나의 기도는 그가 한 행동과 맞지 않는다. 그는 계속해서 성전을 향하고 있고(2:4, 7), 이방인들이 얼마나 불충한 우상숭배자들인지 거듭 말하고 있다(2:8). 그러나 회개의 표시도 많이 나타난다. 아름다운 기도의 말들도 나오지만, 그 밑에는 짐짓 꾸미는, 거짓의 경건도 엿보인다(나도 여기에 동참하고 있다). 물고기는 요나가 정말로 역겨웠고 그래서

궁금증 해소

다시스

요나는 다시스로 향했다. 이곳은 아마도 페니키아인들이 스페인 남부 타르테수스(Tartessus)에 세운 식민 광산이었을 것이다. 이곳은 니느웨와 정반대 방향에 놓여 있다.

사흘 낮, 사흘 밤(1:17)

이 말을 꼭 문자적으로 받아들여야 하는 것은 아니다. 사흘 낮 사흘 밤은 영혼이 망자들의 장소인 스올에 내려가는 데 걸리는 시간이다. 말하자면 '죽음'을 에둘러 말한 것이다. 서양 사람들이 "6피트 조금 안 돼요" 하고 키에 대해 말하는 것과 비슷하달까. 예수님은 그분이 하셔야 하는 일의 한 예로서 이 이야기를 인용하신다. 요나와 마찬가지로 그분은 잃어버린 자들을 위해 자기 목숨을 던지실 것이다. 요나처럼 그분도 다시 일어나실 것이다(마 12:40). 요나는 예수님이 자신에 비교하신 유일한 구약성경의 예언자다. 요나가 나사렛의 북쪽 가드헤벨 출신이니, 그 지역에서는 떠받드는 예언자로 통하는 까닭도 한몫 했을 것이다. 더 큰 이유는 요나의 메시지가 이스라엘 백성이 미워하는 자들, 어디에 있든 아웃사이더들을 위한 것이기 때문일 것이다.

그를 육지에 토해낸다.

니느웨의 요나 3:1-4:11

마른 땅에 안착한 요나에게 임무가 주어지고, 이번에는 그도 순종한다. 그는 니느웨로 간다. 티그리스 강둑에 세워진 거대한 도시다. 그는 거기서 짧은 회개의 메시지를 외친다. 돌이키지 않으면 40일 안에 성이 파괴될 것이다.

성경은 예언자들이 무시당하고 조롱당하며 매 맞고 하수구에 던져지는 것을 보여준다. 그래서 앗시리아 사람들이 그 즉시 요나의 외침을 따랐다는 것은 신선한 충격이다. 왕은 금식을 선언하고 참

POST CARD

니느웨에 오신 걸 환영합니다!

성경에 따르면 니느웨는 사냥꾼 니므롯이 세웠습니다(창 10:11). 우리의 시조로 그만큼 적합한 인물은 없습니다. 우리 앗시리아 사람들이 사냥보다 좋아하는 게 없으니까요. 우리는 곰, 사자, 토끼, 독립된 나라들, 작은 유목민 집단들을 가리지 않고 사냥합니다!

물론 니므롯 이후 많은 일들이 일어났지요. 오늘날 니느웨는 키가 크고 힘이 세며 약간 정신병적이라 할 수 있는 앗시리아 제국의 요새입니다. '요새'라는 말이 딱 맞네요. 이 성읍에는 망대만 1,500개가 있고, 두터운 성벽 위에서 말 세 마리가 끄는 마차가 달려도 될 정도니 말입니다.

시간이 넉넉해야 할 겁니다. 왜냐하면 니느웨는 르호봇, 일, 칼라, 레센과 합쳐진 5개 거대도시의 일부니까요. 주민만 12만 명이 넘고, 다 둘러보려면 사흘 이상이 걸립니다.

니느웨 성

우리 성에는 1,500개의 탑이 있고, 성벽은 세 마리 말을 나란히 몰 수 있는 넓이랍니다.

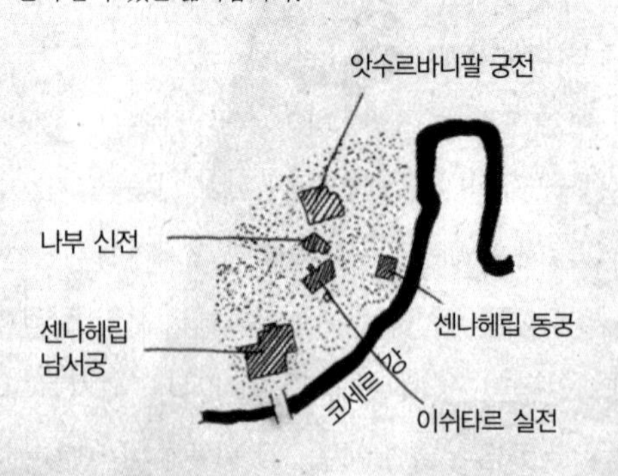

회의 날과 기도를 명한다. "하나님께서 마음을 돌리시고 노여움을 푸실지 누가 아느냐?" (3:9)

하나님은 그렇게 하셨다. 이 일로 요나는 짜증을 부린다. 요나는 그가 헛수고를 했고 하나님이 이방인들을 벌하지 않으시는 것 때문에 무척 신경질을 내는 것 같다. 요나는 이렇게 말한다. "주님, 내가 고국에 있을 때 이렇게 될 것이라고 이미 말씀드리지 않았습니까?… 하나님은 은혜로우시며 자비로우시며 좀처럼 노하지 않으시며 사랑이 한없는 분이셔서, 내리시려던 재앙마저 거두실 것임을 내가 알고 있었기 때문입니다" (내가 제일 좋아하는 성구다).

주님은, 그분이 모든 것을 관장하신다는 말씀으로 요나에게 답하셨다. 그분은 햇빛 때문에 볼멘 요나를 위해 덩굴을 만드신다. 그러나 덩굴이 말라 죽자, 요나는 바람과 열기에 그대로 노출된다. 메시지는 명확하다. 하나님의 세상에는 하나님이 지으신 것들이 가득하다. 요나가 덩굴처럼 자그마한 것 하나에도 연연해한다면, 왜 하나님이 니느웨 거민들을 돌보지 않으셔야 한단 말인가?

성경이 말하는 선교 명령 중 하나가 이것이다. 옳고 그름도 모르고 도덕적 영적 지도력도 없는 사람들로 가득 찬 도시지만, 하나님은 그들을 돌아보신다. 그들이 이방인이라도 그리 하신다.

ROUTE PLANNER

심판의 경고 1:1-3:12

새 이스라엘, 새 왕 4:1-5:15

재판 받는 이스라엘 6:1-7:7

행복한 결말 7:8-20

미가

심판과 희망

누가 | 모레셋에 거주하던 미가. 모레셋은 유다 남부 지역에 있는 작은 성읍이다.

언제 | 주전 686년에서 750년 사이. 미가는 요담, 아하스, 히스기야 세 왕이 대를 이어 다스리던 때에 활동했다. 그는 이사야와 아모스와 동시대 인물이다.

무엇을 | 또 한 사람의 예언자가 불의에 반하여 외친다. 백성들

한눈에 보는 안내판

저자 미가
유형 예언서
목적 죄와 불의에 대한 정죄와 심판에 대한 촉구의 예언
핵심 구절 6:8 "너 사람아, 무엇이 착한 일인지를 주께서 이미 말씀하셨다. 주께서 너에게 요구하시는 것이 무엇인지도 이미 말씀하셨다. 오로지 공의를 실천하며 인자를 사랑하며 겸손히 네 하나님과 함께 행하는 것이 아니냐!"
한 가지만 기억한다면 하나님이 택하신 왕이 그의 백성들을 돌보실 것이다. 어느 날 평화가 깃들일 것이다.

한눈에 보는 흐름

심판 1:1-16
악한 통치자 3:1-12
베들레헴에서 5:1-5
황폐함 7:1-7
와서 먹이소서! 7:14-20

이 삶의 방식을 바꾸도록 촉구한다. 미가서 7장은 이스라엘의 행실을 정죄하거나, 미래 희망에 대해 위대한 예언들을 쏟아놓는 사이에서 왔다갔다 한다.

미가는 잊혀지지 않을, 생생한 그림들을 제시한다. 사람들은 '머리털 빠진 독수리' 처럼 그들의 머리를 민다(1:16). 산들이 밀랍처럼 녹는다. 그리고 사람들이 그들의 포도나무 아래서 편안히 앉아 있는 이미지와 자기 백성을 안온한 평화의 시대로 이끌 미래 왕의 출현에 관한 장엄한 이미지가 이어진다.

약간의 배경 설명이 필요하다. 남북 왕국은 모두 공격과 침략의 위협 아래 놓여 있다. 주전 734년, 그 이름도 유명한 앗시리아의 디글랏빌레셀은 이스라엘의 영토 거의 전부를 점령한다. 722-721년에는 수도 사마리아가 함락되고 북왕국이 점령당한다. 701년에 유다는 앗시리아에 항거하지만, 산헤립에 의해 진압당한다. 앗시리아에 대해 하고 싶은 말이 무엇이든 간에(그들은 다 죽었기에 무슨 말이든 할 수 있다), 그들은 대단한 사람들이었다.

궁금증 해소

신전창녀들(1:7)

많은 이방 신전들에서는 남자들에게 '성매매' 비용을 물렸다. 공식적으로는 어떤 신이든 간에 그 신전이 모시는 신을 예배하는 방법이라고 선전했다. 그러나 사실은 이렇게 해서 제사장들과 신전 관리인들이 자기 배를 불렸던 것이다. 그들이 성에 대해 강조하는 것보다 이 거짓 종교들의 자작 기원을 더 분명히 보여주는 증거는 없다. 하나님은 성을 남편과 아내 사이에서 누려야 할 순수하고 신성한 것으로 보신다. 그러나 이방 종교들은 성을 수치스럽고 지저분한 것으로 만들어버렸다.

심판의 경고 1:1-2:11

미가서의 첫 부분은 심판을 선언한다. 이스라엘의 수도 사마리아와 유다의 수도 예루살렘에 내릴 심판이다. 이 둘은 위대한 도성, 거룩함과 신실함의 도성으로 알려졌으나, 거짓 신들과 악한 행습에 물든 혐오스러운 곳으로 전락하고 말았다.

먼저 미가는 사마리아에 말한다. 사마리아는 짓밟힐 것이다. 이어 예루살렘을 향해 말한다. 예루살렘은 멸망할 것이다. "작별의 선물"(1:14), 신부의 아버지가 신부가 집을 떠날 때 신랑에게 주는 지참금과 같을 것이다. 이것이 유다의 운명에 관한 예언이다. 도성의 모든 사람들이 글자 그대로 포로로 '끌려' 갈 것이다.

왜 이런 일이 일어날 수밖에 없는가? 백성들이 악하고 부도덕하기 때문이다. 그들은 친지를 속인다. 사람들의 뒤에서 옷을 훔친다. 여인들을 집에서 내쫓고 그 자녀들에게 유산을 주지 않는다. 그들이 믿는 거짓 신들이 그들의 행동양식을 바꿔버렸다. 거짓 종교가 거짓 도덕을 만들어내고, 그 결과 압제, 불의, 거짓이 판을 치게 됐다.

울적한 범죄 목록들이 나온 후, 갑자기 짧지만 희망의 빛이 비친다. 미가는 어두움 속에서 이 빛을 든다. 그리고 여호와께서 이스라엘 백성을 다시 모으실 그때를 가리킨다. 목자는 그의 양떼를 안전하게 데려올 것이다.

힘 있는 자들에게 내리는 처벌 3:1-12 수도들이 거룩함과 정의의 장소가 돼야 하듯이, 그 지도자들 역시 거룩하고 정의로워야 한다. 그러나 그들은 권력을 남용하고 있다. 예언자들은 거짓을 일삼고 있다. 백성들이 듣고 싶어 하는 것만 말한다. 그 대가로 백성들에게서 먹을 것을 얻고 있다(3:5). 지도자들은 잔인하고 피 흘리기를 좋아하며 부패했다(3:9-11). 제사장들은 진리보다는 돈에 관심이 더 많다. 그래서 이들은 유다와 이스라엘의 위기를 초래한다. 백성들을 자기들과 같은 길로 이끌고 간다.

새 이스라엘, 새 왕 4:1-5:15

미가는 이상적인 사회를 내다본다. 하나님의 율법을 순종하는 새로운 도성이다. 이 환상적인 본문은, 하나님을 예배하고 순종하기만 하면 세상이 이렇게 될 수 있다고 말한다.

차별 없는 사회다. 모든 나라 사람들이 함께 예배한다(4:2). 포용하는 사회다. 추방된 자, 저는 자, 슬퍼하는 자가 거기서는 환영받게 될 것이다(4:7). 가장 평화로운 곳이다. 평화에 해당하는 히브리어는 전쟁이 없는 상태를 말하는 정도가 아니다. 온전함과 안식이 바로 평화다. 여기서는 사람들이 무화과 아래서 쉬는 이미지로 묘사되고 있다. 전쟁무기들은 생산도구가 될 것이다. 창과 칼은 쟁기와 쇠스랑이 될 것이다(4:3).

무엇보다 이 사회는 한 권능의 왕이 다스릴 것이다. 미가는 어떻게 메시아 곧 택함 받은 왕이 작고 후미진 베들레헴에서 나올 것인지 예고한다. 이 왕은 자기 백성을 돌볼 것이다. 그리고 모든 세상이 그의 진정한 위대함을 알게 될 것이다.

이 단락은 한 이상적인 세계, 가장 본래적이고 어느 날인가는 그렇게 될 세계, 예수님이 다스릴 때의 사회를 대망하고 있다. 물론 이 부분은 앗시리아와 다른 이스라엘 원수들의 운명에 관한 머잖은 장래의 예언과 섞여 있다.

재판 받는 이스라엘 6:1–7:7

참으로 공평하고 정의로운 사회에 대한 그림이 나온 후에는, 이스라엘을 헤아리는 시간이다. 먼저 하나님은 원고의 증인처럼 말씀하신다. 이스라엘 백성에게 그들의 역사를 다시 생각하게 하신다(6:3–5). '배심원'은 언덕과 산들이다. 그들은 거기에 영원히 서 있으면서 일어난 일들을 다 지켜보았다.

이스라엘은 자신들의 행동에 대해 변호할 기회를 얻는다. 하나님은 입에서 나오는 말을 원하지 않으신다. 그분의 요구는 사실 아주 단순하다. "오로지 공의를 실천하며 인자를 사랑하며 겸손히 네

?! 궁금증 해소

도량형(6:11)

무게와 길이, 경계 지표에 관한 강조가 성경에서 자주 나온다. 이유는 간단하다. 그것이 공평과 정직이기 때문이다. 고대에는 공정거래국 같은 것이 없었다. 호소할 소비자보호원도 없었다. 도량형을 정확하게 하는 것, 사람들이 지불한 만큼을 주는 것은 정직의 기본이고 근본이었다. 한 가지 더, 정확한 도량형은 보통 사람들의 생활에 큰 영향을 끼쳤다. 하나님은 도량형을 정확히 하라고 거듭 말씀하신다. 작은 일에 충성하는 것이 정말 중요하다.

하나님과 함께 행하는 것이 아니냐!" (6:8)

7장은 타락한 사회상을 그리고 있다. 아무도 서로 신뢰하지 않는다. 충성, 정직은 찾아볼 수 없다. 범죄를 저지를 때 외에는 서로 협조하지 않는다(7:3). 가족들은 서로 미워한다. 가장 친한 친구와 사랑하는 사람들도 신뢰할 수 없다.

행복한 결말 7:8-20

이런 혼돈과 살육 가운데서 미가는 희망을 기다린다. "마침내 주께서는 나를 변호하시고 내 권리를 지켜 주시고 나를 빛 가운데로 인도하실 것이니, 내가 주께서 행하신 의를 볼 것이다" (7:9). 성벽은 재건될 것이다. 백성들은 다시 한 번 푸른 초장으로 이끌려갈 것이다. 미가는 백성들의 귀향을 위해 하나님께 기도한다. 하나님은 다시 한 번 기적들을 베푸시겠다고 대답하신다. 백성들은 집으로 돌아올 것이고, 그들의 죄는 바다 속 깊이 던져질 것이다.

하나님은 화가 나셨고 슬퍼하신다. 그러나 무엇보다도 하나님은 신실하시다. 미가의 메시지는, 하나님이 약속을 지키신다는 것이다. 이 예언자에게 허락된 환상은 이루어질 것이다. 진정한 왕이 베들레헴이라 불리는 조그만 마을에 오실 때 그렇게 될 것이다.

나훔

니느웨의 종말

ROUTE PLANNER

여호와의 위대하심 1:1-15

니느웨의 몰락 2:1-3:19

누가 | 엘고스 사람 나훔. 그는 엘고스에 살았다. 하지만 엘고스가 어디인지는 알 수 없다. 그의 이름은 '위로자' 라는 뜻이다. 하지만 그는 폐허가 될 니느웨에 대해 예언했다. 앗시리아에는 별반 위로가 되지 않은 인물이다.

언제 | 주전 620년경. 테베의 함락에 관해 과거형으로 말한다. 이 사건은 주전 663년에 일어났다. 니느웨의 몰락이 코앞에 닥쳤다

한눈에 보는 안내판

저자 나훔
유형 예언서
목적 하나님이 악한 앗시리아 사람을 어떻게 징벌하실지 말한다.
핵심 구절 1:3 "주는 좀처럼 노하지 않으시고 권능도 한없이 많으시지만, 주는 절대로, 죄를 벌하지 않은 채 내버려 두지는 않으신다."
한 가지만 기억한다면 하나님은 사랑의 하나님이시다. 그러나 심판하시는 하나님이시기도 하다.

한눈에 보는 흐름

하나님의 진노 1:1-6
전령이 오다 1:7-15
범죄한 성의 몰락 3:1-19

고 말하는 듯하다. 니느웨는 주전 612년에 망했다. 이로 보아 그는 스바냐와 젊은 예레미야와 동시대인인 것 같다.

무엇을 | 이 책의 주제는 니느웨의 파멸이다. 나훔은 이로써 앗시리아 제국 전체의 몰락을 말한다. 이 잔혹하고 억압적인 제국은 멸망당해야 한다. 책의 마지막은 니느웨의 멸망으로 끝나고 있다.

나훔이 말하는 하나님은 느리지만 확실한 분이다. "노하기를 더디"하지만, 죄를 처벌하지 않고 넘어가시지 않는다. 악은 승리하지 못한다.

앗시리아의 몰락 에살핫돈(주전 681-669년)과 그의 아들 앗수르바니팔(주전 669-631년)의 치하에서 앗시리아 제국은 가장 넓은 영토를 갖게 되었다. 그러나 먹구름이 몰려오고 있었다. 바벨론과 메대라는 이웃 제국들이 힘을 키웠고 마침내 앗시리아를 무너뜨리고 말았다. 오래 전 예언자들의 예언이 이루어진 것이다. 니느웨는 주전 633년 처음으로 포위됐다가 612년에 함락됐다. 포위를 당한 신샤리스쿤 황제는 적의 손에 잡히지 않기 위해 자기 왕궁에 불을 질렀다. 모든 처첩들도 함께 불에 타 죽게 했다니 그다지 고결한 행동은 못 되는 것 같다. 나훔과 스바냐의 말씀 그대로 됐다. 앗시리아는 역사의 안개 속으로 사라졌다. 메대를 향해 마지막 반역을 시도했지만 실패하여 완전히 사라지고 말았다.

여호와의 위대하심 1:1-15

나훔의 첫 장은 하나님이 어떤 분인가에 관한 묵상이다. 그분을 신뢰하는 자들에게 그분은 피난처가 되신다. 하지만 그분을 거스르는 자들에게는 무서운 홍수 같은 분이시다.

앗시리아는 "주를 거역하며 음모를 꾸미는 자, 흉악한 일을 부추기는 자"(1:11)다. 그래서 남김없이 파괴되고 잊힐 것이다. 유다 백성에게 좋은 소식이 있다. "하나님에게 한 서원"(1:15)을 지킬 수 있도록 그들은 풀려날 것이다.

니느웨의 몰락2:1–3:19

나훔은 여러 장의 그림들을 보여준다. 그러면서 니느웨의 멸망을 끼워 넣는다. 우리는 그 성을 지키기 위해 애쓰는 병사들을 본다(2:3–4). 유프라테스 강 쪽으로 난 문들은 활짝 열렸다(2:6). 전쟁의 참상을 떠오르게 하는 짧고 간헐적인 시적 이미지다(3:1–3). 니느웨는 위엄이 땅에 떨어지고 모욕을 당한 왕비로 그려진다. 끌려다니면서 사람들 앞에서 모욕을 당하는 왕비다. 그의 치마가 들춰져 치욕스럽게도 벗은 몸이 그대로 드러나 버린다(3:5).

이 이미지는 예언자의 예언에 반복적으로 나온다. 이것은 창녀

난해한 주제

| 하나님은 복수하시는 분인가? 나훔은 하나님을 "질투하며 원수를 갚으시는 분"(1:2)이라고 말한다. 예수님은 "원수를 사랑하라"고 하셨다. 대체 무슨 말인가? 하나님은 정말 모든 사람을 사랑하시는가?

하나님은 모든 사람을 사랑하신다. 이건 사실이다. 하나님은 사랑이시다. 그러나 사랑은, 시인들이 흔히 하는 말과는 달리, 눈먼 사랑이 아니다. 사람이 감히 하나님의 사랑을 남용할 수 없다. 그분은 용서하시나, 사람이 용서를 구해야 한다. 자신의 길을 바꿔야 한다. 그분에게 돌이키는 사람들에게 그분은 안도할 피난처다. 그러나 그분과 다투는 자들, 잔인하고 무정하며 인정사정없는 자들, 이런 사람들을 하나님은 징벌하신다. 잊지 말자. 여기서 우리가 말하는 사람들은 거칠고 짐승 같은 사람들이다. 당신의 필통을 훔치거나 차를 박은 사람을 말하는 게 아니다. 나훔 2장 12절은 앗시리아 사람들이 한때 사자와 같았다고 한다. 그들은 이제 스스로가 공격당하고 있다.

그렇다 할지라도 그들은 회개할 수 있었다. 요나가 외치기 위해서 니느웨로 갔다. 하나님이 다가가시지 못할 사람은 아무도 없다. 그러나 회개하지 않은 자들에게는 엄혹한 결과가 기다리고 있다.

하나님은 징벌하길 기뻐하지 않으신다. 성경에 보면 몇 번 하나님이 우신다고 기록돼 있다. 그리고 그분이 벌하기를 망설이시는 모습도 나온다. 그러나 죄에 대해서는 단호히 행동하신다. 우주가 그것을 원한다.

악과 압제는 물러가야 한다. 사람이 자기 하고 싶은 대로 하도록 내버려두는 것은 사랑이 아니라 무관심이다. 사랑도 있지만, 정의도 있어야 한다. 하나님은 둘 모두를 가지고 계시다.

짓에 관한 고전적인 형벌이다. 니느웨는 공개적으로 그 더러움을 벗기고 모욕당할 창녀와도 같다.

니느웨의 요새는 끄떡없어 보인다(3:12). 그러나 요새는 쉽게 무너진다. 한때 이 도성의 힘이었던 군인과 상인들은 그 땅에서 쫓겨나고 곤란이 닥칠 때 사라질 것이다.

"네 부상은 치명적이다"(3:19). 하나님은 그분의 말씀에 대해 진실하시다. 붕괴 후 수백 년 만에 니느웨는 모래에 덮인 유적더미로 발견됐다. 상인들, 귀족들, 거만을 떨던 자들은 모래에 덮여 모두 사라지고 그 자리에는 고고학자들만이 남았다. 그들의 죽음보다 더 잔혹한 운명은 고고학자 옆에 서 있으면 저절로 알게 될 것이다.

하박국

ROUTE PLANNER

왜 이런 일이 일어나는 것입니까?

누가 | 예레미야와 같은 시대를 살던 사람 하박국

언제 | 주전 650년경. 하박국은 바벨론이 유다를 침공하고 예루살렘을 공격하리라 예고한다. 이 일은 주전 597년에 일어났다.

무엇을 | 바야흐로 난국이다. 유다 땅은 폭력과 갈등으로 어지럽다. 정의는 찾아볼 수가 없고 사람들은 고난을 당한다. 침공이 눈앞에 몰려오고 있다.

하박국의 질문은 단순하다. 왜 하나님이 이런 일을 허용하시는가? 정의의 하나님이 왜 이런 일을 하신단 말인가? 그는 마치 욥처

한눈에 보는 안내판

저자 하박국
유형 예언서
목적 왜 하나님이 그분의 백성에게 나쁜 일이 일어나도록 허용하시는가?
핵심 구절 3:19 "주 하나님은 나의 힘이시다. 나의 발을 사슴의 발과 같게 하셔서, 산등성이를 마구 치닫게 하신다. 이 노래는 음악 지휘자를 따라서, 수금에 맞추어 부른다."
한 가지만 기억한다면 힘을 가진 자들이 어떻게 생각하든 그들은 심판을 피할 수 없다.

한눈에 보는 흐름

첫 번째 대화 1:1-11
두 번째 대화 1:12-2:20
주님을 찬양하라 3:1-19

럼 질문을 던진다. 그러나 관점은 약간 다르다. 욥은 "어떻게 이런 일이 제게 일어나게 하실 수 있습니까?"라고 묻는다. 반면 하박국은 이렇게 묻는다. "어떻게 이런 일이 저희에게 일어나게 하실 수 있습니까?"

이 책은 대화 모음이다. 사람과 하나님 간의 대화로 돼 있다. 하박국은 하나님과 언쟁을 벌인다. 하나님의 행동을 이해하려고 한다. 그에게는 하나님의 행동이 의미 없고 신비하기 짝이 없다. 하나님은 하박국에게 대답하신다. 예언자는 감동적이고 열정적인 신앙 선언으로 화답한다.

첫 번째 질문 1:1-11

하박국은 주변 세계를 보면서 하나님께 간단한 질문을 던진다. "왜 이런 일을 허락하신 것입니까?" 하나님도 그의 질문에 간단하게 답하신다. 바벨론 사람들이 오고 있고, 그들이 유다를 징책할 것이다. 이 대답이 위로가 아닌 것은 분명하다. 하나님은 피 흘리기 좋아하고 공평치 못하며 썩은 유다의 지도자들을, 그러니까 피 흘리기 좋아하고 공평치 못하며 썩은 바벨론의 지도자들로 대체하실 것이다. 더 나쁜 것은, 바벨론은 하나님의 다스리심을 인정치 않는 나라라는 점이다.

두 번째 질문 1:12-2:20

하박국의 두 번째 질문은 이 정도로 요약할 수 있다. "지금, 정의라고 하셨습니까?" 바벨론 사람들은 유다인들보다 더 나쁜 자들이다. 그런데 하나님이 어떻게 그들의 손을 들어주실 수 있는가? 어떻게 그들로 하여금 한 나라를 먹어치우도록 허락하신단 말인가?

하나님은 바벨론 사람들의 운명에 대한 메시지를 선포하심으로써 답하신다. 그들 역시 멸망할 것이다. 그들은 자신들에게 닥쳐오고 있는 운명을 맞이할 것이다. 하나님은 그들을 사용하시나, 그들을 인정하지는 않으신다.

그분은 바벨론의 범죄를 열거하신다. 그들은 거만하고 욕심 사납다. 세계를 움켜쥐려고 한다(2:5). 훔치고 속이며 죽인다(2:6-8). 덫을 놓아 이웃들이 걸리게 만들고 지닌 모든 것을 강탈한다(2:15). 나무와 짐승들을 남벌한다(2:17). 거짓 신들을 숭배한다(2:18-20). 바벨론 사람들은, 이 본문에 의하면, 욕심으로 가득 하고 강포한 오늘날의 다국적 기업과 아주 비슷하다.

메시지는 명쾌하다. 바벨론 사람들은 보응을 받을 것이다. 하나님은 눈먼 분이 아니다. 그들도 처벌 받게 될 것이다.

?! 궁금증 해소

데만과 바란(3:3)

데만은 '남쪽'이란 뜻이고, 바란은 아마도 시내 산 근처의 땅을 말하는 것 같다. 따라서 이 말은 출애굽을 에둘러 말하는 것이다. 하나님이 심판하기 위해 광야로부터 행진하여 오심을 그리는 것이다. 출애굽 주제는 역병(3:5), 물에 처박힌 병거(3:8), 백성의 구출(3:13)이 차례로 언급되면서 나타난다.

하박국의 기도 3:1-19

하박국은 하나님께 찬양의 기도를 올림으로써 화답한다. 이 기도는 뒤에 오는 세대들에 의해서 노래로 불렸을 것이 확실하다. 그는 욥마냥 하나님의 하나님 되심에 초점을 둔다. 하나님은 권능과 능력이 있으시다. 따라서 어두움이 이긴다는 것은 어림없다. 하나님은 공정하시기에 마침내 정의가 행해질 것이다.

어려운 시간이 닥쳐오고 있지만, 하박국은 여호와를 신뢰할 것이다. 그분은 예언자에게 힘을 주실 것이다.

ROUTE PLANNER

유다의 심판
1:1-2:3

열방에 대한 심판
2:4-15

여호와의 날
3:1-20

스바냐

여호와의 날

누가 | 스바냐는 왕족이었다. 몇 대조 할아버지가 히스기야였지만 서열은 낮았다. 그는 사회 지도층 인사였기에, 그의 메시지는 훨씬 더 충격적으로 다가온다.

언제 | 요시야 치하(주전 640-609년). 요시야가 선왕이었고 개혁자였음을 감안할 때, 이 예언은 아마도 요시야 치세 전반기에 행해진 것 같다(왕하 22:1-23:30; 대하 34-35장).

무엇을 | 유다는 심판 받아야 한다. 거짓 신들을 따른 자들은 참

한눈에 보는 안내판

저자 스바냐
유형 예언서
목적 유다에게 다가오는 여호와의 심판을 경고한다.
핵심 구절 2:3 "주의 명령을 따르면서 살아가는 이 땅의 모든 겸손한 사람들아, 너희는 주를 찾아라. 올바로 살도록 힘쓰고, 겸손하게 살도록 애써라. 주께서 진노하시는 날에 행여 화를 피할 수 있을지도 모른다."
한 가지만 기억한다면 심판이 다가오고 있다. 그러나 하나님의 백성에게는 영광스러운 미래가 있다.

한눈에 보는 흐름

유다에 대한 심판 1:1-2:3
열방에 대한 심판 2:4-15
여호와의 날 3:1-20

되신 한 분 하나님의 심판을 받을 것이다.

스바냐는 '여호와의 날'이라는 주제에 초점을 맞춘다. 유대인들은 이날에 자기들이 권력과 통제력을 거머쥘 수 있을 것이라고 안이하게 믿고 있다. 그러나 스바냐는 그들 역시 심판 받는 날이 바로 여호와의 날이라고 말한다.

요시야는 실로 개혁 성향의 왕이었다. 스바냐의 메시지가 현실화될 가능성을 높였다. 우리는 여기서 전례 없는 현상을 다루고 있는지도 모른다. 즉 예언자가 전한 메시지가 먹혔다는 것이다.

유다의 심판 1:1-2:3

유다의 심판이 묵시적인 언어로 선포되고 있다. 창세기의 홍수를 연상시킨다. 별들을 숭배하는 자들(1:5)과 바알을 예배하는 자들(1:4)은 아무리 하나님께 충성을 다짐한다 해도 휩쓸려 사라질 것이다.

스바냐는 예루살렘 백성들의 상태를 보도한다. 물고기의 문에서부터 낮은 계곡에 이르기까지 울부짖는 소리가 들린다(1:10-11). 돈은 강탈당하고 재산은 몰수됐다. 식탁은 짓밟혔다. 백성의 죄가 파괴를 불러왔다. 이것이 구절구절 피가 떨어지듯 생생하게 그려진다. 살점과 피가 튄다(1:17).

그러나 항상 희망이 있다. 예언자들의 예언에 한결같이 나타나듯이, 여호와께서는 백성들이 그분에게로 돌이키면 안전할 것이라고 똑똑히 말씀하신다(2:1-3).

궁금증 해소

구스(2:12)

때로 에티오피아라고 번역되는 히브리어가 '구스'이다. 오늘날 에티오피아와 수단 일부 지역이다. 이 나라가 어디 붙어 있든 크게 문제가 되지 않는다. 어차피 이 나라도 산산조각이 날 것이기 때문이다.

열방에 대한 심판2:4-3:7

유독 유다만은 아니다. 다른 나라들도 심판을 받을 것이다. 블레셋은 파멸을 맛보며 신실한 자들에게 넘겨질 것이다(2:7). 모압과 암몬은 여호와를 비웃고 경멸한 죄로 고난을 당할 것이다. 강한 자 앗시리아 역시 무너질 것이다. 니느웨는 돌무더기가 될 것이고 짐승들만 어슬렁거릴 것이다. 한때 아름다웠던 왕궁 위로 까마귀 떼만이 날 것이다.

예언자는 다시 예루살렘으로, 하나님을 쉬지 않고 거역하는 예루살렘으로 돌아온다. 여기서 우리는 판에 박힌 듯한 불평을 듣는다. 예배 처소를 욕되게 하고 있는 제사장들, 거짓 예언자들, 부패하고 억압하는 관리들에 대한 불평이 그것이다. 하나님의 모든 징벌 선언에는 통한이 스며 있다. "내가 벌하기로 작정하였다가도 네가 살 곳을 없애지는 않겠다고 하였는데도 너는 새벽같이 일어나서 못된 일만 골라 가면서 하였다"(3:7). 아, 그들은 다시 죄를 지으려고 안달을 한다.

여호와의 날3:8-20

여호와의 날이 올 것이다. 세상은 깨끗해질 것이다. 언어도 정결해질 것이다(3:9). 진심으로 겸손한 자들은 안전하게 거할 것이다. "나쁜 일을 하지 않고, 거짓말도 하지 않고, 간사한 혀로 입을 놀리지도 않는 자들"은 안전하게 먹고 잘 것이다(3:13).

축제의 시간이 올 것이다. 스바냐는 하나님과 그분의 백성이 서로 즐거워하고 소리치며 높은 목소리로 노래하는 놀라운 그림을 그린다. 그러나 하나님도 들썩들썩 하신다. "주 너의 하나님이 너와 함께 계신다. 구원을 베푸실 전능하신 하나님이시다. 너를 보고 기뻐하고 반기시며, 너를 사랑으로 새롭게 해주시고 너를 보고 노래하며 기뻐하실 것이다"(3:17).

우리와 하나님의 관계는 그저 일방적이지 않다. 하나님도 우리 안에서 기뻐하신다. 예수님은 한 죄인이 회개할 때마다 천사가 잔치를 연다고 말씀하신다(눅 15:10). 하나님은 백성이 그분을 버리고 갈 때 가슴 아파 하시듯이, 그분을 따를 때는 기뻐 전율을 느끼신다.

마지막으로 스바냐는 미가와 아주 비슷한 언어로, 다리를 저는 자들과 추방됐던 자들이 새로운 왕국에서 환영을 받을 것이라고 말한다. 더 이상 슬픔이 없을 것이다. 여호와의 날은 심판날이다. 이것은 사실이다. 그러나 이날은 온전함, 평화와 영광스러운 축제를 가져온다.

ROUTE PLANNER

하나님을 최우선에 두라 1:1-15

영광의 약속 2:1-9

복의 약속 2:10-23

학개

성전 재건

누가 | 학개. 바벨론에 유배됐던 포로이고 2차 귀환 때 예루살렘으로 돌아왔다는 것 이상 알려진 바 없다. 아무튼 학개를 하기스(영유아용 기저귀)와 헷갈리지 마라.

언제 | 주전 520년. 정확히 말하면 9월 21일, 10월 17일, 12월 18일.

무엇을 | 예루살렘의 사기는 바닥을 치고 있다. 바벨론에서 해방된 지 20년이나 지났다. 바벨론이 페르시아의 고레스 대왕에게 패

한눈에 보는 안내판

저자 학개
유형 예언서
목적 유배에서 돌아온 백성들에게 예루살렘 성전 재건을 계속하라고 독려한다.
핵심 구절 2:4 "그러나 스룹바벨아, 이제 힘을 내어라. 나 주의 말이다. 여호사닥의 아들 여호수아 대제사장아, 힘을 내어라. 이 땅의 모든 백성아, 힘을 내어라. 나 주의 말이다. 내가 너희와 함께 있으니 너희는 일을 계속하여라. 나 만군의 주의 말이다."
한 가지만 기억한다면 시간과 정력을 쏟는 그것이 우선순위이다.

한눈에 보는 흐름

성전 재건 1:1-15
여기 있으리라 2:1-23

했기 때문이다. 그들은 예루살렘으로 돌아왔다. 예루살렘을 재건하고 그 땅을 다시 차지하고 살겠다는 의욕과 다짐이 넘쳤다. 그것은 제2의 출애굽이었다. 하나님이 다시 그들과 함께 하시고 그들에게 복을 내려주실 것이다.

그러나 현실을 보자. 먹고사는 게 지상과제였다. 성전을 재건하는 것과 같은 임무들은 우선순위에서 한참 뒤로 밀렸다. 지역의 반대와 같은 어려움과 낙심이 맞물려서 성전 재건을 포기하기에 이르렀다.

학개와 스가랴는 크게 볼 때 같은 메시지를 선포한 예언자들이다. 이스라엘은 우선순위를 생각해야 한다. 성전은 단지 건축 프로젝트가 아니다. 그 땅이 하나님께 봉헌될 것을 나타내는 표지이다.

궁금증 해소

고레스

고레스에 관한 고고학적인 증거들은, 그가 인내심이 많은 군주였음을 보여준다. 물론 이것은 자기 유익을 위해서 한 일일 뿐이다. 고레스의 원통에는 이런 말이 새겨져 있다. "내가 신전들에 모신 모든 신들이여, 나를 어여삐 여기사 매일 나를 위해 기도해주소서." 그는 개인적으로는 바벨론의 신 마르둑을 섬겼지만, 다른 신들에게도 요청하기 위해 다른 몇몇 종교들을 허용했다.

하나님을 최우선에 두라 1:1-15

학개는 유대인들에게 우선순위를 다시 점검하라고 외친다. 어려운 시대다. 음식은 풍족하지 않다. 날씨는 춥다. 성전에 쓸 시간이 별로 없다. 그러나 학개는 그들이 성전을 완공하지 않았기 때문에 이런 일들이 일어나고 있다고 일갈한다. 성전은 충성과 헌신의 표시이다.

모든 도시와 문화는 건물을 통해서 자기들의 신을 선포한다. 서구 문화에서는 가장 뾰족하고 웅장한 건물들이 교회와 성당으로 사용되었다. 그러나 요즘은 은행과 쇼핑몰을 따라갈 수 없다. 우리는 돈을 숭배한다. 학개 시대에는 최고의 건물들이 개인 주택이었다. 성전은 방치된 채 버려져 있었다. "당신은 누구를 예배하는가?" 학개는 이렇게 묻고 있는 것이다. 당신을 구원해낸 분인가, 아니면 당신의 안락함인가?

이 메시지는 정곡을 찔렀고 성전 건축이 재개됐다.

영광의 약속 2:1-9

학개의 두 번째 메시지는 한 달 후 전해진다. 학개가 전한 메시지로 인해 일어난 첫 번째 열정이 식은 게 분명하다. 백성들은 풀이 죽어 있다. 건물을 볼 때마다 더 그랬다. 쌓아 놓은 돌덩이와 목재 더미를 성전이라고 부를 수 있는가? 이 엉성한 건물을 솔로몬 시대의 성전과 비교할 수 있는가? 그러나 학개는 메시지를 통해 백성들을 격려하고자 했다. 그는 백성들에게 성전에 대해 꿈을 꾸라고, 어떤 성전이 될 수 있겠는지 상상하라고 권유한다. 그는 하나님이 개입하셔서 도우실 것이라고 약속한다.

복의 약속 2:10-23

두 달 뒤 학개는 같은 날 두 가지 예언을 한다. 첫 번째 메시지는 제사장과 백성들에게 향한 것이다. 죄로 인한 오염에서 떠나 거룩하라는 것이다. 성전의 기초는 놓였다. 그러나 또 다른 방해가 닥쳐오고 있다. 학개가 말하는 '부정한' 요소들이 무엇이었는지 모르지만, 백성들은 오염과 타락을 피하고 거룩하라는 권면을 받는다. 하나님이 말씀하신다. "오늘부터는 내가 너희에게 복을 내리겠다."

두 번째 메시지는 스룹바벨을 위한 것이다. 그의 특별한 위치와 함께 여호와께서 어떻게 그에게 복을 주실 것인지를 말한다. 2장 23절의 히브리 원문은 스룹바벨이 여호와의 '인장 반지'가 될 것이라고 한다. 인장 반지는 왕의 인장을 새긴 것으로 공식 문서에 찍는다. 그것은 권위의 상징이다. 창세기 41장 42절에서 이집트의 파라오는 그의 손가락에서 인장 반지를 빼서 요셉의 손가락에 끼워준다. 요셉에게 권위가 있음을 드러내려는 행동이다.

하나님은 스룹바벨의 할아버지인 여호야긴에게, 그가 하나님의 손에서 빼 던져진 인장 반지 같다고 말씀하신 적이 있다. 이제 그의 손자가 여기 있다. 다시 하나님의 손가락에 끼워진 것이다.

ROUTE PLANNER

여호와께로 돌아가자 1:1-6

1. 말 탄 자들 1:7-17
2. 뿔과 대장장이 1:18-21
3. 측량줄 2:1-13
4. 여호수아 대 사탄 3:1-10
5. 등잔대와 감람나무 4:1-14
6. 날아다니는 두루마리 5:1-4
7. 조롱 속 악 5:5-11
8. 병거들 6:1-8

8가지 환상 1:7-6:15

택하신 자 6:9-15

참된 예배 7:1-8:23

9. 상한 목자 12:10-13:9

구원자 하나님 9:11-14:21

스가랴

미래의 왕

누가 | 잇도의 손자 베레갸의 아들인 스가랴. 여기 잇도는 느헤미야 12장 4절, 에스라 2장 2절에 나오는 그 사람일 것이다. 잇도는 주전 536년 유배에서 돌아왔다. 그는 제사장이다. 이로써 스가랴 역시 할아버지의 뒤를 따랐다고 볼 수 있다. 그는 학개와 동시대 인물이다(스 5:1; 6:14 참조).

언제 | 스가랴는 주전 520년 10월 중순경에 첫 환상을 본다. 그는 주전 518년까지 최소한 두 해 동안은 활동한다(슥 7:1). 그러나 그 후에도 전파하고 예언했다고 볼 수 있다.

한눈에 보는 안내판

저자 스가랴
유형 예언서
목적 이스라엘의 먼 미래에 관한 환상
핵심 구절 7:8-9 "주께서 스가랴에게 말씀하셨다. 나 만군의 주가 이렇게 말한다. 너희는 공정한 재판을 하여라. 서로 관용과 자비를 베풀어라."
한 가지만 기억한다면 미래는 하나님의 손에 달렸다. 그분은 무슨 일이 일어날지 아신다.

한눈에 보는 흐름

여호와께로 돌아가자 1:1-17
측량줄 2:1-13
다스리는 가지 6:9-15
이것이 나를 위한 것이더냐? 7:1-14
적들이 심판받으리라 8:1-23
상한 목자 13:7-9
생수의 강 14:1-21

무엇을 | 스가랴만큼 해석하기 어려운 책도 성경에 몇 권 없을 것이다. 기독교와 유대교 전문가들은 이 본문을 연구하느라 오랜 시간을 보냈지만, 이 예언자가 무엇을 말하는지 알 수 없다는 데 동의할 뿐이다.

그러나 우리가 이해할 수 있는 부분들도 많다. 이 책보다 메시아에 대해 더 많이 말하고 있는, 혹은 예수님을 선명하게 가리키고 있는 책은 없다. 스가랴는 미래의 한 상처 입은 왕, 목자, 모든 피조물이 기다리고 있는 한 분을 보았다. 그는 오고 있는 그 무엇을 어슴푸레 느꼈기에 구절구절 흥분을 감추지 못하고 있는 것이다.

이러한 흥분과 주변 세계는 날카롭게 대조를 이룬다. 동시대인 학개처럼 스가랴도 파손된 도시의 휘청거리는 사람들을 직면한다. 성전의 기초는 놓였지만, 더 이상 진전이 이뤄지지 않았다. 제사를 드릴 수 있는 자격 있는 제사장이 없었고, 영광스러움은 오래 전에 사라진 것 같았다. 학개처럼 스가랴도 백성들이 감동을 받아 재건 작업에 매달려, 성전이 완공되기를 바란다.

그의 첫 예언들은 세 가지 사건에 대해 주어진 메시지로 이뤄져 있다. 여기에는 8가지 이상한 환상이 포함된다. 둘째 부분은 이스라엘과 그 지도자들과 먼 미래에 대한 최종적이고 놀라운 환상으로 이뤄져 있다. 그는 말한다. 어느 날 다시 영광을 볼 것이다. 어느 날 왕이 다시 예루살렘으로 돌아오실 것이다.

첫 번째 메시지, 여호와께로 돌아가자 1:1-6

여기는 스가랴의 서문이다. 다리오 왕 치하 2년 8개월 되던 때에 선포한 메시지다. 주전 520년 10/11월에 전했다. 스가랴는 자기 사역의 기조와 주제를 소개한다. 백성들에게 회개하라고 촉구하고,

궁금증 해소

거룩한 땅

2장 12절은 이스라엘을 가리켜 "그 거룩한 땅"이라고 한다. 성경이 이런 표현을 쓴 것은 여기가 유일하다. 알고 싶어 할까봐 한 말이다.

조상들의 본을 받지 않도록 경고하는 내용이다.

두 번째 메시지, 8가지 환상 1:7–6:15

스가랴는 세 달 후 두 번째 메시지를 받는다. 주전 519년 2월 15일이다. 성전의 모퉁이돌이 놓인 지 정확하게 두 달 후다. 8개의 악몽 같은 환상으로 이뤄져 있다. 이것은 꿈이 아니었다. 후에 천사가 그를 깨워 더 많은 환상을 받도록 하는 장면이 나온다(4:1).

① **말 탄 자들** 1:7–17 예언자는 말 탄 낯선 자들을 본다. 붉은 말에 탄 자가 지도자다. 그들은 하나님의 전령들이다. 세상에서 어떤 일들이 벌어지는지 두루 보고 다닌다. 다른 나라들이 안전하다며 평화롭게 지내고 있지만, 하나님은 예루살렘을 회복하실 것이다.

② **네 뿔과 네 대장장이** 1:18–21 네 뿔은 지난 4백 년 동안 이스라엘을 압제해온 강대국들을 표상한다. 넷을 문자적으로 취하면, 앗시리아, 바벨론, 이집트, 메대 페르시아를 말한다. 그들은 네 명의 대장장이들에 의해 부서진다. 왜 대장장이들이 나와서 뿔들을 멸하는지 분명하지 않지만, 성전 재건에 더 이상의 반대가 없을 것임을 나타내는 것이 요점이다.

③ **측량줄** 2:1–13 측량줄을 잡은 사람이 예루살렘의 측량을 위해

난해한 주제

| 일곱(7) 7은 완전한 숫자다. 면이 일곱 개 있는 돌은 '완벽'이라는 의미일 수 있다. 4장 10절에 나오는 일곱 눈도 '완벽'과 연결될 수 있다. 일곱 눈은 모든 것을 살피시는 하나님의 임재를 가리킨다. 아닐 수도 있지만.

나온다. 그러나 측량하기에는 도성이 너무 크다. 하나님은 이 도성에 경계가 없을 정도로 크게 해주실 것이다. 여호와가 이 도성의 방어벽이 되실 것이다. 광야에서 불로 나타나신 것을 상기시키듯 불 성벽이 돼주시고, 도성의 영광이 되실 것이다(2:5). 그분은 유배지에서 자기 백성을 불러내시고(2:6), 모든 나라들이 그분의 임재를 느껴 그분 앞으로 나아오는 미래를 보여주신다.

④ 여호수아 대 사탄 3:1-10 대제사장 여호수아가 여호와와 사탄, 즉 고발자 앞에 섰다. 여호수아는 더러운 옷을 입고 있다. 이 옷은 벗겨지고 귀한 옷으로 갈아입혀진다. 제사장들이 쓰는 관도 둘러준다.

이 환상은 당시 예루살렘의 대제사장인 여호사닥의 아들 여호수아를 가리킨다(6:11). 그는 새 성전에서 제사 드리는 일을 하게 될 것이다. 그러나 이 일은 더 먼 앞날을 내다보게도 한다. 요수아 혹은 예수아는 '주가 구원하신다' 는 뜻이다. 이 이름의 그리스어 형은, 두말 할 것 없이 '예수' 다. 이 환상은 앞으로 일어날 일의 상징이다. 한 "새싹"이 나올 것이다. 메시아, 즉 선택 받은 사람에 해당하는 히브리어다. 이분이 온 땅의 죄를 치워버릴 것이다.

⑤ 등잔대와 감람나무 4:1-14 천사가 깨워 일어난 스가랴는 등잔대를 본다. 일곱 등잔이 있고 급수지 같은 기름 대접이 있어서 등잔에 기름이 들어가게 한다. 그리고 두 개의 감람나무가 한 편에 한 그루씩 서 있다.

기름은 성령님을 표상한다. 이스라엘이 지금 이루고 있는 일들은 스스로의 힘이나 능력이 아니라 성령님이 하시는 것이다. 감람나무 두 그루는 여호수아와 스룹바벨, 즉 대제사장과 왕을 가리킨다. 두 기능은 궁극적으로 예수라는 인물 안에서 합쳐질 것이다.

?! 궁금증 해소

미약한 시작(4:10)

어떤 자들은 성전 건축을 비웃었다. 이스라엘의 원수들도 경멸했다. 예루살렘에 사는 많은 사람들도 원래의 성전에 비하면 너무 작다고 생각했다. 물론 작을 수도 있다. 하지만 말씀에 나오는 대로 성전은 완벽하게 축조됐다. 그것이 완벽하게 곧게 세워졌음을 왕이 잡고 있는 측량줄이 보여주기 때문이다.

⑥ 날아다니는 두루마리 5:1-4 스가랴는 거대한 두루마리를 본다. 이 두루마리는 말려 있지 않은 채 공중을 날아다니고 있다. 두루마리는 기록된 하나님의 율법으로, 율법을 깨는 자들을 정죄한다.

⑦ 조롱 속 악 5:5-11 조롱에 든 여인이 날아다니는 여인들에 의해 바벨론으로 잡혀간다. 조롱은 히브리말로 '에바' 라고 한다. 곡물을 될 수 있는 그릇이다. 성전 완공으로 그 땅의 악이 제거되겠다는 의미가 담겨 있다.

⑧ 병거들 6:1-8 스가랴는 네 대의 병거들을 본다. 처음 보았던 환상에 나타난 네 명의 말 탄 사람들이 모는 병거인 듯 보인다. 병거들은 세상으로 향하기 위해 청동으로 된 산들 사이에서 나온다.

하나님의 권능이 나와서 온 세상을 정복할 것이다. 산들은 시온산과 감람산을 표상하는 것 같다. 그러나 그것들은 에베레스트 산이나 러쉬모어 산일 수도 있다(청동산에 관해서는 내게 묻지 말라). 명확한 것은 이 병거 부대를 누구도 막을 수 없다는 것이다. 이 부대는 어디든 정복한다. 심지어 악으로 가득한 북방의 바벨론 땅이라고 예외가 아니다(6:8).

택하신 자 6:9-15

스가랴에게 가서 대제사장 여호수아에게 왕관을 씌우라는 명령이 주어진 후에 몇 가지 환상이 이어진다. 네 번째 환상에서, 이 사람은 현재의 대제사장이 아니다. 이 환상 역시 미래지향적이다. 하나님은 "제자리에서 새싹처럼 돋아 날" 한 사람을 지적하신다. 미래의 왕은 제사장의 역할도 한다. 이런 배합은 이스라엘에서는 용납되지 않는다. 이런 이유로 어떤 사람들은 메시아가 한 명은 왕, 다른 한 명은 제사장, 즉 두 명이라고 믿기도 한다. 이 메시지를 듣던 사람들은 스가랴가 스룹바벨을 염두에 두고 말하고 있다고 믿었을 수도 있다. 어쩌면 스가랴 자신이 스룹바벨을 지명한 것일지도 모를 일이다. 하지만 그는 먼 아주 먼 앞날을 가리키고 있다.

세 번째 메시지, 참된 예배 7:1-8:23

사람들이 스가랴에게 와서 금식에 관해 묻는다. 스가랴는 그들의 신실성에 대해 도전한다. 그는 미가, 아모스, 예레미야 등 거의 모든 예언자들의 말을 되풀이하듯, 그들에게 진정한 종교생활이 무엇인지 상기시킨다. 의식을 준수하는 것은 중요하지 않다. 정의, 자비, 긍휼, 관용, 선의가 중요하다(7:9-10). 그의 메시지는 8장 16-17절에서 되풀이된다. 스가랴는 책의 서두에서 그랬던 것처럼, 조상들이 저지른 실수를 범하지 말아야 한다고 회중에게 권고한다. 그들이 진리와 평화를 사랑하면(8:19), 그들의 금식은 기쁘고 의미 있는 것이 될 것이다.

난해한 주제

| 도대체 스가랴는 몇 명인가? 스가랴의 전반부와 후반부는 크게 다르다.

- 전반부에는 시간과 공간을 정확하게 짚어 말하는 '기록자'가 있으나, 후반부에는 이런 정보가 나오지 않는다.
- 스가랴라는 이름이 후반부에는 한 번도 나오지 않는다.
- 전반부는 지상의 왕의 복권에 초점을 맞추고 있는 것 같은데, 후반부는 주로 미래의 메시아적 인물에 관해 말하고 있다.
- 전반부는 산문이고 후반부는 거의 운문이다.

그렇다면 다른 사람이 가필했다는 말인가? 전문가들의 의견은 나뉜다. 문제는 '제2스가랴'에 관한 어떤 이론도 광범위한 지지를 끌어내지 못하고 있는 점이다. 언제 후반부가 기록되었는가를 놓고 열띤 논쟁이 벌어졌다. 전후반부에 차이가 있기는 하지만, 유사점 또한 있다. 6장 12절 이후에서 왕을 묘사하면서 쓴 말은 확실히 메시아적이다.

후반부의 각 문단이 "주의 말씀이다"(9:1; 12:1)로 시작되는 다양한 예언들의 모음집에서 취한 조각들이 아닐까 생각해볼 수도 있다. 결국 어떤 다른 증거가 없다면 우리는 잘 모른다. 전체를 한 문서로 보는 것이 가장 좋은 길이다.

스가랴는 진리의 도성에 넘치는 참된 평화를 그린다. 이 도성은 사람들이 안전하고 편안하게 늙을 수 있는 곳이 될 것이다(8:4). 아이들이 거리에서 놀 수 있는 도성이 될 것이다(8:5). 이 성에는 물과 과실이 그득할 것이다(8:12). 하나님이 이 도성에서 일하신다는 소문 때문에 각 나라 사람들이 모여들 것이다(8:23).

구원자 하나님 9:1-11:3

스가랴의 두 번째 부분은 문체와 어조가 사뭇 다르다. 하지만 동일한 종류의 환상 이미지들을 담고 있다. 격려와 권면의 메시지로 지속적으로 백성들에게 하나님께 순종하라고 한다.

이 부분은 이스라엘의 원수들에게 떨어질 멸망에 관한 예언들로 시작한다. 두로와 시돈이 그랬던 것처럼 하드락과 다메섹은 멸망할 것이다. 블레셋은 "입에 묻은 희생제물의 피"를 더 이상은 닦지 않아도 될 것이다. 그들은 이스라엘의 일부가 돼 그들의 율법을 따라야 하기 때문이다.

9장 9-10절은 미래의 왕, 메시아를 환영한다. 그는 군마에 앉은 전사 왕이 아니다. 그는 겸손하게도 나귀를 탔다. 예수께서 예루살렘에 입성하실 때 성취된 이미지다(마 21:5). 말이 널리 퍼지기 전에, 이스라엘의 왕들은 노새나 나귀를 탔다(삼하 18:9; 왕상 1:33). 그의 나타나심에 이어 포로(9:11), 패배(9:16), 가뭄(10:1), 유배(10:8-10), 익사(10:11)로부터의 구출 이미지가 뒤따른다. 여호와께서 백성들에게 필요한 안전과 평온을 주실 것이다. 구체적으로 그들을 인도할 착한 목자들을 공급해주실 것이다. 백성들은 지금까지 점쟁이들(10:2)과 악한 지도자들(10:3)을 의지하여 하나님의 진노를 샀으나, 이제 하나님은 그들을 이끌 새로운 지도자들을 일으키실 것이다.

악한 목자들과 부러진 막대기 11:4-17 목자 이미지가 이어진다. 먼저는 초장이 망가져 고통스러워하는 레바논 목자들의 모습이 나온다. 이 본문의 의미는 불분명하다. 잣나무, 상수리나무, 백향목은 어떤 나라들을 가리키는 것일 수 있다. 하나님이 베어버리신 것이다. 이 나라들에 대한 심판은 10장 10-12절에 나오는 이집트, 앗시리아, 레바논에 대한 정죄에 이은 것이다. 레바논, 바산, 요단이 메시아를 거절함으로써 받게 된 심판을 묘사하는 본문이라고도 해석할 수 있다. 이 부분은 다음 부분과의 연결을 위한 장치로 보인다. 다음 부분에서는 이스라엘이 선한 목자를 거절하는 일에 관해 말한다.

갑자기 어조가 극적으로 바뀐다. 스가랴가 목자가 된다. 이것은 '행동으로 하는 예언' 일 수 있다. 호세아와 에스겔 역시 이런 행동을 취한 적이 있다. 양떼는 이스라엘이다. 그는 선한 목자로서 나쁜 지도자들을 물리친다(11:8). 그리고 '은총' 과 '연합' 이라는 두 막대기로 양떼를 친다. 하지만 양떼는 그를 미워한다. 약조는 깨졌다. 그는 하찮은 보수를 받고, 그것을 성전의 토기장이들에게 던져준다. 이 사람들은 성전 제사에 쓰이기에 합당한 특별한 그릇들을 만든다. 백성들은 선한 목자를 거절하고는 산산이 흩어졌고 그들에게 마음을 쓰지 않는 목자들 아래로 들어갔다. 본문은 어렵다. 그러나 조상들이 해온 짓을 되풀이하지 말라는 스가랴의 호소에도 불구하고, 백성들의 행동에 변함이 없을 것이 내다보인다. 그들은 하나님의 이끄심을 거절할 것이고, 그 눈으로 분열과 파괴를 보게 될 것이다.

예루살렘을 위한 승리 12:1-9 그러나 예루살렘은 보존될 것이다.

끝내 포위되겠지만, 하나님이 백성들로 하여금 물리치게 하실 것이다. 이 일이 언제 일어날지, 이 환상이 실제적인 사건인지 아니면 비유적인 것인지는 확실하지 않다. 아마도 이 구절들은 예루살렘의 적들에 대한 초기의 멸망 예고와 연결이 되는 것 같다.

⑨ **상한 목자** 12:10-13:9 갑자기 다시 어조가 달라진다. 여기서부터 예언이 더 어두워지고 짐작하기조차도 힘들어진다. 그러나 이 상한 목자에서 예수의 모습을 발견하기란 그리 어렵지 않다. 이스라엘 전역에서 온 대표들이 목자를 애도한다(12:10-14). 그의 죽음은 용서의 샘을 열어젖힌다. 죄악을 씻어 없앤다(13:1). 그러나 예언자의 죽음처럼 비쳐지는 난해한 본문이 나온다. 그러나 스가랴는 거짓 예언자들의 죽음에 대해 말하고 있는 것이다. 땅이 깨끗하게 청소됐다는 말씀이 이를 뒷받침한다. 심지어 자신의 부모의 손에 죽임을 당할 예언자들은 바로 이들이다. 그래도 그들은 예언해야 한다. 거짓 예언은 예수님 당대까지도 이어져 내려왔다. 그러나 스가랴가 그리고 있는 자들은 스스로를 가장하려고 안달을 한다. 그들은 자신의 능력을 부인하고 마치 농부인 양 가장한다.

선한 목자를 쳐서 넘어뜨림으로써 양떼들이 흩어진다. 아니 재정비된다. 선민들은 정비될 것이다. 시험받아 더 순수해질 것이다. 예수님 자신이 이 구절을 체포 전에 인용하여, 사도들의 흩어짐을 예고하셨다. 그러나 그들은 다시 모일 것이다. 순금이 될 것이다. 그들의 지도자를 쳐 쓰러뜨리는 분명한 재앙이 백성들로 하여금 하나님께 더 가까이 가도록 할 것이다(13:9).

마지막 승리 14:1-21 패배 가운데도 또 다른 승리가 구가된다. 예루살렘이 포위되는 것으로 그려진다. 보화들은 노략당하고, 여인들은 강간당한다(14:2). 거민들은 도망치기에 바쁘다(14:5). 공격하는 자들은 말 그대로 모든 것을 무너뜨린다(14:12). 그리고 서로 공격한다(14:13). 이 끔찍한 묵시적 광경이 여호와의 날이다. 심판의 날이다. 그리고 이 참혹한 재앙의 광경에 섞여서 새로운 삶의 환상들이 모습을 드러낸다. 예루살렘에서부터 강물이 발원한다(14:8). 마침내 온 나라들에서 온 백성들이 하나님을 예배한다. 함께 가길 거부한 자들은 가뭄과 재앙을 면치 못할 것이다.

최종적으로 예루살렘의 모든 것들은 성결하게 될 것이다. 말들에 달린 종에서부터 여염집의 냄비까지 모두 정결해질 것이다. 제사를 드리기 위해 따로 냄비를 사지 않아도 된다. 모든 도성이 거룩하고 모든 삶이 예배의 행동이기 때문이다.

그러나 이 이상한 책은 이상하게 막을 내린다. 온 세계가 하나님을 예배하고 만물이 거룩하게 된다. 여호와는 그의 백성들에게 왕을 약속하신다. 그들을 구원하실 분을 약속하신다. 스가랴에서 그 왕은 나귀를 타신다. 신약성경에서 예수님이 하신 대로였다.

ROUTE PLANNER

이스라엘을 향한 하나님의 사랑
1:1-5

거짓 제사장, 거짓 백성
1:6-2:17

진실하신 하나님
3:1-4:6

말라기

하나님을 속일 수 없다

누가 | 그의 이름은 '전령자' 라는 뜻이다. 이것이 그에 대해 알려진 전부다. 말라기는 이름일 수 있지만 직책일 수도 있다.

언제 | 말라기는 구약성경 시대의 마지막 예언자였던 것 같다. 이 예언은 예루살렘에서 한 것으로, 억류됐던 포로들이 돌아온 후의 일이다. 그가 그리는 상황은 느헤미야가 두 번째 방문에서 발견한 바와 정확하게 일치한다. 그렇다면 말라기의 메시지는 바로 그 직후인 주전 433년 이후에 기록됐을 것이다. 그는 에스라, 느헤미야와 동시대인이다.

한눈에 보는 안내판

유형 예언서
목적 하나님이 계획하신 목적을 깨닫는다.
핵심 구절 4:2 "그러나 내 이름을 경외하는 너희에게는, 의로운 해가 떠올라서 치료하는 광선을 발할 것이니 너희는 외양간에서 풀려난 송아지처럼 뛰어다닐 것이다."
한 가지만 기억한다면 진정한 종교는 예배에 참석하는 것 이상이다. 진정한 종교는 섬기는 자가 되는 것이다.

한눈에 보는 흐름

이스라엘을 향한 하나님의 사랑 1:1-5
거짓 제사장들 1:6-2:9
주님이 오시리라 3:1-4
하나님을 속이지 말라 3:5-18

무엇을 | 성전은 재건됐다. 다시 제사가 시작되고 있다. 그러나 상황은 어렵다. 이스라엘의 옛 죄악이 다시 스멀거리며 기어나오고 있었다. 하나님의 율법이 지켜지지 않고 있다. 그분의 규례들은 무시된다. 백성들은 다시 한 번 불의와 탐욕의 발밑에서 신음한다. 스가랴와 학개가 예언한 영광은 오지 않고 있다. 성전은 영적 발전소는커녕 그저 의식을 거행하는 곳이었다.

말라기는 독특한 문체를 구사한다. 거의 선생 같다. 질문과 대답을 번갈아가며 쓴다. 선언을 하고, 듣는 사람들이 던질 법한 반대를 끌어낸 후, 그 반대를 잠재운다. 이런 방법을 교훈적 변증법이라고 한다.

예언자 말라기는 때로는 거칠다 싶을 정도의 굉장한 애국자다. 그는 무심하고 불순종하는 백성들에 맞서서, 종교적인 의식은 그 자체로는 별 유익이 없고 진실한 믿음의 표현일 때만이 가치를 갖는다고 주장한다. 율법은 중요하고, 제사장들은 그것을 조심스레 수호해야 하지만 그들 자신이 먼저 율법에 순종해야 한다. 하나님은 이 백성들을 향해서 목적을 두셨다. 그들이 수행해야 할 특별한 역할이 있다. 그들의 문화가 약해지면 이 목적을 수행하는 데 방해가 된다.

이스라엘을 향한 하나님의 사랑 1:1-5

이 책은 기억을 일깨우면서 시작된다. 하나님은 아직도 이스라엘을 사랑하신다. 그분은 그들이 특별한 민족이 되도록 뽑으셨다. 에서 대신 야곱을 뽑으실 때부터 사랑하셨다. 그리고 그분은 장차 그분이 선택한 백성들을 위대하게 하실 것이다.

거짓 제사장, 거짓 백성 1:6-2:9

제사장들은 하나님을 공경하지 않는 것은 고사하고 자신들이 무슨 일을 하는지도 모르고 있다. 그들은 값싼 종교를 팔고 있다. 싸구려 동물들을 제물로 바치고 있다. 그나마 불평을 하면서 코를 돌리고 있다(1:13).

하나님은 말만 번지르르한 성의 없는 종교를 받기보다는 차라리 성전을 닫아버리길 원하신다. 성경 전체를 통해서 하나님은 성의 없는 종교를 내치시는 분으로 나타난다. 성전(혹은 교회)에 간다고 해서 저절로 거룩함이 만들어지지 않는다. 마음을 담은 믿음만이 예배를 하나님께 드리게 하는 요소다. 하나님은 마음이 실리지 않는 태도에 분개하신다. 하나님은 그들의 썩은 내 나는 제단에서 고기조각들을 가져다가 그들의 얼굴에 바르신다(2:3). 하나님이 그들의 얼굴에 제물로 가져온 동물의 분뇨를 바르시고, 그들을 인분더미에 던져버리신다는 의미이다. 하나님은 마음 없는 예배를 이 정도로 싫어하신다.

신실하지 않은 백성은 아내를 버리고 다른 여자와 동침하는 남편과도 같다. 사실 이런 일이 벌어지고 있었다. 이방 여인들과 결혼한 사람들이 바로 이런 짓을 한 것이나 다름없다. 이런 일이 위험한 것은 다른 나라 출신의 여인과 결혼했다는 게 아니라, 그 여인의 신을 따르게 된다는 것이다. 이스라엘 백성들은 순결을 지켜야 한다. 믿음을 지켜가야 한다는 뜻이다. 그들은 아내를 버리고 이방 여인들을 택했다. 처음 가진 진실한 신앙을 버리고 이방신들과 희희낙락한 것과 똑같다. 이제 그들은 하나님을 지치게 하고 있다. 왜 정의가 없는지, 왜 행악자들을 징벌하지 않으시는지 묻기 전에 자신의 집안부터 바로 세워야 한다.

진실하신 하나님3:1-15

하나님은 그들의 질문에 대답하신다. 그들에게 편안한 답은 아닐 수도 있다. 정의가 세워지는 날이 올 것이다. 그들의 머리 위로 정의가 세워질 것이다.

하나님이 움직이고 계시다. 그리고 그분이 누구를 징벌하실지 분명해진다. 점치는 자, 배우자를 속이는 자, 거짓말하는 자, 속이는 자, 훔치는 자, 힘없는 자들을 억압하는 자, 나그네를 학대하는 자다. 한마디로 스스로의 힘으로 설 수 없는 자를 괴롭히고 하나님을 경외하지 않는 자들이다(3:5).

이해하기 어렵지 않다. 뇌수술이 아니다. 진정한 종교가 무엇인지, 하나님이 진정으로 원하시는 것이 무엇인지 보여준다. 그분은 우리가 약한 사람들을 돌보길, 그들의 권리를 위해 일어서길, 우리 삶에서 정직하길, 약속을 지키고 배우자에게 신실하길, 사술을 거부하길, 하나님을 공경하고 그분이 기뻐하시는 대로 추구하길 원하신다.

하나님을 속일 수는 없다. 제사장들은 십일조를 마음대로 해도 좋다고 생각했다(3:8-11). 그들은 하나님을 예배해도 자신들에게 도움이 되지 않는데 왜 해야 하느냐고 의문을 제기했다. 그들의 속임과 성의 없는 예배가 문제라고는 생각하지 않았다.

?! 궁금증 해소

전령사(3:1)

여기의 전령사는 세례 요한에 대한 예언이라고 여겨진다. 요한은 하나님과 사람 사이에 맺어진 약속을 확증하고 이를 분인 그리스도의 길을 예비했다. 요한은 사람과 하나님 사이에 맺어진 새로운 약속에 관한 메시지를 전했다. 이 약속은 예수 안에서 이루어질 것이다.

난해한 주제

| 왜 하나님은 에돔을 미워하시나? 어떤 역본들은 1장 3절에서 하나님이 "내가 에서를 미워하였다", "내가 에서를 거절하였다"라고 말씀하시는 모습을 담고 있다. 바울은 훗날 이를 택하심의 예로 설명했다(롬 9:10-13). 즉 하나님이 누구는 선택하시고 누구는 거절하신다는 뜻이다.

하나님은 분명히 한 집단의 사람들을 선택하셨다. 그들을 통해서 그분의 목적이 이루어지도록 일하셨다. 그러나 이 말은 다른 사람이 모두 배제되었다는 뜻은 아니다. 창세기 31장에서 레아는 미움을 받았지만 하나님은 그에게 복을 주셨다.

1장 11절에서 하나님은 그분의 이름이 온 나라들에서 예배 받으리라 말씀하시면서, 그들을 이스라엘과 대조하여 칭찬하신다. 여기서 에돔은 다른 길을 선택한 사람들의 상징인 것 같다. 언제나 하나님은 악한 땅에 사는 자들을 거절하신다. 말라기의 메시지는 이스라엘이 마음을 바꾸지 않는 한 그런 운명에 처하리라는 것이다.

궁금증 해소

비망록(3:16)

고대에는 선행을 한 자들의 이름을 적어 기억시키는 관습이 있었다. 오늘날로 말하자면 상이나 메달을 주는 것과 비슷하다(에 6:1-3, 사 4:3, 단 7:10을 보라).

보상과 처벌 3:16-4:6 하나님은 진실을 아신다. 말라기서의 마지막은 정곡을 찌르는 그의 메시지를 보여준다. 최소한 어떤 사람들에게는 그렇다. 하나님은 그들과 함께 하실 것이다. 그러나 다시 한 번 심판의 날을 상기시키신다. 하나님을 거부하는 자들에게 그날은 불타는 날, 완전한 멸망의 날이 될 것이다. 그분을 따르는 자들에게는, 타오르는 화염이 아니라 따뜻한 햇볕이 될 것이다(4:2). 그러나 그 전에 그분은 엘리야를 보내실 것이다. 크리스천들은 이 말씀이 세례 요한을 가리킨다고 믿는다. 그는 "엘리야의 심령과 능력"(눅 1:17, 마 11:13-14을 참조하라)으로 백성들에게 도전했다.

구약성경

중간기

THE BIBLE MAP

3부 구약과 신약 사이에서

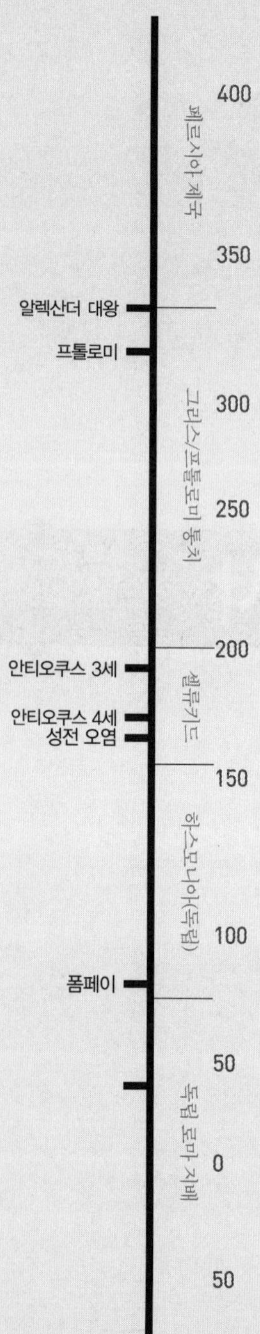

구약성경의 마지막 책과 신약성경의 첫 책 사이에는 약 400년 정도의 시간이 있다. 이스라엘 백성들은 포로생활 이후 다시 왕국을 수립한다. 복음서가 열리는 바로 그 시기에는 400년이 흐른 것이다.

포로기 이후 이스라엘은 이어지는 강대국의 영향력 아래 있는 작은 영지가 됐다. 페르시아를 지나 알렉산더 대왕이 이끄는 그리스가 등장한다. 알렉산더는 헬라화(Hellenization)라는 정책을 들고 나왔다. 자신이 정복한 모든 나라들에 동일한 헬라문화를 이식하는 것이다.

그가 죽자 왕국은 그의 장군들에 의해 갈렸다. 그 중 프톨로미(Ptolomy)와 셀류키스(Seleucis)는 이스라엘의 미래에 엄청난 영향을 끼칠 왕조를 건설한다. 프톨로미 왕조는 이집트에 정착해서 백 년 넘게 이스라엘을 다스린다. 이후 셀류키드 왕조가 프톨로미 뒤를 잇는데, 안티오쿠스 4세(Antiochus IV)는 헬라화 정책을 극단적으로 밀어붙인다. 그는 유대교 신앙을 발본색원하는 데 목표를 두었다. 오경의 모든 사본을 훼손하기 위해 노력을 기울였고, 제우스에게 제사를 바쳐야 한다고 백성들을 채근했다. 가장 끔찍스러운 일은 그가 군대를 이끌고 성전으로 진격하여 제우스 신상을 세우고 부정한 동물인 돼지를 희생 제물로 바쳤다는 것이다.

이런 과도한 조치들 때문에 유다 마카베우스(Judas Maccabeus)를 지도자로 하는 봉기가 일어났다. 마카비 혁명이 시작된 것이다. 이 봉기로 인해 셀류키드 왕조는 물러갔고 유다는 100년간 독립을 누린다.

그리고 로마가 출현한다.

주전 63년 로마 장군 폼페이(Pompey)는 시온 산을 3개월간 포위한 끝에 예루살렘을 함락시킨다. 그는 제사장들을 학살하고 지성소를 짓밟는다(그는 적잖이 실망했다. 지성소 안에 아무것도 없었기 때문이다). 주전 37년, 나중에 헤롯 대왕으로 알려지는 헤롯은 로마의 도움을 받아 예루살렘을 포위하고 왕이 된다. 헤롯은 유대인이 아니라 이두매 사람이었다. 이두매는 팔레스타인의 남부 지역이다. 그는 유대교로 개종했지만, 명목상 유대인이었을 뿐이다. 그는 예루살렘에 화려한 성전을 지었지만 사마리아를 세바스테(*Sebaster*, 이는 아우구스투스의 그리스 명칭이다)라고 바꾸고 거기에 황제를 위한 신전을 지었다. 그는 대제사장들을 조종하고, 건축물들을 세우기 위해 높은 세금을 부과했다. 하나님의 백성들은 무거운 세금에 눌리고 이방 황제의 통치에 신음하면서 메시아를 기다렸다.

외경

외경이란 어떤 성경들에는 들어 있지만 다른 성경들에는 없는 구약의 책들을 일컫는 이름이다. 가톨릭과 정교회 성경에는 이 책들이 들어 있으나, 대부분의 개신교 성경에는 빠져 있다.
이렇게 된 이유가 있다. 382년 제롬은 교황에게 성경을 라틴어로 번역하라는 위임을 받는다. 그는 팔레스타인, 정확하게는 예루살렘으로 가서 작업을 했다. 그는 거기서 원어로 쓰인 사본들을 살펴보았다. 그리고 어떤 히브리 성경의 역본들에는 14권이나 더 많은 책들이 달려 있는 것을 발견했다. 그는 이 책들을 '감춰진 것들'이라는 의미로 '외경'이라 불렀다. 이 책들이 감춰져 있거나, 감춰진 의미를 가지고 있다고 믿었기 때문이다.
이 책들이 정녕 성경인가 아닌가를 놓고 처음부터 논란이 많았다. 초기 기독교 저자 중에는 이 책들을 인용한 경우도 있다. 초기 크리스천들은 이 책들을 읽었다는 뜻이다. 그러나 이 책들은 점차 부차적인 것으로 분류되기 시작했다. 오늘날에도 대개 그렇게 분류된다. 흥미롭고 교훈적이며 감동을 주지만, 다른 성경과 어깨를 나란히 할 입장은 아닌 것이다. 어쨌든 외경이 달린 성경을 가지고 있을 수도 있는 것이다.

| 마카비서 마카비상하는 마카비 전쟁 이야기이다. 이 전쟁은 유대인들이 그리스 통치자들을 물리치기 위해 일으킨 혁명이다. 이 책은 하누카(*Hanukkah*)라는 유대 명절 이야기도 다룬다. 마카비상은 완전한 책으로서 유대교가 그리스 종교와 문화를 그 안에 집어넣으려고(헬라화라고 알려진 동화 과정) 시도한 왕들에 의해 크게 위협받던 무렵, 유대인들이 항거해 일어난 믿을 만한 역사를 다루고 있다. 마카비하는 구레네의 야손이라 불리는 사람의 다섯 권짜리 저작집의 요약본이다(원전은 유실돼 없다). 이 책은 아마도 팔레스타인 밖에 살던 유대인들을 위해 기록된 것 같다. 성전과 유대

율법의 중요성을 많이 강조하고 있다.

그리스 구약성경에는 세 번째 책, 그러니까 마카비 3서도 들어 있다. 이 책은 마카비와는 전혀 관련이 없고, 주전 220년경 유대인들이 주변의 적들에게 거둔 여러 가지 승전 이야기를 소설처럼 묘사하고 있다. 이 책은 알렉산드리아에 사는 한 유대인이 편찬했다(마카비 4서가 있지만, 나부터가 슬슬 흥미를 잃기 시작했다).

| 에스드라서 에스드라 1, 2서는 역사의 종말에 관해 말하는 '묵시'적인 책들이다. 그러나 유대 역사의 어떤 국면들을 설명하고 있다.

| 집회서 집회서(예수 벤 시락의 지혜서로도 알려진)는 잠언과 유사한 책이다. 이 책에는 "이제 귀인들을 찬양합시다"로 시작되는 유명한 문단(집 44:1-50:31)이 포함돼 있다. 저자는 귀인의 명단에 자기 자신도 포함시키고 있다.

| 솔로몬의 지혜서 지혜서(혹은 솔로몬의 지혜서)는 또 다른 지혜서다. 전도서의 물음에 긍정적인 답을 내놓는 것처럼 보인다(전통적인 견해대로 솔로몬이 전도서를 쓴 저자라고 하면, 그는 자기 자신에 대해 이야기할 것이 많은 것으로 보인다). 이 책은 지혜의 활용, 특히 죽음 이후의 생을 준비하는 일에 관해 많이 말한다.

| 토빗서 토빗은 니느웨에 살던 한 유대인이다. 경건하고 신실한 사람이나 시각장애자다. 하나님은 천사를 보내 그의 신실함에 답하시고 그의 가족에게 상을 내리신다.

| 유딧서 유딧은 에스더와 비슷하다. 앗시리아 군대가 예루살렘을 공격했을 때 성안에 살던 한 유대 여성이다. 유딧은 적진으로 몰

마카비 가문 사람들

주전 167년 이스라엘을 통치하던 셀류키드 통치자 안티오쿠스 4세는 유대종교를 금지하는 칙령을 내렸다. 모데인의 제사장 집안인 마타티아스 가문은 그리스 신들을 섬기길 거부했고, 이렇게 함으로써 혁명이 일어났다.
마타티아스는 그의 다섯 아들과 함께 광야로 도망했고 거기서 죽었다. 그가 죽자 그의 아들 유다가 아버지의 뒤를 이었는데 그의 별명이 '망치'라는 뜻의 마카베오스였다. 그들은 오늘날로 말하자면 '게릴라전'을 통해서 많은 전투를 치렀고, 유다의 군대는 셀류키드 왕조를 전복하는 유대혁명 전쟁에서 승리할 수 있었다.
주전 164년 마카비 군대는 예루살렘을 접수했고, 성전을 다시 봉헌했으며 유대 종교를 복원했다. 유다가 살해당하고 나서도 이 운동은 그의 형제들인 요나단과 시몬에 의해 지속됐다.
마침내 시리아 왕 데메트리우스 2세는 유대인들에게 완전한 정치적인 독립을 허락했다. 당시 대제사장이자 유대군 총사령관이었던 시몬은 하스모니안 왕조를 건설했다. 이 왕조는 주전 63년 로마군이 예루살렘과 유다를 복속시켜 다시 한 번 이방인들의 통치 아래 들어가게 되기 전까지는 독립된 이스라엘을 다스렸다. 하스모니안 왕조는 존립하는 동안에도 우여곡절이 많았다.
유대인들은 매년 하누카를 기념한다. 그들의 조상이 셀류키드 왕조를 상대로 거둔 기적적인 승리를 경축하는 의미이다.

래 잠입하여, 앗시리아 장군을 유혹한 후 목을 베어버린다. 이 일로 유대인들은 놀라운 승리를 거둔다. 시간적인 배경은 "큰 도성 니느웨에서 앗시리아를 다스린 느부갓네살"(1:1)로 돼 있다. 느부갓네살은 앗시리아가 아니라 바벨론 사람이므로, 유딧의 역사 인식은 상당히 낮은 수준임을 알 수 있다.

다른 책들

외경에는 구약성경의 기존 책들에 첨가된 내용들도 있다.

| 다니엘의 부록 다니엘서에 추가로 4부가 붙어 있다. 아사리아의 기도, 세 아이들의 노래는 다니엘서 3장에 삽입되어 있다. 3장에는 세 젊은이가 풀무불로 들어가는 장면이 나온다. 수잔나의 역사는 아마도 세계에서 가장 일찍 나온 탐정 이야기일 것이다. 간음으로 부당하게 고발당한 여인이 다니엘의 도움으로 불명예를 벗는다. 이 내용이 다니엘서 13장이다. 벨과 용(다니엘서 14장)은 다니엘이 어떻게 자신을 죽음에 몰아넣으려는 계략에서 빠져나오는가를 말하고 있다.

| 첨가된 에스더 에스더에 첨가한 장들이 있다. 모르드개의 꿈, 황제의 편지, 기도 등이다.

| 첨가된 예레미야 바룩(예레미야의 서기)의 책이 예레미야에 첨가돼 있다. 유배 중인 유대인들에게 보내는 편지도 들어 있다. 기도, 시, 지혜문학의 문구들이 등장한다.

| 므낫세의 기도 므낫세의 기도는 므낫세 왕의 기도가 분명하다. 그는 평생 사악하게 보냈지만 죽기 직전 자신의 죄를 회개했다.

변화 속의 유대교

포로로 억류돼 있는 동안에는 예배할 성전이 없었고, 제사를 드리러 올라갈 중앙의 장소도 없었다. 유대인들의 신앙은 개인적인 측면으로 훨씬 더 기울었고, 성경을 읽고 토론하는 쪽이 강화됐다. 개인기도가 제사와 의식을 대체하는 쪽으로 받아들여졌다. 이런 태도는 예루살렘 귀환으로 더 굳어졌다. 유대교는 두루마리 한 권이 있고 그것을 읽을 수 있는 사람이 있는 어느 곳에서나 수행할 수 있는 신앙이 됐다.

이렇게 해서 지역마다 작은 회당들이 생겨났다. 유대인들은 이곳에 모여서 예배, 기도, 성경연구를 했다. 많은 회당들은 학교 기능도 했다. 여기서 동네 남자 아이들이 교육을 받는다. 사람들은 벽 주변에 배치된 의자에 앉았고, 가르침의 대부분은 일종의 토론 형식을 띠었다. 지도자나 랍비는 성경의 일정 본문을 읽고 그것에 대해 말해달라는 부탁을 받는다. 이후 그는 질문에 답한다.

따라서 예수님 당시 유대교 신앙은 어느 정도는 지방화됐다고 볼 수 있다. 성전에 대한 의존은 훨씬 줄어들었다. 물론 대부분의 경건한 유대인들은 일 년에 최소한 한 번 예루살렘을 향해 순례를 했다.

바리새파, 사두개파, 서기관

지방화로 인해 유대교 자체의 분할이 재촉됐다. 정통 유대인들이 두 진영으로 나뉘었다. 바리새인들은 '회당' 파였다. 그들은 율법의 강화에 목숨을 걸었다. 이들은 수적으로 소수였지만 막강한 영향력을 행사했다. 그들은 지역의 제사장들이라고 말할 수 있다. 그들은 회당에 집중했고, 성전을 운영하는 세력에 맞섰다. 그들은 안식일 준수, 십일조, 의식법적 정결 등에 관한 율법을 재해석하는 데 많은 시간을 보냈다. 예수께서 그들의 위선적인 종교놀음을 비판하셨지만 바리새인 친구들도 두셨고, 후에 바리새인들이 크리스천이 되기도 한다(행 15:5).

사두개인들은 성전을 운영하면서 대제사장들을 통제했다. 그들은 관료들이었으며, 전통에 충실한 자들이었다. 모세오경을 제외하고는 모든 종교적인 문서들을 거부했고, 죽은 자의 부활 같은 이론을 모세오경이 언급하지 않는다는 이유로 배격했다. 두 세력은 거의 늘 대적하는 입장이었다. 예수님의 재판에서 보듯 둘 모두가 누군가를 미워해야 하는 특별한 일을 제외하곤 그랬다.

세 번째 그룹이 있다. 서기관들이다. 이들은 율법학도들이었다. 성경을 해석하고 그 지식을 전수하는 것이 그들의 일이었다. 그들은 모세율법을 일상에 적용하기 위해 기록되지 않은 결정과 선언 등을 포함하여 상당한 구전법 체계를 세웠다. 이들은 주로 성전과 대제사장들 주변에서 활동했다. 신약성경에서 이들은 가끔 '율법사' 혹은 '율법 선생'으로 불린다.

이것이 예수님 당시의 종교적인 배경이다. 그분은 회당에서 가르쳤고, 바리새인들과 사두개인들의 배척을 받았다. 서기관들은 그분께 질문을 퍼부었다. 그러나 예수님은 이 그룹 중 어느 누구와도 같지 않았다. 그들처럼 아무 생각 없이 율법에 따르거나 해석하거나 그 강화를 위해 노력하지 않으셨다. 도리어 그분은 율법을 제정하셨다. 그래서 사람들은 그분의 권위에 늘 놀랐던 것이다.

IN NOMINE

VETUS TESTAMENTUM
ideo dicitur, quia ueniente nouo cessa
uit; de quo apostolus meminit dicens;
uetera transierunt. Ecce facta sunt
noua; testamentum autem nouum
ideo nuncupatur. quia innouat;
non enim illud discunt nisi homines
renouati ex uetustate per gratiam.
& pertinentes iam ad testamentum
nouum quod est regnum caelorum;
hebrei autem uetus testamentum
ezra auctore iuxta numerum
literarum suarum. in xxii. duos libros acci
piunt. diuidentes eos in tres ordines;
legis scilicet & prophetarum. & agiographorum; Primus ordo legis in quinque libris accipitur. quorum primus est
quod est genesis; secundus hellesmoht. quod est exodus; Tertius uageccra. quod est leuiticus; Quartus uagedaber. quod est numeri
quintus elleaddabarim. quod est deuteronomium; Hi sunt quoque libri moysi. Quos ebrei horath latini legem appellant.
Proprie autem lex appellatur. quae per moysen data est; secundus ordo est prophetarum quo continentur libri octo; quorum
primus. iosue bennun. Qui latine dicitur iesu naue; secundus sopthim quod est iudicum; Tertius samuhel. quod est regum
primus; Quartus malachim. qui est regum secundus; Quintus esaias; Sextus hieremias; Septimus ezechihel; Octa
uus tareasra. qui dicitur duodecim prophetarum; qui libri quia sibi pro breuitate adiuncti sunt. pro uno accipiuntur; Terti
us est ordo agiografforum. id est sancta scribentium. in quo sunt libri nouem; Quorum primus. iob; Secundus nabla quod est
psalterium; Tertius maloth. quod est prouerbia salomonis; Quartus coeloth quod est ecclesiastes; Quintus sirasirim. quod est can
tica canticorum; Sextus danihel; Septimus dabreiamin. Quod est uerba dierum hoc est paralipomenon; Octa
uus ezras; Nonus hester; qui simul omnes. quinque. octo. & nouem fiunt uiginti duo. Sicut superius comprehensi sunt; Quidam au
tem ruth & cinoth. quod latine dicitur lamentatio hieremie agiografis adiciunt. & xx iiii uolumina testamenti ueteris
faciunt. iuxta uiginti iiii seniores qui ante conspectum dei adsistunt; Quartus est apud nos ordo ueteris testamenti
eorum librorum qui in canone hebraico
non sunt quorum primus. sapientiae liber est;
secundus. ecclesiasticus; Tertius tobi;
Quartus iudith; Quintus & sextus
machabeorum; Quos libros iudei inter
agiografa separant; ecclesia tamen christi
inter diuinas scripturas & honorat & pre
dicat; in nouo autem testamento sunt
ordines ii. primus euangelicus. matheus
marcus lucas iohannes; secundus
apostolicus. in quo sunt paulus in xiiii epistulis.
petrus in duabus. iohannes in tribus.
iacobus & iudas in singulis. actus apostolorum
& apocalipsis; summa autem utriusque
testamenti diuisio. triplici distinguitur. id est
in istoria. in moribus. in allegoria. rursus
ista triamultifarie diuiduntur. id est
quid a deo. quid ab angelis uel hominibus gestum
dictumque sit. quid a prophetis pronuntiatum
de christo & corpore eius. quid de diabolo
& membris ipsius. quid de ueteri & nouo
populo quid de praesenti saeculo & futuro regno
atque iudicio

in quo sunt

구약성경

중간기

THE BIBLE MAP

4부 신약성경

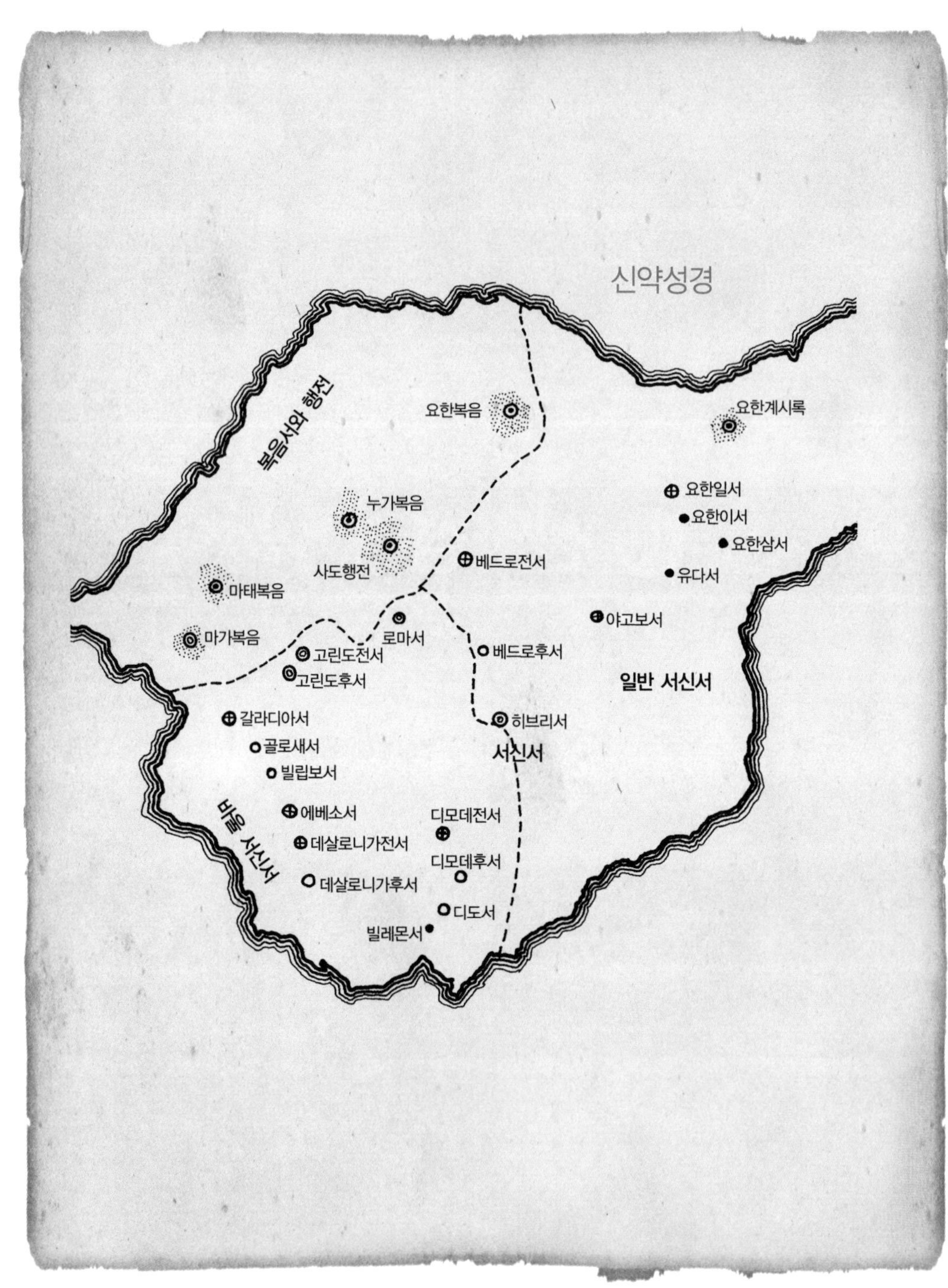
신약성경
복음서와 행전
요한복음
요한계시록
누가복음
사도행전
마태복음
마가복음
베드로전서
요한일서
요한이서
요한삼서
유다서
야고보서
로마서
고린도전서
고린도후서
베드로후서
일반 서신서
갈라디아서
히브리서
골로새서
서신서
빌립보서
바울 서신서
에베소서
디모데전서
데살로니가전서
디모데후서
데살로니가후서
디도서
빌레몬서

신약성경

처음에는 이야기뿐이었다

예수님이 죽고 난 후, 그의 삶과 행한 일들에 관해 기억하는 사람들이 그 이야기들을 되풀이해서 말하기 시작했다. 예수님 자신은 아무런 글도 남기지 않았으나, 그분의 설교와 가르침에는 놀라운 능력이 있어서 그의 제자들은 그분이 하신 그 많은 인상적인 말씀들을 기억해두었다. 처음에는 이 말씀들이 입에서 입으로 전해졌으나, 점차 모아지고 기록되었다.

기독교가 퍼져나가면서, 좀 더 항구적인 기록의 필요성이 생겼다. 처음 예수님을 증거한 사람들은 사라져 가고 있었고, 교회 안에는 그때 어떤 일이 일어났던가를 알고자 하는 새로운 사람들이 들어온 것이다. 더 중요한 것은 그들이 알길 원했다는 점이다. 그들은 왜 이 착한 사람이 죽어야 했고, 그가 정말 그의 제자들이 주장하는 것처럼 죽은 자들 가운데서 일어났는지 알고 싶어 했다.

그래서 마태, 마가, 누가, 요한이라는 네 명의 작가들이 예수님의 삶에 관한 이야기를 썼다. 모을 수 있는 모든 증거와 자료들을

로마령 팔레스타인

예수님이 탄생할 당시, 이스라엘은 로마제국의 통치 아래 있는 점령지였다. 이스라엘이라는 나라는 '팔레스티나' 혹은 '팔레스타인'이 됐다. 로마 총독이 다스리는 로마의 속주가 된 것이다. 팔레스타인은 갈릴리, 유대, 사마리아 등 행정 구역에 따라 다시 몇 개로 분할됐다.

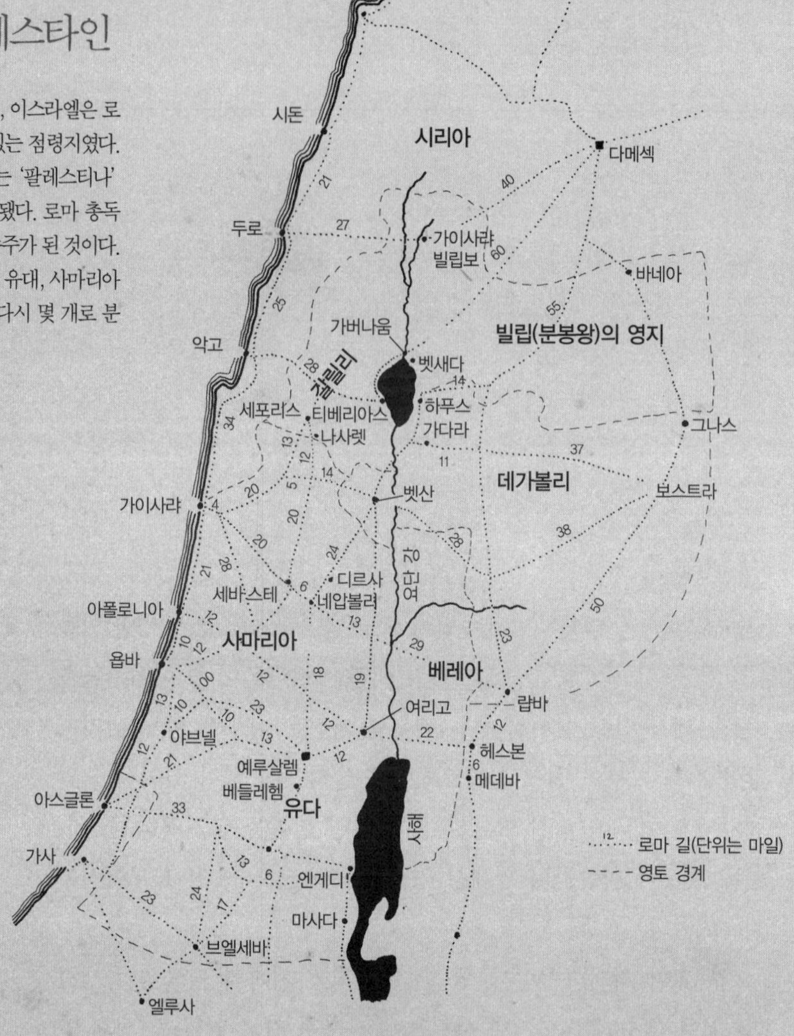

로마는 이 지역들을 분할하여 현지 통치자들에게 대리 통치시켰다. 헤롯 대왕은 33년간 유대와 다른 몇 지역들을 더 다스렸다. 그가 죽은 후 그의 세 아들들이 그 지역을 관장했다. 아켈라우스(Archelaus)는 유대, 이두매아(Idumaea)는 사마리아, 안티파스(Antipas)는 갈릴리를 다스렸다. 빌립(Philip)은 갈릴리 북동쪽의 작은 지역을 통치했다. 이 통치자들은 테트라크(tetrach)였다. 로마말로서 속주의 분봉왕(分封王)이라는 뜻이다. 알렉산더 대왕이 건설한 10개의 거대도시인 데가볼리도 여기 있었다. 로마인들은 통화를 안정시키고 군대를 수송할 수 있는 길을 닦았다. 무역을 장려하고 경제적인 성장을 독려했다. 공식어인 라틴어뿐 아니라 일상생활에서 쓰는 그리스어 '코이네'가 있었다. 이런 안정을 등에 업고 기독교가 확산될 수 있었다. 여행은 쉬웠고, 통신은 거침이 없었다. 로마인들은 자신의 신들을 높였지만, 다른 종교들에 대해서도 비교적 관대했다. 정치적인 이해관계가 위협받는 경우에만 간섭했다. 이 안정감이 기독교의 확산을 도왔다.

놓고 적었다. 그러나 그 이전에 초대교회의 지도자들은 회중들을 위해 편지들을 썼다. 이 편지들은 질문에 답하고 교훈을 설명하며, 예수님의 첫 제자들에게 그분이 하신 말씀을 상기시키는 목적을 가지고 있었다. 이 편지들은 제자들의 한 그룹에서 다른 그룹으로 서서히 전달되기 시작했다. 이렇게 하여 이들 중에서 가장 권위 있는 것들이 오늘날 우리가 신약성경이라고 알고 있는 형태로 묶이게 된 것이다.

신약성경은 아마 세상에서 가장 영향력이 강한 책일 것이다. 다른 어떤 책보다 많은 언어들로 번역이 됐다. 그리고 많은 사람들이 읽고 있다. 지난 2천년 동안 서구세계의 사회적 정치적 지평을 지배한 것은 바로 이 가르침이었다.

우리가 신약성경을 읽을 때 염두해야 할 것은 다음과 같다.

교회가 없다

예수님 제자들 전용의 교회는 없었다. 예수님이 부활하셨을 때, 그의 첫 제자들이 전혀 새로운 조직을 만들고, 끝이 뾰족한 큰 건물들을 짓고, 로만 칼라를 입었다고 생각해서는 안 된다. 초대 크리스천들은 유대인이었고, 그들은 자신을 별개의 조직이라고 보지 않았다. 유대교의 박해로 불가피하게 갈라진 후에도, 우리가 알고 있는 교회 건물 같은 것은 없었다. 초대 제자들은 가정에서 모였다.

새로운 종교를 만들려는 게 아니다

예수님이 기독교를 창설하려 했는지 아닌지를 놓고는 언제나 논쟁이 벌어진다. 그러나 초대 제자들은 기독교를 유대교와 결별한 무엇이 아니라 유대교를 완성시킨 무엇으로 봤다. 신약성경은 구약성경을 완성시킨 책으로 스스로를 내세운다. 신약성경에 구약성경에 대한 언급이 숱하게 나오는 이유가 바로 이것이다. 그들은 새로운 책을 쓴 게 아니라, 옛날 것을 완성시킨 것이다.

신약성경은 예수님에 관한 책이다

구약성경이 우리에게 수많은 인물들을 소개하고 있다면, 신약성경은 예수님이라는 인물을 소개한다. 그의 가르침, 행동, 의견, 기적이 이 책의 주제다. 이분의 초대 제자들 가운데는 강한 개성을 지닌 인물들이 없지 않았지만 그들의 글은 한 사람의 삶과 가르침에 온통 쏠려 있다. 이분은 구약 성경이 가리켜온 그분, 곧 메시아, 택하신 자, 예언의 완성이었다.

복음서와 사도행전

사복음서와 사도행전은 기독교의 기원과 초기 역사를 기록하고 있다. 복음이란 '좋은 소식'이란 뜻이다. 크리스천들은 이 책들의 내용이 좋은 소식, 곧 예수님에 대한 좋은 소식이라고 보았다.

| 공관복음: 마태복음, 마가복음, 누가복음 사복음서 중에서도 마태복음, 마가복음, 누가복음은 상당히 비슷하다. 같은 사건들을 다루고 있고, 전체적으로 볼 때 비슷한 언어를 사용하고 있다. 그리고 대충은 비슷한 순서로 역사를 기술한다. 그래서 사람들은 이 세 복음서를 공관복음서(共觀, 같은 관점)라고 한다. 쉽게 말해서 이 복음서들은 같은 눈을 가지고 사건들을 바라본다. 대다수의 전문가들은 마가복음이 가장 먼저 기록된 복음서라는 데 동의한다. 누가복음과 마태복음은 마가복음을 자신들 작품의 소재로 사용하고 있다(마가복음의 97퍼센트가 마태복음에, 88퍼센트가 누가복음에 등장한다). 마태복음은 주로 마가복음의 순서를 따르고 있고 다른 요소, 산상설교나 종말에 관한 가르침 같은 예수님의 주요 '담화'를 엮어 넣었다. 누가복음이 마가복음을 인용하는 것은 그보다는 덜하다.

두 복음서 모두 마가복음에는 없는 부분을 담고 있는데, 그래서 학자들은 예수 어록집이 있었을지도 모른다고 추정한다. 이를 독일어 '원천(Quelle)'의 머릿글자를 따서 'Q복음'이라고 부른다. 그러나 후대에 많은 전문가들은 Q의 존재에 의구심을 드러냈는데, 아무도 복사본, 심지어 파편조차 본 일이 없기 때문이다.

| 요한복음 네 번째 복음서인 요한복음은 아주 다르다. 훨씬 뒤에 쓰였기도 하고, 예수님의 생애에서 일어난 사건들에는 상대적으로 덜 초점을 맞춘다. 그 대신 각 사건들을 상당히 깊이 있게 다룬다. 또한 예수님의 더 많은 설교와, 공관복음서에는 나오지 않는 예루살렘 방문기도 볼 수 있다.

| 사도행전 이 책의 본명은 사도들의 '행전'이다. 이 책은 누가복음의 하권이다. 예수님의 부활에서 시작해서 초대교회의 초석이 놓이는 일들이 보도된다. 이 책은 세 명의 주인공 예수님, 베드로, 바울에 초점을 맞춘다. 이 책에서 예수님은 부활 후에, 그리고 현재 성령님을 통해 일하신다.

이 자료들은 어디에서 왔을까?

마태와 누가는 마가복음을 기록 자료로 활용했다. 그러나 이 책들에는 다른 중요한 자료들 역시 들어가 있다.

기억들의 모음 복음서들은 최초의 기억과 인상들에 크게 의존하고 있다. 물론 사도행전도 현장에 있던 사람이 썼다. 누가는 여러 번에 걸쳐 이 책에서 "그때 우리가 이 일 혹은 저 일을 했다"고 말한다.

보존한 말씀들 크리스천들은 예수님의 말씀과 행동을 기억하고 있었다. 기록 시대가 아니었기 때문에 사람들은 이야기와 중요한 말씀들을 잘 기억해두었다. 이 말씀들의 일부가 한데 모였고, 초대교회 안에서 순회하며 열람됐다. 바울도 이런 말씀들의 일부를 염두에 두고 있었던 것 같다. 그는 사도행전 20장 35절에서 예수님의 말씀을 이렇게 인용한다. "주는 것이 받는 것보다 더 복이 있다." 그러나 이 말씀은 복음서들 가운데 어디에서도 나오지 않는다.

초기 '복음서들' 마가복음은 우리가 가지고 있는 최초의 복음서다. 그러나 마가복음이 최초의 복음서라는 뜻은 아니다. 더 이른 시기에 나온 예수님의 전기들과 보도자료들이 있었을 것이다.

예수님 생애의 주요 사건들

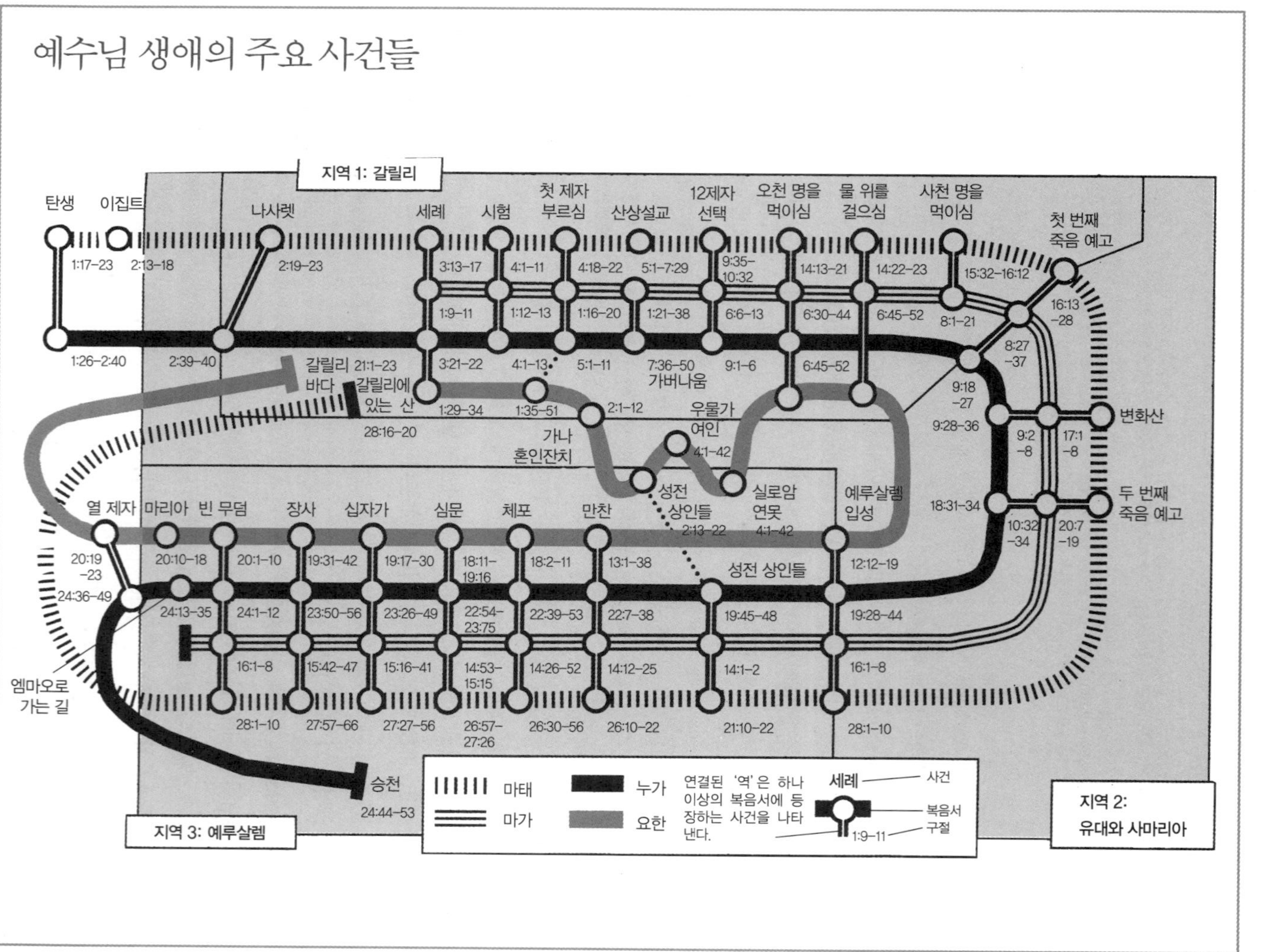

마태복음

메시아에 관한 좋은 소식

누가 | 전통적으로는 제자 마태가 기록했다고 본다. 그는 세금 징수원이었고 레위인으로 알려져 있다. 예수님을 따르기 위해 그

한눈에 보는 안내판

저자 제자인 마태
유형 복음서
목적 주로 유대인 청중들에게 예수님의 생애와 사역을 설명한다.
핵심 구절 28:19-20 "그러므로 너희는 가서, 모든 민족을 제자로 삼아서, 아버지와 아들과 성령의 이름으로 세례를 주고, 내가 너희에게 명한 모든 것을 그들에게 가르쳐 지키게 하여라. 보아라, 내가 세상 끝날까지 항상 너희와 함께 있을 것이다."
한 가지만 기억한다면 예수님은 메시아, 하나님이 택한 분이다.

한눈에 보는 흐름

예수님의 탄생 1:1-25
예언들 2:1-23
예수님의 수세 3:1-17
시험 4:1-11
부르심과 가르침 4:18-25
왕국의 법칙 5:1-48
기도하는 법 6:1-21
위대한 연설 6:22-7:29
병자를 고치다 9:1-38
하나님의 종 12:1-50
정결과 부정 15:1-39
진정한 영광 17:1-23
마지막과 처음 20:1-16
입성 21:1-11
성전 정화 21:12-27
포도원 21:28-22:14
가장 큰 통치 22:34-46
깨어 있으라 24:32-51
최후의 만찬 26:17-30
죽음 선고 27:15-56
돌아가다 28:1-20

ROUTE PLANNER

탄생과 유년기 1:1-2:23
1. 족보 1:1-17
2. 처녀 탄생 1:18-24

사역 시작 3:1-4:11
3. 예수님의 세례 3:13-17
4. 광야의 시험 4:1-11

갈릴리 사역 4:12-18:35
5. 제자를 부르심 4:18-22
6. 산상설교 5:1-7:29
7. 가다라 지방의 돼지 떼 8:28-34
8. 두 가지 병 고침 9:18-26
9. 사도들의 사역 10:1-42
10. 물 위를 걸으심 14:22-32
11. 당신은 누구십니까 16:13-20
12. 변화산 17:1-13

예루살렘 가는 길에서 19:1-27:66
13. 예루살렘 입성 22:1-30
14. 베다니의 기름부음 26:6-13
15. 유월절 식사 26:17-45
16. 십자가 형 27:31-56

세상 속으로 28:1-20
17. 부활 28:1-10

는 직업을 버렸다. 일부 전문가들은 마태의 저작을 의심한다. 만약 마태가 썼다면, 왜 그렇게 마가를 많이 활용했냐는 것이다. 그 자신이 모든 일을 지켜본 증인 아닌가. 이 문제에 가장 간단하게 답하는 방법은, 그가 마가에게 동의했기에 마가를 사용했다고 반박하는 것이다. 우리가 말할 수 있는 것은 저자는 유대인으로서, 팔레스타인에 살았고 유대인 회중을 향해서 말하고 있다는 것이다.

언제 | 어떤 학자들은 주후 50년대 후반이라고도 하고, 다른 사람들은 70년대 혹은 훨씬 더 이후라고 주장한다.

무엇을 | 마태복음은 가장 유대인적인 복음서다. 이 복음서가 그리스어로 기록되긴 했어도, 유대인 독자들을 겨냥하고 있음은 분명하다. 예를 들어 구약성경 예언의 성취에 큰 관심을 두며, 예수님을 '다윗의 자손' 으로 부르는 등 유대적인 용어를 사용하는 것이다.

마태에게는 특별한 목표가 있다. 그의 유대인 독자들에게 예수님이 메시아, 약속된 그분임을 입증하는 것이다. 그의 복음서는 예수님의 가문과 다윗의 연결을 강조하면서 시작된다. 그는 자신의 요점을 전하기 위해서 다른 어떤 복음서보다 구약성경을 더 많이 인용한다.

마태의 목표는 유대인들의 신앙이 그리스도인 요수아 벤 요셉(요셉의 아들 예수), 즉 나사렛이라는 작은 마을 출신의 유대 랍비 안에서 최고조가 되는 것이다. 더 나아가서, 만약 예수님이 진정한 메시아라면, 크리스천들은 진정한 이스라엘이 되는 것이다. 이런 이유 때문에 마태복음에서는 그리스도가 대부분 왕처럼 그려진다. 동방박사들이 새로운 왕의 탄신을 경하하기 위해서 찾아오는 일, 예수님이 예루살렘에 위풍당당하게 입성하시는 일, 십자가에서 나타난 표적들 등이 바로 그 예이다. 마태는 이분이 진정한 유대인의 왕이었다고 주장한다.

그러나 그가 왕이라 해도, 유대인들이 기대하던 그런 왕은 아니었다. 마태가 많은 지면을 그리스도의 생애에서 이뤄진 예언들을 지적하는 데 할애하는 이유가 바로 이것이다. 그들은 특정한 왕을 기대해 왔다. 다윗 왕과 같은 전쟁 영웅을 기대한 것이다. 전쟁에서는 용맹하고 수금도 잘 타는 그런 왕을 말이다. 마태는 구약성경의 모든 예언들이 예수님을 가리키고 있다고 애써서 말한다. 그들이 그분을 몰라본다면, 그들이 잘못된 것을 찾고 있었던 때문이다.

그리스도의 왕 되심에 대한 마태복음의 강조는 그분의 왕국에 대해 말하는 빈도에서도 드러난다. 마태는 '하늘나라' 라는 문구를 반복해서 쓴다. 이 왕국은 새로운 이스라엘이다. 지상의 특정 장소가 아니라 신자의 마음에 이루어져 어디에나 서 있을 수 있는 왕국이다. 두세 사람이 모여서 기도하는 곳에, 그리스도가 그들과 함께 계시고, 왕국이 생명을 신장시킬 것이다.

유대인적인 성격에도 불구하고 마태복음은 편협한 복음서는 아니다. 하늘나라는 모두에게, 어느 나라에든 허락돼 있다. 마태복음의 마지막 부분에는 지상명령이 나온다. 제자들에게 온 세상에 가서 복음을 전하라는 것이다(28:18-20).

마지막으로 이 왕국의 통치 역시 강조된다. 마태는 의, 즉 이 왕국의 일원이 되기 위해 반드시 해야 할 것에 대해 말한다. 그분이 왕이라면, 우리는 신하들이다. 하나님이 이스라엘이라는 옛 왕국과 함께 하셨던 것처럼, 그분은 우리를 이끄실 것이다. 그래서 우리는 그분을 따라야 한다.

탄생과 유년기 1:1-2:23

마태와 누가만이 예수님의 영유아 시절에 대해 자세히 보도한다. 그러나 두 사람은 다른 보도를 한다.

① **족보** 1:1-17; 눅 3:23-38 마태는 긴 족보로부터 시작한다. 유대인 작가라면 당연한 일인지도 모른다. 이 족보는 누가의 것과는 다르다. 마태는 유대인의 조상 아브라함에서 시작한다. 반면 누가는 모든 사람의 조상 아담에게서 시작한다. 두 족보는 똑같이 다윗에게로 올라간다. 하지만 그 후로는 달라진다. 다양한 설명을 할 수 있다. 마태는 요셉의 가계를 따르고 있고, 누가는 마리아의 계보를 따르고 있다는 설명이 가장 설득력이 있다. 마태는 예수님의 법적 부양권을 따르고, 누가는 혈통을 중시한 것이다. 그러나 이런 설명으로 난점이 완전히 사라진 것은 아니다. 두 족보 모두 요셉에서 끝나기 때문이다.

이 목록에서 흥미 있는 대목은 여기 포함된 사람들이다. 다윗, 솔로몬, 이삭, 야곱 같이 위대하고 선한 사람들뿐 아니라, 창녀로

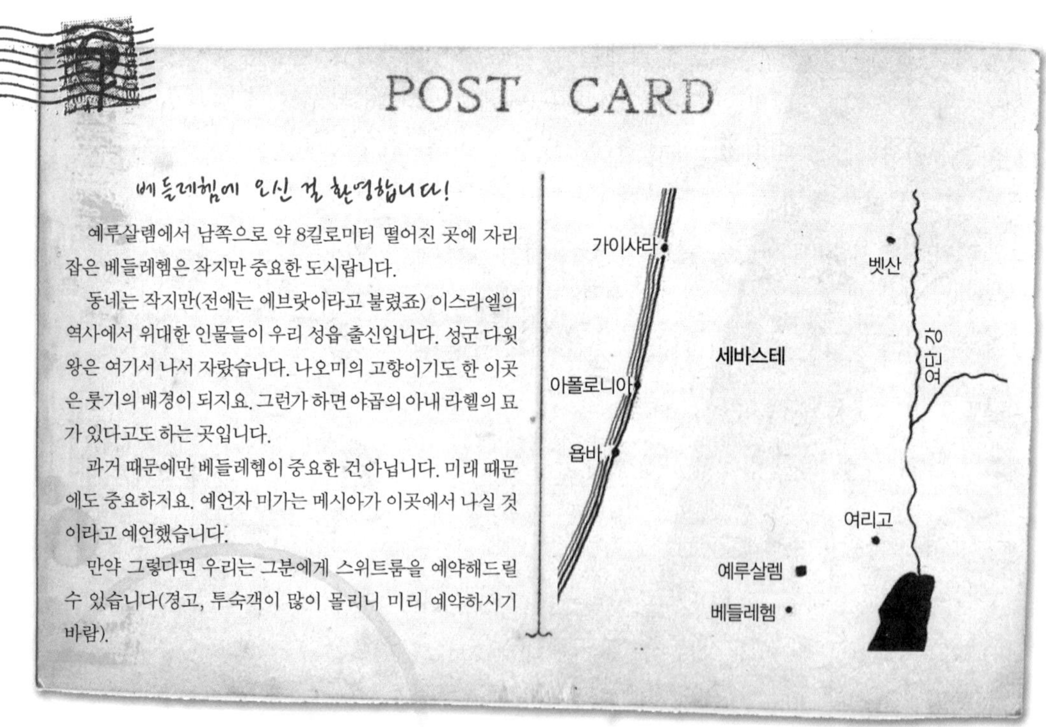
POST CARD
베들레헴에 오신 걸 환영합니다!
예루살렘에서 남쪽으로 약 8킬로미터 떨어진 곳에 자리 잡은 베들레헴은 작지만 중요한 도시랍니다.
동네는 작지만(전에는 에브랏이라고 불렸죠) 이스라엘의 역사에서 위대한 인물들이 우리 성읍 출신입니다. 성군 다윗 왕은 여기서 나서 자랐습니다. 나오미의 고향이기도 한 이곳은 룻기의 배경이 되지요. 그런가 하면 야곱의 아내 라헬의 묘가 있다고도 하는 곳입니다.
과거 때문에만 베들레헴이 중요한 건 아닙니다. 미래 때문에도 중요하지요. 예언자 미가는 메시아가 이곳에서 나실 것이라고 예언했습니다.
만약 그렇다면 우리는 그분에게 스위트룸을 예약해드릴 수 있습니다(경고, 투숙객이 많이 몰리니 미리 예약하시기 바람).
가이사랴
아폴로니아
욥바
세바스테
벳산
요단 강
여리고
예루살렘
베들레헴

행세한 다말, 정탐꾼들을 숨겨준 창녀 라합, 신실한 외국인 룻, 간통을 저지른 밧세바 등도 포함돼 있다. 여자들과 외국인들도 한몫하는 것이다. 마태는 이 족보가 14대로 짜여 있다고 말하지만, 덜 알려진 사람 혹은 덜 중요한 사람들을 빼는 '압축' 작업의 결과이다. 14라는 숫자는 그에게 중요한 듯 보인다. 완벽함을 나타내는 숫자 7을 더한 것이 14이기 때문이기도 하고, 다윗이라는 글자를 숫자로 표시한 것이 14이기 때문일 수도 있다.

성경에는 안 나온다

동방박사 세 사람

이 사람들은 왕도 아니고 셋도 아니었다(셋일 수도 있지만, 성경은 그렇게 말씀하지 않는다). 그들은 동방에서 온 천문학자들이었다. 페르시아나 아라비아에서 왔을 수 있다. 헤롯이 두 살 미만의 아기들을 다 죽이라고 명령했다는 말은, 이 천문학자들이 2년이나 걸려서 목적지에 도착했다는 뜻이 된다.

② 처녀 탄생 1:18-24; 눅 1:26-38 성경에서 가장 많이 논란이 되는 본문이다. 마태의 관심은 예수님이 신적인 기원을 지닌 분, 즉 하나님의 아들임을 보이는 것이다. 누가는 이 이야기를 좀 더 길게 끌고 간다. 그러나 마태만이 요셉의 반응을 언급하고 있다. 요셉은 '의로운' 사람이었고, 이 문제에 예민하게 반응한다. 젊은 처자가 처벌을 당하지 않고 가장 좋은 길을 가게 도와주는 그런 사람이었다.

탄생에 관한 두 보도에는 심각한 차이가 있다. 마태 보도에는 목자라든지 인구조사, 혹은 말구유에 누인 아기에 관한 언급이 없다. 그리고 누가에는 동방박사나 헤롯에 관한 언급이 나오지 않는다. 마태는 베들레헴에서 시작한다. 이 마을은 다윗과의 연결이나 택함 받은 자가 여기서 나겠다는 미가의 예언 때문에 중요하다. 마태는 누가가 기록하고 있는 인구조사에 관한 보도를 누락한다. 마태복음에서 예수님과 그 가족은 헤롯 왕의 진노를 피해 이집트로 피난을 내려간다. 그러나 누가에서는 성전 방문을 마친 후 곧장 고향 나사렛으로 돌아간다.

마태는 예수님을 "나사렛 사람"(2:23)이라 부르는데 쉽게 이해하기 어렵다. 왜냐하면 이런 말이 구약성경 어디에도 나오지 않기 때문이다. 아마도 마태는, 메시아가 멸시받을 것이라는 예언자들의 전

?! 궁금증 해소

헤롯

마태의 보도에 따르면 예수님은 주전 37년에서 주후 4년까지 권좌에 있던 헤롯 대왕의 거친 핍박에 부딪친다. 헤롯은 유대인이 아니었다. 그는 점령군이었던 로마에 의해 권좌에 올랐다. 헤롯의 유아 살해는 역사상 어디에도 기록돼 있지 않지만, 자신의 아내와 세 아들, 장모, 처남, 숙부와 다른 많은 사람들을 죽인 자의 성격이 어딜 가겠는가. 그에게도 좋은 점은 있었다. 주전 20년에 시작된 예루살렘 성전의 재건을 추진한 것이다.

| 평행 구절들 이 구절을 어디서 봤더라? **|**

	마태복음	누가복음		마태복음	누가복음
(마리아에게) 탄생 통보	1:18	1:26-38	성전에 가심	·	2:21-38
(요셉에게) 탄생 통보	1:19-21	·	박사들의 방문	2:1-12	·
마리아의 노래	·	1:46-55	이집트 피신	2:13-15	·
베들레헴 여행	2:1	2:1-7	헤롯의 학살	2:16-18	·
탄생	·	2:6-7	나사렛 귀환	2:19-23	2:39-40
목자와 천사들	·	2:8-20			

통에 충실한 것 같다. 예수님 탄생 당시에 '나사렛 사람'이라는 말은 '별 볼일 없는 자'와 똑같은 것이기 때문이다.

사역 시작 3:1-4:11

③ 예수님의 세례 막 1:9-11; 눅 3:21-22 예수님의 사역이 이제 시작됐다. 그분은 요한에게로 간다. 회개를 위해서가 아니다. 사실 요한 자신이 세례를 베풀기에 합당치 못함을 인정했다. 예수님은 사람들에게 무엇을 해야 하는지 보여주시고, 메시아의 오심을 선언하려 하셨다. 예수님의 세례 현장에 삼위일체가 나타나신다. 성부는 하늘에서 말씀하고, 성령님은 성자 위에 내려오신다.

④ 광야의 시험 막 1:12-13; 눅 4:1-13 예수님은 광야에서 40일 낮밤을 보내신다. 이스라엘의 과거 영웅들의 행적을 보는 듯하다. 그러나 그분은 거기서 '시험'을 받는다. 사탄이 그분의 사역을 망치려고 건드려본 정도가 아니다. 이 시험은 그분이 어떤 분인지 우리에게 생생하게 보여준다. 그분은 자신의 목적을 위해 자기 능력을 쓰시지 않는다(4:3). 기적의 능력을 쓸데없이 과시함으로써 사람들을

끌어 모으시지 않는다(4:5-6). 이 땅의 권력과 영향력을 얻기 위해 충성의 대상을 바꾸시지 않는다(4:8-9). 이 시험에 직면하여 이김으로써, 그분은 사역할 준비를 마치셨다.

갈릴리 사역 4:12-18:35

⑤ **제자를 부르심** 4:18-22; 막 1:16-20; 눅 5:1-11 제자란 특정 선생을 따르는 특별한 추종자들이다. 우리는 요한에게 제자가 있었다는 걸 안다(막 2:18). 이사야 같은 구약성경의 예언자들도 제자들을 거느렸다(사 8:16). 예수님께는 두 층위의 제자가 있었던 것 같다. 70명으로 이뤄진 큰 그룹의 제자들(눅 10:1, 23)과 열두 명의 측근들(마 10:1)이다. 이 측근 제자들은 배우기만 하는 사람들이 아니고, 스승이 안 계시면 임무를 대행할 수 있도록 훈련받았다.

가르치고 고치시는 예수님 4:12-25; 눅 6:17-19 예수님의 사역은 통합적이었다. 인간의 모든 면을 돌보셨다. 하나님에 관해 가르치셨지만, 선생 그 이상이셨다. 귀신들을 쫓아내셨지만, 축사가(逐邪家)

BRIEF LiVES 약력

| 세례 요한

가족 사항 _ 예수님의 사촌이자 제사장 사가랴와 엘리사벳의 아들이다.

직업 _ 예언자. 세례 주는 자.

생애와 업적 _ 요한은 예수님의 선배다. 무뚝뚝하고 거친 성격의 소유자로 광야에서 설교했다. 메뚜기와 꿀을 먹고 살았다. 듣기엔 어떨지 모르지만 먹을 만한 음식이다(최소한 나는 그러길 바란다). 요한의 메시지는 단순했다. "회개하라. 천국이 다가오고 있다." 회개란 사람들에게 마음을 바꾸고 새롭게 시작하라고 촉구하는 것이다. 그는 진심으로 회개한 사람 누구에게나 세례를 베풀었다. 하지만 바리새인들과 사두개인들을 내쫓았다. 진정으로 회개한 표를 보이지 않았기 때문이다(3:7-10). 요한은 회개의 표로 사람들에게 요단강에서 세례를 줬다. 물에 사람을 담그는 것은 깨끗해졌다는 것을 상징하는 행동이다. 그 동기가 밝혀져 있지는 않지만 요한은 헤롯 안티파스가 동생의 아내와 결혼한 것을 비판하여 그의 진노를 산다. 요한을 은근히 존경하고 있던 헤롯은 이 예언자의 목을 베지 않을 수 없는 계략에 빠진다(마 14:1-12; 눅 9:7-9; 막 6:14-29).

성품 _ 거칠고 직선적이다. 엘리야와 아주 비슷하다. 그도 곤충과 꿀을 먹고, 덥수룩한 옷을 입었다.

장점 _ 원색적이다. 정직하다. 겁이 없다.

단점 _ 비위를 맞추기 참 어렵다.

이상이셨다. 백성들을 고쳐주셨지만, 의사 이상이셨다. 옥에 갇힌 자들을 풀어주셨지만, 단지 혁명가는 아니셨다. 배고픈 자들을 먹이고 헐벗은 자들을 입히셨지만, 자선가와는 달랐다. 그는 하나님이셨다. 그분은 인생의 모든 차원을 돌보셨다.

⑥ 산상설교 5:1-7:29 이 큰 분량의 말씀은 유독 마태복음에만 있다. 한 번에 행하신 설교의 기록이라기보다는 연관된 가르침을 모아놓은 듯하다. 누가복음에서도 상당히 비슷한 자료가 있는데, 그것은 한 군데가 아니라 누가복음 전반에 걸쳐 흩어져 있다. 마태는 의도적으로 예수님과 모세를 나란히 놓으려고 한 것 같다. 모세는 시내 산에서 율법을 들고 내려왔지만, 산상에서 베푼 예수님의 가르침은 하나의 새로운 율법, 새로운 삶의 초석이다.

이상 예수님은 이상을 말씀한다. 많은 사람들이 이 설교에서 설정된 표준이 전적으로 비현실적이라고 한다. 그러나 예수님이 잰체 하면서 말씀하고 계시다는 흔적은 결코 없다. 예수님은 아주 세부사항까지를 짚어 말씀하는데, 이는 하나님이 구약성경의 율법에서 하신 것과 비슷하다. 하나님은 이스라엘에게 "내가 거룩하니 너희도 거룩하라"(레 11:44)고 말씀하셨다. 여기도 하나님이 농담을 하고 계신 것이 아니다. 따라서 산상설교는 하나의 표적물, 우리 모두가 겨냥해야 할 행위의 이상적인 표준을 설정하는 것이다.

역전 예수님이 말씀하는 하늘나라는 거꾸로 된 나라다. 산상설교에서 복 있는 사람은 가난한 자들이고, 상은 겸손한 자들이 받는다. 이 나라는 원수와 싸우지 않는다. 오히려 용서한다. 이 나라는 힘세고 부유한 자들이 아니라, 가난한 자들과 추방된 자들, 하나님밖에는 다른 어떤 후원자도 없는 자들에게 다가오는 나라다.

율법의 정신 예수님의 가르침과 율법의 관계는 많은 논란을 일으키는 주제지만, 이렇다 하게 일치를 보지 못하고 있다. 이 설교에서 예수님이 가르치신 것은, 그분의 제자들이 율법을 훌쩍 넘어서야 한다는 것이다. 그 당시 율법은 일종의 의식적인 것, 체제적인 것이 되어 지켜야 할 엄격한 규율로 굳어버렸다. 예수님은 이런 율법에서 고개를 돌리셨다. 아니, 몇몇 경우에는 일부러 그 규율들을 어기셨다. 예수님이 설파하신 것은 율법의 정신이다. 그분은 율법을 한마디로 요약하셨다. 자질구레한 규례들을 거의 무시하고 곧장 본질로 향하셨다(7:12). 죄를 짓는 것만큼이나 죄 짓는 생각을 하는 것은 나쁘다. 하나님은 우리 삶의 모든 영역에서 순종을 원하신다. 우리의 머릿속도 예외는 아니다.

팔복 5:1–12 첫 부분에 황금률이 나온다. 널리 받아들여지던 가치관과는 정반대가 되는 여덟 가지 복이 나온다. 땅을 차지하는 자는 권세 있는 자가 아니라 온유한 자들이다. 난국을 만나면 기뻐할 만하다. 땅에서 일어나는 일 때문이 아니라, 하늘에서 일어나는 일 때문에 그래야 한다(5:12).

어떻게 살아야 하는가 5:13–6:18 팔복 다음으로 우리가 어떻게 처신해야 하는지에 관한 여러 교훈들이 나온다. 그리스도를 따르는 사람들은 "세상의 소금"이 돼야 한다. 소금은 맛을 내는 데 쓰인다. 음식의 맛을 더해주고 부패를 방지하는 데도 쓰인다. 이와 마찬가지로 우리의 행실도 더 살 만한 인생을 만들고 사람들을 구원하는 것이 돼야 한다.

이러한 행실은 증오와 복수(5:21–26, 38–42), 간음(5:27–30), 이혼(5:31–32), 진실을 말함(5:33–37), 사랑(5:43–48)이라는 몇 가지 예들에서 잘 요약된다. 6장은 종교적인 영역으로 옮겨간다. 베풂

?! 궁금증 해소

주님의 기도
(마 6:9-15; 눅 11:2-4)

제목이 잘못 붙었다. 실제로는 제자들의 기도다. 최소한 예수님이 제자들에게 가르쳐주신 기도다.
이 기도는 산상설교의 중심적인 요점들 중 하나며, 많은 주제들을 포괄하고 있다. 이 땅에 실현된 하나님 나라(6:9-10), 필요로 하는 양식을 공급하시는 하나님에 대한 신뢰(6:11), 우리가 용서받았으므로 우리도 용서하는 조건적인 용서(6:12)를 담고 있다. 예수님은 나중에 한 비유에서 이를 그림으로 보여주신다(마 18:21-35). 또한 이 기도는 산상설교의 가르침대로 사랑을 실천할 수 있게 해준다.

(6:1-4), 기도(6:5-15), 금식(6:16-18)에 관한 예수님의 가르침은 율법 그 자체를 억지 쓰듯 지키는 태도가 아니라, 행동을 넘어 정신에 강조를 두고 있다. 율법을 위선적으로 지키는 태도는 핵심을 완전히 놓친 것이다. 가치는 행동 자체에 있는 게 아니라, 그것을 행할 때의 정신에 있다.

하나님을 신뢰함 6:19-7:28 마지막으로 하나님에 대한 우리의 신뢰와 그분의 공급해주심을 다루는 부분이 나온다. 우리는 이 땅에 돈과 부를 쌓아서는 안 된다(6:19-24). 미래에 대해 염려해선 안 된다(6:25-34). 자기 의에 겨워 남을 판단해서는 안 된다(7:1-5). 우리의 모든 필요들을 하나님께 아뢰야 한다(7:7-11).

다른 사람들을 판단하는 문제는 판단 그 자체보다는 위선에 관한 것이다. 사람들이 악한 행동을 할 때는, 그들의 행동을 비난해야 하는 게 정상이다. 예수님은 우리에게 어떤 행동이라도 받아들이라고 하지 않으신다. 어쨌든 판단하는 건 안 된다고 하지 않으신다. 그분이 우리에게 경고하시는 것은 자기 의에 겨운 판단이다. 우리는 다른 사람들에게 날카로운 비판의 눈을 돌릴 때마다 자신의 행동과 동기를 늘 살펴야 한다.

황금률 7:12; 눅 11:9-13 이 설교의 중심은 황금률이라 불리는 말씀으로 요약된다. "그러므로 너희는 무엇이든지 남에게 대접을 받고자 하는 대로, 너희도 남을 대접하여라. 이것이 율법과 예언서의 본뜻이다."

⑦ 가다라 지방의 돼지 떼 8:28-34; 막 2:1-12; 눅 5:17-26 예수님은 사역 초기부터 귀신들린 사람들을 고쳐주러 다니셨다. 우리 시대에 귀신들림은 논쟁을 불러일으키는 주제다. 어떤 사람들은 귀신들림을

전면적으로 부인한다. 여기서 말하는 귀신들림은 일종의 정신건강의 문제, 혹은 간질에 의한 발작이라는 것이다. 그런가 하면 귀신들림은 실제로 있고, 축사는 오늘날 교회의 중요한 사역 중 하나라고 하는 주장하는 사람들도 있다. 어떤 견해를 취하든 간에, 복음서들에 소상하게 기록된 사건들은 초자연적인 측면을 담고 있고, 예수님의 도움을 입어 귀신에서 놓이고 치유 받은 자들이 상당히 많았다는 것은 부인할 수 없는 사실이다. 하나님 나라는 우리 삶의 모든 영역에 미친다. 물리적, 정신적, 영적 영역에 다 미치는 것이다. 하나님은 보이는 것들의 하나님이실 뿐 아니라 보이지 않는 것들의 하나님이시기도 하다.

이러한 초자연적인 권능은 그것을 본 사람들의 마음을 크게 흔들어 놓았다. 예수님의 비판자들은 그가 바알세불의 이름으로 이런 일을 한다고 고소했다. 귀신들의 우두머리만이 귀신들을 제어할 힘을 가지고 있다는 주장이다(12:22-29; 막 3:20-30; 눅 11:14-23). 그러나 예수님은, 하나님의 능력을 행사하고 있음을 분명하게 밝히셨다. 그분의 권능은 하나님 왕국의 권세와 그 가까움을 증거하는 것이다(12:28).

믿음과 기적 8:1-9:38

8장과 9장은 치유의 여러 예들을 소개한다. 시력과 언어가 돌아오고(9:27-34), 나병이 나으며(8:1-4), 죽은 자가 일어나고(9:18-26), 심지어는 기후가 바뀐다(8:23-27). 백부장의 믿음(8:10)은 폭풍우 속에서 제자들이 보여준 혼비백산과 대조가 된다. 이것들은 예수님의 진정한 정체를 보여주는 표적이다. 삶과 죽음과 자연세계를 관장하는 그분의 권능, 사람들의 생각을 꿰뚫어보시는 능력,

?! 궁금증 해소

세리(9:9)

세관원은 예수님 당시에는 혐오 직종이었다. 그들은 징수한 세금을 로마에 바쳤고, 로마인들에게서 세금 징수 자격을 사기도 했다. 그리고 거둬야 하는 세금에 일정한 액수를 더함으로써 자신들의 초기 투자를 벌충했다. 그들은 적에게 부역하는 자들이며, 뻔히 들여다보이는 강탈을 일삼는 자들이었다.

포도주부대

새 포도주는 발효하고 있기에 팽창한다. 그래서 새 포도주를 낡은 가죽 부대에 넣으면 터져버린다. 예수님은 옛 관행들이 너무 낡아서 그분의 메시지를 담지 못한다고 말씀하시는 것이다. 경직되고 융통성 없는 율법주의로 무장한 바리새인들은 그리스도가 가져온 기쁜 구원을 받아들이기 어려웠다.

중요한 개념

하늘나라

예수님은 하늘나라(누가복음에서는 하나님 나라)에 관해 거듭 말씀한다. 제자들에게 "가서 사람들에게 하나님 나라가 가까이 왔다고 하라"고 하신다.

그것은 이 세상의 나라가 아니라, 국경선을 가로지르고 민족을 뛰어넘는 나라이다. 근본적으로는 우리의 삶이 하나님에 의해 다스려지는 그런 상태이다. 예수님에 따르면, 하나님께 충성을 바칠 때, 그분을 주권자로 인정할 때 그 나라에 들어간다.

예수님이 이 나라에 대해 말씀할 때는, 어떤 삶을 사느냐를 크게 신경 쓰셨다. 이 나라의 일원이 된다는 것은 이 나라만의 법을 따른다는 뜻이다. 이 나라는 사회적인 차별을 하지 않는다. 가난한 자, 추방된 자들이 이 나라의 일원이 되도록 초대받는다. 용서와 사랑의 나라다. 어느 날 이 나라는 물리적으로도 그 모습을 드러낼 것이다. 바로 예수님이 다시 오실 때다. 그 동안은 그분의 모든 제자들이 하나님 나라의 진실한 대표자로서 행동하는 것에 이 나라의 진퇴가 달려 있다.

무엇보다도, 죄를 용서할 권한의 주장 등은 한 가지를 가리키고 있다. 유대적인 사고에서는 오직 하나님만이 죄를 사하실 수 있다. 예수님은 자신에게도 그런 권한이 있다고 주장하신다(9:1-8).

죄인들 9:9–13; 막 2:13–17; 눅 5:27–32 바리새인들은 예수님이 어울려서는 안 되는 사람들과 많은 시간을 보내는 것이 정말 못마땅했다. 그분은 잔칫집에 가길 좋아했다. 술주정뱅이라는 오명을 쓸 정도로 좋아하셨다(11:19). 그리고 세금 징수원들과 창녀 등의 죄인들과 거리낌 없이 어울리셨다. 예수님의 해명은 간단하다. 그들은 하나님의 자비와 용서가 필요한 가장 적절한 사람이라는 것이다.

⑧ 두 가지 병 고침 9:18–26; 막 5:21–43; 눅 8:40–56 12년 동안 '피 흘리던' 한 여인이 예수님을 만졌다. 이것은 구약의 의식법적 율법 아래서는 항구적으로 부정하게 되는 심각한 생리 출혈이었다. 그는 예수님을 믿음으로써 몸이 치유 받았을 뿐더러, 율법으로도 정결하게 되었다.

그 후 예수님은 죽은 소녀를 다시 살리셨다. 애곡하는 사람들과 장례 음악을 연주하는 사람들을 내쫓고, 소녀를 '잠'에서 깨우셨다.

예수님의 치유는 그분이 지닌 영적인 권능을 물리적으로 보여주는 표시들이다. 그분은 사람들을 고치실 뿐 아니라 죄를 용서해주신다. 그분은 눈먼 자들의 눈을 여셔서 믿음을 갖게 하셨다. 흐르는 피를 멈추시고 사람을 '정결하게' 하셨다.

⑨ 사도들의 사역 10:1–42 제자란 '배우는 자'라는 뜻이다. 사도는 '보냄을 받은 자'라는 뜻이다. 이 장에서 제자들은 그분의 메시지를 갈릴리 마을들에 전하기 위해 '사도', 보냄을 받은 자들로 변신

| 평행 구절들 이 구절을 어디서 봤더라? |

	마태복음	마가복음	누가복음	요한복음
예수님과 율법	12:1-8	2:23-28	6:1-5	·
예수님과 비유들	13:10-17	4:10-12	8:9-10	·
세례 요한의 죽음	14:1-12	6:14-29	9:7-9	·
군중을 먹이심	14:15-21	6:36-44	9:12-17	6:5-13

한다. 누가는 열두 명을 택하기 전에 예수님이 밤이 맞도록 기도하셨다고 기록한다.

마태복음에 나오는 사도들의 이름은 누가복음과 약간 다르다. 누가복음에 나오는 "야고보의 아들 유다"는 마태복음과 마가복음에 나오는 다대오와 같은 사람이다. 이들은 혼합 집단이었다. 베드로, 요한, 야고보, 안드레와 같은 어부가 있었는가 하면, 마태와 같은 세리가 있었다. 열심당원이었던 시몬도 있었다(열심당원들은 급진적인 정치 집단이었다. 시몬은 예수님을 따르기 전에 이 집단에 속했던 것으로 보인다).

예수님은 이들에게 주는 과업이 위험하고 어려운 것임을 잘 알고 계셨다. 어떤 지역은 그들을 반기지 않을 것이다. 예수님의 메시지는, 평강과 사랑의 메시지임에도 불구하고 분쟁을 가져올 것이다(10:34-39). 예수님은 자기를 미쳤다고 생각하는 가족들을 힐난하기도 하셨다(막 3:21). 지금까지 예수님을 따른 수많은 사람들은 극심한 반대에 부딪치고 심지어는 순교까지도 당했다. 예수님이 제자들에게 예고하신 분열은 오늘날 우리 주변에도 널려 있다.

예수님의 고향 13:53-58; 막 6:1-6; 눅 4:16-30; 요 6:41-42 예수님 고향 사람들의 반응은 참으로 악의적이고 완고하다. 이 사람들은 예수님이 자라나는 모습을 보았다. 이분에 대한 그들의 인식은 전적으로 여기에 근거를 두고 있다. 그분은 마태복음에서 "그 목수의 아들"

로 불린다. 그분도 그의 아버지처럼 오랜 세월 노동자에 불과했다는 뜻이다. 테크톤(*tekton*)이라는 말은 '기술자'를 뜻하기도 한다. 하지만 테크톤은 고용돼 일하는 목수가 아니라 자유직이다. 집에 와서 창문을 고치거나 문을 수리하거나, 탁자를 손봐주기도 하는 그런 사람 말이다. 그들은 이런 임시 고용인이 선생이요 권능의 치유자라고 믿을 수 없었다.

⑩ 물 위를 걸으심 14:22-32; 막 6:45-52; 요 6:15-21 그분을 둘러싼 많은 사람들의 압력 때문에라도, 예수님은 제자들을 배로 먼저 보내셨다. 그분은 기도하기 위해 군중을 피해 가셨다. 요한복음에 따르면 군중들은 그분을 왕으로 세우려고 했다. 예수님에게는 혼자만의 시간표가 있었다. 여기서 핵심은 자신을 위해 초자연적인 능력을 과시하는 것이 아니라, 제자들이 난관에 부딪쳐 있다는 사실에 반응하신 것이다. 마가는 이 시간을 새벽 3-6시 사이라고 말하고 있

난해한 주제

| 성령 훼방죄(12:30-32; 막 3:28-29; 눅 12:10) 용서 받을 수 없는 죄가 있다. 난점은 그러면 그 죄가 실제로 무엇인가 하는 것이다. 예수님은 "성령을 거슬러서 말하는 것"이라 하셨다. 예수님이 사탄의 힘을 빌려 귀신들을 내쫓는다고 고소당하는 문맥에서 볼 때, 그분은 가치의 완전한 전복을 말씀하고 있다. 악을 '선'이라 하고 선을 '악'이라 하는 사람은 용서 받을 수가 없다. 자기가 죄를 짓고 있는지조차 알지 못하기 때문이다. 성경은 용서를 구하는 사람은 누구나 불쌍히 여겨주심을 받는다고 분명히 말한다. 용서를 구하라. 그러면 받을 것이다. 그러나 하나님이 악하다고 하는 자들은 용서 받을 수가 없다. 용서를 구하지 않기 때문이다.

개먹이(마 15:21-28; 막 7:24-30) 귀신 들린 딸을 둔 여인이 예수님을 따른다. 척 보기에도 예수님은 부정적인 답을 주신 것 같다. 그분이 유대인들에게만 보냄을 받으셨다고 말하고, 이방인들을 '개들'이라 하셨다. 그러나 사실 예수님은 이런 견해를 교묘하게 비웃으시는 것이다. 마음이 한 사람을 정결하게 혹은 부정하게 만들듯이, 마음이 누군가를 진정한 이스라엘 사람으로도 만든다. 예수님은 사도들을 우선 유대인들에게로 보내셨지만, 자신의 사역을 이런 식으로 제한하신 것은 아니다. 예수님의 질문은 메시아에 대한 전통적인 견해에 역설적인 도전을 던지시는 것으로 볼 수도 있다. 그분은 단지 유대인들만을 위한 분이 아니라, 온 세상을 위한 분이시다.

이 반석 위에(마 16:18) "나는 이 반석 위에 내 교회를 세우겠다." 이 말씀을 하심으로써 무엇을 전하려 하셨는가를 놓고 수많은 논쟁이 벌어졌다. 어떤 이들은 베드로 자신을 가리킨다 한다. 베드로는 절대적인 권위와 교회의 지도력을 갖게 된다. 베드로가 초대교회의 걸출한 지도자로 활약하지만, 그가 이런 정도의 지도자로 추앙받았다는 강력한 증거는 없다.

예수님이 말씀하는 '반석'을 베드로의 고백이라 보는 편이 더 나을 것 같다. 교회는 '신앙이라는 반석' 위에 세워진다. 메시아인 예수님을 믿는 믿음 위에 서는 것이다. 따라서 천국의 열쇠는 모든 믿는 사람들에게 주어질 것이다. 마태복음 18장 18절의 약속도 이를 뒷받침한다.

다. 사방이 어둡기만 하고 도움 받을 길이 없는 그런 시간인 것이다. 베드로가 물에 빠져들어 갔다는 게 아니라, 믿음이 휘청거리기 전에 그래도 몇 발자국을 걸을 수 있었다는 것이 눈여겨보아야 할 사항이다. 예수님이 베드로를 구해주심으로써 제자들은 눈을 뜨고 진리를 보게 됐다. "당신은 하나님의 아들이십니다!"

⑪ 당신은 누구십니까 16:13-20; 막 8:27-30; 눅 9:18-21 이 사건은 가이사랴 빌립보 근처에서 일어난다. 이 도시의 원래 이름은 파네아스(Paneas)였다. 분봉왕 빌립과 로마 황제 시저를 기념하여 재건, 개명되었다.

평행 본문
요나의 표적 마 16:1-4 막 8:11-13 눅 12:54-56

지상의 통치자들의 이러한 업적을 배경으로 해서, 예수님은 제자들에게 한 가지 결정적인 질문을 던진다. "너희는 나를 누구라고 하느냐?"(16:15) 그들은 이미 다른 때 다른 곳에서 이 질문에 답했다(요 1:41, 45; 막 1:16-20; 2:14). 그러나 예수님이 예루살렘으로 올라가야 하는 시기가 다가오면서, 그분이 메시아임을 확신하는 것이 그들에게 더 절실하게 중요해졌다. 닥쳐올 시간은 그들의 믿음을 극한으로 시험할 것이다.

예수님이 "그리스도, 살아계신 하나님의 아들"이라는 베드로의 대답은 칭찬을 받는다. 예수님은 그의 이름을 바꿔주신다. 이것은 하나님이 야곱과 아브라함의 이름을 바꿔주신 것과 같다. 개명의 본질은 일정한 토론을 일으킨다. 예수님은 케파(*Kepha*) 혹은 케파스(*Cephas*)라는 용어를 쓰시는데, 이는 '바위'에 해당하는 아람어다(베드로라는 이름은 바위를 뜻하는 그리스어 '페트로스'에서 온 것이다).

제자도의 대가 16:21-28; 막 8:31-9:1; 눅 9:22-27 예수님은 제자들에게 그들이 내린 결론을 누구에게도 말하지 말라 하신다. 베드로는 미래에 대한 예수님의 예언을 듣고 기겁한다. 하지만 예수님은 그를 꾸짖으신다. 대부분의 사람들과 마찬가지로 제자들은, 메시아가 군사적인 영광과 물질적인 풍요를 가져오신다고 믿었다. 영광이 있을 것이다. 그러나 그것은 하늘의 영광이다. 고난과 죽음을 통해서만 획득되는 것이다.

⑫ 변화산 17:1–13; 막 9:2–13; 눅 9:28–36 예수님은 몇몇 측근 제자들만을 데리고 한 산에 오르셨다. 이 산이 어디인지는 분명하지 않다. 팔레스타인 북쪽에 자리 잡은 예벨 예르막(Jebel Jermaq)일 수 있다. 마태는 거기까지 가는 데 엿새가 걸렸다고 말한다. 누가는 여드레가 걸렸다고 한다. 누가 옳던 간에 먼 여정이었던 것은 확실하다.

그들이 기도하고 있을 때, 예수님이 "변모하셨다." 그분의 옷과 얼굴은 믿을 수 없을 정도로 밝은 빛을 냈다. 거기 있던 제자들은 예수님과 함께 있는 다른 두 인물을 봤다. 위대한 율법 수여자인 모세와 위대한 선지가 엘리야였다. 베드로는 이 위대한 인물들을 위해서 세 동의 천막 혹은 오두막을 짓겠다고 제안했으나, 하나님은 그를 꾸짖으신다. 예수님은 모세나 엘리야와 비길 분이 아니다. 그분은 그들보다 더 위대하시다.

예수님은 다시 한 번 제자들에게 경고하신다. 나중에까지 이 일을 발설하지 말라는 것이다. 엘리야의 출현으로 말미암아 제자들은, 왜 그가 더 일찍 나타나지 않았는지 여쭙지 않을 수 없었다. 메시아의 출현에 앞서 엘리야가 다시 온다는 게 전통적인 견해(말 4:5)였기 때문이다. 예수님은 세례 요한이 엘리야의 현신(顯身)이었다고 대답하신다.

죽음 예고 17:22–23; 막 9:30–32; 눅 9:43–45 이제부터 예수님은 예루살렘에서 벌어져야 할 일에 대해 더 명확하게 말씀한다. 십자가의 그림자가 드리워진다. 마가복음의 보도에서 제자들은 더 이상 질문하길 두려워한다. 그들 앞에 놓인 일들을 피하려 한다. 믿지 않으려 하는 것이다.

죄와 용서 18:6-35; 막 9:42-48; 눅 15:3-7 예수님은 죄의 원인과 반응에 관해서 대담하게 말씀한다. 먼저 다른 사람들이 죄 짓도록 하는 자들에 대해서 경고하신다. 예수님의 '작은 제자들'은 어린아이 같은 자요 천국에 들어간 자들이다. 아이가 아니라 아이 같은 자다. 다른 사람들로 하여금 죄 짓게 하는 자들에게는 무거운 벌이 기다리고 있다. 개인적인 책임이 없다는 뜻이 아니다. 예수님은 이 점을 강조하기 위해 산상설교의 메시지를 반복하신다. "네 눈이 너로 하여금 죄를 범하게 하면, 빼버려라. 죄 짓는 일을 피하기 위해 모든 일을 다 하라. 그리고 다른 사람으로 하여금 죄 짓도록 하지 말라."

그래도 죄를 지으면 어떻게 하나? 이 가르침의 두 번째 부분은 용서와 구속을 다룬다. 한 마리 양을 찾아 무진 애를 쓰는 선한 목자에 대해서 말한다. 하나님은 결코 사람을 포기하지 않으신다. 그러므로 사람이 죄를 지으면, 그 일을 바로 잡기 위해서 우리도 할 수 있는 모든 일을 다 해야 한다. 먼저는 일대일로, 그 다음은 다른 사람들을 증인 삼아서, 그 다음에는 교회 앞에서 문제를 다뤄야 한다(18:15-16).

듣기를 거절하는 자는 "이방 사람이나 세리처럼" 여겨야 한다(18:17). 그러면 예수님은 이들을 어떻게 여기셨는가? 그분은 이들과 시간을 보내셨고 어울리셨으며, 그들을 위해 죽으셨다. 베드로는 몇 번이나 용서해야 하냐고 여쭸고, "일흔 번씩 일곱 번"(18:21-22)이라는 답을 들었다. 베드로는 일곱 번이라는 완전수를 인내의 한계로 내세웠지만, 예수님은 셀 수 없는 수라는 뜻으로 곱하기를 하셨다. 하나님은 아무도 포기하지 않으신다.

궁금증 해소

성전세(17:24-27)

성전세는 원래 한 세겔의 1/3을 자발적으로 내던 것이었다(느 10:32). 그러나 예수님 당시에는 20세 이상의 모든 남성에게 반 세겔을 내도록 강제적으로 부과됐다. 예수님은 이 일을 일종의 비유로 활용하신다. 자신이 왕이기 때문에 면제돼야 마땅하다고 주장하신 것이다. 전체 사건이 가벼운 기분으로, 마치 농담을 하듯 보도되고 있다. 물고기의 입에 세겔을 물리는 기적을 일으키는 것 자체가 그렇다.

예루살렘 가는 길에서 19:1-27:66

예수님은 결혼과 평생에 걸친 헌신의 중요성을 강조하신다. 신약성경 시대에는 오직 남편만이 아내와 이혼할 수가 있었다. 여자는, 예외적인 조건이 있지 않는 한, 남편과 이혼할 수 없었다. 예수님은 훨씬 더 큰 헌신을 강조하신다. 그분이 이혼을 전적으로 배제하시는 것은 아니다. '심각한 성적인 죄' 혹은 어떤 역본들에서처럼 '부부간의 부정'이 저질러진 경우에 한해서 이혼을 허용하신다. 이 말씀의 뜻을 놓고 진지한 토의가 벌어질 수 있다. 한 번의 바람기 정도가 아니라 반복되는, 지속적인 간통을 뜻한다고 주장하는 쪽도 있다. 용서와 화해를 위해서 가능한 모든 조치가 취해져야 한다는 것이 원리다.

예수님과 부 19:16-30; 막 10:17-31; 눅 18:18-30 부는 예배와 충돌한다. 예수님은 산상설교에서 사람이 두 주인을 섬길 수 없고, 돈이 한 분 참되신 하나님의 라이벌이 돼서는 안 된다고 지적하셨다. 그분은 여기서 부자 청년을 향해 대놓고 도전하신다. 너는 얼마만큼이나 제자가 되길 원하느냐? 얼마나 진심으로 나를 따를 준비가 됐느냐?

많은 주석가들은 이 특정한 사건 때문에 우리 모두가 재산을 포기해야 하는 것은 아니라고 해석해왔다. 특정한 요청에 대한 한정적인 반응일 뿐이라는 것이다. 예수님은 이 젊은이를 가로막고 있

평행 구절들 이 구절을 어디서 봤더라?

	마태복음	마가복음	누가복음	요한복음
야고보와 요한	20:20-28	10:35-45	·	·
성전	21:12-17	11:15-19	19:45-48	2:13-22

는 한 가지를 적발해내시고 그에 관해 도전하고 계시다. 그리고 한 부자 청년에서 모든 부자들에게로 논의를 넓히신다. '바늘 귀'가 예루살렘에 있는 문인데, 낙타들이 너무 많은 짐을 지고 가지 못하도록 배려하기 위해 간신히 지나갈 수 있게 만든 문이라는 통속적인 해석은 어떤 근거도 없다. 예수님은 말씀 그대로를 의도하신 것이다. 부자들이 하늘나라에 들어가는 것은 크고 성질이 고약한, 짐을 잔뜩 진 동물이 상상할 수 있는 가장 작은 틈을 빠져나가는 것만큼이나 어렵다. 종국적으로 우리가 할 수 있는 일이라고는 우리 자신과 우리의 태도를 점검하는 것이다. 그리고 하나님의 은혜에 매달리는 것이다.

⑬ **예루살렘 입성** 21:1-11; 막 11:1-11; 눅 19:28-38; 요 12:12-19 예수님은 동쪽에서부터 예루살렘으로 다가가신다. 그분의 입성은 메시아 되심의 공개적인 표현이다. 그분은 전에 누가 타본 적이 없는 나귀새끼를 타고 이 도성으로 들어가신다. 스가랴 9장 9절의 예언을 이루시기 위함이다. 요한복음과 마태복음에는 그분이 장군 혹은 왕족이 타는 말이 아니라 볼품없는 나귀를 타셨다고 소상하게 묘사한다. 그럼에도 불구하고 백성들은 때가 됐다고 생각했다. 그들은 겉옷을 벗어 땅에 펴고 종려나무 가지를 흔들면서 "호산나"라고 외쳤다. '우리를 지금 구하소서'라는 구호다.

참된 사역자 21:23-22:22 종교 지도자들은 예수님의 권위를 의심하기 시작한다. 그 권위를 손상시키기 위해 양편 모두가 나선다(21:23-27; 22:15-33, 41-46). 하지만 그분은 역공을 펴신다. 그들의 권위뿐 아니라 자기 의를 뒤흔들어 놓으신다. 그분은 몇 가지 비유를 통해서 하늘나라가 우리가 예측하는 사람들로 채워져 있지 않을 것임을 보여주신다.

중요한 개념

메시아

히브리어로 '기름부음 받은 자'라는 뜻이다. 하나님이 보내서 그분의 택하신 백성들을 구하는 구출자다. 이에 해당하는 그리스어가 크리스토스(*christos*)로서, 그리스도(Christ)는 바로 여기서 나왔다.
물론 사람들은 위험에 처하면 누구나 구출 받아야 한다. 하지만 예언자들 이후로 이스라엘의 역사를 보면, 이 나라는 늘 공격과 압제에 노출돼 있다. 구약성경과 신약성경 사이에, 이스라엘은 처음에는 그리스인들, 나중에는 로마인들에 의해 점령당한다. 메시아의 오심을 기다리는 간구는 어느 때보다도 절박했다. 유대인들은 메시아를 군사적인 영웅이라고 해석했다. 점령세력들을 그 나라로부터 몰아내는 그런 분인 것이다. 예수님의 출현 전에 메시아라고 자처하는 자들이 여럿 있었다. 갈릴리의 유다(Judas of Galilee)는 주후 6년 무장봉기를 일으켰다. 여리고의 시몬(Simon of Jericho)과 목동이었던 아스론게스(Athronges)는 왕 행세를 했다. 이런 혁명들은 무자비하게 진압됐다.
많은 사람들이 예수님을 메시아라고 여겼지만 예수님은 이런 기대를 무시하려 애썼다. 그분은 메시아로 불리는 것을 좋아하지 않았고, 이 호칭을 자신에게 적용하길 망설이신 듯 보였다. 그분은 사람들이 원하는 그런 인물이 아니었다. 게다가 무장봉기 같은 것을 일으킬 의도조차 없었다. 그분은 혁명적인 메시지를 전했고 새로운 왕국을 세워나가셨지만, 유대인들이 기대하던 방법으로는 아니었다.
그리스도의 십자가 형과 부활의 관점에서, 제자들은 그분이 진정 메시아였음을 깨달았고, 메시아에 관한 수많은 예언들이 어떻게 예수님 안에서 완성됐는지 보기 시작했다.

포도원과 두 아들의 비유는 아버지에게 불순종한 첫째 아들과 순종한 둘째 아들을 대조시킨다. 전하려는 핵심은 명백하다. 제사장들과 바리새인들은 첫째였다. 그러나 그들의 자리는 "나중 된" 세리와 창녀들이 차지하게 될 것이다. 종교 지도자들과는 달리 세리나 창녀들은 정말로 믿었다. 하나님의 나라가 소위 거룩한 사람들에게서 정말 받아야 할 사람들에게로 갔다는 메시지를 두 개의 다른 비유들이 보충 설명한다. 하나는 포도원 소작인들의 비유, 다른 하나는 잔치 비유다. 소작인들은 그들에게 임대된 재산을 소중하게 생각하지 않고, 주인이 보낸 사신들을 함부로 대한다. 결국 그들은 쫓겨나고 만다. 지난 수백 년 동안 예언자들의 회개 촉구에 이스라엘이 반응한 모습과 어쩌면 이리 똑같을 수 있을까. 잔치에 초대받은 손님들은 가기를 거절하고, 마침내 그 영광의 자리는 선인이든 악인이든 길모퉁이에 서 있던 사람들에게로 돌아간다. 하나님은 이스라엘을 택하여 그분과 함께 잔치하자고 하셨으나, 그들은 더 좋은 일들을 찾아갔다.

제일 큰 계명 22:34–40; 막 12:28–34; 눅 10:25–28 율법 전문가들은 예수님을 쉴 새 없이 시험한다. 우리는 이 일로 인해 성경에서 가장 위대한 통찰 중 하나를 얻게 되었다. 어떤 계명이 가장 중요하냐는 질문을 받고, 예수님은 전체 율법과 예언의 내용을 간단한 두 문장으로 요약하셨다. "하나님을 사랑하고 네 이웃을 사랑하라."

율법 교사 23:1–36; 막 12:38–40; 눅 11:37–52 율법 교사들에 대한 의표를 찌르는 공격이 가해진다. 그들은 실천은 않고 설교만 하는(23:3), 사람들에게 죄책감의 짐만 지우는(23:4) 자들이다. 겉꾸밈에만 관심이 있고(23:5-6), 자기들도 천국에 들어가지 않고 다른 사람들도 들어가지 못하게 막는다(23:13). 세세한 것에는 신경을 곤두세우지만, 더 큰 그림을 놓친다(23:23-24). 회칠해 놓은 무덤처럼, 밖에서 보면 그럴듯하지만 안에는 시체가 들어 있다(23:27-28).

⑭ 베다니의 기름부음 26:6-13; 막 14:3-9; 눅 12:1-8; 요 12:1-8 예루살렘 외곽에 자리 잡은 베다니에서 벌어진 일이다. 한 여인이 예수님의 머리에 기름을 부었다. 가룟 유다가 발끈했다. 고가의 향수를 가난한 자들을 위해 쓸 수 있었다는 지적이었다. 그럴 수도 있었을 것이다. 그러나 준비를 위한 시간이 온 것이다. 문맥으로 볼 때 예수님은 여자의 행동을 일종의 예배이며 다가올 장례를 위한 준비로 보셨다. 요한은 그 여인이 마리아였으며, 그 향수가 예수님의 발에 부어졌다고 보도한다. 어떤 사람들은 두 사건으로 보기도 하지만, 같은 시간 같은 장소에서 일어난 일로 보인다.

평행 본문
마지막 때
마 24:1-25:46
막 13
눅 21

계략과 심문 26:1-5; 막 14; 눅 22장; 요 11-13 예수님이 종교적인 기성 체제를 공격하자 그분을 죽일 모략이 세워진다. 그들은 가룟 유다를 자신들의 책략에 끼워 넣는다. 왜 유다가 이런 짓을 했는가를 놓고 수많은 논쟁이 벌어졌다. 그가 예수님의 정체를 밝히는 데 도움이 되었다고 한다. 돈을 탐냈다고 말하기도 한다. 예수님이 걸으려는 메시아의 길에 완전히 실망했다는 설도 있다. 우리는 잘 모르지만 어떤 경우든, 유다는 예수님을 원수들의 손에 넘기는 데 동의했다.

⑮ 유월절 식사 26:17-45; 막 14장; 눅 22장; 요 13장 유월절이다. 유대인들이 이집트에서 구출된 것을 기념하는 절기다. 어떻게 문설주에 바른 양의 피가 모두를 죽음에서 건졌는지 추억하는 시간이다. 예수님은 제자들이 반드시 일어나야 할 일을 준비하도록 이 절기를 활용하셨고, 그분을 기념하면서 먹는 식사를 제정하셨다.

식사 후 예수님은 감람산으로 기도하러 가셨다. 너무 슬픈 나머지 죽는 것처럼 느끼실 정도였다(26:38). 그럼에도 불구하고 제자들은 그분과 함께 깨어 기도할 수 없었다. 그분은 점점 혼자가 되셨다. 이스라엘에서는 남자들이 서로 뺨에 키스하는 것이 인사법이다. 가룟 유다는 이 관습을 써서 경비병들에게 예수님이 누구인지 알려줬다. 예수님이 예루살렘에 들어오신 이후 벌인 활동들에도 불구하고 경비병들이 유다의 도움을 필요로 했다는 것은 잘 이해되지 않는다. 아무튼 가벼운 충돌이 있었지만 예수님은 체포돼 심문을 받기 위해 끌려가셨다.

베드로와 유다 26:46-75 혼비백산한 베드로는 예수님을 모른다고 부인했다. 강한 자, 먼저 뛰어내리던 자, 물 위를 걷던 자 게바는 심문이 시작될 무렵에는 도망치고 만다.

⑯ 십자가 형 27: 31-56; 막 15:22-41; 눅 23:27-49; 요 19:17-30 예수님은 짐승처럼 구타당했다. 조롱의 뜻으로 왕의 옷을 입은 채 처형되기 위해 밖으로 끌려나갔다. 십자가에서도 그분은 모욕과 학대를 당했다. 그분의 양편에는 두 강도가 달렸다. 마태는 그들이 그분을 향해 잔혹한 말을 내뱉었다고 하고, 누가는 그 중 하나가 그분께 깊은 감

난해한 주제

| 왜 예수님은 사람들이 자신을 알지 못하길 바라셨을까? 이 문제를 '메시아 비밀'이라고 부른다. 복음서들에서 예수님은 서너 번에 걸쳐 사람들에게 그분이 그들을 위해 해주신 일에 대해 말하지 말라고 명령하신다. 혹은 그분이 메시아임을 말하지 말라고 하신다. 왜 이러셔야 했을까?

가장 설득력 있는 설명은 사람들의 기대감일 것이다. 예수님은 자신이 메시아임을 부인하지 않으셨다. 그분은 단지 사람들이 원하는 유형의 메시아가 아니셨던 것이다. 그분은 마구잡이로 대중들이 상상하는 것 마냥 유대인 슈퍼맨이 되길 거부하셨다. 사람들이 그분을 잡아 억지로 왕으로 세우려 했던 일이 몇 번 있었다(요 6:15). 그러나 그분의 왕국은 이 땅이 아니라 하늘의 것이었다.

예수님을 선택된 분이라고 고백한 후에도, 하나님이 그를 고난당하다가 죽게 하시리라 믿을 수 없었던 베드로를 보면, 메시아에 대한 대중의 기대가 얼마나 확고했는지 알 수 있다. 심지어 그분의 제자들도 다른 사람들의 생각에서 벗어나지 못했다.

예수님은 아직 할 일이 많음을 아셨다. 전해야 할 가르침, 퍼뜨려야 할 메시지가 있었다. 따라서 로마인들이나 종교 당국과 어설프게 부딪치는 일을 만들지 않으시려 했다. 그 시간이 오겠지만, 무르익은 때에 와야 함을 아셨던 것이다.

동을 받았다고 보도한다. 여기에는 아무런 모순도 없다. 조롱으로 시작했지만 그분의 반응을 보고 바뀔 수 있는 것이다. 두 번째 강도는 그분이 여느 사람과 같지 않음을 분명히 깨달았다. 그는 예수님과 함께 그날 낙원에 있게 되는 상을 받았다.

장사 27:57-61 몇 명의 제자들과 가족들이 그분의 죽음을 먼발치에서 지켜봤다. 시신이 내려지고 한 후원자의 무덤에 안치됐다. 중동지역의 무덤은 매장형이 아니다. 그들은 바위에 굴을 파 무덤을 만든다. 그리고 큰 바위 같은 것으로 입구를 막는다. 빌라도는 무덤에 보초를 세웠다. 예수님의 시신이 제자들에 의해 탈취되지 못하도록 하기 위해서다.

⑰ **부활** 28:1-10; 막 16:1-8; 눅 24:1-12; 요 20:1-10 여자들이 진실을 목격한 최초의 사람들이었다. 그들은 빈 무덤을 발견한다. 보초들은 땅에 쓰러져 있다. 지진이 일어나고 천사들이 마치 바퀴 달린 수레마냥 그 큰 돌을 굴렸다. 빌라도가 파견한 보초들은 두려움에 기절하고 말았다. 여자들은 주님이 살아나셨다는 말을 천사들로부터 듣고 제자들에게 전하기 위해 달려간다. 그 길에서 그들은 예수님을 만난다. 그들은 제자들에게 갈릴리로 가라는 예수님의 명령을 전

난해한 주제

| 다 이루었다 예수님은 십자가에서 "엘리, 엘리, 라마 사박다니, 나의 하나님, 나의 하나님, 어찌하여 나를 버리셨습니까?" 하고 외치셨다. 이 말씀은 아마도 시편 22편의 인용이나, 시편은 히브리어로 기록된 데 반해 이 말씀은 아람어이기에 논란의 여지가 있다. 신약성경은 이 외침에 대해 아무런 설명을 하고 있지 않다. 따라서 우리의 이해 밖의 문제다. 하지만 이 외침은 예수님이 느꼈을 굴욕과 철저한 외로움을 잘 표현하고 있다.

예수님의 마지막 외침 역시 처음 읽는 사람에게는 모호하게 들린다. 마태는 최후로 크게 소리 지르셨다고 말한다(27:50). "다 이루었다!"는 말은 문맥에 따라서 여러 가지를 의미할 수 있다. 궁극적으로 이 외침의 해석은 우리가 예수님에 대해 어떤 견해를 지녔는가에 따라 달라진다. 예수님의 부활을 믿지 않는 사람들은 이 외침을 실패의 인정으로 보고 싶을 거다. "다 끝났다. 내가 졌다." 그분을 구주로 보는 사람들은 이를 목표 지점에 이른 사람의 환호로 볼 것이다. "책임을 다했다. 여기까지 견뎠다."

한다. 마태는 이 사건이 일어난 이후 퍼져나간 한 소문을 끄집어낸다. 예수님의 제자들이 시신을 훔쳐갔다는 비난에 민감해져 이를 조목조목 부인한 것이다. 그는 이 소문을 퍼뜨리도록 뇌물을 받은 병사들이 있었다고 주장한다.

세상 속으로 28:1-20

마태복음은 지상명령이라 알려진 말씀으로 막을 내린다. 마태는 제자들이 그 자리에 있었다고 말하지만, 분위기로 보아서 사도들 외에 다른 제자들도 있었던 것으로 보인다. 예수님은 10절에서 '제자들'에게 갈릴리로 가라고 하신다. 따라서 11명의 사도 외에도 다른 제자들이 있었던 것으로 보인다.

그렇다면 이 명령이 예수님의 모든 제자들에게 주어진 것임을 재차 확인할 수 있다. 단지 11명의 사도에게만 향한 것이 아니다. 교회 전체에게 주신 말씀인 것이다. 모든 제자들은 예루살렘에서 땅 끝으로 가야 한다. 복음을 전해야 한다. 예수님에 관한 소식은 모든 나라 모든 백성을 위한 것이다. 예수님은 한걸음 한걸음 제자들과 함께하실 것이다.

중요한 개념

예수님의 이름

● 고유 명사

예수 : 히브리어 이름 여호수아의 그리스어 역. '하나님이 구하신다'는 뜻이다.

그리스도 : 크리스토스라는 그리스어 이름. '메시아'라는 뜻이다.

● 예수님 자신이 사용하신 호칭들

알파와 오메가 : 처음과 나중. 알파와 오메가는 그리스어 알파벳의 처음과 마지막 글자다(계 1:8).

생명의 빵 : 빵은 영양을 공급하고 몸을 유지하기 위해 요구되는 기초 음식이다. '하늘의 빵'이라고도 한다. 광야에서 이스라엘 백성이 살아갈 수 있도록 하나님이 보내신 만나를 가리킨다(요 6:35, 41).

모퉁이돌 : 건물에 쓰이는 초석. 건물의 다른 나머지가 모두 이 돌 위에 세워진다(엡 2:20).

선한 목자 : 그의 양떼를 보호하고 구원한다(요 10:11).

세상의 빛 : 희망을 주고 진리를 드러내며 어두움을 물리친다(요 9:5).

메시아 : 예수님은 이 호칭을 심문 당하면서 단 한 번 공개적으로 쓰셨다. '하나님이 기름 부은 왕'이라는 뜻이다(마 26:63-64).

인자 : 예수님의 메시아 됨을 가리키는 어려운 용어로, 그분이 '지고한', '이상적인' 인간임을 강조한 호칭이다.

● 다른 사람들이 붙인 호칭들

대제사장 : 사람과 하나님 사이에서 완벽하게 중재하실 수 있는 분(히 6:20)이다.

임마누엘 : "하나님이 우리와 함께 하신다"(마 1:23)는 뜻이다.

구세주 : 죽음을 끊고, 그분께 의지하는 자들을 구출하는 분(딤후 1:10)이다.

말씀 : 창조 때 하나님과 함께 계셨으며, 온 우주의 배후에 존재하는 근거(요 1:1)이다.

마가복음

단순한 진리

누가 | 이 복음서에는 저자 이름이 밝혀져 있지 않으나, 전승에 따르면 요한 마가가 저자라고 한다. 요한 마가는 초대교회 시절에 예루살렘에서 모친 마리아와 함께 살았다(행 12:12). 그의 집은 초기 크리스천들을 위한 모임 장소였고, 최후의 만찬 장소로까지 추정된다. 훗날 그는 바울과 바나바(마가의 삼촌)와 함께 첫 번째 선교여행을 떠났다(행 13:4-13). 그러다가 그는 로마에 산다. 거기서

한눈에 보는 안내판

저자 요한 마가
유형 복음서
목적 주로 로마인 독자들에게 예수님 이야기를 전한다.
핵심 구절 16:6 "놀라지 마십시오. 그대들은 십자가에 못 박히신 나사렛 사람 예수를 찾고 있습니다만, 그는 살아나셨습니다. 그는 여기에 계시지 않습니다. 보십시오, 그를 안장했던 곳입니다."
한 가지만 기억한다면 예수님은 활달하게 일하셨다. 그의 삶은 고난과 섬김의 삶이었다.

한눈에 보는 흐름

세례 요한 1:1-13
사역의 시작 1:14-45
군중의 반응 3:1-35
믿음의 씨앗 4:13-41
사도 파송 6:1-13
나를 누구라 하느냐 8:22-38
진정한 영광 9:2-29
누가 가장 크냐 9:33-50
예루살렘 입성 11:1-33
주요 계명 13:28-37
음모 14:1-26
체포 14:27-72
죽음 15:6-41
회복 16:1-8

아마도 베드로와 함께했던 것 같다(벧전 5:13). 따라서 마가를 저자라고 한다면, 마가가 베드로 곁에서 사역하던 때 로마에서 이 복음서가 기록됐다고 볼 수 있다. 이 이론은 초기 기독교 역사가들(주후 130년, 히에라폴리스의 파피아스〔Papias of Herapolis〕는 마가가 예수님에 대한 베드로의 기억을 받아 적었음을 한 노인이 말해주었다고 기록했다)의 언급으로 뒷받침된다. 한편 이 복음서 여기저기에 들어와 있는 많은 라틴어 역시 이를 지지한다.

언제 | 58년에서 65년 사이.

무엇을 | 마가복음은 가장 활달한 복음서다. 가장 짧기 때문이다. 예수님의 탄생과 유년 시절 등에 관한 언급이 없다. 나이라든지 사역에 관한 긴 보도도 없다. 이 복음서는 세례 요한과 예수님의 세례에서 시작한다. 그리고 갑자기 끝나버린다. 부활 후 나타나심이 없다. 단지 두 여인, 빈 무덤, 하나님이 주신 메시지를 전하는 한 천사가 등장할 뿐이다. 어떤 사본들은 좀 더 긴 결말부를 가지고 있다. 아마도 원래의 복음서에 편집자가 첨언을 한 것 같다.

마가복음의 주제는 간단하다. 예수 그리스도가 하나님의 아들이라는 것이다. 이 점은 유대인 제자들뿐 아니라, 그리스도가 십자가에 달리셨을 때 곁을 지키던 로마 백부장 같은 사람들에 의해서도 확인된 바다. 이 요소는 아주 중요하다. 왜냐하면 마가는 아마도 이방인들, 로마인 독자들을 최우선 대상으로 이 복음서를 쓰고 있기 때문이다. 그래서 마가는 유대 풍습을 섬세하게 설명하고 아람어 문장들을 꼼꼼하게 번역한다.

갈릴리 1:1–9:50

① 세례 요한 1:1–8 마가복음은 꽝 소리와 함께, 아니면 고함소리

와 함께 시작한다. 예수님의 탄생은 없다. 곧장 세례 요한이 광야에서 소리를 지르며 나온다. 그는 그리스도의 사역을 위해 세상을 준비시킨다.

② 세례와 시험 1:9-12 마가는 다른 복음서들에 비해 그리스도의 시험에 대해 많은 지면을 할애하지 않는다. 개별적인 시험들은 생략하고, 그냥 사탄이 그분을 시험했다고만 기록한다. 또한 천사들이 그분을 시중들었고, 그분 주변에 짐승들이 있었다고 기록한다. 예수님이 자연을 사랑하는 분이었다고 묘사하기 위해 언급하는 게 아니다. 이 경험이 얼마나 위험한 것인지 보여주려는 의도가 깔려 있는 것이다.

평행 본문
제자를 부르심
마 4:18-22
막 1:14-20
눅 5:1-11

예수님과 율법 2:23-28; 마 12:1-8; 눅 6:1-5 예수님의 가르침과 구약성경 율법의 관계는 파악하기가 어렵다. 예수님은 율법을 파괴하기 위해서가 아니라 완성하기 위해 오셨다(2:23-28). 그러나 그분과 제자들은 종종 율법, 특히 안식일에 대한 태도 때문에 바리새인들의 격노를 유발했다. 사복음서 모두 그분이 사람들을 안식일에 고쳐주셨다고 기록한다. 율법주의적인 바리새인들은 이 행위를 노동으로 보았다. 예수님은 그들이 율법이 아닌 율법주의에 매달린다고 지적하신다. 그들에게 율법이란 죄인들을 낚아채는 덫에 불과하다. 그러나 하나님은 율법이 사람들을 그분 앞으로 인도하는 수단이라고 하신다. 따라서 바리새인들은 시각장애자를 인도하는 시각장애자와 같다(마 15:14).

평행 본문
생애의 한 날
막 1:21-39
눅 4:31-41

섭생법과 정결법에 관한 예수님의 태도는 가히 혁명적이다(막 7:14-23; 마 15:10-20). 우리를 부정하게 만드는 것은 음식이 아니라 우리에게서 나오는 것이다. 예수님은 사람의 삶에서 맺히는 열매가, 그 자신이 누구인가를 증명하는 것이라고 자주 말씀하셨다.

좋은 열매는 좋은 과실을 맺고, 나쁜 나무는 나쁜 과실을 맺게 마련이다. 마찬가지로 사람의 정결함 혹은 부정함은 먹는 음식이 아니라 그들의 말로 측정된다. 우리의 말이 우리의 내면을 보여준다. 겉으로 거룩해 보일 수 있지만, 문제가 되는 것은 안이다.

예수님은 진정 율법을 꿰뚫고 계셨다. 두 계명으로 율법 전체를 요약하실 수 있을 정도였다(12:28-34; 마 22:34-40; 눅 10:25-28). 그러나 그분은 율법을 교체하기 위해서, 그것을 넘어서기 위해서 오셨다. 하나님의 율법을 치사한 규칙들과 규례들의 모음에서 꺼내서 내적인 태도로 바꾸어 놓으셨다.

예수님과 비유 4:10-12; 마 13:10-17; 눅 8:9-10 예수님은 이야기를 즐겨 사용하신다. 기억하기 쉽고 사람들의 삶에 직접 관련될 뿐더러, 그분의 가르침을 좀 더 이해하기 쉬운 말로 영상화할 수 있기 때문이다(13:34-35). 사람들이 언제나 이야기를 사용하고, 또 이야기를 좋아한다는 점 또한 이유 중 하나다. 영국 작가 체스터튼(Chesterton)이 말했다. "문학은 사치고, 이야기는 필수다."

예수님 당시 랍비와 교사들은 자신의 가르침을 예증하거나 설명하기 위해 이야기를 사용하는 게 상례였다. 보통 랍비들의 비유는 간단하면서도 명쾌했다. 예수님이 사용하신 많은 이야기들도 이 범주에 들어가는데, 듣는 자들의 공감을 쉽게 얻어냈다. 그러나 비유 중 어떤 것들은 사람들을 상당히 어리둥절하게 만들었다. 이 대목에서 예수님은 이런 비유가 요점이라고 주장하신다. 마태복음 13장에서 한데 모인 비유들을 쭉 전하신 후, 예수님은 이사야 6장을 인용하신다. 사람들은 이 이야기들을 듣긴 해도 이해하지 못한다. 이해력이 떨어져서가 아니라 이야기의 요점을 그저 거부하기 때문이다. 인용하신 말씀은 일종의 심판의 행위다. 이 비유들에 대한 사람들의 반응은 그들이 하늘나라에 가까이 있는지, 멀리 있는

성경에는 안 나온다

목수 예수님

예수님은 15년을 나사렛에서 보내셨다. 아버지와 함께 장사를 했는데, 이 직업은 전통적으로 "목수"(막 6:3)라고 번역됐다. '테크톤'이란 헬라어는 '목수'라고 단순히 옮길 수도 있지만 건축업자, 공예가 등 나무와 돌을 다루는 직업도 포함된다.

나사렛은 작은 마을이었다. 예수님과 요셉은 근처 세포리스에서 일자리를 찾았을 것이다. 이 도시는 헤롯 안티파스가 세운 대도시였다. 이러한 배경이 그분의 이야기에 반영되어 있다. 고용을 기다리는 사람들, 건축용어들, 나무와 돌을 비롯하여 평범한 공예가와 노동자들의 이야기가 들어있는 것이다.

지를 알려준다. 이 비유들은 일종의 영적 리트머스 테스트다. 듣는 자들의 반응이 정말 중요하다. 이야기에는 원래 힘이 있는데, 예수님의 비유에는 더 말할 것도 없다.

세례 요한의 죽음 6:14-29; 마 14:1-12; 눅 9:7-9 세례 요한은 언제나 담대하게 목청을 높이는 설교자였다. 그는 끝내 권력자들과 껄끄러운 관계가 되고 말았다. 헤롯 안티파스는 유대법을 위반하여 불법으로 결혼했다. 그는 이복동생인 헤롯 빌립(분봉왕이었던 빌립과 혼동하지 말라. 이 빌립도 그의 형제였다)과 이혼한 아내를 취했던 것이다. 이 복잡한 집안 이야기는 옆으로 치워두고, 중요한 것은 안티파스와 헤로디아가 유대법을 위반했다는 것이다. 근거로 레위기 18장 16절과 20장 21절을 꼽을 수 있을 것이다. 요한의 죽음을 획책한 것은 헤로디아다. 안티파스는 요한이 하는 말에 관심을 두었고, 그의 말을 "달게 들었다"(6:20). 훗날 안티파스는 예수님에 대해서도 비슷한 관심을 나타냈다. 유대 역사가 요세푸스(Josephus)는 요한이 사해 부근의 요새 마카루스(Machaerus)에 감금됐다고 기록한다.

③ 수천 명을 먹이심 6:30-44, 8:1-10; 마 14:13-21, 15:32-39; 눅 9:10-17; 요 6:1-14 예수님의 삶은 어떤 면에서는 현대의 대중 스타와 같다. 그분이 가시는 곳 어디에나 사람들이 몰려들었다. 두 가지 개별적인 사건이 일어난다. 그러나 거의 같은 기적이다. 첫 번째 사건에서 그분은 빵 다섯 덩이와 두 마리 물고기를 가지고 오천 명을 먹이신다. 두 번째에는 빵 일곱 덩이와 작은 생선 몇 마리로 사천 명을 먹이신다. 어떤 사람들은 이 둘이 같은 사건이라고 한다. 그러나 차이점이 있다. 한 사건은 유대 지경에서 일어났고, 다른 사건은 이방 지역에서 일어났다. 예수님은 말씀 전파와 물질적인 필요를 통해서 사람

성경에는 안 나온다

살로메와 일곱 겹 베일

마가는 헤롯 안티파스 앞에서 춤을 춘 딸이 누구였는지 밝히지 않는다. 살로메는 헤로디아의 무남독녀 외동딸이다. 우리가 아는 바로는, 진짜 살로메는 수줍음을 타고, 조용히 앉아서 십자 낱말풀이나 풀고 있을 사람 같다(물론 그는 나중에 삼촌인 분봉왕 빌립과 결혼을 했지만, 그가 꼭 육감적인 연예인이었다는 뜻은 아니다). 성경은 우리에게 어떤 춤을 췄는지도 말하지 않는다. 일곱 겹 베일을 하나씩 벗는 춤을 췄다는 것은 19세기 희곡작가들과 영화 제작업자들이 흥행을 위해 만들어낸 완전 허구에 불과하다. 우리는 헤롯 딸의 이름도, 춤의 종류도 모른다. 문제가 되는 것은, 안티파스가 취해 있었고 음욕에 달아 있는 상태에서 어리석은 약조를 하고 말았다는 것이다. 성경의 어디서나(삿 11:34-40을 참고하라), 어리석은 약조는 후폭풍을 일으키고 당신을 괴롭히는 악재로 떠오른다.

들의 영적인 필요에 응답하셨다. 이 사건과 출애굽과의 연관성도 있다. 다시 한 번 하나님이 광야에 있는 그분 백성을 기적적으로 먹이신다.

④ 귀 먹고 말 더듬는 자 7:31-37 이 사건은 마가복음에만 기록돼 있다. 몇 가지 이유에서 눈길을 끈다. 예수님은 치유 과정에서 침을 사용하신다. 보통은 단지 말씀으로만 치유하신다. 그러나 여기서는 이 사람 자신의 느낌을 중요하게 보신다. 아마도 이 사람이 믿음을 갖도록 도우시려는 목적에서일 것이다. 예수님은 명령을 하기에 앞서 한숨을 내쉬신다. 기대의 중압감 때문일 수도, 아니면 그런 질병에 대한 심정의 안타까움을 표시하신 것일 수도 있다. 하나님이 천지를 창조하실 때에는 질병과 죽음은 끼어들지 않았다. 예수님은 벳세다의 시각장애자에게도 또 한 번 침을 사용하신다(8:22-26). 그의 눈에 침을 바르자, 시력이 점차 회복됐다.

⑤ 누가 가장 크냐 9:33-37; 마 18:1-5; 눅 9:46-48 다음 이야기에서는 메시아에 대한 일반적인 견해에서 빠져나오기가 얼마나 어려운가를 보여준다. 제자들은 그들 중 누가 가장 큰가를 놓고 언쟁을 주고받고 있었다. 예수님은 위대함에 대한 그들의 생각을 전복하신다. 메시아가 그들이 상상하는 분과 완전히 다른 모습인 것과 마찬가지다. 그분의 왕국에서는 섬기는 자가 가장 큰 자다. 그분은 이 개념을 십자가에 처형되기 전날 밤 행동으로 보여주셨다. 겸손히 신뢰하며, 야심만만하거나 거만하지 않은 어린아이와 같은 태도를 갖지 않는 한, 우리는 결코 그리스

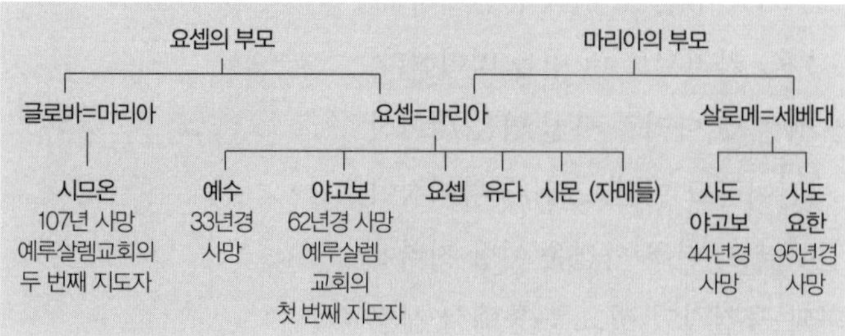

중요한 개념

예수님의 가족

성경은 우리에게 예수님의 가족에 대해서 거의 말하지 않는다. 예수님의 아버지 요셉은 유아 시절의 보도 외에서는 언급되지 않는다. 예수님을 "마리아의 아들"(막 6:3; 마 13:55-56)이라고 한 점은 예수님이 사역에 들어갈 무렵에는 요셉이 이미 죽었음을 말하고 있는지도 모른다. 예수님이 설교와 가르치는 사역을 시작하기 위해 서른 살 무렵까지 기다렸다고 말하는 사람들이 있다. 그 전에는 가족을 부양할 책임이 있었기 때문이다.

우리가 알고 있는 한 예수님에게는 네 명의 형제들이 있다. 야고보, 요셉, 유다, 시몬이다(마 13:55; 막 6:3). 외경에는 살로메와 마리아라는 두 여동생이 더 있었다고 하는데, 구체적인 증거는 없다.

처음에 그의 가족은 예수님의 사명과 삶을 이해하는 데 애를 먹었다(막 3:21). 그러나 나중에는 초대교회에서 중요한 역할을 감당한다. 예수님의 어머니 마리아 외에, 가장 중요한 인물을 꼽으라면 야고보를 들 수 있다. 그는 나중에 예루살렘교회의 지도자가 된다.

두 제자 야고보와 요한도 예수님과 연결이 되는 것 같다. 마태가 언급한 살로메(마 27:56)가 요한이 언급한 마리아의 "자매"(요 19:25)라면, 야고보와 요한은 예수님의 사촌뻘이 된다.

요셉의 부모
마리아의 부모
글로바=마리아
요셉=마리아
살로메=세베대
시므온 107년 사망 예루살렘교회의 두 번째 지도자
예수 33년경 사망
야고보 62년경 사망 예루살렘 교회의 첫 번째 지도자
요셉
유다
시몬
(자매들)
사도 야고보 44년경 사망
사도 요한 95년경 사망

| 평행 구절들 이 구절을 어디서 봤더라? **|**

	마가복음	마태복음	누가복음	요한복음
예수님과 이혼	10:1-12	19:1-9	·	·
예수님과 부	10:17-31	19:16-30	18:18-30	·
예루살렘 입성	11:1-11	21:1-11	19:28-40	12:12-19
성전	11:15-19	21:12-17	19:45-48	2:13-22
무화과나무	11:12-24	21:18-22	·	·
지상명령	12:28-34	22:34-40	10:25-28	·
율법에 관한 교훈	12:38-40	23:1-36	20:45-47	·
마지막 때	13:1-27	24:1-25:46	·	·
과부의 헌금	13:41-44	·	21:1-4	·
베다니의 기름부음	14:3-9	26:6-13	12:1-8	12:1-8
계략과 심문	14	26:1-5	22	11-13
최후의 만찬	14	26:17-45	22	13
십자가 형과 죽음	15:21-41	27:31-56	23:27-49	19:17-30

도의 왕국에 들어갈 수 없다.

⑥ **위하는 자와 반대하는 자** 9:38-41; 눅 9:49-50 기적은 제자들과 예수님이 행하셨다. 그러나 여기서 홀로 활동하는 한 축사가를 본다. 그는 그리스도의 이름으로 활동하고 있다. 제자들은 그를 억제하려고 했다. 왜냐하면 그는 '공식적인' 제자가 아니었기 때문이다. 예수님은 비밀결사 조직을 만드는 데 관심이 없으시다. 그분의 이름을 믿는 누구나 그분의 편이다.

예루살렘 10:1-16:8

야고보와 요한 10:35-45; 마 20:20-28 마태복음에는 야고보와 요한이 아니라 그들의 모친이 자식들에게 높은 벼슬을 내려달라고 부탁

?! 궁금증 해소

어떤 사람들은 죽지 않는다?(막9:1)

하나님 나라가 권능으로 임하는 것을 보기 전에는 죽지 않을 자들이 있다고 예수님이 말씀하신다. 이 말씀의 진의가 무엇인가를 놓고 많은 해석들이 나왔다. 어떤 사람은 변화산 사건을 말한다고 한다. 부활을 의미한다고도 한다. 심지어 사도행전에 기록된 성령의 강림에 관한 말씀이라고도 한다. 그러나 예수님이 하나님 나라가 임할 때 어떤 사람들은 죽을 것이라는 뜻도 비추신 것을 볼 때는, 미래에 일어날 어떤 일, 즉 초대교회의 급속한 확산을 의식한 말씀이 아닐까 싶다.

알쏭달쏭

무화과나무

Q 불공평하다. 열매가 없는 게 나무의 잘못인가. 그리고 시장하다면 아침을 먹었어야지.
A 이건 예언자적인 상징이다.
Q 뭐라고?
A "행동이 말보다 더 나은 웅변이다"는 것이다. 타크쉬를 생각해보라.
Q 아, 지중해 무화과나무의 먹을 수 있는 작은 열매를 말하는 건가? 3월쯤 열리기 시작해서 진짜 무화과가 익을 때까지 달려 있다는 열매 말이다.
A 맞다.
Q 그런데 지금 이 무화과나무에는 그 타크쉬가 없었다는 것인가?
A 그렇다. 이 나무에는 아무 열매도 맺히지 않는다는 뜻이다. 그래서 저주를 받았다.
Q 그러면, 이 일이 상징하는 것은 무엇인가?
A 이스라엘에 관한 것이다. 유대인들은 언제나 멋진 종교를 자랑하고 다녔으니까.
Q 하지만 잎이라도 있는 게….
A 잎은 무성했지만 열매를 맺지 못했다. 이스라엘은 나무로 치면 쓸모가 없었다. 그래서 다른 나무로 바꿔 심어야 했던 것이다.

한다. 그들과 모친은 제자가 된다는 것을 조금밖에는 이해하지 못했다. 그들은 영예로운 자리, 예수님의 양편에 앉게 해달라고 부탁한다. 예수님은 리더십의 새로운 이상을 제시하신다. 모든 리더는 섬기는 자라는 것이다. 인자는 모든 노예들을 자유롭게 하기 위해 노예가 돼야 한다고 하신다.

⑦ 과부의 헌금 13:41–44; 눅 21:1–4 예수님은 표면보다는 내면에 항상 관심을 두셨다. 그들의 헌금액 때문에 스스로 믿음이 있다고 자랑하는 성전의 부자들은 가진 것 전부를 넣은 과부와 날카롭게 대비된다. 헌금에서 중요한 것은 액수가 아니다. 그 가치다. 외모가 아니라 진실이다.

⑧ 부활 16:1–8; 마 28:1–10; 눅 24:1–12; 요 20:1–10 막달라 마리아, 야고보의 어머니 마리아, 살로메는 예수님의 시신에 향품을 바르기 위해 무덤으로 간다. 물론 니고데모는 장사를 치르면서 이미 향품을 발랐다(요 19:39–40). 그들은 아무튼 뭔가를 하고 싶었다. 무덤에 이르니 돌이 굴려져 있고 무덤 안에는 젊은이가 앉아 있었다. 이 젊은이는 제자들에게 예수님이 부활하셨음을 전하라 한다. 그는 특히 베드로를 지목해서 말한다. 이는 아마 그가 예수님을 부인했기 때문일 것이다. 여인들은 무덤에서 나온다. 그러나 두려움에 떨면서 말하기를 꺼려한다.

우리가 가지고 있는 고대 사본들에서 마가복음은 여기서 끝난다. 갑작스런 결말이 아닐 수 없다. 마가가 어떤 작가인지 생각하면 더욱 그렇다. 아마도 마가는 그의 육필 원고를 마칠 수 없었던 것 같다. 죽었을 수도 혹은 심한 병이 들었을 수도 있다. 혹은 원본을 베끼기도 전에 마지막 육필 원고를 담은 두루마리가 분실됐을 수도 있다.

덧붙인 결말16:9-20

대부분의 역본들에서 16장 9-20절로 매겨진 구절들은 2세기 초로까지 내려가는 후대의 첨언이다. 다른 복음서들에도 이런 첨언이 발견된다. 막달라 마리아에게 나타나심(요 20:10-18), 엠마오 길 위에서의 만남(눅 24:13-35) 등이 그것이다. 그러나 신약성경의 어디에도 제자들이 독을 마시거나 뱀을 손으로 집었는데도 해를 받지 않았다는 언급은 없다. 이런 말들을 '복음'이라고 다룰 때에는 극히 조심해야 한다.

우리가 짧은 결말본이라고 부르는 어떤 사본들에는 이와 다른 결말이 나오기도 한다. 제자들은 복음을 들고 동서남북으로 나갔다는 것이다. 이것 역시 후대의 첨언이다.

?! 궁금증 해소

루포(15:16-21)

마가는 이 복음서의 원작에 관하여 실마리를 줄 수 있는 상세 기사 하나를 싣는다. 십자가 형을 받기로 된 사람들은 십자가의 가로 형주(刑柱)를 스스로 나르게 돼 있었다. 이 형주의 무게는 14-18킬로그램이었다. 예수님도 자기 형주를 지고 나르기 시작했다(요 19: 17). 그러나 심하게 고문을 당한 상태였으므로 나를 수가 없었다. 그래서 로마 군병들은 그 자리를 지나가던 한 사람, 시몬이라 불리는 사람에게 대신 지라고 명령했다. 시몬은 구레네 출신이었다. 북부 아프리카의 주요 도시 중 하나인 리비아에 자리 잡은 곳이다. 그는 아마도 유월절 때문에 예루살렘에 올라와 있었던 것 같다.

누가와 마태는 구레네 사람 시몬이 십자가를 날랐다고 기록하고 있지만, 오직 마가만은 시몬의 아들 루포와 알렉산더에 관해 자세한 기록을 남긴다. 그의 독자들은 이 두 사람 중 한 사람이나 둘 모두를 알았던 것 같다. 그들은 마가의 복음서를 받고 있는 공동체에서 큰 역할을 하는 크리스천이었던 것이 틀림없다.

바울이 로마에 보낸 편지에서 루포의 이름이 다시 한 번 언급된다. 로마교회에는 그리스도의 십자가를 지고 나른 아버지의 아들이 출석하고 있었던 것이 분명하다.

ROUTE PLANNER

탄생과 유년시절 1:1-2:52
1. 세례 요한 1:5-25
2. 마리아 1:26-45
3. 예수님의 탄생 2:1-20
4. 성결례 2:21-38
5. 성전에서 발견된 예수님 2:41-52

사역시작 3:1-4:13

갈릴리 4:14-9:50
6. 회당에서 4:16-30
7. 생애의 한 날 4:31-44
8. 평지 설교 6:17-49
9. 발에 부은 향유 7:36-50

유대 9:51-19:27
10. 72명 파송 10:1-24
11. 마르다와 마리아 10:38-42
12. 주님의 기도 11:1-4
13. 돌아온 탕자 15:11-31

예루살렘 19:27-24:53
14. 헤롯 앞의 예수님 23:6-12
15. 엠마오로 가는 길 24:13-35
16. 승천 24:50-53

누가복음

그리스도를 위한 변호

누가 | 다른 모든 복음서들도 그렇지만 이 책에도 저자의 이름이 나오지는 않는다. 그러나 전통적으로 이 책은 바울의 동료 누가가 쓴 것으로 알려져 왔다. 그는 의사였고(골 4:14), 아마도 유대인이 아닌 이방인이었던 것 같다. 그는 사도행전도 썼다.

한눈에 보는 안내판

저자 누가
유형 복음서
목적 예수님의 생애에 대한 자세하고 충분히 조사한 보도들을 집대성한다.
핵심 구절 1:3-4 "존귀하신 데오빌로님, 나도 모든 것을 처음부터 정확하게 조사하여 보았으므로, 귀하께 이 이야기를 차례대로 엮어 드리는 것이 좋겠다고 생각했습니다."
한 가지만 기억한다면 복음은 특히 가난한 자들과 눌린 자들에게 좋은 소식이다.

한눈에 보는 흐름

누가가 글을 쓴 이유 1:1-25
두 개의 노래 1:46-80
탄생 2:1-21
성전에서 발견된 예수님 2:41-52
세례와 시험 3:21-4:13
고향에 오시다 4:14-30
백부장 7:1-17
나를 누구라 하느냐 9:18-50
72명 파송 10:1-24
사마리아인 10:25-37
제자가 된다는 것 14:7-35
세리 19:1-10
음모 22:1-38
죽음 23:13-56
그는 살아나셨다 24:1-12
엠마오로 가는 길 24:13-35
왜 의심하느냐? 24:36-53

언제 | 65-79년경에 쓰였을 것이다. 하지만 많은 전문가들은 더 후대인 80-85년경을 생각한다. 데오빌로는 로마의 고위관리였다. 이 책은 로마에서 쓰였을 것이다. 그러나 안디옥, 아가야, 에베소를 기록 장소로 생각하는 사람들도 많다.

무엇을 | 누가의 목적은 실제로 일어난 일에 대하여 합당한 역사서를 저술하는 것이다. 그는 서두에서부터 자료들을 면밀하게 검토했다고 밝히고, 예수님의 삶과 가르침에 관한 상세한 연구를 내놓는 것을 목적 삼는다고 밝힌다. 누가의 의도는 기독교에 대한 변증이다. 무지하고 악의적인 보도들에 맞서는 것이다.

이 복음서에서는 기쁨에 넘친 낙관적인 분위기가 나온다. 가장 중요한 것은, 이 복음서가 가난하고 소외된 사람들을 위한 책이라는 것이다. 누가의 복음서에는 세리, 창녀, 나병환자와 도적들이 바글거린다. 예수님 탄생의 소식은 마태복음에서처럼 외국 사절들이 아니라 낮고 천한 목자들에게 전해진다. 누가복음은 당시로서는 대단히 이례적이랄 수밖에 없을 정도로 여자들을 존중한다. 여성에 대한 관점 때문에 종종 성경을 비판하는 사람들이 있는데, 시대적인 기준을 고려할 때 성경에 나오는 여자들은 두드러질 만큼 자유로웠고 존경받고 있다. 누가의 복음서는 기뻐하는 두 어머니부터 예수님과 여자들의 소중한 만남을 관심있게 보도한다.

누가는 마태처럼 유대인을 대상으로, 마가처럼 로마인을 대상으로 복음서를 쓴 것이 아니다. 모든 이방인들을 위해 썼다. 이 복음서가 '영웅' 으로 치켜세우는 사람들에는 이방인 백부장, 착한 사마리아인이 들어 있다. 게다가 그리스도의 족보는 모든 자의 조상인 아담에게로까지 거슬러 올라간다. 누가는 복음서에 노래나 시들도 넣는다. 이 노래와 시들은 중요한 인물들과 관련이 있다. 여기에는 마리아의 찬가(1:46-55), 사가랴의 찬송(1:68-79), 시므온의 찬미(2:29-32) 등이 있다.

궁금증 해소

사가랴의 성전 봉사(1:23)

제사장은 6개월에 한 번 일주일씩은 예루살렘 성전에서 보내야 했다. 사가랴는 지성소 앞에 있는 단에서 향을 살라 바치는 임무를 수행했다.

탄생과 유년시절 1:1-4:13

데오빌로 1:1-4 이 책은 한 사람, 데오빌로에게 헌정됐다. 그의 이름은 '하나님을 사랑하는 자'라는 뜻을 가지고 있다. 그에게는 '존귀한'이라는 칭호가 붙었다. 아마 그는 로마의 고위관리였던 것 같다. 누가는 데오빌로가 이 이야기의 일부를 이미 들었고, 더 많은 것을 알기 원한다고 말한다. 이 관리는 누가의 후견인이었던 것 같다. 그의 후원으로 이 복음서를 필사, 보급할 수 있었을 것이다. 말하자면 1세기의 출판업자였던 셈이다.

① 세례 요한 1:5-25 마태는 세례 요한의 출생에 관해 아무 보도도 하지 않는다. 하지만 누가는 요한과 예수님의 관계, 그의 출생의 기적적인 측면을 강조한다. 사가랴와 엘리사벳은 두 사람 모두 제사장 가문이다. 모두 아론 계열의 자손들이다. 엘리사벳은 사라(창 17장), 라헬(창 30장), 한나(삼상 1장) 등 주목할 만한 부인들마냥 나이를 먹었는데도 아이를 갖지 못하고 있었다. 누가는 하나님이 요한의 탄생을 미리 알려주신다고 보도한다. 사라갸는 천사의 방문으로 인해 말을 못하게 됐다. 그는 믿음이 부족해서 목소리를 잃게 됐다. 천사가 고지한 아들은 엘리야의 영과 능력을 지닐 것이다(1:17). 그는 나실인의 서약에 매인 몸이 될 것이다(민 6:1-4). 이렇게 해서 그는 사무엘과 삼손 같은 구약성경의 인물들과 어깨를 나란히 하게 된다.

② 마리아 1:26-45 누가도 동정녀 탄생을 보도한다. 그러나 마태복음보다 훨씬 상세하다. 누가는 마태가 인용한 구절들은 인용하지 않는다. 이는 초대교회가 처녀 탄생을 하나의 역사적인 사실로 받아들이고 있다는 점을 뒷받침한다. 마리아는 친척 엘리사벳을 방

문한다. 성령의 감동을 받은 엘리사벳은 마리아가 잉태하고 있는 아기의 중요성을 알아차렸다.

세례 요한의 탄생 1:57-80 요한의 탄생에서도 찬송이 터져 나온다. 그러나 이번에는 요한의 아버지, 늙은 제사장 사가랴가 노래의 주인공이다. 그는 다시 말할 수 있게 됐다. 그와 아내는 선언한다. 그리고 이웃들은 놀란다. 아기의 이름을 요한이라 하겠다 했기 때문이다. 사가랴의 노래는 베네딕투스(*Benedictus*)로 알려져 있다. '찬양할지어다' 라는 뜻이다. 이 노래는 이스라엘에 대한 하나님의 약속과, 하나님이 어떻게 그분의 백성들에게 "구원의 뿔"(1:69)을 주셨는지를 되돌아보게 한다. 짐승의 뿔은 큰 힘의 상징이었다. 그는 자기 아들이 감당하게 될 역할을 내다본다(1:76-77). 그리고 '죽음의 어두운 그늘' 에서 살던 모든 사람들에게 비춰질 빛 또한 바라

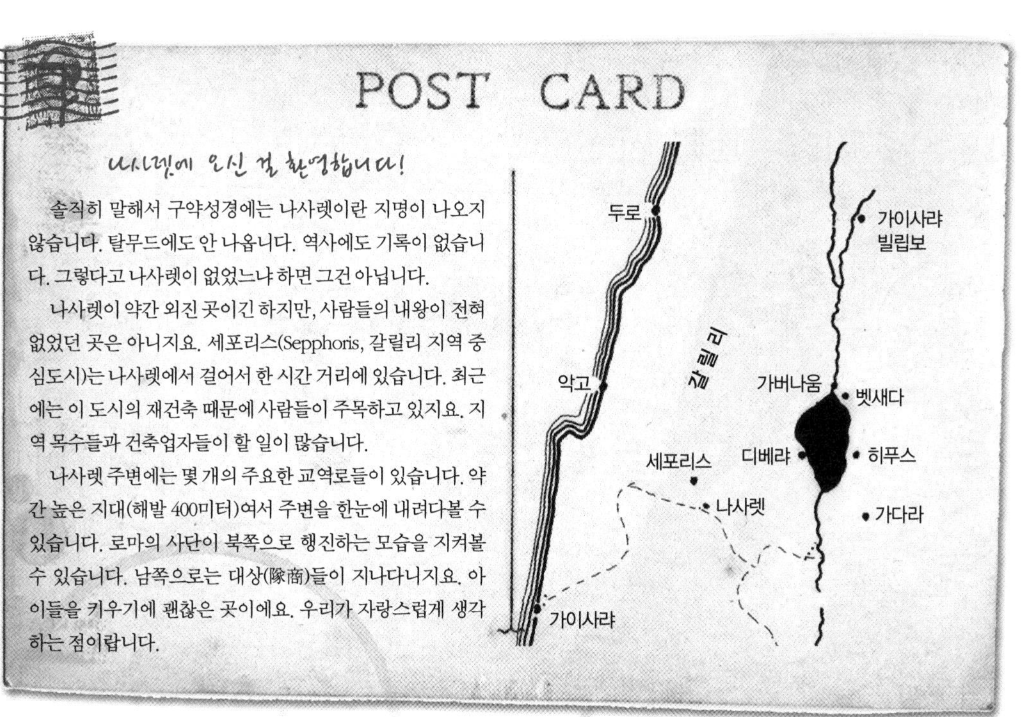
POST CARD

나사렛에 오신 걸 환영합니다!

솔직히 말해서 구약성경에는 나사렛이란 지명이 나오지 않습니다. 탈무드에도 안 나옵니다. 역사에도 기록이 없습니다. 그렇다고 나사렛이 없었느냐 하면 그건 아닙니다.

나사렛이 약간 외진 곳이긴 하지만, 사람들의 내왕이 전혀 없었던 곳은 아니지요. 세포리스(Sepphoris, 갈릴리 지역 중심도시)는 나사렛에서 걸어서 한 시간 거리에 있습니다. 최근에는 이 도시의 재건축 때문에 사람들이 주목하고 있지요. 지역 목수들과 건축업자들이 할 일이 많습니다.

나사렛 주변에는 몇 개의 주요한 교역로들이 있습니다. 약간 높은 지대(해발 400미터)여서 주변을 한눈에 내려다볼 수 있습니다. 로마의 사단이 북쪽으로 행진하는 모습을 지켜볼 수 있습니다. 남쪽으로는 대상(隊商)들이 지나다니지요. 아이들을 키우기에 괜찮은 곳이에요. 우리가 자랑스럽게 생각하는 점이랍니다.

본다(1:78-79).

요한은 광야에서 자라난다(눅 1:80). 그가 쿰란(Qumran)에 있던 사해 공동체의 일원이 아니었을까 추측하게 하는 대목이다. 그러나 확실한 증거는 없다. 그는 점심으로 먹을 약간의 꿀과 메뚜기만 있으면 어디든 거처로 삼을 수 있었다.

③ 예수님의 탄생 2:1-7 마태는 예수님이 베들레헴에서 태어났다고 간단히 기록한다. 누가는 우리에게 왜 예수님이 거기서 나시게 됐는지 이유를 댄다. 그러나 누가의 이유가 역사적인 난제를 만들어낸다. 누가는 당시의 인구조사가 구레뇨가 시리아 총독일 때라고 한다. 그러나 이 인구조사는 주후 6-7년에 실시한 것일 수 있는데, 그렇다면 너무 늦다. 누가가 구레뇨 '전'에 실시한 인구조사에 대해 말한 것일 수 있다. 혹은 단순히 시대착오일 수도 있다. 한편 인구조사 때문에 요셉이 베들레헴으로 가야 했다는 것도 대단히 이례적이다. 로마의 인구조사는 보통은 거주지를 중심으로 이뤄진다. 오늘날의 인구조사와 비슷하다. 마지막으로 이 인구조사에 대한 역사적인 언급이 없다. 그러나 인구조사 자체가 없었다고 하는 뜻은 아니다. 몇 년 뒤 이집트에서 행해진 인구조사도 역사적인 언급이 나오지 않는다. 누가는 믿을 만한 역사가였다.

어떻게 된 일이건 간에, 누가는 이 사건과 여기 연루된 자들의 초라함을 강조한다. 누가는 사회계층을 가장 많이 의식한 복음서다. 마리아의 노래는 하나님의 은혜가 가난한 누군가에게 소낙비처럼 내리는 사실을 찬양한다. 예수님은 가난한 부모 슬하에서 태어났다. 요셉은 성전에 올라갔을 때 가난한 자가 드리는 제물을 바쳤다(2:24).

④ 성결례 2:21-38 율법은 생후 8일 후에 아기가 할례를 받아야 한

성경에는 안 나온다

마구간과 여관

매년 수많은 성극이 공연된다. 여관에 방이 없어서 마리아가 말구유에 아기를 낳았다는 것이다.
그러나 누가복음은 이런 것을 언급하지 않는다. '여관'으로 번역된 카타루마(*kataluma*)는 여관을 뜻하기도 하지만 보통은 '게스트 룸'이라는 뜻으로 더 많이 쓰인다(누가는 최후의 만찬이 열린 곳에 관해 말할 때도 이 단어를 썼다). 누가는 다른 곳에서 여관을 뜻하는 말을 쓴 적이 있는데(착한 사마리아인 이야기), 거기서는 아주 다른 단어인 판도케이온(pandocheion)을 썼다. 따라서 아마도 누가는 여관을 말하려던 것이 아니고, 단지 그 집에 남은 방이 없었다는 말을 전하려 했는지도 모른다.
말구유라는 말도 마찬가지다. 예수님을 동물의 여물통에 뉘였다는 말에서 유추한 것이다. 그러나 당시 농부의 집에서 가축들은 밤에 1층 실내로 몰고 들어오게 돼 있었다. 가축들을 보호하는 뜻도 있었지만, 가축들이 내뿜는 열기는 1세기에는 일종의 난방장치였던 것이다. 옹색하고 단출한 집 어디에도 다른 공간이 없어 1층의 가축들 사이에 아기 예수를 누인 것이다.

다고 규정하고 있다. 요셉과 마리아는 베들레헴에 있다가 아기를 데리고 여호와 앞에 보이기 위해 예루살렘으로 올라갔을 것이다. 율법은 이 일이 출생 33일 안에 이뤄져야 한다고 못 박고 있다(레 12:4-8). 부자는 어린양을 희생제물로 드렸다. 요셉은 비둘기 두 마리 혹은 집비둘기라는 가난한 자의 예물을 드린다.

성전에 올라온 이들은 두 사람의 인물과 접촉한다. 그들은 시므온과 안나다. 시므온은 의로운 사람으로서 메시아를 보기 전에는 죽지 않겠다는 예언을 받았다. 그는 팔에 아이를 안고서 시므온의 찬송(Nunc Dimittis)이라 알려진 말씀을 올린다. '이제 놓아주소서' 라는 뜻의 라틴어다. 마침내 방면된 노예, 자신의 임무를 마친 종, 이제 떠날 수 있게 해달라고 청원하는 종의 노래다. 그러나 시므온의 메시지에는 더 심각한 측면도 있다. 그는 마리아에게 아들이 열국에 빛을 전하기도 하겠지만, 어머니에게는 고통이 될 것이라고 말한다. 예수님에 대한 진실은 안나라 불리는 노파에 의해서도 확인된다(2:36-38). 그는 84세의 과부였다(그리스어 문장 구조상 과부가 된 지 84년째라고도 해석할 수 있다). 그의 헌신적인 기도와 금식은 나이만큼 눈길을 끈다. 그의 말이 기록돼 있지는 않지만, 시

?! 궁금증 해소

예수님의 생일

예수님의 생일이 언제라고 확정할 수는 없다. 주전 4년 전에 일어났던 것은 분명하다. 왜냐하면 그해에 헤롯이 죽기 때문이다. 12월 25일이라고 하는 것은 후대의 창작일 뿐이다. 탄생 보도를 근거로 이와 같은 날짜를 얻어낼 아무 실마리도 없다. 어쩌면 여름이었는지도 모른다. 3월에서 11월까지는 양떼를 야외의 언덕에 두기 때문이다. 6월 25일을 성탄절로 지키는 것이 더 정확한 것인지도 모른다.

BRIEF LiVES 약력

| 마리아

가족 사항 _ 본명은 미리암이다. 마리아는 그리스어로 부른 이름이다. '동정녀 마리아' 로 알려졌다. 성령으로 예수님을 잉태했기 때문이다. 하지만 예수님을 출산하고 나서는 요셉과 사이에서 몇 명의 아이를 낳는다.

직업 _ 어머니

생애와 업적 _ 마리아는 요셉과 정혼했을 당시 어린 나이였을 것이다. 당시에는 빠르면 12살에도 신부가 됐다. 그가 천사의 고지를 받고 보인 성숙한 반응을 보면 아마 이보다는 몇 살 더 먹었을 것이다. 마리아에 대해 알려진 것들은 모두 예수님의 잉태와 관련해서이다. 마리아는 가난한 평민 집안 출신이었지만, 하나님의 선택에 반응하는 모습을 보면 놀랍도록 영적인 통찰력이 있다. 예수님의 성장에 관련된 모든 사건들을 "남다른 시각으로 바라보았으나" 훗날에는 그의 사명에 관해 의심을 품었던 것으로 보인다(막 3:21). 그러나 예수님이 십자가에 못 박힐 때 마리아는 거기 있었다. 자기 아들이 처참하게 죽어가는 십자가 곁을 지켰던 것이다. 또한 무덤을 방문한 후 예수님의 부활을 안 첫 번째 그룹에 들기도 한다.

성품 _ 마리아는 용감하면서도 사려 깊은 여성이었다. 하나님께 순종함으로써 따르는 조롱과 심지어는 처벌도 견딜 준비가 돼 있었다. 세상의 조롱에 맞서 순종할 용기와 믿음을 갖추고 있었던 것이다. 이 점에서 그는 우리의 귀감이 되고도 남는다.

장점 _ 정직하다. 용기 있다. 순종한다. 젊다.

단점 _ 훗날 아들의 행적에 대해 걱정한다. 하지만 그러지 않을 어머니가 있을까?

중요한 개념

세례

세례는 회개하길 원하는 사람을 물에서 '씻기는' 상징적 의식이다. 예수님은 요한에게 세례를 받으셨고, 다른 사람에게 세례를 베풀기도 하셨다(요 3:22). 제자들에게 세상으로 가서 "아버지와 아들과 성령의 이름으로 세례를 주라"(마 28:19)고 하셨다.

구약성경 어디에도 세례가 나오지 않는다. 그러나 구약성경의 어떤 사건들, 즉 갈대바다를 건너거나, 노아가 홍수에서 구원받는 등의 행동이 세례와 방불한 듯 보인다.

신약성경이 그리고 있는 세례는 상징적이면서도 강력한 행위다. 세례는 회개와 정결의 표상이다. 사람의 죄가 사해졌다는 표시다. 강이나 호수에서 치러지는 공개적인 행사이므로, 동시에 헌신의 공식적인 표지이기도 했다. 게다가 하나의 상징적인 기능도 가지고 있었다. 물속으로 들어갔다가 다시 올라오는 행동이 예수님의 죽음과 부활을 표상하는 것으로 보인다(롬 6:3-5). 세례는 신자의 옛 자아가 죽고 장사되는, 이제는 그리스도 안에서 얻은 새로운 삶을 나타내는 하나의 표지다.

이런 모든 이유로 해서 세례는 오늘날에도 교회 의식의 중요한 부분으로 남아 있다. 회개와 헌신, 그리스도 안의 새로운 삶을 나타내는 표지다.

므온의 여성 상대역이라 할 수 있다.

⑤ 성전에서 발견된 예수님 2:41-52 이 사건은 예수님의 유년시절에 관한 유일한 보도다. 구약성경이 유대인들에게 1년 세 차례의 중요한 축제(유월절, 오순절, 장막절)에 예루살렘에 올라가라고 권유하지만, 예수님 당시 이 권유는 대부분의 유대인들에게 1년 한 차례의 방문으로 대체됐다. 이 사건에 나오는 예수님은 12살로 법적으로는 아직 유년이다. 큰 무리에 섞여 여행하던 예수님의 부모는 예수님을 잃어버렸고, 사흘이나 찾지 못했다. 예수님은 여전히 성전에 있었고 교사들과 토론을 하고 있었다. 명절 때면 랍비들은 둘러선 방문자들과 더불어 성전에서 청중을 가르치곤 했다. 예수님도 생애 후반에 이렇게 하셨다(19:47). 요셉과 마리아의 걱정스러운 채근에 대한 예수님의 답은, 그분이 이미 자신의 운명과 역할을 알고 있었음을 내비친다.

30세에 이르기까지 예수님의 성장기에 관한 기록은 이것이 전부다. 이 침묵의 세월에 관해 우리가 아는 바는 예수님의 지혜가 커지고, 많은 사람들이 그의 성품에 관해 뭔가 눈치 채기 시작했다는 점뿐이다.

세례 요한 3:1-20 누가는 티베리우스 치세 15년째라는 역사적인

난해한 주제

| 나사렛 귀향(2:39-40) 누가는 헤롯의 박해와 이집트 피신에 대해 말을 꺼내지 않는다. 단지 예수님, 마리아, 요셉이 예루살렘에서 나사렛으로 간 것처럼 그리고 있다.

이 문제는 이렇게 풀릴 수 있다. 이들이 나사렛으로 갔다가 다시 예루살렘으로 돌아왔다고 보는 것이다. 여기서 동방박사의 방문을 받는다. 두 살 미만의 아기들을 죽이라는 헤롯의 명령은 동방박사들이 방문할 무렵에 예수님이 아기가 아니라 걸음마를 뗄 즈음이었음을 시사한다. 그렇지 않으면, 두 보도는 조화될 수 없다. 아무튼 누가복음이 말하려는 바는 그들이 나사렛, 예수님의 고향으로 보이는 곳에 머물렀다는 것이다.

배경으로 우리를 인도한다. 주후 25-26년경이라는 뜻이다. 그러나 그가 적은 이름들은 구체적인 날짜라기보다는 전반적인 기간이다. 안나스와 가야바는 동시에 대제사장으로 있었던 게 아니라 안나스의 뒤를 이어 가야바가 대제사장 노릇을 했다. 안나스는 로마에 의해 면직됐기에 많은 유대인들이 그의 권위를 여전히 인정했다.

누가는 다른 복음서들에 비해 요한의 사역에 관한 몇 가지 더 많은 세부 정보를 제공한다. 요한은 회개가 물에 들어가는 일보다도 더 중요하다고 주장한다. 백성들에게 재산을 서로 나누라고 요구한다. 세리와 군병은 금하지는 않았지만 일하는 방법을 바꾸라고 했다(3:12-14).

예수님은 세례를 받으러 요한에게 나아왔는데, 누가복음은 이에 대한 요한의 거절은 언급하고 있지 않다(마 3:13).

시험 4:1-13; 마 3:13-17; 막 1:9-11 성령에 충만한 예수님은 광야로 나가셨다. 사탄에게 시험받기 위해서이다. 시험받는다는 것은 죄를 짓는다는 것과는 다르다. 그러나 그분은 시험 자체에 면역이 돼 있지는 않았다. 히브리서 저자는 그분이 우리와 마찬가지로 시험받았다(4:2)고 말한다. 시험받지 않으셨다면 예수님은 인간과 별 상

난해한 주제

| 마태복음과 누가복음의 족보는 왜 다른가? 예수님의 조상에 관한 누가의 목록(3:23-38)과 마태의 목록(마 1:1-17)을 놓고 다양한 설명이 시도됐다. 마태는 유대민족의 시조인 아브라함부터 예수님의 후손임에 초점을 두고 있고, 누가는 모든 인류의 시조인 아담에게 두었다.

두 족보에 유사점이 없는 것은 아니다. 모두 아브라함에서 다윗까지를 실천적인 이유에서 일치시키고 있다. 아마도 이 족보는 역대상 2장 4-15절에서 가져온 것 같다. 두 족보는 다윗에서 요담까지 계보에서 다시 갈린다. 마태는 솔로몬과 유다의 왕들을 계보로 잡고, 누가는 밧세바의 다른 아들인 나단으로 잡는다. 누가는 여기서 핵심을 전하고 있는 것 같다. 그것은 유다 왕들을 그다지 곱게 보지 않는다는 것이다. 그리고 메시아의 조상은 이 계보를 피해서 이어진다는 점을 시사하는 듯하다.

어떤 학자들은 누가가 마리아의 족보를 따르고 있다는 이론을 제시하기도 하지만 두 족보 모두 요셉에서 끝나는 것을 보면 설득력이 없다.

결국 차이를 완전히 일치시키는 것은 불가능하다. 두 계보는 다윗으로부터 나온 예수님, 인류 역사에서 예수님이 차지하는 위치를 공히 다룬다고 할 수 있다. 예수님의 아버지는 법적으로 관습적으로 요셉이었지만 실제로 하나님이셨다.

관이 없었을 것이다. 시험이 죄로 연결되느냐 되지 않느냐는, 우리의 반응에 달렸다.

사탄은 예수님께 하나님으로부터 돌아설 기회를 주었다. 사실 모든 시험의 본질이 이것이다. 우리에게는 선택의 기회가 주어진다. 어떤 면에서 선택을 요구받는 것이다. 삶을 더 편안하게 할 수 있는 선택, 자신을 더 내세우거나 더 즐길 수 있는 선택 등이다. 그렇다. 시험은 언제나 선택이다. 저항하기 어렵다.

예수께서는 모든 시험에 성경 말씀을 인용하여 답하셨다. 신명기 말씀(8:3; 6:13; 6:16)이다. 시험이 닥쳐올 때 어떻게 싸워야 할지 보여주는 대목이다.

갈릴리 4:14–9:50

⑥ 회당에서 4:16–30 누가복음 4장은 두 회당에서 일어난 두 가지 사건을 기록한다. 하나는 예수님의 고향 나사렛, 다른 하나는 가버나움의 회당이다.

회당 예배는 순서가 짜여 있다. 시작을 알리는 몇 번의 기도 후에, 구약성경 낭독이 있다. 예수님은 이미 설교자로 명성을 얻은 후

BRIEF LiVES 약력

| 사탄
배경 _ 천사
직업 _ 천사, 타락한 천사
생애와 업적 _ 사탄은 하나님의 적대자로서 가차 없이 들이댄다. 하지만 궁극적으로는 아무 소득이 없다. 구약성경에서 그는 몇 번 나타난다. 그는 전통적으로 창세기에 나오는 '뱀'과 동일시된다. 그에 관한 대부분의 정보는 거의 신약성경에서 나온다. 그는 여기서 귀신의 세력으로 고발된다. 예수님은 사탄이 하나님을 반역하다가 하늘에서 떨어진 천사라고 말씀하신다(계 12:9; 눅 10:18). 그는 예수님을 유혹해서 그분이 걸어가셔야 할 길에서 멀어지도록 하려 했다(마 4:1 이하). 그의 졸개 귀신들은 사람들에게 들어갈 수 있지만, 크리스천을 그렇게 할 수는 없다. 크리스천은 그들보다 더 힘센 분의 보호를 받기 때문이다. 그가 받는 권세는 제한돼 있다. 그는 하나님의 허락 안에서만 권세를 부리게 돼 있다. 그는 종국에는 하나님에게 패할 것이고 망각의 구덩이에 던져질 것이다.
성품 _ 오직 악하다.
장점 _ 혹시라도 발견하면 말해주겠다.
단점 _ 너무 많아 언급 불가!

라서, 설교를 부탁받는다. 건네받은 두루마리는 하프타라(*Haphttarah*), 즉 예언서들이었다. 그분이 말씀하시자, 사람들은 그 지혜에 놀라고, 함축적인 의미에 불쾌함을 감추지 못한다. 그들이 그분을 예언자로 받아들이지 못하는 이유는 자신들의 선입견에 눈멀었기 때문이다. 예수님은 나병환자들과 이방인들이 그들을 부리는 자가 되리라 하신다. 그들이 하나님께 더 열려 있기 때문이다. 사람들은 그분을 죽이려고 계획하지만 그분은 빠져나간다.

⑦ 생애의 한 날 4:31-44; 막 1:21-34 이 본문은 예수님 생애의 한 날을 왠지 긴장감 있게 그린다. 그분은 마침 회당에서 가르치고 계셨다. 나사렛 사람들의 반응은 가버나움 사람들과 정반대였다. 가버나움에서는 사람들이 그분의 가르침을 놀라움으로 받아들였다. 게다가 그들은 귀신들이 예수님의 권능을 알아보고 내쫓기는 모습을 지켜보았다.

이렇게 하신 후 그분은 회당을 떠나 시몬 베드로의 집에 들어가셨다. 거기서 베드로의 장모를 고쳐주셨다. 안식일이 끝나는 저녁 무렵에는, 사람들이 고침을 받으려고 그분께 몰려왔다. 그분은 다음날 이른 아침 일어나 홀로 한적한 장소에서 기도하셨다. 얼마 후 사람들이 그분을 찾았다. 그분을 보고자 하는 사람들은 아직 많았다. 더 머물러달라는 가버나움 사람들의 청에도 불구하고, 그분은 떠날 채비를 하셨다. 다른 회당에 가서도 가르쳐야 하고, 다른 사람들도 예수님을 만나야 했기 때문이다.

⑧ 평지 설교 6:17-49; 마 5:1-7:29 누가복음은 마태복음과 크게 다르다. 도입부를 보니 산 위가 아니라 평지라고 한다. 이것만이 아니다. 누가복음은 훨씬 더 짧다. 누가는 네 개의 복을 밝히고, 네 개의 '화'와 연결짓는다. 마태복음과 누가복음은 분명히 공통의 전승된

궁금증 해소
저녁식사 시간
신약성경 시대 사람들은 특별한 일이 있을 때 왼쪽으로 비스듬히 기대서 오른손으로 먹었다. 그러니까 발은 식탁에서 멀리 떨어져 있게 된다. 예수님은 이 습관을 따르고 있다. 최후의 만찬 때 제자들은 "비스듬히 기대 누웠다."

말씀을 사용하지만, 예수님이 두 번에 걸쳐 두 번의 다른 설교를 하셨을 리는 없다. 아마 마태는 한 곳에 많은 양의 가르침을 모아놓기로 하고, 반면 누가는 그의 복음서 전체를 통해서 이 가르침이 고르게 배도록 더 신경을 쓴 것 같다.

그러나 중요한 차이점이 있는데, 누가는 "너희 가난한 사람은 복이 있다"고 했고, 마태는 "심령이 가난한 사람은 복이 있다"고 한 것이다. 이와 비슷하게 누가는 "지금 굶주리는 사람은 복이 있다"고 말하는 반면, 마태는 "의에 주리고 목마른 자"라고 말한다. 둘의 차이에 관해서 수많은 토론이 있었다. 마태의 보도에서 예수님은 물질적인 것과 영적인 국면을 함께 챙기시지만, 누가는 가난하고 추방된 자들에게 관심을 국한시킨다.

죽은 자를 일으키신 예수님 7:11-17 복음서에는 죽은 자가 다시 살아나는 보도가 모두 세 건 있다(예수님 자신의 부활은 빼고). 과부의 아들(눅 7:11-17), 야이로의 딸(8:40-56; 막 5:21-43), 나사로(요 11:1-44)다. 사람들은 예수님의 행동을 사내아이를 다시 살린 엘리야(왕상 17장)와 엘리사(왕하 4장) 같은 위대한 예언자의 표라며 환영했다.

⑨ 발에 부은 향유 7:36-50 바리새인의 집에서 식사를 하는 동안, 한 창녀가 들어와 비싼 향유를 예수님의 발에 부었다. 그는 울면서 흐르는 향유를 닦을 수 있는 유일한 것, 곧 그의 머리털로 예수님의 발을 닦았다. 바리새인은 이 부끄러움을 모르는 감정 노출에 충격을 받았을 뿐 아니라, 거룩한 분이 이런 사람에게 접근을 허락하심을 믿을 수 없었다. 자타가 인정하는 거룩한 사람이라면 그 여자가 죄인인 것쯤은 척 보고 알아차렸어야 했다. 물론 예수님은 그 여자가 죄인인 것을 알아차리셨다. 이것이 핵심이다. 그의 행동이 죄의

용서를 가져온 것이 아니다. 행동은 사랑과 믿음의 표현일 뿐이다. 예수님은 향유가 아니라 여인의 믿음을 칭찬하셨다.

유대 9:51-13:21

제자도의 대가 9:51-62 예수님의 예루살렘 여행은 제자도 때문에 치러야 할 대가를 암시한다. 먼저 사마리아 마을이 예수님을 거절한다. 그분의 최종 목적지가 예루살렘이라는 것 때문이다. 사마리아 사람들은 그리심 산에 있는 산당이 예루살렘 성전과 동격이라고 보았기에 기분이 상했다. 제자들은 그들을 벌하고 싶어 했다. 그러나 예수님은 제자의 삶은 악을 악으로 갚는 것이 아님을 보여주셨다.

예수님을 따르기 원하는 세 사람의 예에서 제자도의 대가를 알 수 있다. 제자는 이 땅에 참된 집이 없다. 그들은 다른 왕국(9:57-58)에 충성을 바치기 때문이다. 예수님을 따른다는 것은 시급한 문제다. 실제로 이 사람의 아버지가 죽었는지는 모른다. 그는 예수님의 제자가 되는 때를 미루고 있을 뿐이다. 시급함보다 더 중요하게 고려해야 할 것은 없다(9:59-60). 제자들은 과거에 대해 작별을 고해야 한다. 자꾸 뒤를 힐긋거리고 돌아본다면 미래를 향해 담대하게 발걸음을 뗄 수 없다. 예수님의 제자가 된다는 것은 칼로 벤 듯 정리하고 다시는 뒤를 돌아보지 않는 것이다(9:61-62).

⑩ 72명 파송 10:1-24 예수님은 12명 말고도 72명의 제자를 보내셨다. 어떤 사본들은 70명이라고도 돼 있다. 유대인들은 세상에는 70개 나라가 있다고 믿었기에 70이 매우 중요한 숫자다. 즉 이 행동은 예수님이 마태복음 끝부분에서 제자들에게 하명한 선교를 가리키는

⑪ 성경에는 안 나온다

창녀 출신 막달라 마리아

예수님의 발에 향유를 부은 죄 많은 여인을(눅 7:36-50) 막달라 마리아와 동일시하는 것은 근거 없다. 이것은 마리아와 관련하여 나도는 억측일 뿐이다. 그는 충성스럽고 헌신된 제자였고, 예수님은 귀신 들린 그를 구해주셨다(눅 8:2; 막 16:9). 예수님께 기름을 붓기 위해 무덤으로 찾아가고, 부활하신 예수를 처음으로 본 사람도 막달라 마리아였다. 그러나 이런 사항 외에는 그에 대해 아는 바가 별로 없다. 이름으로 보아 막달라라는 갈릴리 마을 출신임을 알 수 있다. 하지만 그가 이야기에 나오는 사람과 동일시돼서는 안 된다. 누가가 여인을 알고 있었다면, 이름을 말하지 않았을 리가 없다.

상징으로 보인다. "세상으로 가서 사람들에게 나에 대해 말하라."

70명에게 내린 명령은 12명에게 주신 명령과 비슷하다. 그러나 절박감은 훨씬 더하다. 길에서 사람을 만나도 인사를 할 수 없을 정도다(10:4). 그들의 성공적인 선교 수행으로 예수님은 기쁨으로 가득 차셨다. 그러나 한편으로는 그들의 교만을 엄히 꾸짖으셨다.

착한 사마리아인 10:25-37 누가는 예루살렘으로 향하는 예수님의 여정을 그 길에서 베푼 비유들로 가득 채우고 있다. 한 율법사의 질문에 답하시면서, 예수님은 역사상 가장 유명한 이야기 중 하나를 하신다. 이야기의 구체성 때문에 많은 사람들은 이것이 실화인지 궁금해 한다. 기본 소재는 사실일 수 있다. 여리고에서 예루살렘으로 향하는 길은 들끓는 강도로 악명이 높았다. 아무튼 능숙한 이야기꾼들은 이야기의 배경을 적절하게 설정한다. 그렇다고 꼭 그 이야기가 실제로 일어난 것은 아니다.

부상당한 사람을 외면한 두 행인은 모두 종교 종사자였다. 한 사람은 제사장이고 다른 한 사람은 레위인이었다. 한 사람은 성전의 고위직이고 다른 한 사람은 그보다는 약간 낮은 직위였다. 도와주길 주저한 까닭은 종교적인 것일 수 있다(제사장이 시신에 접촉하는 것은 율법 위반이다). 아니면 부상당한 사람을 미끼로 사람들을 유인해 다른 강도들이 덮칠지도 모른다는 두려움 때문이었을 수도 있다. 아니면 원래 냉담하고 이기적이어서였을 수도 있다. 그러나 이야기의 요점은 경멸의 대상, 이스라엘 백성이라면 너나없이 미워하는 사마리아인이 영웅이 된다는 것이다. 바로 조금 전 사마리아인들에게 배척당하신 예수님이 사마리아인을 영웅으로 만드는 것은 차라리 충격으로 다가온다.

⑪ 마르다와 마리아 10:38-42 마르다와 마리아는 요한복음에서 일

중요한 개념

악의 세력

악을 찾기 위해서라면 그다지 멀리 갈 필요가 없는 세상에 우리는 살고 있다. TV에 늘 올라오는 게 악이다. 신문도 가득 채우고 있다. 전쟁, 굶주림, 증오, 편협함, 학대, 폭력, 이것이 바로 악이 준동하는 세상이다. 그러면 이런 악은 어디서 왔는가? 이 모든 사태에 누가 책임을 져야 하는가? 창세기에 의하면, 악은 하나님을 거스른 반역행위에서 유래했다. 이것이 변하지 않는 기본 구도다. 모든 악한 행위는 하나님의 뜻에 반하는 반역이다. 신약성경 시대에 들어와서 악은 사탄이라 불리는 리더 아래의 특정한 존재들과 동일시되기 시작했다. 이 존재들은 악 그 자체로서, 사람들 안으로 들어가 '점거'할 수 있었다.

그렇다면 악에 두 계층이 있는 것처럼 보인다. 사람이 도덕적인 행동을 취함으로써 저질러지는 악과, 이 세상에서 준동하는 악한 힘이다. 둘의 관계는 많은 논쟁을 불러 일으켰다. 사람이 여전히 그 자신의 행동에 책임을 지는 존재라는 것은 무슨 뜻인가? 귀신들림이라는 까칠한 문제는 한쪽으로 제쳐놓고라도, 마귀가 사람으로 하여금 무슨 일을 하게 할 수 있다는 귀띔은 성경 어디에도 없다. 마귀는 사람을 유혹할 수 있다. 그러나 사람에게는 자신의 행위와 삶에 대한 책임이 여전히 있다. 하나님의 보호를 요청하거나, 자신의 이기적인 욕망에 지는 것이다.

악에 대해 기억할 게 또 하나 있다. 하나님이 더 권능자시라는 것이다. 귀신들은 크리스천을 어쩌지 못한다. 크리스천이란 그 안에 성령님이 계시는 사람이기 때문이다. 사탄은 하나님의 적수가 아니다. 언젠가 하나님은 모든 악을 멸해버리실 것이다. 그때까지는 전쟁 중임을 기억해야 한다.

정한 주기로 나타난다. 그러나 공관복음에서는 여기서 딱 한 번 나올 뿐이다. 본문은 우선순위에 관한 가르침을 준다. 마르다는 예수님을 위해서 모든 것을 완벽하게 하려고 했다. 그러나 그분에게 필요한 것은 단순한 것이었다. 마르다가 염려하던 것은 진수성찬이었을지 모르나, 예수님은 소박한 식사를 원하셨다. 많이 움직인다고 많은 것을 산출하는 건 아니다. 때로는 가만히 앉아서 듣는 게 최선일 수 있다.

⑫ 주님의 기도 11:1-4 산상수훈과 마찬가지로 누가복음에 나오는 주기도문도 마태의 것과는 다르다. 더 짧고 더 간단하다. 언어도 훨씬 함축적이다. 마태가 '빚'이라고 말한 것을 누가는 '죄'라고 한다. '하늘에 계신 우리 아버지'가 '아버지'로 된다. 이 기도 뒤에는 절실하게 인내하는 기도의 필요에 관한 예증이 이어진다(11:5-13).

요나의 표적 12:54-56; 마 16:1-4; 막 8:11-13 이미 일어난 일을 볼 때 바리새인들과 사두개인들이 여전히 표적을 구한다는 것은 이상하다. 아마 그들은 엄청난 묵시적인 환상, 사탄이 예수님을 시험할 때 보여주었던 것과 같은 환상을 요구하고 있는지 모른다(4:5-6). 예수님은 그들에게 오로지 요나의 표적만을 약속하신다. 요나는 사흘 낮 사흘 밤을 물고기 뱃속에 들어가 있었던 예언자다. 그분은 자신의 죽음과 부활을 말씀하고 있다.

경고와 심판 13:1-9 예수님은 회개의 필요에 관해 말씀하시며 두 가지 주제가 담긴 사건을 활용하신다. 사람들은 나쁜 일은 당해 마땅한 사람들에게나 일어나는 것이라 믿었다. 그러나 예수님은 이러한 견해를 아주 단순한 이유로 거절하신다. 다른 사람보다 벌을 덜 받아야 할 사람, 더 받아야 할 사람은 없다는 것이다. 우리는 모

중요한 개념

예수님과 여인들

신약성경에 나타나는 여인들의 위치에 관하여는 우려 섞인 토론이 많다. 왜 예수님은 여제자를 두지 않으셨는가?
그 시대의 문화에서 여성은 실제로 눈에 보이지 않는 존재였다. 여성에게는 법적 지위가 없었고, 권리를 갖지도 못했다. 밥 짓고 아이들 키우고, 혹은 남자들의 욕망과 쾌락을 위해서 존재했다.
예수님은 여인들을 이렇게 대하시지 않았다. 누가복음 8장 1-3절은 성읍들과 마을들로 두루 다니는 여정에 동행한 여인들의 이름을 열거하고 있다. 그분의 제자들 중에는 남의 아내나 어머니뿐 아니라 창녀와 이방인도 있었다. '존경을 받는' 유대인 남자라면 결코 어울리지 않을 사람들이었다.
이 여인들은 예수님의 눈길에서 긍휼, 존경심, 이해심을 느꼈다. 그들은 깊은 신앙으로 그분에게 반응했다. 그들은 예수님에 관해 많은 남성 '전문가'들이 놓친 진리를 더 많이 깨달았다.

평행 본문

율법 교사들
마 23:1-36
막 12:38-40
눅 11:37-52

알쏭달쏭

하나님 아버지

Q 하나님이 아버지시면, 하나님이 남성이라는 뜻인가?

A 아니다.

Q 그래야 하지 않나. 내 아버지가 남자이듯이.

A 아니다. 하나님이 아버지라고 하는 말은 성(性)과는 관련이 없다. 이것은 특성에 관한 말이다. 예수님은 하나님을 '아빠' 라고 부르신다. 아버지보다 훨씬 살갑다. 예수님은 하나님에 대한 우리의 관념을 바꾸려고 하신다. 어떤 말로 하나님을 불러도 모자라긴 마찬가지이다. 성경에서도 사람들이 하나님을 대면할 때, 그 경험을 거의 표현하지 못한다.

Q 하지만 구약성경에서도 하나님은 남자처럼 나타나시지 않은가.

A 그러실 때가 있었다. 하지만 구름, 불기둥, 불타는 관목의 모습으로 나타나실 때도 있었다. 하나님은 남성, 여성으로 따질 분이 아니시기에, 우리가 '아버지' 라고 그분을 부를 때는, 그분의 구체적인 특성들을 말하는 것이다. 예수님은 하나님을 아버지라고 하셨지만 순전한 영이라고도 하셨다(요 4:24).

Q 그러면 하나님을 어머니라고 해도 되는가?

A 하나님이 어떤 분이신지 정확하게 파악하고 있다면 아버지, 어머니, 부모님이라고 해도 무방하다. 이사야 66장 13절에서 하나님이 자신을 아이들을 달래는 어머니로 묘사하신다. 그러가 하면 시편 131편에서 시인은 자기와 하나님의 관계가, 마치 어머니의 무릎에 앉아 있는 어린애와 같다고 한다. 하나님은 완전하신 부모님이다. 우리를 돌보고 사랑하신다. 언제나 우리에게 자신의 지혜를 나눠 주시려는 자비로운 분이다.

두 죄인이기에, 이런 재앙들이 닥치는 유일한 도덕적인 이유는 우리의 회개를 위해서다. 이어지는 무화과나무의 비유는 우리에게 회개의 기회가 있음을 말해준다.

비유와 가르침 13:22-19:27

겸손 14:7-14 잔치에서 누가 상석에 앉느냐는 체면과 관련한 중요한 문제다. 중요한 손님이면 상석 가까이에 앉게 된다. 나머지 사람들은 뒤로 밀린다. 예수님은 중요한 사람이 되어 명예를 얻고자 하는 욕망을 피해야 한다고 하신다. 그 대신 겸손하게 행하라 하신다. 그러면 보너스를 얻을 수 있다! 손님들을 초대할 때도 이와 비슷하다. 영향력을 끼치거나 유지라는 사람들을 초대하지 말라. 소외된 사람들, 있는지 없는지도 모를 인사들, 힘없는 자들을 초대하라. 사다리타기가 아니라 동굴탐험을 선택하라는 것이다.

⑬ 돌아온 탕자 15:11-31 놀라운 이야기 중 두 번째는 누가복음에만 있다. 이것은 아마 가장 멋진 이야기가 아닐까 생각한다. 잃어버린 양, 잃어버린 동전에 속한 연작 비유이기는 하지만, 이번에는 인간이 주인공으로 나온다. 용서와 화해, 자격으로 따질 수 없는 전적인 사랑에 관한 이야기다. 아버지가 바보 취급 받는 것도 개의치 않고 아들에게로 달려가서 포옹하고 입을 맞추는 이야기다. 하나님은 죄인들이 돌아올 때 고고하게 쳐다보지만 않으신다.

큰아들의 태도는 바리새인들의 태도다. 이 아들, 장자, '참' 이스라엘 백성은 돌아오는 죄인들을 반겨 맞지 않는다. 이들이 죄인들이기 때문이다. 예수님에게 창녀들이나 세리들과 함께 시간을 보낸다며 비난의 화살을 날린 사람들의 태도다. 죄인들이 회개했다는 사실을 기뻐하기는커녕, 이런 자들이 하나님 나라에 있지 않길 바란다.

정직하지 않은 종 16:1-13 척 보기에 이 비유는 거짓말에 대한 보상처럼 보인다. 그러나 이렇게 보는 것은 핵심을 놓친 것이다. 이 비유는 친구를 얻는 데 돈을 지혜롭게 사용하라는 것이다. 예수님은 어떤 경우든 부가 악하다고 하신다(16:9). 그래서 우리는 그것을 최상으로 활용해야 한다.

부자와 거지 16:19-31 나를 따라 해보라. "이것은 비유다!" 지옥이 실제로 이렇더라는 게 아니다. 예수님은 회개와 바른 행동의 중요성을 이야기 형식으로 말씀하신다. 죽고 나면 사실이 밝혀지고 하나님의 정의가 여지없이 드러난다. 이 비유는 어리석은 부자와 같은 여러 비유들에 섞여 나온다. 따라서 사람들에게 하늘에 보화를 쌓으라고 하는 말씀이다. 예수님의 삶 자체가 보여주듯이 어떤 사람들은 도대체 들으려 하지 않는다. 진리가 눈앞에서 그들을 바라보고 있음에도 불구하고 그렇다. 그들 사이를 걸어 다니면서 이적들을 행하고 위대한 말씀을 들려주어도 소용이 없다.

바리새인과 세리 18:9-14 자기 의에 가득 찬 '종교인'과 진심으로 뉘우치는 '죄인'이 대조된다. 바리새인은 전혀 기도하지 않았다. 그는 단지 자기치하와 거만에 푹 빠져 있는 것이다. 반면 세리는 진심으로 기도한다. 그의 말은 유창하지 않고, 그가 저지른 모든 일은 난감하기 이를 데 없다. 그러나 하나님은 우리의 입이 아니라 마음에서 우러나오는 말을 들으신다. 이 비유는 진심으로 회개하고 '아브라함의 참 후손'이 된 세리 삭개오 이야기(19:1-10)에서 실제 삶의 행동이 된다.

중요한 개념

예수님의 가르침

예수님은 사람들을 가르치셨다. 그분은 '랍비'나 '선생'이라 불렸다. 랍비는 권위 있는, 공식적으로 인정받은 교사를 말하는데, 이런 교사들은 주로 회당에서 가르쳤다. 그러나 예수님은 어떤 면에서는 공증되지 않은 교사였다. 공식적인 훈련을 받지도, 인정받는 기관에서 가르치지도 않으셨다. 회당에서 가르치신 적이 몇 번 있지만, 대부분은 들판, 배 위, 산등성이, 집 안에서 기회 닿는 대로 가르치신 것이다.

당시의 가르침은 교사나 '권위자들'에 호소하고, 인용과 차용을 산더미처럼 하는 것이 일반적이었다. 예수님은 이런 인용 대신 자신의 권위에 의거하여 가르치셨다. 이분의 가르침에는 몇 가지 특징이 있었다.

이야기를 즐겨하셨다 예수님은 이야기를 엄청 활용하셨다. 정말 많은 이야기들을 전하셨다. 사실 비유가 아니면 말씀하지 않으실 정도였다.

질문을 유도하셨다 가르침에는 상당한 토론과 토의가 따른다.

반응을 요구하셨다 예수님은 토론의 요점을 잡아주거나 멋진 이론들을 나열하는 데 관심이 없으셨다. 그분은 제자들을 모으고 그들의 삶을 변화시키는 데 초점을 두셨다.

사람들의 사고에 자극을 주셨다 예수님은 논란을 불러일으킬 선언을 자주 하셨다. 어려운 이야기를 하고도 설명하지 않으실 때도 많았다. 그분은 사람들이 그 말씀에 대해서 생각하고 스스로 발견하길 원하셨다. 지금도 그렇게 하신다.

쓸데없는 논쟁을 피하셨다 이론에 불과한 논점도 없는 토론을 하려고 할 때는 방향을 바꾸셨다. 그분은 결코 오락산업 종사자가 아니셨다.

자신의 말을 실천하셨다 그분은 가르치신 대로 살아내셨다.

예루살렘 19:28-23:56

성전 19:45-48; 마 21:12-17; 막 11:15-19; 요 2:13-22 성전에서 제사를 드리고자 하는 사람들은 '공식 판매소'에서 희생제물을 사야 했다. 동물, 포도주, 기름, 소금 등은 성전 안에 있는 지정 상인들에게서만 살 수 있었다. 마찬가지로 성전세는 세겔로만 낼 수 있었기에 팔레스타인 외의 지역에서 온 사람들은 로마나 그리스 통화를 반드시 환전해야 했다.

상인들이 바가지를 씌우지만 않는다면 괜찮은 일인지도 모른다. 그러나 상인들은 형편없는 짐승들을 고가에 팔고, 환전상들은 터무니없는 환율을 적용했다. 예수님은 사람들을 이용해서 자기 배를 불리는 사기꾼들에게 보기 드물게 물리적인 행동으로 화를 내셨다. 상을 뒤엎고 장사치들을 내쫓으셨다. 보통 사람들, 시각장애자들, 신체 장애인들은 그분이 메시아임을 확인하고 그분을 '다윗의 자손'이라 부르기 시작한다. 그러나 종교당국자들은 기뻐하지 않았다. 그들은 정면충돌의 길을 택했다.

⑭ 헤롯 앞의 예수님 23:6-12 누가는 세 번째 심문을 끼워 넣는다.

| **평행 구절들** 이 구절을 어디서 봤더라? |

	마태복음	마가복음	누가복음	요한복음
예루살렘 입성	19:28-40	21:1-11	11:1-11	12:12-19
성전	19:45-48	21:12-17	11:15-19	2:13-22
율법 교사들	20:45-47	23:1-36	12:38-40	·
과부의 헌금	21:1-4	·	13:41-44	·
계략과 심문	22	26:1-5	14	11-13
최후의 만찬	22	26:17-45	14	13
십자가 형과 죽음	23:27-49	27:31-56	15:22-41	19:17-30
부활	24:1-12	28:1-10	16:1-8	20:1-10

예수님은 종교지도자들과 빌라도뿐 아니라 헤롯에게서도 심문 받는다. 헤롯은 예수님을 상당한 호기심으로 바라본다. 질문을 던지나 예수님은 일언반구 대답하지 않으신다. 헤롯은 방해물일 뿐이다. 예수님은 호기심 같은 데 시간을 낭비하지 않으신다. 그분에게는 완수해야 할 놀라운 목적이 기다리고 있었다.

⑮ **엠마오로 가는 길** 24:13-35 글로바와 그의 친구는 예루살렘에서 엠마오를 향해 맥 빠진 걸음으로 뚜벅거리며 걷고 있었다. 그들은 예수님의 제자지만, 그간 숱하게 약속된 그 사명은 누가 봐도 명백하고 불명예스러운 실패로 끝났다. 갑자기 어디선가 낯선 사람 하나가 동행한다. 이 사람은 질문을 던지다가는 스스로 답을 한다.

이 사건은 매우 중요하다. 왜냐하면 예수님 자신이 성경을 배경으로 그분의 삶에 일어난 사건들을 가르쳐 주셨기 때문이다. 예수님은 메시아가 고난을 당한다고 설명하신다. 유대인들은 군주와 같은 메시아, 능력의 인물에 목말라 했다. 이스라엘이라는 양떼를 인도하는 선한 목자와 같은 개념조차도 이해하기 힘들어했다. 더욱이 메시아가 고난을 당하고 자기 백성을 위해 죽는다거나, 다른 나라 원수들에게 경멸을 받는다거나, 실패자처럼 보인다는 것은 믿기 힘든 것들이었다.

그러나 예수님은 성경을 통해서 그것이 일어나야 하는 일임을 보여주신다. 마침내 두 제자의 눈이 열렸다. 이제 십자가는 패배가 아니라 최고의 성공이었다. 재앙이 아니라 엄청난 승리였다. 그 사

난해한 주제

| 왜 예수님은 제자들에게 검을 사라고 하셨나?(눅 22:35-38) 예수님은 제자들에게 어려운 때가 온다고 하신다. 그들을 충돌과 박해의 순간을 위해 준비시키신다. 가서 검을 사라는 말씀은 누가 봐도 아이러니다. 제자들이 두 자루의 칼을 내놓자 예수님이 치워버리라고 하실 때 말씀의 요점이 드러난다.

람이 이제 답을 내놓는다. 역할의 역전도 뒤따른다. 손님이 주인이 된다. 그는 식사 자리에서 빵을 뗀다. 바로 그 순간 제자들은 그분을 알아본다. 낯선 이가 가장 가까운 친구가 되는 순간이다.

제자들에게 나타나신 예수님 24:36-49; 마 28:16-20; 요 20:19-23; 행 1:6-8 두 제자는 서둘러 예루살렘으로 돌아간다. 다른 제자들에게 이 사건에 대해 말해주기 위해서다. 그들이 이 문제를 놓고 설왕설래하고 있을 때, 예수님이 다시 나타나신다. 그분은 유령이 아니다. 만질 수도 있고, 차려놓은 음식을 드시기도 하신다. 그분은 엠마오로 가던 길에 하신 말씀들의 일부를 되풀이하신다. 그리고 그들과 함께 하실 분을 보내시겠다고 약속하시며 말씀을 맺는다. 이분이 성령님이다. 우리는 이분에 대해 사도행전에서 배울 것이다.

⑯ 승천 24:50-53 49절과 50절 사이에는 6주의 간격이 있다. 사도행전에 나오는 보도에도 6주의 틈이 있다(행 1:3). "하늘로 올라가셨다"는 말이 어떤 고대 사본들에는 나오지 않는다. 그런 사본들에서는 예수님이 손을 들어 축복하고 떠나가신다. 그러나 이번에는 다른 이별이다. 처음에 손을 들고 떠나가셨을 때, 그분은 십자가에 달리시고 제자들은 도망쳤다. 그러나 이번에는 제자들이 기쁨과 승리감에 취해 돌아와 성전에서 하나님을 찬양하며 보낸다.

SPECIAL SECTION 예수님의 고난주간

'성주간' 혹은 '고난주간'으로 알려진 예수님의 마지막 주간은 모든 복음서들이 길게 다루고 있다. 이 주간에 일어난 사건들과 하신 말씀들이 복음서 전체 기록의 1/3을 차지한다. 왜 그런지 이유는 간단하다. 그분의 삶과 사역에서 가장 중요한 순간이기 때문이다. 절체절명의 순간, 성공이냐 실패를 가름하는 순간이다. 이 부분은 이정표라고 말할 수 있는 몇 가지 중요한 사건들, 시간과 장소, 예수님의 죽음과 부활에 관련된 중심적인 주제들로 이루어져 있다. 한편 예수님이 예루살렘으로 들어가시는 일과 관련해 몇 가지 유념해야 할 바들도 언급된다.

마지막 주간은 사전 계획된 것이다 어떤 사람들은 예수님이 이 주간에 벌어질 일들을 몰랐다고 한다. 단지 예루살렘을 방문했을 뿐인데, 갑자기 이런 일들이 터졌다고 주장한다. 이 모든 사건이 잘못된 도박이었다고 믿는 사람들도 있다. 예수님이 대중의 후원을 반란으로 전환시켜보려고 했거나, 하나님으로 하여금 그분의 메시아 됨을 입증하시게 하려고 했다는 것이다. 이렇게 보면 이 사건은 실패로 막을 내린다. 예수님은 성공한 혁명가도 아니고 입증된 메시아도 아니다.

그러나 복음서들에 나타난 증거로 보아 예수님은 일어날 일을 아셨다. 예루살렘으로 들어가심은 우연이 아니다. '어쩌다 보니 예루살렘에 가 계셨던' 게 아니다. 복음서들은 그분이 하나님과의 독특한 관계와 자신의 역할, 이 모든 일들이 일어나야 할 때를 똑바로 인지하고 계셨음을 지적한다.

인간의 관점에서 보면 "뭔가 일이 잘못됐다"고 생각하기 쉽다. 예수님은 모든 일을 다 거꾸로 하신다. 그분은 당국자들을 전복해 버리고 그 도성으로 위풍당당하게 입성하길 거절하셨다. 그분은

마지막 때에 관한 가르침

이 마지막 주간에, 예수님은 '묵시적인' 교훈들을 전하신다. 세상의 마지막에 대한 말씀들이지만 일어날 일들에 대한 문자적인 해설이라 볼 수도 없고, 시간 순서가 짜인 것도 아니다. 언급된 중요한 사건들을 보자.

성전의 붕괴 대부분의 전문가들은 이 말씀이 주후 70년에 일어난 일을 가리킨다고 본다. 그해 로마군대는 성전을 파괴했다. 그러나 전쟁과 전쟁의 소문들, 지진과 어두움이 무엇을 말하는지는 확실하지가 않다.

거짓 메시아들과 거짓 예언자들 스스로 재림 메시아라고 주장할 자들을 경고하신다. 그들은 능력을 행하여 기적도 일으키겠지만 그것은 진짜가 아니다.

눈으로 볼 수 있는 재림 그리스도는 영광의 구름을 타고 다시 오실 것이다. 온 땅이 그분을 볼 것이다.

모든 사람이 놀랄 것이다 아무도 그 날과 시간을 모른다. 징조들이 나타날지라도 모를 것이다. 심지어 예수님조차도 정확한 때를 모른다(마 24:36).

최후의 심판 그리스도는 심판하기 위해 다시 오실 것이고, 이 심판은 최후가 될 것이다. 사람들은 종교적인 의식에 참여하거나 온건한 철학을 지녔던 것과 상관없이 그들의 종교와 철학이 삶에 어떤 영향을 끼쳤는가를 바탕으로 심판당할 것이다. 진심으로 믿고 그대로 살았는가? 아니면 괜히 그런 척한 것인가?

정치권력을 장악함으로써가 아니라 제자들의 발을 씻김으로써 자신의 리더십을 확립하셨다. 그리고 범죄자처럼 죽음으로써 가장 큰 승리를 거머쥐셨다. 하나님의 생각은 우리의 생각과 같지 않다. 하나님의 길은 우리의 길과 다르다. 하나님의 계획은 우리의 계획보다 더 위대하고 더 강력하다.

정치권력과 일전을 치르다 지금까지 로마당국은 예수님에게 거의 관심이 없는 쪽이었다. 그들은 언제나 대중에게 인기가 있는 인물들에게 의심의 눈초리를 보냈다. 그러나 예수님은 주로 '권력의 중심부'에서 멀리 떨어져 사역하셨기에, 그들은 그분을 가만히 놔두었다. 로마당국이 그분에게 관심을 갖는다면 사적인 이유였다. 몇몇 로마인들은 개인적으로 신앙을 표현하기도 했다. 그러나 예수님의 예루살렘 입성이 이 모든 지형을 바꿔버렸다. 예수님은 무리를 이끄시고 그들이 그어 놓은 경계선 앞에 서신 것이다.

종교권력에 도전하다 예수님은 언제나 그 시대 종교 권력자들에게 도전하셨다. 바리새인과 사두개인들의 가르침을 정죄하고, 그들의 가르침이 하나님에 대한 참된 믿음을 얼마나 왜곡하는가를 보여주셨다. 그러나 예루살렘으로 들어가시면서 전혀 다른 기류가 생겼다. 그분의 당당한 입성으로 인해 그들은 기선을 제압당했다. 무엇보다도 이분이 정녕 메시아라면, 그들은 순식간에 권력을 내놓아야 할 것이다. 더구나 성전 환전상들과 장사치들을 쫓아내신 사건은 그들의 권위에 대한 직접적이고 거친 공격이었다. 이렇게 말썽을 일으키는 거짓 메시아는 반드시 손을 봐줘야 했다.

고난주간, 일요일에서 수요일까지

예수님은 유월절 엿새 전에 예루살렘에 도착하셨다. 당시 도시의 분위기는 말할 수 없을 정도로 복잡하고 팽팽했다. 예루살렘의 평소 인구는 약 4만 명이나, 주요 명절을 앞두고는 20만 명까지로 늘어난다. 이 말은 도시에 소요가 일어날 가능성이 많다는 뜻이다. 무장봉기도 일어날 수 있었다. 따라서 당국자들은 상당히 긴장하고 있었다. 그러나 한편으로는 많은 사람들이 예수님의 가르침을 들을 수 있다는 뜻도 된다. 예수님은 대부분의 시간을 성전 근처에서 제자들과 군중을 가르치며 보내셨다. 그리고 저녁이 되면 근처 나사로와 마리아와 마르다의 집이 있는 베다니, 혹은 감람산에서 도시를 내려다보며 지내셨다.

성전 솔로몬의 성전은 주전 587년 바벨론에 의해 파괴됐다. 포로 귀환자들은 솔로몬의 성전보다 작은 성전을 재건했다. 이 성전은 헤롯 대왕이 중수할 때까지 400년간 유지됐다.

역사는 주전 20년에 시작됐다. 우뚝 솟은 거대한 대지 위에 엄청난 건물이 세워졌다. 성전은 예루살렘에서 가장 높은 건물이었다. 성전 자체는 18개월 만에 완공됐지만, 부속 건물들과 주변 공사는 수십 년간 지속됐다. 이 역사는 주후 64년에서야 완공됐다.

성전이 자리 잡은 지역은 예루살렘이 한눈에 내려다보이는 언덕이다. 이 야심찬 건축물을 수용하기 위해서 헤롯은 35에이커에 이르는 언덕을 정지(整地)해서 우뚝 솟은 대지를 마련했다. 이 대지 위에 남아 있는 벽들은 성전 산으로 알려져 있는데, 주변보다 약 40미터나 더 높다. 이런 대지 위에 거석들을 세워 올린 것이다.

성전 자체가 장엄한 건물이다. 솔로몬 성전보다 두 배 높고, 크림색의 돌 위에 금도금을 했다. 바닥은 옛 성전 양식을 따랐다. 성

일요일

당당한 입성
마 21:1-11
막 11:1-11
눅 19:28-44
요 12:12-19

월요일

성전의 장사꾼들
마 21:10-13
막 11:15-18
눅 19:45-48

베다니로 돌아오심
마 21:14-17

계략을 짜는 지도자들
마 11:18-19

화요일

예수님을 힐문하는 지도자들
마 21:23-27
막 11:27-33
눅 20:1-8

감람원에서 가르치심
마 23:1-26:5
막 12:1-13:37
눅 20:9-21:38

향유를 붓는 마리아
마 26:6-13
막 14:3-9
요 12:2-8

유다의 계책
마 26:14-16
막 14:10-11
눅 22:3-6

수요일

감람산에서 바라본 성전 산 정경. 헤롯의 성전이 세워졌던 곳에는 현재 바위 돔 모스크가 있다. 이 모스크는 600년에 세워졌다. 전에 있던 성전이 그랬던 것처럼, 이 돔은 예루살렘의 스카이라인을 압도한다.

소와 지성소도 옛 양식 그대로였다. 지성소는 물론 비어 두었다. 법궤는 오래 전 분실됐기 때문이다.

성전에 들어가는 일은 정결의 도에 따라 결정됐다. 이방인들은 이방인들의 뜰에, 여자들은 여자들의 뜰까지만, 유대인들은 이스라엘의 뜰 북쪽 끝 무릎 높이까지만 나갈 수 있었다. 그 너머 성소는 제사장들만이 들어갈 수 있었다. 그리고 오직 대제사장만이 지성소에 일 년에 한 번, 대속죄일에 들어갈 수 있었다.

성전 산은 서쪽으로 난 세 개의 문과 두 개의 문으로 이어지는 터널들을 통해서 들어갈 수 있었다. 북쪽으로 나가는 다른 터널도 있었는데, 여기로 나가면 성전 산이 안토니아의 요새로 이어진다. 로마군대가 주둔하고 있었던 이 요새는 특별히 조성된 것으로서 성전을 한눈에 굽어볼 수 있었다. 대제사장의 겉옷이 그곳에 보관돼 있었는데, 유대인들이 로마인들에게 복속되었음을 보여주는 상징이었다.

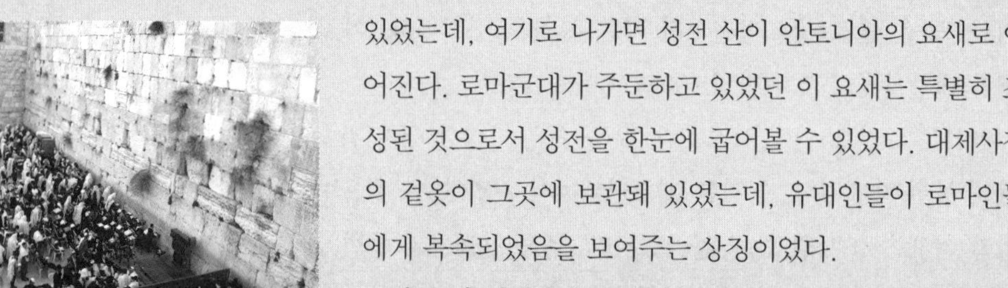

원래 성전의 유일한 일부인 서쪽 벽, 일명 통곡의 벽이다. 헤롯 시대의 이 큰 돌들은 원래 성전의 기석들이었다. 오늘날 전 세계에서 몰려온 유대인들이 성전의 유일한 잔재인 이곳에 와서 기도한다.

결국 이 성전은 눈요깃감으로 끝나고 말았다. 성전은 완공되고 불과 6개월 정도 존속했다. 70년 로마군들이 유대인들의 봉기를 봉쇄하고자 철저히 파괴했기 때문이다. 큰 황금촛대, 떡상, 기타 거룩한 기구들은 로마에 전리품으로 빼앗겼다. 이후로 성전은 다시는 재건되지 못했다.

고난주간, 성전

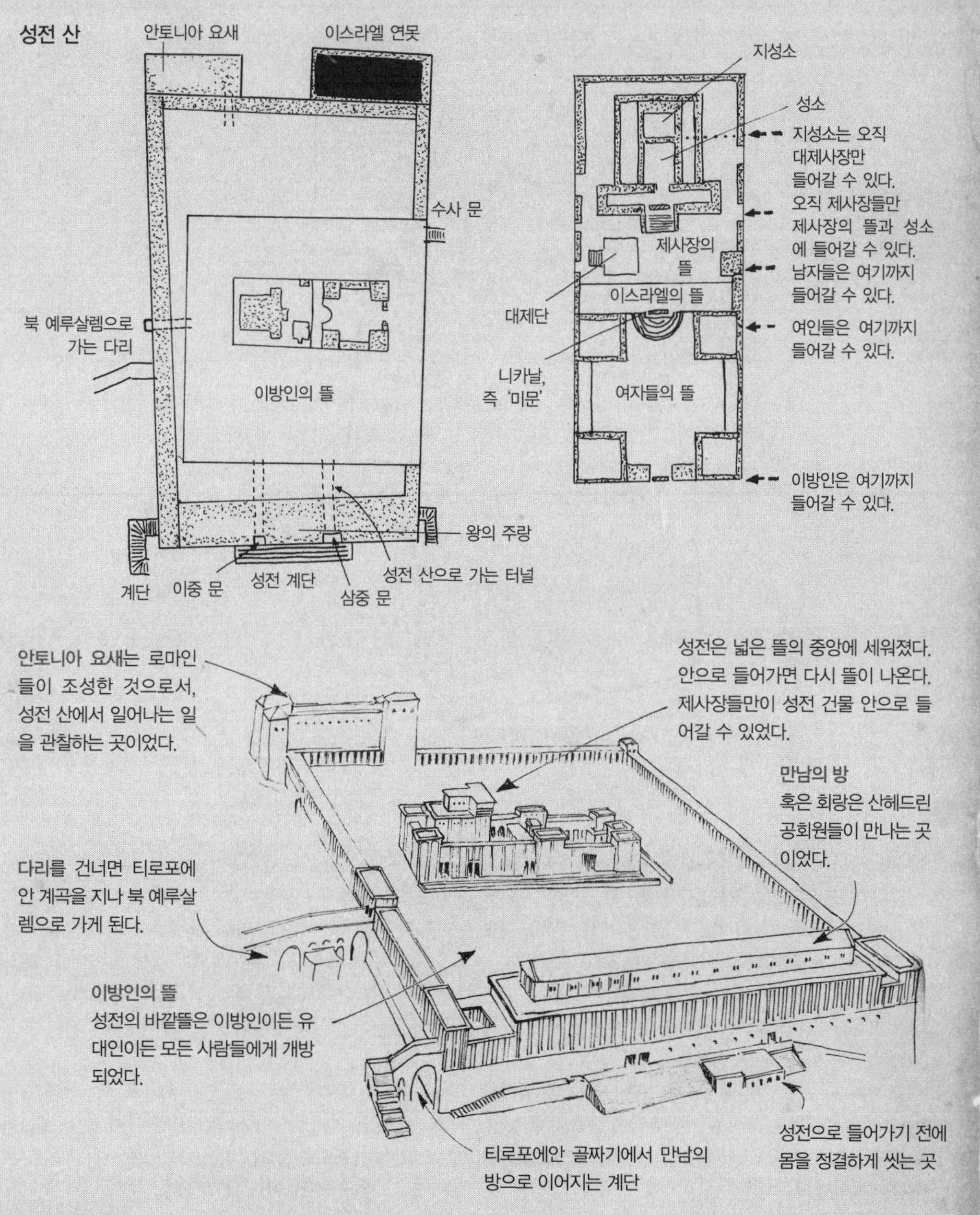

성전 산
안토니아 요새
이스라엘 연못
수사 문
북 예루살렘으로
가는 다리
이방인의 뜰
왕의 주랑
성전 산으로 가는 터널
계단
이중 문
성전 계단
삼중 문
지성소
성소
지성소는 오직
대제사장만
들어갈 수 있다.
오직 제사장들만
제사장의 뜰과 성소
에 들어갈 수 있다.
제사장의
뜰
남자들은 여기까지
들어갈 수 있다.
이스라엘의 뜰
대제단
니카날,
즉 '미문'
여인들은 여기까지
들어갈 수 있다.
여자들의 뜰
이방인은 여기까지
들어갈 수 있다.
안토니아 요새는 로마인
들이 조성한 것으로서,
성전 산에서 일어나는 일
을 관찰하는 곳이었다.
성전은 넓은 뜰의 중앙에 세워졌다.
안으로 들어가면 다시 뜰이 나온다.
제사장들만이 성전 건물 안으로 들
어갈 수 있었다.
만남의 방
혹은 회랑은 산헤드린
공회원들이 만나는 곳
이었다.
다리를 건너면 티로포에
안 계곡을 지나 북 예루살
렘으로 가게 된다.
이방인의 뜰
성전의 바깥뜰은 이방인이든 유
대인이든 모든 사람들에게 개방
되었다.
티로포에안 골짜기에서 만남의
방으로 이어지는 계단
성전으로 들어가기 전에
몸을 정결하게 씻는 곳

고난주간, 예루살렘

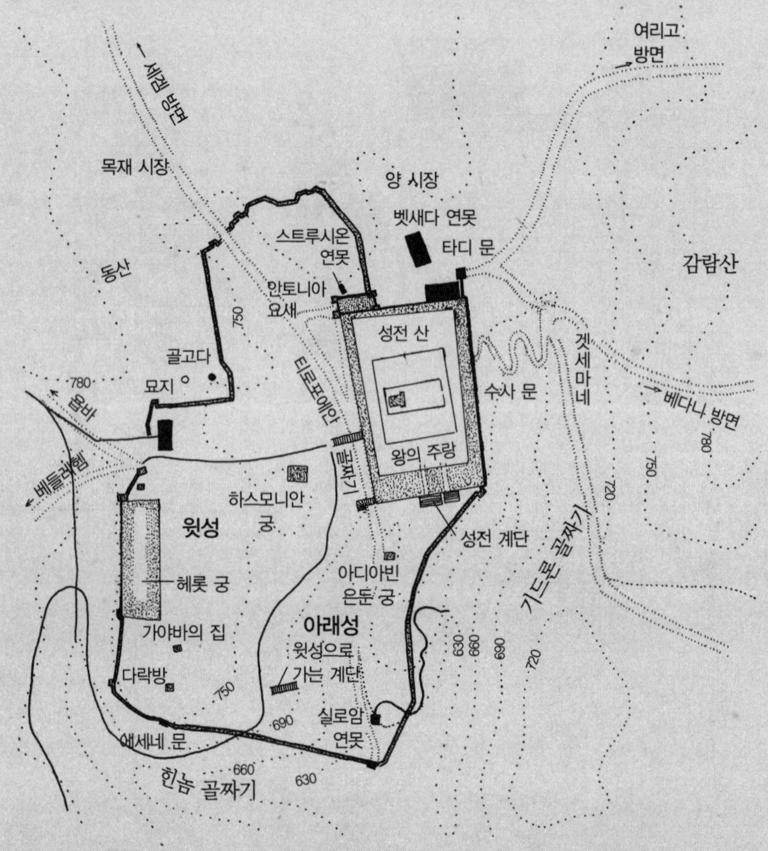

예수님 당시의 예루살렘은 대단히 종교적인 분위기였다. 성전은 이 도시의 스카이라인을 꽉 채우고 있었다. 예수님은 성전의 계단에 앉아서 가르치셨고 뜰에서 예배 드리셨다. 장사치들을 내쫓고 성전의 파멸을 예고하기도 하셨다.

예루살렘은 성전이 창출하는 부에 의존했다. 어디에 살던 간에 유대인이라면 매년 성전세를 내야 했다. 이 말은 로마제국 전역에서 돈이 성전으로 흘러들어온다는 말이다. 이뿐 아니다. 주요 명절 때가 되면 도시는 순례자들로 넘쳐났다. 이 사람들은 잘 곳과 먹을 음식을 필요로 했다.

안토니아 요새는 성전을 내려다볼 수 있어서 유대 식민지인들이 무엇을 하는지 한눈에 지켜볼 수 있었다.

도시의 서쪽에는 힌놈 골짜기가 있었다. 사람들은 여기에 쓰레기를 버리거나 태웠다. 예수님은 이 골짜기 이름을 지옥의 동의어로 사용하셨다. 동쪽으로는 기드론 골짜기가 있는데 이 골짜기는 예루살렘과 감람산 사이에 끼어 있었다. 여리고에서 나올 때 이 골짜기를 지났다. 예수님은 이 골짜기를 따라 갈릴리에서 예루살렘까지 다니시곤 했다.

예루살렘의 북에서 남쪽으로 뻗은 티로포에안 골짜기는 '치즈 만드는 자의 골짜기' 라고도 불렸다. 이 골짜기를 지나 성전의 서쪽으로 향하는 길이 나 있었다. 이 길은 북서쪽으로는 망대문까지 이르렀다.

고난주간, 최후의 만찬

차이는 있지만 사복음서 모두 '최후의 만찬'이 나온다. 재미있는 사실은, 최후의 만찬을 가장 먼저 기록한 성경은 복음서보다 먼저 기록된 고린도전서라는 것이다.

여기에는 두 가지 핵심적인 질문이 따른다.

최후의 만찬은 유월절 식사였는가? 마태, 마가, 누가는 모두 명쾌하다. 그것은 유월절 식사였다. 그러나 요한 역시 이들만큼이나 단호하게 그것이 유월절 식사가 아니라 유월절 하루 전날 밤에 이루어졌다고 말한다. 이 식사는 유월절과 비슷한 분위기를 자아낸다. 제자들이 비스듬히 기대 식사하는 모습, 빵을 소스에 찍어 먹는 모습, 마치기 전 찬송을 부르는 모습 등이 그것이다. 이 모든 모습들이 유월절에 걸맞다. 반면, 어린 양이나 무교병에 관한 언급이 없다.

많은 학자들은 당국자들이 예수님을 체포하기 위해 유월절처럼 중요한 행사를 방해하지 않았을 것으로 믿는다. 이 문제의 합의점은 없다. 공관복음 저자들은 유월절 명절이 금요일이었다고 믿고 있고, 요한은 목요일이라고 믿고 있다. 날짜에 대한 혼동이 분명히 있다. 하지만 현재까지로는 누구도 이 문제를 속시원하게 해결하지 못하고 있다.

최후의 만찬은 어떤 의도였는가? 어쩌면 이것이 더 중요한 질문일지도 모른다. 예수님은 정말 무슨 일을 하고 계신 것인가? 우리에게 포도주 한 잔 하고 빵이나 좀 먹으라는 것인가? 그냥 저녁 한 끼 먹자는 것인가? 이것이 특별한 행사가 되게 하신 것인가, 아니면 빵을 먹고 포도주를 마실 때마다 그분을 기억해야 하는 것인가?

해답은 초대교회에서 찾을 수 있다. 그들은 무엇보다도 이 일이 일어난 지 얼마 안 된 시점을 살았고, 이 식사 자리에 있었던 사람들이 그 교회에 살아 있었다. "너희는 이것을 행하여 나를 기억하여라"(눅 22:19)는 예수님의 말씀을 이루기 위해, 그들은 '성만찬(Eucharist)'을 제정했다. '감사드림' 외에도 '주님의 만찬'이라는 의미다.

성만찬은 여럿이 나누는 식사, 모든 사람이 초대되는 식사의 일부였다. 모두가 빙 둘러서 하는 이 식사를 아가페 식사, 혹은 '사랑의 축제'라고도 했다. 부자든 가난하든, 지체가 높든 낮든, 젊든 늙었든 공동체에 속한 모두가 참석할 수 있는 식사였다. 그러므로 '주님의 만찬'은 거룩 거룩한 종교적인 예식이 아니라, 공동체 안에서의 실천적인 사랑을 맥락으로 행해지던 식사였던 것이다.

성만찬을 최초로 언급한 곳은 사도행전 3장 42절이다. 또한 바울도 고린도전서 11장에서 성만찬을 언급한다. 바울은 포도주와 빵을 나누는 동안 공동체 전원이 함께 하는 식사가 있었음을 명확하게 지적한다. 바울은 이 식사의 핵심이 우리 모두가 함께 공통된 기억을 나누는 것이라 말한다(고전 10:17).

예수님은 제자들이 새로운 언약, 하나님이 자기 백성과 세우시는 새로운 협정을 기억하도록 분명히 의도하셨다(눅 22:20). 식탁의 기본이자 언제나 대할 수 있는 음식인 포도주와 빵을 써서 그분을 따르는 모든 사람들이 참여하여 정기적으로 기념할 수 있는 예식을 세우신 것이다. 예수님의 초대 제자들은, 예수님이 자신들을 위해서 하신 일과 하나님이 그분의 죽음을 통해서 주신 새로운 용서와 구원의 약속을 함께 평등하게 기념하기 위해 모였다. 예수님의 제자들은 오늘날에도 이 같은 일을 한다.

고난주간, 목요일과 금요일

예수님의 재판

종교회의 종교 지도자들은 예수님의 신성모독에 치를 떨었다. 이것은 중범죄요, 견딜 수 없는 것이다. 대제사장은 내리 고함을 질렀다. 예수님은 침 뱉음을 당하고 매를 맞았다. 요한은 직위를 박탈당한 안나스의 짧은 심문을 보탠다(요 18:12-14). 그러나 이것은 심문이라기보다는 정식 회의 시작 전 서막 같은 것이다.

로마 법정 총독 빌라도가 로마 법정을 이끈다. 그는 예수님에게 "진리가 무엇인가?" 하고 묻는다. 그러나 그는 진리보다는 간편함에 더 마음이 가 있다. 사람들은 예수님에 관해 민중봉기 선동, 조세 거부, 스스로 왕이라 주장하는 행위 등 세 가지로 빌라도에게 끈질기게 고소한다(눅 23:1-2). 그는 예수님과 바라바라 하는 정치범을 교환하면 어떻겠냐고 제안하지만 무산된다. 빌라도는 예수님이 세 가지 고소와 관련해 무죄임을 알았지만, 선고를 내리고 만다. 그는 유대인들의 봉기를 두려워했다. 그의 상관들에게 들어갈 나쁜 보고가 겁났던 것이다.

헤롯의 법정 헤롯은 그저 호기심이 발동했다. 그는 많은 질문을 던졌다. 하지만 예수님은 대답하지 않으신다. 헤롯은 그분을 치고 때린 후 다시 빌라도에게로 압송한다.

다른 고소 건으로 다른 법정에서 심문이 벌어졌지만, 세 심문 모두 야만적이고 치욕스럽다. 마지막으로 심문한 세 집단은 예수님이 없어져야 한다는 데 합의했다.

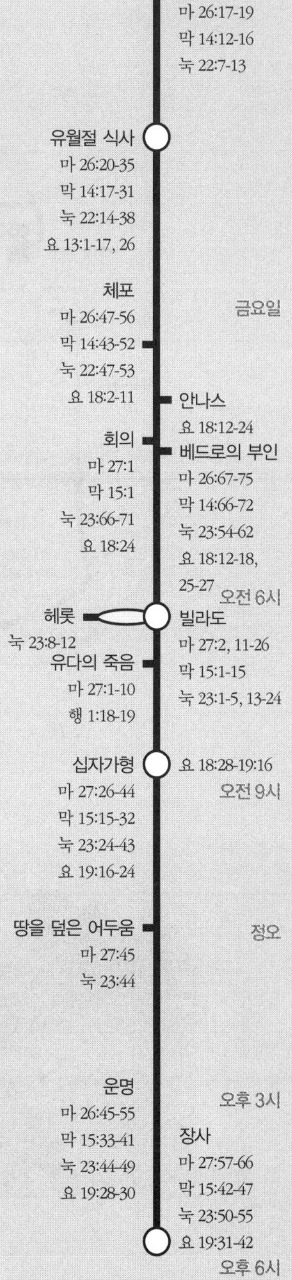

예수님의 이동 경로

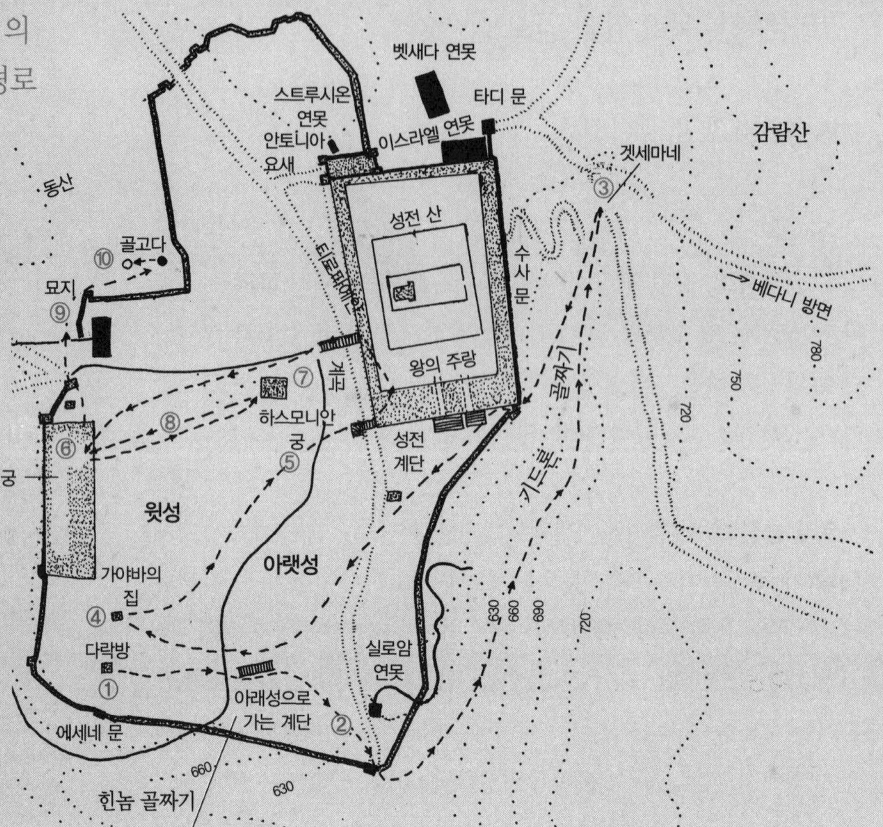

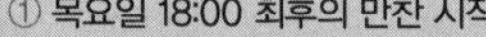

로마인들이 축조한 이 계단은 예루살렘에 있는 성 베드로 갈리칸투 교회(베드로 통곡 교회) 옆에 있다. 아마도 예수님은 이 계단을 걸어 올라가셨을 것이다.

① 목요일 18:00 최후의 만찬 시작
② 목요일 21:00 예수님과 제자들이 아래성으로 향하다. 기드론 골짜기로 난 문 통과
③ 목요일 22:30 겟세마네 동산에서 기도하신 후 체포되다.
④ 목요일 23:00 성내로 들어와 대제사장 관저에서 안나스와 가야바 앞에 서다. 구금되다.
⑤ 금요일 04:30 날이 밝자 산헤드린 앞에서 정식 재판을 받기 위해 성전을 가로질러 이송되다.
⑥ 금요일 06:00 빌라도 앞에 서다. 아마도 헤롯 궁이었을 가능성이 높다.
⑦ 금요일 07:00 빌라도가 헤롯 안티파스에게 예수님을 이송하다. 하스모니안 궁일 가능성이 높다.
⑧ 금요일 08:30 빌라도에게 다시 이송되고 빌라도는 궁전 앞에서 군중에게 예수님의 방면을 제안하다. 군중은 바나바를 선택하다. 예수님은 고문당하다.
⑨ 금요일 09:00 예수님은 십자가를 지고 처형장인 골고다로 가다.
⑩ 금요일 15:00 예수님 운명하다. 곧 근처 무덤에 매장되다.

십자가

십자가는 로마가 쓰던 고문과 처형 도구였다. 처형 방법 중에서도 가장 처참한 것으로 여겨졌고, 최하층민들에게만 부과되었다. 예수님의 죽음이 그토록 경악스러운 이유는 처형법이 너무나 비천하고 존엄성을 짓밟는 것이기 때문이다. 하나님의 아들이 이 땅의 쓰레기처럼 취급 받았다. 십자가는 우리에게 단순하면서도 심오한 질문을 던진다. 왜 예수님이 이런 모습으로 죽어야 했는가? 아니, 왜 그분이 죽어야 했는가? 여러 가지 설명이 있다.

- **모범** 어떤 사람들은 십자가에서 우리가 따라야 할 모범을 발견한다. 예수님은 부당하게 고난당했고 야만적인 대우를 받았지만, 맞서 싸우거나 불평하지 않았다. 그분은 패한 것 같았지만, 그분을 박해하는 사람들보다 도덕적으로, 윤리적으로 더 나았다.
- **혁명** 로마인들의 눈에 예수님은 정치적인 선동가였다. 유대인 당국자들이 보기에 그분은 율법의 근간에 도전하고 그들의 권위를 모욕한 거짓 메시아였다. 많은 사람들이 예수님에게서 혁명가의 모습을 본다. 자신을 둘러싼 억압과 싸웠지만 패배한 이였다.
- **희생** 신약성경에서 두드러지게 나타나는 주제 중 하나는 예수님이 우리를 대신해서 죽었다는 사실이다. 내가 죄인이라는 것은 벌 받아 죽어야 한다는 뜻이다. 그러나 예수님은 내가 받아야 할 벌을 대신 받으셨다. 나 대신 선고를 받고 내 벌금을 대신 내셨다. 육체적으로야 죽겠지만, 내가 받아 마땅한 그 벌로 고통당하지는 않을 것이다. 누군가가 이미 나를 대신해서 받았기 때문이다.
- **동일시** 사람들은 고통의 문제에 대해 하나님께 질문을 던진다. 그 중에서 예수님이 이해하시지 못하는 것은 없다. 예수님은 인

지진과 찢어진 휘장

예수님이 절명하는 순간, 엄청난 소음과 함께 놀라운 사건들이 일어났다. 땅이 흔들리고 바위가 터졌다(마 27:51). 그리고 어두움이 온 하늘을 덮었다(눅 23:44). 마치 천지가 다시 창조되는 듯했다. 성전에서는 지성소 앞의 휘장이 위에서 아래로 둘로 찢어졌다. 이것은 자연발생적인 사건이 아니다. 그렇다고 사람이 그 높은 꼭대기에 올라가서 찢은 것도 아니다(마 27:51; 막 15:38; 눅 23:45). 대제사장만이 들어갈 수 있는 곳이 이제 모든 사람에게 열렸다.
땅이 열리고 죽은 사람들이 걸어 나왔다(마 27:52-53). 마태복음에만 기록된 재미있는 사건이다. 예수님의 죽음으로 성취된 것, 즉 죽음의 정복을 상징하는 사건이라 볼 수 있다. 이 사건을 지켜본 사람들은 겁에 질리고 놀라움에 떨었다. 유일무이한 일이 일어났음을 안 것이다(마 27:54; 막 15:39; 눅 23:47).

간의 모든 측면을 살아내셨다. 유혹받는다는 것, 지친다는 것, 외롭다는 것, 웃는다는 것, 마신다는 것, 땀 흘린다는 것, 죽는다는 것이 무엇인지 잘 아신다.

최종적으로 십자가는 신비다. 예수님은 모든 죄를 지고 수욕을 당하셔야 했다. 인간의 처지에서 죽으셔야 했다. 우리의 머리로 깨닫기에는 너무 깊다. 십자가는 반드시 그렇게 돼야 했던 일이었다.

십자가 형

키케로가 "잔인하고 무서운 형벌"이라고 묘사한 바 있는 십자가 형은 가장 저질의 범죄자인 노예, 강도, 반역자 등에게 가해졌다. 로마는 이를 대규모로 시행하기도 했다. 하드리안 황제 시대는 500명의 반역자가 한날 처형되었다고 전해진다. 사형은 사람을 두렵게 만든다. 십자가 형이 시행되는 곳은 보통 고지대였다. 로마 제국의 도시들은 제국 내 수백만 명의 노예들이 반역하려고 할 때 어떤 운명이 기다리고 있는지 상기시켜줄 장소를 갖추고 있었다.

범죄자는 보통 도시 외곽에 있는 처형 장소까지 무거운 십자가의 수평 기둥을 지고 갔다. 십자가의 외형은 T자 모양을 하고 있었다. 세로 기둥은 땅에 박고 수평 기둥은 맨 위에 건다. 예수님이 달린 십자가도 크룩스 임미싸(*crux immissa*)였다. 머리 위로 세로 기둥이 올라가는 형태다.

끔찍하게도 십자가 형은 주요 정맥을 관통하지 않기 때문에 실제 사람을 죽이지 못한다. 대신 희생자는 과다출혈이나 탈진, 심장마비로 죽는다. 예수님의 사인도 형이 집행되기 전 채찍질에 맞아 야기된 과다출혈이었을 것이다. 그분은 이미 너무 약해져서 수평 기둥도 옮길 수 없었다.

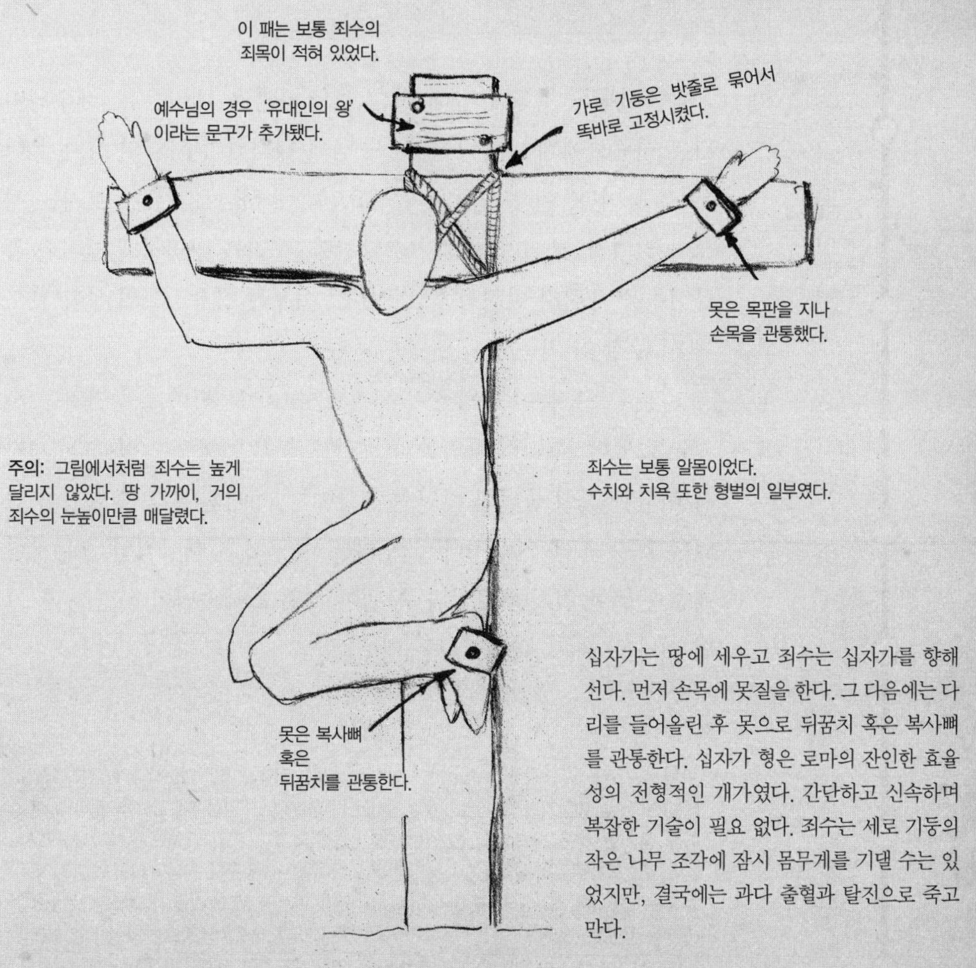
이 패는 보통 죄수의
죄목이 적혀 있었다.
예수님의 경우 '유대인의 왕'
이라는 문구가 추가됐다.
가로 기둥은 밧줄로 묶어서
똑바로 고정시켰다.
못은 목판을 지나
손목을 관통했다.
주의: 그림에서처럼 죄수는 높게
달리지 않았다. 땅 가까이, 거의
죄수의 눈높이만큼 매달렸다.
죄수는 보통 알몸이었다.
수치와 치욕 또한 형벌의 일부였다.
못은 복사뼈
혹은
뒤꿈치를 관통한다.

십자가는 땅에 세우고 죄수는 십자가를 향해 선다. 먼저 손목에 못질을 한다. 그 다음에는 다리를 들어올린 후 못으로 뒤꿈치 혹은 복사뼈를 관통한다. 십자가 형은 로마의 잔인한 효율성의 전형적인 개가였다. 간단하고 신속하며 복잡한 기술이 필요 없다. 죄수는 세로 기둥의 작은 나무 조각에 잠시 몸무게를 기댈 수는 있었지만, 결국에는 과다 출혈과 탈진으로 죽고 만다.

1968년 십자가 형을 받은 유해의 흔적이 예루살렘 근교에서 발견되어 다음과 같은 사실을 알려주었다.

① 못은 희생자의 손목과 뒤꿈치에 박혔다.

② 못은 먼저 나무 지지대를 관통했다.

③ 빨리 절명시키기 위해 다리를 꺾었다.

무덤에 간 여자들
마 28:1-4
막 16:1-4
눅 24:1-2
요 20:1

이른 아침

천사의 메시지
마 28:5-7
막 16:5-7
눅 24:3-7

예수님을 만난 여자들
마 28:8-10

돌아가 제자들에게 말하다
눅 24:8-11
요 20:2

빈 무덤을 확인한 베드로와 요한
요 20:3-10

예수님을 본 막달라 마리아
마 28:9
요 20:11-18

한낮

엠마오로 향하는 길
눅 24:36-43

예수님을 본 베드로
눅 24:34

저녁

열 제자들이 예수님을 보다
막 16:14
눅 24:36-43
요 20:19-23

열한 제자들이 예수님을 보다
요 20:26-31

40일 동안

갈릴리에서의 아침 식사
요 21:1-23

갈릴리 산
마 28:16-20

오백 명 제자가 예수님을 보다
고전 15:6

유월절 준비
마 26:17-19
막 14:12-16
눅 22:7-13

야고보가 예수님을 보다
고전 15:7

부활절 아침

복음서들은 부활에 관해 다른 보도 내용을 내놓는다. 예수님이 다른 사람들에게 나타나신 것, 무덤에 나타난 천사들의 숫자가 다른 것 등이다. 이 보도들을 일목요연하게 하나로 만들어보려는 시도가 있었지만, 어떤 주석가의 말처럼 "우리는 완벽하게 일치된 복음서들을 오히려 이해 못할 것이다." 아무튼 복음서들의 부활 보도는 서로 잘 안 맞는다.

그래서 보도들이 애당초 믿을 만한 것이 못 된다고 주장하는 사람들도 있다. 그러나 증인들의 증언도 종종 일치하지 않는다. 게다가 부활과 같이 중대한 사안인 경우에는, 상당한 혼동과 놀람이 있었다고 보는 게 정상이다. 그럼에도 불구하고 핵심적인 세부사항에는 완전한 일치를 보인다. 무덤이 비었고 예수님이 운명한 후 그의 제자들에게 나타나셨다는 것이다.

부활

부활은 예수님 이야기의 절정이다. 가장 먼저 이를 증거한 것은 베드로의 설교이다(행 2:14–36). 학자들은 이 설교들에 사용된 언어가 사도행전 나머지와 다르므로 아주 이른 시대의 기록이라고 믿는다.

따라서 제자들은 아주 초기부터, 예수님이 부활하셨음을 한 점 의심도 없이 믿었다. 마태, 마가, 요한은 예수님이 육체로, 신체를 지니고 부활하셨다는 데 조금도 양보가 없다. 부활 사건이 일어난 지 25년 안팎에 서신들을 쓴 바울은, 자신의 편지 수신자들이 이미 알고 있는 사실, 즉 예수님이 죽은 자들 가운데서 일어나신 사건을 거듭 상기시킨다. 그는 또한 자신의 수신자들은 알고 있지만, 복음서 기자들이 보도하지 않은 부활 후 나타나심이 있음도 지적한다.

보도 자체는 매우 단순하다. 상징에 호소하거나 심지어 구약성경에 암시적으로라도 기대는 법도 없다. 부활 보도들은 두 가지 단순한 사실에 초점을 맞춘다. 무덤이 비어 있었고, 예수님이 여러 경우들에 많은 사람들에게 보이셨다는 것이다. 이것들이 중요한 사실이다. 그분의 영은 유령처럼 여기저기 돌아다니고, 그분의 시신은 여전히 무덤 안에 있는 게 아니다. 그분은 변하셨다. 그래서 막달라 마리아와 다른 제자들이 그분을 금방 알아보지 못했다. 그러나 그분은 실제로, 육체를 가지고 부활하셨다.

최종적인 증거의 일부는 제자들의 행동에서 발견된다. 무엇인가 이 코가 빠지고 겁에 질린 채, 환멸에 싸인 사람들을, 힘차고 의욕적인 증인들로 바꾸어 놓았다. 예수님은 부활하셨다. 그들의 확신과 신앙은 예루살렘과 그 너머의 도시들로 들불처럼 퍼져나갔다.

요한복음

하나님의 말씀

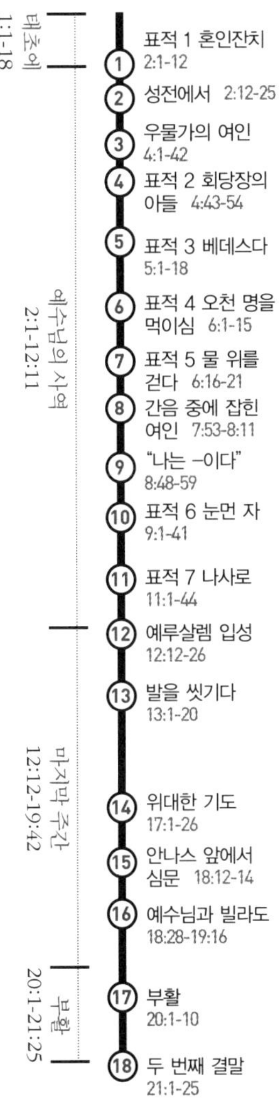

누가 | 전통적으로 이 책은 사도 요한의 작품으로 알려졌다. 요한의 이름이 책에 나오지는 않지만, "예수께서 사랑하시는 제자"(13:23; 19:26; 20:2; 21:7)로 언급되는 것이 이 설을 뒷받침하는 근거 중 하나다. 그가 저자라면 이렇게 쓰는 것이 자연스러울 것이다.

한눈에 보는 안내판

저자 예수님의 사도이며 친구였던 요한
유형 복음서
목적 예수께서 하신 일과 말씀을 탐구하고, 그분이 정녕 누구시며, 그것이 우리에게 무엇을 의미하는지 밝힌다.
핵심 구절 3:16-17 "하나님이 세상을 이처럼 사랑하셔서 독생자를 주셨으니, 누구든지 그를 믿으면 멸망하지 않고 영생을 얻을 것이다. 하나님이 아들을 세상에 보내신 것은, 세상을 심판하시려는 것이 아니라, 아들로 세상을 구원하시려는 것이다."
한 가지만 기억한다면 예수님은 하나님이시다. 그분을 믿는 자마다 구원을 받을 것이다.

한눈에 보는 흐름

태초에 1:1-18
혼인잔치 2:1-12
거듭남 3:1-21
우물가에서 4:1-42
아들을 고침 4:43-54
오천 명을 먹이심 6:1-15
생명의 양식 6:22-59
"나는 -이다" 8:12-59
눈먼 자가 보다 9:1-41
선한 목자 10:1-42
나사로가 일어남 11:1-44
발을 씻기다 13:1-20
새로운 규율 14:15-31
길, 진리, 생명 14:1-31
참된 포도나무 15:1-17
예수님과 빌라도 18:28-19:16
십자가 형 19:17-42
부활 20:1-29

이 책은 섬세한 유대적 배경을 나타내고, 목격자 아니고서는 파악할 수 없는 소소한 사항들을 담고 있다.

이 책이 공동 저자의 작품이라는 주장도 있다. '증인'이 핵심적인 자료들을 제공하고, '복음서 기록자(evangelist)'라고 부르는 누군가가 해설이 담긴 자료들을 제공한 것을 한 편집자가 한데 모았다는 것이다. 이 견해가 지닌 가장 큰 문제는, 누가 어떤 부분을 실제로 담당했는지 말할 수 없다는 것이다.

이 복음서가 원래 두 판으로 쓰였다는 견해도 있다. 하나는 예수님이 메시아임을 증명하기 위한 목적의 유대판이고, 유대판과 똑같지만 새로운 서문과 유대 용어들에 대한 몇 가지 해설을 덧붙인 헬라판이 있다는 것이다.

언제 | 복음서 중 마지막인 요한복음은 1세기 말엽 기록됐다는 게 전통적인 견해다. 그러나 70년쯤 쓰였다고 보는 학자들도 있다.

알렉산더의 클레멘트는 요한이 그의 복음서를 다른 세 복음서의 증보판으로 썼다고 주장한다. 이렇게 보면 요한복음은 의당 마지막 것이 된다. 이 복음서는 신학적으로 가장 정교한데, 이 말은 이 복음서가 신학이 한참 발전할 때 기록됐다는 뜻이다. 그러나 이 복음서도 57년경 기록된 로마서만큼은 정교하지 않다. 사람들은 예수님이 죽은 그날 이후 도대체 이 메시지가 무엇을 의미하는지 파악하기 위해 노력했다. 따라서 내용이 정교하다는 것이 꼭 늦은 연대에 기록됐다는 뜻은 아닌 것이다. 사실 요한의 신학과 바울의 신학에는 많은 일치점이 있다. 두 사람 모두 예수님이 하나님의 형상이고, 그분이 모든 것을 창조했으며, 그분을 믿음으로써 영원한 생명을 얻는다고 선언한다.

무엇을 | 요한복음은 독창적이다. 언어, 이미지, 문체에서 다른 복음서들과는 다르다. 공관복음에서 빌려 쓴 자료들이 엿보이지만, 그 차이는 현격하다. 요한의 예수님은 비유를 말하지 않는다.

훨씬 더 정교한 언어와 이미지로 설교나 교훈을 주신다.

이 책은 더욱 해설적인 입장을 취한다. 저자 자신이 나서서 언급하거나 설명을 가할 때도 있다. 다른 복음서들에 비해 훨씬 사색적이다. 어떤 사람들은 공관복음이 역사에 가깝다면, 요한복음은 신학에 가깝다고 한다. 공관복음에서 일어난 일들이 요한복음에서 설명되고 있는 것이다. 하지만 이것은 너무나 단순한 도식화다. 요한복음이 담고 있는 수많은 역사적인 세부 묘사를 무시한다. 이 책은 다른 복음서들이 놓친 이름과 장소를 포함하고 있다. 그리고 이러한 세부 사항들은 고고학적 발견에 의해 입증되었다. 그럼에도 불구하고, 요한복음은 다른 복음서들이 발전시키지 않은 영역들을 확장하고 있는 것만은 사실이다. 공관복음은 우리에게 죄를 사하는 예수님의 권세에 대해 말하지만, 요한복음은 어디서 이 권위가 나왔는지를 밝힌다. 예수님이 사람이 되신 하나님이라는 주장은 공관복음에서 드러내놓고 있지는 않지만, 그분의 행동을 통해 명확히 나타난다. 그러나 요한복음에서는 이 주장이 장마다, 구절마다 묻어난다.

문체, 정교함, 설교문 보도 등의 이유로 요한복음이 다른 세 복음서만큼 역사적인 진정성을 가지고 있다고 보기는 어렵다. 어떻게 요한복음에서 예수님은 다른 말씀을 하시는가? 왜 같은 방식으로 가르치지 않으시는가? 어디서 이런 긴 대화들이 나온 것인가?

사람들의 삶은 다른 국면을 가지고 있다. 일을 통해 나를 안 사람들은 가족들과는 상당히 다른 나에 대한 보도문을 작성할 것이다. 공관복음에 나오는 에피소드들을 상세히 언급할 때, 요한은 같은 언어를 사용하지 않는다. 그는 같은 사건을 다른 관점에서 바라본다. 분명 해석적이고 설명하는 입장에서 기록할 때가 있다. 이 책의 시작은 우주적인 용어라고 말할 수 있는 어휘로 예수님의 전체 삶을 요약한다. 그러나 이런 점이 이 복음서를 권위가 덜하고 영감

궁금증 해소

하나님의 말씀

예수님에게 붙인 이 호칭은 거의 요한복음에서만 독점적으로 나온다. 이 호칭은 개념상 아주 중요하다. 예수님에 대해 우리에게 말해주는 바뿐 아니라, 다문화적이라는 면에서도 그렇다. 요한은 그리스인과 유대인 청중들이 다 알아들을 수 있는 이미지를 사용하고 있는 것이다.

유대적 의미 '말씀'은 '여호와의 말씀'을 의미한다. 하나님이 무엇을 말씀하시면 그대로 된다. 따라서 유대인들에게 하나님의 말씀이란 하나님의 목적과 의도, 하나님의 깊은 마음을 뜻한다.

그리스적 의미 그리스의 스토아 철학은, 우주가 우연이나 무의미의 덩어리가 아니라고 했다. 우주에는 만물을 지배하는 근본적이고 이성적인 원리들이 있다. 이 원리들이 로고스, 즉 '말씀'이다. 존재의 배후에 있는 원리들인 것이다. 한편 '말씀'은 이성적인 사고와도 동의어로 쓰인다.

요한은 두 원리들을 한 존재, 즉 예수님에게로 몰아놓았다. 예수님은 하나님의 말씀, 살아 숨 쉬는 창조주의 목적, 우주의 근본적인 진리이시다.

이 부족한 책으로 전락시키지는 않는다. 성경 전체를 통해서 하나님은 믿는 자들에게 역사를 설명할 수 있는 그림과 환상을 주신다. 선지자들의 글 전체는 직접 영감이라는 개념 위에 둥지를 틀고 있다. 요한복음은 예수님과 함께 지내며 그분을 가까이에서 모셨던 사람이 쓴 작품이다. 아울러 오랫동안 예수님이 누구신지 기도하며 하나님께 여쭌 사람이 쓴 글이기도 하다. 예수님의 의미는 생명이었다. 모든 것 안에서 충만하게 나타나는 생명, 그 능력을 유감없이 발휘하는 생명, 영원한 생명이었다.

태초에 1:1-18

마태는 우리를 아브라함으로 이끌었다. 누가는 아담으로 올라간다. 요한복음의 서두는 세상이 시작되기도 전이다.

이 책은 일종의 시로 시작된다. 예수님이 태초부터 하나님과 함께 계셨음을 확실하게 하는 선언으로 시작하는 것이다. 아니 그분은 하나님과 함께 하신 정도가 아니다. 그분은 하나님이셨다. 예수님은 '말씀'이라 소개된다. 만물이 창조된 것은 이 존재, 이 말씀을 통해서다. 그리스도는 빛, 하나님이 최초로 하신 말씀을 떠오르게 하는 빛이시다. 어두움을 물리치기 위해 이 세상에 오신 분이시다. 세례 요한이 이 점을 뒷받침한다. 스스로 빛은 아닌 그는 빛에 대해서 말한다.

이처럼 '시적인' 서문이 이 복음서의 요약이다. 예수님은 태초부터 하나님과 함께 계셨다. 왜냐하면 그분 자신이 하나님이셨기 때문이다. 세례 요한은 사람들이 예수님의 오심을 준비하도록 했다. 그러나 그분이 오시자 사람들은 그분을 거의 알아보지 못했다. 그분을 알아본 사람들은 하나님의 자녀가 된다. 그들 자신의 노력으로가 아니라, 하나님의 사랑 때문이다. 하나님을 본 사람은 아무도 없지만, 예수님은 우리에게 하나님이 어떤 분이신지 보여주셨다.

세례 요한 1:19–34 세례 요한은 자신의 정체와 사명에 관해 도전을 받고 한 가지를 분명하게 한다. 그는 엘리야의 현신이나 메시아가 아니라, 그 길을 닦는 사람에 불과하다는 것이다. 요한은 예수님의 세례를 상세하게 기술하지는 않지만 언급하고는 지나간다. 바로 다음날 세례 요한이 성령께서 예수님께 내려오시는 모습을 봤다고 말하는 것이다.

첫 제자들 1:35–51 세례 요한의 두 제자가 예수님의 제자가 된다. 한 사람은 베드로의 형제 안드레다. 다른 한 사람의 이름은 밝혀지지 않고 있다. 하지만 그가 이 복음서의 저자인 요한이라는 설이 있다. 안드레는 처음부터 예수님을 메시아로 알아본다. 요한의 보도에서 예수님은 베드로의 이름을 즉시 바꿔주신다. 다른 복음서들에서는 베드로가 신앙을 고백한 직후 고쳐지는 것으로 나온다. 예수님이 참 이스라엘 사람이라고 칭찬하신 나다나엘 역시 예수님을 알아보았다. 또 다른 참 이스라엘 사람인 야곱처럼 나다나엘은 하늘을 오르락내리락 하는 천사들을 볼 것이다(창 32:22–32).

중요한 개념

성육신

성육신이란 사람으로 나타난다는 뜻이다. 하나님이 성육신하셨다는 말은, 하나님이 인간의 형상을 입으시고 사람들 가운데 사셨다는 뜻이다. 이 일은 먼저 예수님이라는 인간을 통해 일어났다. 하나님은 저 하늘 꼭대기에 뚝 떨어져 머물러 계시지 않았다. 그분은 인간의 모습을 취하셨고 우리와 함께 사셨다. 크리스천들에게 이 교훈은 여전히 유효하다. 우리는 사람들을 구하기 위해 사람들 곁에 있어야 한다.

하나님은 인간이 무엇인지 아신다. 그분이 사람이셨기 때문이다. 예를 들어, 히브리서는 하나님이 시험 당함을 이해하신다고 한다. 그분이 예수님의 모습으로 시험 당해 보셨기 때문이다(히 2:18). 지상에서 예수님의 삶은 우리에게 어떻게 살아야 할지를 보여준다. 우리가 따라야 할 모범을 제공하는 것이다.

예수님의 부활로 탄생한 교회는 이 세상에 하나님을 알리는 일을 계속해 왔다. 성령님의 힘주심으로, 우리의 믿음과 행위를 통해서 주변 세상에 하나님을 나타내도록 격려를 받는다. 하나님은 지금도 이 세상에 성육하고 계시다. 그분은 그분을 따르는 자들을 통해서 인격으로 나타나신다.

예수님의 사역 2:1–12:11

요한은 예수님의 생애를 7가지 특별한 표적들과 7번의 "나는 –이다(I am)" 말씀을 중심으로 배치한다.

표적은 특별한 기적으로 예수님의 정체를 밝혀준다. 이 표적들을 보고 당국자들은 수시로 논쟁하고 도전해왔다.

이 7개의 선언은 7개의 "나는 -이다" 말씀이라고도 불린다. 매번 예수님은 자신을 빵, 물, 문 등에 비유하시기 때문이다. 이렇게 하심은 그분의 진정한 면모를 드러내기 위함이다. 그런가 하면 8번째의 특별한 "나는 -이다" 말씀이 있다. 여기서 예수님은 침착하고 노골적으로 자신을 여호와, 하나님의 이름과 동일시하신다.

① 표적 1 가나의 혼인잔치 2:1-12 예수님의 첫 번째 기적은 개숫물을 포도주로 바꾼 것이다. 이 기적은 예수님이 그분을 믿는 모든 사람들을 위해 하시는 일을 한 장으로 보여주는 그림이다. 그분은 평범한 사람을 비범한 사람으로, 죄인을 하나님의 아들로, 개숫물을 극상품 포도주로 바꾸신다. 예수님의 첫 기적이라는 언급이 달려 있다(2:11). 기적이라는 말은 그리스어로 '표시(sign)' 이다.

② 성전에 계신 예수님 2:12-25 공관복음은 예수님의 생애를 크게 두 장의 그림으로 표현한다. 갈릴리와 유대에서의 사역, 예루살렘에서의 마지막 주간이 그것이다. 이 복음서들에서 예수님은 그분 사역의 절정이라 할 수 있는 예루살렘을 향해 점점 옮겨가신다. 요한복음의 보도에서 예수님은 예루살렘과 다른 지역 사이를 옮겨 다니신다. 결정적인 마지막 주간이 오기 전에도 이 도성을 몇 번 방문하신다.

요한은 그의 복음서에서 성전 장면을 훨씬 일찍 보여준다. 그렇다면 예수님이 성전을 두 번 정결하게 하신 것인지, 아니면 요한이 한 사건을 두 번의 다른 시간 순서에 넣은 것인지에 관해서는 의견이 분분하다. 예수님이 이 일을 사역 초기에 한 번, 사역 후기에 한 번, 이렇게 두 번 하셨을 가능성은 없다. 요한의 보도가 중요한 이유는, 예수님이 동물들 또한 성전에서 내쫓으셨다는 것이다. 이것은 동물 제사가 종언을 고할 때가 왔음을 시사한다.

예수님과 니고데모 3:1-21 바리새인들을 단지 생각 없는 열성주의자라고 몰아부치면 그들에게 큰 모욕을 가하는 것이다. 그들의 가르침은 다분히 억압적이고 외면에 대한 강조는 위선적이지만, 많은 바리새인들은 신실하고 선량한 사람들이었다. 여기 니고데모가 나온다. 바리새인의 일원으로서 예수님의 중요성을 알아차린다(3:1-2). 이런 그가 밤중에 예수님을 방문한다. 논란을 일으키고 있는 설교가에 대해 조심스럽게 접근하려는 듯한 태도다.

둘의 대화에서 왜 바리새인들이 예수님을 위협으로 간주하는지 답이 나온다. 그분은 하나님 나라에 들어가기 위해서는 유대인으로 태어나는 것만으로는 충분하지 않다고 하신다. 유대인으로 나야 하는 게 아니라 거듭나야 한다. "거듭나야 한다"는 구절보다 더 많은 책, 설교, 연설, 토론을 이끌어낸 성경 구절은 거의 없다. 이 구절은 사실 "위로부터 나야 한다"로 간단하게 옮길 수도 있다. 예수님이 말씀하는 것은, 하나님 나라에 들어가기 위해서 전혀 새로운 출발을 해야 한다는 뜻이다.

이 구절은 오랜 시간에 걸쳐 하나의 시험으로 변했다. 많은 크리스천들이 자신이 진정으로 거듭났는지 아닌지 밤을 새워가며 고민

BRIEF LiVES 약력

| 베드로, 게바, 시몬, 바위

가족 사항 _ 안드레의 형제. 기혼자. 가버나움 거주.

직업 _ 어부. 제자. 사도.

생애와 업적 _ 예수님은 시몬을 '반석'이라 개명해주셨다. 그러나 복음서들을 보면, 그는 단단한 화강암은 아니고 푸석한 화산암이었다. 쉽게 흥분하고 충동적이었으며, 언제나 시비에 휘말리고 도대체 입을 다물 줄 몰랐다. 멋진 말을 해놓고 돌아서자마자 어리석기 이를 데 없는 말을 하는 명수이기도 했다. 금방 물 위를 걷다가 바로 다음 순간에 물로 빠지기도 했다. 예수님은 그의 현재 모습이 아니라 앞으로 될 모습 때문에 그를 '반석'이라 하셨다. 초대교회에서 베드로는 단단한 인물로 서고, 다른 모든 사람들이 의지하는 사람으로 변해 있다. 이런 변화를 가져온 촉매는 그리스도를 부인했지만 용서받은 사건이었다. 그는 주님을 따르는 일에서 실패한다는 게 무엇인지 확실히 알았다. 예수께서 그를 다시 세우시고 회복시킨 이후에는, 다시는 실패를 두려워하지 않았다. 그는 초대교회의 명철하고 용기 있는 지도자로 변모했다. 자기 자신의 한계를 알아낼 만큼 민감했고, 전 같으면 상상할 수 없을 정도로 주님을 위해서 많은 일을 할 만큼 성령에 충만했다.

성품 _ 충동적. 쉽게 열 받음. 열정의 화신.

장점 _ 하다 마느니 처음부터 안 함.

단점 _ 뭘 하겠다고 마음먹고 뛰어들기 전에 결코 생각하는 일이 없음.

했다. 정치가와 설교가들 중에는, 마치 동호회쯤에 가입하는 기분으로 "거듭났습니다" 하고 선언하는 사람도 있다. 예수님이 말씀하시는 것은 그런 절차가 아니다. 그분은 이 말씀을 저 유명한 3장 16절에서 간결하게 설명하신다. "하나님이 세상을 이처럼 사랑하셔서 독생자를 주셨으니 누구든지 그를 믿으면 멸망하지 않고 영생을 얻을 것이다." 그리고 이어서 우리가 또한 진리로 살아야 한다(3:21)고 매듭을 지어주신다. "나는 거듭났습니다"라고 말하는 사람들은 빛 가운데서 살아야 하는 것이다.

다시 세례 요한 3:22-30 이 사건을 공관복음의 시간 순서에 끼워 맞추기는 어렵다. 마가는 요한이 잡히기 전까지는 예수님이 갈릴리에서 사역을 시작하지 않으셨다고 기록하기 때문이다(막 1:14). 이 기록은 아마 더 앞선 사건일 것이다. 세례 요한이 자신은 길을 준비하는 사역을 할 뿐이라고 인식한 당시의 기록일 것이다. 이제 신랑이 왔으니 신랑의 친구는 잔치 자리를 떠야 한다. 31-36절은 세례 요한의 말은 아닐 것이다. 아무튼 이 말씀은 요한복음에서 지금까지 우리가 배운 모든 것을 요약 정리하는 말씀이다.

③ 우물가의 여인 4:1-42 예수님은 사마리아에서 한 여인을 만난다. 그는 우물에서 물을 긷고 있었다. 예수님은 그에게 물을 좀 달라 하셨다. 이것은 파격적이다 못해 혁명적인 행위다. 유대인과 사마리아인은 서로 미워하기에 같은 물 잔을 쓰지도 않았다. 그러나 예수님은 유대인뿐 아니라 온 세상을 구하려고 오셨다. 간단한 청으로 시작된 일이 인격적이고 도전적이며, 인생을 바꾸는 경험으로 내닫는다. 여러 차례 그는 신학적인 논쟁으로 문제를 비화하려고 한다. 신학이 때로는 진짜 문제에서 탈출하는 방편이 될 수 있음을 보여주는 좋은 사례다. 마지막으로 그는 사마리아인들이 모든

것을 설명해줄 메시아를 기다리고 있다고 말함으로써 대화를 흐리려고 한다. 하지만 그의 탈출 계획은 무산됐다. 예수님이 "내가 그다"라고 말씀하셨기 때문이다. 여인은 놀라서 마을 사람들에게로 달려갔다. 그들은 와서 들었고, 많은 사람들이 신자가 됐다.

④ 표적 2 회당장의 아들을 고치심 4:43-54; 마 8:5-13; 눅 7:1-10 이 치유의 기적은 마태복음과 누가복음에 나오는 백부장의 종 치유 기적과 유사하다. 아니 같은 사건으로 보일 정도다. 이 사건은 예수께서 치유를 일으키기 위해서 꼭 현장에 있지 않아도 된다는 점을 보여준다. 차이를 만드는 것은 믿음인 것이다.

⑤ 표적 3 베데스다 연못 5:1-18 공관복음의 보도에 나오는 다른 기적들과 유사하다(막 2:1-12, 눅 5:18-26을 참조하라). 예수님의 치유 능력뿐 아니라 죄를 용서하는 권세에 강조가 놓인다. 이것은 유대인들에게는 신성 모독 사유였다. 오로지 하나님만이 죄를 용서하는 권세를 행하신다. 공관복음이 독자들의 몫으로 맡긴 판단을, 요한은 꼭 짚어서 강조한다. 예수님은 하나님과 동등하다는 주장을 하는 것이다(5:18). 예수님은 이 선언을 뒷받침하기 위해서 긴 설교를 하신다. 여기서 사람을 심판하고 영생을 주실 권세를 가졌다고 스스로 주장하신다(5:19-30). 유대인들은 자신들의 논리를 지지하는 성경을 찾겠지만, 자신들 바로 앞에 앉아 있는 진리를 알아볼 수 없었다(5:31-47).

"나는 -이다" 1 생명의 빵 6:22-59 군중들은 예수님이 배도 없이 어떻게 반대편으로 건너오셨는지 의아해했다. 예수님은 그들의 질문에 답하시면서, 저 위대한 "나는 -이다" 말씀을 처음으로 하신다. "나는 생명의 빵이다."

?! 궁금증 해소

사마리아인

유대인과 사마리아인 사이의 반목은 주전 6세기로 거슬러 올라간다. 유대인들이 바벨론 억류생활을 끝내고 돌아왔을 때, 그들은 자신들을 순수혈통이라고 간주했다. 그리고 그 지역에 살고 있던 혼혈인종들을 부정하다고 규정했다. 이런 태도에 사마리아인들도 가만히 있지만은 않았다. 그들은 예루살렘 성전이 재건되자, 그리심 산에 자신들만의 성전을 세웠다. 예수님 당시 이 반목은 더 심해져서, 유대인들은 사마리아인들이 썼던 물그릇도 함께 쓰지 않았다. 사마리아인들은 유대와 갈릴리 중간에서 살았다. 사람들은 예수님을 모욕하고 싶을 때, 그를 사마리아인이라고 불렀다(8:48).

평행 본문

⑥ 표적 4 오천 명을 먹이심
마 14:13-21
막 6:30-44
눅 9:10-17
요 6:1-15

평행 본문

⑦ 표적 5 물 위를 걷다
마 14:22-27
막 6:45-52
요 6:16-21

예수님은 자신을 빵에 비유하신다. 기본적인 먹을거리인 빵뿐만 아니라 하늘에서 내려오는 만나에 비유하신다. 그분은 우리를 지탱하고 생명을 주는 양식이시다. 그분은 빵과 포도주가 지닌 상징성에 관해 더 말씀하신다. 공관복음에서 그분은 주님의 만찬이라 알려지는 식사를 제정하신다. 그러나 여기서는 그러한 명절을 직접 언급하지 않고, 그 의미를 지적하신다. 그분의 피를 마시고 그분의 살을 먹는다는 것은, 그분이 누구시고 우리를 위해 무슨 일을 하시고 죽으셨는지 묵상하는 것이다.

예수님의 가족 7:1-9 예수님의 형제들은 아직 그분의 제자가 되지 않았다. 그들은 그분에게 좀 더 대중적으로 노출해서 능력을 보여주라고 간한다. 예수님은 그 제안을 거부하신다. 광야에서 받았던 유혹과 흡사한 제안이었기 때문이다. 예수님의 공생애 기간에 그들이 신자가 아니었다는 사실은, 왜 예수께서 어머니를 제자 중 하나인 요한에게 위탁하셨는지 힌트가 된다. 그러나 이상한 것은, 형제들에게는 가지 않겠다 하고 가신 점이다. 왜 이렇게 하셨는지는 설명되지 않는다. 요한이 두 가지 이야기를 하나로 합쳤기 때문일 수도, 아니면 바른 때를 기다리시는 예수님의 또 다른 모습을 보여주기 위한 것일 수도 있다.

어느 쪽이든 간에, 예수님은 이 일을 구실삼아 자신의 신적 기원을 강조하신다. 우리는 예수님을 '부드럽고 온유하고 조용한' 분으로 생각할 때가 많다. 어깨에 양 한 마리 걸머지고 갈릴리를 배회하는 히피 같은 모습이다. 그러나 복음서를 실제로 읽다보면, 빅토리아 시대의 스테인드글라스에 나오는 모습과는 달리, 열정과 에너지로 가득 찬 인물과 마주치게 된다. 그분은 성전에서 장사치들을 쫓아내셨다. 바리새인들과 언쟁할 때는 그들을 향해 언성도 높이셨다(7:28). 사람들이 자신을 미쳤다고 보자 꽤 흥분도 하셨다

(7:20). 그분은 고개 숙이고 가만히 있는 대신 치밀하게 맞설 줄 아셨다. 요한복음에서는 그분의 이러한 면이 아주 잘 나타난다.

이 본문에서 요한이 보여주고 있듯이, 예수님은 하나님에 관해서 그저 보드랍게만 말씀하지 않으신다. 그분은 백성을 향해서 목청을 높이신다(7:37). 이러한 태도를 보고 그분에게 나아오는 사람들이 있었고, 또 떠나가는 사람들도 있었다. 요한은 사람들이 그분의 주장에 관해 논쟁하면서 이런 면들을 고려하더라고 말해준다 (7:40-44).

⑧ 간음 중에 잡힌 여인 7:53-8:11 이 본문은 후대에 첨가된 것이 거의 분명하다. 예수님이 바리새인들과 격심한 논쟁을 벌이시는 대목에 끼워 넣은 것이다. 이것이 후대 삽입 본문이라 하더라도, 많은

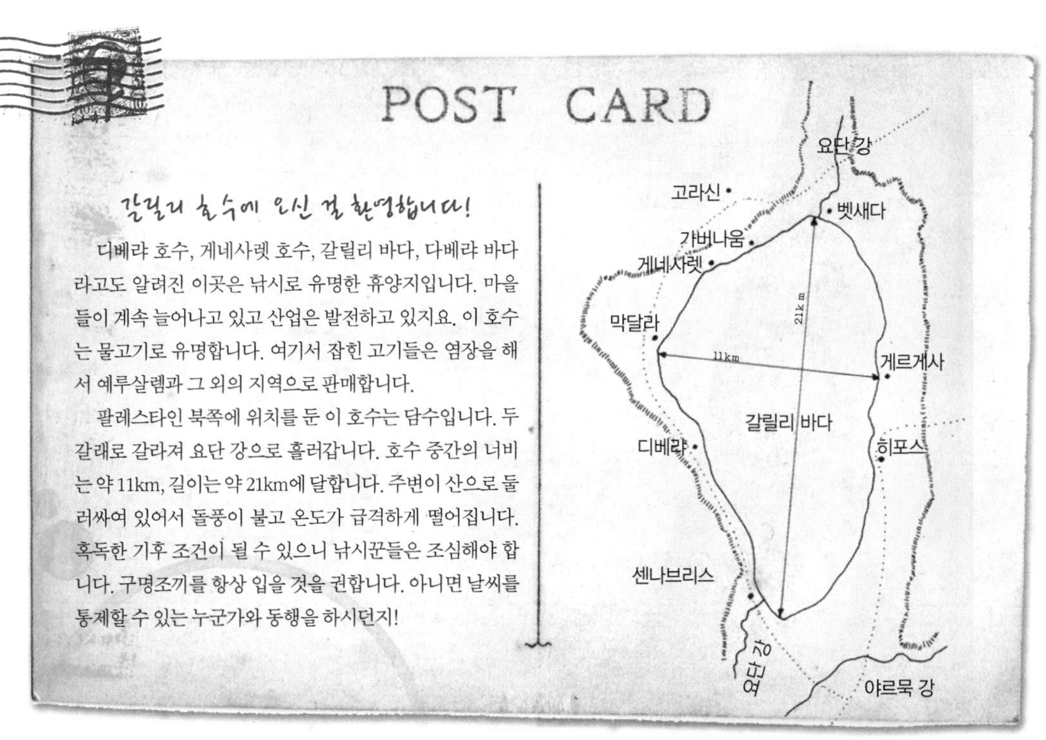
POST CARD
갈릴리 호수에 오신 걸 환영합니다!
디베랴 호수, 게네사렛 호수, 갈릴리 바다, 다베랴 바다라고도 알려진 이곳은 낚시로 유명한 휴양지입니다. 마을들이 계속 늘어나고 있고 산업은 발전하고 있지요. 이 호수는 물고기로 유명합니다. 여기서 잡힌 고기들은 염장을 해서 예루살렘과 그 외의 지역으로 판매합니다.
팔레스타인 북쪽에 위치를 둔 이 호수는 담수입니다. 두 갈래로 갈라져 요단 강으로 흘러갑니다. 호수 중간의 너비는 약 11km, 길이는 약 21km에 달합니다. 주변이 산으로 둘러싸여 있어서 돌풍이 불고 온도가 급격하게 떨어집니다. 혹독한 기후 조건이 될 수 있으니 낚시꾼들은 조심해야 합니다. 구명조끼를 항상 입을 것을 권합니다. 아니면 날씨를 통제할 수 있는 누군가와 동행을 하시던지!
요단 강
고라신
벳새다
가버나움
게네사렛
막달라
21km
11km
게르게사
갈릴리 바다
디베랴
히포스
센나브리스
요단 강
야르묵 강

사람들은 실제로 일어난 사건임을 믿는다.

이 사건에서 예수님이 보여주신 태도는, 강경파 종교 지도자들이 그분 앞에 가져온 모든 시험에 대답하신 기존 방식과도 일치한다. 이번에도 그분은 완전한 균형감각을 가지고 행동하신다. 예수님은 여자의 죄를 비난하신다. 그러나 여자 자신에게는 그러지 않으신다. 이 사건은 한편 풍부한 세부 묘사를 보여준다. 예수님이 땅바닥에 낙서를 하신 것, 돌을 내려놓고 가는 순서가 나이 먹은 순이었다는 것(치기 어린 젊은이보다는 나이 먹은 사람들이 좀 더 자기 인식이 있는 편이다) 등이다. 무엇보다도 이 사건은 예수님이 사람들을 어떻게 다루셨는지 완벽한 사례를 보여준다. 그분은 사람들에게 요구를 하셨지만, 그 모든 요구들은 용서와 은혜라는 맥락 안에서 주어졌다.

"나는 -이다" 2 세상의 빛 8:12-20 어두움과 빛은 요한복음에 나오는 강력한 은유다. 책 전체가 이 세상에 "빛을 비추시는" 하나님으로 시작되니 말이다. 바리새인과 종교적인 열성분자들은 예수님에 대한 진리를 볼 수 없었다. 왜냐하면 자기 의와 선입견으로 눈이 멀었기 때문이다. 우리는 24시간 전기와 함께 살면서 위협적인 어두움의 힘을 잊어버렸다. 그러나 고대 세계에서 어두움은 곧 위험이었다. 나쁜 일들은 밤에 일어난다. 빛은 안전과 이해력을 가져다준다. 빛은 생명과 연결돼 있다. 빛이 있어야만 사람들은 두려움 없이 살 수 있기 때문이다. 빛은 자유를 준다. 예수님은 이 주제를 8장 31-38절에서 더 상세하게 다루신다.

⑨ 특별한 "나는 -이다" 8:48-59 이 말씀은 다른 "나는 -이다" 말씀과는 다르다. 우선 이 말씀은 다른 모든 말씀들을 요약한다. 이 말씀은 예수님이 하나님이심을 가장 명확하게 드러낸다. 자신이 아브라함보다 크다고 그분이 주장하시자 사람들은 그분이 귀신들렸

다고 했다. 이때 예수님은 문법적으로 아주 틀린 말을 입 밖에 내신다. "아브라함이 있기 전에 내가 있다(있었다가 아니다)." 이 말을 놓고 많은 토론이 있었지만, 유대인들은 예수님이 하나님의 이름을 들먹이고 있음을 즉각 알아차렸다. 그들은 그 자리에서 예수님을 돌로 치려고 했지만 예수님이 숨으셨다.

요한이 그리는 예수님은 맞서길 주저하지 않는 인물이다. 그런데 피해야 할 만큼 사람들을 화나게 한다. 문맥을 떠나서 보면, 요한복음에 나오는 예수님의 말씀은 달콤하고 시적이다. 그러나 문맥 안에서 읽으면 신랄한 선언으로 변한다. 그분을 기존 체제에 대한 위협으로 보는 사람들의 의분에 불을 당기고도 남음이 있다. 다른 복음서에서 '공적인' 적대감은 뒤늦게 나타난다. 그러나 요한복음에서는 아주 일찍부터 나타난다.

⑩ 표적 6 시각장애자가 눈을 뜨다 9:1-41 이 사건은 마가복음에 나오는 어떤 치유 사건들(막 8:22-26 참조)과 유사하다. 제자들은 이 사람의 행위가 눈멂의 원인이라고 단정했다. 욥기에서 들었던 고난에 대한 공허한 설명을 여기서도 듣는다. 예수님은 신체적 장애와 죄를 연결시키지 않으셨다. 문제가 되는 것은 그 장애가 아니다. 그것은 사람들의 삶에서 활약하시는 하나님을 보여주는 기회다.

다시 한 번 치유가 대결을 불러온다. 하필이면 치유가 안식일에 이뤄졌기 때문이다. 유대의 종교 지도자들은 철저한 조사에 착수했다. 심지어 부모까지 데려와서 그들의 아들이 맞는지 확인할 정도였다. 그러나 정작 그 사람은 그들의 논쟁에 시큰둥한 반응을 보였다. 아니, 묻는 이유가 제자가 되려는 것이냐고 비아냥거렸다! 바리새인들은 이 장의 서두에서 제자들이 제기한 바로 그 철학적인 문제로 도피하고 만다. 이 사람은 죄인이라는 것이다. 사실 사물을 있는 그대로 보지 않는 사람은 누구라도 죄인이다.

?! 궁금증 해소

성전 축제(10:22)

봉헌제 혹은 하누카(*Hanukkah*)를 말한다. 마카비 시대에 성전을 재봉헌한 일을 기념하는 행사다. 성전과 그 주변 부속건물들에 불을 밝히는 축제다.

"나는 -이다" 3, 4 문과 선한 목자 10:1-42 구약성경에서 하나님은 빈번히 목자로 그려진다(가장 좋은 예는 시편 23편이다). 예수님은 다시 한 번 자신과 하나님을 동일시하신다. 그리고 양떼를 구하기 위해 목숨이라도 내놓을 정도로 양떼를 돌보신다고 말씀한다. 또 그분은 문이 되기도 하신다. 사람들이 그리로 들어와 영생을 얻는 문이시다.

⑪ 표적 7 나사로를 일으키심, "나는 -이다" 5 부활과 생명 11:1-44 예수님은 생명을 줄 권능이 자신에게 있다고 이미 주장하셨다(5:21). 이제 입증하실 차례다. 나사로 이야기는 독특하다. 예수님의 친구와 관련된 일이기 때문이다. 동생들인 마리아, 마르다와 더불어 나사로는 베다니에 살고 있었다. 이 마을은 예루살렘에서 가깝다(마리아는 예수님의 발에 향유를 붓고, 머리털로 발을 닦은 사람으로 기록되고 있다. 이는 바로 12장 1-8절이 말하는 사건이다. 이 마리아를 누가복음 7장 36-50절이 말하는 여인과 동일시할 필요는 없다).

예수님은 지금 두 가지 기대 사이에 끼어 계시다. 마리아와 마르다는 그분이 곧장 베다니로 내려오시길 원했다. 제자들은 그분이 예루살렘으로 너무 가까이 가시면, 사람들이 돌로 칠 것을 알았다. 결국 예수님은 이틀을 더 지체하신다. 도마는 "우리도 그와 함께

난해한 주제

| 예수님은 왜 우셨는가? 예수님은 마리아와 함께 온 사람들의 눈물을 보고 크게 격정을 느끼셨다고 기록한다(11:33, 38). 무덤 가까이에서는 울기 시작하신다(11:35). 왜 우실까? 나사로를 애도하는 울음은 아니다. 나사로는 다시 살아날 것이기 때문이다. 마리아, 마르다의 슬픔에 함께하신 것도 아니다. 몇 분 후면 그 눈물이 웃음으로 변할 것을 아셨다. 어쩌면 그분으로 하여금 눈물을 흘리게 만든 것은 죽음 자체일지 모른다. 그분은 죽음이 애초부터 의도된 것이 아니기 때문에 우셨다. 하나님의 의도는 죽음이 이 땅의 삶에 한 축이 되는 것이 아니었다. 죽음이 나타난 것은 너무나 애석한 일이다. 예수님은 나사로가 죽었기 때문에 우신 게 아니라, 죽음 그 자체 때문에 우셨다.

한편 예수님은 그분 자신이 죽음에 직면할 것을 아셨기에 우셨다고 볼 수 있다. 결국 나사로를 죽음에서 살리신 이 행동이 그분을 죽음으로 몰아넣은 계략을 더욱 촉발했다.

죽으러 가자"고 말한다(도마의 쌍둥이 형제는 반대로 성격이 밝았을 것이다). 예수님이 베다니에 당도하셨을 때, 나사로는 이미 죽어 사흘이나 됐다. 마르다는 믿음을 끌어올리며 그분을 맞이한다. 오빠가 무덤에 누워 있는 순간에도 그분이 어떤 조치를 하실 수 있다는 믿음을 가지고 있다. 예수님은 그의 믿음을 또 다른 "나는 -이다" 말씀으로 인쳐 주신다. "나는 부활이고 생명이다. 나는 사람들을 죽음에서 데려온다"(11:25). 그분은 이 점을 나사로에게 보여주기 위해 무덤으로 향하셨다.

예수님을 죽이려는 음모 11:45-57 요한은 나사로를 살리신 일이 예수님을 덮치려는 파도를 일으킨 결정적인 사건이라고 말한다. 그러나 공관복음은 성전 청결 사건이라고 한다. 바리새인들과 사두개파 대제사장들이 종교적인 현안을 걱정하는 게 아님을 눈여겨 볼 필요가 있다. 그들은 더 많은 사람들이 예수님을 따르면, 로마당국이 개입할 것이라 믿었다. 그들은 종교만이 아니라 그들의 정치적인 권력과 영향력을 보호하려 했다. 대제사장 가야바는 냉담하고 무심한 지도자들 입에 오르내린 그 말을 내뱉는다. "민족이 망하는 것보다는 한 사람이 죽는 게 낫다." 그들이 보기에 예수님은 소모품이었다. 그래서 그들은 서로 좋은 꾀를 내기 시작한다.

난해한 주제

| 향유 붓는 일은 언제 일어났는가? (12:1) 요한복음과 공관복음은 서로 다른 시간을 말하고 있다. 요한은 이 식사가 유월절 엿새 전이라고 한다. 마태는 유월절 이틀 전이라고 한다. 이 차이를 조정하기 위해 여러 가지 설명이 가해졌으나, 결국 견해차를 확인했을 뿐이다.

?! 궁금증 해소

예루살렘에 온 그리스 사람들(12:20-22)

유월절이 되면 예루살렘은 온 세상에서 온 유대인들로 바글거렸다. 그리스에 사는 유대인들도 예수님에 관한 소문을 들었고 그를 만나보려고 했다. 그들은 빌립에게 접근했다. 빌립은 이 문제로 안드레와 의논한다. 어떤 결과가 나왔는지는 기록돼 있지 않다.

마지막 주간 12:12-19:42

⑫ 예루살렘 입성 12:12-26; 눅 19:28-40; 마 21:1-11; 막 1:1-11 위풍당당하게 예루살렘에 입성한 후, 예수님은 승리가 아니라 패배에 대해 말씀한다. 한 알의 밀알처럼 땅에 떨어지는 일, 곧 죽음에 대해 말씀한다. 불확실함을 넌지시 드러내시기도 한다. 무슨 말을 해야 할지 모르겠다고도 하신다(12:27). 그때 하늘에서 목소리가 들려온다. 다른 사람들은 천둥소리를 들었다고 한다. 요한복음에서는 여기까지가 그분의 공적 사역이다. 이제부터는 작고 은밀한 여러 장소들에서 제자들을 가르치신다. 요한은 우리에게 그분이 숨었다고 말하며, 앞의 장들에 나온 내용들을 간략하게 요약한다. 많은 사람들이 예수님을 믿었다. 그중에는 사회 지도자들도 있었다. 그러나 바리새인들의 세력이 그들을 압도했다. 그리고 많은 유력한 사람들이 떠나가고 말았다. 그들은 하나님이 아니라 사람의 칭송을 좋아했기 때문이다.

⑬ 발을 씻기다 13:1-20 제자들의 발을 씻기는 행위는 세상 왕국의 모든 세속적인 규칙들을 뒤집는 것이다. 지도자들은 아랫사람들에게 발 씻김을 받았지, 그 반대는 결코 아니었다. 문제는 예수님이 마치 노예처럼 행동하신다는 것이다. 그분은 겉옷을 벗고 제자들의 발에서 먼지와 때를 닦아내셨다. 이 행동은 에스겔의 예언자적인 행동을 연상시킨다. 예수님은 그들에게 지도자가 된다는 게 무엇인지 새로운 환상을 보여주신다.

배신자 13:21-30; 마 26:20-25; 막 14:17-21; 눅 22:21-23 동방의 식사에서는 주인이 식사에 초대된 손님 중 한 사람에게 소량의 음식을 먼저 권하는 것이 예법이었다. 이렇게 해서 특별한 우정을 과시했다. 예수님은 유다가 행할 일에도 불구하고, 여전히 그를 사랑하심을 보여주시는 것 같다.

새 계명 14:31-35 그분은 제자들에게 주는 계명의 형식으로 이 주제를 부각시키신다. 제자들은 서로 사랑해야 한다. 서로 사랑하는 진실성이 그들의 제자 됨을 입증할 것이다. 이 사랑은 예수님으로 하여금 마치 종처럼 제자들을 섬기게 한 바로 그 사랑이다.

"나는 -이다" 6 길, 진리, 생명 14:1-31 예수님은 이미 자신을 길이라 하셨다. 그분은 우리에게 구원에 이르는 길을 보여주지 않으신다. 그분이 구원에 이르는 길이다. 그분은 하늘나라로 이르는 길을 가리키신다. 그분을 만난 자들은 아버지를 만난 것이기 때문이다. 그분이 성령님을 약속하시고 나서 유월절 식사가 끝난다.

"나는 -이다" 7 참 포도나무 15:1-17 이 본문이 나중에 여기 삽입됐다고 보는 사람들이 있다. 예수님이 다락방에서 겟세마네 동산으로 걸어가시면서 이런 가르침을 주기 어려우셨을 것이라는 주장이다. 문제는 14장 31절이 무엇을 의미하는가에 달려 있다. "일어나

난해한 주제

| 다른 신앙? 요한복음 14장 6절은, 오로지 예수님을 믿는 사람만이 하늘나라에 들어간다는 의미로 해석되곤 한다. 그러나 예수님이 여기서 하시는 말씀은, 그분을 아는 자가 하나님을 안다는 것이다. 그렇다면 이 말씀은 예수님을 누구라고 생각하는가에 관한 질문이 된다. 그러므로 붙잡아야 할 핵심은, 자질구레한 세부 규칙이 아니다. 찬송가를 반주에 맞춰 부르느냐 무반주로 부르느냐, 말끝마다 성경구절을 인용할 수 있느냐 없느냐 등의 문제가 아닌 것이다. 예수님을 누구라고 생각하느냐가 문제이다. 우리의 미래는 궁극적으로 이 질문이 가른다.

예수님과의 마주침이 결정적이다. 그분이 오셔서 사람들에게 말씀하셨으므로, 핑계할 수 없다. 달리 말하면 예수님과 부딪쳤으나 반응하지 않는 자들은 그 결정에 대해 책임을 져야 한다. 그러면 예수님과 마주치지 못한 자들 혹은 거짓 추종자들의 편협함을 통해 그분을 본 자들은 어떻게 될까?

뭐라고 말할 수 없다. 하나님은 사랑의 하나님이시며 정의의 하나님이시다. 마지막 날에 누가 그분을 따랐고, 누가 따르지 않았는가를 결정하는 일은 예수님께 달렸다. 우리가 해야 할 일은 간단하다. 사람들이 예수님과 만날 수 있도록 그들에게 사랑을 보여주는 것이다.

궁금증 해소

내가 너희를 택했다(15:16)

제자들을 놓고 하시는 말씀이다. 그분은 그들을 자신의 친구로 택하셨다. 그들을 세상으로 보내 그분과 똑같은 열매를 맺게 하셨다. 그들이 그분 안에 뿌리를 내리고 서 있는 한, 계속해서 그럴 것이라고 지적하신다.

라. 여기에서 떠나자", "이제야말로 행동을 취할 때다", "지금은 심각한 순간이다"라는 뜻이라 주장하는 학자들이 있다. 어느 쪽이건 예수님은 은유를 써서 말씀하신 것 같다. 어두움의 세력들에 도전하는 그분의 영적인 단호함을 나타내는 말씀인 것이다.

어느 쪽이건, 예수님이 자신에 대해 주장하신 바에 근본적으로 잘 어울리는 이미지다. 포도나무는 구약성경에서 이스라엘을 표상하고자 할 때 쓰던 이미지다. 이스라엘은 하나님이 정하신 기준에 맞춰 살지 못했다. 그래서 예수님이 오신 것이다. 예수님은 진정한 포도나무다. 아버지를 위해 생명을 주는 열매를 맺으신다. 예수님을 따르고자 하는 사람은 누구나 그 가지에 접붙임을 받을 수 있다. 그리고 포도나무에 '붙어' 예수님과 마찬가지로 열매를 맺을 수 있다.

세상의 배척 15:18–16:33 예수님 안에 뿌리를 내린다는 것은 쉬운 실존을 선택하는 것과는 거리가 멀다. 세상은 그 스승을 미워했고, 앞으로는 그 제자들도 미워할 것이다. 그들은 학대당하고 회당에서 쫓겨날 것이다.

⑭ 위대한 기도 17:1–26 여기 예수님이 드린 긴 기도가 기록돼 있다. 이 기도는 크게 세 부분으로 나뉜다. 첫째, 예수님은 이제 막 하실 일을 위해 기도하신다. 그분을 다시 전의 영광스러운 자리로 돌려놓아주실 것을, 수욕을 영광으로 바꿔주실 것을 아버지께 간청드린다(17:1-5). 둘째, 제자들을 위해 기도하신다. 그들을 이 세상에서 옮겨달라는 것이 아니라, 세상과 그 악한 자로부터 보호받기 위해서 기도하신다(17:6-19). 마지막으로 미래의 모든 제자들을 위해 비신다(17:20-26). 제자들이 서로, 또 하나님과 더불어 일치되도록 기도하신다. 미래의 사람들이 하나님을 발견할 때는 바로 그분의 제자들을 통해서일 것이 이 기도로 분명히 밝혀진다. 사람들은

이러한 일치를 제자들의 삶에서 나타나는 하나님의 사랑과 그리스도의 임재를 통해 보게 될 것이다(17:26).

⑮ 안나스 앞에서 심문 18:12-14; 19-24; 막 26:57-58; 막 14:53-54; 눅 22:54 이 광경은 다른 복음서들에는 기록돼 있지 않다. 거기서는 예수님이 대제사장의 집으로 끌려가는 모습만이 그려져 있다. 사실은 심문이라고 하기에 어려운 조우다. 대제사장의 집안사람 안나스가 한 취조라 보는 편이 낫다. 안나스는 주후 15년에 대제사장직에서 해임됐지만, 많은 유대인들은 그를 '진정한' 대제사장이라고 생각하고 있었다. 유대법은 심문을 받은 그날로 선고를 하지 못하도록 돼 있다. 이 취조와 가야바의 심문이 그토록 서둘러 행해진 것은 바로 이 요건을 충족시키기 위함이었던 것 같다.

평행 본문

배신과 체포
마 26:47-56
막 14:43-50
눅 22:47-53
요 18:1-11

베드로의 부인 18:15-18; 25-27; 마 26:69-75; 막 14:66-72; 눅 22:55-62 요한은 베드로의 연속된 부인 사이에 예수님과 안나스 장면을 끼워 넣는다. 마치 영화를 보고 있는 듯한 느낌이다. 카메라가 두 곳의 장소를 오간다. 바깥에서는 베드로가 주님을 배반하고, 안에서는 대제사장이 예수님을 모욕하고 있다.

BRIEF LiVES 약력

| 가룟 유다
가족 사항 _ 미상. 가룟은 케리옷(*Kerioth*) 출신이라는 뜻도 되고, 아니면 '도둑' 이라는 뜻일 수도 있다.
직업 _ 제자. 스파이.
생애와 업적 _ 유다의 사람됨을 한마디로 잘라 말하기는 어렵다. 문제는 예수님이 처음부터 유다의 배신을 아시고 있었던 것 같다는 점이다. 아니, 이 목적으로 그를 뽑은 것으로조차 보인다. 공관복음에서 유다는 예루살렘에 당도해서야 예수님을 배신하는 것으로 나타난다. 그리고 예수님도 최후의 만찬 때까지는 이 점을 발설하지 않으신다. 그러나 요한복음에서는 다르다. 유다는 언제나 나쁜 면으로 조명된다. 예를 들어 요한은 마태복음 26장 6-13절과 마가복음 14장 3-9절에 나오는 향유 붓는 사건을 기록한다. 하지만 그는 유다가 헌금에 손을 댔다고 첨언한다(12:6). 나아가서 예수님이 그를 마귀라 부르셨고, 처음부터 그분을 배신할 것을 아셨다고 기록한다(6:71). 유다가 끔찍한 일을 저지른 것은 틀림없다. 그리고 그 짓을 처절하게 후회한 것도 분명하다. 그러나 그가 도둑이라는 말은 혼동을 일으킨다. 그가 돈을 슬쩍 하는 자였다면, 왜 그에게 헌금 관리를 맡겼는가? 유다에 관한 이런 사실들은 아마도 뒤에서야 발견됐을 것이다. 아니면 후대의 전승을 반영하고 있는 것인지도 모른다.
성품 _ 짐작하기 어렵다.
장점 _ 처음에는 예수님을 따랐다.
단점 _ 결국 신뢰할 수 없는 인물이었다.

궁금증 해소

부정한 로마인(18:28)

유대법에 따르면 '부정한' 이방인과 접촉하는 자는 누구나 유월절 음식을 먹을 수 없었다.

⑯ 예수님과 빌라도 18:28-19:16; 마 27:15-31; 막 15:1-20; 눅 23:1-5, 13-25 요한복음에서 예수님과 빌라도의 조우는 다른 복음서들에 묘사된 것과 기본적으로 똑같다. 그러나 요한은 훨씬 더 세밀하게 보여준다. 요한의 보도를 보면, 빌라도는 우유부단하고 약간은 절망적인 인물로 나온다. 예수님을 가리켜 끊임없이 "유대인의 왕"이라 말하는 것은, 군중들의 환심을 사보려는 의도인지도 모른다. 그러나 오히려 역효과만 일으키고 말았다. 빌라도는 예수님을 석방시키길 원했다. 하지만 군중들의 압력을 이기지 못했다. 결국 군중들은 예수님에게 사형선고를 내리게 한다. 이 비참한 지도자는 억지로 끌려서 예수님을 처형한다.

빌라도는 이렇게 질문한다. "진리가 무엇이냐?" 빌라도의 비극은 다른 사람들이 그의 운명을 결정하게 한 것이다. 그는 바른 질문을 던졌지만, 그 질문에 답할 용기를 갖추지는 못했다.

평행 본문

십자가 처형과 죽음
마 27:31-56
막 15:22 -41
눅 23:27-49
요 19:17-42

창에 찔리심 19:31-37 요한만이 이 일을 기록한다. 예수님은 아마도 창에 찔림으로 치명상을 입으신 것 같다. 로마 병사는 야만성을 보여주는 행동으로 아무 생각 없이 예수님을 찔렀을 수도 있다. 어쨌든 창은 예수님의 심장을 관통했다. 심낭에서 액체가 흘러나왔다. 요한은 이 광경을 누군가가 보았다고 확신 있게 보도한다. 예수님이 십자가에서 죽으셨음을 부인하는 자들이 있을지 모르기 때문에 이 보도는 중요하다. 요한은 그들의 이론을 일축한다. 예수님은 죽었다. 찌른 창이 그것을 증명한다.

평행 본문

장사지냄
마 27:57-61
막 15:42-47
눅 23:50-56
요 19:38-42

아리마대 요셉 모든 복음서들이 예수님의 무덤을 제공한 사람이 요셉이라고 기록한다. 요셉은 산헤드린 회원이었다. 그는 예수님의 처형을 찬성하는 표를 던지지 않았다. 직위 때문에 은밀하게 행동해야 했지만, 그 직위 때문에 빌라도에게 영향을 끼칠 수도 있었다. 그는 부자였다. 좋은 아마포로 시신을 염했다. 요셉이 나중에 성배를 가지고 영국으로 갔다는 설은 복음서 어디에도 기록돼 있지 않다. 그것은 전설일 뿐이다.

부활 20:1-21:25

⑰ 부활 20:1-10; 마 28:1-10; 막 16:1-8; 눅 24:1-12 요한은 무덤에 간 사람이 막달라 마리아라고 보도한다. 그러나 다른 복음서들은 몇 명의 여인들이었다고 한다. 마리아가 "우리는 누가 그분을 가져갔는지 모릅니다!" 하고 말하는 것으로 보아, 무덤에 간 사람이 혼자가 아님을 알 수 있다.

베드로와 요한은 샅샅이 살펴보지만, 부활하신 그리스도를 만나지 못한다. 하지만 그들을 따라 무덤에 왔던 마리아는 그들과 함께 도성으로 돌아가지 않는다. 그는 동굴 밖에서 울면서 서 있다. 그때 두 천사를 본다. 그는 돌아서서 그 묘지 관리인을 바라본다.

예수님의 부활 후 현현에 흥미로운 사실이 있다면, 그분의 가까운 친구들이 그분을 알아보지 못한다는 것이다. 무엇인가가 달라졌다. 그리고 변한 몸은 전과 같지 않았다. 그분은 오로지 마리아의 이름을 부르셔야 했다. 그리고 마리아는 그분이 누구신지 알아차렸다. 마리아는 그분을 '랍오니' 라고 부른다. '저의 선생님' 이라는 뜻이다. 예수님은 그에게 자기를 만지지 말라고 하신다. 아마 그분은 마리아가 다시 그분을 보게 될 것을 아신 것 같다. 아니면, 지금 성령님을 통해서 그분을 '만질' 수 있음을 일러주고 계신 것 같다.

제자들에게 나타나심 20:19-29; 마 28:16-20; 막 16:14-18; 눅 24:36-49 요한은 예수님이 나타나셨을 때 도마가 없었다고 말한다. 예수님이 살아

?! 궁금증 해소

너의 팔을 벌릴 것이고 (21:18)

이 구절에 관해서는 의견이 나뉜다. 베드로의 죽음을 가리킨다는 게 전통적인 해석이다. 전승에 의하면 베드로는 십자가에 거꾸로 달렸다고 한다. 그러나 단지 베드로가 복음을 전하기 위해 여행할 때에 다른 사람들의 자비를 입게 될 것을 말씀하신 것일 수도 있다.

그 기록한 책들(21:25)

약간은 과장이지만 진실성을 의심할 이유는 없다. 복음서의 기자들, 혹은 복음서의 내용이 되는 원 자료들을 편집한 편찬자들은 수많은 사건, 설교, 사역을 선별해 복음서를 기록했다. 이 말씀은 후대의 편집자나 편찬자가 덧붙인 말일 수 있다.

나셨다면 그분을 만져봐야겠다며 그는 고집을 피웠으나, 예수님이 실제로 그 앞에 나타나시자 만져볼 필요조차 느끼지 못한다. 그 즉시로 도마는 그의 주님을 알아보았다. 의심하는 것은 꼭 나쁜 것만은 아니다. 의심이 새로워진 믿음으로 귀결되기만 한다면 말이다.

첫 번째 결말 20:30-31 20장의 마지막 두 절이 원래 요한복음의 결말이었을 것이다. 저자는 왜 자기가 이 모든 것을 기록했는지, 그리고 독자들에게 바라는 바가 무엇인지를 요약하면서 글을 마친다.

⑱ 두 번째 결말 21:1-25 마지막 장은 예수님이 다시 나타나신 일과 베드로에게 일어난 일을 전하기 위해 첨가됐을 가능성이 크다. 21-24절은 요한이 전한 원래의 증언 외에, 다른 사람이 기록한 부분이 있음을 넌지시 비친다.

미래에 어떤 일이 벌어질지 아무도 모른다. 이때 제자들의 일부는 전에 하던 직업으로 돌아가서 고기를 잡으러 갔다. 그러나 그들은 그 일을 떠난 지 너무 오랜 탓인지 만선은 꿈도 못 꿀 일이 돼버린다. 예수님을 알아본 베드로는 엉겁결에 옷을 입고 그분을 향해 헤엄쳐 간다. 아침을 드신 후에 예수님은 베드로에게 난감한 질문을 던지신다. 그분은 세 번이나 그의 사랑을 확인하신다. 베드로가 그분을 세 번 부인한 것에 상응하는 횟수다.

베드로는 예수님에게 요한에 관해서 묻는다. 그러나 예수님은 더 이상 어떤 언질도 주지 않으신다. 그저 믿음을 갖고 그분을 따르기만 하면 되는 일이다.

사도행전

교회의 탄생

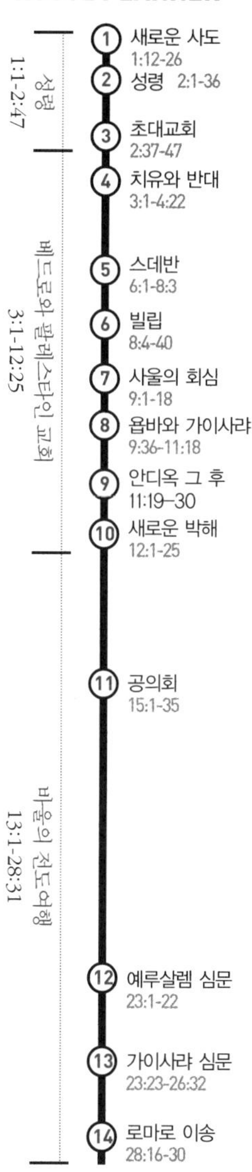

누가 | 전통적인 견해로는 의사인 누가의 두 번째 책이다. 저자는 바울의 여정에 동행한 동반자다(저자인 역사가는 '우리' 라는 말을 16장부터 사용하기 시작한다).

언제 | 64-65년경에 기록된 것으로 추정된다. 바울의 로마 구금 직후에 끝난다. 바울의 재판에 관해서는 어떤 언급도 하지 않는다. 결과가 알려졌으면 의당 보도했을 것이다.

한눈에 보는 안내판

저자 누가. 최소한 누가복음을 적은 사람과 동일인
유형 역사서
목적 기독교 전파의 역사와 성령님의 오심
핵심 구절 2:33 "하나님이 오른손으로 예수를 높이시매 그가 약속하신 성령을 아버지께 받아서 너희가 보고 듣는 이것을 부어 주셨느니라."
한 가지만 기억한다면 하나님의 영께서 이 세상에서 일하신다.

한눈에 보는 흐름

성령 2:1-47
스데반의 죽음 6:8-8:3
에티오피아인 8:4-40
사울의 회심 9:1-31
정결한 것과 부정한 것 10:1-48
안디옥에서 11:19-30
바울의 첫 번째 전도여행 13:1-12
공의회 15:1-35
빌립보에서 16:11-40
베뢰아와 아덴 17:10-34
우상이 아닌 하나님 19:21-41
바울의 체포 21:17-36
로마에 가기를 원하노라 25:1-27
로마에 도착 28:16-30

무엇을 | 누가복음은 기독교의 기원에 관한 것이다. 이 책은 교회의 기원에 관한 것이다. 예루살렘에서 예수님의 부활에서부터 바울의 로마 구금까지를 다룬다.

이때는 격동기였다. 유대인들과 로마당국 간에 갈등이 있었다. 교회가 어떤 모습이어야 하느냐를 놓고 기독교 자체 안에서도 갈등이 벌어졌다. 우리는 사도행전에서 난감한 질문들로 고민하는 교회의 모습을 본다. 어떤 율법들에 교회가 순종해야 하는가? 그것들은 유대인들을 향한 것인가, 아니면 이방인들도 포함하는 것인가? 예수님의 제자들은 어떻게 모여야 하는가?

누가복음에는 몇 개의 긴 설교문이 들어 있다. 예수님이 메시아고 기독교가 희망과 용서를 준다는 주장을 담고 있는 설교들이다. 그는 또한 어떻게 기독교가 인생을 바꾸는가도 보여준다. 가장 강력한 예가 바로 사울의 회심이다. 그는 크리스천을 추격하던 사람에서 가장 위대한 복음전도자 바울로 바뀌었다.

성령님의 전기 사도행전은 또한 교회 안에서 성령님의 역할을 깊이 탐구한다. 사도행전은 성령님에 관한 전기라고도 볼 수 있다. 최소한 초기 크리스천들과의 작용에서만도 그렇다. 성령님은 사도행전의 배경에 끊임없이 등장하는 분이다. 그분은 감동하고 보호하고 책벌하고 교육하며, 예수 그리스도에 관한 복음을 멀리 전파하도록 크리스천들의 등을 떠미는 분이다.

성령의 오심 1:1-2:47

부활 후 나타나심 1:1-11 사도행전은 아직 이 땅에 계시는 예수님으로부터 시작된다. 예수님은 부활 후 40일 동안 제자들에게 나타나서서 말씀하고 또 그들 앞에서 식사도 하신다(1:4). 그분의 제자들은 성령의 오심을 기다려야 한다. 예수님의 메시지를 들고 온 세상으로 나갈 수 있는 힘을 받는 사건이 바로 이것이다(1:8). 마침내 예수님은 구름을 타고 하늘로 돌아가신다. 성막과 성전에서 구름 가운데 계시는 구약성경의 하나님을 떠올리게 한다(출 40:34; 왕상 8:10-12).

① 새로운 사도 1:12-26 제자들은 집단으로 계속 함께 만난다. 여기에는 예수님의 가족들도 포함돼 있다. 유다의 죽음에 관해서는 마태복음에 나오는 보도와 세부사항에서 약간 다르다. 두 보도를 조화시켜 보려는 시도가 있었지만, 누가가 다른 전승으로부터 받은 세부사항을 추가했다고 보는 것이 가장 괜찮은 설명인 것 같다.

유다를 대신하기 위해 제비를 뽑는다. 투표를 하는 데 익숙해진 사회에 살고 있는 오늘날의 우리에게는 생소해 보이는 일이다. 그러나 신비한 우림과 둠밈을 사용하던 구약성경 시대 이스라엘 백성(출 28:30)들에게 이 원리는 오랜 전통을 자랑하는 것이었다. 이것은 '요술' 이나 '요행' 으로 치부되지 않았다. 하나님이 나온 결과를 관장하신다는 전제 아래 하는 일이다. 어떤 방법이 사용됐는지 구체적으로는 모르나, 여기서 말하는 '제비' 는 단지에서 뽑는 돌 같은 것이라고 말하는 학자들이 있다. 어떤 색깔의 돌이 먼저 뽑히는가를 보고 결과를 정했다는 것이다.

② 성령 2:1-47 오순절(2:1)은 매년 돌아오는 유대 명절이다. 이때 전 세계에 사는 유대인들이 몰려든다. 유월절 후 50일, 예수께서 마지막으로 나타나신 지 열흘 지난 후였다. 제자들이 한 방에서 기다리고 있는데, 성령께서 세찬 바람소리를 내면서, 또 마치 불의 모양처럼 그들 위에 임하셨다. 그들은 다른 언어들로 말하기 시작했

궁금증 해소

기도 시간(3:1)

이즈음 베드로와 다른 제자들은 여전히 성전 출입을 한다. 이 시기에 사도들은 자신들이 새로운 종교를 창설하고 있다고 생각하지 않았다. 작은 방에 함께 모여서 기독교를 창설하자고 '결정'한 바 없다. 오히려 그들은 자신들을 유대교의 근본적인 일부이자 진정한 완성이라고 봤다.

그들은 여전히 성전에 출입한다. 그리고 그들이 행한 기적들은 메시아의 이름으로 행해진다. 베드로는 이 점을 분명히 했다(3:18). 베드로의 초기 메시지들은 구약성경에 뿌리를 박고 있고, 어떻게 예수님이 모든 예언을 완수하기 위해 오셨는지를 밝힌다. 그들은 솔로몬의 행각에서 모인다. 지켜보던 사람들은 좋은 인상을 받기도 했지만, 적개심을 키우는 경우도 있었다(5:12).

다. 예루살렘에 와 있던 다른 유대인들도 알아들을 수 있던 언어였다. 성령에 충만한 베드로는 기독교회 최초의 설교를 한다. 이 설교가 모든 설교의 원형이 돼야 한다고 주장하는 사람들이 있지만, 이 설교가 그리스도에게 집중하고 있고 철저히 성경에 기초를 두고 있다는 점을 떠나서, 설교에 관한 최종적인 원리를 끄집어내기는 어렵다. 잠깐, 이 설교는 모범으로 삼기에는 너무 짧다.

③ 초대교회 2:41–47 베드로의 단순한 설교에 대한 반향은 엄청났다. 3천 명이 넘는 사람들이 회개하고 믿었다. 제자들은 함께 모이기 시작했다. 이 구절들은 초대교회가 어떻게 움직였는지 보여준다. 그들은 마치 한 가족 같았다. 그들의 개방성, 남다름, 사랑은 다른 사람들을 교회로 몰려들게 하는 요인이 됐다(2:47).

그들은 사도의 말씀을 듣기만 한 게 아니다. 그들은 성전에서 만났고(2:46), 예수님 당시처럼 현안들을 의논했다. 함께 기도했고(2:42), 가진 것을 나누며 공동체를 이뤄 살았다(2:44–47).

또한 그들은 함께 "빵을 뗐다"(2:42, 46). 주님의 만찬을 기념했다는 뜻으로 해석된다. 주님의 만찬은 공동식사 가운데서 행해졌고, 자기들의 집에서도 이렇게 했다. 원색적이고 활동적이며 기쁨에 찬 사람들이, 진정한 연합체에 모여 살면서 서로 돌보고 새로운 제자를 따뜻하게 사랑으로 환영하는 모습이다.

난해한 주제

| 왜 맛디아가 필요했나? 어떤 사람들은 사도를 잘못 뽑았다고 주장한다. 주님께서 누가 열두 번째 사도가 돼야 할지 계시해주실 것을 기다렸어야 했다고 한다. 바울의 출현을 기다렸어야 했다는 주장인 것이다. 성경에서 맛디아가 두 번 다시 언급되지 않는다는 점이 이 주장을 더 강화한다.

그러나 많은 사도들이 두 번 다시 언급되지 않는다. 그리고 맛디아는 다른 11명처럼 예수님의 사역을 직접 지켜본 사람이었을 것이다(1:21–22). 베드로가 잘못했다는 방증은 없다. 바울은 열두 번째 사도라기보다는 덤으로 주어진 또 한 명의 사도다.

베드로와 팔레스타인 교회3:1-12:25

④ 치유와 반대 3:1-4:22 이 일은 사도행전을 잘 요약하는 사건이다. 성령의 표적이 나타나자 종교적인 박해가 뒤따라온다.

세상의 관점에서 볼 때, 예수님의 제자들은 자기들을 위해서는 거의 아무것도 하지 않는 사람들이었다. 그들은 정치적이거나 경제적인 색채를 띠지 않았다. 신전도 행정적인 구조도 갖지 않았다. 그들은 가지고 있는 부를 신자들과 나눴다. 그러나 세상 사람들과는 달리 그들에게는 능력이 있었다. 예수님은 제자들이 기적을 행할 것이라 약속하셨다(요 14:12-16). 베드로와 요한은 그리스도의 이름으로 기적적인 치유를 베푼다. 이어서 베드로는 그 일어난 일에 대해 군중들에게 설명한다. 그의 설교(3:12-26) 때문에 사두개인들과 사이에 갈등이 생겼다. 사두개인들의 신학은 부활이라는 개념을 거부하기 때문이다. 성령님께서 두 전직 어부들을 바꾸셨다. 나머지 제자들도 당당하게 그 메시지를 전할 수 있는 사람들로 바뀌었다(4:31). 그들은 더 이상 무지하고 시끄러운 시골뜨기가 아니었다. 그들은 이제 요주의 인물들이 됐다(5:34-40).

⑤ 스데반 6:1-8:3 회심하는 사람들의 숫자가 늘어나면서 행정적

난해한 주제

| 아나니아와 삽비라(4:32-5:11) 초대교회는 재산 나눔을 줄기차게 강조했다. 여기 돈을 따로 떼어놨다가 급사한 부부가 있다. 그들은 거짓말을 했다. 돈을 따로 떼어놨다는 게 문제는 아니다. 그럴 수 있는 권한이 그들에게 있었다. 마치 돈을 뒤로 빼돌려 놓지 않은 것처럼 위선을 한 것이 문제였다. 이 본문은 난감하다. 이후로 수많은 크리스천들이 이렇게 했지만 다 멀쩡하기 때문이다. 그렇다면 왜 그들만 그랬는가? 일벌백계일 수 있다. 초대교회에 하나님 앞에서의 전적인 헌신과 정직을 강력하게 교훈하시기 위함이었다. 이렇게 보면 이 사건은 이스라엘이 성막에서 예배를 막 시작하던 초기에 일어난 나답과 아비후의 죽음(레 10:2)에 비교할 수 있다. 또한 법궤 시절에도 그랬지만, 초대교회에서는 성령님을 통한 하나님의 임재가 더 강력했다(따라서 더 위험했다)는 뜻으로 볼 수도 있다. 그러나 궁극적으로는 설명할 수 없는 하나님의 징벌이다. 거짓말하고 속이는 자는 모두 마땅한 벌을 받게 됨을 보여주는 교훈이다. 어떤 사람들은 다른 사람보다 더 빨리 벌을 받는다.

궁금증 해소

베드로의 그림자(5:14)

베드로의 그림자에 능력이 있는 것은 아니었다. 그림자 너머의 것을 잘 봐야 한다. 에베소에서 사용된 바울의 앞치마와 수건도 마찬가지다(19:11). 복음서들에서도 예수님의 옷을 만지려고 나온 여인이 있었다. 예수님은 그의 만짐이 아니라 믿음이 핵심임을 분명하게 하셨다(막 5:24–34). 한 시각장애자의 눈에는 진흙을 바르셨지만(요 9:6–7), 진흙이 아니라 하나님이신 그분의 권능이 그의 눈을 뜨게 했다. 진흙은 그 시각장애자에게 믿음을 갖도록 한 도구에 불과했던 것이다. 사도행전은 사도들의 소장품 같은 것을 통한 능력의 나타남을 배격하지는 않는다. 그러나 이런 것들이 치유에 반드시 필요한 것은 아니다. 이것들은 그 자체가 목적은 아니다. 이것들은 목적지가 아니라 목적지를 알려주는 팻말 같은 것이다.

중세교회는 성인들의 유품 따위를 믿었다. 이것이 문제였다. 예수님을 믿은 게 아니라 물품을 믿은 것이었다. 이런 경향으로 말미암아 중세교회는 예수님이 달린 십자가 조각들, 가시면류관의 가시들, 여러 사도들의 유골을 수집하게 되었다. 이런 물품들이 진품이 아닐 가능성이 높다는 걸 알아내는 데 고고학적인 지식이 필요한 것은 아니다(세례 요한의 참수된 머리만 해도 세 개나 나왔으니까). 이런 것은 믿음이 아니라 미신이다.

인 문제가 생겼다. 그래서 일곱 명의 집사가 교회의 물질적인 필요를 감독하는 일에 선임됐다. 이로써 사도들은 설교와 말씀 전파에만 전념할 수 있게 됐다. 아람어를 말하는 지도자들과 그리스어를 말하는 제자들 일부 사이에서 빚어진 의사소통 문제 때문에 불평이 불거져 나왔다. 선임된 일곱 명 중 몇몇이 이 의사소통의 격차를 줄인 것 같다. 그들의 그리스어 이름으로 미뤄 짐작할 수 있다.

뽑힌 사람들은 '존경받는', '지혜가 있는', '하나님의 영에 충만한' 사람들이었다. 이들은 행정과 조직의 필요를 채우라고 선임됐지만, 그 중 스데반과 빌립은 다른 사역으로도 유명해진다. 또 유대교로 개종한 바 있는 이방인 니골라도 포함되어 있다.

특히 스데반은 사람들 사이에서 이적과 표적을 행하기 시작한다. 그가 갑자기 반대에 휩싸이게 됐다는 사실은, 그를 반대한 사람이 어떤 부류의 사람들인가로 설명될 수 있을 것 같다. 그리스어를 말하는 유대인들이 자기들과 똑같은 사람을 공격하고 있는 것이다. 이 사람들은 해방된 유대인 노예출신이었다. 구레네, 알렉산드리아, 길리기아와 같은 곳에서 노예였다 해방된 것이다. 그들의 비난에는, 스데반이 성전과 율법도 예수님의 빛 아래서 바뀔 것이라 생각했다는 암시가 들어 있다(6:14).

스데반은 긴 역사적 교훈을 주는 것으로 변호를 시작한다. 그러나 그가 종교 법정과 정면으로 대치하고 있음을 기억해야 한다. 그의 메시지를 반길 재판관들은 없었다. 스데반은 예수님의 이름을 직접 거명하는 대신 "의로운 분", "하나님께 순종하는 분"이라 부른다. 결론은 불을 보듯 뻔하다. 유대인들은 하나님의 선지자들을 밥 먹듯 배척해왔고, 이제는 하나님 자신을 배척하고 있다. 마지막으로 스데반은 예수님이 하나님의 우편에 서 계신 환상을 본다. 공의회 지도자들을 폭력으로 몰아넣은 바로 그 환상이다(7:54–56). 스데반은 기독교회의 첫 순교자가 됐다. 그는 돌에 맞아 죽는다. 사울이라는 젊은이가 스데반의 외투를 맡는다(7:58).

예루살렘에서 일어난 박해 8:1-4 스데반의 죽음은 예루살렘 전체로 확산된 박해에 방아쇠로 작용했다. 많은 제자들이 도망칠 수밖에 없었다. 사울은 이 박해의 주동 역할을 했다. 그는 크리스천 사냥꾼이나 다름없었다. 가장 큰 타격은 그리스어를 말하는 유대인들이 입었다. 제자들은 예루살렘에 남아 있었던 것 같다. 역설적으로 기독교의 더 큰 확산을 이끈 것은 바로 이 박해였다. 제자들이 가는 곳마다 이 메시지를 전했기 때문이다. 예루살렘의 기독교는 진압됐지만 다른 곳으로 활짝 퍼져나갔다.

⑥ 빌립 8:4-40 설교자와 복음전도자로서 빌립이 성공을 거두자 베드로와 요한이 방문한다. 그를 점검하기 위해서였다. 우리는 교회가 머잖은 미래에 검토하게 될 문제 중 하나의 싹을 보고 있다. 그것은 교사들과 복음전도자들이 진실한 메시지를 전하고 있는지 점검하는 것이다.

빌립의 경우에는 아무 문제가 없었다. 복음은 에티오피아(정확하게는 누비아) 고위관료의 회심으로 지역적으로 더 멀리 퍼져나간다. 그들의 문화에서 왕은 곧 신이었으므로 눈으로 볼 수 없었다. 그래서 왕후인 간다게(Candace)가 정무를 주관했다. 이 에티오피아 관리는 오늘날로 말하자면 재무 장관이었다. 그는 빌립의 말을 받아들여 세례를 받는다. 에티오피아의 전승에 의하면 그는 그 나라의 첫 복음전도자가 됐다. 그가 동족들에게 복음을 전한 것은 너무도 분명하다. 아마 약간은 고압적인 목소리로 전했을 것이다.

⑦ 사울의 회심 9:1-18 사울의 회심은 교회에 하나의 전기를 제공한다. 사도행전에서 세 번에 걸쳐 언급될 만큼 상당히 중요한 사

알쏭달쏭

삼위일체

Q성경에 삼위일체라는 말이 나오나?
A성경 어디에도 안 나온다. 4세기 전까지는 이 교리를 두고 갑론을박이 많았다.
Q그러면 성경적인 개념이 아닌가?
A그건 아니다. 명시적으로 나오지는 않지만, 삼위일체는 사실이다. 다만 모든 사실에 대한 가장 좋은 설명이기 때문에 만들어진 것도 사실이다.
Q무슨 말인가?
A사람들은 하나님을 알았다. 그런데 예수님이 또 오셔서 자신이 하나님이라 주장하셨다.
Q어디서 그런 말씀을 하셨나?
A죄를 용서하는 권세가 있다고 하시며 자신이 하나님의 아들이라고 하셨다. "나는 –이다" 말씀은 하나님의 이름이다. 무엇보다도 예수님은 죽은 자 가운데서 일어나셨다. 그래서 초대교회는 예수님이 하나님이시라고 결론을 내렸다. 도마는 부활하신 그리스도를 보고, "나의 주 나의 하나님"이라고 외쳤다.
한편 예수님이 승천하시자 성령님이 오셨다. 성령님은 예수님의 제자들을 그분의 능력으로 변화시키셨다. 그들을 위로하고 이끄시고 힘을 불어넣어 주셨다. 그래서 제자들은 결론을 내린다. 아, 성령님은 예수님, 하나님과 동등한 파트너시구나.
Q알겠다. 아무튼 삼위일체라는 말을 쓴 사람은 없다!
A요한복음 15장 26절에서 예수님은 성령이 아버지께로부터 오신다고 했다. 이외에도 세 분을 함께 언급하는 성구들은 수도 없이 많다. 고린도후서 13장 13절이 특히 그렇다. 바울은 이 구절에서 세 분을 한 하나님으로 말한다.

중요한 개념

성령

예수님 전에는, 성령이라 알려진 존재에 관한 명시적인 지적이 없었다. 구약성경에서 주의 영에 대해서 말할 때는 '숨'이라는 말을 썼는데, 이는 성령이 하나님으로부터 나오시는 근원적이고 강력한 힘이심을 예시하는 것이다. 이 영께서 이스라엘의 예언자들과 왕들에게 힘을 불어넣고 이끌며, 세우고 영감을 주셨다. 그러나 구약성경 시대에 성령은 임시적으로만 임하셨다.

예수님의 삶에서 성령은 더욱 분명하게 드러나신다. 세례 받을 때 예수님에게 임하시고, 예수께서 사역을 완수하신 후는 제자들에게 임하셔서 영원히 함께하실 것이라 약속하셨다(요 14:16). 성령은 인격이시다. 직접 행동하실 수도 있다. 이분을 아프게 할 수도 있다. 성령은 몇 가지 역할을 하신다.

- **방향 조정자** 성령은 사람들에게 예수님을 가리키신다. 제자들에게 예수님의 모습을 보도록 눈을 돌리게 하고, 좀 더 그분을 닮도록 도우신다.
- **동기부여자** 성령은 교회를 사명 안으로 이끄신다. 교회를 세상으로 보내시고, 어디로 가야 할지 계속해서 말씀해주신다(행 13:2).
- **능력주시는 분** 교회에 권능을 주는 분은 성령이시다. 오직 성령을 통해서 교회는 서로 사랑하고 용서하며 기뻐할 수 있다. 교회다운 모습을 유지할 수 있는 것이다(갈 5:22-23).
- **주시는 분** 성령은 제자들에게 선물을 주신다. 치유의 능력, 가르침, 행정, 남을 도움과 같은 능력이 성령으로부터 온다(고전 12:28).
- **훈련시키시는 분** 성령은 또한 지혜와 통찰력을 주신다. 하나님과 서로에 대해서 더 배우게 하신다(고전 2:13).

건이다. 한 번은 누가가, 다른 두 번은 바울 자신이 언급한다.

어떤 회의론자들은 이 '환상'을 정말 봤겠느냐고 시비를 건다. 사울은 간질병 환자였다는 것이다. 그들이 이 같은 주장을 펼치는 근거는 첫째, 제거할 수 없는 "가시를 육체에 지녔다"(고후 12:7)고 언급한 사실, 둘째, 그가 말에서 떨어진 사실이다. 이 주장은 크게 설득력이 없다. 사울이 뒤늦게 기독교를 위하는 단호함은 말을 타고 길을 가다가 떨어져 경련을 했다는 사실 하나로 그리 쉽게 설명될 수 있는 것이 아니다.

이것은 하나의 극단적인 영적 경험이라고 하는 편이 옳다. 그 자신의 죄책감에 의해 더 뒷받침되었을 것이다. 때로 우리는 우리를 가장 격렬하게 공격하는 것에 맞서 가장 격렬하게 싸운다. 그는 크리스천의 씨를 말리려고 했다. 그러나 그는 종국에 주님 자신을 뵈었다. 이 경험은 압도적인 것이었다. 시각을 잃을 정도였다. 그가 사흘간 앞을 보지 못했다는 점은, 예수님이 사흘간 무덤에 계셨던 일을 상징하는지도 모른다.

바리새인이었을 때 사울은 논쟁 잘하고 분열을 조장하는 인물이었다. 크리스천이 된 후에도 그는 논쟁적이고 분파의식이 강했다. 그는 구원받은 논쟁 잘하고 분파적인 인물이 되었다. 크리스천이 되자마자 그는 '말썽쟁이'였다. 크리스천이 된 지 불과 수개월 만에 그는 살해 위협 때문에 다메섹에서 도망쳐야 했다(9:22-30). 여기에 중요한 실마리가 있다.

아나니아 9:10-18 안 마주쳤으면 하는 사람이 있다면, 그가 바로 사울이었다. 아나니아는 사울이 노리고 박해할 바로 그런 사람이었다. 그는 사울이 무슨 짓을 했는지 알고 있었다. 왜 다메섹에 왔는지도 알고 있었다. 그럼에도 불구하고 그는 가서 사울을 위해 기도해준다.

바나바 9:6-27 바나바의 원래 이름은 요셉이다(4:36-37). 그러나 그가 격려를 잘하는 사람이기에 이름이 바뀌었다. 바나바는 진정한 신자였다. 그러나 기독교가 아니라 사람이 그의 목적이었다. 그는 좋은 평판을 지녔기에 사도들 앞에서 사울을 위해 발언해주었다.

⑧ 욥바와 가이사랴 9:36-11:18 교회에 평화가 찾아왔다(9:31). 사울이 전향한 탓일 게다. 베드로는 순회를 시작한다. 룻다를 거쳐 욥바로 갔다. 그는 여행을 하면서 율법 안에서 옛 경계들이 그리스도의 빛 아래서는 더 이상 소용이 없음을 깨닫기 시작한다. 욥바에서 시몬이라는 무두장이 집에서 묵은 사실이 이 점을 생생하게 예증한다. 유대 율법에 의하면 죽은 짐승의 가죽을 만지는 일은 사람을 부정하게 만들 수 있었다(편지를 보낼 때는, 욥바시 해변도로 무두장이

- **안전요원** 우리 안에 있는 성령의 능력이 우리를 죄의 생각으로부터 보호한다. 우리가 성령에 충만하면 할수록, 길을 벗어날 위험이 적어진다(롬 8:5).
- **의사소통자** 성령은 제자들에게 하나님의 메시지를 주신다. 비전으로, 직접적인 말씀으로 주실 수 있다(계 2:7).

기독교는 성령 없이는 하나의 정치적이고 철학적인 이념일 뿐이다. 기독교는 성령과 더불어서 권능 있고, 위로하며, 돌보아주시는 하나님과의 관계가 되는 것이다.

POST CARD

다메섹에 오신 걸 환영합니다!

아람(요즘의 시리아)의 고대 수도인 다메섹은 역사상 사람이 끊이지 않고 거주해온 가장 오래된 도시입니다. 알다시피 로마 때문에 우리의 영향력은 약간 줄어들었습니다. 그래도 여전히 중요한 상업도시입니다. 사막으로 둘러싸여 있지만, 도시는 아바나(Abana)와 파르푸르(Pharpur) 강을 젖줄로 삼고 있습니다. 그 덕에 과수원, 정원, 각양 채소들이 자랍니다. 관광객들은 이 도시의 곧게 뻗은 길인 직가(直街)를 따라 늘어선 번창하는 상가들을 보고 싶을 겁니다.

여러 나라들에서 사람들이 몰려왔습니다. 그 결과 도시는 여러 주요 무역로의 집결지가 됐지요. 이 도시에는 큰 유대인 공동체가 있습니다. 팔레스타인에서 그리 멀지 않은 곳임을 생각하면 놀랄 일은 아니지요. 그러나 관광객들은 유대인들의 회당에서 말할 때는 각별히 조심해야 합니다. 그렇지 않으면 바구니를 타고 성을 빠져나가야 할 수도 있거든요!

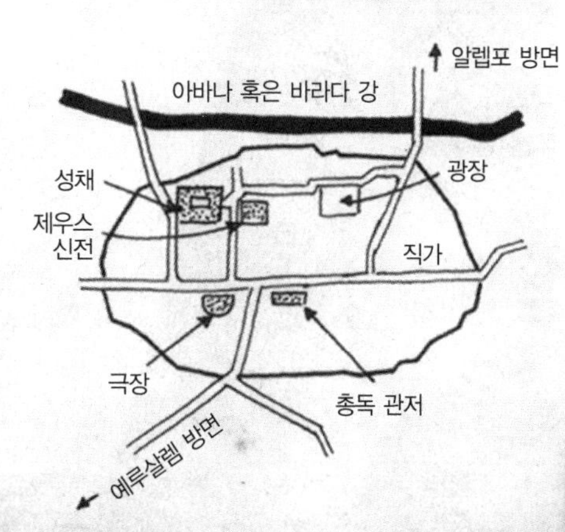

궁금증 해소

내시(8:27)

이 내시는 아마도 왕의 후궁의 시종으로 경력을 시작한 것 같다. 그러다가 거세를 하고 왕궁에 살면서 업무를 관장한 것 같다. 보통은 이랬다. 그러나 그의 거세와 인종 때문에 구약의 레위기법에 의거하여(신 23:1) 유대인으로는 받아들여지지 않았다. 기독교는 이런 것들을 가리지 않았다.

시몬 앞이라고 해야 베드로가 받는다). 베드로는 거기서 정한 짐승과 부정한 짐승이 섞여 가리지 않고 먹어야 하는 환상을 본다.

베드로는 가이사랴에 당도해서 이 환상의 의미를 깨달을 수 있는 기회를 얻었다. 정하고 부정한 것은 더 이상 없다. 하나님을 경배하고 바르게 행하면, 어떤 민족이냐는 더 이상 문제가 안 된다. 베드로는 결론을 내린다. "하나님께서는 … 그 사람이 어느 민족에 속해 있든지, 다 받아 주신다는 것을 깨달았습니다"(10:34-36). 전에 이방인들은 구원받을 수 없었다. 먼저 유대인이 된 후라야 했다. 그러나 이제는 성령께서 유대교, 할례, 섭생법이라는 중간 단계 없이도 그들에게 오신다. 예수님의 죽음과 부활이 모든 인류에게 구원받을 길을 활짝 열어놓았다. 유대인이든 이방인이든 똑같이 회개해야 하고 똑같이 구원받을 수 있는 희망이 있다.

베드로의 활동은 예루살렘을 경악케 하고도 남았다. 그가 돌아오자 사도들은 그에게 설명을 요구한다. 그의 설명을 듣고 납득은 했으나, 강경한 입장을 취하는 유대 크리스천들의 보수적인 집단이 있었다. 이 '할례파'들은 이방인들에게도 그 메시지를 전해야 하지만, 이방인이 할례를 받아야 한다는 조건을 달았다. 논쟁은 여기서 끝나지 않았다.

난해한 주제

| 성령 세례 성경은 그리스도에 관한 메시지를 받아들이는 것과 성령의 임하심을 구별하고 있는 것처럼 보인다. 일부 크리스천들은 믿고 세례를 받는 것과 성령으로 세례를 받는 것은 다르다고 주장한다. 그러나 회개와 성령의 임재하심이 동시에 일어남을 보여주는 사건(10:44-48)도 있다고 주장하는 사람들 또한 많다. 이들은 세례와 성령 세례를 구별하는 것은 상징적일 뿐이라고 한다. 사마리아의 제자들이 예루살렘이라는 원수의 도성에 사는 제자들과 전혀 다르지 않음을 보여줄 뿐이라는 것이다. 바울은 에베소에서 예수님을 믿지만 성령을 받지 못한 사람들을 만난다. 이것은 단지 그들이 성령에 대해 들어본 바가 없기 때문이다. 그는 그들에게 "주 예수님의 이름으로" 세례를 베푼다. 그들은 놀라운 방법으로 성령을 경험한다.

⑨ 안디옥 그 후 11:19-30 이제는 공식적으로 이방인들을 향해 나아갈 뜻을 품은 유대인 크리스천들은 이방인들에게 복음을 전하기 시작한다. 이 일은 특히 안디옥에서 불길처럼 일어났다. 여기 첫 이방인 교회가 세워졌고, 제자들이 처음으로 크리스천이라 불리게 됐다(11:26). 바나바가 상황을 파악, 감독하기 위해 파송됐는데, 그는 이어 사울을 부른다. 그는 와서 교회를 감독하는 일을 도왔다. 이것은 아름다운 협력의 시작이었다.

⑩ 새로운 박해 12:1-25 그러나 예루살렘에서는 새로운 박해가 일어났다. 헤롯 대왕의 손자인 헤롯 아그립바 1세는 유대 종교 지도자들의 후원을 등에 업으려고 했다. 그는 야고보 사도의 목을 베고 베드로를 투옥했다.

바울의 전도여행 13:1-28:31

베드로는 사도행전의 후반부에서는 거의 나오지 않는다. 그 대신 바울이 주목받는다. 그는 전직 바리새인이었고 큰 사상가였으며 초대교회의 전략가였다. 주요 도시들과 사통팔달의 교통로들에 교회들을 세워야 할 필요를 보았기에 지칠 줄 모르고 설교하고 여행하고 집필한다.

바울의 1차 전도여행 13:1-14:28 이 여행은 시련과 승리로 이어져 있다. 이 과정에서 얻은 회심자들과 복음전도자들이 겪은 많은 난관들이 기록되고 있다.

그들은 키프로스로 여행하고, 거기서 베가로 간다. 요한 마가가 그들을 떠난 것은 이 시점이다. 그가 왜 떠났는지는 모른다. 어쩌면

궁금증 해소

이탈리아부대

이 부대(10:1)는 주후 69년 팔레스타인에 주둔한 것으로 알려져 있다. 고넬료는 백부장이었다. 휘하에 100명의 병사들을 거느렸다. 그러나 그는 부유한 사람이었을 것이다. 그가 거느린 식솔들이 이 점을 말해준다.

중요한 개념

여행

대부분의 경우 사람들은 걸었다. 부유한 사람들만이 말이나 수레를 이용할 수 있었다. 마차는 주로 군대의 교통수단이었다. 로마 도로의 네트워크는 넓게 퍼져 있었고, 당시에도 계속 확장 중이었다. 도로공사는 큰 둥근 돌을 굴리면서 구멍을 메우는 식으로 이루어졌다.

동물들은 상품이나 장비를 옮기는 데 활용됐다. 가장 흔하게 동원된 짐승들은 나귀와 노새다. 사람들은 나귀나 노새를 타지 않고 옆에서 걸었다. 말은 운송보다는 전쟁에 활용됐다. 물론 낙타는 사막의 부족들이나 대상(隊商)들이 원거리 용무에 이용했다.

장거리에는 항해가 으뜸이었다. 순풍이 불면 하루에 170킬로미터를 갈 수 있었다. 말은 하루에 40-50킬로미터를 갈 수 있었다. 항해에 따르는 유일한 문제는 대단히 위험하다는 것이었다. 선택의 여지가 없지 않다면, 11월 중순에서 이른 3월까지 위험한 겨울에는 항해하지 않으려고 했다. 바울의 로마 여정은 이 기간의 여행이 얼마나 위험한지 보여준다(행 27장).

궁금증 해소

사울에게 무슨 일이?

안디옥을 떠날 때, 그는 사울이라 불렸다. 다시 돌아올 때는 바울이라 불린다(13:9). 이름의 변화는 전망의 변화를 암시한다. 사울은 유대식 이름이다. 그러나 로마 세계에서는 바울이라 알려질 것이다. 이제 그의 사명은 이방인들을 향한 것이므로, 지금부터는 로마 이름을 사용한다. 이러한 이중성이 바울의 특징이다. 로마인인 유대인, 크리스천이 된 바리새인이 그것이다.

그냥 겁을 먹었는지도 모른다. 바울이 북쪽으로 가서 이방인 지역의 중심부로 들어가려는 계획을 이때쯤 세운 것은 분명하다. 예루살렘 출신 젊은이에게 이런 일은 정말 떨리는 일이었을 것이다.

그들은 가는 모든 마을과 도성들에서 위협을 당했다. 매 맞고 쫓겨나기 일쑤였다. 그러나 돌아가는 길에 같은 장소를 다시 방문하는 용기를 보이기도 한다. 그들은 거기에 교회들을 세우고 지도자들을 선임한다. 바울은 그들에게 이렇게 말한다. "우리가 하나님 나라에 들어가려면, 반드시 많은 환난을 겪어야 합니다"(14:22). 그러나 이어지는 여정에서 바울에게 일어난 일들을 생각해보면, 이는 성경에 나오는 축소법 중 하나다.

⑪ **공의회** 15:1-35 베드로의 환상으로 제자들은 이방인들에게 다

BRIEF LiVES 약력

| 사울이라고도 하는 바울

가족 사항 _ 아시아 다소 출생.

직업 _ 바리새인. 크리스천 추격자. 복음 전도자.

생애와 업적 _ 바울은 초대교회에서 가장 중요한 인물일 것이다. 그가 어떤 사람이었는지 모르지만, 그다지 신뢰가 가지 않는 2세기 작품에 의하면, 대머리에 몸은 활처럼 휘었고 키가 작았다고 한다. 눈썹은 가운데 몰려 있고 매부리코였다. 사람들이 좋아한 것은 그의 용모가 아니라 사고였던 것 같다.

바울은 정통 유대교 집안에서 태어나서 바리새인으로 자라났다. 가말리엘 문하에서 공부했으며(행 22:3), 나중에는 일종의 종교비밀경찰이 됐다. 팔레스타인 일대를 누비면서 크리스천들을 색출해 처벌했다. 이러한 유대교적인 배경은 바울이 교회에서 차지하는 비중을 이해하는 데 결정적인 몫을 한다. 왜냐하면 기적과도 같이 회심한 후에, 그는 성경에 대한 해박한 지식과 날카로운 지성을 활용하여 초대교회의 중요한 현안들을 처리해나갔기 때문이다. 아니, 그 자신이 이런 현안들을 삶과 활동을 통해 표현한 것 같다. 가장 논란이 되는 문제 중 하나가 유대 크리스천들과 이방인 크리스천의 관계였다. 바울은 한 몸 안에서 어느 쪽에도 설 수 있었다. 그는 로마시민이었던 유대인이었고, 크리스천이 된 바리새인이었다. 그는 양편 모두를 다 볼 수 있었다.

그가 대단한 웅변가는 아니었던 것 같다. 그의 강점은 글에 있었다. 초대교회 교리의 근저를 형성한 것은 바로 그의 편지들이었다. 그는 예수님이 십자가에 못 박히실 때 무슨 일이 일어났는지 차분하게 앉아서 연구하고 정확히 설명하려 했다.

십자가와 그 의미는 바울 가르침의 중심에 있다. 바울은 예수님의 죽음과 부활이 믿는 모든 자들에게 구원을 준다고 믿었다. 유대인이든 이방인이든, 부자든 가난뱅이든, 노예든 자유인이든, 중요한 것은 예수님을 믿는 믿음이다.

그는 이 메시지를 들고 두루 여행했다. 소아시아 지역을 최소한 세 번 여행했다. 그 여정에서 그는 교회들을 창립했고, 회당에서 설교했다. 거짓 교사들에게 도전했고 여러 현안들에 대해 목청을 돋웠다. 그의 이름은, 크리스천이 됐기 때문이 아니라, 그리스인들 사이에서 일했기 때문에 그리스 식으로 바뀐다.

51년 체포돼 로마로 압송됐다가, 풀려난 후 몇 년 뒤에 다시 투옥된다. 전승에 의하면, 62년 혹은 64년에 로마에서 처형당했다고 한다.

성품 _ 강인. 대담. 용기. 겸손. 까다롭고 화를 잘 낸다.

장점 _ 겁 없이 진리를 말한다.

단점 _ 사람들의 선호를 생각하지 않고 너무 겁 없이 진리를 말한다.

바울의 1차 전도여행 13:1-14:28 (주후 48년경)

이고니온(14:1-6)
바울과 바나바가 회당에서 설교를 한다. 많은 사람들이 믿는다. 그러나 믿지 않는 사람들도 많다. 사람들이 돌로 치려고 한다. 바울과 바나바는 황급히 도망쳐야 했다.
비시디아 안디옥 (13:14-52)
바울이 회당에서 설교를 한다. 바울 일행은 유대인들에 의해 성 밖으로 쫓겨난다. 그러나 많은 사람들이 회심한다.
비시디아 안디옥
이고니온
루스드라
더베
다소
버가
안디옥
구브로
시돈
가이사랴
예루살렘
버가(13:13)
요한 마가가 그들 곁을 떠난다. 이 일로 나중에 바나바와 바울은 크게 다툰다.
루스드라(14:6-20)
한 남자가 치유 받는다. 사람들은 바울과 바나바를 신이라고 생각한다(10:25에서는 고넬료의 집에서 베드로를 신으로 추앙하려는 장면이 나온다). 이번에는 유대인들이 실제로 돌을 던진다. 그들은 또 도망쳐야 했다.
더베(14:20-21)
일부 사람들이 주께 돌아온다. 여기서는 돌을 던지는 일 따위는 일어나지 않는다.
구브로(13:4-12)
바나바의 고향. 한 술사는 눈이 멀고 섬의 총독은 회심한다.

바울의 전도여행

바울은 그의 전도여행을 통해서 약 17,000킬로미터를 여행한 것으로 보인다. 대부분의 경우 그는 도보 여행을 했다. 로마의 군사도로를 따라 이 마을로 저 마을로 이동했다. 그는 보통 한 도시에 닿으면, 유대인 거주 지역을 찾았다. 유대인들은 로마제국 전역에 흩어져 살았으며, 모든 주요 도시에는 빠지지 않고 그들의 회당이 있었다. 그러나 도시에 도착하고 나서는, 유대인과 이방인에게 똑같이 전파했다. 그의 선교여정은 매번 늘어났다. 첫 번 여행에서 그는 예루살렘으로 돌아오기 전에 갈라디아로 갔다. 두 번째와 세 번째 여행에서는 더 멀리 갔다. 그리스를 가로질러 오늘날의 크로아티아인 일루리곤까지 갔다(롬 15:19). 그의 마지막 여정은 로마였다. 아마도 그는 거기서 생을 마감하는 것 같다(전설에 의하면 그는 스페인까지 갔다고 하는데, 증거는 없다).

가가는 일의 정당성을 얻는다. 그러나 이방인들은 회심하더라도 반드시 할례를 받아야 한다고 여전히 주장하는 사람들도 있었다.

논쟁은 점점 더 심각한 양상을 띤다. 이때 바울과 바나바가 예루살렘으로 소환된다. 사도들과 교회 지도자들을 대면하여 의논하기 위해서였다. 상당한 토론을 거친 후, 베드로는 할례의 무용성에 대해 선언한다. 교회 내 그의 위치를 고려할 때, 그의 선언은 간결하면서도 겸손으로 가득 차 있다. 예수님의 형제 야고보는 이 접근이 정당하다고 지원했다.

이렇게 만들어진 결정은 일종의 타협으로 보인다. 이방인 회심자들은 할례를 받을 필요가 없다. 그러나 몇 가지 섭생법은 지켜야 한다. 왜 그래야 했을까? 함께 일하며 함께 사는 공동체를 세워야 할 필요 때문이다. 공동체의 반이 좋아하고 나머지 반이 혐오스러워 한다면 그 공동체는 세워지기 어렵다. 우상에게 바쳐진 음식(고전 8:7-13), 피를 제거하지 않은 음식을 먹는 문제 등이 그렇다. 성적인 범죄를 피하는 문제도 여기에 속한다. 이방인들은 유대인들에 비해서 성적인 행동에 훨씬 더 관대했다.

바울의 2차 전도여행 15:36-18:21

'전도여행' 이라는 말이 붙지만 약간은 잘못된 인상을 줄 수 있다. 왜냐하면 바울은 고린도에서 18개월에서 2년 정도를 머물기 때문이다.

요한 마가 15:36-41 많은 주석가들은 마가가 바울을 떠날 때 뭔가 실수를 한 것이라고 추정한다. 그들은 마가가 "뉘우치고" "돌아오려 한다"고 한다. 그러나 우리는 왜 마가가 첫 여행에서 바울을 떠

중요한 개념

이방인

이방인이란 유대인이 아닌 누구에게나 쓸 수 있는 포괄적인 용어다. 그리스인, 로마인, 시리아인, 이집트인, 상관없다. 유대인이 아니면, 이방인이다.

이방인도 유대인이 될 수 있었다. 이렇게 한 사람들을 개종자라고 불렀다. 신약성경 시대에 들어와서는 두 부류의 개종자들이 있었던 것으로 보인다. 유대교의 모든 관습을 다 준행하고 회당에는 참석하지만 그 이상은 아닌 '하나님 경외자' 들이다. 성전에는 이방인들을 위한 특별한 구역이 있었다. 이스라엘 하나님을 예배하는 자들은 거기에 모일 수 있었다.

예수님 당시에 어떤 유대인들은 '이방인' 이라는 말을 일종의 욕으로 사용했다. 유대인들은 선민이었고, 이방인은 이류 민족이라는 뜻이다. 객관적으로 볼 때 유대인들의 말이 아주 틀린 것은 아니다. 로마와 그리스의 많은 시민들은 음탕하고 죄로 가득한 행동 규범에 맞춰 살았고, 유대인들은 이런 행동들에 결코 가담하지 않았다. 초대교회가 이방인에 관해 그토록 많은 토론을 한 이유가 바로 여기에 있다. 그들은 유대인처럼 행동하지 않았다. 그들은 이질적인 문화에 속한 사람들이었다. 그렇다면 그들은 개종자들처럼 유대인으로 살 필요가 없었는가? 유대인 크리스천들은 이방인들에게 복음을 전하는 일을 반대하지 않았다. 그들이 좀 더 유대인답게 돼야 한다는 생각은 정당하다.

결국 바울의 손이 올라갔다. 그는 그리스도가 규칙을 바꾸셔서 율법과 외면적인 준수는 철폐되었고 중요한 것은 입는 옷이나 먹는 음식이 아니라 하나님을 믿는 믿음이라고 주장했다.

바울의 2차 전도여행
15:36-18:21
(주후 50-25년경)

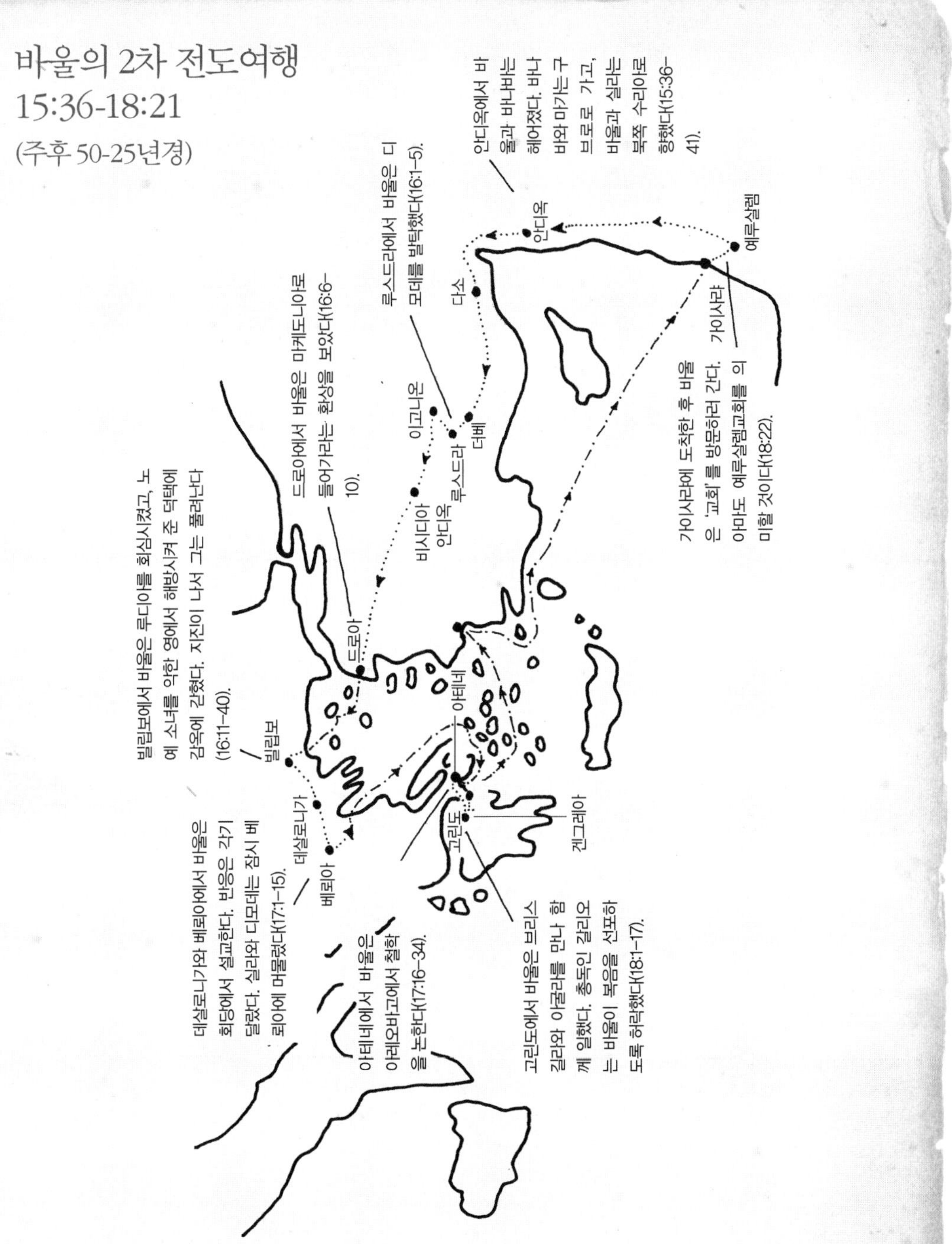
안디옥에서 바울과 바나바는 헤어졌다. 바나바와 마가는 구브로로 가고, 바울과 실라는 북쪽 수리아로 향했다(15:36-41).
예루살렘
안디옥
다소
가이사랴
루스드라에서 바울은 디모데를 발탁했다(16:1-5).
가이사랴에 도착한 후 바울은 '교회'를 방문하러 간다. 아마도 예루살렘교회를 의미할 것이다(18:22).
드로아에서 바울은 마케도니아로 들어가라는 환상을 보았다(16:6-10).
이고니온
더베
루스드라
비시디아 안디옥
빌립보에서 바울은 루디아를 회심시켰고, 노예 소녀를 악한 영에서 해방시켜 준 덕택에 감옥에 갇혔다. 지진이 나서 그는 풀려난다(16:11-40).
드로아
아테네
빌립보
데살로니가
베뢰아
고린도
겐그레아
데살로니가와 베뢰아에서 바울은 회당에서 설교한다. 반응은 각기 달랐다. 실라와 디모데는 잠시 베뢰아에 머물렀다(17:1-15).
아테네에서 바울은 아레오바고에서 철학을 논한다(17:16-34).
고린도에서 바울은 브리스길라와 아굴라를 만나 함께 일했다. 총독인 갈리오는 바울이 복음을 선포하도록 허락했다(18:1-17).

났는지 알 길이 없다. 그에게는 나름 이유가 있었을 것이다. 어떤 것이든, 바울이 잘못했던 것 같다. 후에 마가에 대한 마음을 바꾸고 마가에게 로마에서 만나자고 청하기 때문이다(딤후 4:11). 바울은 완전한 사람이 아니었다. 다른 모든 지도자들처럼 그도 실수했다. 이 실수는 그 중 하나였을 것이다.

잘잘못을 떠나서 바울은 이제 두 명의 동행만 거느리고 있다. 그는 왔던 길을 되돌아가, 자신이 첫 번째 전도여행에서 세운 교회들을 방문한다. 거기서 유대인 어머니와 그리스인 아버지 사이에서 태어난 디모데를 새로운 동행으로 택한다.

드로아 16:6-9 바울의 여정은 그의 전략적인 목표에 의해서뿐 아니라 성령에 의해서 이끌려진다. 바울의 행선지가 변형된 적이 있다. 여기서도 그는 아시아로 가려 했으나 막힌다. 어떻게 이 일이 일어났는지 모른다. 추측컨대, 바울이나 일행 중 한 사람이 환상을 보거나 메시지를 받았을 수 있다. 마케도니아 사람이 나타나 도와달라 호소하는 환상을 보았기 때문이다. 여기부터 '우리'로 시작하는 역사적인 보도가 시작된다. 누가가 드로아에서부터 전도인 일행에 합류했음을 시사한다. 그는 다른 사람들이 떠난 빌립보에 머물렀다가 빌립보에서 드로아로 가는 여행을 할 때 바울 팀에 합류한다.

난해한 주제

| 디모데의 할례(16:3) 앞 장들에서 본 논쟁 후라서인지, 이 일은 충격으로 다가온다. 크리스천들이 할례를 받지 않아도 된다면, 왜 바울은 디모데에게 할례를 강행하는가? 다른 곳에서 바울이 다른 제자들에게 할례를 허용하지 않는 장면도 나온다(갈 2:3-5). 왜 이런 모순이 벌어지는 것인가?

답은 그들의 배경과 임무에 있는 것으로 보인다. 디모데는 유대인들과 이방인들을 동시에 상대하는 사역을 했다. 그의 할례는 일종의 문화적인 행위였다. 할례를 받음으로써 디모데는 사역을 할 수 있었다. 그는 이방인이었던 디도가 할례 받는 것은 허락하지 않았다. 왜냐하면 할례를 받음으로써 디도가 믿음으로 온전해지지 않았다고 만천하에 알리는 것이나 다름없었기 때문이다.

빌립보 16:11-40 거물급 여성 사업가의 회심과 귀신에 사로잡혔던 노예 소녀를 해방시켜 준 이야기가 나온다. 바울과 실라는 투옥된다. 지진이 일어나고 간수와 그의 가족들이 회심한다. 고소가 기각되자, 바울과 실라는 로마 관리가 와서 그들을 개별적으로 만나야 한다고 주장한다. 바울은 이 일을 공짜 광고 기회로 사용하고 있다.

데살로니가 17:1-9 바울은 회당에서 설교한다. 유대인 지도자들이 바울을 잡으려 하지만, 그 지역의 크리스천 몇 명을 잡아넣는 데 만족해야 했다. 바울은 데살로니가 교인들을 향해 두 번에 걸쳐 편지를 보낸다.

베뢰아 17:10-15 베뢰아 사람들은 맹목적으로 복음을 받아들이지 않았다. 따져보기도 전에 거부하지도 않았다. 그들은 복음에 대해 오래 심각하게 생각했다. 데살로니가에서 온 사람들이 바울의 마음을 괴롭게 했지만, 다른 제자들은 개의치 않았다. 베뢰아 사람들은 참으로 열린 마음을 지녔다.

아테네 17:16-34 대도시. 오직 로마만이 아테네보다 더 알려진 도시였다. 그는 아덴에서 눈여겨 둘 만한 접근을 한다. 그는 회당으로 가서 성경으로 논증하는 대신, 이방 신전으로 가서 그들의 "알지 못하는 신"에서부터 시작한다. 그는 행복이 인생의 중요한 목표라고 하는 에피쿠로스학파 사람들에게 말한다. 인간의 이성과 자기 규율이 소중하다고 믿는 스토아학파 사람들에게도 연설한다. 그는 철학의 본 고장에서 철학자들의 입장에 서서 대화를 풀어간다. 하지만, 꼭 좋은 결과만 나오지는 않았다.

고린도 18:1-17 바울은 여기서 두 해를 보낸다. 장막 제조업자로서

궁금증 해소

갈리오(18:12-17)

갈리오는 이 장들에서 중요한 역할을 하는 인물이다. 그는 스토아 철학자며 황제 네로의 가정교사였던 세네카의 형제다(네로는 세네카가 가르친 학동 중 최고는 아니었다). 크리스천들과 유대인들의 불화가 종교 내부의 사소한 다툼이라는 그의 판단은, 로마의 간섭 없이 기독교가 전파되도록 한 중요한 요인 중 하나였다.

브리스길라와 아굴라(18:2-3)

두 사람은 유대인 크리스천이었다. 이들은 로마에 살았지만 49-50년 클라우디우스 황제가 내린 유대인 추방령에 의해 쫓겨났다. 이들은 바울과 마찬가지로 장막 만드는 직업(혹은 가죽 공예가)을 가지고 있었다. 이들은 고린도에서 처음으로 만나(행 18:2) 에베소로 가서(행 18:24-26) 아볼로를 가르치고, 로마로 돌아온다(롬 16:3). 거기서 자신들의 집에 교회를 세운다(고전 16:19). 브리스길라는 브리스가라는 로마 이름의 축약형이다(롬 16:3). 아굴라는 본도 출신이다. 흑해 해안의 남부에 자리 잡은 소아시아의 북부 지역이다. 브리스길라는 자주 남편보다 먼저 거명되는데(행 18:18-19, 26; 롬 16:3; 딤후 4:19), 이로 보아 브리스길라가 남편보다 지체가 더 높은 집안 출신이었던 것 같다.

궁금증 해소

아볼로(18:24-28; 고전 16:23)

아볼로는 알렉산드리아 출신의 유대인이었다. 복음의 일부만을 들었던 것 같다. 그의 메시지가 어떻게 달랐는지는 모른다. 회개의 메시지였는지도 모른다. 성령님에 대해 가르치지 않았을 수도 있다(19:1-7). 그럼에도 불구하고 아볼로는 고린도교회의 손꼽히는 지도자요 선생이 된다.

설교하고 일한다. 장막 제조업은 그의 가업이었다. 그가 데살로니가교회에게 보내는 편지를 쓴 것은 바로 고린도에서였다. 바울을 잡으려는 시도는 유대인 지도자를 잡아 때리는 선에서 마무리됐다(18:12-17). 바울은 고린도에 있으면서 일종의 나실인 서원을 한 것으로 보인다. 유대인들에게는 복음을 전하지 않겠다는 맹세와 관련된 듯하다(18:6). 그는 고린도교회에 두 번 편지한다. 브리스길라와 아굴라는 로마에 보내는 편지에서도 역시 언급된다(롬 16:3-4).

집으로 돌아오다 18:18-23 에베소에 잠깐 머문 후(18:19-21) 바울은 브리스길라와 아굴라를 동반하고 시리아 안디옥으로 돌아온다. 그리고 동료들보다 먼저 예루살렘으로 가는데, 아마도 교회 지도자들에게 보고하기 위한 것으로 보인다.

바울의 3차 전도여행 19:22-21:16

에베소 19:1-41 바울이 에베소에서 한 일은 마무리를 짓는 것이었다. 그는 예수님이 아니라 세례 요한의 가르침을 따르는 것으로 보이는 제자들과 대면한다(19:1-7). 믿음에 대한 정당한 이해도 없이 예수님의 이름을 불러대는 유대인 신비주의자들도 있었다(19:11-20). 그들은 예수님과 바울의 이름을 일종의 주문처럼 사용했다. 바울의 메시지는 에베소 금색장이들이 만든 우상들에게 타격을 주었다. 바울이 맞선 악은 영적인 권능뿐 아니라, 어수룩하고 바보처럼 잘 속는 사람들을 물질적으로 착취하는 자들이기도 했다.

드로아 20:7-12 모든 설교자들에게 위안이 되는 이야기다. 밤은 늦었다. 실내는 램프로 더웠다. 한 젊은이가 지루함을 견디지 못하고

밀레도에 있는 극장. 바울은 이 항구에서 예루살렘으로 향하는 마지막 항해를 했다.

바울의 3차 전도여행 19:1-21:16(주후 53-57년경)

바울은 마케도니아와 그리스(또 아마도 일루리곤, 행 20:1-6)를 가로질러갔다.

돌아오는 길에 바울은 드로아에서 죽은 청년을 일으킨다(행 20:7-12).

빌립보
데살로니가
베뢰아
드로아

바울은 에베소에서 2년을 보내며 교회를 가르치고 복음을 전파한다. 반기독교적인 폭동에 직면하기도 한다(행 19:1-41).

아테네
에베소
루스드라
더베
다소
고린도
밀레도
겐그레아
바다라
안디옥

밀레도에서 바울은 다시는 못 보게 될 줄 알고 에베소 교회의 장로들과 고별을 한다(행 20:17-38).

돌레마이에서 아가보는 바울의 체포를 예언한다. 그러나 바울은 예루살렘으로 향해 간다(행 21:7-15).

두로
돌레마이
가이사랴
예루살렘

예루살렘에서 바울은 체포된다. 그는 가이사에게 상소하고 로마로 압송된다. 그는 로마에서 2년을 보낸다(행 21:27-24:27).

죽었다. 바울은 그 젊은이를 되살리고, 신자들은 모여서 성만찬을 한다. 그리고 바울은 계속 설교를 한다.

밀레도 20:17-38 바울의 여정은 우중충한 분위기로 끝난다. 그는 투옥과 고초로 이어질 것이 뻔한 예루살렘으로 돌아간다(20:22-23). 밀레도에서 눈물로 작별한 에베소 친구들과 다시는 만나지 못할 것이다.

바울의 로마 여행 21:17-28:31

논쟁과 폭동 21:17-22:23 예루살렘에서 해묵은 논쟁이 재연된다. 할례 옹호자들은 바울의 노력을 평가절하한다. 바울은 전통적인 유대 의식에 연이어 참여해서, 자신이 분열분자가 아님을 확신시킨다. 많은 업적을 이룬 사람이 자신을 입증하기 위해 그토록 긴 말을 해야 했다는 것이 믿기지 않는다. 바울은 자신의 평판을 뒤집지 못한다.

그러나 그것으로는 충분하지 않았다. 바울은 성전에 이방인을 데리고 들어간 것으로 고발된다. 폭동을 일으킨 것은 지역의 유대인들이 아니었다. 아시아에서 온 유대인들이 주모자였다(22:27). 이들은 바울이 여행하는 동안 그를 곤란하게 할 기회만 호시탐탐 노리던 자들이었다. 그들은 바울이 이방인 드로비모를 성전으로

난해한 주제

| 왜 성령께서 달리 말씀하시는가? 바울은 예루살렘으로 가라는 말씀을 성령으로부터 듣는다(20:22). 그러나 구브로에서 제자들은 성령으로부터 바울이 예루살렘에 가서는 안 된다 하시는 말씀을 듣는다(21:4). 아마 구브로 사람들은 바울을 기다리고 있는 재판에 대해 알고 있었던 것 같고, 이를 가서는 안 되는 경고로 받아들인 것 같다. 가이사랴의 예언자 아가보에게도 비슷한 일이 일어났다(21:10-12). 누가와 다른 제자들은 바울에게 가지 말라고 만류한다. 그럼에도 불구하고 바울은 자기가 가야 한다는 것을 알고 있었다. 또 한 명의 사도다.

데리고 들어갔다고 고소한다. 이것은 유대 율법을 정면으로 위배하는 일이었다. 이방인들은 바깥뜰에 머물러야 한다. 성난 군중들은 바울에게 변명할 기회를 주지만(22:1-21), 결국 그는 로마 군병들에게 체포된다.

⑫ 예루살렘 심문 23:1-22 불행에 가까운 일이 벌어진다. 바울은 대제사장을 몰라보았다. 이에 대해서는 여러 가지 설명이 있다. 순전히 실수라는 추측에서부터 바울의 시력이 너무 약했다는 추측까지 다양하다. 그러나 본문은 훨씬 더 미묘하다. 바울은 그 관원이 대제사장의 위엄을 갖추지 못한 사람 같다고 지적하고 있는 것이다.

재판이 시작되자마자, 바울은 모인 사람들을 향해서 선동적인 말을 한다. 자신이 죽은 사람의 부활을 믿는 바리새인이라는 것이다. 이 진술은 모두 참이다. 그러나 바울은 자기 앞에 서 있는 사람들과 같지 않다는 면에서는 더 이상 바리새인이 아니다. 그럼에도 불구하고, 이 선언은 기막히게 먹혀들었다. 양편이 즉시로 서로 싸우기 시작한다. 바울은 빠져나와 가이사랴로 압송된다.

⑬ 가이사랴 심문 23:23-26:32 바울의 전략은 점차 분명해진다. 예루살렘은 항상 머물러 가는 곳에 불과하다. 바울의 목표는 이 재판을 로마 제국의 심장에서 복음을 전하는 수단으로 삼는 것이다. 그는 가이사랴에서 빌라도의 후임으로 팔레스타인 총독으로 부임한 벨릭스의 심문을 받는다. 바울은 가이사랴에서 두 해를 보내며 세 번 증언할 기회를 얻었다. 한 번은 벨릭스(24:10-23), 다음은 벨릭스의 후임인 베스도(25:6-12), 마지막으로는 베스도와 아그립바 왕(26:1-32) 앞에서였다. 뒤의 것은 화기애애한 말도 오간다. 베스도는 바울이 약간 미친 것 같다고 했다. 아그립바는 바울이 자신을 회심시키려 한다고 가볍게 말했다. 그러자 바울은 이렇게 말한다.

궁금증 해소
로마 시민권(22:24-29)

로마 시민은 비시민들이 감히 꿈꿀 수조차 없는 여러 가지 특권을 누렸다. 먼저 공정한 재판을 받을 권한이 있었다. 또 함부로 매질할 수 없었다. 로마의 채찍은 잔혹하고 야만적인 도구다. 로마인들은 이 채찍을 자신들이 복속한 인종들에게만 휘둘렀다. 채찍질 당하는 사람들은 평생 불구자가 되기 일쑤였고, 목숨을 잃는 경우도 자주 있었다. 로마의 속주에서는 오직 소수의 사람들만이 로마 시민권을 소유할 수 있었다. 바울은 로마 시민의 권한을 잘 알고 있었기에, 먼 데 사람들까지 복음을 들을 수 있게 하는 일에 이 권리를 사용할 참이었다.

"저는 모든 사람이 이렇게 결박을 당한 것 말고는, 꼭 저와 같이 되기를 하나님께 빕니다."

말타의 파선 27:13-28:15 바울이 로마 황제에게 상소했기 때문에, 바울은 로마로 보내질 것이다. 바울은 세 경로를 거쳐 로마에 닿을 것이다. 가이사랴에서 미라, 미라에서 말타, 마지막으로 말타에서 나폴리 만까지다. 누가는 이 이야기를 비교적 소상하게 전한다. 여기에는 말타에서 파선한 사건도 다뤄진다. 이 여행 내내 바울은 평온하고 확신에 차 있었으며, 밝은 기분을 잃지 않았다. 자신의 믿음을 통해 사람들과 우정도 쌓고 그들의 인정도 받는다.

⑭ 로마로 이송 28:16-30 로마에서 바울은 가택연금을 당한다. 가벼운 사슬에 매었음에도 불구하고, 설교하고 글을 쓰며 사색할 시간적 여유가 많았다. 그는 사람들에게 그리스도의 도에 대해 쉬지 않고 말했다. 그가 말을 건넨 최초의 사람들은 로마의 유대인들이었다. 그는 "예수에 관하여 그들을 설득하려고 힘썼다"(28:23).

난해한 주제

| 사도행전의 결말(28:30-31) 누가는 갑작스레 보도를 접는다. 앞 장들에서 나온 풍부한 세부사항들, 베스도와 아그립바 앞에서 펼쳐진 박진감 넘치는 재판 과정에 비해서, 최후의 상소가 소상히 기술되지 않았다는 것은 이상하게 보인다. 가능성 가운데 하나는, 이 건이 가볍게 기각된 것이다. 물론 법률적인 요건을 구성하는 데는 2년이 걸렸다. 대부분의 학자들은 서신들에서 나타나는 증거로 볼 때, 바울이 62-65년 사이에 자유의 몸이었다는 데 동의한다. 그는 그레데로 갔고 에게 해 주변을 여행한다. 어쩌면 그가 밝힌 목표대로 서바나(스페인)까지 갔을지도 모른다. 그러나 전승에 의하면, 네로가 등극하고 바울은 다시 체포된다. 그는 마지막 편지인 디모데후서를 로마에서 쓴다. 이때는 사도행전에서 보았던 특전에 가까운 가택연금과는 비교가 안 될 정도로 열악한 투옥생활 중이었다. 이 투옥 끝에 아마도 그는 처형된 것 같다(67년).

누가는 왜 이렇게 끝을 맺었는가? 아마 일이 이렇게 됐던 것 같다. 60년부터 누가와 바울은 로마에 머무른다. 거기서 누가는 데오빌로라 불리는 로마인을 위해 기독교 신앙을 설명하는 글을 쓰도록 요청받는다. 63년경으로 추정되는 당시 누가는 알고 있는 한에서 이야기를 시작한다. 그때 누가가 죽는다. 네로의 박해 혹은 바울을 따라 다니면서 겪은 고초 탓일 수 있다. 증명할 길은 없지만 이것이 사실이라면, 상당히 중요한 의미를 지닌다. 첫째, 누가복음과 사도행전은 상당히 이른 시기에 쓰였을 수 있다(그리고 누가는 마가에 의존했으므로, 마가복음 역시 더 이른 시기에 저작된 것이다). 누가는 상당한 이야기꾼이며 뛰어난 역사가였다. 아는 이야기가 있으면 더 말했을 것이다. 그러나 그렇게 하지 않았다. 왜냐하면 내 생각에는 그의 작품 또한 훨씬 더 큰 이야기의 일부였기 때문이다.

바울의 로마 여행
21:17-28:31
(주후 59-60년경)

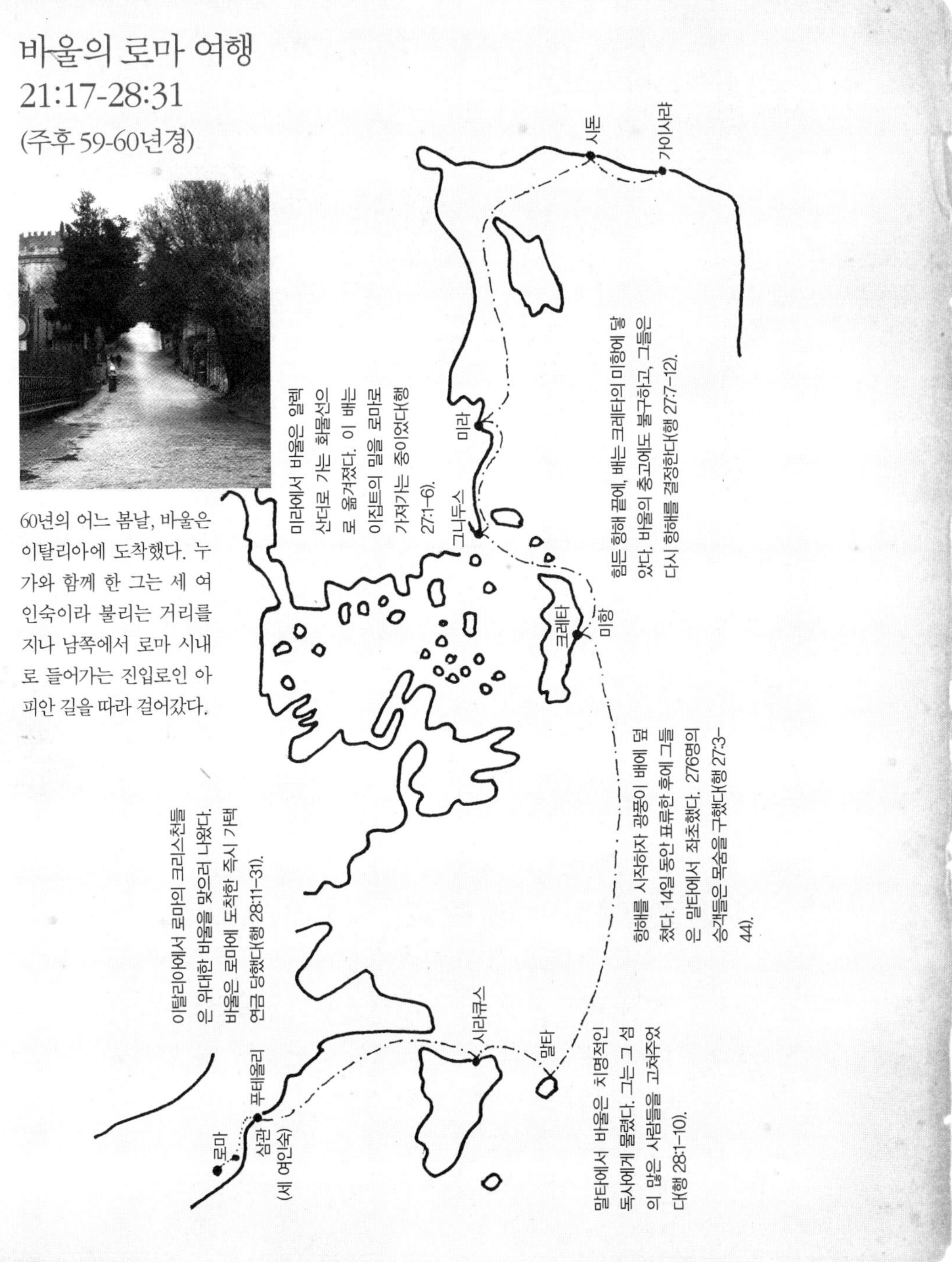

시돈
가이사랴
미라에서 바울은 알렉산더로 가는 화물선으로 옮겨졌다. 이 배는 이집트의 밀을 로마로 가져가는 중이었다(행 27:1–6).
미라
그니두스
힘든 항해 끝에, 배는 크레타의 미항에 닿았다. 바울의 충고에도 불구하고, 그들은 다시 항해를 결정한다(행 27:7–12).
크레타
미항
항해를 시작하자 광풍이 배에 덮쳤다. 14일 동안 표류한 후에 그들은 말타에서 좌초했다. 276명의 승객들은 목숨을 구했다(행 27:3–44).
이탈리아에서 로마의 크리스천들은 위대한 바울을 맞으러 나왔다. 바울은 로마에 도착한 즉시 가택연금 당했다(행 28:11–31).
시라큐스
말타
말타에서 바울은 치명적인 독사에게 물렸다. 그는 그 섬의 많은 사람들을 고쳐주었다(행 28:1–10).
푸테올리
삼관
(세 여인숙)
로마

60년의 어느 봄날, 바울은 이탈리아에 도착했다. 누가와 함께 한 그는 세 여인숙이라 불리는 거리를 지나 남쪽에서 로마 시내로 들어가는 진입로인 아피안 길을 따라 걸어갔다.

SPECIAL SECTION 초대교회

사도행전의 말미쯤에서 교회는 소아시아 전역으로 퍼진다. 교회는 그리스와 로마에까지 들어갔다. 그러나 우리가 살펴보려는 '교회들'은 오늘날과 같지 않다.
교회라는 용어는 그리스어 에클레시아(*ecclesia*)에서 왔다. 이 말은 전령관의 부름에 모인 사람들을 뜻하는 것이다. 그렇다. 교회는 그리스도의 부르심에 응답하여 모인 사람들이다. 따라서 신약성경에서 '교회'는 건물이나 교단을 뜻하지 않았다. 아직 그런 것들은 존재하기도 전의 일이다.

교회의 예배 초대교회는 예언, 가르침, 찬송, 성경 낭독 등을 포함하는 열린 예배를 드렸다. 교회들은 매주 모였고, 성만찬은 주의 첫째 날 기념했던 것 같다(고전 16:2). 때로 궁핍한 자들을 위한 기금도 모았다.

장소 초대교회는 공식적인 자체 건물을 가지고 있지 않았다. 가장 이른 교회의 독립건물이라 할 수 있는 것은 200년경에야 출현한다. 그 전에는 가정에서 모임을 가졌다. 초기에는 회당들에서도 모였다. 바울은 몇 번 '가정교회들'에 대해 언급한다. 브리스길라와 아굴라(롬 16:5), 눔바(골 4:15), 빌레몬(몬 2) 등이 이 교회들의 지도자들였다. 이 교회들은 20-30명이 넘지 않았다. 이보다 많은 사람들이 모일 수 있을 만큼 큰 방이 있는 집들은 거의 없었다.

교회 조직 초대교회에 관한 성경의 보도를 보면 제사장직이 나오지 않는다. 오늘날과 같은 의미에서의 제사장직은 나오지 않는다. 오직 한 사람이 여러 기능을 수행할 수 있다는 개념은 차라리 구약성경적이다. 신약성경에서는 모든 신자가 제사장이다(벧전 2:5, 9).

그러나 리더십 구조가 발전되면서부터는 신약성경에서 세 가지 종류의 리더가 발견된다.

- **사도** 이들은 예수께서 선출한 열두 명이다. 유다는 맛디아로 교체됐다. 나중에 바울이 '명예' 사도로 추가된다. 이들은 예수님과 밀접한 관계에 있었던 이유로 최종적인 권위를 인정받았다.
- **장로** 에피스코포스(*episkopos*)라는 단어는 때로 주교로도 번역되지만, 실제로는 감독을 의미한다. 이들은 지역 교회의 전략과 영성을 책임지는 지도자들이다. 바울이 밀레도와 예루살렘에서 만난 지도자들이 바로 이들이었다. 예루살렘에는 야고보를 비롯한 장로들의 협의체가 있었다. 이 주제는 더 토론해봐야 할 대상이다.
- **집사** 그리스어 디아코노스(*diakonos*)는 종이란 뜻이다. 남성과 여성 모두 될 수 있었다. 이들의 역할은 좀 더 실천적이었다. 필시 처음 집사들은 '식탁 봉사'를 섬겼다. 교회의 자선 활동도 책임졌다. 이들과 장로의 역할을 정확히 규정하기란 어렵다.

가버나움의 베드로 집

아주 초기부터 크리스천들은 가버나움의 이 집에서 모였다. 훗날 이 집은 예배를 위해 넓혀졌다. 5세기에는 이 자리에 교회가 세워졌다. 이 집은 원래 베드로의 집이었고, 예수님이 가버나움에 있을 때 거처했던 곳으로 추정된다.

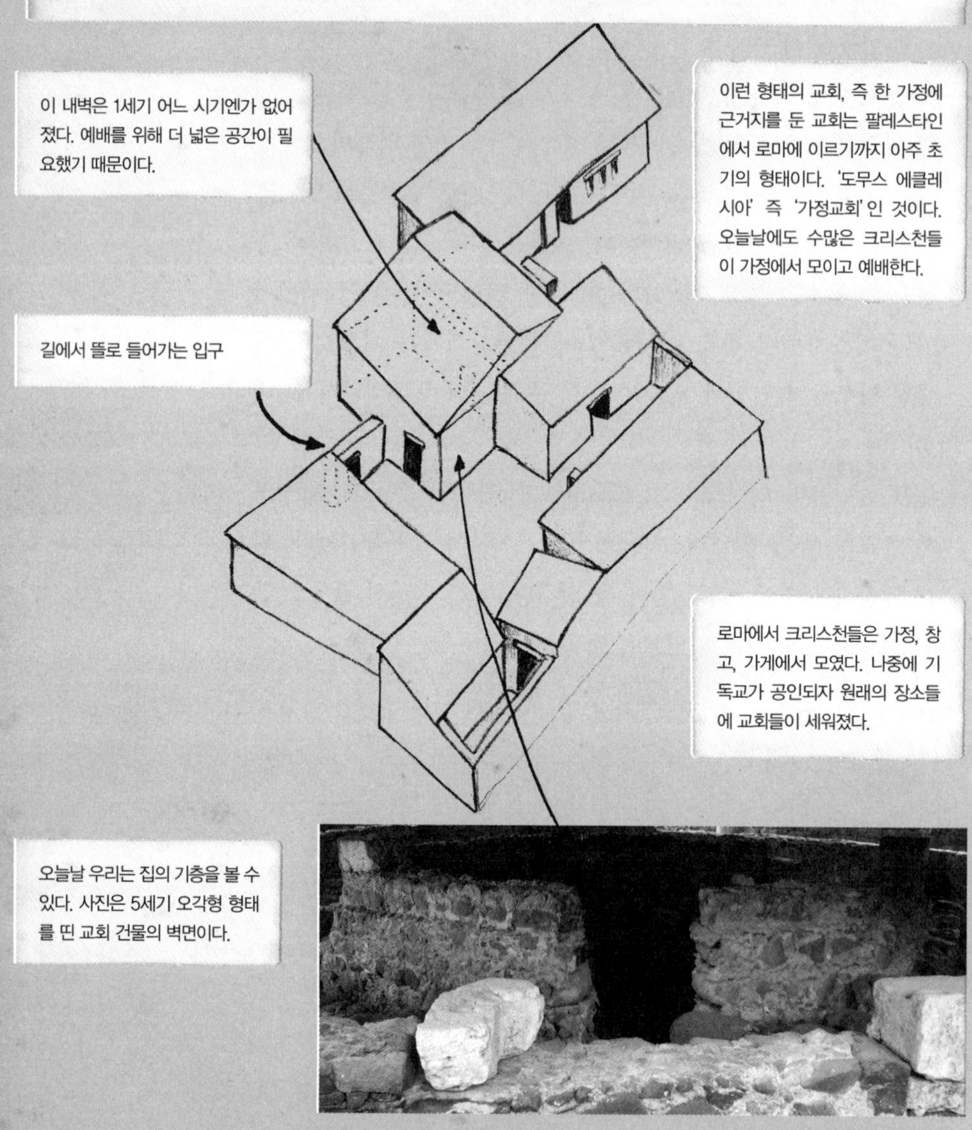

이 내벽은 1세기 어느 시기엔가 없어졌다. 예배를 위해 더 넓은 공간이 필요했기 때문이다.

이런 형태의 교회, 즉 한 가정에 근거지를 둔 교회는 팔레스타인에서 로마에 이르기까지 아주 초기의 형태이다. '도무스 에클레시아' 즉 '가정교회'인 것이다. 오늘날에도 수많은 크리스천들이 가정에서 모이고 예배한다.

길에서 뜰로 들어가는 입구

로마에서 크리스천들은 가정, 창고, 가게에서 모였다. 나중에 기독교가 공인되자 원래의 장소들에 교회들이 세워졌다.

오늘날 우리는 집의 기층을 볼 수 있다. 사진은 5세기 오각형 형태를 띤 교회 건물의 벽면이다.

사도행전 당시의 로마

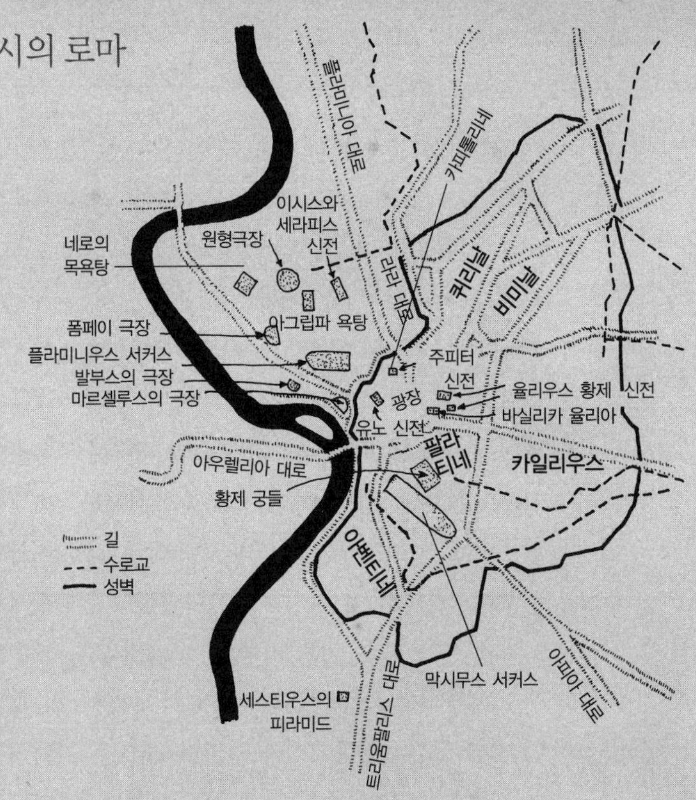

신약성경 시대에 로마는 세계에서 가장 유명한 도시였다. 로마제국의 중심, 황제의 본진인 로마는 상당히 국제적인 도시였다. 로마에는 전 세계에서 온 사람들과 온갖 신앙을 지닌 사람들이 모여들었다. 인구를 정확하게 계수하기란 어렵지만, 약 45만 명쯤 됐을 것이다(제국 내에서 두 번째로 큰 도시였던 알렉산드리아에 비해 두 배 정도 컸고, 예루살렘에 비해서는 열 배가 됐다). 따라서 로마에 처음 온 사람에게는 기가 질릴 만한 경험이었을 게 틀림없다.

도시는 일곱 개의 '언덕' 위에 세워졌고, 수백 년 동안 극장, 신전, 궁전 등 빛나는 건축물들이 세워졌다. 이것들 가운데 카피톨리네 언덕에 세운 주노와 주피터에게 바친 신전이 가장 뛰어났다. 그리고 네로의 유명한 '황금의 집'을 포함하여 팔라틴 구역에 세운 황궁들 역시 이에 못지않았다. 이런 명소들을 짓기 위한 돈은 주로 제국 전역에서 거두어들인 세금으로 충당됐다. 황제들은 국가의 보조로 음식과 여흥을 즐길 수 있었다. 독설가로 알려진 주베날은 군중이 오직 두 가지, '빵과 서커스' 만을 원한다고, 그리고 황제가 해야 할 가장 중요한 책무 중 하나는 제국의 다른 지역(주로 이집트)에서 곡물을 가져오는 것이라고 기록하고 있다.

50년경 도시에는 많은 유대인들이 들어와 살았다. 그들은 트라스타베레라는 비교적 가난한 지역에 정착했다. 일반적으로 로마는 유대인들을 용인했다. 그러나 특히 49년 클라우디우스 황제 치하에서는 유대인의 일부가 추방되는 경우도 있었다. 로마 역사가인 수에토니우스는 이 일이 "크레스투스의 선동으로 말미암아 유대인들이 늘 분란을 겪기에" 일어났다고 한다. 이것이 그리스도를 말하는 것이라면, 유대인들과 크리스천 사이의 분쟁이 일어난 것으로 보인다. 로마에서 기독교는 이미 수립되었다. 브리스길라와 아굴라는 그 추방된 그룹의 일원이었다(행 18:2).

초대교회의 성만찬

최후의 만찬에 관한 최초의 언급은 사실은 고린도에 보내는 바울의 편지에 나온다. 이 편지는 대략 50년경에 기록되었다(고전 10:17). 바울에 따르면 이 식사의 목적은 사람들이 한데 모여 기억하게 하는 것이다(고전 10:17). 당시 교회는 이 행사를 가장 의미 있는 유카리스트('감사드림'이라는 뜻의 그리스어 유카리스티아〔*eucharistia*〕에서 유래), 혹은 '주님의 만찬'이라는 의식으로 만들었다. 1세기 내내 이 의식은 토요일 저녁에 행해졌다가 2세기에 들어오면서 일요일 아침으로 옮겨진 것 같다. 참가자들은 포도주와 빵을 먹으면서 자신들을 한데 모이게 한 인물을 기억했다.

초대교회에서 이 의식은 더 큰 공동식사의 일부였다. 이 식사는 아가페 식사 혹은 '사랑의 축제'로 알려졌다. 공동식사는 초대교회에서 매우 중요한 일부였다(행 2:46; 고전 11:20-32; 유 12). 이 식사는 지역사회의 누구에게라도 열려 있었다. 가난하든 부자든, 비천한 신분이든 지체 높은 사람이든, 늙었든 젊었든 이 식사에 낄 수 있었다. 이는 바리새인과 같이 사회적으로 존경받는 신분이나(눅 7:36-50), 세리 같이 천대받는 신분이나(마 9:11-12) 할 것 없이 식탁에서 교제한 예수님의 사례를 따른 것이다. 식사는 그저 먹는 데 목적이 있지 않았다. 이 식사는 사회적 배경이 어떻든 간에 함께하는 모든 사람들을 받아들인다는 점을 시사한다. 그들은 모두 "한 빵을 먹는 한 몸"(고전 10:17)이다.

이러한 사회적인 결속은 그리스나 로마 세계에서는 이해하기 힘든 것이었다. 노예를 자유인과 동일하게 볼 수 있는가? 상상할 수 없는 일이었다. 이러한 사회적 혁신 사상은 다른 면에서도 표출됐다. 그리스 로마 세계의 특징 중 하나가 유아살해였다. 아기를 원하지 않으면 죽였다. 아쉬켈론이라는 항구도시를 발굴했을 때 하수구에서 모두 100여 구의 유골이 나왔다. 살해한 후 말 그대로 하수구에 처넣은 것이다. 크리스천들은 이런 관행을 지지하지 않았다. 그들은 버려진 아이들을 데려다가 돌봐주었다(2세기 알렉산드리아 출신의 교회 지도자는 "똥무더기에서 주은"이라는 이름을 가지고 있었다).

그리스 로마 세계의 전형적인 빈민가에는 흔히 역병이 돌았는데, 이런 때 크리스천은 도시를 떠나지 않고 남아서 아픔과 고통 중의 사람들을 돌보았다. 그 결과 기독교는 성장했다. 노예, 추방자, 버림받은 자, 병자 등 사회가 냉대한 사람들의 필요와 설움을 채워줬기 때문이다.

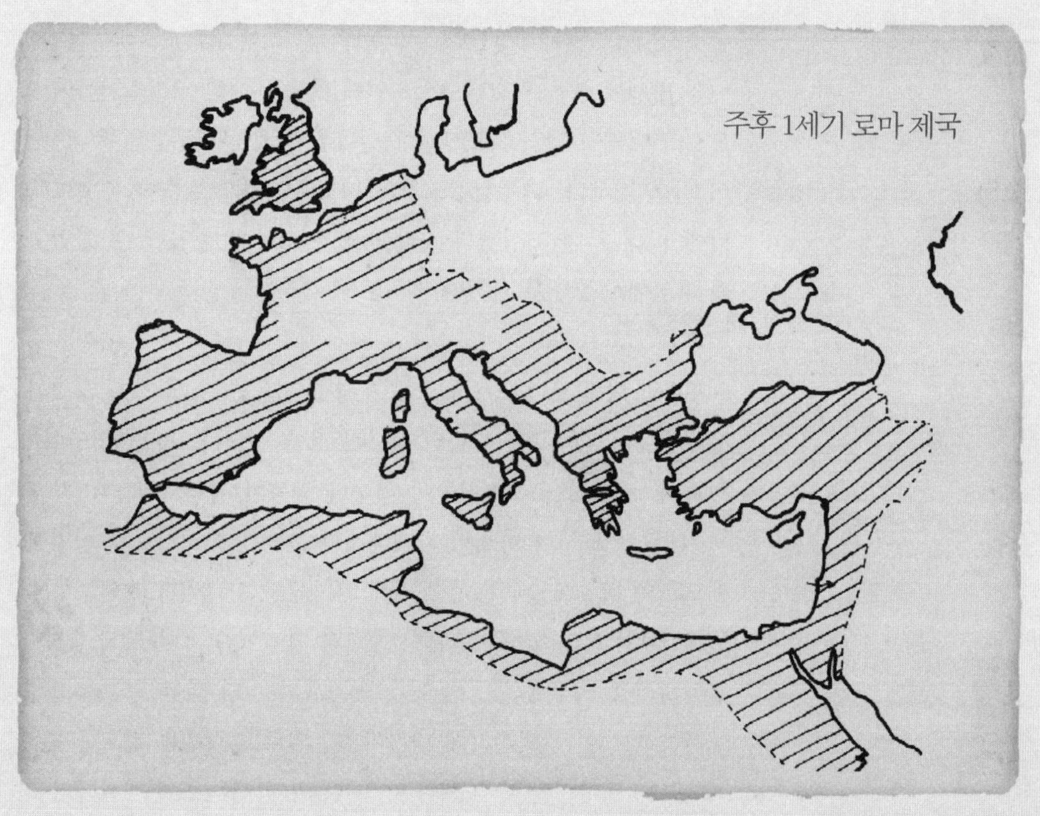

초대교회의 핍박

기독교는 처음부터 로마 당국자들에게는 또 다른 유대교의 분파로 보였다. 크리스천들이 말썽만 피우지 않는다면 유대인들에게 허용한 자유가 크리스천들에게도 허용됐다. 이 자유로 말미암아 제국 전체에 기독교가 신속하게 확산될 수 있었다.

유대인의 박해 기독교 초기에는 주로 유대교 분자들로부터 핍박이 왔다. 그들은 크리스천들을 신성 모독자로 봤다. 곧 이 사람들이 유대교의 하위조직이 아님이 분명해졌다. 그들은 율법이 폐지됐고, 예수님이 메시아며, 정결한 음식과 부정한 음식 따위는 더 이상 존재하지 않는다고 믿었다. 스데반의 순교(행 6:14)는 예루살렘에서의 박해에 불을 당겼다. 이로 인해 많은 유대인 크리스천들이 이 도성을 빠져나갔다. 사도행전에 언급된 박해의 대부분은 유대인들이 가한 박해다. 예루살렘교회의 지도자인 야고보는 헤롯 아그립바에 의해 44년 처형됐다. 크리스천은 회당에 출입할 수 없었고, 각자 집에서 모임을 가졌다.

로마의 박해 로마가 기독교에 부과한 자유는 오래 가지 않았다. 유대인들이 기독교가 그들의 신념과 정반대된다는 것을 곧 알아차렸듯이, 로마도 크리스천들이 너무나 독특한 사람들임을 눈치 챘다. 네로는 도시가 화재로 황폐해지자 그들을 희생양으로 삼았다. 베드로와 바울이 바로 이 시기에 로마에서 순교했다고 믿는 사람들도 있다. 크리스천들은 이방 종교의 의식이나 로마 황제 숭배에 참여하기를 거부했다. 그들이 그리스도의 살과 피를 먹는 식인종이라는 의심이 광범위하게 퍼졌다. 이 일로도 박해는 강도를 더하게 됐다. 도미시안 황제(재위 81-96년)의 박해는 요한계시록의 저작 배경이 된다. 그러나 3-4세기에 이르기 전까지는 박해가 로마 제국 전체에 걸쳐 전면적인 것은 아니었다. 로마 황제 중 가장 악명 높은 자는 디오클레시안일 것이다. 그는 온갖 고문을 자행하고 크리스천들을 공개처형했으며 교회 건물을 파괴했다. 크리스천들은 원형경기장으로 끌려가 일종의 대중연예의 형태로 야생동물들에게 잡아먹혔다.

그러나 너무 늦었다. 기독교는 아주 멀리까지 퍼졌고 아주 뿌리를 잘 내렸다. 고문과 죽음을 목전에 두고 발휘된 크리스천들의 용기는 오히려 기독교를 전파하는 자극제가 됐다. 좋든 싫든, 기독교 신앙은 로마 제국 전체에 퍼졌다.

초대교회의 확산

초대교회는 급속히 확산됐다. 예수님이 죽은 후 10년 안에 교회는 안디옥과 다소(바울의 출신지)까지 퍼졌다. 그 다음 10년 동안에는 그리스로 진출했고, 주후 60년이 되기 전에 제국의 심장부 로마에 닿았다. 기독교는 도시 종교였다. 마을과 도시들에서 융성했다. 여기서 사람들은 서로 만나 배우고 기도하며 도왔다.

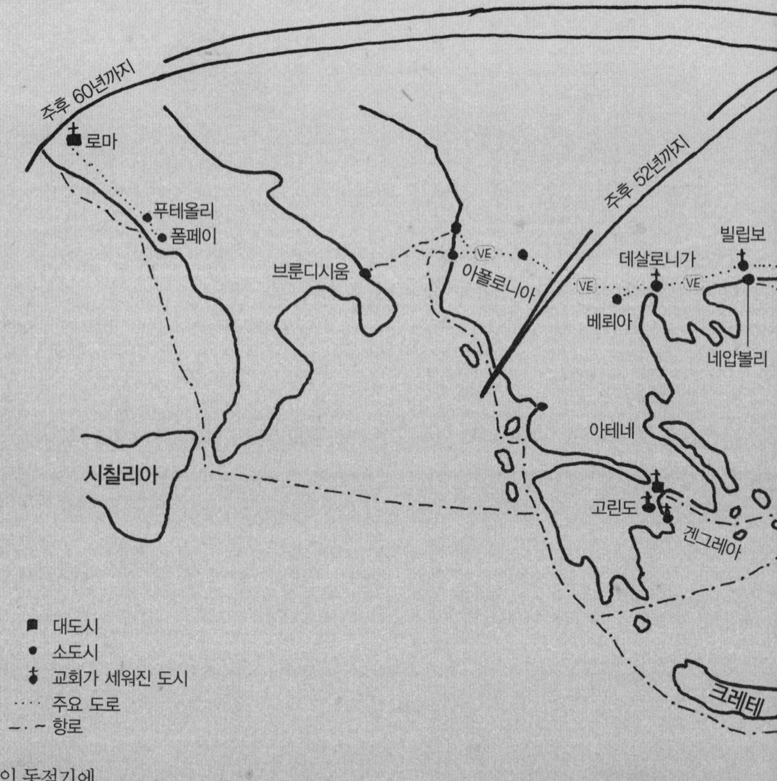

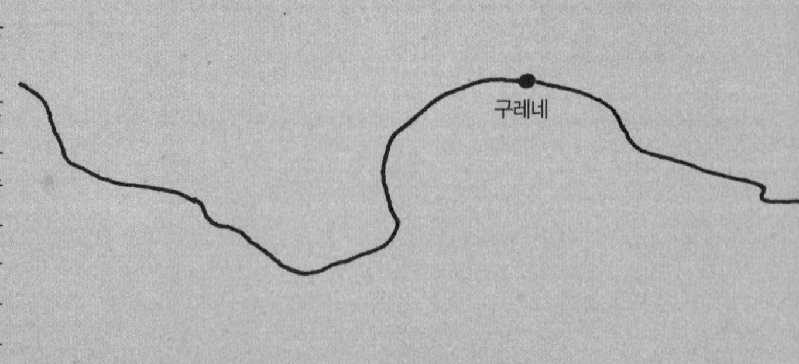

11월 중순에서 3월 초순까지인 동절기에는 항해가 매우 위험했다. 그러나 다른 시기에는 상당히 빠른 교통수단이었다. 순풍을 받으면 하루에 170킬로미터를 갈 수 있었다. 말은 하루에 기껴해야 50킬로미터, 도보로는 25킬로미터 정도를 갈 수 있었다. 곡물을 실은 배는 알렉산드리아에서 미라, 파타라, 밀레도와 같은 항구들을 거쳐서 로마로 서진했다. 바울과 누가가 난파를 당한 배는 바로 이 항로를 따라 가고 있었다.

기독교 확산의 열쇠는 로마의 도로망이었다. 도로를 통해서 바울과 바나바와 같은 복음전도자들이 비교적 용이하게 이곳에서 저곳으로 이동할 수 있었다. 여행할 수 없는 곳에는 편지를 보냈다. 바울이 주로 이용한 두 길은 에베소에서 안디옥까지 향하는 공용로와, 그리스 전역을 관통하는 비아 에그나시아(*Via Egnatia*)였다.

CR(코이네 호도스, 공용로)은 에베소에서 출발해서 트라일레스를 지나 메아데르 계곡과 라오디게아, 비시디아 안디옥, 이고니아, 다소로 올라간다. 다소에서는 남쪽으로 안디옥을 향해 가든지 아니면 유프라테스 강을 타고 동쪽으로 제우그마까지 계속 갈 수 있다.

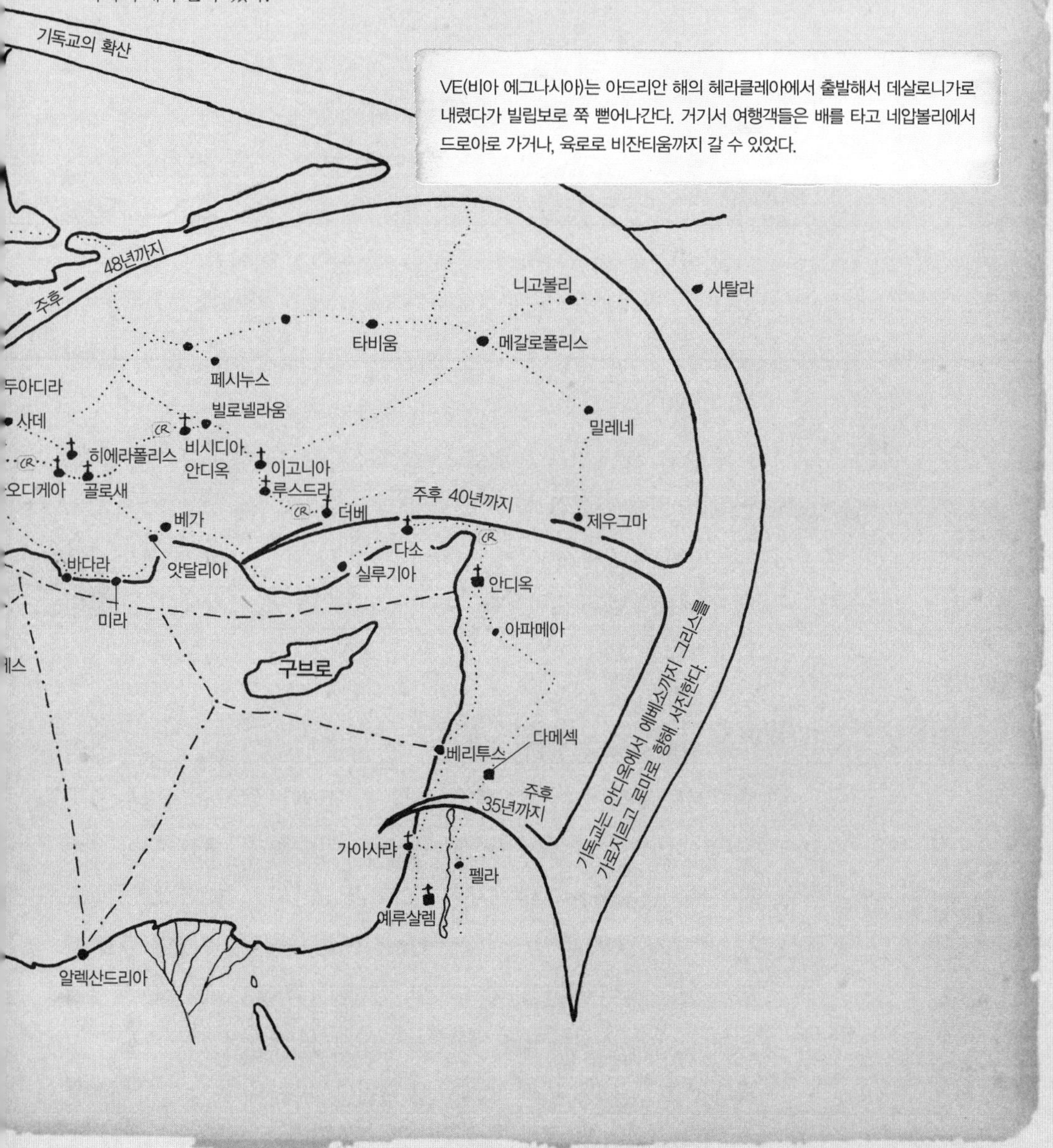

초대교회와 성전 파괴

종교적인 자유와 병역 면제 등 전반적으로는 로마세계에서 좋은 대우를 받았음에도 불구하고, 유대 지역에서 로마의 통제는 갈수록 원성을 자아냈다. 예를 들어 유대 총독은 거의 일 년 내내 대제사장의 옷을 보관했다. 그랬다가 주요 명절이 되면 돌려줬다. 명절이 끝나면 다시 로마의 소유로 돌려놔야 했다.

66년 로마의 점증하는 강압정책에 민심은 들끓었다. 마지막 로마 총독인 플로루스가 성전에서 돈을 빼돌려 쓰자, 대대적인 시위가 일어났고, 이어서 로마의 무지비한 진압이 이어졌다. 마침내 열심당원들은 예루살렘과 광야의 요새인 마사다를 손에 넣었다. 예루살렘은 서로 이념이 다른 분파들이 주도권을 잡으려고 나뉘어졌다(전설에 따르면 예루살렘의 크리스천들이 피난을 떠나라는 예언의 경고를 받고, 요단 강을 건너 벨라로 도피한 것은 더 이른 시기가 아니라면, 바로 이때인 것 같다).

로마의 시리아 총독인 케스티우스 갈루스는 대규모 부대를 파견해서 예루살렘을 포위했다. 그러나 그는 놀랍게도 퇴각한다. 왜 퇴각했는지는 모르지만, 이 결정은 참혹한 결과를 가져왔다. 로마의 퇴각은 유대의 대패로 변한다.

로마는 이 반란을 진압하기로 했다. 67년 봄 네로는 그의 장군 중에서도 명성이 자자한 베스파시안을 보낸다. 그는 6만 명의 중무장 군대를 이끌고 왔다. 군대는 동진을 거듭하여 갈릴리에서 수많은 사람들을 학살하고 예루살렘으로 진입했다. 그러다가 또 멈췄다. 네로가 죽었기 때문이다. 이듬해 한 해 동안 '네 명의 황제' 가 등극한다. 황제 자리를 차지하겠다던 둘은 죽고, 세 번째는 독일에 있는 군대의 지지를 업고 황제로 추대된다. 베스파시안 자신도 그를 따르는 군대에 의해 황제로 옹위된다. 반란을 일으킨 유대인들

로마의 콜로세움. 72년에 준공됐다. 많은 크리스천들이 여기서 생명을 잃었고, 신앙 때문에 순교했다. 그들은 단지 로마 군중에게 볼거리를 제공하기 위해 살해당했다.

은 상대적으로 고요한 시기를 틈타 방비를 하는 대신 분파로 나뉘어 피비린내 나는 대혼란극을 연출한다.

70년 베스파시안은 황제가 된다. 그는 아들 티투스에게 정복 전쟁을 명령한다. 티투스는 엄청난 병력으로 예루살렘을 공격한다. 도시 내부의 기근은 눈뜨고 볼 수 없을 정도였다. 사람들은 굶어 죽었고, 죽은 사람들은 매장되지 못한 채 버려졌다. 그리고 탈출하려다가 잡힌 사람들은 바깥 성벽에 십자가를 달고 처형되었다. 함락은 6월에 이루어졌다. 로마 군대는 성벽을 뚫고 성 전체를 약탈했다.

성전은 마지막으로 함락됐다. 70년 7월 29일이나 30일에 로마군은 성전을 공격했다. 그들은 성전 외곽 지대를 확보하고, 새벽에 성소를 공격할 계획을 세웠다. 그러나 그밤에 불이 번져 성전은 화마에 휩싸였다. 성전 경비병들은 도륙당했고, 보물들은 약탈자들의 손에 들어갔다.

예루살렘은 체계적으로 파괴됐다. 700명의 장신 포로들은 노예가 돼 로마로 압송됐다. 나머지는 그리스 로마의 원형경기장으로 끌려가 맹수들의 밥이 됐다. 예루살렘 성벽은 무너졌고 성전 기초는 파헤쳐졌다. 성전의 보화들은 모두 로마에 빼앗겼다. 예루살렘에는 두 번 다시 성전이 들어서지 못했다.

로마에 세워진 티투스 아치. 로마 군대가 거대한 일곱 갈래 촛대를 비롯해서 성전의 보물들을 옮기는 모습이 보인다.

초대교회 연표

연도	신약 책	사건	바울의 생애	바울 서신
30		예수님의 죽음과 부활		
		스데반의 죽음	회심(행 9)	
			아라비아(갈 1:17)	
35		빌립의 사마리아 전도		
			예루살렘 방문(갈 1:18–20)	
			다소와 길리기아(행 9:30; 갈 1:21)	
40			환상 봄(육체의 가시, 고후 12:1–10)	
		사도 야고보의 죽음		
45		유대의 기근	바나바가 바울을 안디옥에 데려감(행 11:25–26)	
			두 번째 예루살렘 방문(행 11:27–30; 갈 2:1–10)	
	야고보서	예루살렘 공의회	1차 전도여행(행 13:2–14:8)	갈라디아서
50		클라우디우스, 로마에서 유대인 소개령	2차 전도여행(행 15:40–18:23)	데살로니가전서
		고린도 총독 갈리오		데살로니가후서
			3차 전도여행(행 18:23–21:17)	
55				고린도전서
				고린도후서
			예루살렘 방문 후 체포(행 21:27–22:30)	로마서
			가이사랴에 구금(행 23:23–26:32)	
60			로마 압송(행 27:1–28:16)	
			로마에 감금(행 28:16–31)	
				빌립보서 빌레몬서
				골로새서 에베소서
65	마가복음 히브리서	크리스천들이 펠라로 떠남?	알려지지 않음. 석방됐거나 구금 상태일 수 있음.	디모데전후서
	누가-사도행전			디도서
	유다서?	베드로와 바울, 로마에서 순교		
	마태복음			
70	베드로전후서	유대 반란과 예루살렘 함락		
75				
80	요한일이삼서 요한계시록			

여러 복음서들과 서신서들의 연대는 정확한 과학이 아니다! 각 책의 서로 다른 연대 추정에 관한 논의는 서론을 참조하라.

서신서

남은 21권의 성경은 사도들의 편지다. 이 편지들은 초대교회와 성도들에게 발송됐다. 제도라기보다는 한 집단의 사람들을 대상으로 발송된 것이다. 편지의 수신자들은 예수님을 따르기로 결심한 사람들이다. 막연히 '교회'의 회원들에게 보낸 것이 아니다. 편지들의 대부분은 바울이 발신인이다. 바울은 초대교회의 위대한 복음전도자였고 선생이었다. 그의 가르침은 소아시아의 여러 교회들에 보낸 그의 편지에서 고스란히 발견된다. 한편 다른 사도들이 쓴, 혹은 쓴 것으로 여겨지는 편지들과, 이름을 알 수 없는 저자의 편지도 있다.

| 바울서신 로마서, 고린도전후서, 갈라디아서, 에베소서, 빌립보서, 골로새서, 데살로니가전후서, 디모데전후서, 디도서, 빌레몬서 바울의 편지들은 교회들을 위해서 썼다. 개인이 수신자인 경우도 몇 건 있다. 대부분의 경우 교회들은 바울과 관련돼 있다. 교회를 개척한 경우나 교회의 훈련과 가르침에 참여한 경우다. 편지들은 주로 공개 서신이다. 공개적으로 읽히고 회람되었다. 이렇게 해서 바울은 계속해 교사의 역할을 감당한다.

| 일반서신 히브리서, 야고보서, 베드로전후서, 유다서 이 편지들은 특별한 공동체를 염두에 둔 것이 아니라, 교회 전체를 염두에 두고 쓴 것이다. 따라서 대부분의 바울 서신들과 달리, 구체적인 문제나 현안들을 다루고 있지 않다. 이 편지들은 주제들을 광범위하게 다룬다. 예를 들어 히브리서는 기독교와 구약성경 율법의 관계를 다루고, 야고보서는 크리스천으로서 어떻게 살 것인지를 실천적으로 안내한다.

| 요한서신 요한일이삼서, 요한계시록 드디어 요한이 쓴 편지들에 당도했다. 요한의 편지들은 바울의 편지들에 비해 훨씬 짧다. 요한은 주로 거짓 가르침을 다룬다. 그리고 요한계시록이 있다. 요한계시록은 다른 편지들과는 아주 다르다. 이 편지를 어디로 붙이려고 했는지 아무도 모른다. 미래에 대해, 끝없이 뻗어나가는 희미한 환상이다. 신비한 이미지들과 상징적인 숫자들로 가득 차 있다.

책, 편지, 저서

기본적인 쓰기 재료는 질긴 갈대 줄기에서 추출한 파피루스였다. 물론 짐승의 가죽으로 만든 양피지도 있었다. 필기에 좋은 밀납판은 쉽게 지우고 재활용할 수 있었다. 대부분의 문서들은 낱장이거나, 두루마리 형태로 묶은 것이었다.

펜은 날카로운 갈대로 만들었고 잉크는 고무질이나 식초를 섞은 숯검정이나 오징어 먹물로 만들었다.

책과 문서들은 구술로 적었다. 전문적인 서기관들과 조수들은 신속하고 유창하게 쓸 수 있는 훈련을 받은 자들이었다. 당시에는 전 세계에 걸쳐 많은 도서관들이 있었다. 가장 유명한 도서관, 이를테면 알렉산드리아 도서관에는 수만 개의 두루마리가 소장돼 있었다. 일반 시민도 돈만 있으면 나름대로 장서를 모을 수 있었다. 한 부유한 로마인은 62,000개의 문서를 소장하고 있었다고 한다.

서신은 일반적인 것이었다. 황제 직속의 우체국이 있었지만 공용전용이었다. 사신을 보내려면 누군가에게 부탁하여 편지를 전하거나 자신이 직접 들고 가야 했다. 바울은 그의 편지들을 신뢰하는 특정인에게 부탁했다.

ROUTE PLANNER

서문 1:1-17

1. 우리는 모두 죄인 1:18-2:16
2. 유대인이라는 것 2:17-3:20
3. 문제 해결 3:21-4:25
4. 아담과 예수 5:1-21
5. 새로운 출발 6:1-8:17
6. 놀라운 미래 8:18-39

복음 해설 1:18-8:39

이스라엘 문제 9:1-11:36

의로운 생활 12:1-15:13

맺음말 15:14-16:27

로마서

복음의 진리

누가 | 바울

언제 | 57년경. 바울은 아직 로마에 가보지 않았다. 그래서 그들에게 자신과 자신의 믿음, 자신의 계획 일부에 대해서 말한다. 이 편지는 아마도 고린도에서 썼을 것이다. 편지에 거기 사는 사람들의 이름이 들어 있기 때문이다.

무엇을 | 바울은 로마에 있는 사람들에게 자신과 자신의 생각을 소개하기 위해 편지를 쓰는 것 같다. 이 편지는 방문을 준비하는 성격을 가지고 있다. 그는 로마교회에 대해서는 많은 말을 하지 않는

한눈에 보는 안내판

저자 바울
유형 서신서
목적 복음을 설명한다.
핵심 구절 1:17 "하나님의 의가 복음에 나타나 있으며, 믿음으로 믿음에 이르게 합니다. 이것은 성경에 기록된 바 '의인은 믿음으로 살 것이다' 한 것과 같습니다."
한 가지만 기억한다면 오직 믿음만이 우리를 하나님 앞에 올바르게 세운다.

한눈에 보는 흐름

바울 사도 1:1-15
복음 1:16-17
의인은 없다 3:1-20
위대한 소식 3:21-31
새 생명 5:1-11
그리스도 안에서 6:1-14
성령으로 살다 8:1-17
미래 8:18-39
선택받다 11:1-36
기본 규칙 12:9-21

다. 그 교회에 대해 아는 바가 별로 없기 때문이다. 그러나 유대인과 이방인 크리스천의 관계라는 난감한 문제를 건드리고 있다. 이 말은 그가 두 집단 사이의 어려움을 들었을 수도 있다는 뜻이다.

편지의 주제는 예수 그리스도를 믿는 믿음이다. 구원은 우리가 하는 일이 아니라, 우리가 믿는 분으로부터 온다. 우리를 구원하는 것은 하나님의 용서와 사랑이지, 우리 자신의 노력이 아니다.

바울에게는 이것이 핵심 주제다. 아니, 그의 편지들을 통해서 늘 강조되는 주제다. 당시에는 이것이 논란을 일으켰고 역사를 통해서 늘 논란을 일으키는 견해로 남아 있다. 바울은 구원이 유대 율법에 순종하는 문제가 아니라고 주장한다. 자연법칙이나 도덕성에 순응하는 것도 아니라고 한다. 구원은 하나님의 선물이다.

우리가 무슨 짓을 해도 무방하다는 말은 아니다. 예수님의 제자로서 우리는 사랑, 희망, 희생의 삶을 살아야 할 의무가 있다. 그러나 구원을 얻기 위해서가 아니라, 구원에 대한 반응으로서 이같이 해야 한다.

서문 1:1-17

바울은 격식을 갖춘 서문에서 자신의 역할과 메시지에 대한 간략한 역사를 소개한다(1:1-7). 이어서 감사의 기도와 로마를 방문하고자 하는 자신의 바람이 나온다. 로마 사람들이 크리스천으로서 더 강하게 자라도록 도우며 성령의 복을 그들과 나누고 싶다는 것이다(1:10). 또 한편으로는 "사람들을 얻으려고" 한다(1:13). 교회에 대한 바울의 비전은 언제나 다른 사람들에게 다가서는 것이다.

이어 두 절에서 바울은 이 편지의 메시지를 요약한다. 우리가 구원을 얻을 수 있는 유일한 통로는 믿음뿐이다. 유대인이든 이방인

궁금증 해소

말씀 인용(3:10-18)

이 말씀은 한 구절을 인용한 것이 아니다. 여러 군데에서 여러 말씀들을 인용한 것이다. 바울이 한데 모은 이 말씀들은 대부분 시편 말씀들이다.

이든, 믿음은 생명으로 향하는 유일한 길이다.

복음 해설 1:18-8:39

① 우리는 모두 죄인 1:18-2:16 이런 광고 문안이 있었다. "문제에서 시작하세요. 답이 보입니다." 바울이 바로 이렇게 하고 있다. 그는 쉽게 풀리지 않는 문제에서 시작한다. 모든 사람이 유죄라는 것이다. 그는 우리와 하나님 사이를 벌려놓는 행위들의 긴 목록을 제시한다. 살인과 같은 거창한 죄들뿐 아니라, 소문, 속임수, 서로를 분쟁하게 만드는 일 등 '일상의' 죄들도 포함돼 있다(1:29).

바울은 옳은 일을 해보려고 한 사람들이 있다고 말한다. 자신의 양심을 통해서든 유대인의 율법을 통해서든 노력한 사람들이 있다(2:6-16). 그러나 모든 사람이 옳음의 기준에 못 미친다. 우리 중 누구도 자신에게 죄 없다 할 사람이 없다.

② 유대인이라는 것 2:17-3:20 바울은 회당에서 끊임없이 설교하고 논쟁했다. 그의 논증의 핵심을 이렇게 요약할 수 있다. 첫째, 할례를 다룬다. 율법에 순종하지 않고 할례를 받는 것은 무용지물이다.

난해한 주제

| 의(義) 바울은 로마서에서 이 용어를 무척 많이 사용한다. 구약성경에서 이 단어는 법률적인 쓰임 이상이다. 이 말은 사람이 괜찮은 상태거나, '도리에 맞다'는 뜻으로 쓰인다. 그래서 이스라엘은 종종 다른 나라들과 비교되어, 더 '의롭다'는 인정을 받는 것이다. 그러나 이 용어는 더 넓은 의미로 도덕적인 규칙, 정의로운 행동의 유형을 의미하는 것으로 쓰이게 됐다. 옳은 일을 한 사람은 '의로운' 사람이라 불릴 수 있다(마 1:19에 나오는 요셉과 같이).

바울은 로마서에서 이 용어를, 하나님과 사람의 관계를 표현하기 위해 사용한다. 근본적인 질문은 이것이다. 우리가 어떻게 하나님과 '올바르게' 될 수 있는가? 율법을 온전하게 지켜야만 하는가? 만약 그렇다면, 우리는 망한 거나 다름없다. 왜냐하면 누구도 율법을 지킬 수 없기 때문이다. 바울은 새로운 주장을 한다. 우리를 '의롭게' 하는 것은 믿음이다. 우리가 '하나님과 올바르게' 되는 것은 예수님을 믿는 믿음을 통해서다.

할례는 내적 실재의 외적 상징이다. '마음의 할례'가 아니면 할례는 무의미하다. 그러면 유대인이라는 유익은 있기나 한가? 바울이 나열할 수 있는 유일한 유익은, 유대인들이 이 메시지를 먼저 받았다는 것이다. 최종 결론은 유대인이든 이방인이든 "다 같이 죄 아래에 있다"(3:9)는 것이다. 율법이 한 일은 우리의 실패를 직시하게 하는 것이다. 솔직히 말해서, 우리는 같은 배를 타고 있다.

③ 문제 해결 3:21-4:25 바울은 문제를 규정하는 데서, 어떻게 사람이 하나님과 더불어 '옳게' 될 수 있는지 설명하는 데로 나아간다. 그는 이 답이 이미 구약성경에 있다고 말한다(3:21). 답은 값없는 선물이다. 하나님은 예수 그리스도를 우리를 대신한 희생 제물로 보내셨다. 죄 값으로 져야 하는 형벌을 대신 받으신 것이다. 다시 한 번 유대인과 이방인이 똑같아진다. 그러나 이번에는 죄에 관해서가 아니라 예수님을 믿는 믿음에 관해서다(3:29-31). 우리가 구원받는 것은 오로지 그분을 믿는 믿음을 통해서다.

바울은 이를 예시하기 위해 아브라함 이야기를 꺼낸다. 하나님은 아브라함이 선행을 해서가 아니라 그의 믿음 때문에 그를 받으셨다(4:3). 유대인의 조상인 아브라함은 할례로 신실해진 것이 아니다. 그의 할례는 믿음의 표식이다. 그래서 아브라함은 유대인만이 아니라 믿음을 지닌 모든 사람들의 조상이다(4:16).

④ 아담과 예수 5:1-21 그러므로 그리스도를 믿는 믿음은 우리를 하나님과 올바른 관계로 이끈다. 그러나 여기서 바울은 또 다른 근원적인 질문을 던지고 답한다. 예수님의 죽음은 우리에게 어떤 영향을 끼치는가? 한 사람의 죽음으로 무엇이 달라지는가? 그의 대답은 태초, 곧 아담으로 거슬러 올라간다. 바울은 아담의 결정을 통해서 우리 모두가 죄로 오염됐다고 말한다. 인간의 본성은 애초부터

죄로 오염됐다(5:12-14). 한 사람이 모든 사람을 대신해 이 세상에 죄를 들여온 것처럼, 한 사람이 우리 모두를 위해서 이 세상에 용서를 가져오신다(5:19).

⑤ **새로운 출발** 6:1-8:17 이러한 새 자유가 우리에게 왔다는 것은, 전처럼 살아도 된다는 말이 아니다. 예수님을 믿으면 우리의 옛 자아는 죽는다. 우리는 그리스도처럼 돼야 한다. 그리고 하나님을 위해 살아야 한다(6:8-11). 바울은 우리가 하고 싶은 것을 할 수 있다거나, 우리 스스로 하늘나라를 향해 갈 수 없기 때문에 옳은 것을 행하려고 해서조차 안 된다고 주장하지 않는다. 우리는 하나님의 '종'이 됐다. 주인의 명령을 순종하는 존재가 됐다(6:15-23). 우리는 이제 하나님과 '결혼했다.' 그래서 그분이 원하시는 것에 신실

난해한 주제

| 예정(8:28-30) 바울은 이 구절들에서 하나님이 구원하기로 선택한 자들을 미리 고르셨다고, 즉 예정하셨다는 말을 슬쩍 내비친다. 이곳만을 따로 떨어뜨려 놓고 보면 이 구절들의 문제는, 하나님이 도무지 짐작도 할 수 없고 악의로 가득 찬 분인 양 보인다는 것이다. 어떤 사람들은 구원받도록 택하시고, 다른 사람들은 멸망하도록 정하시는 것이다. 여기에 대해 우리가 할 수 있는 것은 없다. 들어가도록 허락을 받든지, 퇴장을 당하든지 둘 중 하나다.

어떤 이들은 이게 사실이라고 말한다. 이 구절은 말 그대로라는 것이다. 하나님이 선택한 자들만 구원받을 것이다. 그렇다. 성경 전체를 통해서, 하나님은 사람들을 택하여 복을 주신다. 그분은 아브라함을 택하셨다(9:6-13). 에서를 물리치고 야곱을 택하셨다(9:10-13). 하나님은 "사람들을 불쌍히 여기기도 하시고, 마음을 고집스럽게도 하실 수 있다." 하나님은 원하시는 사람을 고르실 권한이 있다. 바울은 하나님이 택함 받은 이방인의 '충만한 수'가 들어올 때까지 이스라엘 백성들의 마음을 완강하게 하셨다(11:25-26)고 돌려 말한다.

이런 논쟁은 아무튼 썩 유쾌하지는 않다. 바울의 글에서 묻어나는 가장 두드러진 정서는 기쁨이다. 우리가 선택 받았다는 그 기쁨 말이다. 수백만 명의 사람들이 자신의 잘못이 아닌데도 버림받는 현실에서 선택 받은 사실을 안다면 과연 얼마나 기뻐할지 잘라 말하기 어렵다.

또 하나 중요한 문제가 있다. 이러한 편협한 예정관은, 성경 전체는 고사하고, 바울이 로마서에서 한 다른 선언들과 썩 잘 어울리지 않는다. 무엇보다, 요한은 그리스도가 '일부 사람'이 아니라 '모든 사람'이 믿게 하려고 오셨다(요 1:7)고 한다. 바울 자신도 "믿는 자마다 구원을 받을 것"이라고 하고, 모든 사람이 하나님을 불순종했지만 그분은 여전히 모두에게 자비를 보여주신다고 말한다(11:32).

바울 자신이 든 예들은 개인의 책임을 지적한다. 예를 들어, 하나님은 유대인들을 선택하셨다. 그러나 그들이 하나님의 계명들에 순종하지 않자 그들을 거절하셨다. 바울은 그들이 "선택받지 못한 자들"이라고 하지 않는다. 그러나 그들이 믿기를 간절히 바란다. 그러므로 인간에게도 선택할 권리가 있는 것이다.

마지막으로, 명쾌한 답은 아니지만, 하나님은 주권자이시되, 사람에게도 자유의지가 있다. 빅토리아 시대의 대설교가 찰스 해돈 스펄전이 한 말이 답이 될 수 있을 것 같다. 스펄전은 예정을 믿었다. 그러나 그는 모든 사람이 그리스도를 알길 원했다. 그는 결론으로 이렇게 선언했다. "오, 주님! 택하신 자들을 구원하소서. 그리고 좀 더 많은 자들을 택하여 주소서."

할 줄 알아야 한다(7:1-6). 우리는 무엇을 행해야 마땅한지 알지만, 우리의 죄 된 본성이 반역을 꾀한다. 이러한 이유 때문에 하나님은 우리에게 놀라운 선물을 주신다. 성령님이시다. 성령님께 다스림을 받으면 받을수록, 우리는 더욱 더 옳은 바를 행할 수 있게 된다(8:5-11).

바울이 쓴 대로, 그에게서 뿜어져 나오는 흥분에 가까운 기쁨을 느낄 수 있다. 너무 기쁜 나머지 그는 앞서 사용한 이미지 가운데 하나를 바꾼다. 그는 우리가 하나님의 종이라 하지 않았는가? 아니다. 사실 하나님의 영은 우리를 종이 아니라 자녀로 삼으신다. 우리는 "하나님을 아버지라 부른다"(8:15). 예수님이 쓰신 탕자의 비유가 떠오른다. 막내아들은 집으로 돌아와 노예가 되면 족하다고 생각했지만 그의 아버지는 그를 종이 아니라 자녀로 맞아주신다.

⑥ **놀라운 미래** 8:18-39 또 하나의 질문이 모습을 나타낸다. 만약 그리스도가 이 모든 것을 성취하셨다면, 그분을 따르는 자들에게 왜 이 모든 것들이 완벽하지 않은가? 바울은 창조세계가 아직 불완전하고, 우리의 희망은 미래에 있다고 대답한다. 성령님은 장차 나타날 것들을 미리 맛보게 하신다. 미래에 경험할 것을 살짝 맛보게 하시는 것이다. 그분은 우리의 약함을 도우신다(8:26-27). 그리고 우리의 믿음을 굳건하게 해주신다(8:23).

이스라엘 문제 9:1-11:36

바울은 이스라엘 문제 앞에서 곤혹스러워한다. 하나님은 그들을 선택하셨다. 그러나 그들이 그분을 거절했다. 어떻게 된 것인가? 다른 나라들은 하나님이 제시하신 우정을 받아들였다. 그러나 유

궁금증 해소

다른 역할들(12:4–8)

이것은 완벽한 목록이 아니다. 대표적인 역할들만 모아 놓은 것도 아니다. 바울은 몸의 지체들을 구별하지 않는다. 따라서 은사의 상대적인 중요성을 구별하지 않는다. 몸은 바울이 즐겨 쓰는 이미지 중 하나다. 바울의 몸 이미지는 고린도전서 12장에서 더 잘 전개되고 있다.

대인들은 아직도 고집스럽게 율법에 매달리고 있다(9:30–33). 하나님은 자기 백성에게 등을 돌리지 않으셨다. 바울은 이방인들의 믿음이 이스라엘 백성에게 제공되기를 간절히 바랐다(11:14–15). 이방인들은 교만해선 안 된다. 그들은 선택받았기 때문이다. 자신의 뿌리를 기억해야 한다(11:18). 유대인들과 이방인들 사이의 긴장은 이 점과 연관이 있다. 유대인들에게 박해와 반목을 당하면서 이방인들은 적의를 품게 되었다.

의로운 생활12:1–15:13

믿음으로 구원받았다 해서 흥청거릴 수 없다. 우리는 행함을 통해서 이 믿음을 표현한다. 바울은 교회가 어떻게 처신해야 하는지 계속해서 말한다. 하나님이 우리의 사고방식을 바꾸시도록 내려놓고 난 후에는, 그분을 기쁘시게 하기 위해 해야 할 일이 무엇인지 알게 된다(12:2). 바울은 모든 크리스천들이 노력해야 할 도전적이고 영감있는 목록을 제시한다. 아무리 작은 일들이라도 하나님을 향한 우리의 사랑을 표현하고, 그분이 우리에게 보여주신 크신 사랑을 드러낸다(12:9–21).

성도의 공동생활 14:1–23 이 편지는 이방인들과 유대인들에 대한 생각으로 꽉 차 있다. 이제 바울은 이들에게로 시선을 돌리고 어떻게 함께 살아야 할지에 주목한다. 바울의 원리는 불화를 피할 수 있으면 피하라는 것이다. 바울은 서로 다른 크리스천들이 다른 신념과 관습을 가지고 있는 게 당연하다고 본다(14:3). 서로 판단해선 안 된다. 각자 스스로 결심하면 된다(14:5). 서로 평화롭게 살며, 서로 강한 믿음을 갖도록 도와야 한다(불행하게도 교회 역사를 보면,

이 구절들을 제대로 안 읽었음이 드러난다. 아래 바울의 모범을 보라).

맺음말 15:14-16:27

예루살렘을 향하여 15:14-33 바울은 20년 넘게 주님을 위해 사도로 살았다. 이 기간에 그는 설교자가 없는 곳으로 담대히 가서 전하려 했다(15:20-21). 그에게는 예루살렘으로 가는 것과 관련하여 두 가지 염려가 있었다. 유대 당국자들이 그를 공격할 것인가? 예루살렘 교회는 그의 선물을 받고, 그의 사역을 정당한 것으로 인정할 것인가? 야고보가 선물을 받았지만, 바울은 동료 크리스천들에게 그의 정통성을 '입증' 해야 했다. 그가 14장에서 쓴 모든 내용을 실제로 행한 것이다.

작별인사 16:1-17 바울은 자기 편지들에서 취하는 관습대로 개인적인 안부와 전언을 열거하면서 글을 맺는다. 우리는 특히 뵈뵈를 눈여겨봐야 한다. 뵈뵈는 겐그레아 교회의 여성 지도자로 소개되고 있다. 보통 노예에게 붙여졌던 이름을 가지고 있는 암블리아도 잘 봐야 한다. 바울은 거명하는 루포는 마가복음에 언급된(막 15:21) 구레네 사람 시몬의 아들이었을 것이다.

궁금증 해소

더디오(16:22)

바울의 비서. 바울은 편지 내용을 불렀고 더디오는 그것을 받아 적었다. '더디오'가 노예의 이름인 만큼 그는 노예였다가 자유민이 되었을 것이다. 그의 안부를 덧붙이는 것으로 보아 단순한 노예가 아니라 동역하는 그리스도인이었을 것이다.

ROUTE PLANNER

서문 1:1-9

분열된 교회 1:10-6:20

① 파벌 다툼 1:10-4:21

② 근친상간과 부도덕함 5:1-6:20

결혼에 관한 조언 7:1-40

크리스천의 예배 11:2-14:40

③ 영적 은사 12:1-14:40

④ 가장 큰 은사 사랑 13:1-13

부활 15:1-58

작별인사 16:1-24

⑤ 고린도교회 16:1-4

고린도전서

가장 큰 은사, 사랑

누가 | 바울

언제 | 주후 54년, 바울이 에베소에 머물던 끝무렵(행 20:31).

무엇을 | 고린도교회에 문제가 발생했다. 제자들이 그 도시의 해이한 성도덕에 영향을 받고 있었고, 교회 안에 분파와 언쟁이 일어났다. 그리고 어떤 사람들은 거짓 가르침을 베풀었다.

고린도는 고대세계에서 가장 국제적인 도시 중 하나였다. 거대하고 부유한 무역의 중심으로서, 흥청거림과 타락의 대명사와도 같았다. 런던, 라스베가스, 암스테르담을 합쳐놓은 것과 같은 도시

한눈에 보는 안내판

저자 바울
유형 서신서
목적 고린도교회의 행실을 꾸짖음.
핵심 구절 13:13 "그러므로 믿음, 소망, 사랑, 이 세 가지는 항상 있을 것인데, 그 가운데 으뜸은 사랑입니다."
한 가지만 기억한다면 우리의 행동은 사랑으로 이끌려야 한다.

한눈에 보는 흐름

파벌 다툼 1:10-31
자라라! 3:1-23
성적 부도덕 5:1-13
모두를 위한 노예 9:1-27
예배의 규율 11:1-34
한 몸 12:1-31
사랑 13:1-13
서로 도우라 14:26-40
우리는 부활할 것이다 15:1-34
죽음은 죽는다 15:35-58

였다. 이런 분위기로 인해 성적 방종이 이 도시 전체에 퍼져 있었다. 그리스 사람들은 "고린도 사람처럼 굴다"를 동사로 사용할 정도였다. 누군가가 "고린도 사람의 행실을 한다"면, 아무나와 자고 다닌다는 뜻인 것이다. 이런 분위기가 교회까지 침투했다. 일부 제자들이 돈과 성에 감염됐다. 고린도교회는 진정한 교회의 증표를 많이 가지고 있었지만, 하나님의 자녀라기보다는 상스러운 부랑아들처럼 행동하고 있었다.

성경과 문화 성경에서 당시 문화와 사회를 이처럼 절실히 이해할 필요가 있는 경우도 드물 것이다. 바울은 특정 교회의 특정 문제로 특정 시기에 편지하고 있다.

그렇다고 해서 이 편지에서 원리들을 추출하지 못한다는 뜻은 아니다. 오히려 바울이 편지를 쓰는 시기에 대해 세심한 이해를 해야 한다. 문화와 사회적인 관습은 변한다. 바울의 말 속에서 여자는 머리를 가려야 했다. 그리고 머리가 긴 남자는 죄인 취급받았다. 오늘날 여자가 머리에 수건을 써야 한다고 생각하는 크리스천은 거의 없을 것이다. 마찬가지로 바울의 독신에 대한 견해도 이 도시의 악명 높은 성적 방종이라는 배경에서 주어진 것이다. 크리스천들에게 매우 위험한 때요, 주님의 재림이 가까웠다는 인식 속에서 주는 교훈이라는 것이다. 그러므로 바울의 글들을 볼 때, 그가 글을 써 보내고 있는 사람들과 글을 쓰는 이유에 대해 매우 조심하지 않으면 안 된다.

바울과 고린도 이 편지는 전서라고 불리지만 사실은 바울이 쓴 두 번째 편지다(바울은 첫 번째 편지를 다른 우편함에 넣었을지도 모른다). 아직도 그 편지는 발견되지 않아서 이 편지가 첫 번째 편지가 되고 있다. 바울과 고린도 제자들의 관계는 항상 원만했던 것만은 아니다. 수년 동안 그는 고린도에서 곤혹을 치렀고 교회와도 껄끄

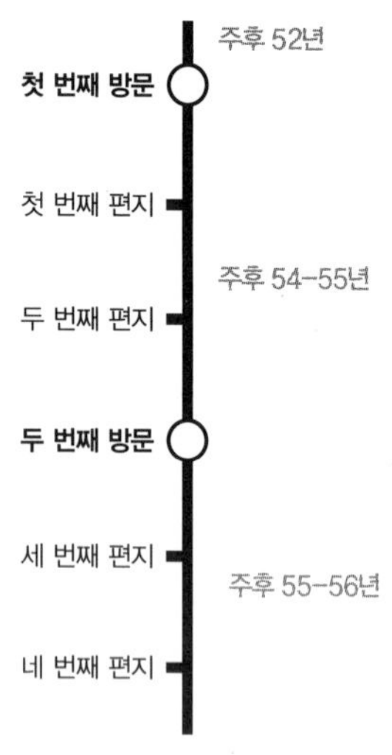

러운 관계에 있었다.

처음에 바울은 고린도에 혼자 왔고, 나중에 디모데와 실라가 합류했다(행 18:1-18). 그는 천막제조업자로 일했다. 상당히 어렵고 민감한 시기였다(고전 2:1-5). 바울은 유대 종교 지도자들에게 공격당하고 방해받았다. 교회 창립을 도운 후, 그는 시리아로 갔다.

그의 첫 편지는 주로 신자들에게 성적 부도덕함과 "부도덕한 사람들"과 사귀는 문제를 경고할 목적으로 작성됐다. 그 외에는 이 편지에 관해 알려진 바가 없다. 하지만 첫 편지를 보낸 바울의 의도는 충분히 전달되지 않았고 상황은 악화되었다. 교회에는 논쟁이 난무하고 성적 부도덕함에 대한 비난이 오갔다. 바울은 에베소에서 편지를 쓰고, 디모데를 보내 상황을 진정시켜보려고 한다.

그의 두 번째 방문은 고린도후서 2장 1절에 언급돼 있다. '가슴 아픈 방문' 이었다. 교회 안에서 일어나고 있는 불일치를 해소해보려고 했지만 잘 되지 않았다. 이 일은 사도행전에 기록돼 있지 않은데, 아마도 에베소에 있는 3년 기간에 잠시 들른 것일지 모른다.

방문에 이어 바울은 다시 편지를 쓴다. 고린도후서에서 "슬픔의 편지"라고 언급할 만큼 엄중하다(고후 2:4; 7:8). 너무 직설적이어서 바울은 이 편지를 보내도 좋을지 심사숙고했다. 그럼에도 불구하고, 이 편지는 어느 정도 효과가 있었다. 고린도교회의 일부 교인들이 자신들의 행위를 회개한 것 같다. 안도한 바울은 네 번째 편지를 써서 다시 한 번 방문할 의사를 밝힌다.

서문 1:1-9

바울은 자신을 소개하고 교회를 칭찬한다. 고린도교회는 은사가 많은 교회였다. 영적인 은사 중 부족한 것이 없었다. 문제는 이런 은사들을 사용하는 방법이었다.

분열된 교회 1:10-6:20

① 파벌 다툼 1:10-4:21 이 교회는 나누어져 있었다. 바울, 아볼로(아시아의 영향력 있는 지도자요 설교가), 게바(즉 베드로)를 따라 파가 나뉘었다. 스스로를 '크리스천'이라 거만하게 부르는 무리들도 있었다(1:11). 베드로가 언급됐다고 해서, 그가 이 교회를 다녀갔다고 단정할 필요는 없다. 아마도 베드로의 파는 유대교 출신의 크리스천들을 말할 것이다.

그들의 분파는 지적인 권위 때문에 생긴 것이다. 그들은 자신의 그룹이 철학적으로, 신학적으로 옳다고 믿었다. 바울은 모두가 기본적으로 어리석다고 말함으로써 전체 문제를 다뤄나간다. 인간의 영리함은 하나님이 보시기에는 어리석음이다. 그러나 세상이 어리석은 자라 부르는 사람들, 그리스도의 십자가를 겸허하게 믿는 사람들이 사실은 지혜롭다(1:18-25). 따라서 그들의 행동은 '영적'이지 않고 '세상적'이다. 이 "성숙하고 현명한 크리스천들"이 아기들마냥 다투고 있다(3:1-4).

크리스천들에게 자랑이 설 자리는 없다. 특히 크리스천 리더들에게는 그렇다. 리더들은 황궁과 같은 곳에 거하지 않는다. 사도들은 사람들을 끄는 매력이 아니라 역경과 난관을 통과하는 것을 일로 삼는다. 바울은 비꼬듯 한 '비천한' 사도의 어리석음과 가난을 '성숙한' 제자들의 지혜와 안락함에 비교한다.

② 근친상간과 부도덕함 5:1-6:20 고린도 사람들은 "지적으로 대단한" 사람들이었다. 그들은 근친상간쯤은 아무렇지도 않게 봤다. 바

궁금증 해소

바울은 올 것인가?(4:18)

고린도교회에 있는 바울의 적대자들은 바울이 오락가락 하는 사람이라고 비난했다. 말은 이렇게 하고 행동은 다르게 한다는 것이다. "온다고 말은 하였으나, 마음을 바꿨다." "자기가 오기는 두려우니까, 다른 사람을 보냈다." 이런 오만한 억측들이 돌고 또 돌았다(고후 1:17; 10:10).

울은 말한다. "이방 사람들 가운데서도 볼 수 없는 일입니다." 그는 이런 일을 하는 사람을 사탄에게 넘겨줘야 한다고 단언한다(5:4-5). 일종의 마술적인 의식을 한다는 뜻이 아니다. 정신이 바짝 들도록 교회에서 쫓겨나봐야 한다는 뜻이다.

바울은 자신을 크리스천이라 하면서도 전혀 답지 않게 행동하는 사람들을 향해 신랄한 말을 퍼붓는다. 이런 자들과는 어울리지도 말아야 한다(5:11)며 강경한 조치를 요구한다. 너무 극단적인 것처럼 보인다. 이런 자들을 전부 내친다면 어떻게 돌이킬 수 있을 것인가? 그러나 "어울리지 말라"로 번역된 말은 '그들과 섞이지 말라'는 의미다. 바울은 내침을 말하는 게 아니라, 그들의 행동을 인증해 주는 듯한 어떤 행동도 피하라는 것이다.

바울은 교회가 치리 문제를 내부적으로 처리할 수 있는 방안을 제시하면서 법정 이미지를 사용한다. 정통 유대인들은 결단코 이방인의 법정에 소송을 가져가지 않았다. 그러면 유대인들은 자신의 율법을 운용할 능력이 없음을 스스로 인정하는 꼴이 되기 때문이다. 유대인들과 마찬가지로 교회도 스스로 문제를 해결해야 한다고 바울은 주장한다(6:1-11).

분쟁의 불씨가 되는 행동들을 멈추고, 몸의 열정과 욕망을 통제하는 것도 중요하다. 6장 12-20절은 고린도교회가 앓고 있는 성적 부도덕함의 문제를 다루면서 도둑질, 탐심, 술 취함, 비방과 속임

난해한 주제

| 이혼은 무조건 나쁜가?(7:10-11) 바울은 예수님으로부터 자신의 입장을 설정한다(막 10:9; 눅 16:18). 그러나 마태복음에 기록된 말씀들은 언급하지 않는다(마 5:32; 19:9). 바울은 크리스천 간의 이혼은 허용될 수 없는 것이라는 데 확고했다. 그러나 문제는 그렇게 딱부러지게 정리되지 않는다. 첫째, 바울은 결혼의 개념, 여성의 위치 등이 완전히 다른 특정 문화와 시대 속에서 말하고 있다. 둘째, 마태복음에 나타난 예수님의 교훈을 반영하고 있지 않다. 마태복음에서는 특정 조건 아래서 이혼을 허용하고 있다(마 5:32; 19:9). 셋째, 크리스천 간의 결혼에 대해 말한다. 배우자 한 쪽이 신자가 아닐 때의 결혼 원리와는 다르다. 한쪽의 행동이 명백하게 비기독교적일 때의 결혼에는 엄청난 어려움이 따른다. 그런 경우는 바울의 교훈과 별도로 특정 상황 아래서 다뤄져야 한다. 아내에게 폭력을 상습적으로 행사하는 남편과 살아야 하는가? 절대 그렇지 않다. 긍휼과 사랑이 언제나 따라올 것이다. 이혼은 모두 실패지만 그 실패는 하나님의 사랑으로 복구될 수 있다.

등도 지적한다. 거리낌 없이 모든 일을 할 수 있지만, 그것이 반드시 옳다는 뜻은 아니다. 바울은 영혼과 몸을 분리할 수 없다고 논증한다. 영혼 없이 몸만으로 죄를 지을 수는 없다. 영혼과 몸은 서로 영향을 미친다.

결혼에 관한 조언7:1-40

바울의 첫 편지를 받고나서, 고린도의 크리스천들은 바울에게 구체적으로 관계에 관한 몇 가지 질문을 했다. 바울이 구체적인 질문에 답하고 있다는 점이 반드시 고려돼야 한다. 그는 결혼하지 않은 자, 결혼한 자, 결혼할 의사가 있는 자에게 말하고 있다.

다른 사람들을 배려함 8:1-11:1 우상에게 바쳐진 음식은 그리스와 아시아에 세워진 교회들에서 뜨거운 현안 중 하나였다. 이방 제사에서 남은 고기가 축제와 잔치에서 소용되었고, 시장에서도 팔렸던 것으로 보인다. 그렇다면 크리스천이 이 고기를 사거나 남은 고기를 집에 가져감으로써 우상예배에 부지불식간에 참여해야 하는가?

고린도의 크리스천들은 항상 다른 사람의 신앙을 고려하여 자신의 행동을 평가하라는 것이 바울이 내놓은 답이다. 어떤 사람은 이런 고기를 아무 거리낌 없이 먹을 것이다. 그러나 다른 사람의 믿음에 손상을 준다면 다시 생각해봐야 한다(8:1-13). 바울은 자신이 자기 자유를 어떻게 희생했는지 사례를 든다. 그는 다른 사람들의 종이 되었고 자신의 '권리'를 희생했다. 다른 사람들을 믿게 하기 위해서였다(9:1-18). 바울은 우상과 관련된 일이 얼마나 위험한지 지적한다. 과신이 넘어짐을 부를 수 있음을 이스라엘의 역사를 통해서 보여준다(10:12-13). 그리고 삼가는 것이 낫다는 결론을 내린다.

궁금증 해소

희미한 거울(13:12)

바울 당시의 거울은 표면을 연마한 금속으로 만들어졌다. 금속 표면이 잘 연마돼 있지 않으면, 형상이 흐리고 잘 안 보였다.

죽은 자들을 위한 세례(15:29)

이 의미를 확실히 아는 사람은 없다. 세 가지 이론이 제시된다.

- 산 크리스천들이 죽은 크리스천들을 위해서 대신 세례를 받는다. 이들은 죽기 전에 세례를 받을 수 없었던 사람들이다.
- 크리스천들은 먼저 죽은 친구들이나 친지들과 재회할 기대감을 가지고 세례 받는다.
- 새 회심자들이 이미 죽은 세례자를 '대신해서' 세례를 받는다.

결론적으로, 우리는 잘 모른다. 바울은 오직 여기에서만 지나가는 듯이 언급하고 있다. 이것이 1세기 신앙의 중요한 특징은 아니었다.

"나도 모든 일을 모든 사람의 마음에 들게 하려고 애씁니다. 그것은 나 스스로의 이로움을 구하지 않고, 많은 사람들의 이로움을 구하여, 그들이 구원을 받게 하려는 것입니다."

크리스천의 예배 11:2-14:40

예배에 대한 바울의 가르침은 고린도교회가 제기한 구체적인 질문과 현안들에서 나온 것이다. 여기서 문제가 제기된다. 바울의 교훈에 깔린 원리들을 추출하려고 할 때 어려움이 생기는 것이다. 바울이 살던 세계에서는 머리에 수건을 쓰는 것이 권위에 대한 복종의 표식이었다. 여자들은 머리에 수건을 쓰지 않고 공공장소에 나타나는 일이 거의 없었다. 아울러 바울이 보기에 남자들이 머리에 무엇을 쓰고 기도하는 것은 스스로를 욕 되게 하는 것이었다. 우리 문화에서는, 머리에 무엇을 쓰는 것은 비를 피할 때나 하는 일이다.

이 본문은 무엇이 '영원한 원리'이고 무엇이 '문화적 관행'인가에 관한 많은 토론을 일으켰다. 아마도 전체 논의를 떠받치고 있는 가장 중요한 원리는 의도의 심각성인 것 같다. 예배에서 여성의 역할이나 성만찬 시행에 관하여 어떤 결론에 도달하든 간에, 바울은 이 일들을 신중하게 접근하라고 부탁한다. 기도, 예언, 성만찬에 참여하는 일은 사소한 일이 아니다.

난해한 주제

| 남자가 여자를 감독하는가?(11:3-16) 이에 관해서는 세 가지 견해가 있다.

- 항구적인 명령이다. 하나님의 항구적인 교훈으로서, 남자가 여자보다 권위 있는 위치에 있음을 알려줄 뿐더러, 여자들이 공공장소에서는 머리에 수건을 써야 함을 지적한다.
- 일부는 명령이다. 머리됨의 원리는 하나님의 명령이지만, 머리에 무엇을 쓰라는 것은 문화적인 관습이다. 아내는 경건한 생활, 특정한 옷차림 등으로 남편에 대한 존경심을 보여야 한다.
- 전혀 명령이 아니다. 당대의 문화를 반영하고 있다. 바울은 고린도의 결혼 관계를 다루다가 왜 여자가 머리에 수건을 써야 하는지 이유를 대고 있다. 11-12절은 이렇게 볼 때 동등함과 상호 의존의 관계로 결혼을 강조하고 있다.

③ 영적 은사 12:1-14:40 고린도교회는 영적 은사를 다양하게 경험하는 교회였다. 고린도교회 안의 여러 차이와 구분 때문에, 은사들 역시 분파의 원인이 되었다. 한 은사가 다른 은사보다 더 중요하다고 고집하는 사람들이 있었기 때문이다. 특히 황홀경 가운데 방언을 말하는 은사는 거룩함과 성숙의 부인할 수 없는 표식으로 여겨졌다. 바울은 각 은사에 그 나름의 역할이 있음을 말하기 위해 몸의

난해한 주제

| 남자와 여자 우리는 남녀가 평등하다고 믿는 사회에 살고 있다. 어떤 지역에서는 성차별이 여전히 기승을 부리지만, 법의 입장에서는 남녀가 같은 권리와 같은 책임을 가지고 있다.

성경은 이런 시기에 쓰인 책이 아니다. 성경이 기록되던 시대는 여자를 이류, 아니 삼류로 보던 때였다. 가축보다도 못한 지위였다. 구약성경은 여자에게 일체 권력과 법적 지위가 없던 때를 배경 삼고 있다. 이혼은 오직 남편들만의 권한이었다. 여자들은 재산을 가질 수도 없었고, 생리 중에는 부정하다고 간주됐다.

이런 대목이 난감함과 긴장감을 일으킨다. 성차별은 충격적으로 보인다. 그러나 우리는 당대의 문화적 가치 너머를 봐야 한다. 그래야 성경이 남녀에 대해 말하는 바를 제대로 이해할 수 있다.

성경은 남성 중심적이라는 비난을 듣는다. 대부분의 이야기들이 남성들에 관한 것이니 그러고도 남는다. 그러나 당시 문화에서라면 그리 놀랄 일만은 아니다. 더 눈여겨봐야 할 것은, 성경이 상당 부분 여자를 부각시키고 있다는 점이다. 성경에는 정말로 많은 여장부들이 나온다. 라합과 다말, 드보라와 미리암 같은 여성들이 있다. 르무엘의 모친과 같은 교사들이 있는가 하면, 여선지자들과 왕후들이 있다.

| 예수님과 여인들 신약성경 시대에서도 여성의 지위는 그다지 나을 바가 없다. 여성의 증언은 법정에서 채택되지 않았다. 그들은 토라를 가르칠 수도 없었다. 유대인 남자들은 하나님께, 그들이 여자로 태어나지 않은 것을 감사드렸다. 이런 문화에서 하나님은 젊은, 혼전의 십대를 택하여 자기의 아들을 잉태하게 하셨다. 또 여성들은 예수님의 권능을 가장 먼저 알아봤다. 성경은 예수님이 나사로와 더불어, 마리아와 마르다 자매를 사랑하셨다고 기록한다(요 11:5). 부활하신 예수님을 먼저 만난 것도 건장한 남자들이 아니라 신실한 여자들이었다. 예수님은 여인들과 진지하게 대화하시고 행동하셨으며, 그들을 존중하셨다. 이는 당대 선생이나 철학자들과 매우 다른 태도였다. 여성들에 대해 급진적인 태도였다.

| 바울과 여인들 바울은 여성혐오증 환자인 양 사람들의 입에 오르내린다. 그러나 이 문제는 겉보기 만큼 그렇게 단순하지 않다. 교회 내 여성 역할에 대한 바울의 진술들은 지역 교회들의 갈등 문제에 대한 선언이었을 가능성이 높다. 그것은 하나님이 내리신 항시적인 방향은 아니다. 바울은 관계에서 남자를 '머리'로 봤지만, 결혼에 관한 그의 견해 전체는 당시 일반적인 시각과는 하늘과 땅만큼이나 차이가 난다. 바울은 결혼을 두 종, 서로 상대방을 자원하여 섬기려는 종들의 동역 관계라고 본다. 바울에게는 여성 동역자가 있었고, 그들은 함께 일했다.

바울은 여성의 행동거지에 관해 말하는 대목에서 대부분 구체적인 상황을 다룬다. 문맥이 대단히 중요하다. 고린도교회의 현안은, 예를 들어 큰소리로 질문을 해대는 여인들에 관한 것이었다. 디모데전서의 현안(딤전 2:8-15)은 부유층이나 고위층 여성들의 행동에 관한 것으로 보인다. 가난한 여성이 고급스러운 옷과 장신구를 할 리도 없으려니와, 머리를 땋아 늘일 수도 없었기 때문이다. 디모데전서에서 바울은 여성 집사들에 대해서도 언급한다(딤전 3:11). 성경 시대 사람들에 관해 말하는 구절들을 취하여 거기에서 절대적인 규칙을 추출하는 것은 조심해야 한다.

하나님이 남자와 여자를 동등하게 지으셨음을 기억하는 것은 중요하다. "하나님이 당신의 형상대로 사람을 창조하셨으니, 곧 하나님의 형상대로 사람을 창조하셨다. 하나님이 그들을 남자와 여자로 창조하셨다"(창 1:27). 우리는 서로 도우라고 창조됐다. 한 팀의 일원으로 창조됐다. 하나님은 전통이나 역사와는 달리, 남자와 여자를 차별하지 않으신다.

비유를 든다. 그는 은사를 외면하지 않는다. 오히려 그 자신의 은사를 과시한다(14:18). 그러나 그는 은사에 중요도를 매기지 않는다. 바울은 교회를 세워 올리는 은사들을 중시하지만 모두가 은사를 받아야 하는 것은 아니라고 한다. 우리는 모두 다르다. 그러나 동일하신 하나님이 모두 가운데서 일하신다(12:4-11).

④ **가장 큰 은사 사랑** 13:1-13 논증의 중간에 바울은 사랑에 대해 잠시 이야기한다. 13장은 성경에서 가장 유명한 장 중 하나다. 그리고 역사상 가장 위대한 문헌 중 하나다. 바울은 편지 전체의 실질적인 주제, 즉 사랑의 필요성에 대해 깊이 강론한다. 이 장은 일종의 책의 요약이다. 우리는 모든 것을 알지 못한다. 그러나 어느 날이 모든 어려운 현안들을 알게 될 것이다. 그 동안 해야 할 최선의 일은 우리에게 정말 소중하다고 알려진 일을 하는 것이다. 믿음, 소망, 그리고 무엇보다도 사랑을 하는 것이다.

부활 15:1-58

바울이 기독교를 '창안' 했다고 하는 사람들이 있다. 그가 초대교회의 신학과 원리들을 만들었다는 것이다. 그러나 이 장은 바울이

난해한 주제

| 여자들은 입을 다물고 있어야 하는가?(14:26-40) "머리에 수건 쓰는 문제/권위" 부분처럼, 바울이 실제 말하고 있는 문제에 국한된다. 어떤 이들은 이 구절을 여성은 절대 설교할 수 없다는 뜻으로 해석한다. 다른 이들은, 여자들이 큰소리로 질문을 퍼붓거나 자기들끼리 웅성대는 일을 경계하는 말이라고 주장한다.

세 가지 견해가 있다.

- **항구적인 명령** 여자들은 교회에서 언제나 침묵을 지켜야 한다. 이것은 바울이 말하는 '머리 됨'에 녹아 있는 복종의 한 표현이다.
- **하나의 원리** 예배에서 여성이 담당하는 적절한 역할들이 있을 수도 있다. 그러나 그것들은 남자들이 수행하는 역할에 보조적인 입장이어야 한다.
- **문화적인 표현** 교회들은 회당 체제와 비슷하게 발전되고 있다. 회당에서는 남녀가 유별하다. 1세기 사회에서 여성의 지위는 전적으로 달랐다. 바울 역시 당대 문화의 영향권 아래 있던 사람임을 알 수 있다.

얼마나 역사적인 전승에 큰 빚을 지고 있는지 보여준다. 이 장은 부활의 의미에 관한 바울의 고전적인 진술을 보여준다. 바울은 주님의 실제 나타나심에 기초를 두고 그리스도의 부활이 가장 중요하다고 진술한다. 만약 그리스도가 실제로 부활하지 않았다면, 바울이 설교한 모든 것은 거짓말이다(15:14). 또 기독교의 믿음은 헛된 것이 된다(15:17). 바울이 잘 알려진 진술과 실제 사람, 일어난 사건들에 집착하는 이유가 여기 있다. 우리가 나중에 입게 될 여러 종류의 몸에 대해 말하면서 바울은 그것들이 다를 것이라는 정도에서 말을 마무리한다. 우리는 영원한 몸들을 입게 될 것이다. 썩지 않고 병들지 않으며, 옛 몸과는 비교할 수 없이 찬란한 몸을 입게 될 것이다.

⑤ 고린도교회 16:1–4 바울의 편지는 고린도교회에서 일어나고 있던 일들을 보여주는 흥미로운 그림이다. 그들은 가르침이나 말(14:29)과는 구별되는 '예언', 즉 메시지가 포함된 정기적인 예배를 드렸다. 가난한 자들을 위해서 주마다 연보를 거뒀다(16:1–2). 그들은 주님의 만찬을 빠뜨리지 않았다. 방언으로 말하는 등 영적인 은사를 활용했다. 노래를 하고 가르치는 누군가가 있었다. 대부분 오늘날의 예배와 비슷한 모양이다. 물론 여성들이 머리에 무엇을 쓰고 있었다는 것은 다르다.

작별인사 16:13–24

헌금 모금에 관한 지침을 말한 바울은, 이제 작별인사를 한다. 여기서 앞으로 하려는 계획을 조금 소상하게 말한다. 그는 이 편지에서 가장 강력한 메시지가 될 말로 맺음말을 대신한다. "나는 그리스도 예수를 믿는 여러분 모두를 사랑합니다"(16:24).

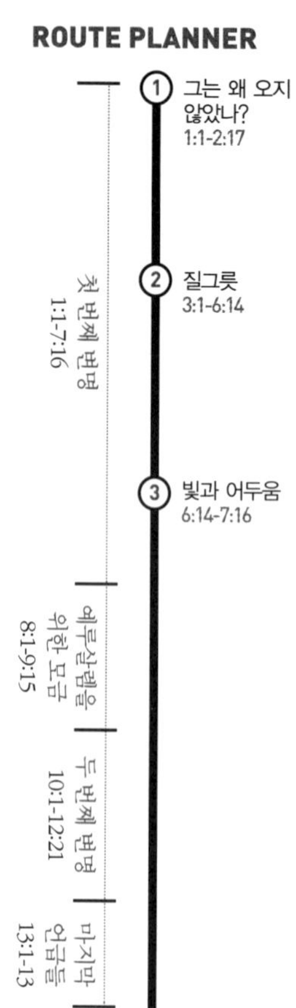

고린도후서

질그릇

누가 | 바울

언제 | 55-56년. 이 편지는 아마도 북부 마케도니아에서 썼을 것이다. 바울은 아주 짧게, 그리고 매우 힘들게 고린도를 방문할 수 있었다. 그는 이미 "오래 머물지" 못할 것이라고 말했었다(고전 16:6). 돌아오겠다고 약속했지만 또 한 번의 고통스러운 방문이 별 소득 없게 될 것을 내다보고 아시아로 돌아간다. 그의 적대자들은 이 결정을 두고 바울이 믿을 만한 사람이 못 된다고 입방아를 찧는

한눈에 보는 안내판

저자 바울
유형 서신서
목적 바울의 행실에 대한 소문들을 잠재우고, 말썽을 일으키는 인물들을 바로 잡으라고 격려한다.
핵심 구절 4:16 "그러므로 우리는 낙심하지 않습니다. 우리의 겉사람은 낡아 가나, 우리의 속사람은 나날이 새로워 갑니다."
한 가지만 기억한다면 어려운 시기임에도 불구하고, 중심을 잃지 않는 것은 하나님이 우리와 함께 계시기 때문이다.

한눈에 보는 흐름

오지 않음 1:1-2:17
새로운 조문 3:1-18
질그릇 4:1-18
빛과 어두움 6:14-7:16
즐겨 냄 9:1-9:15
진정한 사도 10:1-18
고난 11:16-12:10

다. 여기서 그치지 않고 진짜 사도가 아니라고까지 말한다. 심지어는 예루살렘의 성도들을 위해 걷은 돈을 착복했다고 고발한다.

바울은 강경한 편지를 써서 보내면서 가슴 아파한다. 그는 노심초사하며 그들의 반응을 기다리다가 소식을 듣기 위해 드로아까지 여행을 한다. 디도가 와서 그 편지가 효과가 있었다고 전하자, 그는 크게 안도한다(7:6-16).

고린도후서는 바울 서신 가운데 가장 개인적이다. 이 편지에서 고린도교회를 향한 그의 염려의 깊이를 느낄 수 있다. 그들을 향한 깊은 배려 또한 느낄 수 있다. 또한 바울의 연약한 면모, 자신의 순수함과 정직함을 강조할 수밖에 없는 사정도 엿보인다.

첫 번째 변명 1:1-7:16

① 그는 왜 오지 않았나? 1:1-2:17 바울은 자신의 사역을 정당화하고 자기 행동을 변호한다. 먼저 그는 아시아에서 겪은 어려움을 털어놓는다(1:8-11). 그는 휴가중이었던 게 아니다. 엄청난 육체적, 정서적 긴장을 견뎌 왔다. 고린도를 다시 방문하고 싶지 않았던 것은 또 한 번 가슴 아픈 경험을 하기 싫었기 때문이다. 그렇다고 해서 그가 한가로운 시간을 보낸 것은 아니다. 그는 죽음의 공포를 맛보았고 말 못할 고초를 겪었다(2:1-4).

난해한 주제

I 10장의 문제 고린도전후서는 바울이 고린도교회에 보낸 '혹독한 편지'를 언급한다. 어떤 학자들은 이 편지의 일부가 고린도후서에 들어가 있다고 주장한다. 그들은 10-13장이 실제로는 그 '혹독한' 편지에서 나온 것이라 주장한다. 갑자기 어조가 바뀌고, 편지의 흐름이 예기치 못하게 끊어지기 때문이다. 한순간 바울은 고린도 교인들에게 넉넉한 연보를 해달라고 격려하다가, 다음 순간 그들을 비판하고 징계를 내려야겠다며 협박하는 것이다. 일리 있는 주장이다.

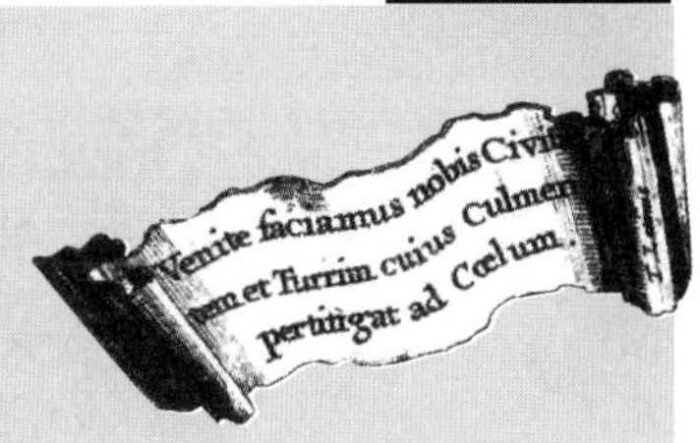

② 질그릇 3:1-6:14 편지 전체를 통해서 바울은 줄타기를 한다. 자랑하는 듯 보이지 않으면서도 자신의 행위와 정직성을 변호한다. 그는 마치 질그릇처럼 약하고 쉬 부서질 수 있다(4:7-12). 그러나 능력은 다른 데서 나온다. 바울은 여기서 그가 얻은 영화와 겪어내야 했던 고난 속에서 역사하는 능력은 하나님의 능력임을 밝힌다. 자신의 힘으로는 아무것도 할 수 없다. 그가 자신의 업적에 대해 말할 때는, 약하고 무른 인간 존재를 통해 일하신 하나님에 대해 말하는 것이다. 그를 앞으로 나아가게 하는 것은 그의 낡고 해진 '장막'을 하늘의 귀한 새 집으로 바꿀 수 있다는 희망이다(5:1-6). 그는 6장에서 자신이 견뎌낸 고난에 대해 구체적으로, 그리고 그 자신의 반응에 대해서 진솔하게 말한다. 그는 부자가 아니라 가난뱅이다. 죽어가고 있지만 아직 살아 있다. 아무것도 없지만 모든 것을 가지고 있다(6:8-10).

③ 빛과 어두움 6:14-7:16 바울은 그의 독자들에게 어두움에서 떠나라고 말한다. 고린도교회가 직면한 문제의 일부는 주변의 이방 세계를 수용하는 방식에 있었다. 그들의 행위는 마땅하지 않았다. 그가 엄중한 어조로 글을 쓰는 이유가 이것이다. 그는 상대의 상처를 즐기고 있지 않다. 그러나 결과가 좋았다. 그들이 돌아섰다는 소식을 접한 것이다(7:8-16).

예루살렘을 위한 모금 8:19-9:15

이제 바울과 고린도교회의 관계는 회복됐다. 그는 그들에게 예루살렘을 위한 헌금을 부탁함으로써 그들의 사랑을 시험해볼 수 있다고 확신하고 있다. 크리스천은 자신의 재물을 나눠야 한다. 예

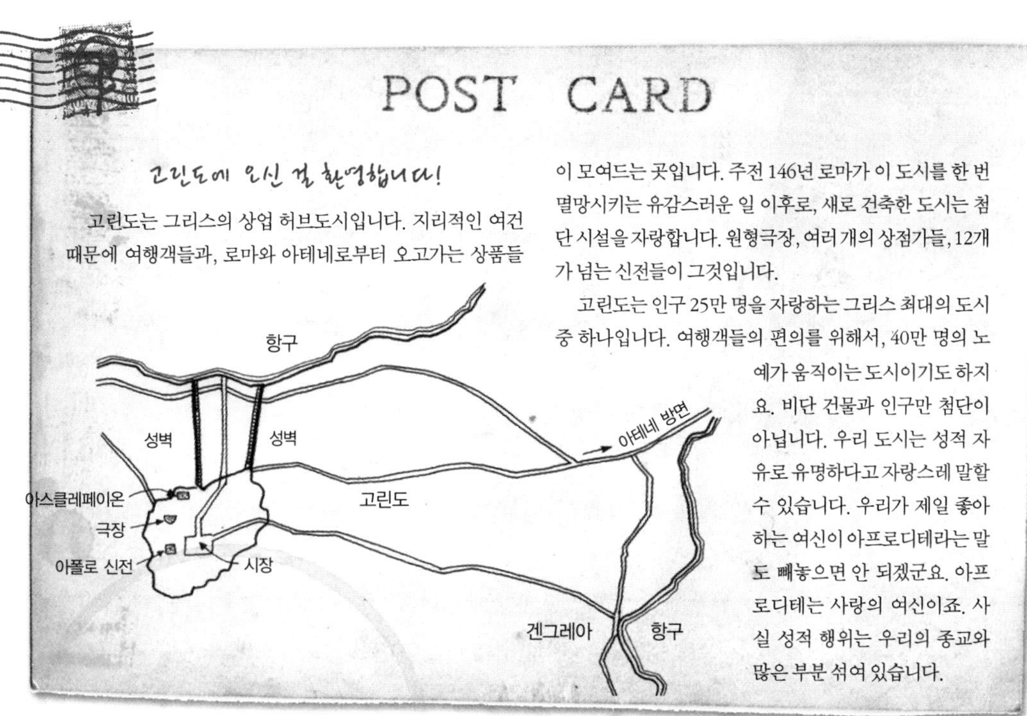

POST CARD

고린도에 오신 걸 환영합니다!

고린도는 그리스의 상업 허브도시입니다. 지리적인 여건 때문에 여행객들과, 로마와 아테네로부터 오고가는 상품들이 모여드는 곳입니다. 주전 146년 로마가 이 도시를 한 번 멸망시키는 유감스러운 일 이후로, 새로 건축한 도시는 첨단 시설을 자랑합니다. 원형극장, 여러 개의 상점가들, 12개가 넘는 신전들이 그것입니다.

고린도는 인구 25만 명을 자랑하는 그리스 최대의 도시 중 하나입니다. 여행객들의 편의를 위해서, 40만 명의 노예가 움직이는 도시이기도 하지요. 비단 건물과 인구만 첨단이 아닙니다. 우리 도시는 성적 자유로 유명하다고 자랑스레 말할 수 있습니다. 우리가 제일 좋아하는 여신이 아프로디테라는 말도 빼놓으면 안 되겠군요. 아프로디테는 사랑의 여신이죠. 사실 성적 행위는 우리의 종교와 많은 부분 섞여 있습니다.

수님이 모든 것을 주셨기 때문이다(8:8-9). 베풂을 주저해서는 안 된다. 바울은 내놓으라고 등을 찌르고 있지 않다. 다만 그는 기쁨으로 관용의 정신을 배우라고 격려하고 있다(9:7).

두 번째 변명 10:1-12:21

9장 말미에서 10장 앞부분까지 눈에 띄게 어조가 바뀐다. 갑자기 바울은 자신을 다시 변호한다. 바울에게 적대적인 소문을 퍼뜨리고 다니는 사람들이 고린도교회 안에 있었다. 그들이 옛날 삶의 방식을 못 버리고 있는 것은 안타까운 일이다. 많은 학자들은 이 부분이 다른 편지의 일부로서 여기에 삽입됐다고 믿는데 이런 어조의

?! 궁금증 해소

예루살렘의 곤경

예루살렘교회는 처음부터 재정적인 곤경에 시달렸다. 유대인 가정들과 고용주들의 적대감이 너무 심해서, 크리스천으로 개종한 사람들이 집과 일터를 잃었다고 볼 수 있다. 바울은 크리스천이 되자마자, 예루살렘의 기근 구제금을 모은다(행 11:27-30). 바울은 이 모금이 이방인과 유대인 크리스천들을 하나로 묶을 수 있는 좋은 기회라고도 보았다. 그는 이방인 크리스천들이 예루살렘교회에 일종의 의무를 지고 있다고 믿었다. 그들의 증언이 없었으면 소아시아에 교회가 세워진다는 것은 꿈도 못 꿀 일이었다.

궁금증 해소

셋째 하늘(12:2)

가장 높은 하늘을 뜻하는 것 같다. 바울은 자신이 어떤 상태에 있었는지 말하기 위해 '낙원'이라는 말도 쓴다(낙원이라는 말은 원래 공원이나 정원을 뜻하는 페르시아어다). 바울이 이 환상을 본 것은 41년에서 42년 사이였던 것 같다. 회심한 지 6년쯤 후, 1차 전도여행을 준비하기 직전이었다. 이 경험은 너무 강렬해서 14년이 지난 후에도 그것이 육체적인 경험이었는지 아니었는지 모를 정도이다.

차이 때문이다.

우선 바울은 그의 호통이 너무 매섭다는 불평에 대해 답한다(10:1-11). 그가 올 때, "말한 것을 행하겠다"고 그들에게 확신시킨다. 그를 과소평가하는 사람들은 난처하게 될 것이다.

둘째, 그는 자신의 역할을 변호한다(11:1-15). 그는 "슈퍼맨과 같은 사도"가 아니다. 그는 말을 유창하게 하지도 못한다. 하지만 하나님이 주신 역할에 대해 확신하고 있다. 사도가 된다는 것은 설득력이 뛰어나다든지 웅변술이 대단하다든지 하는 것이 아니다. 그는 환상을 보았다. 세 번째 하늘까지 올라가보았다(12:1-5). 그의 사명을 보증하고 그에게 계속 일할 수 있는 힘을 주는 것은 바로 이 경험이다. 바울은 전혀 슈퍼맨이 아니다. 그 동안 겪은 고난과 형벌이 공개된다. 아니, 스스로 기다리고 있는 고난도 있다. 기도했음에도 불구하고 그의 육체에는 가시가 남아 있다(12:7). 그는 슈퍼맨이나 영웅이 아니라 하나님의 영으로 가득 찬 질그릇이다.

마지막 언급들 13:1-13

바울은 세 번째로 고린도교회를 방문하겠다고 약속한다. 그 전에 그들의 가정에 질서를 바로잡을 기회를 준다. 오직 그들만이 어지러워진 것들을 바르게 잡을 수 있다. 그들만이 스스로를 시험해 볼 수 있다. 오직 그들만이 진리를 따를 수 있다. 마지막 구절은 어쩌면 삼위일체에 대한 초기 기독교의 고백 같은 것으로 보인다. 한 기도에서 아버지, 아들, 성령을 모두 부르고 있다.

갈라디아서

믿음과 순종

ROUTE PLANNER

누가 | 갈라디아는 도시가 아니라 지역 이름이다. 보통 갈라디아라고 하면 이 지역의 북부를 지칭하는 것이다. 하지만 바울이 이 지역을 방문했다는 증거가 없다. 이 편지는 바울이 첫 번째 선교여행 중에 세운 교회들에 보낸 것일 수 있다. 더베, 루스드라, 안디옥과 이고니아에 세운 교회들에 보낸 편지라 보는 것이다.

언제 | 48년이나 49년에 쓰였다. 그렇다면 신약성경 가운데 가장 일찍 쓰인 성경이다.

무엇을 | 사도행전 15장은 유대인 크리스천들이 시리아 안디옥

한눈에 보는 안내판

저자 바울

유형 서신서

목적 크리스천이라 하여도 할례를 받아야 한다는 생각에 맞서 싸운다.

핵심 구절 5:6 "그리스도 예수 안에서는, 할례를 받거나 안 받는 것이 문제가 되는 것이 아닙니다. 가장 중요한 것은, 사랑으로 역사하는 믿음입니다."

한 가지만 기억한다면 중요한 것은 외적으로 보이는 것이 아니라 내적인 헌신이다.

한눈에 보는 흐름

참 사도 1:1-24

자기소개 2:1-21

어리석은 사람들아! 3:1-14

참 자유 5:1-6:10

에 세워진 교회들을 찾아다니면서, 신자들이 할례를 받아야 한다고 주장했다는 소식을 전한다. 바울과 바나바는 여기에 맞섰다. 이 문제는 예루살렘 공의회의 심의에 부쳐졌다. 이 유대인들이 갈라디아의 크리스천들에게까지 왔던 것 같다. 그래서 바울은 이들의 이론에 맞서기 위해 편지한다.

할례주의자들은 바울이 '제대로 된' 사도가 아니라고 말한다. 그는 이방인들에게 복음을 전하기 위해, 지켜야 할 유대 율법의 요구에 멋대로 물을 탔다는 것이다. 바울은 여기에 맞서서 자신의 사도권을 주장하고, 복음은 사랑과 은혜의 복음이라고 외친다. 복음은 더 이상 법과 규정에 관한 것이 아니다. 오직 하나님을 믿는 믿음에 관한 것이다. 사람들이 할례 주창자들에게 현혹당하는 모습을 안타깝게 지켜보는 바울의 마음은, 이 편지가 바울의 어떤 서신보다 더 맹렬하다는 것으로 잘 알 수 있다.

그 동안 할례 주창자들은 바울의 사역을 방해해왔다. 할례주의자들은 예루살렘교회를 근거지로 왕성하게 활동한 것 같다. 그들의 영향력은 교회 지도자들도 제어하기 어려웠다. 당시는 교회 지도자들조차도 유대 율법을 지켜야 한다는 압력을 받았다(2:11-21). 할례주의자들은 누구보다도 베드로를 의심의 눈길로 바라봤다. 왜냐하면 그는 환상을 통해 옛 방식이 더 이상 설 자리가 없다고 했기 때문이다(행 10-11장). 그들은 예루살렘교회의 지도자인 야고보를 등에 업었다(야고보가 그들과 결탁했다는 증거는 없다). 마침내 이 문제와 관련하여 극도로 흥분한 바울은 베드로를 직접 대면하기에 이른다.

참 사도 1:1–2:21

이 책은 격렬하고 급하다. 바울은 몹시 서둔다. 곧장 메시지의 핵심으로 달려간다. 자신이 참 사도, 하나님이 선택하고 선임하신 사도라고 주장한다.

그는 공격적인 자세로 이미 포문을 열었다. 거짓 메시지를 전하는 자들을 향해서 맹공을 가한다. 바울이 목표한 모든 것이 무효화되고 그를 통해 성령께서 행하신 모든 사역이 수포로 돌아갈 위기에 있었다. 현안은 이것이다. 할례주의자들이 득세하면, 기독교는 유대교의 모호한 분파로 찌그러져야 한다는 것이다. 따라서 그는 신학적인 급소를 찌르고 들어간다. 만약 이 사람들이 천사라 할지라도 거짓 복음을 전하면 벌을 받을 것이다. 바울은 그들을 합쳐 놓은 것보다 훨씬 더 유대적이다(1:13-14). 그는 율법의 구석구석을 알고 있다. 자신이 '합당한' 사도가 아니라는 주장을 가볍게 무시한다. 바울의 사명은 하나님이 주신 것이고, 베드로와 야고보와 요한이 보증한 것이다(2:9-10).

바울은 율법에 대한 굴종이 사람들을 어떻게 만드는지 누구보다 잘 알고 있다. 율법이 아무도 구할 수 없는 것을 보았다. 그래서 크리스천의 믿음이 뒷걸음치도록 결코 놔둘 수 없었다.

참 믿음 3:1-4:31

신학 논쟁에서 상대방을 "어리석다"(3:1)고 하는 것은 공손한 태도는 아니다. 그러나 바울은 지금 공손함 따위에는 관심이 없다. 이것은 어릿광대들이나 하는 몸의 신학이다. 바울은 인정사정 보지 않는다.

율법은 임시방편이다. 아브라함에게 하신 약속이 그리스도로 말미암아 이뤄질 때까지만이다(3:19-20). 율법은 우리를 가르치도록 돼 있으나, 이제 더 나은 선생이 계시다(3:24). 바울은 그의 메시지

?! 궁금증 해소

큰글자(6:11)

어떤 사람들은 이 말이, 바울의 약한 시력을 암시하는 것이라고 본다. 그러나 그는 최후의 간명한 메시지, 즉 그리스도의 십자가가 요체라는 메시지를 강조하고 싶어서 이렇게 말했을 것이다. 바울은 거의 언제나 편지를 마칠 때 메시지를 아주 간단하게 요약한다. "할례를 받거나 안 받는 것이 중요한 것이 아니라, 새롭게 창조되는 것이 중요합니다"(6:15).

를 그토록 열렬하게 받아들인 갈라디아 사람들이 왜 노예라고밖에 볼 수 없는 체제로 돌아가는지 어리둥절해한다. 그들은 사람이 만든 신들에서 자유를 얻었다. 그런데 왜 다시 노예가 되려 하는가?(4:8-11) 바울은 유대주의자들의 거짓 우정 너머를 보라고 촉구한다. 그리고 율법 아래 거한다는 것은 노예와 자유인의 차이(4:21-31)라고 애원하듯 말한다.

참 자유5:1-6:18

바울의 언어는 구약 예언자들에 못지않다. 그는 할례를 선전하는 자들에게 몹시 화가 나 있다. 그들에게 차라리 몸 전체를 베어버리는 게 어떠냐고 한다(5:12). 우리는 그리스도로 말미암아 자유를 얻었다. 할례를 받으나 받지 않으나 차별이 없다. 가장 중요한 것은 서로를 향한 사랑으로 우리를 이끄는 믿음이다(5:6). 그러나 자유를 남용해서는 안 된다. 자유는 사랑을 실천하는 기회가 돼야 한다. 율법 한 가지만을 지키라면, 자기 몸처럼 이웃을 사랑해야 한다(5:14).

바울은 행위를 부정하지 않는다. 오히려 바른 일을 행하는 것과 부도덕한 것을 피하는 일의 중요성을 줄기차게 말한다. 서로 사랑하게 하고(5:6) 그리스도께 순종하도록 하는 것은 믿음이다. 그리스도는 다른 사람들에게 도움의 손길을 내밀라고 하신다(6:2).

에베소서

하나님의 경이

ROUTE PLANNER

하나님의 계획 1:1-3:21

하나님을 위한 삶 4:1-6:9

싸움 6:10-24

누가 | 바울이 이 편지를 썼는지 논란이 있다. 다른 서신들에 나오는 개인적인 인사도 없는데다, 편지의 일부는 골로새서에 바탕을 둔 듯 하기 때문이다. 어떤 사람들은 바울이 아니라, 그의 제자가 이 편지를 썼다고 믿는다.

그러나 이 편지는 회람 서신, 즉 에베소에 있는 교회만 아니라 다른 교회들에게도 보내는 일종의 영감 된 소식지와 같은 성격을

한눈에 보는 안내판

저자 바울
유형 서신서
목적 하나님의 사랑이 그분을 따르는 자들에게 어떤 일치를 가져다 주셨는지 보여준다.
핵심 구절 5:1-2 "그러므로 사랑을 받는 자녀 같이 너희는 하나님을 본받는 자가 되고 그리스도께서 너희를 사랑하신 것 같이 너희도 사랑 가운데서 행하라 그는 우리를 위하여 자신을 버리사 향기로운 제물과 희생 제물로 하나님께 드리셨느니라."
한 가지만 기억한다면 모든 크리스천은 같은 '몸'의 지체다. 사랑 안에서 하나가 되어야 한다.

한눈에 보는 흐름

하나님의 계획 1:1-14
그리스도로 인한 연합 2:11-22
새로운 삶 4:1-24
하나님을 위한 삶 5:6-20
싸움 6:10-24

지니고 있다. 그리고 골로새서와의 유사성은 의아스레 생각할 거리가 못 된다. 같은 시기에 쓰였을 수도 있다. 어떤 저자가 좋은 글 자료를 그냥 썩히겠는가!

언제 | 60년대 초, 로마의 감옥에서 이 편지를 쓴 것 같다.

무엇을 | 에베소서는 일반서신이다. 구체적인 염려나 문제를 다루지 않는다. 하나님의 사랑이 모든 사람을 그리스도 안에서 하나가 되게 하시는 일에 관한 선언이다. 하나님은 계획과 목적을 가지고 계시다. 이것이 온 우주에 가득 차 있다.

에베소서는 여러 중요한 주제들을 한데 모은 바울의 사상 요약집이라 할 수 있다. 이런 이유로 해서 바울신학 개론으로 보려는 시도가 있다. 즉 바울이 쓴 게 아니라 일종의 바울 저작집을 만들 요량으로 그의 제자 중 한 사람이 썼다는 것이다. 상당히 설득력이 있으나 이 이론을 지지할 증거는 전혀 없다. 어쨌든 이 이론은 이 책이 가지고 있는 중요한 국면을 잘 나타낸다. 이 책은 바울신학의 안내자 노릇을 훌륭하게 해낸다는 것이다.

이 책이 말하는 여러 주제들 가운데 하나는 통일이다. 예수님의 제자들이 모두 하나가 되었음을 인식하고, 서로가 서로를 위해 일하고 도와야 한다는 것이다. 그리스도는 유대인과 이방인을 하나로 만드셨다. 우리에게는 해야 할 역할이 있다. 어느 누구도 다른 사람보다 더 중요하지 않다.

하나님의 계획 1:1–3:21

바울은 하나님의 자비, 지혜, 사랑의 광대함에 놀라 숨도 쉴 수 없다는 어조로 시작한다. 이 편지 전체를 지배하는 주제는, 하나님이 모든 것을 태초부터 계획하신 그 방법이다. 그리스도는 우리에게 자유를 주시기 위해 죽으셨다(1:7-8). 같은 그리스도가 이제 하나님과 더불어 앉으셨고 만물을 통치하신다(1:19-22). 그리스도는 우리에게 생명을 주셨고 미래를 주셨다(2:4-6). 이것이 하나님이 우리에게 주신 선물이다. 이 선물을 얻기 위해 우리가 할 수 있는 일은 아무것도 없다. 우리의 반응은 "선한 일을 행하고, 그분이 언제나 우리가 살기 원하시는 삶을 사는"(2:8-10) 것이다.

이 하나님의 값없는 선물, 이 사랑은 모든 장벽의 철폐를 의미한다. 모세의 율법은 '폐지' 됐다(2:15). 유대인과 이방인 사이의 담은 무너졌다. 이제 우리는 한 몸 안에서 하나를 이룬다(2:16). 민족, 피부색, 사회 계층, 이 모든 격차들은 문제가 되지 않는다. "이방 사람과 유대 사람 양쪽 모두 그리스도로 말미암아 한 성령 안에서 아버지께로 나아가게 되었습니다"(2:18). 우리 모두는 하나의 장엄

난해한 주제

| 노예 고대세계에서 노예제는 당연시됐다. 오늘날 우리가 가장 놀라는 부분 중 하나가 바로 노예제다. 그러나 당시에 노예는 어디에나 있었다. 로마 제국은 노예제 위에 세워졌다. 노예들은 그리스와 소아시아 주요 도시 인구의 삼분의 일 정도를 차지했을 것으로 보인다. 로마나 아테네와 같은 대도시들에서 이 비율은 훨씬 높아, 아마도 80퍼센트 정도가 됐을 것이다.

세 가지 이유로 노예가 됐다. 전쟁 포로(민 31:7-9), 채무나 벌금을 갚기 위해 자청해서 자신을 판 경우(레 25:39), 노예 부모에게서 태어난 경우(출 21:4)이다. 한 번 노예가 되면 자력으로 노예살이를 그만둘 수 없었다.

로마세계에서 노예들은 사람이라기보다는 '물건'이었다. 합법적으로 결혼할 수도 없었고 자신의 이름으로 된 재산을 소유할 수도 없었다. 많은 노예들이 거칠고 고단한 삶을 살아갔지만, 어떤 노예들은 마치 종처럼 가족의 신뢰와 존중을 받기도 했다. 주인의 사업을 운영한다든지, 고도의 전문 기술을 지닌 노예들도 있었다(많은 의사들이 노예였다. 이들은 가정 주치의 노릇을 했다. 따라서 누가 역시 주인의 이름이 루키우스였던 해방 노예였을 가능성이 충분히 있다). 친척들과 친구들은 돈으로 노예들의 봉사를 살 수도 있었다. 노예 주인들은 노예들을 방면할 수도 있었다. 해방되면 노예에게는 '전별금'이 주어졌다. 아울러 노예들은 주인의 이름을 딸 수도 있었다.

이 모든 점들을 고려할 때, 바울이 크리스천들에게 노예들을 해방시키라고 하지 않은 점은 놀랄 일이 못 된다. 노예제는 경제적인 현실이었다. 바울에게 중요한 것은 그리스도를 통한 해방이었다. 바울은 기독교가 사회적인 계층을 가려서는 안 된다고 보았다. 당신이 노예라 해도 문제 될 것은 없다. 그리스도의 사랑이면 충분하다. 하나님의 영이 우리 모두에게 세례를 주셨다. 유대인이든 이방인이든, 노예든 자유자든 관계없이 주셨다(고전 12:13; 엡 6:7-8). 바울은 노예들을 교회의 온전한 구성원으로 부른다. 예수님을 따르는 일에 관해서 노예와 주인에게 격차를 두지 않았다. 그는 반복해서 모든 사람들이 동등하다고 지적한다(골 3:11; 갈 3:28; 엡 6:8).

바울이 노예제를 인정했다는 말은 아니다. 그는 노예들에게 가능하면 자유를 사라고 권고한다(고전 7:21). 그리고 노예 인신매매를 간음, 거짓말, 살인의 반열에 올려놓고 '불경건한' 일로 규정한다(고전 6:10). 그는 주인들이 공정함과 불쌍히 여기는 마음으로 노예를 대해야 한다고 말한다. 바울은 모든 크리스천들은 하나님이 소유로 삼으신, 그분을 섬기는 일에 관하여 충성을 다해야 할 노예들이라 믿는다.

한 성전으로 지어져 가고 있다.

바울은 3장에서 하나님의 위대한 계획에서 그가 하는 역할에 관해 묵상한다. 그의 임무는 이방인들에게 복음을 전파하는 것이다. 그는 하나님의 사랑이 얼마나 놀라운지, 그분의 막강한 권능이 어떻게 교회를 통해 일들을 이루실지 교회가 깨닫도록 기도한다.

하나님을 위한 삶4:1–6:9

바울에게 크리스천의 하나 됨은 이론이 아닌 살아내야 할 현실이다. 이 부분은 고린도전서 12–13장에서 강조한 것, 즉 교회 안에서 크리스천들이 맡는 서로 다른 역할과 통일성이라는 논제를 다룬다. 바울은 복잡한 신학으로 명성을 얻었던 사람이다. 그의 논증

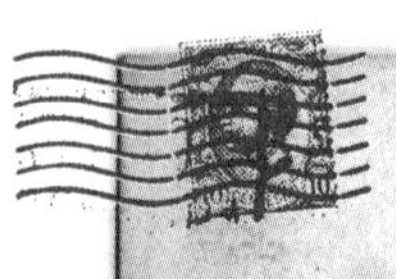

POST CARD

에베소에 오신 걸 환영합니다!

에베소는 고대세계의 쇼핑센터입니다. 동부로 향하는 주요 육로와 해상로가 만나는 지점에 자리 잡은 중요한 상업 중심지이자 항구입니다.

천혜의 항구 도시 조건을 갖춘 곳입니다. 좁은 해로를 통해 에게 해에 닿을 수 있지요. 끊임없는 유지보수 작업으로 퇴적물이 쌓이지 않습니다.

도시는 여러 장관으로 둘러 싸여 있습니다. 아르테미스(Artemis) 즉 다이애나 신전은 세계 7대 불가사의 중 하나지요. 관광객들은 은색장 가게에 들러서 여신상을 사갑니다. 아니면 여러 가지 오락이 펼쳐지는 원형경기장에서 시간을 보낼 수도 있습니다. 다양하고 흥미진진한 대소란이 벌어지거든요.

은 분명히 복잡하고 어려울 수 있다. 그러나 언제나 그는 단순한 방법으로 그 적용을 제시하는 일에 정성을 기울인다. 하나 된다는 것은 간단한 원리다. 이 원리는 그리스도의 용서와 사랑으로부터 샘솟는다(4:25-5:5).

싸움6:10-24

바울은 인상적인 이미지 하나로 글을 맺는다. 그것은 하나님의 갑옷을 입은 크리스천의 모습이다. 갑옷 각 부분의 유용성을 정확하게 설명하기 위해 장황하게 늘어놓지만, 중요한 것은 전체 갑옷이다. 한 군데의 약점도 치명적인 결과를 가져올 수 있다. 마찬가지로, 크리스천은 진리, 정의, 평화, 믿음의 사람이어야 한다. 이 모든 것들이 크리스천이 갖춘 '무장'이어야 한다.

바울은 기독교를 싸구려 대안으로 만들려는 생각은 추호도 하지 않는다. 정반대다. 기독교는 종종 갈등과 억압을 불러온다. 그러나 이 싸움에 대비해 적절하게 무장하고 있으면, 우리는 견뎌낼 수 있다.

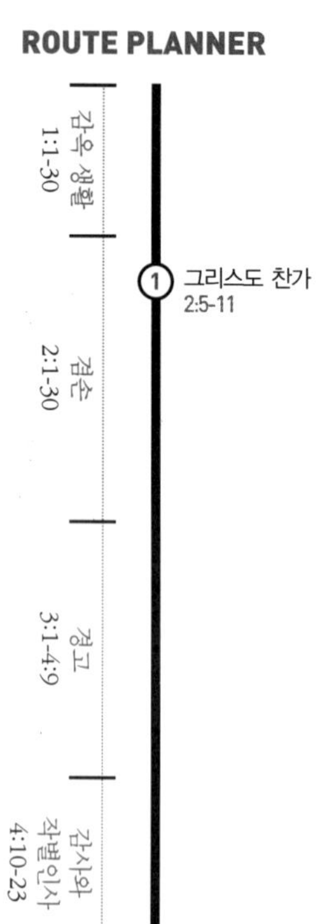

빌립보서

경주하라

누가 | 바울

언제 | 로마에서 투옥된 상태이므로 61년경인 것 같다. 이보다 더 일찍 투옥됐기에, 더 일찍 쓰였을 것이라 주장하는 사람들도 있다. 그러나 이는 사도행전 28장에 나오는 바울 자신의 투옥 진술과 맞지 않는다. 그는 자신이 로마에서 가택연금 상태였다고 말한다. 여기에서 묘사된 상황은 훨씬 가혹한 것으로 보인다. 따라서 시기에 관해서는 확실하게 말하기가 어렵다.

무엇을 | 빌립보서는 감사편지다. 바울의 투옥 소식을 들은 빌립

한눈에 보는 안내판

저자 바울
유형 서신서
목적 선물을 보내준 빌립보 교인들에게 감사하고, 계속 전진하라고 독려한다.
핵심 구절 3:12 "내가 이미 얻었다 함도 아니요 온전히 이루었다 함도 아니라 오직 내가 그리스도 예수께 잡힌 바 된 그것을 잡으려고 달려가노라."
한 가지만 기억한다면 우리는 하늘을 향해 나아가고 있다. 계속 달려가야 한다.

한눈에 보는 흐름

바울의 기도 1:1-11
감옥 생활 1:12-30
참된 겸손 2:1-18
경주하라 3:1-21
어떻게 만족하나 4:10-23

보 교인들은 그에게 선물을 보냈다. 바울은 그들에게 감사편지를 쓴다. 그러면서 그들을 격려하고 위기에 대해 경고하는 것이다. 그는 아직 경주가 끝나지 않았으므로, 계속 앞을 보고 달리라고 격려한다.

바울은 50년경 1차 전도여행에서 빌립보교회를 세웠다(행 16장). 아마도 유럽 땅에 세워진 첫 교회일 것이다. 그와 실라가 처음으로 빌립보에 당도했을 때, 그들은 강변에서 기도하던 여자들을 만난다(행 16:13-15). 이로 미뤄볼 때 이 도시에는 회당이 없었던 듯하다. 이 여자들 중 한 사람이 루디아였다. 루디아는 자주 옷감을 팔던 경영자였다. 루디아는 바울이 유럽에서 얻은 첫 회심자다. 누가는 바울이 떠난 후에도 빌립보에 머물렀다. 아마도 빌립보가 누가의 고향이었던 것 같다.

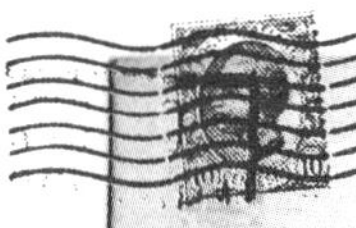

POST CARD

빌립보에 오신 걸 환영합니다!

빌립보는 북부 그리스의 주요 도시 중 하나입니다. 알렉산더 대왕의 아버지인 빌립 2세를 따서 도시 이름을 지었지요. 하지만 우리는 상당히 세련된 도시랍니다. 빌립보로는 로마에서 동부로 뻗어나는 대로마 제국의 도로인 에그나시아 대로(the Egnatian Way)가 지나간답니다. 이 길 때문에 빌립보는 상업과 교역, 혹은 소아시아에 신흥 종교를 퍼뜨리려는 사람들의 요충지가 됐지요. 시장은 볼 만합니다. 자줏빛 옷감은 빌립보가 명산지랍니다.

우리는 로마의 식민주입니다. 주전 42년경에 재건됐지요. 빌립보에서 태어난 사람은 모두 로마 시민의 특혜를 누립니다. 이 외에도 많은 편의시설의 혜택을 받을 수 있어요. 이곳에는 땅을 하사받아 살고 있는 로마의 퇴역군인들이 많기로도 유명합니다.

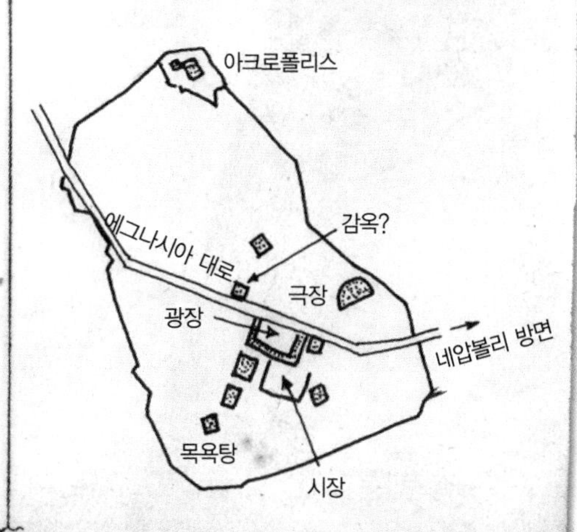

빌립보교회는 바울과 매우 가까웠던 것이 분명하다. 그들은 처음부터 바울의 메시지를 잘 받아들였고 그의 사역에 적극 참여했다. 바울이 옥에 갇혔을 때 그를 돕는 데서 이같은 모습이 잘 드러난다. 그들을 위한 바울의 기도에 기쁨이 가득 배어 있는 까닭이 여기 있다(1:3-11). 빌립보교회는 따끔한 훈육이나 교정이 필요하지 않았다. 그 대신 바울은 그들에게 핍박을 당하더라도 계속 믿음에 서서 나아가라고 격려한다.

감옥 생활 1:1-30

편지는 바울뿐 아니라 디모데의 이름으로도 발송된다. 디모데는 빌립보 출신으로 알려져 있다. 바울은 말문을 열면서 성도, 감독, 집사 등 세 그룹을 언급한다.

성도들은 교회 전체를 말한다. 모든 크리스천들이다. 감독들이란 이 교회의 리더들을 가리킨다. 집사들은 교회 내에서 실제적인 문제들을 돌보는 사람들이다.

그러나 이것은 서열이 아니다. 바울은 교회라는 몸을 맨 앞에 놓는다. 지도자는 교회를 위해 존재하는 사람일 뿐이다.

바울의 로마행은 쉽지 않았다. 게다가 그의 미래는 불투명하다. 사는 게 나은지, 죽는 게 나은지조차 모른다. 예수님께로 떠나는 것이 차라리 행복이다. 그러나 바울은 아직 해야 할 일이 많다는 것도 알고 있다(1:21-26).

겸손 2:1-18

중요한 것은 일치와 겸손이다. 바울의 투옥을 그들 자신의 목적에 활용하는 자들이 있다(1:17). 바울은 빌립보교회에도 분열의 조짐이 있음을 알고 있다. 그는 하나 된 모습으로 서서 서로를 겸손히 섬기라고 당부한다.

크리스천으로서 산다는 것의 의미를 실천하기란 녹록한 일이 아니다. 바울은 '두렵고 떨리는 일'이라 했다. 무서워해야 한다는 뜻이 아니라, 진지하게 생각하고 그리스도의 빛을 최선을 다해 비춰야 한다는 뜻이다(2:14-15).

① 그리스도 찬가 2:5-11 바울 자신이 이 찬가를 쓴 사람일 수도 있지만, 학자들은 원문이 아람어로 돼 있다고 믿는다. 교회가 그리스도에 대해서 아주 초기에 한 고백이라는 뜻이다.

이 시는 교회 사이에서 공유된 최초의 찬가 중 하나일 것이다. 바울은 잘 알려진 예전의 일부를 인용하고 있는 것이다. 크리스천들이 부른 찬송(행 16:25; 고전 14:26; 엡 5:19; 골 3:16)에 관한 언급은 많다. 바울은 다른 곳에서 여러 찬송들을 언급하기도 한다(골 1:15-20; 딤후 2:11-13).

이 찬송은 그리스도에 관한 서론적인 선언을 한 후 두 개의 절을 이어간다. 먼저(7-8절)는 그리스도의 삶과 죽음, 다음(9-11절)은 그분의 부활에 관한 것이다.

?! 궁금증 해소

에바브로디도(2:15-30)

에바브로디도는 빌립보교회의 선물을 바울에게 전한 형제다. 그는 이 여행을 하느라 거의 죽을 뻔했다. 이제 바울은 그를 본 교회로 돌려보내면서 그 편에 편지를 전한다.

경고 3:1-4:9

바울은 "끝으로"라는 말로 이 부분을 시작한다(3:1). 그러나 그

궁금증 해소

유오디아와 순두게(4:2-9)

이 여성들 사이에는 다툼이 있다. 바울은 이들에게 잘 지내라고 권고한다(4:2). 바울이 이들을 언급하는 이유는, 그들이 이 교회에서 상당한 영향력을 행사하고 있기 때문이다. 그들은 과거에 바울 곁에서 복음을 전파하도록 도와 일했을 것이다. 바울이 말하는 '진실한 동역자'가 누구인지에 관해서는 논란이 많다. 가장 먼저 떠오르는 사람은 에바브로디도다. 그러나 '진실한 동역자'를 뜻하는 그리스어 쉬지고스(*Syzygos*)가 고유명사로서 빌립보교회의 지도자 중 한 사람이라는 견해도 있다.

경주(3:12-16)

바울은 그의 서신들에서 이 이미지를 여러 번 사용한다(고전 9:24; 갈 2:2; 5:7; 딤후 4:7). 경주는 그리스와 로마 사람들에게 익숙한 이미지다. 그들은 운동경기의 신기록이나 마차 경주에 열광하던 사람들이었다. 주요 도시에는 원형경기장이 있었다. 여기서 선수들은 각자의 기량을 뽐낸다. 경주의 우승자에게는 상이 주어진다. 머리에 면류관을 씌우고 때로는 현금을 부상으로 주기도 했다. 크리스천에게 목표 지점은 하늘나라다. 그리고 상은 그리스도와 더불어 영원히 함께 하는 것이다. 운동선수들처럼 우리도 끊임없이 훈련받아야 한다. 모든 경기에 최선을 다해야 하는 것이다(4:8-9).

가 전하려는 메시지의 절반 정도에 온 것이다. 역사상 설교자들이 즐겨 쓰는 간투사다. 바울은 전에도 빌립보 교인들에게 당부한 적이 있다. 그러나 그는 이번에도 반복한다. "경각심을 늦추지 말라."

한 번 더, 교회 내 할례주의자들이 일으키는 문제가 등장한다(3:2-11). 그들은 이방인 크리스천이라 할지라도 할례를 받아야 한다고 목소리를 높이고 있다. 바울은 갈라디아서 이후로, 이례적으로 강경한 언어를 사용하여 그들을 책망한다. 다시 말하지만, 유대인 중의 유대인으로서 그는 이런 규정들을 소중하게 생각했다. 그러나 이제 그는 이것들을 '해로운 것'이라 말한다. 그가 실제로 쓴 용어, 스퀴발론(*skybalon*)은 옮기자면 '똥'이다. 바울은 이제 그가 알게 된 진실에 비하면, 전에 믿었던 것들은 한 무더기의 분뇨라고 말하는 것이다.

그가 원하는 것은 그리스도다. 그리스도는 그가 달음박질하는 궁극적 목표다. 그는 아직 완주 지점에 이르지 못했기에 줄기차게 내달리고 있다. 그러나 다른 방향으로 달리고 있는 사람들이 있다(3:17-19).

감사와 작별인사 4:10-23

바울은 그를 도와준 교회에 다시 한 번 감사한다. 그들은 넉넉한 가운데서 이 선물을 마련한 것이 아니었다. 그들은 존경하는 마음으로 이 희생을 치렀다. 바울은 사랑하는 이 사람들이 희생적인 사랑 때문에 복 받을 것을 확신한다.

골로새서

ROUTE PLANNER

속지 말라

누가 | 바울

언제 | 재판을 기다리면서 로마에서 작성한 것 같다. 61년경이다.

무엇을 | 바울은 골로새를 방문한 일이 없다. 골로새에 살았고 이제 바울과 함께 일하고 있는 형제 에바브라로부터 골로새 소식을 들었다. 많은 전문가들은 에바브라가 골로새에 교회를 세운 인물이라 믿는다. 에바브라의 말에 따르면 골로새는 아주 이상한 사상에 영향을 받고 있다. 바울은 사태를 그냥 놔둘 수 없어서 편지를 쓴다. 바울은 이 "헛된 속임수"(2:8)에 공격을 가한다.

한눈에 보는 안내판

저자 바울
유형 서신서
목적 거짓 사상과 관행들에 영향을 받고 있는 골로새교회에게 그리스도에 대해 말하고 있다.
핵심 구절 3:10 "새 사람을 입으십시오. 이 새 사람은 자기를 창조하신 분의 형상을 따라 끊임없이 새로워져서, 지식에 이르게 됩니다."
한 가지만 기억한다면 예수님께 눈을 고정해야 한다. 그분만이 중요하다.

한눈에 보는 흐름

골로새교회에 안부 1:1-8
예수님에 관하여 1:9-23
진리를 위한 고난 1:24-2:5
듣지 말라 2:6-19
그리스도 안에서 새 생명 2:20-3:17

궁금증 해소

에바브라(1:7-8)

에바브라는 골로새교회의 창립자였던 것 같다. 그는 골로새 출신으로서 용기 있고 신실한 복음전도자였다. 그는 라오디게아와 히에라폴리스에도 복음을 전했다. 바울은 로마에서 에바브라와 함께 일한 것에 관해 말한다(1:7). 그는 바울과 함께 투옥까지 됐다(빌 1:23).

이 거짓 믿음이 무엇이었는지는 정확히 모른다. 다만 변종 유대교였던 것으로 보인다. 이들은 일부 섭생법과 이방의 신비주의적인 축제를 섞어 유포했다. '혼합주의', 즉 기독교와 다른 철학이나 종교들을 똑같이 진리라며 섞어놓는 행태다. 유대교의 섭생법도 천사숭배와 천체를 숭배하는 의식에 연루되었다. 바울은 그리스도라는 근본적인 진리를 주장한다.

바울이 이 편지를 쓸 때, 골로새는 내리막 추세였다. 한때 중요한 도시였으나, 이제는 그저 상가들이 늘어서 있을 뿐이었다. 근처의 라오디게아와 히에라폴리스의 위세에 눌린 것이다. 이 도시는 어느 정도는 과거에 사는 도시였다. 그래서 이들이 자꾸 옛 신앙과 의식들에 집착하는 경향이 있는지도 모른다.

예수님에 관하여 1:1-23

바울은 골로새 교인들에게 그들을 위해 기도한다는 위로의 말로 편지를 시작한다. 그는 기도 가운데 이 교회를 관대하게 대하고 "이 복음은… 온 세상에서 열매를 맺으며 자라고 있습니다"(1:6)는 말로 격려하고 있다.

바울은 골로새 교인들에게 필요한 지혜와 통찰력(1:9)이 주어질 것이라는 바람을 의도적으로 표현한다. 지혜와 통찰력은 영지주의 교사들이 아니라 그리스도에 관한 지식에서 온다. 예수님은 하나님에게 이르는 길이다. 그분이 하나님이시기 때문이다. 그는 만물을 창조하셨고 모든 권세를 한 손에 붙잡으셨다(1:15-20). 우리가 하나님과 친구가 될 수 있는 것은 그리스도를 통해서다(1:21-22). 우리가 하나님의 임재 가운데 서 있기 위해 필요한 모든 것은 그 믿음에 뿌리를 박고 서 있는 것이다(1:23).

진리 1:24-2:19

영지주의 철학자들은 '더 깊은 신비'에 관하여 변죽만 울릴 뿐이었다. 그들은 철학을 이용해서 자신들의 권위를 세우고 스스로 선생 행세를 했다. 이와 달리 바울은 사람들이 그 '신비'를 이해하도록 종이 된다. 그 신비는 사실 단순하다. "이 비밀은 여러분 가운데 계신 그리스도요, 곧 영광의 소망입니다"(1:27). 바울은 편지 전체를 통해서 '신비'의 이해와 해부를 다룬다. 그의 임무는 감추는 것이 아니라 드러내는 것이다. 신비스러운 척, 지혜 있는 척 하기란 쉽다. 바울은 속지 말라고 경고한다. 까다로운 섭생법이나 특별한 이방의 축제 따위는 필요 없다(2:16). 천사 숭배나 신비한 환상도 필요 없다(2:18). 그리스도의 몸의 지체로 서 있기만 하면 된다.

새로운 삶 2:20-3:17

이 모든 것들은 옛 생활에 속한 것이다. 우리는 크리스천으로서 그리스도 안에 있는 생명을 소유했다. '이 땅의' 욕망들에 휘둘려서는 안 된다. 바울은 결단과 자기절제의 필요성을 정직하게 인정한다. 그리고 우리가 죄의 '평등성'이라 부르는 것에 관해서도 쭈뼛거리지 않는다. 탐욕을 부리는 것은 우상을 숭배하는 것과 마찬가지다(3:5). 특정한 죄들을 버리는 게 다는 아니다. 사람을 모욕하고 거짓말을 하며 인정머리 없게 구는 등 생활의 죄를 피해야 한다.

그리스도의 몸을 세우는 데 집중해야 한다. 친절과 사랑, 현명한 가르침과 하나님을 찬양함이 몸을 세우는 행동들이다(3:12-15). 모든 사람에게 새사람이 될 기회가 있다. 우리가 예수님을 더 이해하면 할수록, 더욱 그분을 닮고 하나님께 더 많이 감사하게 된다.

?! 궁금증 해소

왕권, 주권, 권력, 권세 (1:16)

이것들은 세속적인 권세가 아니라 천사들의 권세다. 골로새교회에 일어나고 있는 어수선함은, 천사들의 위계와 그들에게 바치는 기도 때문이었다. 바울은 여기서 어떤 위계질서에 대해서 말하는 게 아니다. 그와 같은 집단에 대해 묘사하고 있는 것도 아니다. 그는 모든 것이 그리스도의 권세 아래 있음을 짚어 말하고 있다. 신약성경은 보이지 않는 권세들과 능력이 이 세상에 역사하고 있음을 아주 분명하게 말한다. 그러나 그리스도가 이 모든 것들보다 더 권능 있으심 또한 말한다.

야만인과 스구디아인 (3:11)

'야만인'은 그리스어를 말하지 않는 모든 사람들의 통칭이었다. 이 사람들은 거칠고 무식하다는 선입견이 있었다. '스구디아인'은 잔인함의 대명사였다. 바울은 그 배경이 무엇이든 우리가 그리스도 안에서 동등하다는 요점을 전하고 있다.

생활의 규칙 3:18-4:6 여기 나오는 말씀들 대부분은 에베소서 5-6장에서 좀 더 자세히 다뤄지고 있다. 바울은 비신자들과의 관계에 대해 말한다. 우리의 대화는 쾌활하면서도 부드러워야 한다. 바울은 "소금으로 맛을 내는 것과 같이"(4:6)라는 문구를 쓰고 있다. 여러 가지로 해석될 수 있는 말이다. 방부제로서 소금의 역할을 강조하여, 다른 사람들을 구원하는 우리의 역할을 말한다고 볼 수 있다. 우리의 말이 둔탁하거나 지루하지 않고, 상큼하고 '맛이 밴'

난해한 주제

I 영지주의 초대교회가 당면한 문제 가운데 하나는 영지주의(Gnosticism)라 불리는 사조의 확산이었다. 이 말은 그리스어 그노시스(*gnosis*)에서 나왔다. 그노시스란 '비밀스러운 지식'이라는 뜻이다. 영지주의는 여러 방면으로 발전했다. 그러나 근본적으로는 비밀스러운 지식에 관한 것이라 볼 수 있다. 오로지 '영적인' 사람들만이 신비를 알도록 허락받았다. 오직 일정 부류의 사람들만이 '깨우침'을 받았다.

그들의 또 하나 중요한 신념은 물질세계는 원래부터 악하다는 것이다. 창조물, 몸, 주변의 사물들은 조악한 것들이다. 그래서 그들은 두 가지로 접근했다. 먼저 금욕주의를 통해서 육체를 '괴롭힌다.' 무엇이 됐든 사치스럽거나 탐닉하게 하는 것은 멀리해야 한다. 먹고 마실 수 있는 것은 극히 제한돼 있다. 골로새교회에도 이런 사조가 유행한 것으로 보인다. 다른 접근은 물질을 무시하는 것이다. 그것이 존재하지 않는 양 억지를 부린다. 물질은 어차피 있는 것이 아니라는 신념 위에서 온갖 종류의 죄 된 행동들을 서슴지 않는다. 요한일서에서 호되게 질책하는 태도가 바로 이것이다.

물질에 대한 이러한 견해가 그리스도에 대한 견해도 바꾸어놓았다. 영지주의자들은 그리스도가 인간의 몸과 같은 악하고 추한 것을 가지실 수 없다고 믿었다. 그래서 그분은 인간의 모습을 한 영이셨다고 믿었고(이 견해를 도세티즘Docetism이라고 한다. 그리스어 도케오*dokeo*는 '~처럼 보이다"는 뜻이다), '영'이신 예수님이 세례를 받을 때 예수님의 '몸'에 합류했다가, 십자가 처형 직전에 떠나셨다고 믿기도 했다(이 견해는 주창자인 케린투스Cerinthus를 따서 케린티아주의라고 한다).

그러나 어떤 의미에서 우리는 영지주의의 '핵심 신념'에 관해 잘못 말하고 있다. 혹은 영지주의자들을 너무 한데 묶고 있는지도 모른다. 영지주의는 서로 다른 태도와 신념의 잡탕찌개 같은 것이었다. 영지주의 여러 유파가 가지고 있던 유일한 공통점은, 그것이 틀렸다는 것이다. 그래서 영지주의는 거부됐다. 영지주의적인 서적들은 금서가 되었다. 가장 두드러지는 것은, 1세대 기독교에서 활약한 유명한 인물의 이름으로 나온 저서들이다. 빌립복음서가 빌립에 의해, 바울의 묵시록이 바울에 의해 쓰였다고 진지하게 믿는 사람은 아무도 없다.

영지주의자들의 성경은 기독교를 좀 더 푹신하고 부드러우며 전체적으로 멋지게 포장한 것이다. 그러나 많은 영지주의 본문들은 다분히 반셈족적이거나 여성혐오적이다. 가장 유명한 영지주의 작품 중 하나인 도마복음서의 일부를 옮겨 적는다.

"시몬 베드로가 그들에게 말했다. '마리아는 우리를 떠나야 하오. 여자들은 살 가치가 없기 때문이오.' 그러자 예수께서 말씀하셨다. '내가 마리아를 인도하겠다. 인도하여 남자로 만들겠다. 마리아도 너희 남성들을 닮은 산 영이 되게 하겠다. 자신을 남자로 만들 모든 여자는 하늘나라에 들어갈 것이다.'"

결론적으로, 이런 글들 가운데 단 한 건도 신약성경의 연대와 비슷한 연대에 기록된 것이 없다. 예를 들어 도마복음서는 아무리 빨라야 150-200년 사이에 기록된 것이다. 그리고 이 저작물의 존재가 문헌을 통해서 확인된 것은 225-235년경이다.

물론 이 글들에 진리의 조각도 없다고 말해서는 안 된다. 진정성이 담긴 기록이나 (도마복음서가 그런 것처럼) 역사적인 예수님 말씀이 전혀 없다고 해서도 안 된다. 기록된 이야기들의 일부는 실제 사건들에서 나온 것일 수 있지만, 대부분의 경우 그 연원이 대단히 의뭉스럽다. 예수님이 단호하게 말씀하셨듯이, 나쁜 나무가 나쁜 과실을 내는 법이다.

것처럼 돼야 한다는 뜻일 수도 있다. 아니면 둘 다를 의미할 수도 있다.

작별인사 4:7-18

바울의 애제자들 몇 사람이 여기 거명되고 있다. 두기고는 아시아 출신이다. 어쩌면 에베소가 고향일지도 모른다. 그는 바울의 3차 전도여행에 동행했다(행 20:4). 아리스다고는 그리스 출신의 유대인이다. 에베소에서 큰 소동이 일어났을 때 바울과 함께 있었다(행 19:29). 마가는 바울과 함께하기로 하고 돌아왔다. 의사 누가도 있다. 데마는 바울을 버린 자다(딤후 4:10-11). 오네시모에게는 빌레몬에게 전할 편지를 주었다.

ROUTE PLANNER

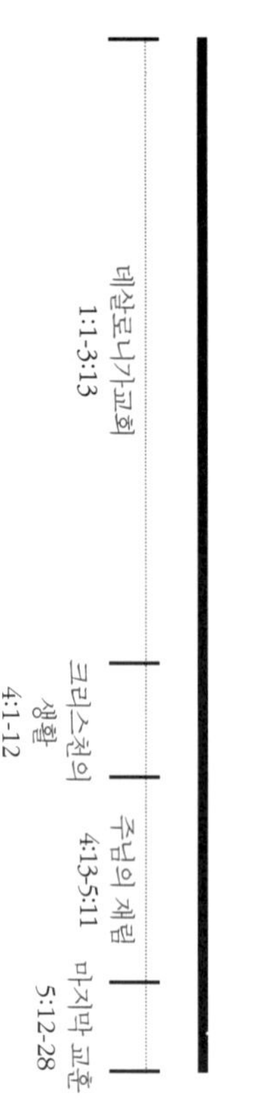

데살로니가전서

주의 재림

누가 | 바울

언제 | 51년 이전이라면, 바울이 교회에 보내기 위해 쓴 첫 편지가 될 것이다. 그리스도의 죽음과 부활로부터 불과 20년 후에 쓴 편지로서, 복음서들보다 훨씬 앞선 것으로 보인다.

바울은 49년 겨울에 데살로니가에 도착한다. 빌립보에서 난처하고 후유증이 남는 경험을 한 직후다. 그는 데살로니가에 아주 짧게 체류하다가 격심한 반대에 부딪쳐 떠나지 않을 수 없었다. 디모데

한눈에 보는 안내판

저자 바울
유형 서신서
목적 기독교로 개종한 새 신자들을 격려하여 몇 가지 현안들, 특히 미래에 대해 설명한다.
핵심 구절 5:10-11 "그리스도께서 우리를 위하여 죽으신 것은, 우리가 깨어 있든지 자고 있든지, 그리스도와 함께 살게 하시려고 하는 것입니다. 그러므로 여러분은 지금도 그렇게 하는 것과 같이, 서로 격려하고 서로 덕을 세우십시오."
한 가지만 기억한다면 그리스도가 오신다. 우리는 이 사건을 기대하며 살아야 한다.

한눈에 보는 흐름

그들의 믿음 1:1-10
바울의 사역 2:1-20
선한 생활 4:1-12
주님의 재림 4:13-5:11
마지막 교훈 5:12-28

가 아테네에서 바울과 합류한다. 그리고는 거의 그 즉시 데살로니가로 간다. 이 갓 태어난 교회가 어떻게 하고 있는지 확인하기 위해서다. 그는 고린도에서 바울을 만나 그에게 기쁜 소식을 전한다. 그 소식에 고무된 바울은 앉아서 이 편지를 쓴다.

무엇을 | 바울은 서둘러 데살로니가를 떠나야 했다(행 17:5-10). 따라서 교회는 많은 후원을 받지 못했다. 바울은 여러 문제와 관련해서 교회의 형편을 들어야 했다.

이 편지는 그간 제기됐던 여러 현안들을 다루면서, 바울의 가르침을 반복해서 전한다. 이 어린 교회에서 나타나고 있는 현상들이 있다. 어떤 조직이나 체제가 있었던 흔적은 없고, 중요한 현안 하나는 언제 주님이 재림하실 것인가였다. 바울은 이 문제들을 아주 명쾌하게 설명하고, 재림을 기다리는 기간에 어떻게 살아야 할지 실천적인 지침을 준다.

그러나 이 편지에서 가장 두드러지는 것은, 이 교회를 바라보는 바울의 기쁨이다. 그는 걸음마를 시작하는 아이를 바라보는 아버지와 같다. 아이의 노력을 기쁨과 사랑의 마음을 가지고 바라본다. 넘어질까 두려운 부모의 염려도 동시에 담겨 있다. 바울은 이 교회가 마케도니아 온 교회들의 본이 되었다고 칭찬한다. 그들이 바울을 반갑게 맞은 점, 아니 무엇보다 그의 메시지를 받아들인 점이 이 지역에 신선한 자극을 주었다(1:4-10).

데살로니가교회 1:1-3:13

바울은 데살로니가에서 그가 한 행동과 거짓 교사들을 대조한다. 그는 이익이나 개인적인 권력, 혹은 자아를 추구하지 않았다. 그는 적들이 그에게 붙인 여러 가지 추문의 딱지들을 의식하고 있다. 원수들은 어린 데살로니가교회도 공격의 대상으로 삼았다(2:14). 바울은 그를 공격하는 자들에 대해 혹독하게 말한다. 받은 상처가 새삼스럽게 되살아나기 때문이다. 후에 그야말로 수십 년 적대자들에게 둘러싸여 본 후에, 바울은 적들의 공격에 훨씬 더 이성적으로 대처한다. 그러나 그들의 책임은 어디로 사라지지 않는다. 그들은 그리스도를 공격했던 것과 똑같이 교회를 공격했다. 아니, 그들은 똑같은 방법으로 예언자들을 공격했다(2:15-16).

교회를 적대하는 유대인들에 대해 바울이 가지고 있는 억하심정은 데살로니가의 크리스천들에 대해 가지고 있는 애틋한 마음과 정비례한다. 그들은 그의 자식들이다. 그들을 위해서는 목숨이라도 내놓을 수 있다(2:7-8). 그들의 믿음에 대한 소식을 듣고 바울은 안도의 한숨을 내쉰다(3:8). 그들을 향한 그의 사랑은 더 커진다.

크리스천의 생활 4:1-12

바울은 크리스천의 생활에 필요한 실천적인 단계들에 관해서도 일부 가르친다. 여기서 그는 자신의 가르침을 다시 설명한다. 독자들에게 그들의 책임, 특히 성에 관한 책임감을 강조한다. 유대인들의 세계에 비해서 이방인들은 성에 대해 상당히 다른 입장을 취하고 있었다. 매매춘은 그들이 새롭게 믿게 된 종교는 물론이고 그들이 속하게 된 공동체와는 전혀 어울리지 않는다. 성문제는 로마와 그리스 도시들에 있던 교회들을 늘 위협했다. 바울은 자녀들에게 성실한 노동, 늘 깨어 있음, 타인을 향한 사랑을 당부한다.

주님의 재림 4:13-5:11

바울이 데살로니가에서 가르치고 나자 몇 가지 질문이 제기됐다. 데살로니가 교인들은 먼저 죽은 자들이 예수님이 다시 오실 때 영영 잊히는 게 아닐까 염려했다. 오직 살아 있는 사람들만 그 특전을 누리는 것은 아닌가 염려한 것이다. 한편 주님의 오심이 언제일까도 무척 알고 싶어 했다.

바울은 이 두 질문에 차례로 답한다. 먼저 죽은 자들도 결코 잃을 게 없다. 그들이 먼저 부활하고, 아직 살아 있는 제자들이 그 뒤를 따를 것이다(4:13-18). 주의 오심의 시기에 관해서는, 그가 말한 것이 우리가 아는 전부다. 그분은 갑자기 예고 없이 오실 것이다. 우리는 깨어서 그분의 오심을 준비해야 한다.

마지막 교훈 5:12-28

바울은 마치 기관총을 쏘듯 많은 교훈과 당부를 하면서 편지를 끝낸다. 꾸준히 기도하라, 기뻐하라, 하나님께 늘 감사드려라, 모든 것을 시험해보라. 자랑스러움에 가슴이 부푼 이 아버지는 이런 당부들을 쏟아낸다. 시간에 쫓기는 듯한 느낌이다. 아니, 지면이 모자라다고 생각하는 것 같다. 아무튼 바울은 많은 것들을 잔뜩 밀어 넣는다. 그가 모든 교회 앞에서 편지 전체를 읽으라고 부탁하는 것이 특이하다. 바울은 그의 가르침이 어떤 식으로든 편집되는 것을 원하지 않았다.

?! 궁금증 해소

밤에 도둑처럼(5:2)

이 이미지는 마태복음에서도 발견된다. 그러나 이 편지는 마태복음보다 훨씬 먼저 쓰였다. 따라서 바울은 예의 말씀집에서 이 말씀을 뽑아 인용하고 있는 것인지도 모른다. 예수님의 말씀 모음집은 훗날 복음서들로 흘러 들어갔다. 4장 15절도 그렇다. 바울은 여기서 죽은 자들이 하늘나라에서 산 자들보다 윗자리를 차지하지 못한다고 예수님이 말씀하셨다고 한다. 복음서들에는 이런 말씀이 없다. 따라서 이 말씀은 다른 자료에서 나온 것이 틀림없다.

ROUTE PLANNER

찬양과 심판 1:1-12

그리스도의 오심 2:1-12

신실함과 기도 2:13-3:15

결론 3:16-18

데살로니가후서

믿음을 지키라

누가 | 아마도 바울이 썼을 것이다. 이렇게 말하는 이유가 있다. 데살로니가전서가 바울의 서신임을 의심하는 전문가는 거의 없다. 그러나 데살로니가후서는 저자에 관해 많은 논란을 불러일으키는 서신이다.

가장 중심되는 난점은 문체의 변화다. 이 두 번째 편지는 조금 더 딱딱하다. 구약성경을 많이 인용하기도 한다. 불과 수주 전에 온정이 가득한 편지를 썼던 저자가 갑자기 바뀐다는 것은 이상하게 보인다. 편지의 교훈에 주목하는 비평가들도 있다. 뭔가가 다르다는 것이다. 2장에서 예수님의 재림에 앞서 일어나는 '표적들'을 논

한눈에 보는 안내판

저자 바울
유형 서신서
목적 데살로니가교회가 계속 서 나아갈 수 있도록 격려한다.
핵심 구절 3:3 "주는 미쁘사 너희를 굳건하게 하시고 악한 자에게서 지키시리라."
한 가지만 기억한다면 주님이 돌아오신다. 정의가 설 것이다.

한눈에 보는 흐름

주님이 정의를 가져오시리라 1:1-12
그분은 아직 오시지 않았다 2:1-12
신실하게 기도하라 2:13-3:18

하는데, 첫 번째 편지에서는 주의 오심이 갑작스레 일어날 것이라 했다. 비평가들은 이렇게 말한다. "예수님이 도적이라면, 이 도적은 담을 넘기 전에 현관에서 벨을 수없이 누르는 도적이다."

그러나 초기 크리스천들 사이에서는 이 편지를 바울의 것으로 인정하는 것이 대세였다. 전서와 후서 사이의 차이도 있긴 하지만 그다지 심각한 정도는 아니다. 어쩌면 데살로니가 교인들의 질문에 답하여, 재림에 관하여 좀 더 소상하게 다루는 것일 뿐일 수도 있다. 그리고 '표적들'은 재림 사건 그 자체는 아니다. 화산 정상에서 연기가 솟고 있다고 해도 곧 용암이 분출되는 것은 아니다. 어떤 사람들은 이런 차이가 새로운 가르침을 주기 위함이라고 믿는다. 일부 데살로니가 교인들이 재림의 긴박함과 갑작스러움에 대한 바울의 일관적인 강조를 오해하여, 재림이 바로 내일 일어날 것인 양 생각한 것이다. 이런 상황 속에서 바울이 다시 편지를 써서, 그들에게 크리스천으로서 정상적인 하루하루를 영위하라고 확신시켜야 했던 것은 어찌 보면 당연한 일이다.

언제 | 51/52년

무엇을 | 첫 번째 편지를 보낸 이후로 상황은 달라지지 않았다. 바울은 데살로니가 교인들을 격려하고, 주님의 오심을 재확인하며, 그분이 정의를 가져오실 것을 다시 한 번 천명한다. 바울은 일부 그릇된 가르침을 바로 잡고, 그분의 이름을 자기 생각을 강화하는 데 남용하는 자들에게 경고한다.

찬양과 심판 1:1-12

바울은 데살로니가 교인들을 향한 그의 자부심과, 그들의 신앙에 대한 감사를 쉬지 않는다. 그들에게 이러한 격려가 필요한 것 같다. 왜냐하면 그들은 고난에 직면해 있기 때문이다. 바울은 데살로니가교회에, 하나님은 심판자이기도 하시다고 상기시킨다. 고난을 가하는 자들은 심판과 형벌을 면치 못할 것이다. 이러한 상황 때문에 바울은 '주께서 다시 오시는 날' (1:10)이라는 첫 번째 편지의 주제를 새롭게 토론하게 됐다.

그리스도의 오심 2:1-12

이 본문은 복잡하고 어렵다. 바울의 편지들 가운데서도 가장 어려운 대목일 것이다. 심지어 바울도 완전하게 이해하고 있지 못하다. 우리가 가지고 있는 희망이 무엇인지 확실히 알지 못한다(벧후 3:16). 분명한 것은, 어떤 교사들이 돌아다니면서 주께서 이미 임하셨다고 했다는 것이다. 더 황당한 것은, 이들은 바울의 편지에서 그런 말을 봤다고 주장했다. 어떤 사도가 그렇게 말하는 것을 들었다는 것이다. 사실 이 가르침들은 사람의 마음을 뒤흔든다. 그래서 바울은 항해에 쓰는 용어를 동원해 어떤 사람들은 닻줄이 풀려 떠내려갔다고 말한다. 그들은 문자 그대로 풀자면 '바다에서 이리저리 휩쓸려 다닌다' (2:2).

이러한 가르침에 맞서기 위해 바울은 미래에 대해 좀 더 구체적으로 강론한다. 주께서 재림하기 전에 '악한 자' 혹은 '불법을 행하는 사람' (2:3-4)이 나타난다는 것이다. 바울은 데살로니가교회에 이미 준 교훈을 떠올리지만, 우리에게는 이 교훈이 전해 내려오지 않는다. 다만 우리는 짐작하고 추측할 수 있을 뿐이다(2:6-7). 그 악한 자는 적그리스도와 같은 자다. 그리스도가 다시 오시기 전에 오는 자다. 그는 하나님을 거슬려 최후의 무서운 반항을 이끌 것이다(계 13; 요일 2:18-25). 그러나 우리는 적그리스도가 누구인지, 혹은 무엇인지는 모른다(2:6-8). 우리가 아는 것은 주께서 오실 때, 그 악한 자는 완전히, 다시 설 수 없게 파멸되고 만다는 것이다.

신실함과 기도2:13-3:15

바울은 좀 더 기분 좋은 주제들로 돌아간다. 데살로니가 교인들의 신실함과 하나님의 거짓 없으신 사랑이 그것이다. 이 사랑을 거절하고 악한 자를 따르는 어리석은 사람들과는 대조적으로(2:9-12), 데살로니가 사람들은 바울의 희망 메시지에 반응했다. 그들은 이 진리를 믿었다(2:13).

바울은 첫 편지에서처럼, 데살로니가 교인들에게 선행과 기도를 계속하라고 권면한다. 데살로니가교회는 게으른 사람들 때문에 한때 곤란을 겪었던 것 같다. '종말이 임박했다' 는 생각 때문에 일을 하지 않은 것이다. 그러나 바울은 자신의 모범을 제시한다. 그는 선한 일을 하다가 낙심하지 않았다(3:13).

결론3:16-18

마지막으로 바울은 축복한다. 그리고 자신의 서명을 덧붙인다. 이 편지가 바울의 친필 서신이라고 믿을 만한 이유다.

ROUTE PLANNER

교회 생활
1:1-3:13

디모데에게 주는 교훈
3:14-6:3

마지막 경고
6:3-21

디모데전서

어떻게 교회를 세워가는가

누가 | 바울. 바울이 디모데에게 쓴 두 편지에 관해서는 논란이 많다. 바울의 저작설을 반대하는 사람들은 다른 서신들과 다른 문체와 언어를 지적한다. 내용도 좀 더 후대 상황에 맞는다고 주장한다. 교회가 좀 더 확립되고, 2세기 무렵에서나 등장하는 영지주의의 형태와 씨름하는 모습을 보이기 때문이다.

바울의 저작설을 주장하는 사람들은, 서신서마다 언어가 약간씩 다르다고 지적한다. 바울은 또한 받아 적는 비서를 이용해 글을 쓰기도 한다. 이럴 경우 비서는 자신의 말을 쓸 수도 있고 편집을 할

한눈에 보는 안내판

저자 바울
유형 서신서
목적 교회의 삶과 가르침에 관련된 여러 국면을 그의 '아들'에게 교훈한다.
핵심 구절 4:16 "그대와 그대의 가르침을 살피십시오. 이런 일을 계속하십시오. 이렇게 함으로써, 그대는 그대뿐만 아니라, 그대의 말을 듣는 사람들도 구원할 것입니다."
한 가지만 기억한다면 우리의 삶은 사랑과 기도로 이어져야 한다.

한눈에 보는 흐름

거짓 가르침, 참된 가르침 1:1-20
기도하는 법 2:1-15
교회 지도자 3:1-13
교훈 4:6-16
참된 부 6:3-21

수도 있다. 바울은 이 편지를 노년에 썼기 때문에 과거보다 더 많이 다른 사람들의 도움에 의지했을 수 있다. 덧붙여 지적할 것은, 어떤 작가라도 그렇듯이 언어와 문체는 저작자의 목적에 따라 달라진다는 것이다. 이 서신의 문체가 누가복음-사도행전과 비슷하다는 재미있는 주장이 있다. 이것은 누가가 이 서신들의 저작에 깊숙이 관여했을 가능성을 비치는 것이다.

내용에 관해서도 그렇다. 여기서 정죄되고 있는 거짓 가르침과 골로새교회에서 발견되는 유대교/이방종교의 혼합 형태 사이에는 큰 차이가 없다. 그리고 여기서 묘사하는 교회 구조들은 훨씬 앞서도 많이 논의되었다. 이 견해를 뒷받침하는 한 가지 요인은, 초기교회가 이 편지들을 알았고 신뢰했다는 점이다. 폴리캅은 120년경에 디모데전서를 인용하고, 제1클레멘트는 대략 95년경에 또 다른 문제 서신인 디도서를 인용한다.

개인적으로는 이 편지들의 진정성을 뒷받침하는 세부적인 증거들이 많다고 본다. 특히 디모데후서에는 바울의 서신들에 나오리라 기대하는 세부적인 사항들이 많이 들어 있다.

언제 | 알려지지 않음. 64년에서 68년 사이로 추정한다.

무엇을 | 이 편지는 바울의 충실한 동역자 디모데에게 발송된 것이다. 바울은 디모데가 어렸을 때부터 그를 알고 지냈다. 바울은 그의 어머니와 할머니를 알고 있으며, 디모데를 마치 아들처럼 여기고 있다. 디모데는 지금 에베소에 있다. 거기서 교회를 이끌어나가고 있는 것이다. 그는 많은 문제들에 둘러싸여 있다. 가장 시급하게는 변절한 크리스천들이 전하는 거짓 가르침이다.

궁금증 해소

후메내오와 알렉산더 (1:20)

후메내오는 디모데후서에서도 다시 등장한다(딤후 2:17-18). 알렉산더는 금속 공예가였다(딤후 4:14). 디모데가 에베소에 있을 때, 사도행전에서 언급된 은색장이들(행 19장) 중 한 명이었을 수도 있다. "사탄에게 넘겨주었다"는 말은 교회에서 출교당했다는 뜻이다. 교회는 악이 배제된 성소다. 교회에서 쫓겨나면 저 홀로 악의 힘을 마주 대해야 한다.

교회 생활 1:1-3:13

편지는 중요 주제들 가운데 하나인 거짓 가르침으로 시작된다. 거짓 선생들은 유대교의 신화들과 가물가물한 족보들을 좋아하고 율법을 강조한다(1:4-7). 바울은 자기 삶과 경험을 이야기한다(1:12-17). 이어서 디모데의 삶을 말하는데, 사도행전에는 기록돼 있지 않은 예언에 관해 언급한다. 아마도 바울과 바나바를 위한 기도와 비슷하지 않을까 싶다(행 13:1-13).

기도와 예배 2:1-15 바울의 충고는 개인보다는 초대교회에 주는 것이다. 따라서 이것은 예배 중의 기도였을 것으로 보인다. 우리는 정치권력을 잡은 사람들을 위해서 기도해야 한다. 그리고 하나님이 우리를 위해 무슨 일을 하셨는지 기억하면서 기도해야 한다.

교회 지도자들 3:1-13 이 본문은 장로(3:1-7)와 집사(3:8-13)라는 두 부류의 교회 지도자들을 말하고 있다. 바울이 장로를 지목하여 말하는 사도행전 14장 23절의 구조와 근본적으로 같다. 장로는 교회의 전체 리더십을 책임진다. 집사의 역할은 장로를 보조하고 다양한 실천적인 의무들을 수행하는 것이다. 그러나 집사도 가르칠 수 있다. 스데반과 빌립이 좋은 예다(행 7-8장). 장로는 남자들에게 한정된 것으로 보이나, 집사는 남자도 여자도 될 수 있었다(3:11).

난해한 주제

| 해산으로 구원을 얻다(2:15) 표면만을 보면 난해하고 모호한 구절이다. 아이가 있는 여자만이 구원을 얻는다는 뜻으로 들린다. 그러나 이런 뜻일 리 없다. 지금까지 바울이 쓴 모든 것을 그야말로 완전히 뒤엎는 것이기에 그렇다. 어떤 사람들은, 경건한 여성은 어머니의 역할을 완수할 것이라는 뜻이라고 한다. 그런가 하면, "아이를 낳는 일로 구원을 얻을 것입니다"를 문자 그대로 보고, 바울이 그리스도의 나심을 염두에 두고 하는 말이라고도 한다. 제3의 해석도 있다. 경건한 여성은 출산 중에도 안전하다는 뜻이라고 본다. 결국 의견은 각각이며, 이 구절은 지금도 신비에 쌓여 있다.

디모데에게 주는 교훈3:14–6:3

디모데에게 주는 교훈도 전체 회중에게 보낸 것이다. 그러나 개인적인 용도의 교훈도 있다. 열심히 일하라, 핵심적인 가르침에 집중하라, 다른 사람의 존경심을 얻고 또한 기대하라, 예배 중에 성경을 읽어라 등의 교훈이 그것이다(4:6–16). 디모데는 또한 혼인, 정결하고 부정한 음식에 관한 거짓 교훈에 맞서 싸우고(4:1–4), 교회를 현명하게 다스려 나가야 했다(5:17–25).

과부들과 노인들 5:1–16 이 시대는 노인들에게 연금과 사회복지 혜택을 주던 때가 아니다. 과부, 고아, 가난한 사람들은 살길이 막막했다. 바울은 가족을 돌보는 책임을 제일 우선으로 놓는다(5:3, 8). 그리고 친척이 없는 과부들에 대해서는 교회에게 도우라고 한다. 젊은 과부들은 할 수 있으면 언제든 재혼할 수 있다. 교회는 탄생하면서부터 가난한 자들을 돕는 일에 뛰어들었다. 그러나 지침이 있다. 모든 사람을 무조건 도와야 하는 게 아니다. 바울은 누구를 도와야 하고 어떻게 도와야 하는지 분류하고 실행지침을 준다.

마지막 경고6:3–21

바울은 거짓 가르침에 관해 최후의 경고를 준다. 특히 재물에 관해서다. 종교는 사람을 부자로 만드는 수단이 아니다. 돈 자체가 잘못은 아니지만 돈에 대한 욕망이 '모든 악의 근원'이 된다(6:5–10). 돈을 가지고 있는 사람은 돈을 의지하지 말아야 하고, 다른 사람들을 축복하는 일에 써야 한다(6:17–19).

ROUTE PLANNER

고난의 시간 1:1-3:9

신실함 3:10-4:8

맺는 인사 4:9-22

디모데후서

달려갈 경주를 마쳤다.

누가 | 저자에 관한 논쟁은 디모데전서를 보라.

언제 | 65/66년. 바울은 이 편지를 로마에서 썼을 것이다. 그는 투옥 중이었다. 처음 경험한 가택연금과는 아주 다른 상황이다. 지금 그는 작은 독방에서 쇠사슬에 묶여 있다. 안락함과 따스함과는 거리가 멀다. 바울은 미래에 대해 몽상적인 생각을 하지 않는다. 자신의 경주가 거의 마쳐졌음을 알고 있다. 이런 측면에서 그는 마지막 충고를 디모데에게 준다.

무엇을 | 이 편지가 바울이 쓰는 마지막 서신이다. 그는 가장 가

한눈에 보는 안내판

저자 바울(디모데전서를 보라.)
유형 서신서
목적 디모데의 도움을 구하고, 그가 믿음 안에서 강해질 것을 독려한다.
핵심 구절 3:16 "모든 성경은 하나님의 영감으로 된 것으로, 교훈과 책망과 바르게 함과 의로 교육하기에 유익합니다."
한 가지만 기억한다면 성경은 우리에게 진리를 가르친다. 그리고 어떻게 그 진리대로 살아야 할지도 알려준다.

한눈에 보는 흐름

부끄러움 없음 1:1-18
너의 의무를 다하라 2:1-26
끝까지 경주하라 3:10-4:8

까운 이를 마치 옆에 두고 말하듯 한다. 그는 디모데를 '사랑하는 자녀' 라고 부른다. 두 사람 사이에 있는 사랑이 확인된다. 바울이 낳지는 않았지만 디모데는 여러 면에서 바울의 아들이었다.

디모데전서는 에베소교회에서 디모데가 직면하고 있는 문제들과 관련해 도움을 주고자 한 편지다. 디모데후서의 목표는 더 광범위하다. 여기서 바울은 생애 마지막 순간을 내다보고 있다. 그래서 그의 마지막 편지는 '사랑하는 자녀' 를 격려하기 위한 속 깊고 개인적인 메시지가 된다. 바울이 이 편지를 쓰는 한 가지 이유는, 어찌 보면 외로움을 견디기 힘들어서이다. 그의 측근들은 그를 떠났고, 오직 누가만이 그와 함께 있다. 이런 때 바울은 다른 누구보다 '아들' 이 보고 싶었을 것이다.

바울은 디모데에게 영적 아버지였다. 그는 디모데에게 자신이 그에게 어떻게 안수했는지 기억하라고 한다. 이어 그에게 해야 할 특별한 일을 맡긴다. 바울은 디모데를 위해 늘 기도하고 있다.

그러나 바울은 교회들도 염려하고 있다. 특히 네로에 의해 밀려올 박해의 물결을 바라보면서 근심에 잠긴다. 바울은 디모데에게 편지해서 사역을 계속하라고 격려한다. 그는 디모데를 통해서 에베소와 다른 교회들에게 같은 메시지를 전달하려는 기대를 가지고 있다.

고난의 시간 1:1–3:9

바울은 감옥에 갇혀 있다. 열악한 환경 속에 있다. 주를 위해 받는 고난은 바울에게는 실패나 수치가 아니다. 오히려 하나님의 능력이 일하시는 것을 볼 수 있는 기회다. 그는 이렇게 쓴다. "하나님께서는 우리에게 비겁한 영을 주신 것이 아니라, 능력과 사랑과 절제의 영을 주셨습니다"(1:7). 바울이나 그가 전한 메시지를 부끄럽게 만드는 것은 없다.

그러나 아무리 위대한 사도라 할지라도 외로움을 느낄 수 있다. 모든 사람들이 등을 돌린 것과 같은 기분일 수 있다(1:15). 다만 오네시모와 같은 친구가 있다. 오네시모는 에베소 출신으로서 바울의 심기를 편하게 해주었고, 바울과 그의 복음을 부끄러워하지 않았다(1:16-18).

너의 의무를 다하라 2:1-26 바울과 교회에 일어난 모든 일들에도 불구하고, 디모데는 강인해져야 한다. 춥고 비가 오는 날에도 근무를 서는 병사, 절제와 훈련을 위해 달리는 육상선수, 아침 일찍 일어나서 밭에서 일하는 농부(2:3-7) 등 여러 이미지들을 통해서 그가 어떤 사람인지 볼 수 있다. 강인하고 초점 있는 신앙이 주제다. 크리스천의 삶에서 별로 중요하지 않은 문제들에 매달리기가 얼마나 쉬운가. 우리는 부지런히 일해야 하고 진실한 메시지를 가르쳐야 한다(2:14-15).

마지막 날들 3:1-9 당시의 거의 모든 교회가 그런 분위기였지만, 바울도 마지막 날들을 살고 있다고 믿었다. 예수님 오시기 직전의 날들을 살고 있는 것이다(베드로는 오순절 직후 '마지막 날들'이 이미 시작됐다고 믿었다. 사도행전 2장 17절을 보라). 바울은 디모데에게 악하고 어리석은, 자기도취적이고 이기적인 사람들과는 도무지 어울리지 말라고 한다. 이런 자들이 바로 시대정신을 이끌어가고 있다. 이 편지가 쓰인 지 이천 년이 지난 오늘날, 바울의 묘사는 우리를 둘러싼 세상을 한 치의 빗나감도 없이 그대로 보여주고 있다.

?! 궁금증 해소

경건치 않은 수다(2:16)

흔히 해석되는 것처럼 목적 없이 어리석은 말들을 내뱉는 사람을 말하는 게 아니라, 하나님을 반대하는 설교를 지칭하는 말이다. 바울은 이 문구로 후메내오와 빌레도와 그들이 전하는 거짓 가르침을 지목한다. 그들이 정확하게 무엇을 가르쳤는지는 알려지지 않았다. 아마도 부활은 육체적인 사건이 아니라 순전히 영만이 되살아난 것이라 가르친 것 같다.

얀네와 얌브레(3:8)

유대인들의 전설에 의하면, 모세를 반대해 일어난 두 명의 이집트인 마술사들이 있다. 바울이 그들을 언급했다고 이런 일이 실제로 일어났다고 볼 필요는 없을 것이다. 그는 요점을 전달하기 위해서 잘 알려진 이야기를 사용하고 있다.

신실함3:10-4:8

디모데는 배운 모든 것을 굳건히 지켜야 한다. 특히 성경에 신실해야 한다. 어린 시절부터, 그의 어머니 로이스와 할머니 유니게는 무엇이 바른 것인지 가르쳤다(여자들에게 남자를 가르치지 말라는 말씀에 위배된다).

바울은 성경을 지식의 원천이라 지목한다. 그는 성경의 실천적인 유용성에 대해 말한다. 성경은 비밀스러운 철학 핸드북이 아니다. 성경은 "처신을 바로하여 사람들을 돕고, 사람들에게 어떻게 살아야 할지 보여주는 데" 쓰인다. 성경은 생활 속의 책이 돼야 한다. 성경의 목적은 두 가지로 말할 수 있다.

첫째, 우리를 지혜롭게 하여 그리스도 예수에 대한 믿음을 갖게 하고 구원받게 한다(3:15). 둘째, 하나님의 종들을 훈련시켜 모든 선한 행위를 하도록 한다(3:17).

세상 속에서 신실하다는 것은 시대의 조류를 거스른다는 뜻이다. 사람들은 자기에게 만족을 주는 선생들을 찾을 것이다. 그리고 듣기 좋은 소리만 들을 것이다. 비록 인기는 없을지라도, 디모데는 복음을 전파하고 사람들을 바로 세우며, 그들의 죄를 지적하라고 격려 받는다. 그러나 크리스천의 메시지가 잘못을 지적하는 정도만은 아니다. 이 메시지는 사람들로 하여금 옳은 것을 발견하도록 돕는다. 디모데는 사람들에게 원기를 북돋우고, 끈기를 가지고 가르쳐야 한다.

마지막으로 바울은 자기 인생의 마지막에 대해 말한다. 그는 자신을 제사에서 부어 바치는 술에 비교한다. 옛날 성전에서 하나님의 제단에 포도주를 붓던 일을 말하는 것이다. 또한 그는 능숙한 병사와도 같다. 그런가 하면 경주를 마치고 월계관을 받는 육상선수와도 같다.

중요한 개념

가정

성경, 특히 구약성경의 가정은 핵가족 이상을 말한다. 가정의 성경적 개념은 대가족이다. 아버지, 아내(혹은 아내들), 자녀들, 다양한 식솔들과 종들을 다 포함한다.

아마 더 강력한 개념은 '세대'일 것이다. 한 지붕 아래 함께 기거하는 모든 사람들이 세대다. 신약성경 시대에 세대는 핵심 식구들은 물론이고 종들과 고용인들까지도 포함됐다. 예를 들어 고넬료의 세대에는 고넬료와 그의 가족, 종들과 다른 가까운 친구들까지도 포함이 됐다(행 10:7, 24). 사실 기독교의 전파는 어느 정도 이런 세대 형태의 가족에 의존했다고 볼 수 있다. 세대는 초대교회를 위한 환경을 충족시켜 주는 가족 개념이었다.

아버지는 도전할 수 없는 세대주였다. 자녀들은 결혼 전까지 아버지의 통제를 받으며 지냈다. 어린 자녀들은 어머니가 돌봤다. 그러나 남자아이들은 어느 정도 크면 아버지를 따라 일을 해야 했다. 같은 가정 구성원끼리의 혈연적 부착은 강했다. 가족의 일원이라면 친지들로부터 보호와 공급을 기대할 권리가 있었다.

맺는 인사4:9-22

바울의 동료들 일부는 그를 떠났다. 일부는 다른 곳으로 가기도 했다. 오직 누가만이 남아 있다. 그는 디모데에게 개인 소지물들을 가지고 오라고 한다. 그리고 친구들의 안부를 묻는다. 그는 예비 재판을 받고, 거기서 죽음을 모면한 것 같다. 사자들에 대해 말하는 것은 비유적일 수도 있지만, 로마 원형경기장에 있는 사자들을 지칭하는 것일 수도 있다. 어떤 경우든 바울은 장차 몇 번의 재판을 더 겪게 될 것을 알고 있다. 겨울은 다가오고 있다. 바울은 외투만큼이나 따뜻한 우정을 원한다.

?! 궁금증 해소

양피지에 쓴 책들(4:13)

두루마리는 파피루스로 만들었다. 갈대에서 취한 재료로 만든 종이다. 동물 가죽, 주로 양의 가죽으로 두루마리를 만들기도 했다. 여기서 바울이 부탁한 것은 '양피지', 즉 동물 가죽에 쓴 것일 것이다(보통 염소 가죽이나 양의 가죽). 이 말은, 이것들이 중요한 문서라는 뜻이다. 또한 그는 '책들'을 요청한다. 이 책들은 우리가 사본들이라 부르는 것으로서 함께 꿰맨 양피지나 파피루스 낱장들이다. 아마 이것을 보면 책의 형태를 떠올리게 될 것이다. 초대교회는 이러한 형태를 거의 독점적으로 사용했다. 그러면 이 수고(手稿)에는 무엇이 들어 있었을까? 잘 모른다. 그의 재판기록일 수도, 아니면 자기가 쓴 편지의 사본들일 수도 있다.

디도서

하나님은 거짓말하지 않으신다!

ROUTE PLANNER

교회의 직분자들 1:1-16
교회의 윤리 2:1-3:11
작별인사 3:12-15

누가 | 바울

언제 | 63년에서 65년 사이로 추정된다.

무엇을 | 이 편지의 목적은 디도의 리더십을 확고하게 세워주고, 당면한 현안들에 조언을 주기 위해서다. 바울과 디도는 그리스와 소아시아에서 동역한 것으로 보인다. 바울은 그를 크레타에서 일어나는 사역을 감독하도록 부탁했다. 많은 교훈들은 바울이 디모데에게 주었던 것과 흡사하다. 디모데나 디도나 비슷한 현안들에 부딪쳐 있기 때문이다.

한눈에 보는 안내판

저자 바울
유형 서신서
목적 크레타에 있는 교회를 감독하는 역할에 관해 디도에게 교훈을 준다.
핵심 구절 2:13 "복스러운 소망과 우리의 크신 하나님 구주 예수 그리스도의 영광이 나타나심을 기다리게 하셨으니."
한 가지만 기억한다면 하나님은 우리를 구원하셨고 희망을 주셨다. 우리도 다른 사람들에게 희망을 주는 삶을 살아야 한다.

한눈에 보는 흐름

교회의 지도자들 1:1-16
선한 본보기 2:1-3:11
선을 행하라 3:12-15

궁금증 해소

거짓말하는 선지자(1:12)

크레타 선지자 중 한 사람이 "크레타 사람들은 언제나 거짓말을 일삼는다"고 했다. 그런데 바울은 이 선지자의 말이 맞다고 했다. 크레타 사람들이 항상 거짓말을 한다면, 그 선지자도 거짓말을 하는 것이고, 크레타 사람들은 언제나 진실을 말하는 셈이다. 그러나 크레타 사람들이 언제나 진실을 말한다면, 어떻게 선지자는 거짓말을 할 수 있는가?

이렇게 따진다면 성경을 너무 문자적으로만 보는 것이다.

이것은 주전 6세기경 크노소스(Knossos)에서 활동한 시인 에피메니데스(Epimenides)의 시를 인용한 것이다.

바울의 편지를 통하지 않고는 디도에 대해 알 길이 없다. 바울은 이방인을 위한 자신의 사역을 변호하기 위해 예루살렘에 갈 때 디도를 데리고 갔다(갈 2:1-3). 디도의 회심, 즉 무할례자 이방인의 회심은 바울의 정당성을 입증하는 핵심적인 증거가 됐다(갈 2:3-5). 그는 나중에 고린도교회를 돕기 위해 파송된다. 그의 처신과 민감함으로 인해 고린도교회는 큰 도움을 얻은 것 같다(고후 2:12-13; 7:5-7). 바울이 나중에 로마에서 투옥됐을 때, 디도는 요즘의 크로아티아 지역인 달마시아로 사명을 띠고 간다(딤후 4:10).

이 편지는 디도가 크레타에서 일하고 있음을 보여준다. 바울은 이미 이 섬을 방문한 적이 있다. 더 정확하게 말해서 그는 이 섬에 표류한 적이 있다. 로마로 여행할 때였다(행 27:7-13). 그때 받은 환대 때문에 바울은 가능하면 그곳을 다시 방문하고자 한 것 같다. 사도행전에는 언급되지 않았지만 그보다 빨리 방문했었을 수도 있다. 그는 시작한 일을 마무리 짓기 위해서 디도를 놓아두고 떠난다. 그러나 디도가 후임자를 구하는 즉시 니고볼리에서 합류하기를 희망한다(3:12).

교회의 직분자들 1:1-16

바울의 가르침은 디모데전후서와 비슷하다. 장로들은 성숙하고 존경받는 자여야 한다. 그러나 바울은 결혼생활에서의 신실함과 '참된 메시지에 착심함'을 더더욱 강조한다. 바울 당시에, 크레타는 사기행각으로 유명한 도시였다. 그리스 사람들은 "크레타 사람처럼 군다"는 속담을 만들었을 정도다.

그런데 교회가 "크레타 사람처럼 구는" 참담한 일이 벌어졌다. 유대교 추종자들 일부가 똑같은 신화들을 퍼뜨리고, 디모데가 목회하던 에베소에서처럼 온갖 규칙과 규정들을 강조하고 다녔던 것이다. 그러나 정결해진 자에게는 모든 것이 정결하다. 하나님이 정결하게 해주신 자들에게는 더 이상 의식법적인 부정함이란 없다.

교회의 윤리 2:1–3:11

바울은 디도에게 교회 내 여러 그룹을 위한 조언을 준다. 나이 많은 노인들, 젊은 여성들과 남자들에 관한 조언들이다(2:1-6). 그는 디도에게 노예들에게 어떻게 행동해야 하는지 설교하거나 조언을 줄 때 '간단하게' 하라고 한다.

말뿐 아니라 행동으로도 우리는 서로 의사를 튼다. 따라서 크레타와 같은 사회에서, 크리스천 공동체의 태도와 행동은 엄청난 영향력을 미칠 수 있다. 크리스천들은 친절을 베풀고 합당하게, 정직하게 살아야 한다(2:11-12). 다른 사람들을 돕는 일에 앞장서고 잔

난해한 주제

| 시민 불복종 "그대는 신도들을 일깨워서 통치자들과 집권자들에게 복종하고 순종하며"(딛 3:1).

바울은 이렇게 쓰고 있다. 그가 이 글을 쓸 당시 감옥에 있었음을 염두에 두어야 한다.

바울의 견해는 세속 권위들도 하나님의 권능으로 세워졌다는 것이다(롬 13:1-7). 그는 이렇게 말한다. "권위들을 거스르는 사람은 하나님이 하신 일을 거스르는 것이다. 이들은 벌을 받게 될 것이다." 그러나 이 말이 권위를 지닌 자들이 무엇을 하든 무슨 말을 하든 조용히 따라야 한다는 뜻인가? 통치자들에게 대들기를 밥 먹듯 했던 구약성경의 예언자들은 어떤가? 예수님은 성전에서 어떻게 하셨는가? 베드로, 요한 등 감옥에 갔던 사람들의 경우는 어떤가?

바울은 자신들이 얻은 새로운 자유가 하고 싶은 대로 할 수 있다는 뜻이라 생각한 크리스천들에게 충고하고 있는 것 같다. 그러나 권위자들이 내리는 명령이 하나님의 뜻을 거스르지 않는다면, 바울은 크리스천들이 모범적인 시민으로 살아가기 위해 할 수 있는 모든 일을 다 해야 한다고 믿는다.

그러나 권위를 거스르는 일만이 유일한 방법인 경우들이 많았고 지금도 많다. 바울 시대로부터 지금까지 크리스천들은 시민불복종이라는 길고 영예로운 역사를 기록해왔다. 초기 크리스천들은 황제숭배를 거부했다. 좀 더 최근에 크리스천들은 도주한 미국 노예들 수천 명의 목숨을 구한 비밀단체 언더그라운드 레일로드(Underground Railroad)를 도왔다. 2차 세계대전에는 나치에 의해 위협당하는 수많은 유태인들을 숨기고 탈출시켰다. 어떤 경우에는 공문서들을 위조하기도 했다. 크리스천들은 인종분리 정책, 차별과 전쟁을 반대해왔다.

권위에 순복하는 일과 하나님께 불순종하는 것은 전적으로 다른 문제다. 그분이 무엇을 원하시는가 하는 문제에 부딪칠 때, 시민 불복종이 유일한 대안이 될 수도 있다.

인한 말이나 어리석은 논쟁에 빠지지 말아야 한다(3:1-2).

바울은 자신의 논증을 강화하기 위해서 초대교회의 찬송시를 인용함으로써 그의 논증을 간단하고 명료하게 요약한다. 그리스도는 우리를 자비로 구원하셨다. 우리의 죄는 씻겼고, 우리에게는 새로운 출발과 영생을 향한 희망이 주어졌다. 바울은 디도에게 "하나님을 믿는 모든 사람은 선한 일을 해야 한다"는 점을 확신시키고자 한다. 어리석인 이론에 매달려 있는 것은, 크레타 사람들 보기에도 점수를 깎아먹는 행위밖에 안 된다(3:8-11).

작별인사3:12-15

바울의 편지는 변호사인 세나와 아볼로 편에 보내졌던 게 분명하다. 이 아볼로는 소아시아에서 일한 그 아볼로가 맞을 것이다(행 18장; 고전 3장). 그들에게는 필요로 하는 모든 도움을 공급해줘야 한다. 그러나 디도에게 보내는 편지의 핵심 메시지 가운데 하나는, 필요로 하는 사람 모두에게 도움을 줘야 한다는 것이다.

빌레몬서

노예 그 이상의 사람

ROUTE PLANNER

언제 | 60년. 바울은 로마에 있다. 그는 연금된 상태다. 이 편지는 아마도 골로새서와 같은 시기에 쓰였을 것이다.

무엇을 | 빌레몬은 독특한 편지다. 바울이 도망한 노예와 관련하여 빌레몬에게 보낸 사적인 편지이기 때문이다. 오네시모는 노예였다. 그는 필시 빌레몬에게서 돈을 훔쳐 로마로 도망친 것 같다. 로마법에 의하면 이런 범죄는 사형으로 다스려야 한다. 그러나 오네시모는 바울을 만나 크리스천이 됐다. 이제 그는 빌레몬의 자비에 자신을 맡기면서 주인에게로 돌아간다.

한눈에 보는 안내판

저자 바울
유형 서신서
목적 도망한 노예를 위한 선처 호소.
핵심 구절 1:16 "이제부터 그는 종으로서가 아니라, 종 이상으로, 곧 사랑받는 형제로 그대의 곁에 있을 것입니다. 특히 그가 나에게 그렇다면, 그대에게는 육신으로나 주 안에서나, 더욱 그렇지 않겠습니까?"
한 가지만 기억한다면 기독교에는 차별이 없다. 모두가 하나님의 자녀다.

한눈에 보는 흐름

더 이상 노예가 아니다 1:1-25

빌레몬은 부유한 크리스천이었다. 많은 노예를 거느리고 있었고 그의 집에서 교회가 모였다. 그가 어디 살았는지 정확하게 모르지만 골로새가 아니었을까 짐작한다. 왜냐하면 골로새서에서 오네시모가 언급되기 때문이다(골 4:9, 17). 그리고 바울은 오네시모와 두기고를 함께 보낸다.

바울은 빌레몬에게 편지하고 있다. 관대한 처분을 바라는 것이다. 편지는 쾌활하고 여기저기 장난스러운 말의 배열이 눈에 들어온다. 바울은 자기 입장을 주장하기 위해 대단한 논리를 구사한다. 일부 전문가들은 그가 매우 공적인 플롯, 즉 그리스와 로마 작가들이 쓰는 형식을 취하고 있다고 지적한다. 이런 형식에서 작가는 먼저 독자를 추켜올려 세운 후에 자신의 논리를 전개한다. 그리고 정서에 호소한다. 법정에서도 같은 기본 구조를 사용한다.

접촉점 만들기 1-7

바울은 빌레몬에게 그의 기도와 사랑을 확인시키면서 편지를 연다. 빌레몬의 신앙과 사랑과 처신이 모든 사람들에게 칭송을 받고 있다고 강조한다. 일종의 복선이다.

변명 8-21

바울은 본론을 꺼낸다. 오네시모가 바울의 아들이 됐다는 것이다. 전에 그는 무용지물인 노예였으나, 이제는 소중한 친구가 됐다. 바울은 오네시모가 갚아야 할 빚이 있으면 다 자기가 지겠다고 한다. 그래서 편지도 직접 자기 손으로 쓰고 있다고 강조한다.

맺는 인사[22-25]

바울은 우리가 다른 편지들을 통해서 알고 있는 사람들을 거명한다. 에바브라는 골로새 출신으로서 바울의 친구다. 마가와 누가는 아마도 복음서 기자들을 말하는 것일 테다. 데마는 로마에서 바울을 버리고 간 사람이다.

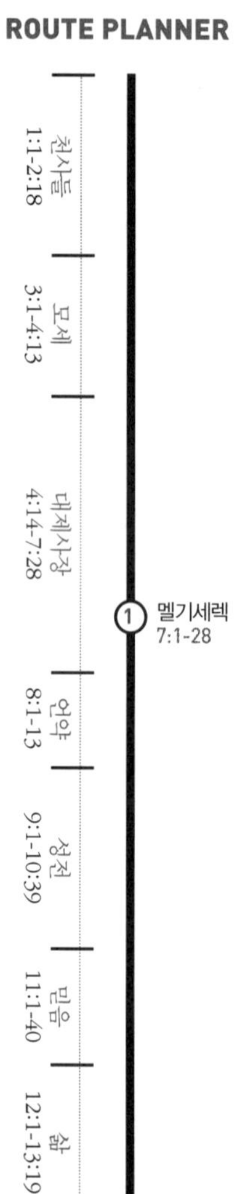

히브리서

믿음의 사람들

누가 | 히브리서를 누가 썼는지 모른다. 오랫동안 바울을 저자로 여겨왔지만, 대부분의 전문가들은 바울이 저자가 아니라는 데 동의하고 있다. 우선 문체가 완전히 다르고, 저자가 예수님과 직접 만난 적이 없다(2:3). 바울은 자신이 그리스도를 만났던 점을 전면에 내세웠으므로, 이런 말을 쓰지 않을 것이다. 바나바 저작설이 대두되기도 하고, 아볼로도 유력한 후보로 꼽힌다. 하지만 확실하지는 않다. 편의상 저자를 '히브리서의 저자' 라고 하자.

한눈에 보는 안내판

저자 미상
유형 일반 서신서
목적 예수님이 구약성경의 진정한 완성자임을 보여준다.
핵심 구절 9:28 "이와 같이 그리스도도 많은 사람의 죄를 담당하시려 단번에 드리신 바 되셨고 구원에 이르게 하기 위하여 죄와 상관없이 자기를 바라는 자들에게 두 번째 나타나시리라."
한 가지만 기억한다면 우리와 하나님 사이를 막는 그 무엇도 더 이상 없다. 예수님을 믿음으로써 우리는 하나가 된다.

한눈에 보는 흐름

우리와 같이 시험을 받으시다 2:5-18
모세보다 위대한 3:1-19
위대한 대제사장 4:14-5:10
더 나은 언약 8:1-13
더는 희생 제물이 없다 10:1-18
믿음은 확실하다 11:1-40
예수를 바라보라 12:1-13

언제 | 70년 예루살렘이 함락되기 전일 것이 확실하다. 저자가 이 점을 알았다면, 분명히 언급했을 것이다. 한편 그는 성전을 언급하면서 현재형을 쓴다. 따라서 60년대 후반쯤이었을 것이다.

무엇을 | 히브리서는 히브리인들을 위해 쓰였다. 즉 유대 크리스천들을 위한 책이다. 이들은 성경을 알았다. 일정 기간 크리스천으로 지냈는데, 고립돼 지내면서 유대교로 돌아가야 할지 말지 고민하는 사람들이다. 무엇보다 유대인들은 유구한 역사와 전통, 장엄한 성전, 화려한 예배, 성의를 입은 제사장들을 가진 민족이다. 기독교에는 무엇이 있는가? 성전도, 외경심을 자아내는 제사장도 없었다. 노예들, 이방인들, 과부들, 고아들, 그리고 약간 맛이 간 전직 바리새인들밖에는 없었다.

히브리서 저자는 반론을 제기한다. 기독교는 유대교의 완성이다. 이 편지에는 '더 나은', '우월한' 을 뜻하는 그리스어가 15번 나온다. 규칙과 규정들은 제거됐다. 장애물은 치워졌다. 예언자들, 아론, 모세, 멜기세덱, 아브라함, 천사들, 여호수아 등은 그들보다 우월하신 분, 진실하신 대제사장 예수 그리스도 앞에 무릎을 꿇어야 한다.

천사들 1:1–2:18

히브리서의 저자는 예수님의 유일무이하심에 관하여 간단하지만 강력한 선언을 함으로써 말문을 연다. 오래 전 하나님의 예언자들이 유대인들에게 역사를 통해서 말했다. 그러나 지금 하나님은 모든 사람에게 직접 말씀하시기 위해 아들을 보내셨다. 이 아들은 우리의 죄를 씻어주시고 만물을 다스리시는 권세를 받으셨다.

첫 문단은 예수님이 천사들보다 크심을 말한다. 여러 인용 말씀을 통해서 히브리서의 저자는 천사들이 그리스도를 경배한다는 점을 보여준다. 어떤 유대인들은 천사를 경배하려고 했다. 천사들은 한마디로 영일 뿐이다. 그들은 경배의 대상이 아니다. 그들을 보내신 분 때문에 중요성을 부여받는 존재일 따름이다(1:14).

천사들은 진리에 관한 메시지를 나른다. 그리고 이 진리는 예수님이 기적과 표적들을 행하셨을 때 입증됐다(2:4). 가장 놀라운 일은 천사들도 그 앞에 무릎을 꿇는 이 지고한 분이 인간의 모습을 취하여 이 땅에 와 죽으셨다는 것이다(2:9).

하나님이 사람이 되셔서 악을 물리치고 인류를 구해내기 위해 죽으셨다. 그분은 사람이 되셨기 때문에 사람을 전적으로 이해하실 수 있다(2:14-18).

모세 3:1-4:13

모세는 유대인들이 가장 존경하는 영웅이다. 그는 하나님의 도우심에 힘입어 이스라엘 백성들을 이집트에서 이끌어내 약속의 땅 언저리까지 인도했다. 그는 산에서 하나님을 만났고 율법을 받아왔다. 그러나 예수님은 모세보다 위대하시다. 모세는 충직한 종이

난해한 주제

| 왜 히브리서는 성경을 잘못 인용하고 있나?(1:5-14) 히브리서의 특징 중 하나는, 히브리서의 저자가 성경을 잘못 인용하고 있다는 것이다. 그렇다. '잘못'이라고는 말할 수 없더라도, 어떤 면에서든 원문과는 다르다. 이런 이유의 일부는, 히브리서의 저자가 구약성경의 그리스어 역본 칠십인역(Septuagint)을 사용하고 있기 때문이다. 대부분의 현대역본들은 히브리어 원전을 번역한 것이다. 따라서 차이가 있다.

그러나 이 점을 감안한다 하더라도, 그는 구약성경을 상당히 자유롭게 인용한다. 그는 인용과 자기 해석을 섞어놓는다. 여기저기서 말씀을 인용하고, 원문의 문맥을 벗어난 의미를 부과한다. 때로는 어디서 인용했는지, 누구의 말인지도 기억 못한다. 히브리서의 저자가 인용한 구약성경 구절들을 정확히 찾아내기란 쉽지 않다.

답을 내기 어려운 문제다. 히브리서의 저자가 영감 받은 말씀을 기록했다는 것 밖에는 할 수 있는 말이 별로 없다. 그는 단지 자신의 기억력에 의지해서 이 편지를 쓴 것은 아니다. 그가 전한 진리는 비단 히브리서만이 아니라 성경 전체를 통해서 발견된다. 그래도 그의 구약성경 인용에는 약간의 문제가 있다.

었지만 예수님은 주인이시다(3:1-6).

히브리서의 저자는 모세 영도 아래 있는 이스라엘 백성을 현재의 성도와 비교한다. 그들은 많은 기적을 봤지만 배교했다. 그 결과 그들은 하나님의 '안식'에 들어가지 못했다. 이 일은 우리에게도 경고가 된다(3:16-19).

'안식'(약속의 땅)에 들어간 사람들도 실은 임시방편적인 안식에 들어간 것이다. 진정한 안식, 하나님이 말씀하신 안식은 약속의 땅이 아니라 하늘이다. 히브리서의 저자는, 여호수아가 약속의 땅에 들어간 후 수백 년이 흘렀는데도 시편의 시인들이 여전히 사람들에게 하나님의 안식에 들어가자고 초대하는 점을 지적함으로써 이를 입증한다(4:7-10). 하나님의 진정한 안식에 들어가는 것은 구원을 통해서다(4:3). 참 안식은 아직 오지 않았다.

대제사장 4:14-7:28

대제사장은 지성소에 들어갈 수 있는 유일한 사람이다. 아론은 대제사장의 원류다. 그러나 예수님이 아론보다 크시다. 이 본문에서 히브리서의 저자는 독자들에게 심각한 당부를 한다. 이 난해한 문제에 집중해야 한다는 것이다. 그는 아기들이 먹는 우유가 아니라 고기를 주고 있다. 기초적인 음식을 떠먹이는 수준이 아니라 존경하는 마음으로 대하는 것이다. 그들이 어려운 개념들을 파악할 수 있게 하고 있다. 그들은 크리스천 생활의 기초를 알고 있다(6:1-3). 이제 더 나아간 학습을 받아야 할 때다.

어떤 이들은 확실히 움직였다. 크리스천의 믿음에 깊이 뿌리 내리지 못하고 오히려 떠내려갔다. 히브리서의 저자는 죄에 빠지지 말고 믿음에 붙어서 하나님의 약속을 믿고 그분을 향해 달려 나아가는 것이 안전하다고 권고한다(6:13-18). 이 약속들은 예수님 안에 있다. 그분은 대제사장보다 크신 분이다. 회중과 지성소를 나눠놓은 휘장이 둘로 찢어졌다. 예수님은 지성소를 지나 나아가셨고, 이제 하늘에서 우리를 기다리신다(6:19-20).

① **멜기세덱** 7:1-28 이 구약의 인물에 관해 알려진 바는 별로 없다. 아브라함이 복을 구한 대제사장이라는 사실은 분명하다(창 14:18-20). 히브리서의 저자는 멜기세덱을 그리스도의 상징으로 사용한다.

멜기세덱은 왕이요 제사장이었다. 그는 하나님이 선택하셨으므로 제사장이다. 그가 특정한 지파에서 나왔기 때문은 아니다(그는 사실 이스라엘 백성도 아니었다). 히브리서의 저자는 멜기세덱의 신비스러운 기원을 활용한다. 그의 조상, 출생, 죽음에 대한 기록이 없다는 점을 내세워서, 우리에게 그리스도의 신적인 기원에 대해 알려준다.

히브리서의 저자는 대제사장직으로는 충분하지 않다고 주장한다. 멜기세덱을 택하신 하나님이 예수님을 택하셨다. "예수는 영원하고 완벽한 대제사장이다"(7:26-28).

언약8:1-13

옛 언약은 모세와 세운 것이다. 이 언약은 임시적이고 부적절하다. 율법은 사람의 힘으로 지킬 수 없다. 제사 제도, 성전, 장막은 원판을 보여주는 가물가물한 복사판일 뿐이다. 그리스도는 새로운 협약을 가져오셨다. 믿음과 사랑을 요구하는 새 언약이다. 이 언약은 끊임없이 동물을 잡아 바치는 제사를 요구하지 않는다. 히브리서의 저자는 옛 방식들이 먹히지 않는다는 점을 확실하게 보여주기 위해 아득히 먼 옛날의 예레미야를 인용한다. 예레미야는 새로운 언약의 도래를 고대했다. 백성의 마음과 정신에 새겨지는 언약이다. 이 언약은 그리스도 안에서 이뤄질 것이다.

성전9:1-10:39

히브리서의 저자는 독자들을 출애굽 당시로 데리고 간다. 예배의 첫 규칙들이 주어지고 율법이 수립되며 장막이 만들어진 시기다. 이런 출발에 대해 언급한 후(9:1-5), 저자는 이 모든 일들의 부적절함을 지적한다. 이것들은 하나님과 사람이 분리되어 있음을 보여주는 성령님의 방법이었다고 주장하는 것이다.

사람은 하나님에게로 나아갈 수 없다. 대제사장을 통하지 않으면 불가능하다. 희생 제물들이 죄를 전적으로 치워버릴 수 없다. 이것들은 백성들에게 죄를 상기시킬 뿐이다(10:2-4). 그러나 그리스도는 완벽한 대제사장으로서 언제나 자유롭게 하나님 앞으로 나아갈 수 있게 해주셨다. 이뿐 아니다. 그분은 완벽한 희생 제물이셨다. 그분의 한 번 완벽한 제사로 우리가 영원히 정결해졌다(9:25-26). 성막, 지성소, 규칙들과 규례들, 제사와 의식들은 모두 이 진리의 그림자였다. 이 진리가 예수님 안에서 분명하게 나타났다. "죄와 불법이 용서되었으니, 죄를 사하는 제사는 더 이상 필요 없습니다"(10:18).

이 숨 막히는 진리 아래서, 히브리서의 저자는 다시금 그의 수신자들을 격려하여 믿음 안에 계속 머물라고 한다. 그들은 이미 많은 난관을 겪었다. 그러나 이것은 장차 올 더 좋은 것들의 약속 때문이었다(11:32-34). 여기까지 오고도 돌아서는 것은 하나님의 심판과 형벌을 자초하는 짓일 수 있다. 참고 앞으로 나아가는 일이야말로 영원한 구원의 상을 얻는 길이다(11:35-39).

믿음 11:1-40

믿음이 필요하다. 믿음은 전혀 새로운 것이 아니다. 히브리서의 저자는 하나님을 믿었던 구약성경의 많은 인물들을 나열한다. 그들은 주께서 약속을 지키실 것이라는 확고한 믿음으로 살다 죽었다. 구약성경의 모든 영웅들은 이 점을 보여주기 위한 모델이다. 아브라함, 이삭, 모세와 같은 영웅들, 그다지 유명하지는 않았어도 믿음으로 산 위인들 모두는 그들의 믿음 때문에 고난을 받았다. 매 맞고 사슬에 묶여 채찍질 당했다. 가난하고 부당한 대우를 받고 고문까지 당한 사람들이었다. 이 사람들은 율법을 지켰기 때문에 위대한 것이 아니다. 그들은 믿음으로 하나님을 기쁘시게 했다. 그들 중 누구도 약속이 이루어지는 것을 본 사람은 없다(11:13). 하나님은 그들을 위해 더 좋은 것을 아껴주셨다. 그분은 수많은 영웅들이 그리스도를 믿는 믿음을 통해 그들과 하나가 되는 것을 내다보신다.

삶 12:1-13:19

이 모든 영웅들이 우리를 바라보고 있다. 마치 경기장의 관중들처럼 우리를 지켜보고 있다. 그들은 선 채로 우리를 격려한다. 힘을 북돋아준다. 우리가 확고한 의지를 가지고 이 경주를 마칠 수 있도록 돕는다(12:1).

편지의 마지막 부분에서 히브리서의 저자는 그의 전언에 대한 우리의 반응에 초점을 맞춘다. 우리가 그것에 관해 취해야 할 행동에 맞춘다. 우리는 예수님께 순종해야 한다(12:25). 과거에 이 경주를 포기한 자들의 사례를 기억해야 한다. 히브리서의 저자는 크리스천들이 경주를 계속하기 위해 해야 할 간단한 몇 가지 일들에 대해 말하면서 말을 맺는다. 친절과 자선, 다른 사람들의 안녕을 위한 배려, 사람들을 향한 존경, 배우자에 대한 신실함이 그것이다.

맺는 인사 13:20-25

짤막하게 썼다(13:22)고 하지만 짧지는 않았다! 히브리서의 저자는 디모데가 감옥에서 풀려났다고 말한다. 이 디모데가 바울과 동행한 바로 그 디모데인지는 알려지지 않는다. 24절은 이 편지가 이탈리아로 보내는 것, 혹은 이탈리아에서부터 붙여진 것이라는 뜻이 될 수 있다.

?! 궁금증 해소

제단과 촛대(13:10-14)

무엇을 의미하는지 분명치 않다. 아마 이 본문은 기독교와 유대교의 분리를 말하는 것 같다. 구약성경에서 제사장들은 제단에서 바친 음식을 먹었다. 그러나 속죄일에 바친 희생 제물은 먹을 수 없었다. 이날 바쳐지는 짐승은 진 밖에서 도축돼 태워진다. 즉 크리스천들은 옛 속죄 제물이 제사장들을 통해 성취할 수 없었던 것을 이루신 그리스도의 희생을 통해서 용서를 받는다. 우리는 그분에게 나아가 그분의 발자취를 따름으로써 '그분이 당한 수치를 나눈다.' 우리가 그분을 따를 때 우리는 율법이라는 '진' 밖으로 내보내지고 새로운 믿음, 하나님과의 새로운 관계 안으로 들어간다.

ROUTE PLANNER

시험과 순종 1:1-27

부요함, 행함, 말 2:1-3:18

세상 4:1-5:6

인내 5:7-20

야고보서

믿음과 행위

누가 | 예수님의 동생 야고보가 이 편지의 저자라는 데 일반적으로 동의한다. 그는 예수님이 부활하신 모습을 보고 회심했다(고전 15:7). 그는 사도행전에서 자주 언급되는데, 예루살렘교회의 수장이었던 것으로 보인다. 바울은 마지막이자 운명적으로 이 도시로 돌아가게 됐을 때 베드로와 더불어 야고보를 찾아본다. 야고보는 이방인들 선교에 관한 복잡한 논쟁에 일찍부터 관련이 됐다.

언제 | 어떤 사람들은 이 편지가 60년대 후반에 쓰였다고 본다.

한눈에 보는 안내판

저자 예수님의 형제 야고보
유형 일반 서신서
목적 크리스천들에게 믿음을 행동으로 옮기라고 촉구한다.
핵심 구절 2:14 "나의 형제자매 여러분, 사람이, 믿음이 있다고 말하면서도 행함이 없으면, 무슨 소용이 있겠습니까? 그런 믿음이 그를 구원할 수 있겠습니까?"
한 가지만 기억한다면 행위가 없는 믿음은 믿음이 아니다. 우리가 믿는 바는 우리가 하는 일을 통해 입증된다.

한눈에 보는 흐름

시험 1:1-18
가난한 자를 돌보라 2:1-13
믿음과 행함 2:14-26
혀를 제어하라 3:1-18
왜 다투는가 4:1-5:6
인내 5:7-20

그러나 그보다는 훨씬 일찍 쓰였을 수도 있다. 먼저 크리스천들이 모이는 장소를 말하면서 "회당"이라는 용어를 쓴다(2:2). 교회 구조가 장로들과 교사들로 아주 단순하게 묘사돼 있고, 할례와 같은 문제들에 대한 논쟁이 일체 나오지 않는다. 이런 이유들 때문에, 이 편지는 신약성경의 서신들 가운데 연대가 이른 편지일 수도 있다. 이 편지는 크리스천들이 살아야 할 삶을 지도처럼 보여주는 역할을 하고 있다.

무엇을 | 야고보는 유대인 크리스천들을 위해 이 편지를 쓴 것 같다. 편지에는 유대적인 용어와 더불어 실천적인, 유대적인 시각이 드러난다. 열두 지파에 대한 언급(1:1)은, 스데반의 죽음(행 8:1) 이후 밀어닥친 핍박으로 흩어진 유대인들을 가리키는 것이라고 해석하는 사람들도 있다.

야고보서는 호불호가 확실하게 갈리는 책이다. 마르틴 루터와 같은 종교개혁자는 이 책을 싫어했다. 그가 보기에 '믿음'을 충분히 언급하지 않기 때문이다. 아니 '예수'라는 말이 많이 안 나오는 탓일 수도 있다. 그러나 이 편지는 다른 서신서들에 비해서 그리스도의 말씀을 더 많이 인용한다. 야고보는 그리스도의 죽음과 부활에 관해 직접적인 언급을 하지 않으나, 예수님을 '영광스러운 분'으로 언급하고, 재림을 다루며(5:7), 예수님을 심판자로 내세운다(5:9).

야고보서를 좋아하는 사람들은, 이 책이 신약성경 서신서 가운데 가장 실천적이라고 말한다. 이 책은 우리에게 어떻게 살아야 할지 말해준다. 자신의 믿음을 실천적이고 사랑스러운 방법을 통해 표현하도록 도전한다. 게다가 그런 행위가 나오지 않으면, 믿음에 뭔가 심각한 이상이 있다고 말한다.

시험 1:1-18

이 편지의 서두는 편지 전체에 걸쳐 토론될 현안들을 제시한다. 편지는 믿음으로 시작한다. 고난과 환란의 시험을 통과한 믿음이다. 야고보는 믿음 가진 사람만이 이 시련에서 살아남는다고 분명히 말한다. 의심하는 사람은 휩쓸려 사라지고 말 것이다(1:6-8). 재물과 부에 의존하는 사람은 불에 타버릴 것이다(1:9-11). 그러나 확고히 선 사람은 영광스러운 생명으로 보상받을 것이다.

야고보는 크리스천들이 환란 중에 어떤 모습을 해야 할지 그림으로 보여준다. 크리스천은 고난을 당해도 하나님을 원망하지 않는다. 파도가 밀려와도 주저앉지 않는다. 그들은 유일하신 분, 변하지 않으시는 하나님을 신뢰한다. 그분 스스로 돌보시는 백성에게 보내신 말씀을 믿는다(1:16-18).

순종 1:19-27

듣는 것과 행하는 것은 별개다. 종교는 회중석에 앉아 전하는 말을 듣고 동의의 고갯짓을 하는 것 이상이다. 부도덕하고 악한 행실을 하지 않도록 자신의 말과 행실을 억제하는 것이 종교다.

난해한 주제

| 바울과 야고보 전통적으로 야고보서는 바울의 서신서와 반대 입장에 있는 것으로 받아들여졌다. 바울이 믿음을 통한 구원을 강조하는 반면, 야고보는 행위가 중요하다는 듯한 인상을 풍긴다.

그러나 바울과 야고보 사이에는 실제적인 차이가 그다지 존재하지 않는다. 바울의 편지들을 읽어보면(이미 읽어보았다), 언제나 해야 할 일들의 목록으로 끝나는 것을 발견할 수 있다. 바울은 믿음이 언제나 행위로 나타남을 알고 있었다. 착한 행실로 나타나지 않는 믿음은 진정한 믿음이 아니다.

이 구절을 깊이 묵상해보라. "가장 중요한 것은, 사랑으로 역사하는 믿음입니다." 야고보서에서 나옴직한 구절이다. 그러나 위의 구절은 바울이 썼다(갈 5:6). 바울의 서신들을 읽어보면 그가 착한 일의 행함을 강조했음을 알 것이다. 야고보는 행위가 사람을 구원할 수 있다고 말하지 않는다. 그가 말하는 것은 행위가 없는 믿음은 믿음이 아니라는 것이다. 이것은 바울이 말한 바와 정확하게 일치한다.

부요함, 행함, 말2:1–3:18

예수님은 하나님 앞으로 나오는 사람들에게는 부가 가장 큰 적 중의 하나라고 규정하셨다. 이 편지에서 야고보는 부, 특권과 권력에 대한 애착이 교회를 타락시킨다고 말한다. 교회는 사교클럽이 아니다. 정장을 해야 들어갈 수 있는 곳이 아니다. 가난한 사람들은 뒷자리에 모여 앉아 있어야 하는 곳이 아니다. 기독교는 새로운 공동체, 바울 서신서들에서 늘 나타나듯이 모든 사람이 평등한 곳이다. 야고보는 우리를 근본적인 율법으로 데려간다. 그는 "네 이웃을 네 몸과 같이 사랑하라"를 "으뜸가는 법"이라 한다.

그러나 행위가 빠진 믿음은 믿음이 아니다. 말로 행동을 때울 수 없다. 야고보는 아브라함의 예를 들어 '어리석은 사람들'에게 답한다. 바울에게 있어서 아브라함의 믿음은 자녀에 관한 하나님의 약속을 믿은 것이 절정이었던 반면, 야고보는 아들을 번제로 바치려 한 결행을 최고봉으로 쳤다. 하나님이 원하시는 것을 행하는 것이 믿음이다. 그가 길을 떠나 그 일을 (거의) 행했다는 점은, 아브라함이 진정 하나님을 믿었음을 보여준다. 바울과 야고보는 같은 구절을 인용하고 있다(창 15:6).

또 야고보는 말의 중요성을 거의 으뜸에 놓는다. 말은 우리 안에 들어 있는 것을 드러낸다. 말은 삼림에 난 불보다도 더 큰 해를 가져온다. 야고보는 대중 앞에서 하는 말에서 시작한다. 그래서 가르치는 자들에게 엄중 경고한다. 단지 거짓 가르침을 말하는 게 아니다. 그는 지금 정직과 투명함에 대해 말하고 있다. 말하는 사람들이 현명하고 거룩한 인상을 주기란 너무 쉽다. 모든 일을 다 파악한 듯 꾸미기도 쉽다. 또한 대적이 하지 않은 말을 했다고 하거나, 그의 견해를 왜곡하고, 조롱하고 깎아내리기도 쉽다. 선생들에게는 권한이 있다. 따라서 그들은 책임도 져야 한다.

야고보는 대중 앞에서의 언어생활에서 일반적인 영역으로 옮겨 온다. 말을 제어하지 못하는 사람들은 엄청난 해를 일으킨다. 타인에 대해 나쁘게 말하는 것은 참 쉽다. 아니 재미있다! 그러나 시기와 이기심에서 나온 말들은 대재앙을 일으키는 뿌리가 된다.

언어는 자기폭로적이다. 하나님을 찬양하다가 돌아서서 이웃을 저주하는 사람은 그 안에 있는 위선적인 태도를 드러낸다. 우리는 청렴함과 지혜를 구해야 한다. 우리의 언어가 좋은 열매를 맺게 해야 한다. 우리가 좋은 나무임을 드러내야 한다.

세상 4:1-56

우리는 세상을 사랑할 수 없다. 하나님을 사랑하기 때문이다. 세상과 하나님은 서로 적대적인 관계에 있다. 수천 년 교회 역사에서 언제나 두 가지를 한꺼번에 하려는 사람들이 있었다. 교회 자체가 정의, 봉사, 사랑보다는 권력과 부에 탐닉한 적도 많았다.

우리는 세상을 사랑하지 말고 하나님과 그분이 원하시는 것에

BRIEF LiVES 약력

| 야고보

가족 사항 _ 예수님의 동생.

직업 _ 예루살렘교회의 지도자.

생애와 업적 _ 야고보는 교회사에서 가장 중요한 인물 중 하나이다. 예수님의 동생으로 예수님이 사역할 동안에는 제자가 아니었다. 부활하신 예수님을 만난 이후에 제자가 된 것으로 보인다(고전 15:5-8).

이 일 후에 그는 초대교회의 지도자가 됐고, 개인적인 경건으로 정평이 난 사람이 됐다. 예루살렘 공의회가 열렸을 때 논의를 '정리'한 사람은 바로 그였다. 이방인 크리스천들은 유대 율법의 규례들을 따르지 않아도 된다는 그의 판단은 교회사에서 가장 중요한 결정 중 하나였다(아니 어쩌면 전 역사에서). 왜냐하면 기독교가 로마 세계 전체에 더 멀리 넓게 퍼지는 계기가 됐기 때문이다.

그는 다른 사도들처럼 순회 설교자는 아니었던 것 같다. 그는 예루살렘을 지켰다. 그는 예루살렘에서 이방인 제자들과, 크리스천도 유대종교의 관습을 따라야 한다고 생각한 사람들 사이에서 중도를 지켰다.

유대 역사가 요세푸스는, 야고보가 62년에 순교 당했다고 기록하고 있다. 그는 돌에 맞아 죽었는데, 안나누스라는 부패한 대제사장이 그의 죽음을 선동했다. 재미있는 것은, 이 일이 야고보를 참으로 의로운 사람으로 생각한 많은 유대인들을 격분시켰다는 것이다.

성품 _ 절제력 있고, 경건하다.

장점 _ 교회의 분쟁을 봉합했다. 어려운 결정 내리기를 주저하지 않았다.

단점 _ 자기 형님의 진짜 정체를 알아보는 데 한참 걸렸다.

초점을 둬야 한다. 정의롭게 행동해야 한다는 것이다. 야고보는 사람들을 비난하는 것에 대해 경고한다(4:11-12). 이어서 부자들에 대해 또 한 번 냉정한 발언을 한다. 이번에는 그들이 가지고 있는 부가 아니라 그것을 획득한 방법에 대해 일침을 가한다. 그들은 노동자들을 착취한다. 억압당하는 사람들의 울부짖음을 외면한다. 무죄한 사람들이 무덤으로 가고 있는데도 얼굴을 돌린다. 오늘날 부자 교회에서 살아가는 사람들에게 이 말씀은 매우 도전적이고 차갑게 느껴질 수 있다. 탐심을 부리면 벌을 받게 된다. 탐심을 부리는 사람은 마구 먹여 살찌게 만든 칠면조와 같다. 자, 원하는 대로 먹어라. 곧 추수감사절이 다가온다.

인내 5:7-20

더 나은 길이 있다. 야고보는 우리에게 인내하는 사랑의 가치를 보여준다. 우리는 다른 사람들과 더불어 기도해야 한다. 서로 용서를 구해야 한다. 사람들을 심연에서 건져내어 인도하고, 그들이 진리 안에서 걷도록 도와야 한다.

ROUTE PLANNER

희망 1:1-12

거룩 1:13-2:17

고난 2:18-4:19

리더십 5:1-12

베드로전서

고난을 다루는 방법

누가 | 전통적인 견해로는 베드로가 저자다. 베드로는 어부로서 안드레의 형제고 예수님의 측근이다. 초대교회는 베드로가 저자라고 인정했지만, 최근 들어 그의 저작설을 의심하는 견해도 있다. 어떤 사람들은 아람어를 말하는 어부가 썼다고 보기에는 본문의 그리스어가 너무 훌륭하다고 의심의 눈초리를 보낸다. 그리고 책에 묘사된 상황은 도미시안 황제 치하에서 베드로가 순교한 이후에야 일어난다는 것이다. 그러나 지지자들은 베드로가 비서를 시켜서

한눈에 보는 안내판

저자 사도인 베드로라고 추정
유형 일반 서신서
목적 고난에 직면한 크리스천들에게 격려와 용기를 북돋아준다.
핵심 구절 2:9 "그러나 여러분은 택함을 받은 민족이요, 왕의 제사장들이요, 거룩한 국민이요, 하나님의 소유가 된 백성입니다. 그것은 여러분을 어두움에서 불러내어, 그의 놀라운 빛 가운데로 인도하신 분의 업적을, 여러분이 선포하게 하려는 것입니다."
한 가지만 기억한다면 어려운 시기가 닥칠 것이다. 그러나 하나님은 언제나 미쁜 분이시다.

한눈에 보는 흐름

희망 1:1-12
하나님의 백성 1:13-2:17
놀라지 말라 3:12-19

편지를 쓰게 했을 수 있다고 본다. 편지 말미에 실바누스(실라)를 언급하는 것은, 바로 이런 이유 때문이다. 그리고 이 책에 묘사된 상황은 베드로가 아직 생존해 있던 초기 네로 당시의 박해를 그대로 반영하고 있다.

언제 | 62년에서 64년 사이쯤일 것이다. 저자가 바울의 후기 서신들을 잘 알고 있는 것으로 보아 더 이른 시기는 아닐 것이다. 5장 13절에 의하면 저자는 '바벨론'에 있다. 당시로서는 작고 퇴락한 도시로 전락한 유프라테스 강변에 자리 잡은 바벨론에 실제로 있다는 뜻도 되고, 로마를 암호로 말하는 것일 수도 있다. 그러나 두 해석 모두 문제를 일으킨다. 베드로가 바벨론 근처로라도 여행했다는 전승은 어디에도 없다. 한편 로마를 바벨론이라고 암호화해서 말하는 관습은 요한계시록 전에는 성경 다른 곳에서 한 번도 나타나지 않는다. 요한계시록은 1세기 말에나 기록됐다. 성경 전문가들은 아직도 논의 중이다.

무엇을 | 이 편지는 사사로운 편지가 아니다. 그렇다고 특정 교회에 보내는 편지도 아니다. 이 편지는 고난을 당하고 있거나, 닥쳐올 고난을 내다보고 있는 사람들을 위해 쓴 회람용 서신이다. 이 편지는 수신자들을 격려하고, 그들에게 신앙을 잃지 말라고 권면한다. 아울러 그들이 특별하고 거룩한 백성임을 알게 한다. 이 편지는 왜 고난이 있느냐에 관한 철학적인 질문을 다루지 않는다. 크리스천이 고난에 어떻게 반응해야 하는지 훨씬 더 실천적인 문제를 다루고 있다.

베드로 당시 크리스천이 되면 심각한 결과를 감수해야 했다. 추방, 조롱, 파문이라는 결과로 이어지기가 일쑤였다. 많은 경우에는 죽임을 당하기도 했다. 오늘날에도 크리스천이 됨으로써 위험과 고립을 각오해야 하는 사회들이 많다. 베드로는 현실 앞에 서 있다. 피할 수 없는 고난이 기다리고 있다. 고난은 크리스천이 되는 과정

궁금증 해소

돌과 제사장들(2:4-10)

베드로는 성전이라는 이미지를 사용한다. 우리는 그리스도라는 모퉁잇돌(막 12장)을 중심으로 하나의 성전으로 세워져 가고 있다. 우리는 성전일 뿐더러 그 안에서 섬기는 제사장도 된다. 삶을 바꾸는 이 거룩한 건물이, 다른 건축자들이 쓸모없다고, 울퉁불퉁하다고 버린 돌을 기축으로 지어진다는 것은 역설 중의 역설이다. 건축자들은 이 돌을 무시할 수 없다. 건물을 떠받쳐주고 균형을 잡아주기 때문이다. 많은 사람들이 그리스도를 삶의 기초로 모신다. 그러나 다른 사람들은 그를 빼버려야 할 장애로밖에는 보지 않는다.

의 일부요 절차다. 가장 큰 문제는 고난에 어떻게 반응할 것인가이다. 베드로는 이렇게 말한다. "고난은 당신에게 곧 닥칠 것이다. 당신이 어떤 반응을 보일 것인가, 이것이 문제다."

그리스도의 고난은 영광의 전주곡이다. 베드로는 우리의 고난도 우리를 기다리고 있는 영광의 전주곡이라고 한다. 그 동안 우리는 서로 사랑을 보이고, 우리에게 주신 하나님의 선물을 지혜롭게 사용하면 된다.

희망 1:1-12

크리스천은 희망의 사람들이다. 어려운 시련을 겪고 있다면, 우리의 최종 목적지가 하늘임을 기억해야 한다. 금이 불순물들을 태워버림으로써 순금이 되는 것처럼, 고난은 우리의 믿음을 '순도 높게' 할 수 있다(1:5-7). 구약성경의 예언자들은 그리스도에 관한 메시지를 받았지만, 그들이 하는 말을 다 이해하지는 못했다. 그들의 언어는, 비록 수백 년 전에 발설한 것이지만, 그리스도에 대한 진리를 후대에 확증하는 데 도구가 됐다(1:10-12).

거룩 1:13-2:17

세상의 압력은 도도하다. 그러나 크리스천은 이 압력이 자신의 생각을 좌우하도록 해서는 안 된다. 선명하게 사고해야 한다. 그리고 자신이 그리스도로 인해 구원받은 하나님의 '거룩한 백성' 임을 기억해야 한다. 우리는 새로운 시민권을 받았다. 우리는 하늘의 시민으로서 이 땅에서는 난민이다(1:13-17). 베드로 당시에 크리스천들에 대해 악의적이고 무자비한 소문들이 떠돌아다녔다. 크리스천들이 음탕한 파티, 식인, 마술에 몰두한다는 것이다. 사실을 말하자면, 크리스천들은 자주 오해받고 미움받은 소수였다.

그러나 거룩은 거만한 웃음을 지으며 뒤로 물러나 앉아 후광을 번쩍거리는 것은 아니다. 거룩은 우리의 이기적인 욕망을 정복하고 예수님께 복종하며, 미숙한 아이처럼 행동하지 않는 것이다. 우리는 다른 나라의 시민이지만, 우리가 살고 있는 지금 이곳의 권위자들을 존경하고 영예를 돌려야 한다. 이 점은 바울의 가르침과 상당히 근접해 있다(롬 13:1-7).

궁금증 해소

죽은 자들을 위한 복음 (4:6)

복음이 지금 죽어 있는 자들에게도 전해졌다는 뜻인 것 같다. 육체의 죽음에도 불구하고, 그들은 살 것이다. 바울도 데살로니가전서에서 비슷한 주제를 거론한 적이 있다(살전 4장).

고난 2:18-4:19

이 편지의 강조점은 권력자들로 인하여 사람들에게 닥쳐오는 고난이다. 베드로가 보기에 해답은 반역을 일으키는 것이 아니라 예수님의 모범을 믿고 따르는 것이다. 그는 노예제도를 비난하지 않는 대신, 노예들에게 눈을 그리스도께 고정하고 자신의 분수를 지키라고 강권한다(2:18-25). 비신자의 아내들은 남편들의 권위를 인

난해한 주제

| 옥에 가신 그리스도(3:19) 이 편지에서 가장 모호한 구절이다. 이 구절은 무죄하신 그리스도가 많은 사람들의 죄를 위해 죽으시고 다시 살아나셨다는 아주 명쾌한 요점으로 시작한다. 그러나 다음 구절이 궁금증을 자아낸다. 그리스도가 어딘가에 있는 감옥에 가셔서 노아 시대에 불순종하던 영들에게 말씀을 전파하셨다는 의미이기 때문이다.

어떤 사람들은 그리스도가 타락한 천사들에게 전파하셨다고 본다. 즉 창세기 시대에 "사람의 딸들과 결혼한 하나님의 아들들"(창 6:1-2)에게 전파하셨다는 것이다. 이 이론의 맹점은 창세기가 이들을 천사나 영들이었다고 딱 잘라 말하지 않는다는 것이다. 아니, 설사 그들이 천사들이라 할지라도, 왜 그들에게 가셨는지는 여전히 풀리지 않는다.

다른 이론으로는, 그리스도가 죽음과 부활 사이에 죽은 자들의 장소로 내려가셔서, 노아의 동시대인들에게 전파하셨다는 것이 있다. 여기서도 같은 문제가 발생한다. 왜 그들에게만 가셨는가? 그리고 무엇을 전파하셨는가? 그들이 사람들이라면 왜 굳이 '영'이라는 말을 사용했는가?

베드로는 노아 이야기 전체를 하나의 상징으로 사용하고 있는 것처럼 보인다. 오직 몇 사람만이 구원받은 노아 시대처럼, 오직 소수의 사람들만이 그리스도를 통하여 '안전하게 행선할 것이다.'

정하고, 남편들을 얻기 위해 선한 행동의 모범을 보여야 한다. 남편들은 아내들을 억누르지 말아야 한다. '내 권리' 를 고집하기보다는 옳은 일을 행하는 것이 문제의 핵심이다(3:1-7).

크리스천들은 예수를 높이고 그분의 인도 아래 삶을 두어야 한다(3:15). 고난당한다 해도 옳은 일 때문에 고난당하도록 하자!

리더십 5:1-12

베드로는 리더들에게 주는 충고와 교훈으로 편지를 맺는다. 그들은 사랑의 동기에서 맡겨진 책무를 수행해야 한다. 돈을 목적 삼거나 권력을 휘두르는 맛 때문이면 안 된다(5:2-4). 베드로는 젊은 이들은 노인들에게 순종해야 한다고 말한다. 그리고 모든 사람이 다른 사람을 향해서 겸손해야 한다고도 덧붙인다. 이것이 서로 섬기는 종의 공동체다. 베드로는 그리스도가 자기 발을 씻겨 주실 때 겸손의 리더십을 깨달았다. 그의 삶은 겸손을 행동으로 옮기는 그것이었다.

베드로후서

우리는 어떻게 살아야 하는가

ROUTE PLANNER

누가 | 베드로의 두 번째 편지는 첫 편지처럼 저자에 관하여 숱한 논쟁을 불러 일으켰다. 서신서 대부분이 누가 진짜 저자인가를 놓고 많은 논쟁이 벌어지지만, 이 편지는 전통적인 견해를 받아들일 경우 일어나는 숱한 어려움들을 풀 길이 막막하다.

먼저 문체다. 베드로전서와 문체가 완전히 다르다. 둘째, 편지의 상당 부분이 유다서의 재탕이다. 셋째, 역사적인 문제다. 예를 들어 편지는 바울의 편지들을 성경으로 취급한다. 그러나 바울 편지들

한눈에 보는 안내판

저자 베드로일 수도 있지만, 다른 사람일 가능성도 있다.
유형 일반 서신서
목적 크리스천들에게 하나님을 기쁘시게 하는 삶을 살라고 촉구한다.
핵심 구절 1:3 "그리스도께서는 신적 권능으로 우리에게 생명과 경건에 이르게 하는 모든 것을 주셨습니다. 그것은 우리가, 자기의 영광과 덕으로써 우리를 불러 주신 분을 알았기 때문입니다."
한 가지만 기억한다면 우리는 해야 할 바를 알고 있다. 알았으면 행하는 것이다.

한눈에 보는 흐름

우리에게 필요한 것 1:1-15
그리스도의 영광 1:16-21
주님의 재림 3:1-17

궁금증 해소

내가 떠나간 후(1:15)

이 구절은 저자가 생애 거의 마지막에 이르렀음을 암시한다. 베드로후서가 일종의 '마지막 증언'으로서 베드로 사후의 출판물이라는 재미있는 견해가 있다. 베드로는 서신을 편찬하지만(1:15) 그의 사후 동역자에 의해서 작업이 완수된다. 그는 베드로의 메시지를 충실하게 편찬했다. 이 견해가 유다서에서 따온 듯한 여러 구절들을 설명해준다.

은 90년 전에는 하나의 모음집으로 편찬되지 않았다는 증거가 있다. 90년이라면 베드로가 죽은 지 25년이나 뒤의 일이다. 넷째, 초대교회 자체가 이 편지를 그다지 중시하지 않았다. 3세기경까지는 그다지 언급되지도 않았다.

베드로가 이 편지를 쓴 것은 맞다. 특히 그가 편집자를 활용해서 편지를 썼다는 견해를 따르면 그렇다. 한편, 베드로가 유다서를 참조하지 말아야 한다는 법도 없다. 유다서에 전하고 싶은 메시지가 있다면 참조할 수 있다. 아울러 바울의 편지들은 한 군데 모아놓기 전에도 상당한 권위를 가진 것으로 인정됐다. 우리는 베드로가 바울의 의견을 상당히 중시했음을 알고 있다.

언제 | 알려지지 않았다. 베드로를 발신인이라고 한다면, 그의 생애 말기쯤이 될 것이다. 65-68년경이 될 것이다. 그가 발신인이 아니면 훨씬 늦은 연대가 된다.

무엇을 | 저자에 관해 어떤 결정을 내리든 간에, 이 편지는 우리에게 많은 것을 가르친다. 주께서 오시는 날에 관한 인상 깊은 묘사들, 어떻게 살아야 할지에 관한 실천적인 교훈들 등이다. 그리고 이 편지의 저자는 바울을 언급하면서, 그의 편지가 이해하기 어렵다고 말한다. 바울의 서신서들을 읽다가 무슨 뜻인지 모를 때마다 나는 위안을 받는다. 베드로도 이해할 수 없다고 했다.

생명 1:1-15

예수님은 우리에게 충만한 생명을 주기 위해 오셨다(요 10:10). 베드로후서는 이런 말로 시작된다. "그리스도께서는 신적 권능으로 우리에게 생명과 경건에 이르게 하는 모든 것을 주셨습니다"(1:3). 우리 안에 있는 하나님의 능력이 모든 악한 욕망들로부터 벗어나도록 우리를 돕는다. 그리고 옳은 것에 착념하도록 해준다. 이 본문은 야고보서를 생각나게 한다. 저자는 우리에게 믿음을 '증진시키는' 법을 알려준다.

베드로후서에 관한 이론들 중 하나는, 이 편지가 유다서처럼 영지주의와 '비밀' 신비주의와 맞서 싸우기 위해 쓰였다는 것이다. 그래서인지 우리가 필요한 모든 것을 이미 가지고 있음을 강조한다.

?! 궁금증 해소

샛별(1:19)

샛별은 동틈을 알리는 별이다. 우리가 진리라고 알고 있는 것에 마음을 두고 흔들리지 않으면, 어두움은 물러가고 우리 마음에 믿음이 떠오를 것이다.

영광 1:16–21

우리의 믿음은 꾸며낸 이야기가 아니라 증인들의 증언 위에 세워진 것이다. 베드로 등은 예수님과 함께 변화산에서 하나님이 예수님을 향해 하신 말씀을 직접 들은 사람들이다(마 17:1–5). 이 증인들의 증언과 성령께서 영감을 주신 예언자들의 말은 예수님에 관한 진리를 비치는 빛과도 같다.

기만 2:1–22

이 장 대부분은 유다서와 밀접하게 연관이 있다. 이 장은 거짓 교사들을 꾸짖는다(2:1–3). 노아, 소돔과 고모라, 발람과 같은 이스라엘의 역사적 사건이 언급된다. 이 거짓 교사들은 거짓 자유를 약속한다. 그들은 자유를 얻었다고 생각하지만, 자기 욕망의 노예가 된 자들이다. 그들의 죄를 더 무겁게 하는 것은, 그들은 무엇이 옳은 것인지 알았고 참 자유에 이를 수 있는 기회가 있었다는 것이다. 그러나 그들은 진리를 외면했다. 이제 그들은 처음보다 더 나쁜 상태에 이르렀다(2:20–22).

재림3:1-17

편지는 주의 오심을 전망하면서 끝을 맺는다. 이미 사람들은 크리스천들을 조롱하고 있다. 그들의 말과는 달리 그들의 주님이 돌아오지 않고 있기 때문이다. 주의 재림은 초대교회의 주요 현안 중 하나였다. 크리스천들이 재림을 기다린다는 정도에서 그치는 문제가 아니었다. 재림은 그들의 신앙을 시험하는 요소였다. 우리는 이런 질문들을 상상할 수 있다. "왜 주께서 아직도 오지 않으시는가? 사람들이 우리를 놀리고 있다는 걸 모르시는가?" 베드로는 이 사람들에게 지각이 없다고 말한다. 우리는 여기서 하나님에 대해 말하고 있다. 태초에 만물을 창조하신 분이 하나님이시다. 그분의 시간은 우리의 시간과 다르다. 그분의 더디 오심은 사실 자비다. 하나님은 모든 사람이 용서받을 기회를 얻길 원하신다(3:8-9). 그러나 그분은 약속을 지키실 것이다. 그분은 돌아오신다. 그의 오심은 마지막 사건이 될 것이다(3:10-13).

저자는 바울의 편지를 화제에 올린다. 아마 데살로니가전후서를 두고 하는 말인 것 같다. 데살로니가전후서에서 재림의 문제가 다뤄졌기 때문일 것이다. 하지만 바울의 가르침은 이해하기 어렵다(3:15-16).

마지막으로 그는 바른 길로 걸어가라고 신신당부한다. 악한 길은 안전하지 못하다. 예수님의 자비와 지혜가 우리를 빛 가운데 걷도록 인도해줄 것이다.

요한일서

빛으로 사는 삶

ROUTE PLANNER

누가 | 사도 요한. 세베대의 아들, 야고보의 형제.

책에는 저자가 언급돼 있지 않지만, 교회 역사 초기부터 요한이 이 편지를 썼다는 전승이 내려왔다. 우리가 알 수 있는 것은, 요한 외에는 어떤 이름도 언급된 것이 없다는 점이다. 이 편지의 저자가 요한이라는 점을 뒷받침하는 편지 내부적인 증거는 많다. 특정 표현과 문구들이 이 편지와 요한복음에서 동시에 발견된다. 또한 목격자가 아니면 할 수 없는 증언이 발견된다.

언제 | 확실치 않지만 85년에서 95년 사이에 작성된 것 같다. 복

한눈에 보는 안내판

저자 사도 요한
유형 서신서
목적 거짓 가르침과 싸우는 정결한 삶
핵심 구절 2:3-4 "우리가 하나님의 계명을 지키면, 이것으로 우리가 그분을 참으로 알고 있음을 알게 됩니다. 하나님을 안다고 하면서 그분의 계명을 지키지 않는 사람은 거짓말쟁이요, 그 사람 안에는 진리가 없습니다."
한 가지만 기억한다면 하나님의 자녀라면, 그분이 원하시는 대로 살아야 한다.

한눈에 보는 흐름

생명과 빛 1:1-2:6
이 세상이 아니다 2:7-17
어떠한 사랑을 베푸셨는가 3:1-24
하나님은 사랑이라 4:1-21
확신하라 5:1-21

궁금증 해소

나의 자녀들(2:12-14)

요한은 너무 흥분해서인지 시를 짓는다. 이 짧은, 두 행으로 된 시는 자녀들, 부모들, 청년들을 향한 것이다. 그러나 이것은 연령 그룹으로 나눠 전하는 말이 아니다. 그는 이 세 그룹에 다른 유형의 태도를 보인다. 우리는 아이들의 순진무구함, 부모의 지혜, 청년의 열정을 갖춰야 한다. 우리는 용서받았다. 하나님을 안다. 그리고 어두움을 물리쳤다.

음서가 기록된 이후일 것이다.

무엇을 | 영지주의의 위협에 맞서기 위해 쓰였다. 영지주의란 성경의 메시지를 변형시켜 놓은 초기 기독교의 한 분파다.

요한은 거짓 교사들의 정체를 폭로하고 그들의 비도덕적인 면을 들춰낸다. 그는 구원을 확실하게 붙들라고 말한다. 그는 그리스도를 보았고 알았기에, 인간 구세주가 실재하지 않는 영적 존재에 불과하다는 주장을 일축했다.

빛 1:1-2:17

요한은 그의 복음서를 금방 떠오르게 하는 방법으로 말문을 연다. 즉 이 세상에 생명을 주는 '말씀'에 관해 운을 떼는 것이다. 그는 이 '말씀'의 물리적 임재를 확인한다. 그 자신이 이 말씀을 보았고 만졌다. 그는 세 번이나 '보았다'고 말한다. 이것은 한 실존인물에 대한 증언이다.

"누구든지 빛을 본 사람은 어두움 속에서 계속 살 수가 없다." 이 빛은 물리에서 말하는 빛이 아니다. 빛은 하나님의 한 특징이다. 이 빛은 어두움을 몰아내고, 진리를 드러낸다. 우리에게 어디로 걸어가야 할지 보여준다. 모든 사람이 죄를 지었고 모두가 실패한다. 그러나 이런 일이 벌어질 때 예수님이 우리를 위해서 말씀하실 것이다. 우리는 그리스도의 모범을 따르고, 하나님의 계명에 순종해야 한다(1:5-2:6).

우리가 따르기로 작심해야 하는 계명은 시간상으로는 오래 됐지만 새로운 명령이다. 예수님은 요한복음 13장 34-35절에서 "내가 너희를 사랑한 것과 같이, 너희도 서로 사랑하라"고 말씀하셨다. 이 명령을 실천할 때, 어두움은 물러간다. 우리는 어두움과 빛을 동시에 사랑할 수 없다. 우리는 세상과 하나님을 같이 사랑할 수 없다. 우리는 빛 가운데로 걸어가야 한다.

거짓말 2:18-29

이렇게 배경을 묘사한 후에 요한은 편지를 쓰게 된 현안으로 옮겨간다. 그것은 거짓 교사들이 퍼뜨리고 있는 교리다. 그는 이런 교

난해한 주제

| 어떤 '요한'이 이 책들을 썼는가? 신약성경에는 요한복음, 요한계시록, 요한일이삼서 등 모두 다섯 권의 책들에 요한의 이름이 들어 있다. 이 책들을 한데 모아서 요한서신이라고 한다. 그러나 이런 책들을 쓴 사람이 사도 요한인지를 놓고 오랫동안 많은 이견이 있었다.

먼저는 다섯 권의 책들에 차이점이 있다. 가장 큰 차이를 보이는 것은 요한계시록과 나머지 책들이다. 요한복음과 요한서신서들에서는 상당한 유사성이 발견된다. 문체, 어휘 면에서 그렇다. 예를 들어 두 책에서는 파라클레토스('변호인')라는 그리스어를 써서 성령을 말한다. 예를 들어 빛, 말씀 등의 이미지를 사용하는 것도 비슷하다. 그러나 요한계시록은 전혀 다르다. 어휘와 문체가 사뭇 다른 것이다.

두 번째는 저자를 부르는 호칭이 다르다는 것이다. 복음서는 자신을 "사랑하는 제자" 혹은 "예수가 사랑하신 제자"라고 부르는 누군가의 저작물이다. 요한일서에는 저자의 이름이 나오지 않는다. 요한이서와 삼서는 자신을 "장로"라고 부르는 사람의 저작물이다. 요한계시록은 자신을 "요한"이라고 밝히지만 사도나 장로라고 부르지 않는 사람이 기록한 것이다('사랑하는'과 같은 말은 더더욱 나오지 않는다). 이 책의 전반부에는 교회에 대한 공정하지만 날카로운 비판이 포함되어 있다. 이 점을 생각할 때, 그가 자신의 사도적인 신뢰도에 호소하지 않은 것도 이상하다.

그러면 어떤 저자 후보들이 있는가?

사도 요한 이 견해가 전통적이다. 초대교회 저작자들도 대부분 이 견해를 강력하게 밀었다. 그들은 복음서, 서신서, 요한계시록을 야고보의 형제인 요한의 작품으로 돌린다. 초대교회 저작들은 요한계시록이 나온 지 최소한 50년 후에 작품들을 썼다는 말이 되는 것이다. 전승에 의하면, 그는 에베소에서 늙은 나이까지 살았다고 한다.

장로 요한 더 오래된 전승도 있다. 파피아스(Papias)라는 사람은 120년경 이런 글을 쓴다. "만약 그 장로들을 시중했던 누군가가 오면, 나는 그들의 말씀에 관하여 세밀하게 물을 것이다. 안드레, 베드로, 빌립, 도마, 야고보, 요한, 마태, 주님의 제자 중 어떤 분이라도 말이다. 아리스티온과 감독[혹은 장로]인 요한, 주의 제자들이 한 말씀을 살필 것이다"(유세비우스, 《교회사》 3.9.3-4). 이 기록을 보면 요한으로 불리는 사람이 둘 있음을 확실하게 알 수 있다. 처음 요한은 사도로 분류됐고 두 번째 인물은 주의 제자로 분류되고 있다. 예수님을 따르는 많은 제자들이 있었다. 따라서 두 번째 요한이 팔레스타인에서부터 예수님을 알았고, 나중에 에베소로 이주해와 '장로'라고 알려지는 인물이 되었다고 보는 것도 가능하다.

환상을 본 요한 마지막 요한은 요한계시록의 저자다. 이 미상의 인물은 밧모라는 작은 섬에 유배 중이다. 그는 교회가 박해를 받는 중에 환상을 보았다. 당시 사도들은 이미 과거지사가 돼버린 후였을 것이다.

이처럼 많은 학자들은 세 저자 후보와 책들을 이렇게 저렇게 연결시키기도 한다(어떤 사람은 세례 요한을 후보로 놓기도 한다). 전통적인 견해를 지지하는 사람들은 사도가 모든 책들을 썼다고 한다. 하지만 요한계시록은 다르다. 경험이 아주 다르기 때문이다. 그런가 하면 '사랑하는 제자'와 '장로'가 동일 인물이라고 하는 견해도 있다. 하지만 요한계시록은 전적으로 다른 인물이 썼다고도 한다.

궁금증 해소

적그리스도(2:18)

"적그리스도"라는 이름은 요한만이 사용한다. 물론 바울도 데살로니가후서에서 "불법의 사람"이라는 말로 비슷한 개념을 말한다. 이 교사들은 적그리스도를 따르는 자들, 곧 안티크리스천들이다. 그들의 가르침이 무엇인지는 4장 1-3절에서 확인할 수 있다.

사들의 갑작스러운 출현을 교회가 마지막 시대에 돌입했다는 징조로 보았다. 이 사람들은 예수님에 관한 진리를 부인한다. 요한은 진정한 제자는 알아야 할 것을 알고 있다고 강조한다. 그리고 그들에게 든든히 서 있으라고 부탁한다. 그리스도가 보이신 모범을 따름으로써 연합하고 그분께 가까이 있으라고 한다.

사랑 3:1-4:21

크리스천의 표지는 사랑이다. 사랑은 하나님의 자녀들과 마귀의 자녀들을 구별한다(3:10). 크리스천의 사랑은 혁명적이다. 세상은 이 사랑을 전혀 알지 못한다(3:1, 13). 어두움 속에서 살아온 자들은 빛이 그들을 상하게 함을 알게 된다. 참 사랑은 단지 말이 아니라 행동 가운데 표현된다(3:16-18). 사랑은 우리를 하나님의 임재 안으로 이끈다(3:19-21). 사랑은 하나의 시금석이다. 누가 하나님을 아는지, 모르는지 알려준다(4:8). 사도는 같은 말을 누차 반복한다. 사랑, 사랑, 사랑. 그러나 이 말은 의미 없는 주문이 아니다. 사랑은 진실한 행동과 진정한 관계 속에서 표현된다.

난해한 주제

| 죽음에 이르게 하는 죄(5:16-17) 이 편지의 문맥으로 볼 때, 기독교 진리를 고의적이고 계획적으로 부인하는 일을 말하고 있는 것일 수 있다. 바로 영지주의자들이 이런 일을 자행하고 있다.

죽음으로 몰아넣는 실제적인 죄를 말할 수도 있다. 그러나 그 죄가 무엇인지는 실제적으로 밝혀지고 있지 않다. 아나니아와 삽비라의 일(행 5장)에 관해서 말하는 것일 수도 있다. 죄에 대해 즉각적으로 죽음이 내려졌기 때문이다.

어쩌면 이런 일을 염두에 두지 않고 있을 수도 있다. 누구도 잘라 말할 수는 없다.

승리 5:1-21

예수님을 믿는 자는 모두 하나님의 자녀다. 이 사랑은 순종으로 표현된다. 요한의 말처럼 하나님의 계명은 따르기 그리 어렵지 않다. 매일 하나님의 방법을 선택할 때, 우리는 '세상을 물리친다.'

많은 성경 역본들은 아버지, 아들, 성령이 하나라는 대목에 부가적인 구절을 달고 있다. 이것은 후대의 첨가다. 사실 본문은 예수님의 세례와 십자가 희생에 관한 것이다. 요한은, 하나님이 세례 시 예수님께 몸을 입혀주셨다가 죽음 직전에 거둬가셨다고 가르치는 크리스천들을 공박하고 있는 것이다. 그들에 따르면 예수님은 세례 시 물을 통과하셨을 뿐, 피, 즉 죽음을 통과하지는 않으셨다. 그러나 요한은 세례를 받으신 예수님이 죽으신 그 예수님임을 확증한다. 속임수나 대체물은 없었다. 신원을 바꿔치는 일도 없었다. 요단 강에서 세례를 받은 그이가 조롱과 십자가의 찌르는 못을 참아낸 그분이시다. 그 하나님이 죽었다가 살아나신 분이다.

?! 궁금증 해소

자기비하(3:19-20)

모든 크리스천들은 죄인이다. 우리는 여기서 시작한다. 하나님이 우리를 진정 용서하셨다고 때로는 느끼기 힘들다. 그분이 우리를 얼마나 사랑하시는지 실감이 나지 않아 마음이 불편하다. 이럴 때 요한의 말을 기억하면 도움이 된다. "하나님은 우리가 생각하는 것보다 위대하시다." 기독교는 근본적으로는, 하나님의 사랑에 대한 우리의 감정이 아니라, 하나님은 사랑이라는 진리 위에 선 종교다. 때로 하나님이 날 사랑하신다는 생각이 절실하게 들기도 하지만, 때로는 그 사랑이 까마득하게 느껴지기도 한다. 그러나 하나님은 우리의 감정보다 큰 분이시고 우리를 여전히 사랑하신다.

ROUTE PLANNER

인사 요이 1-3 | 진리 요이 4-11 | 작별인사 요이 12-13 | 가이오 요삼 1-8 | 디오드레베 요삼 9-11 | 데메드리오 요삼 12-15

요한이삼서

서로 사랑하라.

요한의 두 번째와 세 번째 편지는 밀접하게 연결돼 있다. 한꺼번에 다뤄도 될 만큼 밀접하다.

누가 | 사도 요한이 이 편지들을 썼다는 것이 정설로 받아들여지고 있다. 그러나 여기서 요한은 자신을 '장로' 라고 소개한다. 그의 나이가 80대였음을 생각할 때 일종의 겸양으로 볼 수 있다. 언어를 비교해 볼 때, 요한복음과 유사성을 보인다.

언제 | 요한일서처럼 85년에서 95년 사이에 작성된 것 같다.

무엇을 | 사도는 요한이서에서 거짓교사들에 대해 경고한다. 복음은 처음부터 순회 전도자들에 의해 전파돼 나갔다. 그들은 보통 후원자들이나 조력자들과 함께 있었다. 이제 애초의 가르침이 거

한눈에 보는 안내판

저자 사도 요한
유형 서신서
목적 거짓 가르침에 도전한다.
핵심 구절 요이 6 "사랑은 다름이 아니라, 하나님의 계명을 따라 사는 것입니다. 계명은 다름이 아니라, 여러분이 처음부터 들은 대로, 사랑 안에서 살아야 한다는 것입니다."
한 가지만 기억한다면 진리에 대해 확고한 자세를 지녀라. 그리고 서로 사랑하라.

한눈에 보는 흐름

믿음을 지켜라 요이 1-3
어리석도다! 요이 4-11
작별인사 요이 12-13
인사 요삼 1-4
함께 일하라 요삼 5-12
곧 거기 가리라 요삼 13-14

짓에 의해 바래지고 있었다. 교회들로서는 이런 순회 교사들에게 친절을 베푸는 일에 박차를 가해야 할 때가 됐다.

요한은 삼서에서도 이 주제를 이어간다. 9절에서 요한은 자신이 '교회에게' 편지를 쓴 사실을 밝히면서, 디오드레베가 주목하지 않았다는 것도 알린다. 우리는 이 사람들이 누구인지 잘 모른다. 그러나 아래와 같은 이론이 있다.

디오드레베는 한 교회의 지도자다. 이 사람은 그리스도가 진짜 몸을 갖지 않았다고 가르치는 영지주의자들에게 영향을 받았다. 그는 참된 크리스천들에게 친절을 베풀길 거절했고, 진실한 제자들을 환영하는 교인들을 교제에서 배제시켰다. 따라서 요한은 '경고' 서한을 발송한다(우리가 요한이서라고 부르는). 그가 교회에 편지를 보낸 것은 편지가 교인들 앞에서 읽히길 바라는 마음에서였다. 그리고 거짓 교사들에게는 일체 친절을 베풀지 말라고 교회에 경고함으로써 디오드레베에게 반격을 가하려고 했다. 그러나 디오드레베는 편지를 읽기도, 말씀에 순종하기도 거절했다. 그래서 요한은 이 교회의 일원인 가이오에게 편지를 쓴다. 일들을 바로 잡기 위해 그가 직접 방문하겠다는 뜻을 담은 것이다.

그러나 이것은 어디까지나 가설일 뿐이다. 하지만 9절에서 언급한 앞선 편지를 생각하면 말이 된다. 그리고 또 다른 별스러움을 완화시키는 설명도 된다. 기독교 초기 작가들은 요한의 편지를 세 통이 아니라 두 통이라고 했다. 이런 탓에 요한이서와 삼서는 원래 한 통의 편지였을 것이라는 주장이 나왔다. 한 교회의 복잡한 사정 속에서 벌어진 두 가지 사례를 다루고 있는 것이다.

인사 요이1-3

요한은 특별한 여인과 그 자녀들에게 편지를 쓴다. 우리는 이 여인이 누구인지 모른다. 다만 자녀들이 이 여인의 소생인 것만은 분명하다. 그리고 이 자녀들은 교회의 일원이었다. 요한은 이 단어를 요한일서에서와 같은 의미로 사용한다. 요한은 교회를 '여인'이라고 말하는 것일 수 있다. 편지 말미에서는 '자매'라고 하기도 한다. 요한은 에베소교회에서 한 '자매' 교회에 편지하고 있는 것인지도 모른다.

진리 요이4-11

요한의 메시지는 하나의 간단한 명령으로 집약될 수 있다. 서로 사랑하라! 하나님은 우리에게 서로 사랑하라 명하셨다. 우리가 힘써야 할 것은 바로 이것이다. 이때 위험이 나타났다. 그리스도가 사실은 사람이 아니었다는 영지주의의 믿음이 확산되고 있었다. 요한은 교회에게 이런 말도 안 되는 소리를 지껄이는 자들에게는 친절을 베풀지 말라고 경고하기 위해 편지를 쓴다.

이런 자들에게는 친절을 베풀지 말라고 명령한 점을 볼 때 교회를 자매라고 했다는 주장에 더 힘이 실린다. 흘낏 보기에 이 사람들에게 친절을 베풀지 말라는 것은 인색하고 매정해 보인다. 그러나 이 자매가 개인이 아니라 교회라면, 이의가 없다. 요한은 '하룻밤 재워주고 햄버거 하나 사주는 일'에 대해 말하는 게 아니다. 그들을 맞아 함께 교제함으로써 그들의 술수에 말려들어가는 것을 말한다. 이렇게 볼 때, 요한은 다른 사상을 지닌 사람들과 대화를 금하는 것이 아니다. 그는 교회라는 단체가 기독교의 기본 진리에 확고하게 서 있어야 함을 말하고 있는 것이다.

작별인사 요이 12-13

요한은 이 교회에 온정적인 태도를 가지고 있다. 아마 자신이 세웠기 때문일 것이다. 여기서 말하는 자매는 아마도 에베소의 교회일 것이다.

가이오 요삼 1-8

가이오는 요한이 믿는 측근이다. 다시 한 번 사도는 순종을 강조한다. 하나님의 사랑은 그분의 명령에 순종하는 자세로 표현돼야 한다. 가이오는 복음을 위해 일하는 사람들에게 신실하게 친절을 베풀어 왔다. 그는 사랑을 실천한 사람이라는 호평을 받고 있었다.

디오드레베 요삼 9-11

가이오와 디오드레베는 대조가 된다. 가이오는 진리를 따르는 사람들을 도왔지만, 디오드레베는 그들을 박대했다. 디오드레베는 자기가 우두머리가 되려고, 할 수 있는 한 진리를 억누를 것이다. 그는 권한을 남용하고 요한에 대해 조직적으로 뒷공론을 퍼뜨렸다.

데메드리오 요삼 12-15

마지막으로 요한은 데메드리오를 칭찬한다. 아마도 데메드리오는 디오드레베를 물리치고 지도력을 회복할 사람인 것 같다. 요한은 이 교회를 곧 방문하려고 한다. 일들을 바로잡기에는 시간이 많지 않다. 곧 80세가 된 우레의 아들이 그들에게 벼락을 내릴 것이다!

유다서

신실한 자들을 격려하다

누가 | 전통적인 견해에 따르면 유다가 저자다. 유다는 예수님과 야고보의 형제다(마 13:55; 막 6:3). 저자가 '사도들'을 따로 언급하는 것으로 보아, 가룟 유다가 저자일 가능성은 배제된다. 어떤 학자들은 무명의 저자가 이 편지를 썼다고도 한다.

언제 | 이르게 잡으면 65년경일 수도 있다. 늦게 잡으면 80년으로도 볼 수 있다. 연대는 유다서와 베드로후서와의 관계에 달려 있다.

무엇을 | 유다서는 크리스천들을 격려하여 믿음에 굳게 세고 거

한눈에 보는 안내판

저자 야고보의 형제인 유다로 추정
유형 일반 서신서
목적 신앙의 변호와 거짓 가르침 공격
핵심 구절 1:21 "하나님의 사랑 안에 머무르면서 스스로를 지키고, 영원한 생명에 이르게 하는 우리 주 예수 그리스도의 자비를 기다리십시오."
한 가지만 기억한다면 이기적인 욕망을 따라 살지 말고, 하나님이 원하시는 대로 살라.

한눈에 보는 흐름

믿음을 지키라 3-7
꿈꾸는 사람들 8-16
경고 17-25

짓 가르침을 물리치도록 돕기 위해 쓰였다. 교회가 세워지고 성장하던 때라 새로운 교사들이 속출하고 있었다. 이 교사들 중 일부는 기독교 신앙에 관하여 아주 다른 생각을 가지고 있었다.

유다서는 베드로후서와 상당히 유사하다. 똑같은 자리에 앉아서 썼다고 할 정도로 비슷하다. 베드로후서가 유다에 의해 쓰였다는 이론이 나올 정도다. 유다는 편지의 서두를 여는 구절들에서 한 편지의 존재를 언급한다. 베드로후서가 유다서의 대부분을 포함하고 있기 때문이다. 어쩌면 베드로후서는 무삭제판이고, 유다서는 '하이라이트' 일 수 있다. 어떤 이론이 맞든, 두 편지는 같은 현안을 다루고 있다. 거짓 가르침과 리더십의 실패라는 문제가 확산되고 있다는 반증이다.

거짓 교사들이 취한 이례적인 행위들이 고발되리라고 추측하기란 그리 어렵지 않다. 유다는 그들이 알지도 못하는 것을 떠벌리고 다닌다고 말한다. 그들은 마치 짐승과도 같다. 편지에는 추잡스러움에 대한 강조가 나온다. 권위를 남용하여 다른 사람들을 성적인 범죄에 빠지게 하는 그들의 죄를 꼬집어내는 것이다. 예나 지금이나 밀교들과 거짓 가르침들은 성적 타락을 동반한다.

서론1–4

편지는 후회로 시작된다. 유다는 쾌활한 편지를 쓰고 싶었다. 우리 모두가 얻은 구원에 대한 긍정적인 격려가 담긴 편지를 쓰고 싶었던 것이다. 그러나 눈감고 넘어갈 수 없는 문제가 있었다. 즐거움을 나누기보다는, 용감하고 단호하게 거짓 교훈을 거절하라고 경고할 필요가 있었다.

'불경한 사람들' 은 하나님이 은혜의 하나님이시기에 "멋대로 살아도 괜찮다"(4절, NIV)고 말한다. 구원받고 용서받았기에 원하는 일은 무엇이든 해도 괜찮다고 단정한다.

불순종 5-11

유다서는 구약성경과 유대 신화 및 전설에 흠뻑 젖어 있다. 이 편지가 의도한 수신자들은 분명히 유대적인 배경을 지녔을 것이다. 그래서 유다가 말하고 있는 내용들을 이해하고 있었을 것이다. 그가 예로 든 죄는 하나님의 권위 부정(타락한 천사들), 살인(가인), 반역(고라), 우상숭배(발람), 온갖 죄(소돔과 고모라) 등이었다.

초대교회는 곤란한 딜레마에 부딪쳤다. 예수님은 돌아오겠다고 약속하셨지만, 세월이 가고 있는데도 아직 돌아오지 않으신다. 일부는 벌써 오신 게 아닌지 의심했고, 다른 사람들은 그분의 '부재'를 기존의 가르침을 공격할 빌미로 삼아 자신들의 가르침을 슬그머니 밀어 넣었다. 유다의 선택은 독자들을 격려하여 주님을 신뢰하게 만드는 것이다. 여호와께서 이스라엘을 이집트에서 구해 약속의 땅으로 들어가게 하셨다. 예수님은 다시 오실 것이다. 하나님은 약속을 지키시는 분이기 때문이다.

알쏭달쏭

에녹서

Q 에녹서가 뭔가?
A 에녹이 쓴 것으로 추정되는 책이다.
Q 창세기 4장 17절에서, 그의 이름을 따라 성을 지었다는 아담과 하와의 자식 말인가?
A 아니, 창세기 5장 18절에 나오는 에녹이다.
Q 그 에녹이 책을 썼다는 건가?
A 아니다. 이 책은 주전 1세기에 에녹이라는 필명을 가진 누군가가 지었다. 이 책은 외경 가운데 들어 있다. 외경이란 영적 혹은 성경적인 주제들을 담고 있지만 성경으로 간주되지 않은 책들을 말한다.
Q 그것이 왜 여기서 언급되는가?
A 초대교회에서 널리 읽히던 16권의 문서들이 있었는데, 가경이라고 한다. 9절에서는 모세의 시신에 관한 대목이 나오는데 이것도 마찬가지이다. 이 구절은 모세의 시신 인수(the Assumption of Moses)라 불리는 또 다른 외경에 출처를 두고 있다. 미카엘이 모세의 시신을 수습하러 파견됐는데, 마귀가 그 시신을 가져갈 권리가 있다며 덤빈다. 모세가 살인자였기 때문이다. 유다는 악을 악으로 갚아서는 안 된다는 교훈을 전하고 있다. 니체가 말한 대로 "괴물과 싸우는 자는 그 자신이 괴물이 되지 않기 위해 조심해야 한다."

경건하지 않은 사람들 12-19

유다는 이런 거짓 선지자들이 초래할 수 있는 참담한 결과를 보여주기 위해 강력한 은유들을 사용한다. 그들은 나쁜 목자들이다. 자기 양떼만을 먹인다. 그들은 비를 뿌리지 않는 적은 구름이다. 열매 없는 나무다. 많은 약속을 하지만 지켜지는 것은 없다. 원하는 대로 이리저리 밀어닥치는 파도다.

마지막 말20–25

유다서의 마지막 구절들은 무엇이 경건인지 보여준다(22절). 크리스천들은 의심하는 자들에게 자비를 보여야 한다. 불에 타버릴 위험에 처한 자들을 구하기 위해 할 수 있는 모든 일들을 다 해야 한다. 필요에 의해서 어두움과 거짓을 염려하는 편지를 쓴 후에, 유다는 하나님의 빛과 진리를 보여준다. 그분은 우리가 실패하지 않도록 지켜주실 것이고, 우리를 본향으로 이끄실 것이다. 그분은 그 누구와도 달리 권세와 권능과 위엄을 지니셨다.

궁금증 해소

사랑의 식탁(12절)

12절에서 말하는 "사랑의 식탁"은 성만찬에 이어지는 식사를 말한다. 거짓 예언자들은 예수님을 기념해야 할 만찬을 괴벽스러운 것으로 흐려놓았다. "사랑의 식탁"은커녕, 먹고 마시고 흥청거리는 자리로 변질시킨 것이다.

요한계시록

하나님이 승리하신다

ROUTE PLANNER

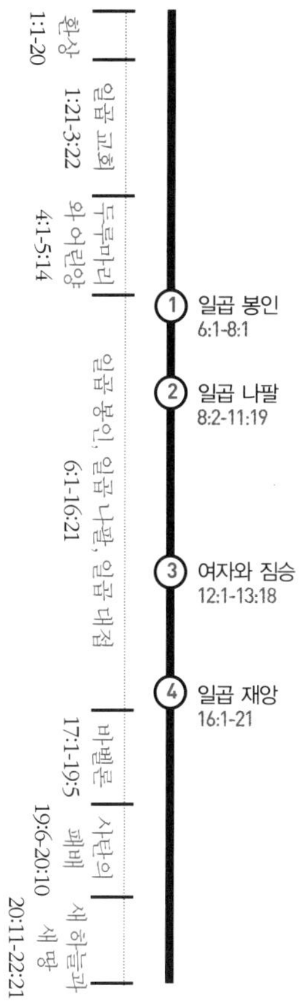

환상 1:1-20
일곱 교회 1:21-3:22
두루마리와 어린양 4:1-5:14
일곱 봉인, 일곱 나팔, 일곱 대접 6:1-16:21
바벨론 17:1-19:5
사탄의 패배 19:6-20:10
새 하늘과 새 땅 20:11-22:21

① 일곱 봉인 6:1-8:1
② 일곱 나팔 8:2-11:19
③ 여자와 짐승 12:1-13:18
④ 일곱 재앙 16:1-21

누가 | 일반적으로 사도 요한을 저자로 인정한다. 요한은 밧모라는 섬에 유배된 상태다. 요한을 저자로 인정하는 전승은 140년에 이미 확인된다. 순교자 저스틴이 "그 이름을 요한이라 하는 그리스도 사도 중 한 사람"의 저작에 대해 말하고 있기 때문이다. 저자는 자신을 요한이라고만 소개한다. 그러나 이 책을 볼 때 그는 아시아 교회들에서 제법 중요한 위치에 있었음을 알 수 있다. 하지만 어떤 이들은 장로 요한이라고 알려진 전혀 다른 요한이라고도 한다(요한이 쓴 책들을 보라).

한눈에 보는 안내판

저자 아마 사도인 요한이었을 것이다.
유형 편지지만, 내용은 환상을 다룬다.
목적 마지막 때에 관한 환상을 기록한다. 교회들에게 열심을 내도록 독려한다.
핵심 구절 21:1 "또 내가 새 하늘과 새 땅을 보니 처음 하늘과 처음 땅이 없어졌고 바다도 다시 있지 않더라."
한 가지만 기억한다면 우리는 미래를 알고 있다. 하나님이 이기신다.

한눈에 보는 흐름

환상 1:1-20
교회들에 보낸 편지 1:21-3:22
경배 4:1-5:14
열방 7:9-17
여자와 짐승 12:1-13:18
바벨론의 멸망 18:1-19:10
사탄의 패배 19:11-20:10
새 하늘과 새 땅 20:11-22:5
그리스도가 다시 오시기를 22:6-21

궁금증 해소

오늘 우리를 위한 책

요한계시록을 무조건 미래에 관한 것으로만 보는 것은 옳지 않다. 이 책에는 오늘의 우리를 위한 많은 이야기들이 담겨 있다. 예수님은 요한을 통해서 이 시대의 교회들에게도 말씀하신다.

언제 | 95년경. 초기 전승은 요한이 밧모라 불리는 작은, 돌투성이 섬에 유배돼 있었다고 한다. 그는 도미시안 황제의 치세(81-96년)가 끝나기까지 이 섬에 갇혀 있었다. 또 다른 초기 전승은 요한이 환상을 봤을 때가 90세였다고 한다. 저작 연대를 달리 보는 다른 이론들은 이 책에 나오는 다양한 상징들의 여러 해석법과도 연관이 된다. 하지만 이 책의 저작 연대에 관한 전통적인 견해를 거부할 결정적인 이유는 없어 보인다.

무엇을 | 요한은 쓰라는 명령을 들었기에 요한계시록을 썼다. 당신이 하나님의 환상을 보고 그것을 받아 적으라는 명령을 받았다면, 곧장 그렇게 할 것이다. 이 책에는 희미한 이미지들로 그려져 있기는 해도 미래의 모습도 담겨 있다. 그리고 이 책은 교회가 전에는 경험해보지 못한 형태의 박해에 직면했을 때 기록되었다.

거대한 제국의 힘을 지닌 로마는 초기에 또 다른 괴상한 유대교 종파쯤으로 보이는 것에 별반 신경을 쓰지 않았다. 그러나 요한계시록이 기록될 무렵, 상황이 달라졌다. 60년 이후 로마당국은 기독교를 가만히 놔둬서는 안 될 종교로 보기 시작했다. 64년 로마시가 불에 타자 네로 황제는 크리스천들을 고소하고 핍박함으로써 비난을 비껴갔다. 네로는 '성격장애자' 였다지만, 그 뒤를 이은 정상적인 황제들 역시 네로가 하던 일을 물려받아 계속했다. 아니 그들은 더 공식적으로, 더 효과적으로 자행했다. 이후 250년 동안 기독교는 버젓이 존재할 수 없었다.

누가는 당시 나돌던 말도 안 되는 추문들에 맞서 싸우기 위해 기독교에 관한 '공식적인' 기사를 낸다. 베드로는 성도들에게 존경할 만하고 조신하게 살며 고난에 직면하되 관대하라고 권면한다. 훗날 요한은 밧모 섬으로 귀양을 간다. 밧모 섬은 소아시아 해안에서 뚝 떨어진 작은 섬이다. 여기서 그는 이 거친 시절을 견딜 수 있는 한 환상을 본다. 그는 이렇게 말한다. "전투는 치열하지만, 나는 그

끝을 보았노라. 우리가 이긴다."

이것이 요한계시록의 핵심 메시지다. 그리스도가 이기신다. 이 책에 무슨 이야기가 펼쳐지든, 어떤 모호한 이론들과 이상한 세부 사항이 돌출하든, 이 책은 악에 대한 하나님의 승리에 관한 것이다.

위험한 주장 서두부터 요한계시록에 대해 반드시 일러둬야 할 중요한 말이 있다. 요한계시록을 완전히 이해하는 사람은 아무도 없다는 것이다. 이 가장 난해한 성경책을 해독하기 위해 바다만큼의 잉크와 삼림만큼의 종이가 소비됐다. 그러나 정직하게 말하자면, 우리가 이해할 수 없는 것이 더 많다. 여기에는 두 가지 이유가 있다.

▶우리는 1세기에 살지 않았다. 요한이 사용하는 이미지는 그의 독자들에게는 낯익은 이미지와 상징들이다. 그는 묵시문학 전통에서 글을 쓰고 있다. 전문가들은 이제야 이 책이 의미하는 바를 일부 더듬는 정도다. 그러나 그들도 어떤 대목에서는 말문이 막힌다.

▶1세기에 사는 사람이라 할지라도 이 책을 이해하지는 못할 것이다. 아주 지혜로운 누군가가 이렇게 말했다. "인생은 앞을 보며 살지만 뒤로 돌려놓지 않고서는 이해할 수 없다." 요한계시록은 바로 이런 책이다. 우리가 역사의 종말에 이르러서 뒤를 돌아볼 때야 비로소 이 책을 제대로 이해할 수 있을 것이다.

이러한 난점 때문에, 이 책이 의미하는 바를 완벽하게 이해한다고 주장하는 사람을 보면 경각심을 가져야 한다. 절대로 완벽하게 알 수 없다. 우리는 요한계시록을 문학적인 혹은 연대기적인 보도로 대할 수 없다. 요한계시록은 예정표가 아니라 환상이다. 사건들은 하나에 이어 다른 하나가 일어나는 것일 수도 있다. 그러나 그 그림들이 허구는 아니지만, 다른 현실을 가리키고 있을 수도 있다.

환상 1:1-20

요한은 밧모 섬에 있다. 복음을 전파한 죄로 유배됐다(1:9). 주님의 날(요한이 예배하거나 기도하고 있던 때였을 것이다) 그는 나팔소리를 듣는다. 돌이켜 보니 주님이시다. 예수님이 빛 가운데 나타나셨다. 그분의 모습은 에스겔이 본 하나님의 모습을 떠올리게 한다(겔 40:3). 그분을 '사람의 아들'(人子)이라 부르는 것은 다니엘서를 생각나게 한다(단 7:13). 이 용어는 기본적으로 한 인간의 모습을 한 분이라는 뜻이다.

예수님은 알파와 오메가다. 처음이요 마지막이다. 그분이 요한에게 "네가 본 것과 지금의 일들과 이 다음에 일어날 일들을 기록하라"고 명령하신다. 많은 사람들이 이 말씀을 이 책의 기본틀로 본다. "네가 본 것"은 환상을 말하고, "지금의 일들"은 이 환상이 나타난 시대의 상황을, "이 다음에 일어날 일들"은 미래의 예언이다.

일곱 교회 1:21-3:22

일곱 교회들에 대한 평가는 하나의 고정된 유형을 따르고 있다. 좋은 일로 시작해서 나쁜 일로 갔다가 도전의 말씀으로 마친다. "귀 있는 자는 들어라!" 언급되는 교회의 순서가 이채롭다. 이 순서는 이 책이 일종의 회람 서신으로 보내졌음을 시사한다. 에베소에서 시작해서 시계 방향으로 서머나, 버가모, 두아디라, 다시 돌아 사데, 빌라델비아, 마지막으로 라오디게아로 순회된 것이다.

일곱 교회

1. 에베소(2:1-7)
이 교회는 정직함, 노력, 인내로 칭찬을 받지만, 무심함과 자족 때문에 위협받고 있다. 제자들은 돌이켜 첫 원리로 돌아가야 한다.

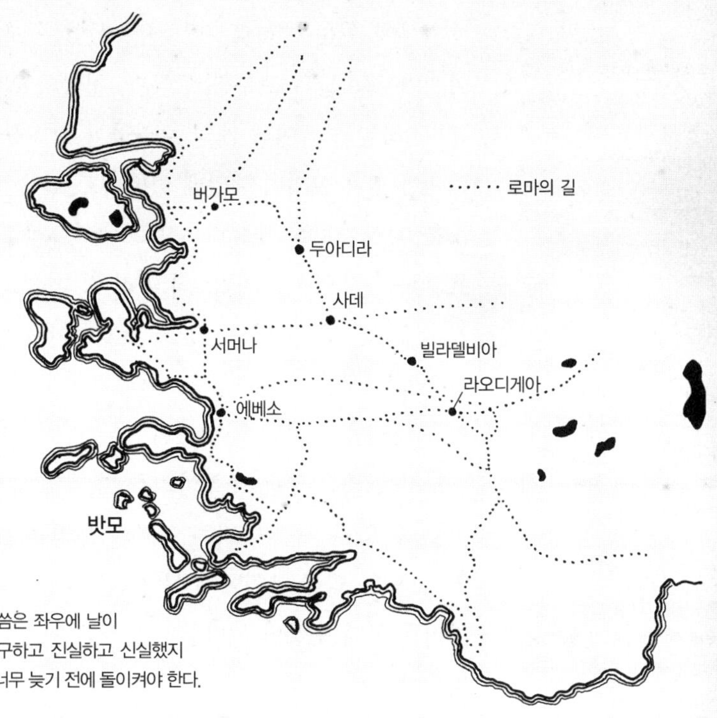

2. 서머나(2:8-11)
서머나는 부유하고 로마에 충성하는 도시다. 멋진 공공 건물들로 유명했다. 그러나 이 교회는 지역의 유대인들로부터 수모를 당하고 가난과 핍박에 어려움을 겪고 있었다. 하나님은 이 교회가 믿음을 지키면 상을 주시겠다고 다시금 확인시키고 약속해 주신다.

3. 버가모(2:12-17)
버가모교회에 주시는 하나님의 말씀은 좌우에 날이 선 검처럼 날카롭다. 비극에도 불구하고 진실하고 신실했지만, 그들은 거짓 가르침을 따랐다. 너무 늦기 전에 돌이켜야 한다.

4. 두아디라(2:18-29)
두아디라는 요새 도시였고, 바울이 빌립보에서 처음으로 얻은 회심자 루디아의 고향이었다(행 16:14). 이 교회는 인내와 봉사로 인해 칭찬을 받지만, 악명 높았던 왕비를 연상시키는 '이세벨' 이라는 여자의 교훈 때문에 경고를 받는다. 이 여자는 거짓 가르침을 퍼뜨리고 다녔다. 이 교회는 이미 받은 교훈을 굳게 잡으라는 당부를 받는다.

5. 사데(3:1-6)
사데는 전날의 영광을 먹고 사는 도시다. 한때 융성한 도시였지만 지금은 그 위용을 상당 부분 잃었다. 교회는 이 도시와 비슷한 처지였다. 살아 있다는 명성을 얻었지만, 실상은 죽었다. 하나님은 이 교회에 깨어 일어나라고 하신다. 원기를 되찾고 진리를 굳게 잡으라 하신다.

6. 빌라델비아(3:7-13)
작고 약했지만 이 교회는 핍박 앞에서도 신실함을 유지했다. 하나님은 이들의 신실함을 칭찬하고 승리를 보장해주셨다.

7. 라오디게아(3:14-22)
라오디게아는 부유하고 번창한 도시였다. 상업로가 지나가는 곳에 자리 잡은 도시였다. 이 도시의 문제는 남쪽의 온천 지역에서 물을 끌어와야 한다는 것이었다. 이 물은 도시에 도착하면 미지근해진다. 마치 그 도시처럼 이 교회는 우쭐하고 자기도취에 빠져 있다. 아니 도시의 물처럼 미지근하다.

두루마리와 어린양 4:1–5:14

지상에 있는 교회로부터 천상에 있는 교회로 시선이 옮겨진다. 아시아 교회들의 고투를 보다가, 천상의 실재, 권능, 위엄, 순결을 본다. 하늘에는 여러 개의 보좌들이 위대한 중앙의 보좌를 중심으로 동심원을 그리며 배열돼 있다. 그 보좌는 보석처럼 빛난다. 아니 많은 보석들처럼 빛난다. 장로들은 그리스도의 신실한 제자들을 표상하는 것으로 보인다. 네 마리 짐승들도 보인다. 에스겔에 나오는 것들과는 약간 다르지만 그것들과 비슷한 형상이다(겔 1:6, 10). 짐승들은 모든 피조물들을 나타낸다. 모든 교회와 모든 피조세계가 하나님을 경배한다(4:1–11).

보좌에 앉은 분은 두루마리를 가지고 계시다. 이 두루마리는 열어볼 수 없다. 두루마리는 인류의 운명을 표상하는데, 어린양만이 열 수 있는 일곱 봉인이 붙어 있다. 요한은 눈물을 흘린다. 이 두루마리를 열지 못하면 하나님의 목적은 완수될 수 없기 때문이다. 이 두루마리를 열 분은 어린양이되 죽은 양이다. 그는 두루마리를 받아 인봉을 뗄 준비를 하신다. 그분은 둘러싸여 찬송과 경배를 받으신다. 세계를 향한 하나님의 목적이 그리스도의 손 안에 있음을 미뤄 짐작할 수 있다. 그분은 권능 때문이 아니라 희생의 죽음 때문에 만사를 뜻대로 이끌어 가실 권한이 있다.

일곱 봉인, 일곱 나팔, 일곱 대접 6:1–16:21

① 일곱 봉인 6:1–8:1 하늘이 움직이면 땅도 움직인다. 봉인들은 하나씩 벗겨진다. 첫 네 개의 봉인들은 여러 말 탄 자들을 보낸다. 이들은 정복(6:2–3), 전쟁(6:3–4), 기근(6:5–6), 죽음(6:7–8)을 표상

?! 궁금증 해소

니골라당(2:6, 15), 발람(2:14), 이세벨(2:20)

니골라당에 관해서는 알려진 것이 없다. 영지주의의 한 분파로 보인다. 교회들에 주시는 메시지에 이런저런 영지주의의 행태가 세 번 비친다. 두 번은 사람(발람과 이세벨)으로 나타난다. 발람에 관해서는 전혀 아는 게 없다. 이세벨은 제자들을 배교하도록 조종한 여선지자였음이 틀림없다. 이 상황은 바울이 고린도에서 부딪쳤던 것과 비슷하다. 이 여자는 숨겨진 지식을 나눠준다며 다녔다. 이른바 사탄의 '깊은 비밀'이다. 이것은 후기 영지주의적 신념을 반영하는 것으로서, 악과 싸우기 위해서는 악을 저질러 봐야 한다는 주장이다(이렇게 되면 죄에 깊이 빠져도 얼마든지 변명이 가능하다).

흰 돌(2:17)

하나님은 사람들의 이름을 다시 지어주심으로써 주인의 권리를 행사하신다. 그들에게 새롭고 특별한 이름을 하사하시는 것이다. 흰 돌은 프세포스(*psephos*)로서 글자가 새겨진 조약돌을 말하는 것일 수 있다. 이런 돌들은 때로 특별한 행사장에 들어갈 수 있는 입장권으로 쓰였다.

한다. 이것들은 구약성경에서 하나님이 보내신 고전적인 징벌들이다. 그리고 말들은 스가랴 말씀을 떠오르게 한다(슥 6:2-3). 말 탄 자들에게는 땅의 4분의 1을 쓸어버리는 권세가 주어졌다(6:8).

다섯 번째 봉인은 대의 때문에, 심판을 위한 기도 때문에 이미 죽임당한 영혼들을 보여준다. 여섯 번째 봉인은 이 땅에 어두움을 가져온다. 그리고 땅은 휴지처럼 풀어져버린다. 이날은 하나님의 진노의 큰 날인데, 하늘로부터 곧 내려올 것이다.

어떤 학자들은 처음 여섯 개의 봉인들이 요한이 환상을 보던 당시 이미 일어난 것들을 표상한다고 주장한다. 어린양이 첫 번째 봉인을 떼는 일이 예수님의 십자가 죽음과 부활에서 일어났고, 다음 여섯 개의 봉인들은 60년 혹은 그 이후로부터 쭉 일어났다는 것이다.

이 모든 일은 미래에 일어날 것이라 말하는 학자들도 있다. 어린양은 준비가 되는 대로 봉인들을 떼실 것이다.

어느 쪽이든, 일곱 번째 봉인을 떼기 전 잠시 멈춘다. 한 천사가 하나님의 종들을 밝혀낸다. 하나님이 그분에게 속한 모든 자들을 밝히시는 것이다. 144,000명에 대해서는 논란이 많다. 그러나 이는 명백히 상징적인 숫자다(아니, 요한계시록에 나오는 모든 숫자가 상징이다). 이 숫자는 하나님 백성의 완전한 합을 말하는 것이다. 이 군중이 보좌 앞에 서서 어린양을 예배한다. 이들은 시련과 고난의 때를 이겨내고 이제 깨끗하고 순전하며 거룩한 모습으로 최종적인 목적지에 다다랐다. 일곱 번째 봉인을 떼자 침묵이 흐른다. 폭풍 전의 정적이다.

② 일곱 나팔 8:2–11:19 일곱 인 후에는 일곱 나팔이 나온다. 나팔 하나하나가 재앙과 파괴를 땅에 쏟아낸다. 나무는 불타고, 바다가 마르며, 물이 독물로 변한다. 큰 어두움이 하늘을 덮는다. 그

알쏭달쏭

일곱

Q온통 일곱이 나온다. 일곱 촛대, 일곱 별, 일곱 인봉, 일곱 나팔.

A성경에는 일곱이라는 숫자가 600번 나오는데, 요한계시록에만도 여기저기에 일곱이 쏟아져 나온다.

Q왜 그런가?

A일곱은 완전, 종결을 나타내는 수다. '완전수'이다. 고대 바벨론 문헌들을 보면 '일곱 신들'이라는 말이 '모든 신들'을 뜻한다. 인도와 중국에서도 이런 의미로 쓰였다.

Q성경에서는 어떤가?

A나아만 장군은 나병이 낫도록 요단 강에서 일곱 번 목욕하고(왕하 5:10) 알다시피 깨끗해졌다. 할례는 탄생 7일 후에 행해졌고(레 12:3), 짐승은 번제로 바치기 위해 태어난 지 이레 돼야 했다(출 22:30).

Q아, 알겠다.

A7을 곱하는 경우도 있다. 7이 좋은 숫자라면, 14는 더 좋고, 49는 엄청나다. 70이면 환상이다. 그래서 요한계시록의 일곱 교회들은 모든 교회들의 축약형이다. 모든 것이 완벽한 하늘나라에서도 일곱 개의 촛대(4:5), 일곱 개의 봉인(5:1), 어린양도 일곱 개의 뿔과 일곱 개의 눈을 지닌다.

궁금증 해소

아마겟돈(16:16)

악의 군대는 하나님에게 맞서는 마지막, 상징적인 전투를 위해 하 므깃도(*Har Megiddo*)라는 들판에 집결한다. 하 므깃도는 므깃도 언덕이라는 뜻이다. 구약성경에서 많은 전투가 치러진 격전지다(삿 5:19; 왕하 23:29-30). 여기서는 아마겟돈이라 불린다. 아마겟돈은 요한계시록에 관련된 여러 신화들 중 하나로 꼽힌다. 지구의 괴멸을 가져오는 무서운 지상군 전투가 벌어진다는 것이다. 그러나 이 전투는 영적인 것이다. 왜냐하면 하나님을 상대로 싸우는 것이고, 집결한 왕들은 악한 영들에 이끌리고 있기 때문이다.

위를 독수리 떼가 덮는다. 아직 최악의 사태는 벌어지지 않았다는 경고다.

다섯 번째 나팔이 울리면서 마귀의 군대가 준동을 시작한다. 심연을 열자 괴상망측한, 무장한 메뚜기 떼가 올라온다. 메뚜기들은 함부로 움직이지 못한다. 인을 받지 못한 자들만 5개월 동안 해할 수 있다. 어떤 사람들은 메뚜기 떼의 묘사에서 폭격기의 예고를 보기도 한다. 하지만 속단할 수 없다. 여자들의 머리털과 사자의 이빨을 지닌 폭격기가 있다는 말은 못 들어봤다. 메뚜기는 하나님의 심판을 그리는 또 다른 이미지다.

여섯 번째 나팔이 울리면서 네 천사가 출현하여 더 극심한 파괴를 일으킨다. 그러나 사람들은 여전히 돌이키지 않는다. 이 심판은 사람들을 상징적으로나 말 그대로나 무릎 꿇도록 하는 것이다. 하나님은 사람들이 회개하길 원하신다. 그러나 사람들은 자신들의 길을 바꾸지 않는다.

일곱 번째 나팔 전에 작은 두루마리와 두 명의 증인이 나온다. 영광스러운 천사가 지켜보고 있는 요한에게 위 속으로 들어가면 꿀처럼 단 메시지를 가져온다. 에스겔이 했던 경험과 비슷하다(겔 2:8-3:3). 메시지는 하나님이 주시는 것이므로 달다. 그러나 그 내용은 너무나 쓰다. 또 한 번 에스겔의 한 장면이 연상된다. 성전을 측량하는 것이다. 그러나 이번에는 천사가 아니라 예언자 자신이 측량을 한다. 11장은 해석하기 참 어렵다. 이 책의 속성을 생각할 때 무엇인가를 말하려는 것은 분명하다. 이 장은 에스겔서와 스가랴서의 상징들을 사용한다. 종려나무와 성전이 그렇다. 성전은 하나님의 백성을 표상하고, 종려나무는 왕과 제사장이라는 이중적인 기능을 표상한다. 종려나무는 짐승에 의해 짓밟히나, 사흘과 반나절 후에 생명을 되찾는다. 어떤 사람들은 두 증인을 로마에서 순교한 베드로와 바울이라고 지목한다. 그러나 전체 문단은 교회의 영원한 증거에 관한 말씀으로 보인다. 교회는 경건하지 않은 자들을 정죄하지만 결코 죽임을 당하지 않는다.

일곱 번째 나팔이 울린다. 하늘로 향하는 문이 열린다. 전에 지성소에 숨겨놓은, 오로지 대제사장만이 가까이 나아갈 수 있었던 언약궤가 이제 모든 사람들에게 열린다.

③ 여자와 짐승 12:1-13:18 이 장들은 시간상으로는 한 걸음 뒤로

난해한 주제

| 지옥 지옥은 대부분의 크리스천들이 생각하기 싫어하는 주제다. 지옥은 너무나 많은 난제들을 제기한다. 지옥은 어디 있는가? 사랑의 하나님이 어떻게 영원한 형벌의 장소를 만드실 수 있는가? 지옥은 정말 불길이 훨훨 타오르는 곳일까?

지옥에 관한 대부분의 이미지들은 실제적인 묘사를 하려는 것이 아니다. 예수님은 바깥 어두움과 불, 통곡, 잃어버린 떠도는 사람들에 대해 말씀하셨다. 그러나 그분이 그 장소를 꼭 물리적으로 묘사하신 것이라고 볼 수만은 없다. 그보다는 소외, 단절, 절망을 은유적인 언어를 써서 말씀하신 것이라 보는 편이 더 맞다. 성경은 지옥을 세 가지로 말한다.

스올은 구약성경에서 사용된 이름이다. 죽은 자들이 거하는 장소를 말하는 것 같다. 사람이 죽은 후 그 영혼이 내려가는 곳이다. 이곳에서 죽은 자들은 하나님의 임재를 맛볼 수 없다. 하나님이 스올에 있는 자들을 구해 다시 그분의 임재 안으로 이끄신다고 약속하신 구절들이 여럿 있다(시 16:9-11). 신약성경에서는 스올을 하데스라고 불렀다. 죽은 자들의 영역을 이르는 그리스어다.

예수님은 게헨나에 대해 말씀하셨다(마 10:28; 눅 12:5). 게헨나는 지옥의 이미지가 된 실제 장소였다. 게헨나는 힌놈 골짜기를 말하는 데, 예루살렘 밖의 한 계곡이다. 이곳에서 아이들을 몰록에게 태워 바쳤고(렘 7:31), 나중에는 예루살렘의 쓰레기들을 밤낮으로 소각했다. 게헨나는 거룩한 도성 밖, 성벽 너머다. 따라서 게헨나는 일종의 영적인 쓰레기장, 황무지, 하나님의 임재를 느낄 수 없는 곳을 상징화한다. 성경은 죽은 자들이 가는 곳이 있으며 천국이든 지옥이든 선택하기에 달려 있다고 분명히 말한다.

기독교 이론들 지옥에 관해서는 세 가지 이론이 있다.

첫째, 영원한 의식적인 고통이다. '전통적인' 이론이다. 저주 받은 자들은 영원히 고통당하고 지은 죄에 대하여 형벌을 받는다. 사면은 없다. 선한 행실로 인한 방출도 없다. 아니 선한 행실은 고려 대상이 되지 않는다. 이 이론에 반대하는 자들은 이 이론이 사랑이신 하나님에 반대된다고 주장한다. 게다가 인간은 유한한 범죄만을 저지를 수 있기에, 무한한 형벌은 너무 가혹하다고 한다. 지지자들은 여기에 반대해서, 하나님의 거룩하심과 죄의 부패를 보지 못한 처사라고 공방한다.

둘째, 첫째 견해의 대안으로 소멸설이 나왔다. 하나님을 거절하는 자들은 영원히 소멸된다는 것이다. 이 견해를 지지하는 자들은, 영원한 형벌 없이도 심판의 필요를 충족시키는 이론이라고 주장한다. 사람들은 지옥에 가지만 지옥은 고통의 장소가 아니라 궁극적인 소멸이다. 하나님은 모든 죄인들을 구원하길 원하시나, 선택할 수 있게 하신다. 그것이 영원한 전멸을 가져온다 하더라도 선택의 기회를 주신다.

셋째, 회복을 전제한 형벌이다. 보편구원론이라고도 알려져 있다. 하나님은 모든 사람들이 그분에게 나아오길 원하신다. 사람들은 지옥에 가지만 그게 끝은 아니다. 하나님은 사랑이셔서 모두를 구하고자 하신다. 그리고 하나님은 전능하셔서 모두를 구하실 것이다. 물론 여기서 문제는 이 이론이 자유의지를 너무 우위에 올려놓는다는 것이다.

결국 확실하게 말할 수 있는 것이 없다. 이 모든 입장들은 장점과 단점을 동시에 가지고 있다. 우리가 아는 것은, 예수님이 죽음의 권세를 파괴했기에, 우리가 어디로 가느냐는 전적으로 그분께 어떻게 반응하느냐에 달려 있다는 것이다.

물러나 다음 단계로 나아가지 않는다. 이 장들은 복음 이야기들과 초대교회의 역사를 그림과 상징으로 말한다.

여자는 택하신 백성을 상징한다(여자는 왕관을 썼다. 이스라엘의 열두 지파를 상징하는 열두 별이 왕관에 박혀 있다). 여자는 하나님과 더불어 통치하게 될 권세 있는 통치자를 낳는다.

용은 악의 힘, 사탄 자신을 상징한다. 그러나 그 모습은 오래 전부터 혼돈의 힘으로 알려진 리워야단을 본 딴 것이다. 용은 천사들의 우두머리인 미카엘에게 제압당해 땅에 내팽개쳐진다. 이 추락은 누가복음에 나오는 그리스도의 말씀을 떠오르게 한다. "사탄이 하늘에서 번갯불처럼 떨어지는 것을 내가 보았다." 드디어 용은 여자와 여자의 자녀들에 맞서 광야에서 전쟁을 벌인다. 팔레스타인, 다음에는 나머지 세계에 있는 교회들에 대한 핍박을 나타내는 장면이다.

용의 뒤를 두 짐승이 따른다. 이 짐승들 또한 다니엘서에 나오는 짐승을 연상케 한다. 요한은 첫 번째 짐승을 로마제국으로, 경배하도록 억압을 가하는 두 번째 짐승을 교회에 심각한 박해를 일으킨 황제숭배로 보고 있다. 그러나 일부는 두 번째 짐승을 적그리스도로 해석해왔다. 짐승의 숫자는 666이다. 네로를 가리키는 것이거나, 완전수 7에 거듭 모자람으로써 철저한 불완전을 뜻하는 것일 수 있다.

두 마리의 누워 있는 위협적인 짐승들은 오래 가지 않는다. 14장은 144,000명의 무리와 함께 돌아온 어린양을 소개한다. 짐승의 추종자들과는 달리, 이들은 이마에 하나님의 이름을 가지고 있다(14:1). 11절은 짐승을 따르는 자들에게 예비된 영원한 고통을 상징하는 것 같다. 완벽한 승리를 거뒀다. 하나님의 원수들은 섬멸됐다. 그들은 마치 포도주 밟기 틀에 들어간 것 같다(14:17-20). 짐승에게 예배하길 거부했던 자들은 영예를 얻는다(15:2-4).

④ 일곱 재앙 16:1–21 이 모든 일은 마지막 일곱을 위해 준비된다. 일곱 봉인과 일곱 나팔에 이어, 일곱 재앙을 쏟아내는 일곱 대접이 기다리고 있다(16:1–21). 이 재앙들은 이집트에 내려진 재앙들과 흡사하다. 파라오가 그랬듯이 누구도 돌아서거나 뉘우치지 않는다.

바벨론 17:1–19:5

바벨론의 몰락은 이미 선언된 일이다(14:8). 이제 우리는 하나님의 심판을 본다. 요한 당시 바벨론은 인간의 죄와 타락을 돌려 말하는 일종의 암호였다. 요한 당시 바벨론은 로마를 둘러 말하는 것이었다. 로마는 악의 제국이고, 성도들이 핍박받는 곳이었다. 거기 사람들은 퇴폐적인 풍조 속에서 살고 있었다. 바벨론은 첫 번째 짐승과 연결돼 있다. 그리고 로마의 유명한 일곱 언덕(17:9)에 대한 명시적인 언급도 나온다. 그러나 이 장들은, 하나님이 모든 악하고 타락한 억압을 일삼는 정권들을 심판하실 것임을 보여준다.

사탄의 패배 19:6–20:10

먼저 그리스도가 결혼식장을 향해 오는 신랑으로 묘사된다. 그의 신부는 진정한 교회다. 이 험한 시기에 그들이 행한 선행으로 짠 옷을 입고 있다.

그리스도는 전사로도 그려진다. 백마를 탄 마병이다. 그분은 짐승과 거짓 예언자에 맞서 전쟁을 벌이고 그들을 무찌른다(19:11–21). 사탄과 그의 졸개들이 포박당해 옥에 갇힌다. 죽은 자들의 영혼이 살아나 그리스도와 함께 '천 년' 동안 다스린다. 이 기간의 마지막에, 사탄은 다시 풀려난다. 전투가 벌어져 악의 군대가 철저하게 파멸한다. 정말 천 년일까? 아니면 요한이 '긴 시간'을 의도한 말일까? 만약 문자적으로 천 년이라면 언제 그 천 년이 시작되는 걸까? 사탄은 이미 옥에 갇혔나? 이미 이 일은 일어났는가? 혹은 1030년에 끝났는가? 이 장에 관해서는 엄청난 토론이 쏟아져 왔다. 그러나 분명한 것은 우리는 모른다는 것이다.

이 장은 시간표를 제시하고 있지 않다. 어디서 그리고 언제 사건들이 일어날 것이라고 말하지 않는다. 그리스도가 다스리실 것이고, 사탄은 파멸당할 것만을 말한다.

중요한 개념

천년왕국

천년왕국이란 그리스도의 천년 통치와 요한계시록 20장 4-6절에 언급된 성도들을 가리키는 기독교 용어다. 요한계시록 외에는 천년왕국을 말하고 있지 않다. 요한계시록의 다른 부분에 대해서도 그렇지만, 저자의 의도에 관해 많은 이견들이 있다.

후천년설 그리스도가 천 년간의 통치 후에 오신다고 한다. 그리스도가 오시기 전 평화와 정의의 시대가 지속될 것이다. 어떤 후천년주의자들은 이 '천년왕국'이 이미 시작됐다고 믿는다. 그러나 시작됐다 하더라도, 언제 시작됐느냐는 아무도 확실하게 알지 못한다.

전천년설 이 설을 주장하는 사람들은 그리스도가 천년 왕국 전에 오셔서 성도들과 함께 지상에서 천 년을 다스리신다고 믿는다. 전천년설은 문자적인 견해를 취한다. 사탄이 묶여 무저갱에 던져지고(20:2-3), 죽은 자가 일어나서 그리스도와 함께 통치한다(20:4).

무천년설 이 견해에 따르면 천년왕국은 문자적인 시간표가 아니라 상징적인 묘사다. 따라서 문자적으로 천 년을 말해선 안 된다. 그저 '긴 시간'을 말하는 것이다. 이스라엘에 대한 하나님의 약속과 사탄에 대한 위협도 문자 그대로 보기보다는 상징적으로 봐야 한다.

개인적으로 나는 범(凡)천년주의자다. 앞으로 무슨 일이 생길지는 모르나 나중에 가면 다 알려질 것이다.

새 하늘과 새 땅 20:11-22:6

예수님이 죽은 자들에 대한 최후의 심판을 위해 앉으셨다. 죽은 자들이 그리스도 앞으로 나온다. 그들이 행한 일들에 따라 심판받는다. 바다에서 죽은 자들도 돌아와 예수님 앞에 선다. 마침내 죽음과 지옥이 파괴되고 닫힌다. 영원히 잠긴다(20:14-15).

옛 땅은 사라진다. 더 이상 죽음과 지옥은 없다. 바다도 더 이상 보이지 않는다. 바다는 모든 유대인에게 알려지지 않은 두려운 상징이다. 태초로 돌아가는 시간이다. 하나님과 인류가 영원히 함께 산다. 여기 나오는 장면은 놀라운 새 생명에 관한 것이다. 영원히 지속되는 결혼식 피로연에 관한 것이다. 요한은 이사야의 놀라운 예언들의 메아리라도 되듯, 고통, 두려움, 분리, 죄, 죽음, 슬픔이 없는 세상을 그린다. 그 대신 새로운 예루살렘, 새 '거룩한 도성'이 있다. 하나님이 그분의 백성들과 함께 거하실 수 있다. 한 가지 중요한 차이가 있다면, 성전이 없다는 것이다. 하나님이 당신 곁에 사시는 때에 성전이 왜 필요하겠는가?

최종적인 말씀 22:7-21 요한은 마지막에 파편 조각과도 같은 여러 말씀들을 기록해놓는다. 그가 어떤 형태의 비밀스러운 지식에 맞서 싸우고 있음을 시사한다. 이 책은 밀봉하거나 어떤 형태로든 비밀에 붙이면 안 된다(22:10). 각자가 반응할 수 있지만 조작해서는 안 된다. 이 책은 있는 그대로 보전돼야 한다. 모호하고 당혹스럽고 때로는 이해할 수 없지만, 감동을 주는 강력하고 도전적인 내용 그대로 손대지 말아야 한다. 전체를 아우르는 하나의 메시지는 이것이다. "나는 끝을 보았다. 하나님이 이기신다."

난해한 주제

| 하늘 하늘은 크리스천들이 수시로 입에 올리는 주제 중 하나다. 그러나 구체적으로 들어가면 희미한 인상밖에는 없다. 하늘은 어떤 곳인가? 작원과 같은 곳인가? 죽으면 가는 곳인가? 아니면 죽으면 그냥 잠이 드는가? 진주로 만든 문은 있는가?

하늘 하늘은 무엇인가? 하늘은 영적인 영역이다. 하나님이 거하시는 곳이다. 이 영역은 저 위 하늘이라는 공간에 있는 것이 아니다. 우리 주변 어디에나 있다. 예를 들어, 열왕기하 6장 15-19절에서 엘리사의 종은 자신을 둘러싼 천상의 군대를 보도록 허락받았다. 그는 다른 차원을 보게 된 것이다. 이와 비슷하게 에스겔도 그 주변을 보도록 허락받았다. 요한계시록에서 요한은 "하늘이 열린"(계 4:1) 것을 보았다. 그가 멀리까지 봤다는 뜻이 아니다. 그가 한 영역, 보통 눈으로 볼 수 없는 한 차원을 봤다는 것이다. 하늘은 우리가 죽을 때까지 우리를 기다리는 곳이 아니다. 하늘은 지금 우리 주변에 있다.

낙원 신약성경에 의하면 우리가 죽으면 곧장 중간적인 상태, 곧 안식으로 들어간다. 바울은 "잔다"는 용어를 썼다. "하나님께서 예수 안에서 잠든 사람들도 예수와 함께 데리고 오실 것입니다"(살전 4:14). 예수님은 바로 이 약속을 십자가의 강도에게 하셨다. "네가 오늘 나와 함께 낙원에 있을 것이다." 그분은 육체적인 부활을 말씀하지 않았다. 그리스도가 그날 살아나신 것이 아니기 때문이다. 낙원은 무엇인가 다른 상태를 말한다. 실마리는 낙원이라는 말에 있다. 이 말은 정원을 뜻하는 페르시아 말에서 나왔다. 정원은 청량하고 고요하며 무엇보다 쉼이 있는 곳이다.

새 하늘과 새 땅 그리스도가 다시 오시면 우리는 부활한다. 바울은 이렇게 썼다. "나팔소리가 나면, 죽은 사람은 썩지 않을 몸으로 살아나고, 우리는 변화할 것입니다. 썩을 몸이 썩지 않을 것을 입어야 하고, 죽을 몸이 죽지 않을 것을 입어야 합니다"(고전 15:52-53). 요한계시록 21장은 새 하늘과 새 땅의 모습을 살짝 보여준다. 새 땅은 죽음에서 일어난 자들의 거처가 될 것이다. '위로 올라가지' 않을 것이다. 그 대신 새로운 예루살렘이 우리에게 내려온다. 두 차원인 하늘과 땅이 나뉘지 않는다. 성경은 예수님이 우리와 함께 살기 위해 내려오시는 장면을 그린다. "그리스도께서 나타나시면, 우리도 그와 같이 될 것임을 압니다. 그때와 우리가 그를 참 모습 그대로 뵙게 될 것이기 때문입니다"(요일 3:2). 우리를 기다리는 것은 휴식의 시간과 그리스도의 오심이다. 그분의 임재 안에서 충만하고 창조적인 생명이 우리를 기다린다. 영원히 아멘.

오늘날의 성지

성경에서 언급되는 많은 장소는 오늘날에도 방문할 수 있다. 이스라엘은 당연하고, 터키, 그리스, 이탈리아 모두 신약과 관련이 있다.

성경 역사 탐험을 시작하는 데 좋은 장소는 박물관이다. 많은 유럽의 박물관은 근동에서 가져온 유적들로 가득하다. 파리의 루브르 박물관, 런던의 대영박물관, 베를린의 고대근동 박물관이 추천할 만하다. 더 작은 박물관도 있는데(런던의 이집트학 페트리 박물관, 옥스퍼드의 애쉬몰린 박물관), 이집트, 그리스, 로마 등의 유물을 전시하고 있다.

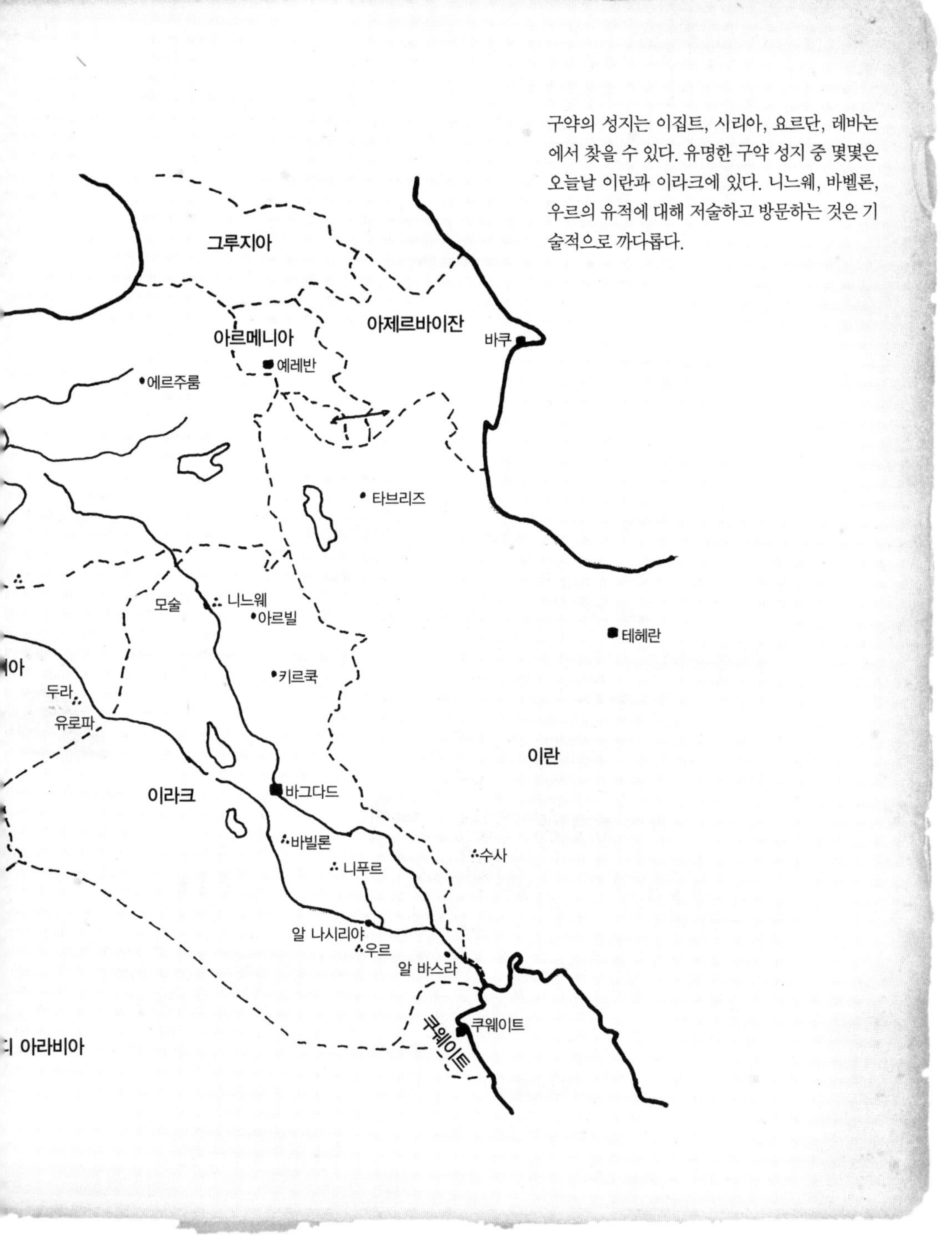

구약의 성지는 이집트, 시리아, 요르단, 레바논에서 찾을 수 있다. 유명한 구약 성지 중 몇몇은 오늘날 이란과 이라크에 있다. 니느웨, 바벨론, 우르의 유적에 대해 저술하고 방문하는 것은 기술적으로 까다롭다.

예루살렘의 오늘

예루살렘은 다른 도시와 전혀 다른 놀라운 도시이다. 성벽 안에 있는 구도시는 유태교, 이슬람, 기독교, 아르메니안 등 4구획으로 나뉜다. 각 구획은 자기 종교의 특징을 드러낸다. 도시를 압도하는 것은 옛 성전산에 있는 황금색 돔이다. 그 아래로 분주한 야외시장을 지나면 성묘교회이다. 도시 바깥으로 동쪽은 감람 산이다.

① 성묘교회
② 황금 돔
③ 통곡의 벽
④ 로마 계단
⑤ 다락방
⑥ 승천 교회
⑦ 주님의 기도 교회
⑧ 겟세마네 동산
⑨ 성 안나 교회와 벳새다 연못
⑩ 무덤
⑪ 성채

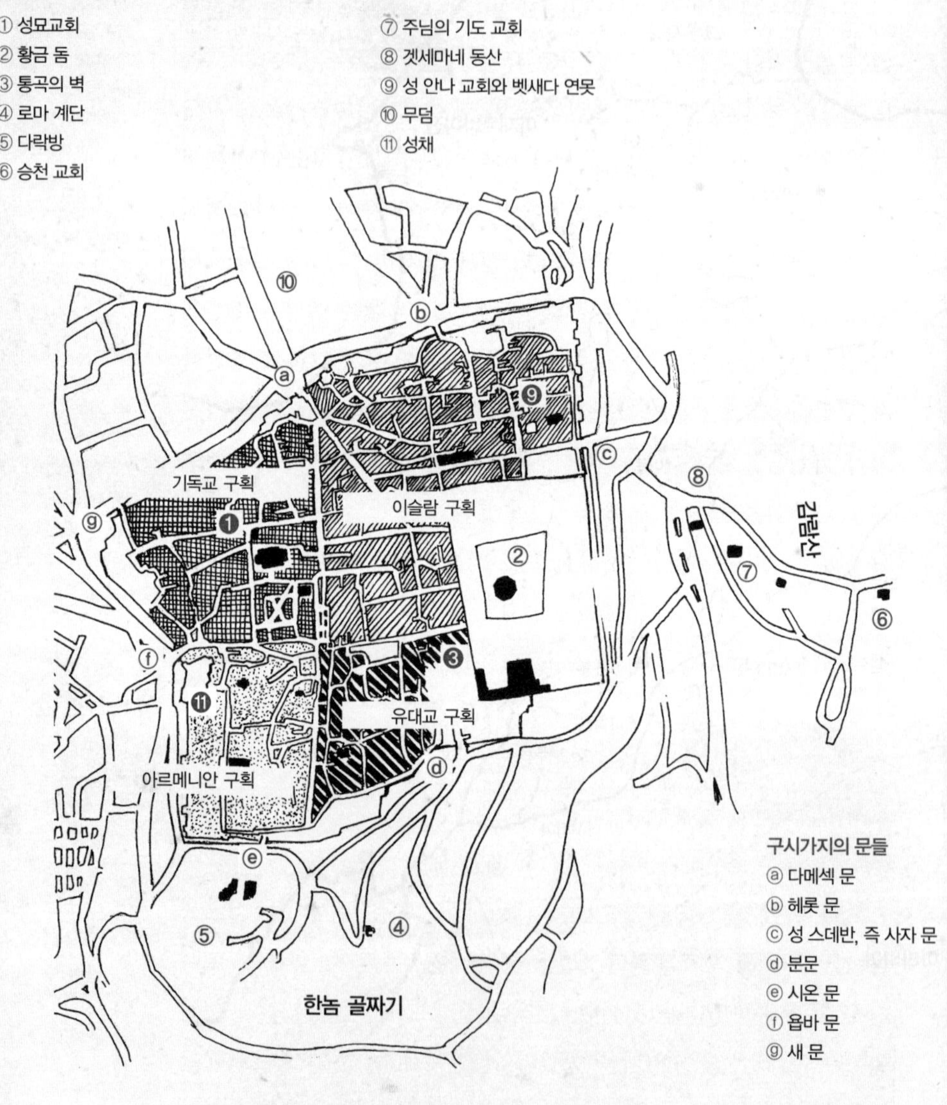

신약성경

찾아보기

인명 찾아보기

지명 찾아보기

중요한 개념

난해한 주제

궁금증 해소

성경에는 안 나온다

약력

그림 및 도표

특별란

새로운 관점

알쏭달쏭

POST CARD